Le Routard

Ardèche, Drôme

Cofondateurs : Philippe GLOAGUEN et Michel DUVAL

Directeur de collection et auteur
Philippe GLOAGUEN

Rédacteurs en chef adjoints
Amanda KERAVEL
et Benoît LUCCHINI

Directrice de la coordination
Florence CHARMETANT

Directrice administrative
Bénédicte GLOAGUEN

Directeur du développement
Gavin's CLEMENTE-RUIZ

Direction éditoriale
Catherine JULHE

Rédaction
Isabelle AL SUBAIHI
Mathilde de BOISGROLLIER
Thierry BROUARD
Marie BURIN des ROZIERS
Véronique de CHARDON
Fiona DEBRABANDER
Anne-Caroline DUMAS
Géraldine LEMAUF-BEAUVOIS
Olivier PAGE
Alain PALLIER
Anne POINSOT
André PONCELET

Conseiller à la rédaction
Pierre JOSSE

Administration
Carole BORDES
Éléonore FRIESS

2017/18

hachette

TABLE DES MATIÈRES

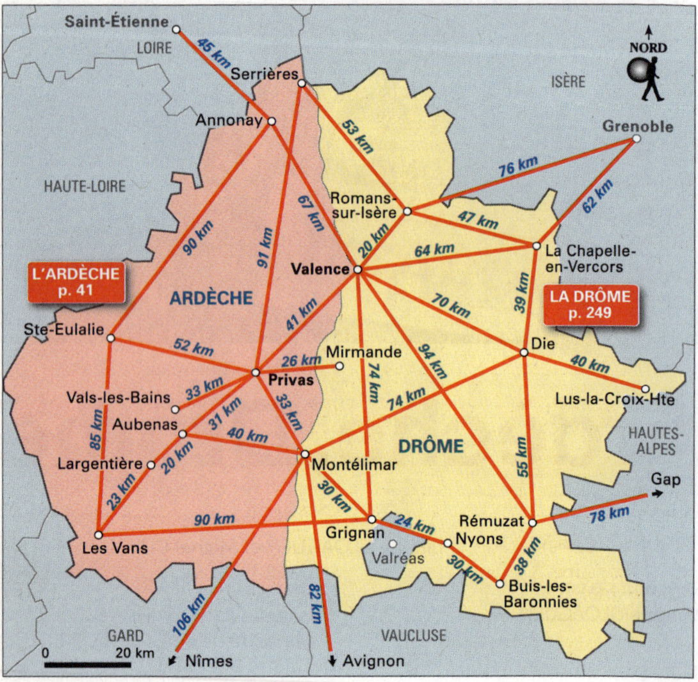

PRÉAMBULE

COMMENT Y ALLER ? 33

BON À SAVOIR AVANT LE DÉPART 36

L'ARDÈCHE 41

☎ **112 :** c'est le numéro d'urgence commun à la France et à tous les pays de l'UE, à composer en cas d'accident, agression ou détresse. Il permet de se faire localiser et aider en français, tout en améliorant les délais d'intervention des services de secours.

Recommandation à ceux qui souhaitent profiter des réductions et avantages proposés dans le *Routard* par les hôteliers et les restaurateurs.

À l'hôtel, pensez à les demander au moment de la réservation ou, si vous n'avez pas réservé, **à l'arrivée.** Ils ne sont valables que pour les réservations en direct et ne sont pas cumulables avec d'autres offres promotionnelles (notamment sur Internet). Au restaurant, parlez-en **au moment** de la commande et surtout **avant** que l'addition ne soit établie. Poser votre *Routard* sur la table ne suffit pas : le personnel de salle n'est pas toujours au courant et une fois le ticket de caisse imprimé, il est souvent difficile de modifier le total. En cas de doute, montrez la notice relative à l'établissement dans le *Routard* de l'année et, bien sûr, ne manquez pas de nous faire part de toute difficulté rencontrée.

LA RÉDACTION DU ROUTARD

(sans oublier nos 50 enquêteurs, aussi sur le terrain)

Thierry, Anne-Caroline, Éléonore, Olivier, Pierre, Benoît, Alain, Fiona, Gavin's, André, Véronique, Bénédicte, Jean-Sébastien, Mathilde, Amanda, Isabelle, Géraldine, Marie, Carole, Philippe, Florence, Anne.

La saga du *Routard* : en 1971, deux étudiants, Philippe et Michel, avaient une furieuse envie de découvrir le monde. De retour du Népal germe l'idée d'un guide différent qui regrouperait tuyaux malins et itinéraires sympas, destiné aux jeunes fauchés en quête de liberté. 1973. Après 19 refus d'éditeurs et la faillite de leur première maison d'édition, l'aventure commence vraiment avec Hachette. Aujourd'hui, le *Routard*, c'est plus d'une cinquantaine d'enquêteurs impliqués et sincères. Ils parcourent le monde toute l'année dans l'anonymat et s'acharnent à restituer leurs coups de cœur avec passion.

Merci à tous les Routards qui partagent nos convictions : liberté et indépendance d'esprit ; découverte et partage ; sincérité, tolérance et respect des autres.

NOS SPÉCIALISTES ARDÈCHE ET DRÔME

Benoît Lucchini : corse, élevé au grain du 9-3, il a commencé avec une carte Interrail à 17 ans. Il arpente les terres chaudes avec passion deux ans plus tard puis les mers froides comme pêcheur (illégal) de saumon sur un chalutier américain, avant un grand tour du monde. Son credo depuis 30 ans au *Routard* : multiplier les rencontres, s'émerveiller et écrire pour partager ses émotions.

Amanda, Mathilde et Marie : quand l'une arpente les routes bretonnes en quête de la meilleure pâte à crêpes, l'autre explore le bocage normand à coups de gorgées de cidre, pendant que la troisième chausse ses skis pour dégoter le meilleur refuge alpin. La curiosité, l'enthousiasme et la gourmandise sont leur meilleur sonar, que complètent deux décennies d'expérience à user leurs semelles sur les routes de l'Hexagone. Un trio complice et indépendant qui essaie, entre deux voyages, de garder la ligne.

UN GRAND MERCI À NOS AMI(E)S SUR PLACE

Pour cette nouvelle édition, nous remercions particulièrement :

...pour l'Ardèche :

- **Cécile Broc** et toute l'équipe de l'ADT de l'Ardèche ;
- **Jacques Meunier,** source intarissable d'infos sur les gorges ;
- **Claude,** du Nord ;
- **Loïc,** notre spécialiste kayak.

...pour la Drôme :

- **Anne-Catherine Chareyre** et **Françoise Alazard,** de l'ADT de la Drôme ;
- l'équipe de l'office de tourisme de Romans, autour de **Stéphanie Perrenot** ;
- **Amandine Thirot,** directrice de l'office de tourisme de Nyons ;
- **Christophe Bonin** et l'équipe de l'office de tourisme de Tain-l'Hermitage ;
- **Allne Raffy-Mathonière,** de l'office de tourisme du pays de Dieulefit.

Pictogrammes du Routard

Établissements

- Hôtel, auberge, chambre d'hôtes
- Camping
- Restaurant
- Boulangerie, sandwicherie
- Glacier
- Café, salon de thé
- Café, bar
- Bar musical
- Club, boîte de nuit
- Salle de spectacle
- Office de tourisme
- Poste
- Boutique, magasin, marché
- Accès Internet
- Hôpital, urgences

Sites

- Plage
- Site de plongée
- Piste cyclable, parcours à vélo

Transports

- Aéroport
- Gare ferroviaire
- Gare routière, arrêt de bus
- Station de métro
- Station de tramway
- Parking
- Taxi
- Taxi collectif
- Bateau
- Bateau fluvial

Attraits et équipements

- Présente un intérêt touristique
- Recommandé pour les enfants
- Adapté aux personnes handicapées
- Ordinateur à disposition
- Connexion wifi
- Inscrit au Patrimoine mondial de l'Unesco

Tout au long de ce guide, découvrez toutes les photos de la destination sur • *routard.com* • Attention au coût de connexion à l'étranger, assurez-vous d'être en wifi !

Le *Routard* est imprimé sur un papier issu de forêts gérées.

I.S.B.N. 978-2-01-279920-2

Serrières Lieux traités
Désaignes Adresses et lieux dans les environs
Beaurepaire Repères
Parc naturel régional
NORD
LOIRE (42)
HAUTE-LOIRE (43)
ARDÈCHE (07)
p. 41
LOZÈRE (48)
GARD (30)
PNR des Monts d'Ardèche
Serrières
Saint-Désirat
Annonay
Saint-Vallier
Satillieu
Lalouvesc
St-Félicien
Tournon-sur-Rhône
St-Agrève
Désaignes
Lamastre
Le Cheylard
St-Pierreville
La Voulte-sur-Rhône
PRIVAS
Coux
Antraigues-sur-Volane
Col de l'Escrinet
Issarlès
Le Lac-d'Issarlès
Ste-Eulalie
Coucouron
Meyras
Thueyts
Vals-les-Bains
St-Étienne-de-Lugdarès
Darbres
St-Vincent-de-Barrès
Cruas
Les Balmes de Montbrun
Sceautres
Aubenas
Mirabel
Rochemaure
Loubaresse
Valgorge
Montélimar
St-Laurent-les-Bains
Vogüé
Villeneuve-de-Berg
Alba-la-Romaine
Le Teil
Largentière
Lanas
Montselgues
Balazuc
Rochecolombe
St-Thomé
Joyeuse
Le Viel-Audon
Valvignères
Viviers
Thines
Gorges de la Ste-Beaume
Labeaume
Ruoms
Gras
St-Montan
Donzère
St-Alban-Auriolles
Vallon-Pont-d'Arc
Bourg-St-Andéol
Les Vans
Chandolas
St-Remèze
La Garde-Adhémar
Caverne du Pont-d'Arc
Bidon
Banne
Labastide-de-Virac
Gorges de l'Ardèche
Aven d'Orgnac
St-Martin-d'Ardèche
Orgnac-l'Aven
Aiguèze
Pont-St-Esprit
Bourg-Argental
Montfaucon-en-Velay
Yssingeaux
Le Puy-en-Velay
Le Monastier
Mont Mézenc 1 753
Mont Gerbier de Jonc 1 551
Pradelles
Villefort
Génolhac
Alès
Loire
Ardèche
Rhône
N 88
N 102
N 106
N 7
A 7
E 15
D 9
D 46
D 500
D 501
D 1082
D 503
D 106
D 105
D 10
D 103
D 185
D 15
D 535
D 13
D 533
D 12
D 578
D 2
D 120
D 104
D 122
D 116
D 16
D 536
D 211
D 19
D 24
D 906
D 513
D 111
D 901
D 979
D 904
D 6
D 121
D 578a
D 532
D 534
D 206
D 82
D 86
0 10 20 km
les incontournables

L'ARDÈCHE

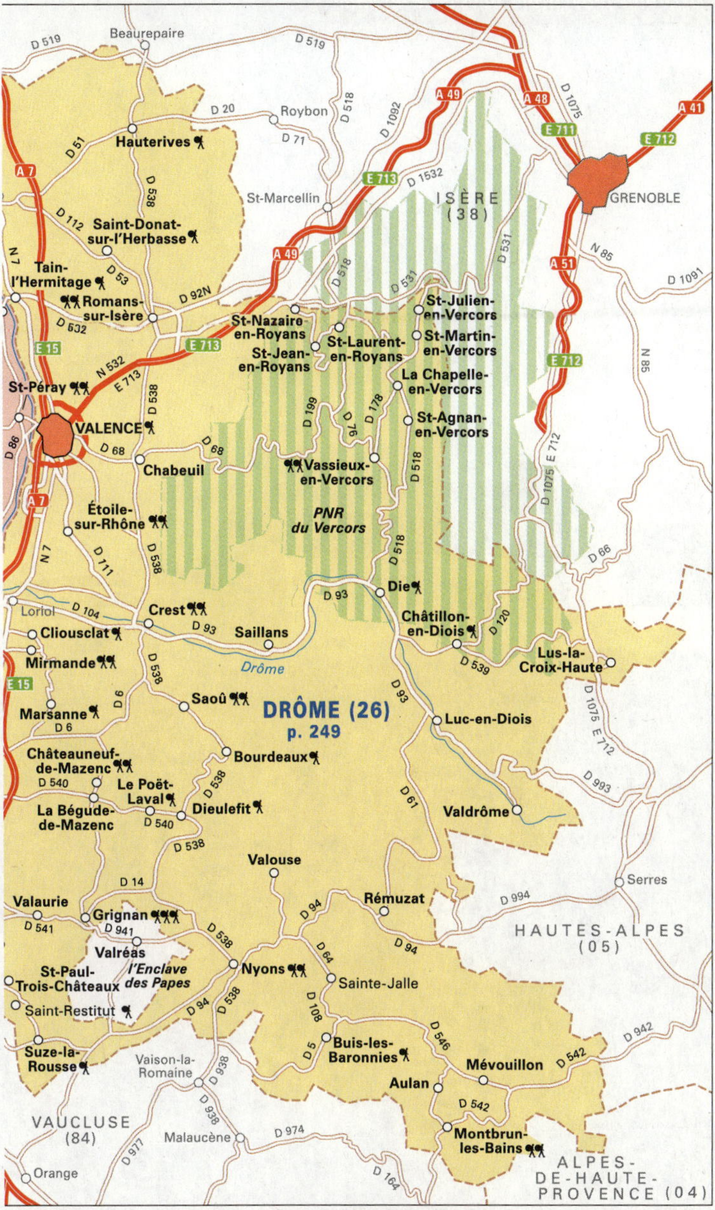
Beaurepaire
D 519
D 519
D 20
Roybon
D 518
D 1092
D 1075
A 49
A 48
A 41
E 711
E 712
D 71
D 51
Hauterives
A 7
D 538
St-Marcellin
E 713
D 1532
ISÈRE
(38)
GRENOBLE
D 112
Saint-Donat-sur-l'Herbasse
N 7
Tain-l'Hermitage
D 53
Romans-sur-Isère
D 92N
D 532
E 15
A 49
D 518
D 531
D 531
A 51
N 85
D 1091
St-Julien-en-Vercors
St-Martin-en-Vercors
St-Nazaire-en-Royans
St-Laurent-en-Royans
St-Jean-en-Royans
E 713
N 532
E 713
St-Péray
VALENCE
D 538
La Chapelle-en-Vercors
E 712
N 85
D 199
D 76
D 178
St-Agnan-en-Vercors
D 86
D 68
D 68
Chabeuil
Vassieux-en-Vercors
D 518
D 1075
E 712
A 7
Étoile-sur-Rhône
PNR du Vercors
N 7
D 111
D 538
D 518
D 66
Die
D 93
Loriol
D 104
Crest
D 93
Saillans
Châtillon-en-Diois
D 120
Cliousclat
Mirmande
D 539
Lus-la-Croix-Haute
Drôme
D 538
E 15
Saoû
D 93
D 6
Marsanne
D 6
DRÔME (26)
p. 249
Luc-en-Diois
D 1075
E 712
Châteauneuf-de-Mazenc
D 540
Bourdeaux
Le Poët-Laval
D 538
La Bégude-de-Mazenc
D 540
Dieulefit
D 61
D 993
Valdrôme
D 538
Valouse
D 14
Serres
Rémuzat
D 994
Valaurie
D 541
Grignan
D 941
D 94
D 538
HAUTES-ALPES
(05)
D 94
Valréas
l'Enclave des Papes
Nyons
D 64
St-Paul-Trois-Châteaux
Sainte-Jalle
Saint-Restitut
D 94
D 538
D 108
D 546
D 942
Suze-la-Rousse
Buis-les-Baronnies
Vaison-la-Romaine
D 5
D 938
Mévouillon
D 542
Aulan
D 938
D 542
VAUCLUSE
(84)
Malaucène
D 974
Montbrun-les-Bains
D 977
Orange
D 164
ALPES-DE-HAUTE-PROVENCE (04)

LA DRÔME

La Drôme provençale, pays de la lavande

« La confession dans les villages du sud de la France, c'est confirmer dans la fraîcheur du confessionnal, ce que le curé a appris au soleil, à l'apéritif. »

Carnets de notes, *Patrick Sébastien*

Pourquoi deux départements seulement dans ce guide, deux départements sortis arbitrairement d'une région ? **L'Ardèche et la Drôme** sont départements jumeaux, mieux encore, sont **terres jumelles.** Aussi n'a-t-on voulu ni les séparer, ni les laisser se noyer ou se perdre dans une région Auvergne-Rhône-Alpes très diversifiée. Et puis aussi parce qu'elles sont suffisamment riches de fortes histoires, de belles géographies et de sites intéressant les visiteurs pour valoir un guide à elles deux. Jumelles donc. **Mais, attention, pas jumelles monozygotes.**

Côté Ardèche...

Emprunter **la départementale (ex-nationale) 86** permet de se faire une bonne idée du département. C'est **l'une des plus jolies routes de l'Hexagone,** qui longe des coteaux de velours gris et d'émeraude où culminent haut perchés, ici et là, un château ou un village, et qui traverse des bourgs souriants. Ah, la 86 ! Depuis la terrasse du château de Tournon qui lèche là un Rhône magique jusqu'au **bas-relief de Mithra,** taillé dans les falaises du méridional Bourg-Saint-Andéol, en passant par la **Viviers gallo-romaine,** aux odeurs suaves de lupin et d'encens, et sa cathédrale laissant parfois voir les fantômes violets de ses évêques, et par **Cruas** avec son église du fond des siècles où ont prié des croisés et des papes du Moyen Âge. Départementale 86 que quittent nombre de routes qui serpentent, culminent et mènent aux enchantements ocre sombre et roux des monts du Vivarais et aux Boutières où naissent les fleuves ; qui vont jusque vers **le Tanargue aux mille fleurs** pour finir en chemin à mules ; et qui, parfois, descendent jusqu'aux Cévennes. **Cévennes** où transpirent dans l'histoire les paysans des *faïsses* et des *accols,* qui cultivent des escaliers de géants. Routes qui serpentent encore jusqu'à **l'Ardèche, la rivière** à qui le département doit son nom et l'essentiel de sa **manne touristique,** et qui a **sculpté sur les parois de ses gorges des reliefs de merveille** et jeté, avec l'aide des dieux, un pont en arc à en laisser rêveurs et poètes les pontonniers de Saint-Nazaire en Atlantique et les mânes des lanceurs de ponts des temps romains.

... et côté Drôme

En dehors des sillons autoroutiers et ferroviaires, la Drôme n'est pas en reste de splendeurs. Depuis les versants des **hauts plateaux, sauvages** et comme sortis intacts du tohu-bohu de la Bible, jusqu'aux **douces collines du pays de Romans.** Depuis la sauvageonne **rivière Drôme** qui n'a jamais vu un barrage et où l'été, dans les soleils bas, l'eau coule comme du bronze entre les gravières des ramières, et jusqu'à la **Drôme provençale** aux confins de **l'enclave du Vaucluse de Valréas,** où les villages ont l'air cois, mais où l'air est le plus pur de la terre, bien sûr. Et ces villages portent parfois, qui sait, le nom de leur créateur (Dieulefit).

Mais si elle est plus riche et plus peuplée, si elle possède des villes le long de son Rhône, quand l'Ardèche ne présente que des bourgs le long du sien, la Drôme perd peut-être en mystère ce qu'elle gagne en espace, peut-être en étrange ce qu'elle gagne en douceur.

NOS COUPS DE CŒUR

1 S'émerveiller devant la beauté des gorges de l'Ardèche,
en évitant, si possible, les périodes de grande affluence.

Avec les gorges du Tarn et celles du Verdon, voici l'un des grands canyons du Sud de la France. Sur environ 32 km, de Vallon-Pont-d'Arc à Saint-Martin-d'Ardèche, la rivière Ardèche serpente au milieu de hautes falaises calcaires, coulant entre des rocs blanchâtres, au sein d'une nature sauvage. Que vous les découvriez en empruntant la route qui les surplombe ou que vous les descendiez en canoë-kayak, vous les admirerez en majesté. Car elles sont belles, ces gorges. Belles à en être jaloux d'avoir à les partager avec tant d'autres ! *p. 103*

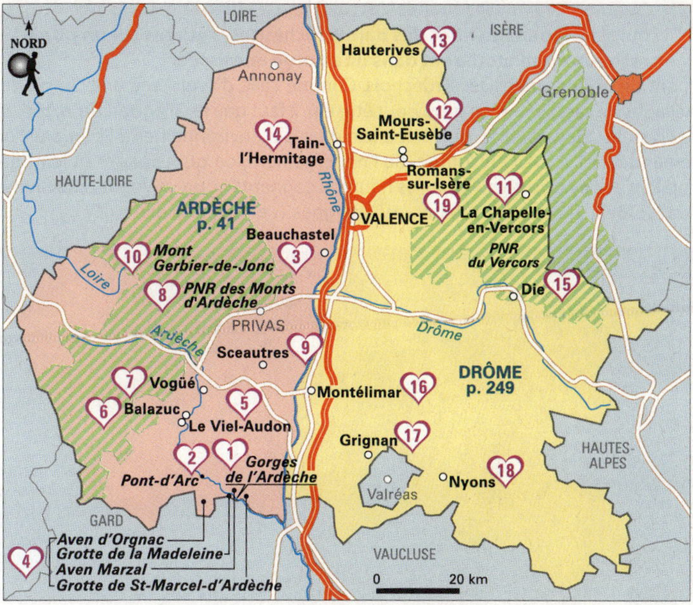

(2) Être ébloui par le talent des premiers artistes de l'Humanité à la Caverne du Pont-d'Arc (réplique de la grotte Chauvet).
Les fresques et les gravures ont été reconstituées avec une exactitude sans pareille. Un voyage magique en direction des origines de l'Homme et de l'Art. *p. 124*

3 Déambuler dans les ruelles des nombreux villages médiévaux qui s'agrippent au flanc des parois rocheuses, s'étirent sur un piton rocheux ou se blotissent dans une gorge encaissée.

Ils ont de bonnes idées, les Ardéchois. Comme celle d'avoir créé une charte des « Villages de caractère ». En gros, pour être élu, il faut que le village ait de la gueule, de l'histoire, de la patine, qu'il bénéficie d'un bel environnement. Et en plus, on demande de l'accueil en sourire, de l'hébergement, de quoi apaiser sa faim pas trop loin et pas trop cher. Parmi les heureux gagnants figurent Vogüé, Labeaume, Balazuc, Beauchastel, Saint-Montan, Désaignes… et on en oublie ! *p. 51*

4 Explorer les entrailles de la terre en visitant la grotte de la Madeleine, l'aven Marzal, la grotte de Saint-Marcel ou encore l'aven d'Orgnac (classé « Grand Site de France »).

Les massifs de l'Ardèche sont essentiellement calcaires, d'où une profusion de grottes et d'avens. Certains servaient d'habitat aux hommes d'hier. Ils donnent des frissons à ceux d'aujourd'hui. La roche tendre et érodée du calcaire a permis à l'eau de creuser des merveilles de galeries, couloirs, passages, gouffres, qui font ressembler le sud Ardèche à un immense morceau d'emmental ! Certains ont été aménagés pour la visite et sont vraiment époustouflants de beauté. *p. 46*

5 Découvrir le site du Viel-Audon, hameau abandonné et remonté pierre par pierre, pendant 30 ans, par une bande de passionnés.

Le Viel-Audon raconte une belle aventure humaine : celle d'un hameau en ruine complètement retapé par un groupe de doux dingues à partir des années 1970, aidés par de nombreux bénévoles transportant les matériaux à dos d'homme ou à la brouette… Aujourd'hui, Le Viel-Audon est toujours un lieu associatif et la vie a repris. On peut découvrir le travail accompli, s'approvisionner en produits de la ferme (confitures, fromages de chèvre…), boire un verre ou grignoter sous la halle, y dormir aussi (gîte d'étape). *p. 147*

6 **Piquer une tête dans l'eau rafraîchissante de la rivière, puis entamer une sieste sur un petit morceau de plage, aux abords de Balazuc.**
Perché sur un piton rocheux, Balazuc, l'un des « Plus Beaux Villages de France », fait partie de ces « miracles de pierre » surplombant la rivière. Ruelles de gros pavés, venelles pluriséculaires, maisons à tuiles romaines, adorable église romane (d'où l'on a une bien jolie vue) chapeautée d'un beau clocher à peigne, château et donjon du Xe s, tout était à l'abandon dans les années 1950. Aujourd'hui, Balazuc a retrouvé son caractère avec, tout autour, la garrigue et les forêts, tandis qu'en bas, la belle Ardèche musarde entre des falaises ciselées dans le calcaire. *p. 146*

© Guiziou Franck/hemis.fr

7 **Aller vérifier si, comme on le dit, Vogüé est l'un des 10 villages les plus charmants de France.**

On n'est pas loin de le penser aussi. Fait rare, le village est classé en entier. Ce qui frappe d'abord, c'est le château, bâti sur les fondations d'un ancien fort, avec ses quatre tours dont deux imposantes en façade, et entouré par un joli jardin suspendu. Les ruelles du village bordées de maisons médiévales épousent la courbe décrite par l'Ardèche au pied des falaises calcaires. *p. 77*

8 **Enfiler ses chaussures de rando et sillonner l'un des innombrables sentiers à la découverte d'une nature quasi intacte, au cœur du parc des monts d'Ardèche.**

Le parc naturel régional des monts d'Ardèche couvre 180 000 ha, occupant le sud-ouest du département, entre Cévennes et Boutières ardéchoises. C'est le pays des sources, du Gerbier-de-Jonc, des rivières sauvages, de la culture en terrasses et de la châtaigneraie. Pour découvrir ses multiples visages et s'imprégner de ses atmosphères, rien de tel que la randonnée *of course* ! *p. 48*

© Guiziou Franck/hemis.fr

9 **Admirer d'en bas le neck de Sceautres, puis grimper tout en haut de cette ancienne cheminée volcanique qui a fièrement triomphé de l'érosion.**

Sceautres, minuscule village du plateau du Coiron, a ceci de remarquable qu'il abrite le plus gros neck d'Europe. Un neck, c'est « un piton de roches dures », résultant d'une éruption volcanique vieille de 8 millions d'années, mis en relief par l'érosion. Il faut se balader dans les deux minuscules ruelles du village, passer derrière l'église et puis grimper au sommet du rocher (543 m) par le court sentier, en un petit quart d'heure. Beau panorama, inutile de le souligner. *p. 95*

© Descamps Simon/hemis.fr

10 **Grimper au sommet du mont Gerbier-de-Jonc et découvrir une vue à couper le souffle !**

La star incontestée de la montagne ardéchoise. On vient de toute la France pour admirer ce mont Gerbier-de-Jonc dont on nous a rebattu les oreilles en primaire (quelle est la longueur de la Loire, au fait ?). Il n'est pas le point culminant de l'Ardèche, mais atteint fièrement les 1 551 m. L'ascension est relativement aisée et ne présente pas plus de 150 m de dénivelée. Une trentaine de minutes de grimpette récompensée par une vue époustouflante, qui porte jusqu'aux Alpes, sans oublier les Cévennes, la vallée du Rhône et, plus près, le Mézenc, les sucs de Sara et de Montfol. *p. 192*

11 Randonner dans l'arrière-pays sauvage du Vercors, en suivant notamment l'itinéraire de la Grande Traversée du Vercors.
Paysages et panoramas grandioses, falaises, rivières, grottes, le Vercors possède d'innombrables attraits susceptibles de ravir les amoureux des grands espaces. Emprunter l'itinéraire prestigieux de la GTV, cette antithèse du TGV qui circule dans la vallée. Cette Grande Traversée du Vercors, parcours balisé de 150 km, de Méaudre (en Isère) à Lente, permet de découvrir – en été ou en hiver – les plus belles et les plus sauvages zones de ce massif décidément formidable. Pourquoi pas accompagné d'un âne ou de chiens de traîneau, à skis ou raquettes aux pieds… Une belle option pour se familiariser avec le Vercors. *p. 300*

12 Visiter les trésors cachés du musée d'Art sacré de Mours-Saint-Eusèbe.
Cette petite église romane, élevée au XIe s, sert d'écrin au plus beau des joyaux : un fonds exceptionnel de plus de 25 000 objets d'art sacré (XIVe-XXe s), sauvés de l'oubli par le prêtre de la paroisse. Depuis plus de 50 ans, celui-ci a rassemblé des objets témoignant de la vie religieuse et de la piété populaire, des plus modestes aux plus beaux. Orfèvrerie, sculptures, vêtements liturgiques… Seule une petite partie de la collection est présentée, mais soyez sûr d'y voir les témoins d'une ferveur créatrice absolument superbe. Un musée inattendu et incontournable en Drôme des collines. *p. 285*

13 Emprunter les pistes cyclables calquées sur les tournées du facteur Cheval, avant d'aller admirer son *Palais idéal* à Hauterives.

Au nord du département, le petit village de Hauterives est devenu internationalement célèbre par les soins involontaires d'un modeste facteur qui y a élevé son *Palais idéal,* monument surprenant, intrigant, incontournable. Mais il serait dommage de faire une visite éclair uniquement pour ce « chef-d'œuvre mondial de l'art naïf », comme disait Malraux, car la région est douce, jolie et reposante. L'occasion d'entreprendre d'agréables balades dans un paysage marqué de paisibles collines, de jolies rivières et de maisons aux murs en galets joliment inclinés. *p. 291*

© Giuglio Gil/hemis.fr

14 **Se balader dans les coteaux et visiter les caves du vignoble de crozes-hermitage, pour s'initier à la dégustation d'un bon cru.**
Portant le nom prédestiné issu des mots celtiques *ta* et *wyn* signifiant « bon » et « vin », Tain-l'Hermitage est aujourd'hui connu dans le monde entier comme le centre d'une zone de production des fleurons des côtes-du-rhône. Cette zone, située de part et d'autre du Rhône, produit, sur sa rive gauche (côté Drôme), les fabuleux hermitage et crozes-hermitage. Balade dans les coteaux qui dominent la ville et visite des caves vivement conseillées, pour ne pas dire incontournables, à la découverte de ces vins ! *p. 285*

15 Participiper à la grande fête de la transhumance de Die, dans l'arrière-pays drômois.

Voici une tradition ancestrale remise à l'honneur : la grande migration saisonnière des troupeaux vers leurs estives. Le point d'orgue de ce week-end festif : le défilé de milliers de moutons dans les rues de Die, le samedi. Le dimanche, aux aurores, départ vers l'alpage. Et bien sûr, de nombreuses animations sont programmées : musique traditionnelle, repas grillades, marché paysan, démonstrations de tonte, etc. Un rendez-vous populaire autour d'une tradition pastorale qui vaut vraiment le déplacement ! *p. 321*

© Dan Shannon/Onlyfrance.fr

16 **Se faire raconter les petits secrets de la lavande lors d'une visite organisée par l'office de tourisme de Montélimar.**

Petite métropole de la Drôme provençale, Montélimar est la capitale du nougat, bien sûr, mais aussi un pays de lavande. Tous les mardis de juin et juillet, l'office de tourisme propose de partir à sa découverte. La balade commence dans les champs odorants, avant de rejoindre un domaine où l'on découvre un alambic en pleine distillation. Commentaires pertinents du producteur à l'appui. Et comme tout finit à table dans la Drôme, la balade s'achève autour d'un dîner centré sur… la lavande, pardi ! *p. 358*

© Moirenc Camille/hemis.fr

17 Découvrir le château de Grignan, où vécut la fille de la marquise de Sévigné, et combiner la visite du village avec le Colophon, intéressant atelier-musée de la typographie.

Si Grignan est connue pour son château qui déplace les foules, elle l'est un peu moins pour l'atelier de l'imprimeur-typographe Philippe Devoghel, un homme de caractère(s) ! Alors, forcément, son atelier ne ressemble à aucun autre. Installé dans la maison du Bailli, on y trouve une librairie, un atelier bien vivant, mais aussi un réjouissant musée de vieilles machines, une prison aménagée en salle d'expo, et un bistrot. Un lieu passionnant. *p. 402*

18 **Côté papilles, s'offrir une dégustation d'huile d'olive AOP de Nyons.**
Une variété d'olive emblématique de la région qui répond au doux nom de « tanche », récoltée à flanc de coteaux dans la Drôme provençale, et dont la fine peau est ridée par le froid. *p. 390*

© Fred De Noyelle/Godong/Photononstop

19 **S'arrêter au musée international de la Chaussure de Romans-sur-Isère, installé dans une ville où le travail du cuir et de la chaussure est implanté de longue date.**
Vénérables sandales égyptiennes en papyrus parvenues jusqu'à nous, extravagantes chopines vénitiennes, bottes de sept lieues, ainsi que tous les souliers ayant chaussé d'illustres pieds. Un voyage tant chronologique que géographique, et un parcours qui vaut le détour autant pour le volet historique que visuel. *p. 273*

Musée international de la Chaussure © Giuglio Gil/hemis.fr

Lu sur routard.com

La Drôme en automne
(tiré du carnet de voyage d'Olivia Le Sidaner)

En cette saison, la région a bien des attraits : des villages perchés aux ruelles pleines de charme, des châteaux médiévaux et des petits chemins de campagne où il fait bon se balader au cœur de la garrigue et des vignes parées de leurs couleurs d'automne. Et c'est un paradis pour les gourmets : olives, truffes, nougat, miel de lavande, côtes-du-rhône ou encore picodons.

Montélimar est depuis longtemps considérée comme la porte du soleil. La cité s'est choisi une spécialité pleine de douceur : le nougat. En périphérie, plusieurs fabriques artisanales attendent les gourmands. Sur les hauteurs de la ville se dresse le château des Adhémar, un bel exemple d'architecture romane méridionale.

Puis rendez-vous au ***Poët-Laval,*** ancienne commanderie des hospitaliers de Saint-Jean de Jérusalem, son château, son donjon et ses maisons de pierre. Le village, qui a conservé son temple protestant (transformé en musée), est le point de départ d'un grand sentier de randonnée, « Sur les pas des Huguenots », qui mène jusqu'en Allemagne. Le chemin passe par ***Dieulefit,*** un joli village connu pour ses potiers et ses picodons.

Plus au sud, un autre village médiéval, ***Taulignan,*** ses remparts avec onze des quatorze tours édifiées au XIVe s et l'atelier-musée de la Soie qui rappelle que la cité était autrefois un haut lieu de production de la précieuse étoffe. Autour de Taulignan, il y a de belles balades à faire, entre les vignes, la garrigue, les champs de lavandin et les chênes truffiers.

En poursuivant vers le sud, le paysage se fait de plus en plus méridional. Nous voici à ***Nyons,*** sur la terre des oliviers. C'est ici que l'on produit la tanche, considérée comme une des meilleures olives noires du monde. Côté patrimoine, la ville vaut aussi le détour, avec son pont roman de plus de 600 ans d'âge jeté sur l'Eygues, sa place des Arcades, son château féodal et ses ruelles pavées.

À 10 mn de route, le joli village de ***Vinsobres*** surplombe un paysage de vignes. Son vin rouge a obtenu son AOC en 2006. En passant par Valréas, on arrive ensuite à ***Grignan,*** charmant village dominé par son château Renaissance, bâti sur un promontoire rocheux. La marquise de Sévigné y fit trois longs séjours chez sa fille, la comtesse de Grignan, et finit sa vie ici. À 18 km plus au sud, un autre château impressionnant, au cœur d'un vaste espace boisé, surplombe le village de ***Suze-la-Rousse.*** L'université du Vin y est installée, et des visites sur le thème du vin sont organisées un samedi par mois.

Le sol calcaire offre un terrain idéal pour la culture de la truffe noire du Tricastin. Sa récolte a lieu en hiver et un marché aux truffes se tient à ***Saint-Paul-Trois-Châteaux*** (ainsi qu'à Taulignan) tous les dimanches matin de mi-décembre à mi-mars.

ITINÉRAIRES CONSEILLÉS

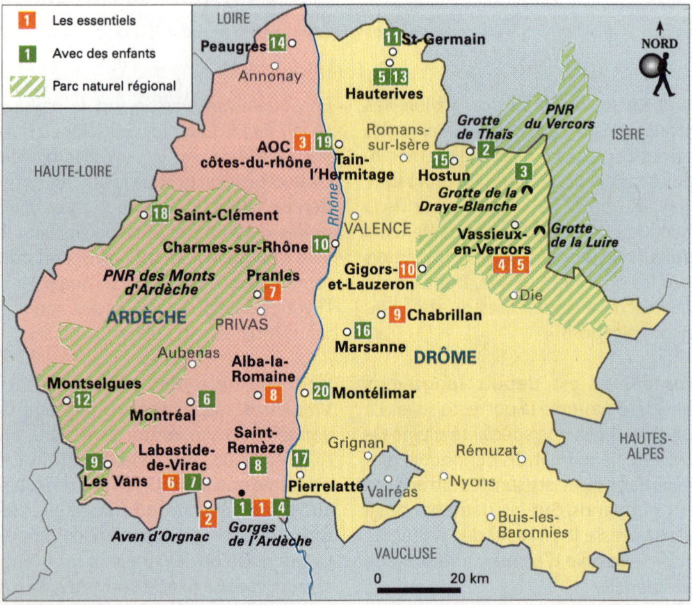

Les essentiels

Les citadins en mal d'espace et de grand air ne se tromperont pas de destination en posant leurs valises ici, de part ou d'autre du sillon rhodanien. En Ardèche, par exemple, pas un centimètre d'autoroute, pas plus que la moindre gare ferroviaire d'ailleurs, ça donne le ton !

Ici la nature a façonné des ***gorges spectaculaires*** (*1* ; voir le chapitre qui leur est consacré) et des ***grottes*** et ***avens (2)*** – tiens, au fait, quelle est la différence ? – dans lesquels nos lointains ancêtres avaient pris leurs quartiers. Grotte de la Madeleine, aven Marzal, grotte de Saint-Marcel ou aven d'Orgnac… De quoi faire le bonheur de ceux qui s'intéressent à la préhistoire et à l'archéologie.

Amateurs de bonne chère, sachez que Dame nature a favorisé la production de quelques ***fleurons de côtes-du-rhône, tous AOC (3)*** : hermitage et crozes-hermitage (côté drômois), saint-joseph (ardéchois), à découvrir en suivant les itinéraires des routes des vins disponibles auprès des offices de tourisme.

Afin de comprendre un épisode sanglant de l'histoire de la Seconde Guerre mondiale, et ce que fut la Résistance dans le Vercors, direction le plateau du Vercors, à cheval sur la Drôme et l'Isère, le ***mémorial*** et le ***musée de la Résistance (4)*** (Vassieux) ou la ***grotte de la Luire (5),*** proche de Saint-Agnan.

Toujours pour entrer dans l'Histoire et découvrir de belles pierres, on apprend, en visitant le ***château des Roure*** et la ***magnanerie*** à ***Labastide-de-Virac (6),*** ainsi que le ***musée du Vivarais protestant au Bouschet (7),*** sur la commune de Pranles, que les guerres de Religion ont particulièrement fait rage dans la région, forte présence protestante oblige.

Enfin, pour le plaisir des yeux, une poignée de beaux villages médiévaux se découvrent au travers de leurs tortueuses ruelles ! Labellisés « Villages de caractère » en Ardèche ***(Alba-la-Romaine, Vogüé, Balazuc... ; 8),*** ils sont souvent « perchés » dans la Drôme : ***Chabrillan (9), Gigors-et-Lauzeron (10),*** etc.

Avec des enfants

L'Ardèche et la Drôme sont particulièrement riches en visites et en activités adaptées aux enfants. Alors à vous de choisir vos virées, selon les âges et les goûts des membres de votre tribu !

S'émerveiller devant les entrailles de la terre s'impose, bien sûr, et, parmi les nombreuses ***grottes*** et ***avens*** – principalement localisés en Ardèche et plus précisément du côté des ***gorges (1)*** – on retient la Caverne du Pont-d'Arc et le récent espace de restitution de la grotte Chauvet, l'aven Marzal, l'aven d'Orgnac ou celui de la Forestière. Également, côté drômois, la ***grotte préhistorique de Thaïs (2)*** près de Saint-Nazaire-en-Royans et le ***parc et la grotte de la Draye-Blanche (3)*** à La Chapelle-en-Vercors. Mais ouh là là, il se passe aussi bien des choses intéressantes à la surface ! Splendeurs naturelles au même titre que les grottes et avens proposés plus haut, ne pas manquer de ***descendre les gorges de l'Ardèche (4)*** bien sûr, en canoë ou en barque à fond plat.

On peut aussi se tourner, pour varier les plaisirs, vers les merveilles du patrimoine bâti et pousser la porte de l'excentrique ***palais du facteur Cheval à Hauterives (5)*** par exemple, visiter des ***châteaux*** comme ceux de ***Montréal (6)*** ou des ***Roure-magnanerie*** à ***Labastide-de-Virac (7).***

Pour rafraîchir les corps, ou les esprits qui s'échaufferaient au cours de – trop – longues visites, gardez en tête que la région est un pays de rivières, avec de multiples accès aménagés, et qu'on y pratique de nombreuses activités de plein air et sports – voir aussi plus bas le paragraphe qui leur est consacré :

– la ***Forêt des Jeux près de Saint-Remèze (8)*** ;
– plusieurs ***labyrinthes végétaux aux Vans (9),*** près de ***Charmes-sur-Rhône (10)*** ou à ***Saint-Germain (11)*** ;
– une balade avec un âne au *Gîte d'étape de la Fage* à ***Montselgues (12)*** ou avec *Locanimo* à ***Hauterives (13)*** ;
le ***Safari de Peaugres (14)*** ;
– le ***Monde merveilleux des lutins*** à ***Hostun (15)*** ;
– la ***forêt de Robin à Marsanne (16)*** ;
– la ***Ferme aux crocodiles*** à ***Pierrelatte (17)*** ;
– l'***École du vent*** à ***Saint-Clément (18)...***

Et puisque tôt ou tard une escale gourmande pourrait s'imposer, plongez dans les secrets de fabrication du ***chocolat Valrhona*** à ***Tain-l'Hermitage (19),*** plébiscité par de grands chefs, ou ceux du ***nougat*** au musée Arnaud-Soubeyran à ***Montélimar (20).***

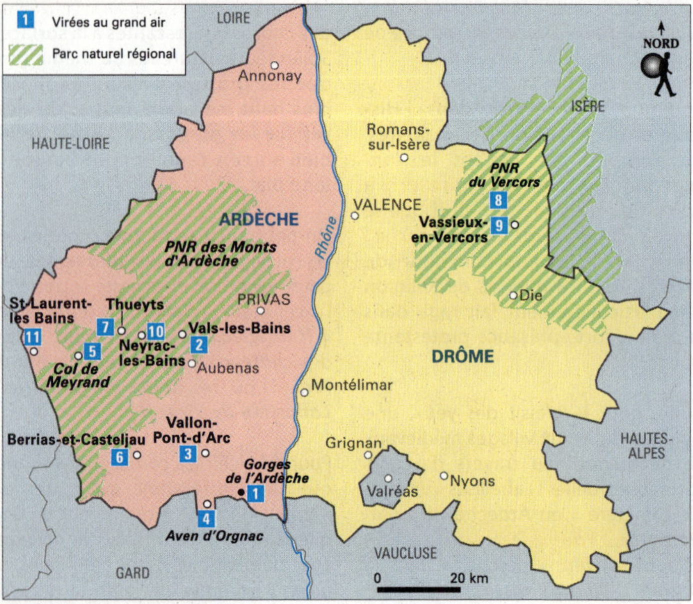

Virées au grand air

Profitez d'une nature de caractère, valorisée et protégée (PNR Vercors, PR des monts d'Ardèche...), dans laquelle on peut avoir la tête fraîche – l'altitude pouvant atteindre 1 600 m côté ardéchois – et les pieds au chaud – nette influence méridionale côté drômois : une invitation à se lancer dans un large éventail d'activités sportives !

Nombreuses possibilités de ***randonnées,*** de la boucle familiale aux parcours les plus sportifs *(• vercors-gtv.com •).*

Côté élément liquide, ***canoë (1)*** dans les gorges bien sûr, plus ou moins sportif selon le niveau d'eau et la longueur du parcours choisi, ou ***canyoning*** pour les plus intrépides ***(Base Canyon de la Besorgues*** à ***Vals-les-Bains ; 2).***

Les nombreuses grottes creusées dans le calcaire sont, quant à elles, l'occasion de se lancer dans une expérience de ***spéléo*** autour de ***Vallon-Pont-d'Arc*** et ***des fameuses gorges (3),*** à la ***Base Canyon de la Besorgues*** à ***Vals (2)*** ou à l'***aven d'Orgnac (4).*** Et pour ceux qui seraient tentés de se prendre pour un oiseau le temps d'un baptême, sachez qu'on peut s'offrir un vol en ***parapente*** *(• parapente-ardeche.com •)* à ***Meyrand (5)*** ou ***Berrias-et-Casteljau (6).***

On peut aussi profiter des falaises abruptes pour pratiquer l'escalade ou s'engager dans une ***via ferrata*** comme celle du ***pont du Diable*** à ***Thueyts (7).***

Le ski, c'est côté drômois que ça se passe, avec sept stations principalement implantées sur le ***massif du Vercors (8),*** au sein du PNR *(• ladromontagne.fr •).* Et qui dit neige dit aussi ***ski de randonnée*** ou, encore plus exceptionnel, une virée en ***chiens de***

traîneau (9) à Vassieux *(Esprit du Nord)* ou au Souillet (proche de Vassieux).

Enfin, pour délasser vos membres fourbus, gardez en tête que l'Ardèche abrite trois ***établissements thermaux,*** à ***Vals (2), Neyrac (10)*** et ***Saint-Laurent-les-Bains (11),*** aux eaux parées de bien des vertus ; on peut prévoir de s'y faire dorloter une journée ou deux.

Attention, une bonne partie des activités évoquées plus haut nécessitent une réservation bien à l'avance… Ne loupez pas le coche !

La via ferrata du pont du Diable, en Ardèche

Mirmande, village perché de la Drôme

COMMENT Y ALLER ?

PAR LA ROUTE

Tarifs autoroutiers

Pour connaître le coût de l'usage des principaux tronçons autoroutiers de l'Hexagone, consulter le site • *autoroutes.fr* • (onglet « Préparez votre voyage »).

Le covoiturage

Le principe est économique, écologique et convivial. Les conducteurs sont invités à proposer leurs places libres afin de partager le trajet et les frais avec des passagers. L'inscription est gratuite : • *blablacar.fr* • (disponible sur le Web et sur mobile).

En bus

Le réseau de bus longue distance s'étant développé ces dernières années, le plus pratique est de consulter le comparateur de billets d'autocars • *comparabus.com* •, qui regroupe les compagnies présentes en France : *Ouibus, Eurolines/Isilines, Flixbus.* De nombreuses villes sont desservies sur l'ensemble de l'Hexagone, et de nouvelles dessertes sont régulièrement proposées. À vous de voir en temps réel les liaisons existantes. Un lien vers les compagnies permet d'acheter ses billets en direct.

EN TRAIN

Au départ de Paris (gare de Lyon)

➢ ***Paris-Valence :*** trajet env 2h10-2h30. Arrivée à la gare de Valence-TGV, à 8 km du centre, ou à celle de Valence-Ville. Navette entre les 2 gares.

➢ ***Paris-Montélimar :*** trajet env 3h avec un train direct, 4h via Lyon, et un peu moins via Valence.

Au départ de la Belgique, de l'Île-de-France et de la province

➢ Liaisons directes pour Valence depuis ***Bruxelles*** (4h-4h25), ***Lille*** (3h40), ***aéroport Roissy-Charles-de-Gaulle*** (2h40), ***Marne-la-Vallée*** (2h30), ***Massy-TGV*** (2h45), ***Rouen*** (4h25), ***Nantes*** (5h10), ***Nice*** (4h), ***Marseille*** (1h05), ***Montpellier*** (1h15) et ***Toulouse*** (3h30).

Pour voyager au meilleur prix

La SNCF propose des tarifs adaptés à chacun de vos voyages.

➢ ***Prem's :*** des petits prix disponibles toute l'année. Billets non échangeables et non remboursables (offres soumises à conditions). Impossible de poser des options de réservation sur ces billets : il faut les payer immédiatement.

➢ ***Les IDTGV :*** des prix mini, à saisir sur Internet uniquement.

➢ ***Les tarifs Loisirs :*** billets échangeables et remboursables. Pour bénéficier des meilleures réductions, pensez à réserver vos billets à l'avance (les réservations sont ouvertes jusqu'à 90 j. avant le départ) ou à voyager en période de faible affluence.

➢ ***Les cartes de réduction :*** pour ceux qui voyagent régulièrement, profitez de réductions garanties tout le temps avec les cartes Enfant +, Jeune, Week-end ou Senior + (valables 1 an).

Renseignements et réservations

– ***Internet :*** • *voyages-sncf.com* •
– ***Téléphone :*** ☎ *36-35 (0,40 €/mn).*
– Également dans les gares, les

boutiques SNCF et les agences de voyages agréées.

▲ TRAINLINE

Une nouvelle façon simple et rapide d'acheter vos billets de train sur le Web, mobile et tablette. Réservez vos billets pour voyager en France et dans plus de 20 pays européens. Consultez les tarifs et les horaires dans une interface claire et sans publicités. *Trainline* compare les prix de plusieurs transporteurs européens pour vous garantir le meilleur tarif. Réservations et paiements sur • *trainline.fr* • et sur mobiles avec l'application *Trainline* pour iPhone et Androïd. Et pour répondre à vos questions : • *guichet@trainline.fr* •

Transport intérieur dans la région Auvergne-Rhône-Alpes

– ***Le transport express régional (TER) :*** la région Auvergne-Rhône-Alpes et SNCF proposent des trains et des cars reliant un grand nombre de points d'arrêt régionaux en connexion avec les différents réseaux urbains, qui permettent de découvrir les principaux sites touristiques.

Pour tout renseignement

– ***Internet :*** • *ter.sncf.com/auvergne-rhone-alpes* •
– ***Téléphone :*** ☎ *09-69-32-21-41 (appel non surtaxé).* Infos pratiques, horaires et réservations.

BON À SAVOIR AVANT LE DÉPART

AVANT LE DÉPART

Adresses et infos utiles

Rhône-Alpes Tourisme : 8, rue Paul-Montrochet, 69002 Lyon. ☎ 04-26-73-31-59. • fr.rhonealpes-tourisme.com •

Gîtes de France : ☎ 0826-10-44-44 (0,15 €/mn ; tlj 9h-21h). • gites-de-france.com • Librairie en ligne. Les résas sont à faire auprès des relais régionaux et départementaux des *Gîtes de France* (indiqués dans ce guide en introduction de chaque département).

Gîtes de France Rhône-Alpes : • gites-de-france-rhone-alpes.com •

– ***Ski :*** sachez que l'on trouve plusieurs stations familiales dans l'est du département drômois, du côté du Vercors. On évoque le ski, mais d'autres activités sont bien sûr possibles (chiens de traîneau, raquettes...). • ladromemontagne.fr •

– ***Tourisme thermal :*** après avoir profité de toutes les possibilités de sports et loisirs au grand air de la région, on peut s'offrir une virée réparatrice pour le corps et se faire chouchouter dans l'une des 3 stations thermales ardéchoises. • ardeche-guide.com/detente-aux-thermes/stations-thermales •

Carte d'adhésion internationale aux auberges de jeunesse (carte FUAJ)

Cette carte vous ouvre les portes des 4 000 auberges de jeunesse du réseau *HI-Hostelling* International en France et dans le monde. Vous pouvez ainsi parcourir 90 pays à des prix avantageux et bénéficier de tarifs préférentiels avec les partenaires des auberges de jeunesse *HI*. Enfin, vous intégrez une communauté mondiale de voyageurs partageant les mêmes valeurs : plaisir de la rencontre, respect des différences et échanges dans un esprit convivial. Il n'y a pas de limite d'âge pour séjourner en auberge de jeunesse. Il faut simplement être adhérent.

Renseignements et inscriptions

– ***En France :*** • hifrance.org •
– ***En Belgique :*** • lesaubergesdejeunesse.be •
– ***En Suisse :*** • youthhostel.ch •
– ***Au Canada :*** • hihostels.ca •

Si vous prévoyez un séjour itinérant, vous pouvez réserver plusieurs auberges en une seule fois en France et dans le monde sur • hihostels.com •

Carte internationale d'étudiant (carte ISIC)

Elle prouve le statut d'étudiant dans le monde entier et permet de bénéficier de tous les avantages, services et réductions dans les domaines du transport, de l'hébergement, de la culture, des loisirs, du shopping...

La carte ISIC permet aussi d'accéder à des avantages exclusifs (billets d'avion spécial étudiants, hôtels et auberges de jeunesse, assurances, cartes SIM internationales, locations de voitures...).

Renseignements et inscriptions

- ***En France :*** *● isic.fr ●*
- ***En Belgique :*** *● isic.be ●*
- ***En Suisse :*** *● isic.ch ●*
- ***Au Canada :*** *● isiccanada.com ●*

Voyages à pied, à vélo, à ski, ou accompagné par un âne

▲ **ALLIBERT**
– Paris : 37, bd Beaumarchais, 75003. ☎ 01-44-59-35-35. ● allibert-trekking.com ● Ⓜ Chemin-Vert ou Bastille. Lun-ven 9h-19h, sam 10h-18h. Agences en province également.
Né en 1975 d'une passion commune entre trois guides de montagne, Allibert propose aujourd'hui 1 100 voyages aux quatre coins du monde tout en restant une entreprise familiale. Découvrir de nouveaux itinéraires en respectant la nature et les cultures des régions traversées reste leur priorité. Pour chaque région française, différents niveaux de difficulté. Allibert est le premier tour-opérateur certifié tourisme responsable.

▲ **TERRES D'AVENTURE**
N° Indigo : ☎ 01-70-82-90-00. ● terdav.com ●
– Paris : 30, rue Saint-Augustin, 75002. Ⓜ Opéra ou Quatre-Septembre. Lun-sam 9h30-19h.
– Agences également à Bordeaux, Grenoble, Lille, Lyon, Marseille, Nantes, Rennes, Rouen, Strasbourg et Toulouse.
Terres d'Aventure, spécialiste du voyage à pied, propose aux voyageurs passionnés de marche et de rencontres des randonnées hors des sentiers battus à la découverte des grands espaces en France et dans le reste du monde. Voyages à pied, à cheval, à raquettes, en bateau... Les hébergements dépendent des sites explorés : camps d'altitude, bivouac, refuge ou petits hôtels. Les voyages sont conçus par niveaux de difficulté.

BUDGET

Nous vous indiquons ci-dessous l'échelle des tarifs auxquels nous nous référons pour l'ensemble de nos guides France.

Recommandation à ceux qui souhaitent profiter des réductions et avantages proposés dans le *Routard* par les hôteliers et les restaurateurs.

À l'hôtel, pensez à les demander au moment de la réservation ou, si vous n'avez pas réservé, **à l'arrivée.** Ils ne sont valables que pour les réservations en direct et ne sont pas cumulables avec d'autres offres promotionnelles (notamment sur Internet). Au restaurant, parlez-en **au moment** de la commande et surtout **avant** que l'addition ne soit établie. Poser votre *Routard* sur la table ne suffit pas : le personnel de salle n'est pas toujours au courant et une fois le ticket de caisse imprimé, il est souvent difficile de modifier le total. En cas de doute, montrez la notice relative à l'établissement dans le *Routard* de l'année et, bien sûr, ne manquez pas de nous faire part de toute difficulté rencontrée.

Hébergement

D'une manière générale, nous indiquons des fourchettes de prix allant de la chambre double la moins chère en basse saison à la plus chère en haute saison. Ce qui implique parfois d'importantes fourchettes de prix, pas toujours en adéquation avec la rubrique dans laquelle l'établissement est cité. Le classement retenu est donc celui du prix de la majorité des chambres et de leur rapport qualité-prix.

À noter que lorsque les adresses sont équipées d'un ***ordinateur accessible au public*** et/ou du ***wifi,*** nous le mentionnons (et nous précisons si l'accès est payant).

Les tarifs des ***campings*** sont calculés sur la base d'un emplacement pour deux avec voiture et tente, en haute saison.

Les ***auberges de jeunesse*** et ***gîtes d'étape*** pratiquent en règle générale des tarifs « Bon marché » pour une nuitée en dortoir (avec ou sans les draps). Le tarif indiqué est celui du lit en dortoir et/ou parfois de la chambre double, quand il y en a.

En ***chambres d'hôtes,*** les prix sont donnés sur la base d'une chambre double. Ils incluent le petit déjeuner. Les cartes de paiement sont rarement acceptées. Dans les cas contraires, nous indiquons « petit déj en sus » et « CB acceptées ».

Concernant les ***hôtels,*** la base reste généralement celle d'une nuit en chambre double (sans petit déjeuner).

- ***Bon marché :*** jusqu'à 50 €.
- ***Prix moyens :*** de 50 à 80 €.
- ***Chic :*** de 80 à 120 €.
- ***Plus chic :*** de 120 à 150 €.
- ***Beaucoup plus chic :*** au-delà de 150 €.

Restos

Au restaurant, notre critère de classement est le prix du premier menu servi le soir (hors boissons). Les notions de « Prix moyens » ou « Plus chic » n'engagent donc que les prix. Autrement dit, certains restaurants proposant d'intéressantes formules, notamment au déjeuner, pourront malgré tout être classés dans la rubrique « Plus chic ».

- ***Très bon marché :*** moins de 15 €.
- ***Bon marché :*** de 15 à 25 €.
- ***Prix moyens :*** de 25 à 35 €.
- ***Chic :*** de 35 à 50 €.
- ***Plus chic :*** plus de 50 €.

LIVRES DE ROUTE

L'Ardèche et ses bords de Rhône

- ***Portraits de Cévenols,*** de G. Léautier, 3 tomes (éd. Alcide, 2008). ***Le repère du dernier cévenol*** (2010) **:** initialement écrits pour la radio, ces portraits poétiques, mélange d'humour, de douceur et de rudesse nous plongent au cœur des Cévennes d'aujourd'hui.
- ***À la découverte de la Grotte Chauvet-Pont d'Arc*** (2016), de S. Gayet et J. Billaudeau. Une mise en scène très graphique de la grotte, de ses œuvres et de l'histoire de nos ancêtres. Livre riche et coloré (éd. Actes Sud Junior).
- ***Connaître la Cuisine Ardéchoise*** (2014) ; de Claude Brioude, fier cuisinier ardéchois depuis 6 générations, qui met à l'honneur la diversité de son terroir, entre tradition et haute gastronomie (éd. Sud Ouest).
- ***Voyage avec un âne dans les Cévennes*** (1879, réédité en 2013), de Robert Louis Stevenson, l'homme de *L'Île au trésor* (éd. GF, nº 601).

La Drôme et ses bords du Rhône

- ***La Charrette bleue*** (1982), de René Barjavel (éd. Gallimard, coll. « Folio » nº 1406). Il nous a donné toute son enfance drômoise dans un livre

d'émotions. Il y a écrit cette phrase superbe : « La seule différence entre Nyons et le Paradis, c'est qu'à Nyons, on est bien vivant. » Du même auteur, on retiendra aussi de nombreux ouvrages, très divers et toujours joliment écrits : ***Ravage, Une rose au Paradis, La Faim du tigre, Le Voyageur imprudent,*** et on en passe.
– ***Les Baronnies, Mode d'emploi d'un fragment de paradis*** (2015), de Patrick Ollivier-Elliott et Marie-Odile Arnoux (éd. Edisud). Carnet de voyage truculent qui vous guide au cœur des Baronnies. D'ailleurs, ce n'est pas un livre qui se lit, mais qui se déguste. L'humour, la verve badine et taquine, ainsi que les images que manient savamment les auteurs sont un véritable plaisir.
– En plus de ces incontournables, on garde pour la bonne bouche ***Le Poème de l'olive,*** de Jean Giono (éd. Gallimard).

PERSONNES HANDICAPÉES

Le label Tourisme et Handicap

Ce label national, créé par le secrétariat d'État à la Consommation et au Tourisme en partenariat avec les professionnels du tourisme et les associations représentant les personnes handicapées, permet d'identifier les lieux de vacances (hôtels, campings, sites naturels, etc.), de loisirs (parcs d'attractions, etc.) ou de culture (musées, monuments, etc.) accessibles aux personnes handicapées. Il apporte aux touristes en situation de handicap une information fiable sur l'accessibilité des lieux. Cette accessibilité, visualisée par un pictogramme correspondant aux quatre types de handicaps (moteur, visuel, auditif et mental), garantit un accueil et une utilisation des services proposés avec un maximum d'autonomie dans un environnement sécurisant.

Pour connaître la liste des sites labellisés : • *rendezvousenfrance.com* • (rubrique « Tourisme et Handicap »).

Par ailleurs, dans notre guide, nous indiquons par le logo ♿ les établissements qui possèdent un accès ou des chambres pouvant accueillir des personnes handicapées. Certaines adresses sont parfaitement équipées selon les critères les plus modernes. D'autres, plus simples, plus anciennes aussi, sans répondre aux normes les plus récentes, favorisent l'accueil des personnes handicapées en facilitant l'accès à leur établissement, tant sur le plan matériel que sur le plan humain. Évidemment, les handicaps étant très divers, des lieux accessibles à certaines personnes ne le seront pas pour d'autres. Appelez donc auparavant pour savoir si l'équipement de l'hôtel ou du resto est compatible avec votre niveau de mobilité.
Malgré les combats menés par les nombreuses associations, l'intégration des personnes handicapées à la vie de tous les jours est encore balbutiante en France. Il tient à chacun de nous de faire changer les choses. Une prise de conscience est nécessaire, nous sommes tous concernés.

SITES INSCRITS AU PATRIMOINE MONDIAL DE L'UNESCO

Organisation des Nations Unies pour l'éducation, la science et la culture

En coopération avec le centre du patrimoine mondial de l'UNESCO

Pour figurer sur la liste du Patrimoine mondial, les sites doivent avoir une valeur universelle exceptionnelle et satisfaire à au moins un des 10 critères de sélection. La protection, la gestion, l'authenticité et l'intégrité des biens sont également des considérations importantes.
Le patrimoine est l'héritage du passé dont nous profitons aujourd'hui et que nous transmettons aux générations à venir. Nos patrimoines culturel et naturel sont deux sources irremplaçables de vie et d'inspiration. Ces sites appartiennent à tous les peuples du monde, indépendamment du territoire sur lequel ils sont situés. Pour plus d'informations : • *whc.unesco.org* •
– Pour le guide Ardèche-Drôme est concernée la grotte ornée de la Caverne du Pont-d'Arc, dite « grotte Chauvet ».

SITES INTERNET

• ***routard.com*** • Le site de voyage n° 1 avec 750 000 membres et des millions d'internautes chaque mois. Partagez vos expériences avec la communauté de voyageurs : forums de discussions, avis, bons plans et photos. Pour s'inspirer et s'organiser, plus de 250 fiches pays actualisées avec les infos pratiques, les incontournables et les dernières actualités, ainsi que des reportages terrains et des carnets de voyage. Enfin, vous trouverez tout pour vos vols, hébergements, activités et voitures pour réserver votre voyage au meilleur prix. Routard.com, votre voyage de A à Z !

• ***ledauphine.com*** • *Le Dauphiné libéré* est le « canard » local qu'on va chercher à l'épicerie-journaux du village... mais qu'on peut aussi parcourir sur sa tablette préférée.

• ***ardeche-guide.com*** • Site officiel de l'agence de développement touristique de l'Ardèche. Pour tout savoir sur l'Ardèche. Possibilité de commander des brochures, de réserver des hébergements, etc. Grâce au portail « Sports et loisirs nature », on peut accéder, depuis son téléphone mobile, à une foule d'informations dans ces domaines : randos pédestres, spéléologie, cyclotourisme, sport équestre, etc.

• ***balades26-07.blogspot.fr*** • Un blog sur lequel choisir une ou plusieurs balades à découvrir en Ardèche et dans la Drôme, bien illustré pour ne pas se perdre.

• ***ladrometourisme.com*** • Site officiel de l'agence de développement touristique de la Drôme, avec toutes les infos pratiques sur le département : routes thématiques, hébergements, activités sportives, activités de pleine nature, etc.

• ***dromeprovencale.fr*** • Site exclusivement consacré à cette région de moyenne montagne : infos complètes sur la gastronomie, les marchés et fêtes autour des produits du terroir en particulier.

L'ARDÈCHE

• Carte *p. 43*

ABC de l'Ardèche

- ***Nom :*** le département doit son nom à la rivière Ardèche.
- ***Population :*** 318 400 hab.
- ***Superficie :*** 5 529 km².
- ***Densité :*** 57,6 hab./km².
- ***Préfecture :*** Privas (8 690 hab.).
- ***Point culminant :*** le mont Mézenc à 1 753 m.
- ***Forêts :*** 172 000 ha, qui occupent 31 % du territoire.
- ***Sous-préfectures :*** il y en a deux, grandes comme la main, Tournon-sur-Rhône et Largentière.
- ***Économie :*** le tourisme en est un des moteurs avec 4 000 emplois directs ou saisonniers.
- ***Particularités :*** l'Ardèche est le département de la spéléologie. C'est aussi, avec la Dordogne, le pays de la préhistoire et de l'archéologie (grotte Chauvet). C'est en Ardèche, au mont Gerbier-de-Jonc, que la Loire prend sa source. C'est aussi le seul département français à ne pas compter 1 cm d'autoroute et à ne plus compter aucune gare ferroviaire de voyageurs !

« En Ardèche, la nature a sculpté, les jours ont poncé, et l'homme a décoré. »

Bernard Pouchèle, poète vagabond

L'Ardèche est incontestablement l'un des départements les plus sauvages de France. La nature y est préservée quasi intacte. Non pas celle issue du big-bang originel que les hasards, Dieu ou des démiurges auraient laissé façonner au gré des temps et des éléments en colère. Ces natures-là sont forêts vierges ou déserts sans limites. Non, ici, il s'agit de la vraie nature. Cet amalgame, cet équilibre, cette union discrète entre le ciel, les jours et l'homme. Cela a donné une Ardèche unique en sa beauté. Et les hommes sont là, heureux, depuis la nuit des temps.

AVANT LE DÉPART

Adresses utiles

Agence de développement touristique de l'Ardèche (ADT ; *zoom Privas, B1,* **1)** : *4, cours du Palais, 07000 Privas.* ☎ *04-75-64-04-66.* • *ardeche-guide.com* • *facebook.com/ardeche.saga* • *Permanence téléphonique lun-ven 8h30-12h30, 13h30-17h.* Appelez-les pour recevoir toute la doc sur le département.

■ **Relais des Gîtes de France de l'Ardèche :** *4, cours du Palais, BP 402, 07004 Privas Cedex.* ☎ *04-75-64-70-70.* • *gites-de-france-ardeche.com* • *Janv-mai, lun-ven 8h-17h30 ; juin-déc, lun-ven 8h-12h, 13h-17h30.* Gère et organise les résas pour les gîtes ruraux en Ardèche. Pour les chambres d'hôtes, on réserve directement auprès des propriétaires, sur le site • *ardeche-chambre-d-hotes.com* • ou par téléphone pour les résas de dernière minute : ☎ *0891-162-222 (0,22 €/mn).*

■ **Association Clévacances Ardèche :** ☎ *04-75-64-10-52.* • *clevacances.com* • Gère des gîtes et chambres d'hôtes dans et hors des villes et villages de l'Ardèche.

■ **Comité départemental de la randonnée pédestre :** *23, cours du Palais, BP 210, 07002 Privas.* ☎ *04-75-30-57-38.* • *ardeche-ffrandonnee.fr* •

■ **Comité départemental de la Fédération française de la montagne et de l'escalade :** *2, rue Pierre-Filliat, 07000 Privas.* ☎ *04-75-43-98-07.* • *ffme07.wordpress.com* •

■ **Comité départemental de spéléologie :** *130, chemin du Cirque-de-Gens, 07120 Chauzon.* ☎ *09-77-91-28-13.* • *cds07.fr* •

ARDÈCHE UNIQUE, ARDÈCHE MULTIPLE

Ardèche unique. Pas si simple car, en vérité, il y a deux Ardèche. Là-haut, vers le septentrion, la haute Ardèche, l'Ardèche du beurre ; là-bas, où la Cévenne touche la Provence, l'Ardèche de l'huile. Deux cultures déjà, deux mentalités, deux habitudes alimentaires, deux façons de penser et de voir les choses. Et, en parodiant Pagnol, là-haut au nord, l'Ardèche sérieuse de M. Brun ; plus bas au sud, l'Ardèche chantante de M. César. C'est que la frontière du nord et celle du Midi passe ici, même si aucun panneau n'avertit le voyageur. C'est une frontière de l'accent, du comportement, du vent, des arbres et des nuages. La trille d'un verdier en haut, le chant d'une cigale en bas. Courte vision. C'est là le point de vue de sociologue et d'ethnologue manichéen. Il y a, en fait, apprenez cela du géographe et du poète, plusieurs Ardèche. Une demi-douzaine d'Ardèche, pour le moins. Alors, un petit tour pour vous les servir.

Première Ardèche

Et voilà ***celle d'Annonay et du haut Vivarais,*** l'Ardèche où les messieurs de Montgolfier ont fait savoir au monde que l'univers humain avait trois dimensions en réussissant là où un demi-dieu, Icare, avait échoué. Eh oui, ce sont des Ardéchois les premiers spationautes. Et qui ont volé, en costume de ville, dans un joli ballon décoré à l'écossaise, n'en déplaise à Gagarine et à John Glenn, engoncés, vingt décennies plus tard, dans leur scaphandre et dans leur tas de ferraille.
Elle est aussi celle des automnes en pente du haut Vivarais, à l'heure où la robe des sombres conifères et du jaune clair des prés sert de toile de fond aux dessins ocre et roux des châtaigniers. Toile piquée aussi de l'or des peupliers, quand descendent des plateaux la Deûme et le Doux, ces rivières à truites, larges comme le bras, qui ont creusé de bien belles gorges. Pays des moulins à froment et des foulons à cuir, pays des vieilles tours et des sentiers à mules. Et d'une.

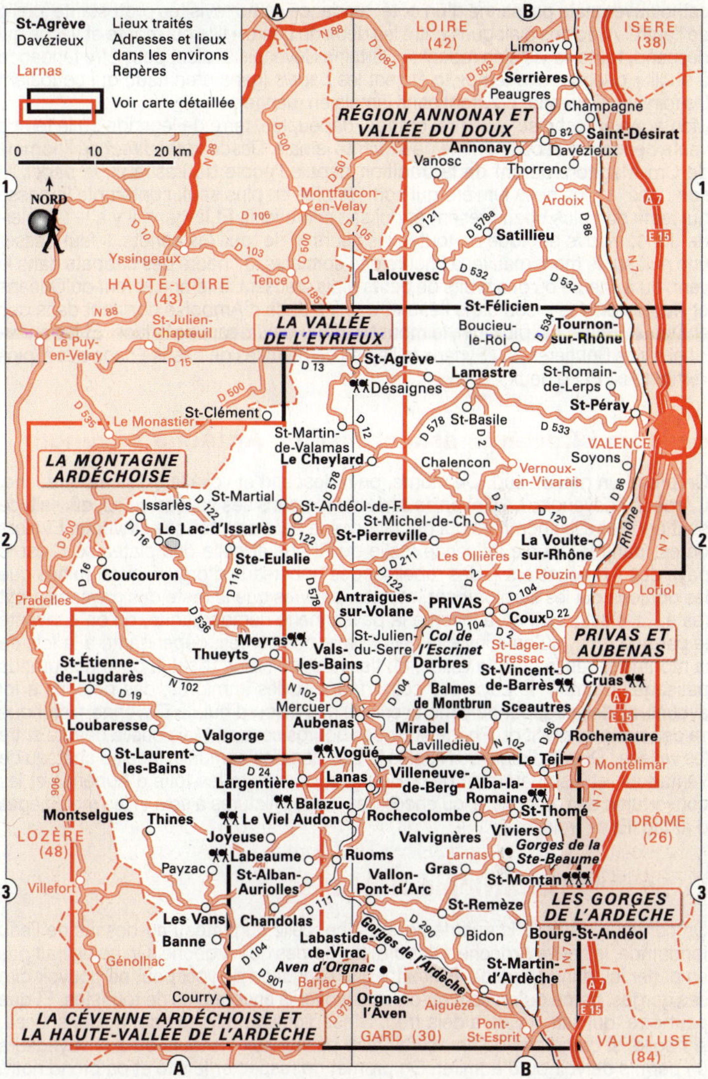

L'ARDÈCHE

Ardèche deuxième !

La deuxième Ardèche, c'est ***celle de la montagne ardéchoise*** et des Boutières. ***Celle des jeunes volcans du vieux massif.*** Cette montagne des gens toujours un peu en bisbille avec ceux de la Cévenne, là, de l'autre côté du Tanargue. Tendance

catho auvergnate paysanne d'un côté, tendance catho revisitée protestante intello de l'autre. Avec des dialogues entre les deux du genre « fille qui monte et vache qui descend, toute sa vie s'en repent ». Certains Cévenols avaient peut-être tendance à oublier que, dans le temps, c'étaient les *pagels* (gens d'en haut) qui coupaient les foins en Cévenne, pourtant sans jamais en manger.
Montagne ardéchoise, solitaire, grande, dépeuplée, terre de légende où le temps vente beaucoup et où l'homme ne se vante jamais. Descendant direct de l'homme de Cro-Magnon, garant de la tradition depuis l'école de Lascaux, le *pagel,* le soir dans la plus belle lumière qui soit, de plus en plus seul, contemple le passé qui reste son plus beau présent et qui sait son avenir. Et là-haut, il y a le Gerbier-de-Jonc, mauve et piqué de toutes les fleurs et de tous les genêts. Il faut passer une nuit sur le mont mauve, à l'heure des sorcières, à l'heure des sabbats dans le vent, ou à l'heure où des bruits de petits pipis creusent le temps et font qu'Orléans et Nantes ont les pieds dans l'eau et que les ducs d'Amboise dorment dans des châteaux. Et là-bas, plus loin, le mont Mézenc, la nuit, touche la lune. Et les ondulations des Boutières où l'Eyrieux taille des cathédrales de basalte dans des à-pics vertigineux. Et de deux.

En trois : Cévenne ardéchoise ou Ardèche cévenole ?

On prend un peu au sud. On monte, on redescend et voilà la troisième Ardèche. L'Ardèche cévenole. ***La Cévenne ardéchoise*** dans ses vallées. Et ici, qui sait, ce sont peut-être les hommes qui ont façonné la nature plutôt que l'inverse. Et alors on est dans la double influence, celle du Rhône et celle des plateaux. C'est le pays des « reboussiers », des rebelles, des hobereaux d'orgueil aussi ruinés que les donjons qui les surplombent, et aussi pauvres que le reste des paysans. Petit reste. Et c'est ici qu'on a inventé la paysannerie démocratique, qu'on a inventé le partage rural, qu'on a inventé l'économie des pentes, dépendante à la fois de la montagne, de la grande vallée, du fleuve et du cœur. C'est le pays des grands passages d'antan, le pays des colporteurs et des immigrés, des pèlerins à foi avouée et des vagabonds sans aveu. Hélas ! aujourd'hui, la Cévenne historique se dépeuple au profit du Rhône et de ses bourgs cossus. Mais quelle beauté entre les vallées ! Du nid d'aigle de Nièglès là-bas dans les cumulus, face au château de Ventadour, et jusqu'au ravin de la Bourges, on admire les toits d'Aubenas et les couvertures de Largentière, ou encore les vieilles filatures à soie et les moulinages d'antan. Et de trois.

Et vogue la quatrième Ardèche

On continue. Et voilà la quatrième Ardèche, celle du plateau au-dessus de l'eau fondatrice, le fleuve Ardèche. D'abord, les gorges de l'Ardèche. On ne devrait pas en parler ici, dans ce guide. Prétexter une extinction de voix pour ne pouvoir dire ses gorges, parce qu'on sent qu'on va envoyer là encore plus de touristes. Et que peut-être, qui sait, il y en a déjà trop. C'est digne du berceau de Moïse, si beau, si fragile, si grandiose qu'on devrait faire passer aux visiteurs ou aux voyageurs un permis de voir ou d'admirer. On promet de respecter le site et on prend notre kayak.
Alors, ici, c'est le beau à l'état pur, le joyau naturel, la preuve que même si Dieu est mort, il a laissé des traces. La preuve que la nature conduit le hasard. Ah ! ces combes encaissées, ces lumières sous les astres, ces accélérations bleues, blanches et rugissantes, et ces lenteurs plates d'azur et d'émeraude qui font de l'Ardèche dans sa gorge, même les jours de grand rhume, incontestablement l'un des sites les plus beaux d'Europe ! Un canyon qui, contrairement à celui du Colorado, est vivant. Avec une flore étonnante qui va du genévrier de Phénicie au genêt scorpion en passant par les cistes, les euphorbes et mille autres chênes variés ou ajoncs de poète.

Plus haut dans la vallée

Allez, un petit détour, on remonte le cours, on remonte l'Ardèche. Et voilà sa vallée. Et tout au bout, là-bas, Aubenas, entre la Cévenne et la plaine, Aubenas l'industrieuse, Aubenas la marchande. L'Aubenas des révoltes et des révoltés. De la jacquerie de Roure au bagnard Papillon. Et plus loin, Ruoms la jolie, qui pleure ses tailleurs de pierre. Et Balazuc, ce nid de guêpes tout en calades pentues et ses passages couverts qui abritaient des comtes de Toulouse sous les pluies médiévales. Et Vogüé avec son château dans les rochers, comme un nid de condor.

Le Coiron et Privas : la cinquième Ardèche

On laisse là notre kayak et on reprend la route, les pieds sur la terre ferme. On traverse les Gras et ses hameaux qui sont autant d'oasis dans les garrigues. Après un arrêt à Villeneuve-de-Berg, bastide royale, telle qu'au Moyen Âge, nous voilà dans la cinquième Ardèche. Celle du Coiron et de l'horizon de Privas.

Du haut du Coiron

Le Coiron, dernier volcan du Massif central, derniers morceaux d'Auvergne regardant les Alpes là-bas. Et ce sont les dykes (pitons) de Rochemaure qui ont dû parfois, dans le temps, faire fumer le Rhône. Et le pavé des géants du pic de Chenaveri dans les horizons nord du Teil. Coiron, solitudes superbes où les arbres des plateaux fricotent avec les arbres du Midi. Depuis les hauts du Coiron, on voit jusqu'à pas possible. C'est le panorama, c'est la vigie des dieux. Le regard porte du Vercors vert, en haut, jusqu'au Ventoux ocre, là-bas. Par temps clair, on peut voir le bleu sombre à la limite de l'infini du mont Lozère.

Privas la résistante

Enfin, voici Privas. Privas la protestante, Privas de l'Histoire, Privas qui descend tout doucement, pas à pas, escalier après escalier, jusqu'à l'Ouvèze dont le bassin reflète toute la gamme des verts. Privas la réformée, Privas la rebelle que les ordres catholiques de Schomberg ne soumirent jamais tout à fait. Privas la résistante qui, si elle ne fut pas le Vercors drômois d'en face, fut quand même pendant l'Occupation un chaud foyer de maquisards et la première ville de France à être libérée par les FFI. Privas qui cache des richesses de poésie entre les murs épais du temps et des passages étroits.
Voilà donc pour les Ardèche. Il reste bien la sixième, celle du bord du Rhône, celle de la grande vallée. On l'a un peu racontée en parlant de la route 86, et on la dira mieux plus loin, dans un autre chapitre, celui sur le Rhône.
Ardèche qui touche au Nord et au Midi, qui touche aux enfers par ses gouffres et ses avens, et dont les joncs touchent aux cieux sur des gerbiers de géants. Ardèche de la première préhistoire et des dernières histoires. Ardèche, enfin, où la pauvreté est richesse. Superbe Ardèche !

LES EAUX ARDÉCHOISES

Tout bon curé vous dira qu'à tout bon vin il faut une goutte d'eau, sinon l'eucharistie perdrait un coup de mémoire. Les eaux. Dieu merci. L'Ardèche enceinte du temps n'a jamais perdu ses eaux. Et à toute dame tout honneur, l'eau de Vals. C'est de l'eau de comtesse, de l'eau noble dans la plus sympathique petite ville qui soit, Vals-les-Bains. C'est la station d'où les eaux portent des noms qu'on croirait sortis d'un bouquin de Pierre Loti ou de Maurice Dekobra : la Constantinoise, quand ce n'est pas la Rigolette ou la Camuse. Et ça vous soigne un diabète aussi vite qu'un rebouteux de la Sarthe vous remet une épaule de veau. Aux temps d'avant les guerres, on trouvait de l'eau de Vals à côté de l'eau de Seltz dans les bouteilles à siphon des estaminets dunkerquois. Et c'est avec ça que les dockers et les filles des filatures flamandes arrosaient leur Picon. De Mme de Sévigné aux tricoteuses du Nord laborieux, l'eau de Vals a arrosé toute l'histoire.

GÉOLOGIE DE L'ARDÈCHE

On a coutume de dire en Ardèche que ce pays ressemble à la Corse, une île au milieu des terres en quelque sorte. Et ça a du vrai, puisque la mer a occupé cette contrée pendant plus de 200 millions d'années.

Petit retour vers notre passé

Entre 360 et 295 millions d'années avant notre ère, l'émergence d'une chaîne montagneuse aussi haute que l'actuel Himalaya fait remonter des roches d'origine magmatique, et engloutit les anciennes roches de surface volcaniques et sédimentaires. Ces matériaux enfouis et subissant des pressions et températures importantes vont être métamorphosés, donnant ainsi d'autres roches appelées schistes, gneiss, quartzites, etc. Mais l'érosion guette. Ainsi, 115 millions d'années plus tard, il ne reste plus rien. Disparue, rabotée la montagne ; à la place, une plaine, pénéplaine nous apprennent les géologues. Ici alternent dorénavant sédiments détritiques et restes de reliefs érodés, la mer éternelle peut enfin revenir. Voilà, les conditions sont enfin réunies pour qu'apparaisse cette terre ardéchoise. La planète, basculant alors sur son axe, se réchauffe. La mer, jusqu'alors confinée au bord de cette immense pénéplaine, commence à la recouvrir sous l'effet de la fonte des glaciers.

Naissance des gorges

Imaginez-vous au temps du crétacé (110 millions d'années av. J.-C.), à la hauteur de Vallon-Pont-d'Arc. La mer y est tropicale, peu profonde, et vous avez peine à voir au loin les plages bordées de séquoias du Massif central. Là, à vos pieds, commence à s'édifier, sur les hauts fonds, l'ensemble calcaire de la plateforme urgonienne ardéchoise. Des boues se sont accumulées au fond de l'eau sur 300 m de hauteur et sur plus de 500 km^2. Nous sommes déjà à la fin du secondaire, et ces formations compactées par des pressions formidables vont constituer la matière première où seront façonnés les futurs reliefs de calcaire urgonien du Vivarais méridional.

Toute chose ayant une fin, la mer se retire. Nous ne sommes plus qu'à 65 millions d'années de l'époque actuelle. Un climat continental s'installe, favorisant, bien entendu, le travail de l'érosion. Celle-ci décape les dépôts marins. Mais, brusquement, la terre se met à trembler, les Alpes poussent comme des champignons, cela se prolongera durant 18 millions d'années. Ce soulèvement aura eu pour effet de bousculer sérieusement le tranquille Massif central, relevant de 1 000 m sa bordure orientale, formant dorénavant une « marche » qui surplombe la vallée du Rhône. Notre socle calcaire, entraîné par le mouvement, se surélève de plusieurs centaines de mètres, se fissurant et se fracturant sous l'effet des contraintes ; celui-ci prend alors l'aspect d'une meule de gruyère ouvrant le passage aux eaux pluviales : le karst est né.

À la fin de l'ère tertiaire, 6 millions d'années avant notre époque, l'Ardèche entaille le massif, creusant de profondes gorges et ouvrant ainsi la porte à l'économie touristique de Vallon-Pont-d'Arc. Cette rivière enchâssée dans de profondes gorges a pourtant la configuration d'une rivière de plaine. Sinueuse, une pente faible (1 %) la garde loin des torrents des Cévennes. Certains géologues en ont même conclu à une surrection (fait de surgir, de se soulever) progressive des falaises sous l'effet de la tectonique des plaques, alors que la rivière conservait son altitude originelle. On peut rêver !

Le karst et les grottes

Les spéléologues disent que le sous-sol du sud de l'Ardèche tient davantage du gruyère que de l'emmental et le considèrent comme le paradis perdu. Ce monde souterrain est le résultat d'une lente érosion provoquée par l'action conjuguée du gel et de l'eau. Les eaux de pluie, se chargeant en gaz carbonique au contact d'éléments en décomposition (humus, cadavres), deviennent acides et corrosives pour le carbonate de calcium (calcaire). La conséquence de ces attaques va être l'érosion du sol (doline) et l'élargissement des fissures de surface (lapiaz). On en trouve plusieurs exemples sur les berges de l'Ardèche (au niveau du rapide de Gournier). Dans un deuxième temps, l'eau acidifiée va pénétrer en profondeur et verticalement par les failles ainsi élargies, jusqu'à former de véritables puits ou avens. La dissolution pourra alors se poursuivre horizontalement au contact d'éventuelles couches de matériaux plus durs. Ces conduits pourront servir de collecteur aux eaux abondantes de surface, pour les restituer quelquefois à des kilomètres de distance sous forme de résurgences. Un spéléo est en quelque sorte un égoutier aventureux et toujours curieux de découvrir ce qui se cache au bout de son « tuyau ». Des réseaux parfois importants, jusqu'à 35 km, peuvent alors voir « le jour », grottes de Saint-Marcel, Orgnac (classé « Grand Site de France »), Cocalière... On ne peut évoquer ces cavités sans aborder leur peuplement par l'homme à l'aube de l'humanité.

Les premiers Ardéchois

Dès les temps les plus reculés, l'homme a trouvé refuge dans les grottes, les abris sous roche et les dolines d'effondrement des plateaux karstiques ardéchois. Les petites vallées ont connu un peuplement dense et stable du moustérien au Paléolithique supérieur (Ebbou, le Colombier, Chabot, le Figuier, etc.). Il faut reconnaître que le site était particulièrement favorable. S'ouvrant sur l'axe de communication de la vallée du Rhône, terrain de chasse et de pêche exceptionnel, climat plus favorable à des établissements permanents, défense des baumes plus simple du fait de leur inaccessibilité, sites de silex et quartzite à proximité, etc.
La première occupation d'abri sous roche identifiée date de 350 000 ans. Elle est le fait de chasseurs néandertaliens, à proximité d'Orgnac. Ce sont les pithécanthropes qui ont commencé à utiliser, il y a 120 000 ans, les colorants ocrés (Saint-Marcel). Du fond de la grotte-sanctuaire Chauvet, il y a 33 000 ans, à l'aube du règne des *Homo sapiens,* des artistes inconnus conjuraient déjà leurs peurs ou exprimaient leurs quêtes métaphysiques à l'aide de pochoirs improvisés. Civilisations moustérienne, aurignacienne, gravetienne, solutréenne, magdalénienne se sont succédé au cœur des gorges, apportant chacune leur contribution aux innovations techniques : sépultures, débitage fin du silex, fabrication de harpons en os, peintures rupestres et modelages anthropomorphiques, invention de l'arc, etc.

L'action humaine

La nature ardéchoise n'a en réalité rien de naturel. Jusqu'à la fin de la dernière guerre, les forêts ont été exploitées intensivement pour produire du bois de feu. La technique radicale de la coupe rase avait pour effet de mettre le sol à nu pour une période de 30 ans. Dans l'intervalle, les rejets ne produisent que des taillis de chênes verts ou pubescents ; la forêt actuelle, même si la reconquête par le chêne blanc originel est déjà entamée, conserve cet aspect de fouillis inextricable. On trouve toujours, au cours de randonnées, les traces rondes et noires d'anciennes charbonnières, témoins de l'activité de ces hommes durs à la tâche qui descendaient de la Cévenne ou de la haute Ardèche pour louer aux propriétaires des parcelles à charbonner. Dans ces pentes, le travail était exclusivement manuel, les outils produits de leur imagination ; chèvre, traîneau permettaient de transporter jusqu'à 50 kg de bois. Les cabanes, quelquefois de simples trous entourés d'un muret, étaient

toujours situées à proximité de la charbonnière qu'il fallait surveiller jour et nuit, souvent par un petit *fenestrou* ménagé sur un côté. Ces hommes des bois, noirs de la tête aux pieds, comptaient dans leur rang nombre d'Italiens et de Piémontais. Ceux-ci avaient souvent une réputation de guérisseurs et de sorciers.
Les plateaux et le fond des gorges étaient livrés aux troupeaux de moutons et de chèvres. On retrouve d'ailleurs encore actuellement des hardes de chèvres retournées à l'état sauvage.
La rivière elle-même était une voie navigable fréquentée par des bateliers transportant minerais, terres, poteries, pierres de taille, charbon de bois et châtaignes des Cévennes. Le poisson y était abondant, une pêcherie s'y était d'ailleurs établie à l'entrée des gorges dans une ancienne grotte préhistorique, les barques relevées à leurs extrémités portaient alors le nom de *bèche,* et la pêche se pratiquait au filet et à la nasse. On peut aussi, encore actuellement, retrouver des oliviers témoins des oliveraies du début du XXe s. Quelques exploitations vivaient en autarcie, autour de leur four à pain sur les terres alluviales de Chames, de Charmassonet, de Gaud et de Gournier. Les cultures se réduisaient à la production de cucurbitacées, de mûriers, de tomates et d'asperges. La chèvre, dans les élevages, est venue remplacer le cochon après la disparition du loup. Cet ancien équilibre agro-sylvo-pastoral permettait aux populations locales de subvenir à leurs besoins alimentaires.

LE PARC NATUREL RÉGIONAL DES MONTS D'ARDÈCHE

Créé en 2001, le quarantième parc régional, sixième du genre en Rhône-Alpes, a rapidement décroché une nouvelle récompense : en 2014, le parc rejoint le club très fermé des ***Geoparks,*** label d'excellence soutenu par l'Unesco pour aider un territoire à valoriser ses richesses géologiques, et à développer un tourisme durable autour de cette thématique. C'est la reconnaissance officielle des beautés naturelles de cette lande à myrtilles, de ces plateaux ventés, du mont Mézenc au piémont cévenol. Car le patrimoine du parc est multiple, et nul besoin d'être un spécialiste pour ressentir la magie qui se dégage de paysages volcaniques, granitiques et sédimentaires, ou apprécier l'héritage laissé par les vestiges miniers.
Le Geopark, c'est plus de 50 sites remarquables identifiés par des géologues, à découvrir sur le formidable territoire du parc naturel qui couvre 180 000 ha et englobe 132 communes. Grosso modo, le parc occupe tout le secteur situé à l'ouest de la ligne qui passe par Les Vans, Aubenas, Privas et Vernoux, Lamastre et Saint-Agrève, qui constituent chacune des entrées au parc. En bref, presque tout le tiers sud-ouest du département entre Cévennes et Boutières ardéchoises. C'est le pays des sources, du Gerbier-de-Jonc, des rivières sauvages, de la culture en terrasses et de la châtaigneraie. Châtaigne qui est d'ailleurs le symbole du parc et dont l'AOC a été accordée en 2006.
Pour préparer votre visite du parc et vous informer sur les événements qui rythment l'année (castagnades, marché de la myrtille, samedi découverte, etc.) : • *parc-monts-ardeche.fr* • Vous pouvez également consulter le site • *geopark-monts-ardeche.fr* • pour connaître la liste des sites remarquables à découvrir.

PAYSAGES D'ARDÈCHE

Pays aux reliefs variés, où l'on côtoie la rigueur des températures nordiques, mais où l'escapade vers des climats plus tropicaux est toujours possible. L'Ardèche est une mosaïque de paysages du monde entier. Pas moins de six régions composent le Vivarais ardéchois. Le rivage rhodanien, étroite frontière naturelle de terres alluviales bordant le Rhône nourricier délimitant les pays des Bedos (Ardéchois) et des ventres jaunes (les Drômois avaient l'habitude de porter une ceinture emplie d'écus pour se rendre au marché).

– ***Le haut Vivarais :*** là-haut, vers le nord, posé sur son socle de roches cristallines. Le paysage y est vert, l'homme y vit encore dans un relatif équilibre avec la nature, entre prés, vergers et labours.
– ***Les Boutières :*** situées au cœur de ce Vivarais tourmenté, déchiqueté. Ces terres austères ont vécu l'affrontement des catholiques et des protestants lors de sanglantes batailles. Combats incessants que mène le paysan contre la rudesse des pentes, à peine adoucie par des terrasses de pierre sèche dans leurs tentatives de redonner à ces paysages des lignes en harmonie avec l'horizon.
– ***La montagne ardéchoise :*** à l'est, une terre d'altitude où les éléments s'opposaient dans d'incessants affrontements telluriques. Las de ces combats éternels, le seigneur de la terre, du feu et du ciel y mit fin, figeant chaque belligérant pour l'éternité, dans d'immenses stèles de lave solidifiée. Ainsi naquirent les sucs volcaniques ardéchois, Mézenc, Gerbier-de-Jonc, etc.
– ***Le Coiron :*** résurgence de la montagne ardéchoise, situé au sud-est du département. Ses 700 m d'altitude, ses restes de coiffes basaltiques, sa terre noire et fertile lui confèrent l'autorité des vieilles citadelles endormies. Régnant sans partage sur les contrées environnantes, ses vassaux se souviennent encore d'autres temps où leurs terres tremblaient des colères magmatiques de ce seigneur impitoyable.
– ***Les Cévennes :*** contrée modelée par le vent et la pluie, où les montagnes portent le nom de serres, où le moindre ruisseau devient torrent sous l'action des pluies diluviennes. L'homme s'y est accroché des générations entières, attendant patiemment le regain avec le retour du printemps, peut-être pour le seul plaisir d'entendre murmurer les sources sous les étincelantes caresses du soleil.
– Et, bien sûr, l'***Ardèche méridionale*** : éclatante de calcaire sous la chaude lumière du Sud. Un monde où les chênes verts peuplent la garrigue comme autant de perchoirs offerts au simple bonheur des plus célèbres cantatrices méridionales que sont les cigales. Un lieu hors du temps où la rivière Ardèche, impétueuse mais prodigue, a su nourrir au fil des âges sa population riveraine. N'est-il pas vrai, d'ailleurs, que mère Nature, grâce à l'une de ses visions prémonitoires, l'avait par avance récompensée en lui édifiant un bel arc de triomphe qui n'a rien à envier à celui des Champs-Élysées ?

RANDONNÉES EN ARDÈCHE

L'Ardèche est bien placée dans le domaine des randonnées. Il faut dire que la marche est un mode d'approche idéal du département : silence, contemplation, sens de l'effort... De nombreux itinéraires de promenades et de randonnées ont été mis en place dans la plupart des villages. De manière générale, les offices de tourisme et les syndicats d'initiative possèdent des brochures bien faites, proposant des circuits en boucle de 2 à 5h, voire plus. Malheureusement, ils sont rarement en vente à l'unité.
Les sentiers de grande randonnée qui traversent le département :
➢ ***le GR 7 :*** haut Vivarais et montagne ardéchoise (du Pilat aux Cévennes). Il suit la ligne de partage des eaux entre Atlantique et Méditerranée ;
➢ ***le GR 4 :*** des gorges de l'Ardèche à la Margeride en passant par les Cévennes ;
➢ ***le GR 42 :*** du Pilat à la basse Ardèche, suit les crêtes de la vallée du Rhône ;
➢ ***le GR 420 :*** fait le tour du Vivarais par une boucle sur la montagne ardéchoise, les Boutières et la corniche de la vallée du Rhône ;
➢ ***le GR 3 :*** sentier de la Loire, le Gerbier-de-Jonc et le lac d'Issarlès.
➢ Il existe aussi ***cinq GR de pays*** : le tour du Tanargue, le Cévenol, le tour de la montagne ardéchoise, le tour du bassin d'Annonay et le tour du pays de Vernoux.
Pour plus d'infos, contactez l'*Agence de développement touristique de l'Ardèche* (voir plus haut les « Adresses utiles »).

LES RIVIÈRES ET LA PÊCHE EN ARDÈCHE

Le département de l'Ardèche, qui s'élance vers le Midi et le soleil, n'en demeure pas moins le pays de l'eau. Très arrosé, il est doté d'un domaine de pêche riche et varié sur deux bassins versants. Avec plus de 5 000 km de cours d'eau, 3 400 km en 1re catégorie piscicole (dominance de la truite fario), 1 650 km en 2e catégorie dont 250 km de Rhône et 650 ha de plans d'eau, le potentiel halieutique est considérable et exceptionnel, que ce soit par la qualité, la diversité, la richesse de ses parcours ou par le nombre d'espèces piscicoles présentes. Soumis à la configuration du terrain, ce réseau hydrographique s'incline généralement d'ouest en est, penchant qui le conduit à rejoindre le Rhône et la Méditerranée. Cependant, une partie située au-delà de la ligne de partage des eaux s'en va rejoindre l'Atlantique via la Loire. L'eau et la pierre ont forgé l'identité et l'originalité esthétique de l'Ardèche.

Comment et où se procurer un permis de pêche ?

Il s'achète chez les dépositaires de permis : marchands d'articles de pêche, certains bureaux de tabac, et parfois dans les offices de tourisme (comme à Ruoms). Sinon, se faire envoyer la brochure *Ardèche pêche* ou contacter la ***Fédération de pêche de l'Ardèche*** *(16, av. Paul-Ribert, 07600 Vals-les-Bains ; ☎ 04-75-37-09-68 ; • peche-ardeche.com •).* Permis à la semaine : 30 € ; à la journée : 10 €.
La Fédération pourra aussi vous renseigner sur les rivières et lacs où lancer votre ligne, selon ce que vous voulez pêcher et selon que vous êtes débutant ou aguerri.
– *Bon à savoir :* il existe dans le département une dizaine de parcours sportifs « sans tuer » (*no kill* en anglais) où seule la pêche à la mouche fouettée est autorisée. Certains de ces parcours peuvent être accompagnés. Se renseigner sur place dans les offices de tourisme. Sur ces sites, le nombre et la taille des poissons sont supérieurs aux parcours traditionnels. Le poisson est alors considéré comme un partenaire de sport et non comme une proie. Il est donc relâché après la prise. C'est le moment ou jamais de vous lancer !

LE VÉLO EN ARDÈCHE

L'Ardèche à vélo ! Il n'y a pas que le kayak pour explorer le département. Depuis quelques années, l'Ardèche est devenue le royaume de la petite reine. De la *ViaRhôna* à la *Dolce Via* en passant par la *Voie douce de la Payre,* les parcours *Sur les routes de l'Ardéchoise* ou la *Grande traversée de l'Ardèche à VTT,* ce sont plus de 1 000 km d'itinérance dédiés au vélo. Tracées entre vignes et lavandes, chênes et châtaigniers, les routes serpentent d'un paysage à l'autre, rythmées par de grands rendez-vous tels que la désormais célèbre « L'Ardéchoise » ou encore le « Tour cycliste féminin international de l'Ardèche ». Un régal ! Toutes les infos sur le site *• ardeche-a-velo.com •*
– Parmi les nombreuses voies dédiées au vélo en Ardèche, la ***ViaRhôna,*** voie cyclable qui va du lac Léman à la mer Méditerranée en longeant le Rhône sur 815 km. Elle traverse l'Ardèche sur 93 km, répartis en quatre tronçons, avec en alternance des passages dans la Drôme : de Sarras à Glun, de Soyons à La Voulte-sur-Rhône, du Pouzin à Rochemaure et de Viviers à Bourg-Saint-Andéol. On emprunte des ouvrages d'art exceptionnels comme les premiers ponts suspendus historiques du nord de l'Ardèche ou la nouvelle passerelle himalayenne de Rochemaure, créée pour la *ViaRhôna* en réutilisant les piles du vieux pont.

LES VILLAGES DE CARACTÈRE EN ARDÈCHE

Ils ont de bonnes idées, les Ardéchois. Et parmi ces bonnes idées, ils ont eu celle de fonder une charte des ***« Villages de caractère ».*** En gros, pour être élu, il faut que le village soit un village et non pas une ville, qu'il ait de la gueule, de l'histoire, de la patine, qu'il y ait du vrai paysage autour. Et en plus, qu'on y soit accueilli avec le sourire, qu'on y trouve des hébergements, le casse-croûte pas trop loin, pas trop cher et bon. Qu'on puisse aussi circuler *pedibus* sans risquer de prendre un autobus dans le dos. Le tout avec intégration dans le paysage de l'antenne de télé, du panneau publicitaire, des artisans, de l'étranger et de l'agité du bourg. Et voilà !

Bon, tout ça peut donner l'impression d'être de l'attrape-touristes. Après tout, les ruines en l'état peuvent porter plus de poésie que les ruelles et châteaux restaurés. Il y a moins de monde et plus de rêve dans les villages abandonnés au fond des lieux et de l'histoire que dans les bourgs requinqués. Eh bien, toutefois, l'ensemble est plutôt réussi. Alors on va vous les nommer, ces villages, sans oublier quand même de vous en citer quelques autres, pour une découverte en amoureux ou une contemplation en solitaire. En vrac, il y a ***Ailhon, Meyras, Naves, Vinezac, Alba-la-Romaine, Saint-Montan, Vogüé*** et son château, ***Balazuc*** qui tombe droit dans l'Ardèche, ***Antraigues*** et ses châtaigniers, ***Beauchastel, Banne,*** le mâchicoulis de ***Chassiers, Labeaume, Chalencon,*** avec sa mystérieuse tour carrée et ses fenêtres Renaissance, ***Jaujac,*** le long et joli village qui court vers les volcans, etc. Et, parmi les derniers classés, ***Désaignes, Thueyts, Boucieu-le-Roi, Saint-Vincent-de-Barrès*** et ***Rochemaure.***

Et puis encore, hors charte (charte ou pas charte, tout est beau au fond !), le village d'***Aubignas*** et son église romane, ***Boffres*** la fortifiée, où les verdiers chantent du Vincent d'Indy, le prieuré de ***Faugères, Lachamp-Raphaël,*** le village le plus haut d'Ardèche (à 1 330 m) et son architecture typique de la montagne ardéchoise. Sans oublier ***Loubaresse,*** qui pleure ses muletiers, ***Montpezat,*** qui a la plus belle église, peut-être, du Vivarais, ***Saint-Clément*** et ses orgues de basalte...

L'ARDÈCHE

LA RÉGION DE PRIVAS

• Carte La région de Privas et d'Aubenas *p. 52-53*

Au nord du plateau du Coiron, cette région, directement connectée avec la vallée du Rhône, constitue une porte d'entrée importante vers la région d'Aubenas et de Vals, et vers toutes les petites vallées au cœur du département. Pour ceux qui filent vers le sud, on conseille vivement un arrêt à Cruas pour son abbatiale trop méconnue, véritable joyau architectural. La route vers l'ouest et le sud, après Privas, pénètre dans des paysages d'une grande beauté, sauvages et troublants. C'est l'occasion ou jamais de bifurquer et d'emprunter des sentiers différents. À moins de 1h de l'autoroute, on se retrouve dans un ailleurs chargé d'histoire et une nature que l'homme n'a fait qu'embellir.

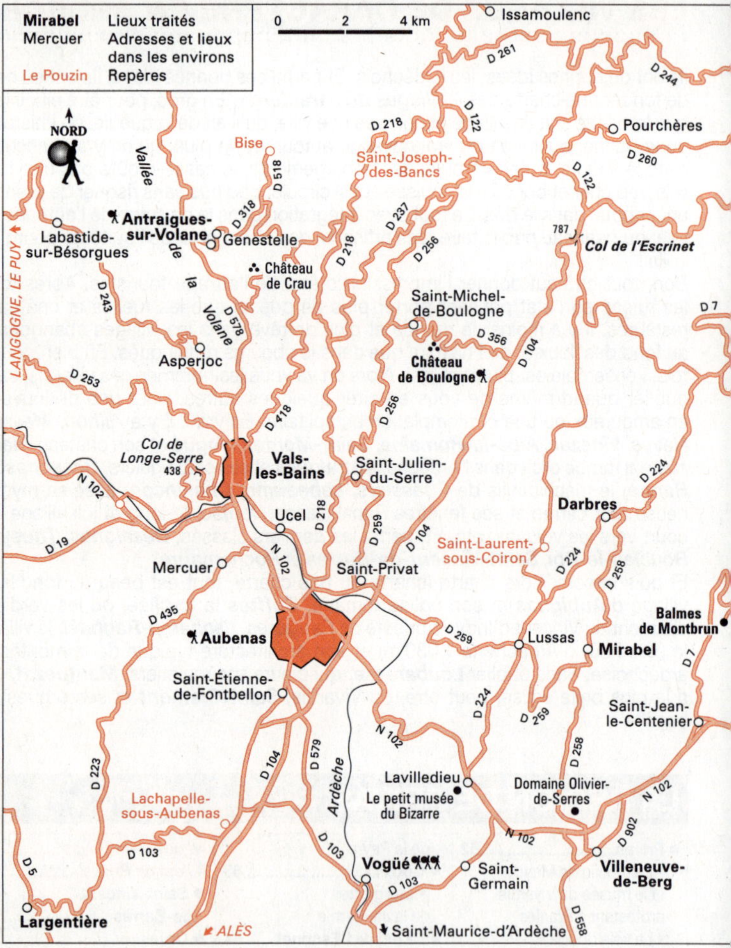

PRIVAS

(07000) env 8 700 hab. *Carte Ardèche, B2*

• Plan d'ensemble *p. 57* • Zoom *p. 59*

Comme beaucoup de villes d'Ardèche, Privas est encadrée par trois rivières, l'Ouvèze, le Mézayon et le Charalon, et s'étage joliment sur de rondes collines. Et comme beaucoup de préfectures, Privas n'est pas la plus belle ville

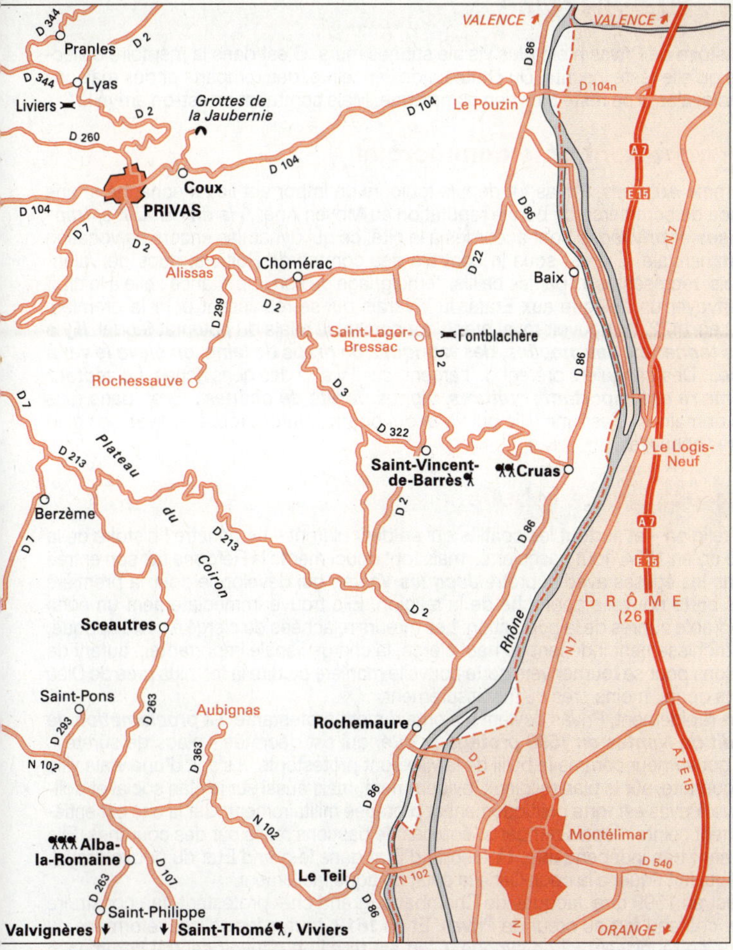

LA RÉGION DE PRIVAS ET D'AUBENAS

du département. Non qu'elle soit désagréable, mais les troupes de Richelieu n'ont laissé que des cicatrices du temps passé. Privas paya au prix fort sa position de place forte du protestantisme dans le Vivarais. Vocation administrative, petites entreprises, industries de pointe et surtout berceau de la fabrication de la crème de marrons et de marrons glacés avec la célèbre marque Clément Faugier. Du dynamisme industriel donc, mais une douce apathie générale (peu de restos et d'hôtels, soirées un peu trop calmes). Pourtant, l'atmosphère est globalement sympathique, tranquille, et les panoramas sur la vallée particulièrement réjouissants. Et puis sa proximité avec la vallée du Rhône lui confère une position stratégique et économique importante.

UN PEU D'HISTOIRE

L'histoire de Privas n'est plus visible sur ses murs. C'est dans la mémoire collective qu'elle reste inscrite. Du château, de l'enceinte, des remparts et des maisons médiévales, il ne reste plus rien ou presque. Mais comment en est-on arrivé là ?

Un important pôle commercial

Comme Aubenas, Privas fut depuis toujours un important lieu d'échange et une place de commerce de bonne réputation au Moyen Âge. ***À la fin du XIIIe s, franchises et privilèges*** sont accordés à la cité, ce qui dynamise encore sa vocation commerciale. Elle est sous le contrôle des comtes de Poitiers, ducs de Valentinois, représentés ici par les baillis. Témoignage de son importance : elle a le droit d'envoyer un délégué aux États du Vivarais qui se réunissent pour la première fois en 1422. Le pouvoir royal prend doucement le relais du potentat féodal. ***Il y a des tanneries, des moulins, des fabriques de draps de laine, on élève le ver à soie...*** Des banquiers prêtent de l'argent, car il y a ici des gens riches. ***Le secteur primaire est important : cultures, vignes, forêts de chênes...*** Bref, dans tous les domaines, c'est une ville qui vit et qui bouge, plutôt prospère, avec ses cinq foires annuelles.

Protestante et rebelle

La religion – et surtout les conflits qui en découleront – ne pénètre l'histoire de la cité qu'en 1534. Tout basculera... mais tout doucement : la Réforme fait son entrée dans les églises avec le prêtre ***Jacques Vallier,*** qui développe pour la première fois cette nouvelle approche de la religion. Elle trouve immédiatement un écho favorable auprès de la population. Les mœurs relâchées du clergé à cette époque, l'enrichissement indécent du haut clergé, la charge fiscale importante... autant de raisons pour se tourner vers cette nouvelle manière de dire la foi, plus près de Dieu sans doute, moins près du fric assurément.

Très rapidement, Privas devient majoritairement protestante. ***La proclamation de l'édit de Nantes en 1598 protège la cité,*** qui est décrétée « place de sûreté ». Le gouverneur comme le bailli de la ville sont protestants. Il s'agit d'une vraie ville huguenote, sur le plan religieux, évidemment, mais aussi sur le plan social et politique. Privas est forte politiquement et protégée militairement. Car la cité est entièrement ceinte d'épais remparts, équipés de bastions reliés par des courtines. Elle se sent très indépendante. Une sorte d'État dans le grand État du pouvoir royal. Ce qui fait tiquer à la cour. Car à la cour, on tique facilement.

C'est en 1599 que Jacques de Chambaud, grand chef protestant, fait construire son château fort au cœur de Privas. Et en ***1612,*** toutes les églises réformées du pays se réunissent ici en synode. C'en est trop ! Le pouvoir central commence sérieusement à s'agacer et surveille de près cette indépendante. Privas reste pourtant ***à l'écart des combats religieux jusqu'en 1620.*** À cette date survient un accroc à cette paix relative : la fille d'un chef huguenot se marie avec Claude de Hautefort, un catholique, et renie le protestantisme. Les huguenots se révoltent (à tolérance, tolérance et demie), mettent le château à sac et le mari en fuite. Montmorency, gouverneur du Languedoc, envoie la troupe, mais la ville se défend. On finit par signer une paix : le roi donne néanmoins l'ordre de détruire les fortifications nouvelles, tandis que la liberté de culte, interdite un temps, est rétablie.

Une situation dégradée

Richelieu, nommé Premier ministre en 1624, cherche à restaurer le pouvoir royal et à soumettre les huguenots une fois pour toutes. ***Privas est n° 1 sur la liste des places fortes à réduire,*** car elle contrôle le Rhône par lequel les troupes du roi

sont acheminées vers le sud. Elle donne aussi le *la* dans tous les villages de la région qui oscillent entre les deux religions en fonction des périodes, des alliances et des seigneurs qui les dominent.
Privas se sent menacée, c'est pourquoi Rohan, un des chefs du parti calviniste, place le marquis Saint-André de Montbrun à la tête des forces armées de la ville, malgré la réticence de certains Privadois et notamment du conseil de la ville, qui craignent le jusqu'au-boutisme et le côté va-t-en-guerre du marquis. En plus de son enceinte équipée de puissants bastions, il fait renforcer les protections de la cité et dresser de nouveaux forts (forts de Saint-André et de Tournon). De son côté, ayant réglé le sort de la plupart des villes huguenotes, ***le roi souhaite en finir rapidement avec cette épine dans le pied qu'est Privas et qui l'empêche de mettre le mot « fin » sur le mauvais film des guerres de Religion*** qui minent le pays depuis 1562. Dans chaque camp, tout est prêt pour une bataille annoncée. Ben alors... à l'attaque !

Privas en état de siège

Le roi et Richelieu décident de mettre le paquet. Ce dernier ordonne le siège de la ville. Et il n'y va pas avec le dos de la cuillère. Pour faire lâcher prise à Privas la Rebelle, on envoie 20 000 soldats pour déloger moins de... 2 000 assiégés. La ***présence de Louis XIII*** en personne sur le site témoigne de l'importance de la leçon que veut donner le pouvoir central et de la nécessité de faire rentrer Privas dans le rang de la pensée religieuse unique.
Mai 1629 scellera à tout jamais le sort de la ville. Durant 2 semaines, les troupes venues de tout le pays attaqueront la cité. Plusieurs fois, on somme Saint-André de se rendre. Refus. Les assiégés eux-mêmes cherchent à pousser leur chef des armées à hisser le drapeau blanc. Il finit par accepter, en échange de la grâce royale pour tous. Louis XIII est prêt à l'accepter pour les militaires, mais la refuse pour les habitants. L'effet de panique est immédiat. Tout le monde cherche à sauver sa peau, mais peu y parviendront. ***Les troupes pénètrent dans la ville, pillent, brûlent, détruisent, saccagent.*** Richelieu cherche à stopper le carnage, car les ordres du roi n'incluaient pas le massacre des habitants mais simplement leur reddition. Mais « on n'arrête pas une armée en marche », comme disait on n'sait plus qui ! Tout est fini le 28 mai ou presque. Seul le fort du mont Toulon reste à prendre : un des réfugiés, plutôt que de se rendre, fait sauter les barils de poudre. Boum !
Ceux qui ressortiront de cette boucherie debout resteront debout, car ils seront pendus. Pour un exemple, ce fut un exemple. Quelques jeunes filles échappèrent toutefois à la mort : l'une d'elles fut adoptée par Richelieu. On l'appela la Fortunée de Privas. Fin de l'épisode, sortez les mouchoirs.

La fin de l'influence protestante

Dans la foulée, les villes et villages environnants se rendent et font allégeance au roi : Lagorce, Labastide-de-Virac, Vagnas, Les Vans... Privas n'est plus que ruines. La peste recouvre les gravats comme un linceul. Privas n'est plus. Les derniers protestants, à la suite de la destruction de la ville, devront pour la plupart se convertir ou entrer en clandestinité.
Les Privadois retrouvent le droit de revenir dans leur ville en 1637, et 5 ans après, ils recouvrent celui de pratiquer leur religion. La ville se relève, avec une sacrée gueule de bois. La liberté de culte sera à nouveau annulée en 1663 sous le règne de Louis XIV. La pression se resserre autour des protestants, et ils sont envoyés en exil peu de temps après. En 1685, la ***révocation de l'édit de Nantes*** sonne définitivement le glas de l'ouverture religieuse.
Le siège de Privas, s'il ne ressemble finalement qu'à un épiphénomène historique au regard de l'histoire nationale, n'en reste pas moins l'épisode le plus tragique et le plus bouleversant de l'histoire de la ville.

Au XVIIIe siècle, le renouveau

« Celle que la violence a détruite, son énergie l'a ressuscitée », telle pourrait être la devise de Privas. Commerçante par nature, Privas retrouve rapidement un dynamisme économique grâce à l'industrie de la soie. Les murailles disparaissent petit à petit du paysage, et la ville se redresse. Elle traverse sans trop de dommages la Révolution, et ***l'exploitation des mines de fer*** découvertes au XIXe s dans la région lui profite. La production des fonderies nécessite la construction d'une ***voie ferrée.*** L'importance administrative de la cité devenue préfecture contribue à lui donner une nouvelle dimension. Foyer de maquisards durant la dernière guerre, Privas la rebelle n'a jamais failli à sa devise.

MARRONS GLACÉS ET CRÈME DE MARRONS

L'arbre à pain

Une des grandes spécialités de l'Ardèche a vu le jour ici, à Privas. Le châtaignier, l'arbre à pain, a de tout temps fourni le plat principal aux familles les plus pauvres. L'Ardèche reste aujourd'hui le département français qui exploite le plus ce potentiel naturel qu'est la châtaigne.
« L'arbre à pain » porte bien son nom : la châtaigne égale le blé en matières saccharifiables (capacité à donner des sucres) et est plus riche que le blé en matière grasse. Avantage considérable, on peut la conserver toute l'année en la faisant sécher. Comparable à la pomme de terre également, car elle peut entrer dans la composition de nombreux plats de résistance. Les Corses comme les Ardéchois savent bien que la châtaigne les préservera toujours de la famine. Avec un laitage et quelques poignées de châtaignes, on a un repas complet. Un peu lassant peut-être mais complet. En effet, 100 g de châtaignes équivalent à 200 calories. Malheureusement, la plupart des pays dans lesquels le châtaignier poussait virent leurs forêts exterminées par la maladie de l'encre. On oublia cet arbre sous certaines latitudes mais pas en France, et pas en Ardèche, ni dans les Cévennes et dans le Var.

Du plat principal au dessert

Personne toutefois n'avait eu l'idée d'en faire un dessert jusqu'en 1667, date à laquelle le sieur de La Varenne donne la recette du marron confit et présente son invention culinaire à la cour. Ce n'est pourtant qu'en 1882 que Clément Faugier en fera une industrie et diversifiera la production avec l'invention de la fameuse crème de marrons. Mais si on peut industrialiser et mécaniser une partie de la fabrication, plusieurs étapes essentielles nécessitent l'intervention de la main de l'homme. Il faut d'abord passer la première barrière de piquants de la bogue, puis arracher l'épaisse écorce, et enfin venir à bout d'une fine pellicule qui colle au fruit. Débarrassés de leurs peaux, légèrement grillés à haute température pour aider à évacuer le reste de cette peau stockée dans les nervures, les marrons seront passés en revue une dernière fois à la main. Une cuisson à 100 °C suit ce travail, les marrons étant enserrés dans du tulle pour ne pas s'abîmer. Ils passent ensuite sous un sirop de sucre vanillé qui va imprégner le fruit petit à petit. Un glaçage viendra achever ce processus pour devenir... marron glacé. On les laisse refroidir, avant de les installer délicatement à la main dans leur boîte. Et puisque ce travail délicat provoque de la casse, les brisures de marrons seront utilisées pour la... crème de marrons, composée de débris de marrons confits, de farine de châtaigne, de sirop de confisage, de sucre et de vanille.
Quelques dizaines d'années plus tard, les marrons au cognac, la purée de marrons nature et autres gourmandises verront le jour. L'entreprise de Clément Faugier est toujours bien vivante (voir « Où acheter de bons produits ? »).

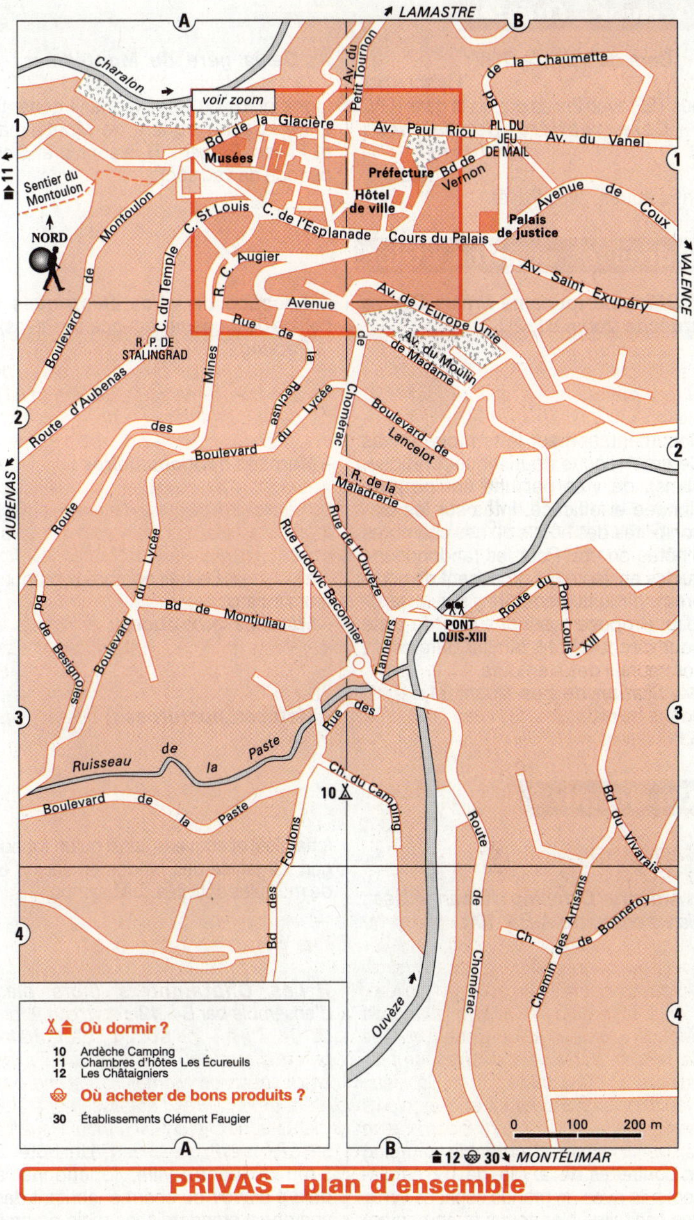

PRIVAS – plan d'ensemble

Arriver – Quitter

➢ ***Gare de Valence-TGV :*** *à 50 km de Privas. ☎ 36-35 (0,34 €/mn).* Liaisons par bus TER avec Privas depuis la gare TGV.
➢ ***Gare routière de Valence :*** *☎ 04-75-81-23-25. Sinon, contacter la SNCF : ☎ 36-35 (0,34 €/mn).* Liaisons, entre autres, avec Privas.

➢ ***De la gare de Montélimar :*** *à 36 km de Privas. ☎ 04-75-51-89-69.* Ligne n° 18 du *Sept* (conseil général) entre la gare routière de Montélimar et Privas. En sem, 6 liaisons/j. et 5 en période de vac scol.

Adresses et infos utiles

Office de tourisme Privas Centre Ardèche *(zoom B1,* ***2****) : 3, pl. du Général-de-Gaulle. ☎ 04-75-64-33-35. • tourisme-cœur-ardeche.fr • Lun-sam mat (et midi juin-sept) 9h30-12h (12h30 avr-oct), 14h-17h (18h30 juil-août).* Documentation sur le territoire Privas Centre Ardèche (touristique, pratique, plans), délivrée par une équipe passionnée et efficace. Infos sur les disponibilités des hôtels ou des chambres d'hôtes en été. Pour les randonneurs, guides en vente qui proposent de nombreux circuits pédestres sur le territoire. Propose aussi des jeux de piste pour découvrir en famille différentes communes des alentours.

Station de bus *(zoom B1) : arrêt de bus sur le cours du Palais. Achat du ticket directement dans le bus.*

Location de vélos électriques à l'office de tourisme (agence de Privas).

Parkings : *nombreux petits parkings dans le centre, bd de la Chaumette, pl. du Champ-de-Mars (gratuit ; zoom B1), pl. de la Libération, pl. des Récollets, etc.*

– ***Marchés hebdomadaires :*** *mer mat et sam mat, pl. de l'Hôtel-de-Ville (celui du sam existe depuis plusieurs siècles). Marché au* ***Pouzin*** *mer mat et à* ***Chomérac*** *jeu mat. Juin-oct, marché dim mat à* ***Coux.*** De très nombreux producteurs locaux.

– ***Marchés aux puces :*** *à Privas, le 2e dim du mois. Au* ***Pouzin,*** *les 1er sam et 1er et 4e dim du mois. À* ***Flaviac,*** *le 2e sam du mois.*

– ***Marchés nocturnes :*** *juil-août sur Privas.*

Où dormir ?

Camping

Ardèche Camping *(Kawan Village ; plan d'ensemble A-B3,* ***10****) : chemin du Camping. ☎ 04-75-64-05-80. 06-29-84-82-54. • jcray@wanadoo.fr • ardechecamping.fr • Au bord de l'Ouvèze, à gauche en bas de la ville quand on vient de Montélimar (ou d'Alissas). Ouv de mi-avr à fin sept. Forfait emplacement 21-34 € selon saison. Chalets, mobile homes, roulottes et bungalows toilés (1-6 pers) 224-973 €/sem selon saison.* Vaste et agréable camping en contrebas de la ville, de 166 emplacements avec de grands espaces verts, des sanitaires bien tenus et en nombre suffisant, et un bar-resto accueillant. Mais le plus, c'est le petit complexe aquatique avec bassins extérieurs (chauffés) et couverts, ainsi qu'un toboggan. Organise des randos en saison et de multiples activités. Très sympa.

De prix moyens à chic

Les Châtaigniers *(hors plan d'ensemble par B4,* ***12****) : côte du Baron. ☎ 04-75-66-39-60. • hotel.chataigniers@free.fr • À 1 km de Privas en direction de Montélimar, prendre la rue à droite après l'établissement Clément Faugier. Ouv tte l'année. Doubles 53-67 € selon saison.* Un hôtel à 5 mn du centre-ville, fonctionnel à défaut d'avoir du charme, abritant des chambres standardisées mais propres et convenables. Certaines avec balcon donnant sur le parking. Piscine. Également un resto. Bien pour une étape.

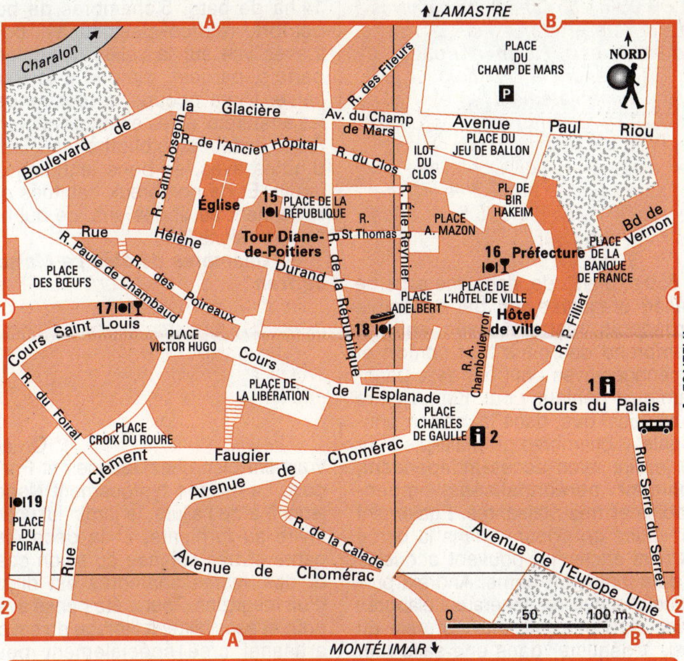

PRIVAS – zoom

■ Adresse utile	Où manger ? Où boire un verre ?
1 Agence de développement touristique de l'Ardèche	**15** Le Corentin
2 Office de tourisme Privas Centre Ardèche	**16** Le Bouchon Littéraire
	17 Brasserie Le Saint-Louis
	18 Tranche de Cake !
	19 Chez Lulu

***Chambres d'hôtes Les Écureuils** (hors plan d'ensemble par A1, **11**) : 83, chemin de la Pépinière. ☎ 04-75-64-62-28. • baconnier.kerguen@wanadoo.fr • nuit-en-ardeche.com • À 3 km du centre de Privas, la pl. des Récollets, prendre la route qui passe devant les abattoirs, puis suivre tt droit jusqu'au chemin du Haut-Ternis (à droite). Doubles 60-70 €. Table d'hôtes (hors été) 25 €.* En lisière d'une forêt, dans un beau et vaste jardin. La maison est branchée à fond respect de l'environnement (rénovation avec des matériaux écolos, utilisation d'énergies renouvelables : chaudière à bois, eau chaude solaire...). Les 3 chambres sont par conséquent agréables et de bon confort (celle en duplex, avec entrée indépendante, est idéale pour les familles). Piscine. Accueil souriant.

Où dormir dans les environs ?

***Chambres d'hôtes Le Hameau de la Sourcière** : chez Andreia et Grégoire Goetz, dans le joli village de **Pourchères** (07000). ☎ 04-75-66-81-*

99. 06-81-35-00-21. • chambres@la-sourciere.com • la-sourciere.com • À env 10 km à l'ouest de Privas. Prendre la D 2 direction Lyas puis, immédiatement après Privas, la D 260 à gauche vers Pourchères, route étroite au creux d'une vallée préservée. Ouv avr-nov. Doubles 62-75 € avec sdb. Également 4 gîtes de caractère (2-10 pers) 320-975 €/sem. Table d'hôtes sur résa 25 €. Remise de 5 €/nuit dès le 2e jour (sf juil-août). À 650 m d'altitude, dans une superbe vallée préservée, un bel ensemble ardéchois restauré avec soin. Il comprend des gîtes tout confort et aménagés avec goût (terrasse panoramique géniale pour l'un d'entre eux), ainsi que, dans la maison principale, 3 chambres de plain-pied sur le jardin, avec accès indépendant, joliment personnalisées, impeccables et très plaisantes. Également la « suite du prieur », dans la partie la plus ancienne, pouvant accueillir 4 personnes. En prime, Andreia propose une cuisine généreuse élaborée avec de bons produits naturels du cru, à déguster dans une salle rustique face au poêle alsacien. À ce compte-là, dans un cadre naturel et idyllique (avec belle piscine s'ouvrant merveilleusement sur le panorama), si bien nourri et si bien loti, il faut classer cette adresse au rayon des perles rares !

Chambres d'hôtes du château de Liviers : *sur la commune de* ***Lyas*** *(07000). 04-75-64-64-00. • chateau.liviers@gmail.com • chateau-de-liviers.com • De Privas, route des Ollières, puis à env 6,5 km indiqué sur la gauche. Doubles 79-91 € selon saison. Lit en dortoir (en gîte d'étape) 24 €/pers avec le petit déj. Possibilité de camper pour 9 €/pers. Également 2 gîtes (loc à la nuit et au w-e hors juil-août). Table d'hôtes 24 €. Remise de 10 % sur le prix du séjour à partir de 2 nuits, hors juil-août, sur présentation de ce guide.* Un lieu d'exception : ancienne place forte des chevaliers de Malte, datant des XIIe, XIVe, XVIIe et XIXe s, la bâtisse a de l'allure. Elle domine une vallée magnifique, avec, au loin, le Vercors et le Ventoux. Terrasse admirable et 14 ha de parc. 5 chambres de bon confort, rustico-classieuses, dont 2 avec vue sur la vallée. Cheminée parfois, parquet, plafond à la française. L'une occupe la tour ronde ; les amoureux et les enfants l'adorent. Salon vidéo et bibliothèque. Table d'hôtes avec les bons légumes du jardin. Et de nombreux habitués qui reviennent au fil des ans, ce qui est très bon signe !

Chambres d'hôtes La Maison Jaffran : *lieu-dit La Borie de Chancolant, 07580* ***Berzème.*** *04-75-39-22-21. • contact@maison-jaffran.com • maison-jaffran.com • À env 15 km au sud de Privas par la D 7 (repérer le panneau à droite à la sortie de Taverne). Doubles 80-90 € selon saison. Table d'hôtes 28 €.* On est vraiment bien chez Jacques et François. La maison typiquement Napoléon III a de l'allure, le jardin luxuriant invite au farniente, et la déco élégante et très soignée du salon cosy et des vastes chambres est digne d'un magazine. Tout a été pensé avec goût et sensibilité, à l'image du savon artisanal créé spécialement pour les hôtes, ou des belles serviettes brodées. Mais, plus que tout, c'est l'accueil chaleureux et sincère qui laisse un souvenir impérissable. Après avoir partagé la (bonne) table d'hôtes, ou bavardé en goûtant la pâtisserie du jour au petit déj, c'est en ami qu'on quitte ce nid douillet. Un coup de cœur.

Chambres d'hôtes Le Mas de Bouilhac : *lieu-dit La Pize, 07000* ***Pranles.*** *06-50-98-06-57. • lemasdebouilhac@gmail.com • mas-de-bouilhac.com • À env 15 km de Privas. Quitter Pranles vers le Musée protestant, puis au carrefour à droite vers Ollières, puis à gauche La Pize. Doubles 90-110 € selon chambre. Table d'hôtes 29 €.* 2 chambres à la déco très soignée, bien équipées, avec literie de qualité et petit déj à la hauteur. Le tout dans un environnement superbe, à flanc de colline, avec la piscine, le jacuzzi et les transats en bonne place. Imparable ! Accueil sympa et dynamique.

– Voir aussi plus loin nos adresses à Coux, à moins de 5 km de Privas.

Où manger ? Où boire un verre ?

De bon marché à prix moyens

Tranche de Cake ! (zoom A-B1, **18**) : *pl. Adelbert. ☎ 04-75-29-83-01. Lun-ven 8h30-14h30. Congés : 2e quinzaine d'août. Formules 7-8,70 €.* Une banquette façon pelouse, des coussins multicolores, des luminaires créatifs et un papier peint qui détonne : la déco vaut le coup d'œil ! Mais pas seulement. Car les étals de ce petit salon de thé ludique regorgent chaque jour de salades, quiches, panini et (bien sûr !) de cakes préparés avec soin par la jeune et dynamique propriétaire. L'hiver, il y a même des soupes. C'est frais, très bon et sain. Du coup, on peut se permettre une gaufre ou un délicieux fondant à la châtaigne sans faire exploser le compteur calorique !

Chez Lulu (zoom A1, **19**) : *4, pl. du Foiral. ☎ 04-75-64-63-80. • filoualbert@yahoo.fr • Tlj sf dim-lun et j. fériés. Plats 7,50-9,50 € au déj et 9,50-17,50 € soir ; formules déj en sem 10-18 €, menus 24,50-27,50 € soir et w-e.* C'est le resto-bistrot un peu fun du coin. Très bien situé sur une place ensoleillée ombragée par des platanes, décoré dans un esprit broc et rétro coloré et chaleureux (mobilier hétéroclite, escabeaux en guise de tabourets hauts...), et tenu par une équipe jeune et sympa. Ça plaît beaucoup ! Côté cuisine, on fait dans le tout simple et local, du genre planchas préparées avec des produits naturels et frais. En saison (de fin février à mi-juin), demandez un steak de bœuf AOC fin gras du Mézenc, cette viande est aussi savoureuse que la charolaise ou la limousine.

Le Bouchon Littéraire (zoom B1, **16**) : *2, pl. de l'Hôtel-de-Ville. ☎ 04-75-20-80-54. Mer (midi slt)-sam midi. Congés : 1 sem en août. Formule déj 12,50 €.* Avec quelques tables en terrasse et une petite salle à moitié mangée par le comptoir, ce sympathique bouchon de poche est le repaire d'habitués qui se délectent de bons plats du jour traditionnels, arrosés bien sûr d'un verre de vin (remarquable sélection de vins régionaux). Sûr qu'ici ils connaissent les bons vignerons !

Brasserie Le Saint-Louis (zoom A1, **17**) : *1, cours Saint-Louis. ☎ 04-75-64-84-52. • cafelesaintlouis@hotmail.fr • Ouv ts les midis plus le soir jeu-sam. L'été, on y dîne jusqu'à 22h au moins, et le bar reste ouv au-delà de minuit. Plat du jour 10 €, formule déj en sem 13,90 €, menu déj 18 € ; carte env 20 €.* Bar-resto où la simplicité du cadre s'accorde bien à la modestie des prix. Produits locaux. Tartes maison, salades et bons plats du jour. Agréable véranda-terrasse.

Le Corentin (zoom A1, **15**) : *2, pl. de la République. ☎ 04-75-64-75-75. • patrick.paniello@wanadoo.fr • Tlj sf dim, lun et j. fériés, 12h-21h. Congés : 3 sem début sept. Formule déj en sem 13 €, menu 30 €.* Sur une jolie place où glougloute une fontaine, au pied de la tour Diane-de-Poitiers, un resto apprécié des locaux pour sa cuisine régionale généreuse et d'une qualité régulière : croûte ardéchoise, ravioles du Royans, etc. Terrasse ombragée et fleurie vraiment agréable.

L'ARDÈCHE

Où acheter de bons produits du terroir ?

Échoppe paysanne (zoom B1) : *3, rue Élie-Reynier. ☎ 04-75-64-54-40. Mer-sam 8h-13h, plus ven 15h-19h.* Un regroupement de producteurs qui vendent ici leurs fromages, fruits, légumes, volailles... Uniquement des produits fermiers.

Établissements Clément Faugier (hors plan d'ensemble par B4, **30**) : *chemin Logis-du-Roy, à l'extérieur du centre-ville. ☎ 04-75-64-07-11. • clementfaugier.fr • Lun-ven 9h30-18h.* Vente des produits Clément Faugier, mais pas de visite de la fabrique. Présentation d'une petite vidéo sur la fabrication des marrons glacés, quelques ustensiles d'autrefois (cuve à cuisson...).

Une Histoire de Goût (zoom B1) : *1, rue Élie-Reynier. ☎ 04-75-64-53-94.*

Tlj sf lun et jeu ap-m (slt lun ap-m en été) 8h30-12h15, 15h-18h45. Excellente épicerie fine : de bons vins, des produits de l'Ardèche, de la charcuterie ainsi que de très bons cafés.

À voir. À faire

Le pont Louis-XIII *(plan d'ensemble B3)* **:** *depuis le centre, descendre l'av. de Chomérac, puis la rue de l'Ouvèze.* Petit, trapu et superbe, ce pont des XVIIe et XVIIIe s enjambe l'Ouvèze. Il a conservé, malgré les restaurations successives, ses gros galets de basalte et beaucoup d'allure.

➢ ***Parcours historique :*** *plan à retirer à l'office de tourisme ou en mairie.* Les troupes de Richelieu n'ont sans doute pas pensé aux pauvres touristes amoureux des vieilles pierres. Ils ont tout saccagé, les sagouins. Dans la malle du passé demeurent tout de même quelques vestiges : la ***tour Diane-de-Poitiers*** *(zoom A1),* sur la place de la République, sans doute la plus charmante de la ville, à l'abri d'un gros tilleul. Dans un des angles s'élève cette tour-escalier du milieu du XVe s, porte d'entrée à la demeure des Poitiers Valentinois, grande famille seigneuriale. Remarquable pour sa porte en accolade. Tiens, les blasons ont été martelés. Non loin, au 8, rue Hélène-Durand, une ***porte en pointe de diamant*** (dite aussi « à bossages »). Exemple d'hôtel particulier de style Renaissance où logeait le pouvoir huguenot, le bailli.

Où se baigner à Privas et dans les environs proches ?

– ***Piscines municipales :*** pas moins de deux piscines à Privas ! Une couverte, « Tournesol » *(bd de la Paste, ☎ 04-75-64-21-12),* et une découverte *(ouv slt en été)*, « Gratenas » *(av. Saint-Exupéry, ☎ 04-75-64-10-13).*
– ***Le plan d'eau de la Neuve :*** *sur la commune de* ***Lyas.*** *À la sortie de Privas en direction de Lyas, juste après le pont sur la D 260. Parking gratuit.* Un petit plan d'eau aménagé et surveillé en été, sur le Mezayon.

Manifestations

Programme sur • *mairie-privas.fr* • et • *tourisme-cœur-ardeche.fr* •
– ***Théâtre de Privas :*** *pl. André-Malraux. ☎ 04-75-64-93-39. • theatredeprivas.com • Saison oct-mai.* Concerts, théâtre, musique, cirque, danse, etc.
– ***Carnaval de Privas :*** 1 j. début mars.
– ***L'Ardéchoise :*** *mi-juin. ☎ 04-75-06-13-43. • ardechoise.com •* Grande randonnée cycliste de 2 à 4 jours sur le parcours dit « La Châtaigne » via Privas.
– ***Festival de musique de Privas :*** *6-16 juil.* Nouveauté 2017, un festival pour tous les goûts musicaux qui met à l'honneur le patrimoine culturel et rural de la ville.
– ***Festival Au Clair de Lune :*** *de mi-juil à fin août, dans le théâtre de verdure de* ***Chomérac.*** *☎ 04-75-65-97-70.* Cinéma et concerts en plein air.
– ***Festival solidaire Images et Paroles d'Afrique :*** *sept-déc.* Livres, expos, artisanat, gastronomie. Des artistes et des intervenants racontent l'Afrique, ses multiples couleurs et saveurs.
– ***Châtaignes et Saveurs d'automne :*** *le 3e w-e d'oct. ☎ 04-75-64-06-44.* C'est le jour de la *castagnade,* grande fête de la châtaigne (la plus grande du département !) avec « rôtie de châtaignes ». On grille une tonne de châtaignes ce jour-là, sur un grilloir géant. Bon, vous n'êtes pas obligé de tout finir ! Marché de producteurs, spectacles, jeux pour enfants, concours gastronomique...
– ***Salon d'automne de peinture :*** *en nov, à* ***Chomérac.*** Expositions des œuvres de peintres locaux contemporains.

DANS LES ENVIRONS DE PRIVAS

Le moulin de Mandy : à Pranles, à 11 km de Privas et 9 km des Ollières. ☎ 04-75-64-24-03 ou 04-75-65-02-63. • moulindemandy.fr • De Privas, prendre la D 2 en direction du Cheylard ; au col du Moulin-à-Vent, toujours suivre Le Cheylard ; après env 2,5 km, panneau sur la gauche. Juil-août, tlj sf sam 14h30-18h30 (visite commentée) ; mer 10h30-18h30, avec animation autour du four à pain, cuisson et dégustation ; mai-juin et sept, horaires restreints (se renseigner). Entrée : 5 € ; réduc enfants ; gratuit jusqu'à 6 ans. Durant près de 20 ans, des bénévoles ont retapé cet ancien moulin, en fonctionnement jusqu'en 1939 et profitant aux nombreux paysans du coin, qui venaient y moudre leur blé. On peut admirer tout le mécanisme qui s'ébranle devant nous. À l'intérieur, ne pas manquer de jeter un œil à la roue d'entraînement avec son diamètre de 6,50 m ! Également une expo sur les moulins et les paysages d'Ardèche, réalisée par le parc naturel régional des monts d'Ardèche.

➢ Une promenade découverte permet de suivre le *sentier des « béalières »*, ces canaux qui acheminent l'eau des ruisseaux grâce à des petits barrages jusqu'au moulin.

Le musée du Vivarais protestant : hameau Le Bouschet, sur la commune de Pranles, à env 15 km au nord de Privas, par la D 2. ☎ 04-75-64-22-74. Mai-juin, les w-e et j. fériés 14h-18h ; juil-août, tlj 10h-18h ; sept, tlj sf lun 14h-18h. Entrée : 5 € ; réduc. Depuis cette maison typique des Boutières, qui domine les vallées de l'Eyrieux et du Rhône, on jouit tout d'abord d'un panorama exceptionnel. C'est ici que naquirent, en 1700 et 1711, le pasteur Pierre Durand et sa sœur Marie, qui vouèrent leur vie au protestantisme. Leur volonté commune était de restaurer les églises réformées en Vivarais. Ayant contrevenu aux ordres royaux, Pierre fut pendu à l'âge de 32 ans, à Montpellier. Marie, quant à elle, fut enfermée à la tour de Constance à Aigues-Mortes pendant... 38 ans. Libérée en 1768, elle revint finir ses jours ici. La maison en elle-même est intéressante pour ses petites ouvertures et sa magnifique cheminée. On y voit de nombreux documents témoignant de la résistance huguenote dans tout le Vivarais.

➢ ***La voie douce de la Payre :*** de Chomérac au Pouzin. Départ de Chomérac, à environ 5 km de Privas. Une seconde vie pour cette ancienne ligne ferroviaire de 8 km environ, créée en 1861, qui possède de nombreux ouvrages intéressants le long de son parcours : tunnels, viaducs, ponts, passerelles, ouvrages hydrauliques... On a retiré les rails sur cette portion pour en faire une voie douce, sans véhicules, accessible aux vélos, piétons, rollers et poussettes, à explorer en toute sécurité. À terme, ce seront au total 20 km qui relieront Le Pouzin à Privas depuis la *ViaRhôna.*

COUX

(07000) 1 700 hab. *Carte Ardèche, B2*

Situé à moins de 3 km de Privas, en allant vers Le Pouzin et la vallée du Rhône, ce petit village perché subit quelque peu l'écrasante proximité de son grand voisin. La grimpette vaut pourtant la peine : ruelles escarpées bordées de vénérables maisons, passages, escaliers...

Où dormir ? Où manger ?

Le Moulin d'Onclaire : à Onclaire. ☎ 04-75-64-51-98. 📱 06-99-74-35-92. • moulin@onclaire.com • onclaire.com • Panneau dans le centre, sur la route principale qui va de Privas au Pouzin. Camping ouv avr-oct ; tte l'année pour les chambres et chalets. Forfait 13-19 € selon saison. En hte saison, chalets (1-5 pers) 630 €/sem, mobile home 770 €/sem. Chambres d'hôtes (2-7 pers) 42-62 € pour 2. CB refusées. Dans un ancien moulin restauré bien caché en contrebas de la route, au calme, 4 chambres d'hôtes toutes simples mais conviviales et suffisamment confortables. Sanitaires privés, frigo et micro-ondes à disposition et salon de jardin sur la terrasse. Quant aux familiales, ce sont en réalité de vastes suites très pratiques. Propose également un joli petit camping de 40 emplacements, intime et tranquille, au bord de l'Ouvèze. Animations en juillet-août. Piscine, salle de jeux, bar et resto en saison. Accueil sympathique.

Le Poivre d'Âne : *pl. d'Onclaire. ☎ 04-75-64-17-81. • lepoivredane@sfr.fr • Fermé lun, jeu soir et dim soir. Congés : 3 sem en janv et 1 sem à la Toussaint. Résa fort conseillée. Au déj en sem, formule 17 € ; menus-carte 26-45 €.* Installée dans un ancien moulin, cette belle adresse fait l'unanimité dans le secteur. Salles spacieuses et confortables, murs de pierres sèches, tables bien séparées, et une terrasse très agréable en contrebas dans la verdure. Un cadre idéal pour goûter à une fine cuisine qui suit suavement le marché et les inspirations du chef. Quelques fleurons de la carte : le magret ou le carré d'agneau rôti au miel de pays... Accueil pro et service efficace.

Où acheter du bon fromage de chèvre ?

Fromagerie La Biquette de la Jaubernie : *hameau de La Jaubernie, au-dessus de Coux. ☎ 04-75-64-55-98. À 3 km du village de Coux, panneau sur la droite (bien indiqué). Ouv avr-sept, tlj sf dim mat 8h-12h, 17h-19h.* D'excellents picodons et plein d'autres fromages à base de lait de chèvre (tomme, feta, etc.). Excellent accueil.

À faire

– **Indian Forest Ardèche :** *Les Trois-Chemins, sur la commune de Coux. ☎ 04-75-64-10-10. • natureactive.fr • De Privas, prendre la D 2 en direction du Cheylard ; après env 3,5 km, bifurquer à droite (direction Lyas) ; c'est un peu plus loin. Juil-août, tlj 10h (14h dim)-18h ; le reste de l'année, les w-e et j. fériés 14h-18h ; petites vac scol sur résa. Tarif : 18 € ; enfants 2-15 ans 10-15 €. CB refusées.* Parcours acrobatique en forêt pour petits et grands (pont de singe, tonneaux suspendus, tyroliennes géantes, passerelles, etc.).

DANS LES ENVIRONS DE COUX

➢ **Les grottes de la Jaubernie :** *accès par la D 104. Parking. Balade de 7 km ; compter 2h30 (balisage jaune).* Le sentier conduit aux huit grottes que l'on observe de l'extérieur (il est interdit d'y pénétrer). Les premiers hommes trouvèrent ici un bon refuge. Au hameau de La Jaubernie, retour au parking en suivant le balisage.

LE COL DE L'ESCRINET

Carte Ardèche, B2

L'unique voie de communication entre les deux grandes rivales de l'histoire, Privas et Aubenas, passe par ce col à 787 m d'altitude, véritable portail d'entrée de l'Ardèche méridionale. En s'enfonçant plus au sud, on quittera

progressivement la châtaigne pour capter des senteurs de garrigue et de lavande. C'est ici la limite du plateau du Coiron. Faites une halte pour admirer le panorama !

Campée sur la colline, la sculpture d'une chèvre vous aguichera du regard. Réalisée à partir de vieux objets agricoles, elle est l'œuvre de Pierre-Louis Chipon, un ancien éleveur de chèvres désormais converti en artiste de talent, et dont la notoriété n'est plus à faire dans le coin. Nombre de ses sculptures émaillent les paysages ardéchois. Un vrai talent que de donner vie à tous ces bouts de ferraille qui s'amoncellent en vrac dans son hangar ! Vous pouvez lui rendre une petite visite et le voir travailler dans son atelier situé juste au niveau du col *(mieux vaut téléphoner avt : ☎ 04-75-35-74-90).*

À L'OUEST DE PRIVAS

Du col de l'Escrinet, dans le triangle Privas – Antraigues – Saint-Pierreville, on peut partir à la découverte d'une montagne fort séduisante et hors des sentiers battus. Du col de Fayolle, belle route vers Antraigues (via Saint-Joseph-des-Bancs). Encore plus sauvages, les départementales partant sur Les Ollières ou Saint-Pierreville : des nombres magiques, les D 244, D 261, D 260, D 344, et des paysages époustouflants. En prime, une belle adresse où se poser.

Où dormir dans cette région ?

Chambres d'hôtes Au Fil de Soi : *pont de Foulix, 07190* ***Issamoulenc.*** *☎ 04-75-64-06-73. • 07aufildesoi@orange.fr • aufildesoi07.fr • Accès par la D 261 ou la D 244. Résa conseillée longtemps à l'avance. Doubles 60-75 € ; cabane perchée 110 € pour 2 (30 €/pers supplémentaire).* Dans un vallon verdoyant et paisible, un ancien moulinage de fil de soie du XIXe s transformé en auberge écologique. Jérôme et Anne ont restauré les lieux uniquement avec des matériaux naturels : peintures à l'argile, panneaux solaires, chauffage au bois, récupération des eaux de pluie... Chambres et pièces communes ont conservé beaucoup de charme et les alentours offrent de nombreuses randonnées (petite rivière sur la propriété). Mais le plus étonnant est cette cabane de charme perchée à 8 m de hauteur, dans un bosquet d'arbres bicentenaires. Grand lit en mezzanine, lits superposés, coin cuisine équipée et toilettes sèches (douche dans la maison), grande terrasse avec hamacs. Également un grand gîte fort agréable. Possibilité de table d'hôtes (bio) sur résa. À propos, dites bonjour de notre part aux lamas (si !).

À L'EST DE PRIVAS

SAINT-VINCENT-DE-BARRÈS

(07210) 800 hab. *Carte Ardèche, B2*

Un village-forteresse, labellisé « Village de caractère », modestement perché sur un tout petit éperon de basalte. De l'enceinte médiévale (XIIe s),

il ne reste que quelques belles tours rondes, tronquées mais toujours imposantes, une partie des murailles et des portes ; à l'intérieur, les vénérables maisons sont bien vivantes. Tout comme l'ambiance de ce village, drôlement dynamique. Devant l'église, la placette propose une vue admirable en direction du plateau du Coiron. Ruelles pavées, passages voûtés, maisons à touche-touche...

ORAGE FATAL

Le 13 mai 1948, un gros orage secoua le ciel ardéchois. Un petit avion s'écrasa à Saint-Bauzile, à 4 km de Saint-Vincent-de-Barrès. Tous les passagers furent tués sur le coup dont Kathleen Kennedy, la jeune sœur du futur président américain J.-F. Kennedy. Cette charmante jeune femme n'avait que 28 ans. Elle partait en week-end amoureux à Cannes avec son fiancé Peter Fitzwilliam, un noble anglais. On sait que J.-F. Kennedy fut bouleversé par la mort de sa sœur préférée.

Où dormir dans les environs ?

Chambres d'hôtes du château de Fontblachère : *à 2 km de Saint-Lager-Bressac (07210) ; suivre les panneaux « Fontblachère ». ☎ 04-75-65-15-02. • chateau@fontblachere.com • chateau-fontblachere.com • Doubles 115-165 € selon confort ; 30 €/pers supplémentaire. Appart et maison 4 pers 600-950 €/sem selon saison. Dîner 35 €.* Charmant château de type provençal du XVIIe s, surplombant la vallée de Chomérac. Superbe décoration de caractère (le début du luxe rustique), avec une touche contemporaine. 5 chambres d'hôtes, dont 2 suites, plus 2 appartements indépendants, très bien équipés. Et aussi : tennis et splendide piscine chauffée.

Fête

– **Fête médiévale :** *ts les 2 ans (années paires), fin sept-début oct.* Le village se téléporte au Moyen Âge : costumes incroyables portés par les enfants, les parents et les grands-parents, tous à la mode d'antan. Il y a du théâtre, de la musique, de la cuisine de l'époque, des forgerons dans la rue, tout cela dans une ambiance du tonnerre. Un village diantrement pêchu !

CRUAS (07350) 2 800 hab. *Carte Ardèche, B2*

Dans la vallée du Rhône, à 9 km au sud du Pouzin et 9 km au nord de Rochemaure, sur la D 86 (rive gauche du Rhône), à l'ombre des cheminées d'une centrale nucléaire, ce discret village tranquille abrite un joyau de l'époque romane : l'abbatiale de Cruas, une merveille à voir impérativement. Au-dessus du village, une barrière rocheuse et une chapelle fortifiée, des murs crénelés et de hautes murailles, autres témoignages d'une histoire ancienne où il fallait se percher pour se défendre.

Adresse utile

Office de tourisme : *1, pl. de la Liberté. ☎ 04-75-49-59-20. • oti@barres-coiron.fr • ot-cruas.fr • Sur la D 86, au centre du village. De Pâques* *à mi-oct, lun-mar et jeu-ven 10h-13h, 14h-18h, mer et sam 15h-18h ; juil-août, lun-sam 10h-13h, 14h-18h, dim et j. fériés 10h-13h ; de mi-oct à Pâques, lun-mar et jeu-ven 14h-18h, sam 15h-18h.* Organise des visites de l'abbatiale toute l'année et du site médiéval en juillet-août.

Où dormir dans les environs ?

Hôtel Les 4 Vents : *route de Chomérac, 07210* ***Baix.*** *☎ 04-75-85-80-64. • hotel-les-4vents@orange.fr • hotel-les4vents.fr • Congés : 16 déc-13 janv. Doubles 67-68 €, familiales 78-97 €. Parking.* Bâtiment moderne inspiré du style local. Grande façade ocre aux volets bleus. À l'annexe, des chambres calmes, nettes et modernes. Terrasse aux beaux jours. Restaurant sur place, de gestion différente, proposant une cuisine traditionnelle (formule midi à 15 €).

L'ARDÈCHE

À voir. À faire

L'abbatiale : *en plein centre-ville. Visite guidée slt (sf été), au départ de l'office de tourisme. De mi-avr à mi-oct, tlj sf dim à 11h et 15h (mer et sam à 14h slt) ; juil-août, lun-sam à 10h30 et 14h (visite libre 11h30-12h30 et 15h-18h), dim et j. fériés à 14h (libre 15h-18h) ; de mi-oct à mi-avr, lun-ven à 15h, sam à 14h. Tarif : 3 € ; gratuit étudiants, demandeurs d'emploi, personnes à mobilité réduite et enfants. Attention, horaires modifiés ou visites annulées en fonction des offices.*

Cette admirable église est tout ce qu'il subsiste de l'abbaye bénédictine fondée ici au début du IXe s par le comte du Vivarais. L'église, quant à elle, vit le jour au milieu du XIe s et fut consacrée par le pape Urbain II. L'abbatiale connut son apogée entre le XIIe et le XVe s. Elle possédait de nombreuses terres et comptait une centaine de moines, qui défendirent âprement ce fief catholique jamais conquis par les protestants. Durant les guerres, les moines choisirent de résider au château, sur les hauteurs (dont on voit toujours la chapelle fortifiée et le bourg en cours de restauration), où ils étaient plus en sécurité. En 1741, l'évêque de Viviers, en décidant de mettre fin à la formation des moines dans l'abbaye, accéléra son déclin.

Mais venons-en à l'église elle-même : seul témoin encore debout de ce passé prestigieux, elle subit régulièrement les colères du Crûle. Le fougueux torrent charria à plusieurs reprises des tonnes d'alluvions à l'intérieur même de l'église. Une épaisse couche de sédiments s'accumula au fil des siècles, et les moines décidèrent au XVIIIe s de combler la nef de remblais dans la partie basse de l'église.

La partie située au-dessus de la tribune monastique était réservée aux moines de l'abbaye. Les pèlerins n'y avaient pas accès. Il fallut attendre 1972 pour que cette partie commence à être dégagée de ses tonnes d'alluvions. En 1983, enfin, sous les sables des temps, l'église fut libérée de son emprise et on découvrit quelques merveilles, en particulier l'exceptionnelle tribune monastique : une partie (dont le chœur) était surélevée et réservée aux moines de l'abbaye ; en dessous, un espace était libéré pour le recueillement des pèlerins.

– *À l'extérieur :* avant de pénétrer, notez la toiture en lauzes de pierre calcaire. Allez donc sur l'arrière pour découvrir les proportions globales de l'édifice, avec cette grosse tour-lanterne, la tour-clocher en roman tardif du XIVe s. Superbe harmonie.

– *Dans l'entrée :* quelques vestiges gallo-romains et carolingiens.

– *L'église basse :* on y accédait jadis par un large escalier descendant dans la nef centrale. Aujourd'hui, une plateforme nous permet de découvrir la superbe tribune monastique. Il en existe deux en France, une à Cruas et l'autre à Serrabone, dans les Pyrénées-Orientales. On y découvre 15 colonnettes qui supportent d'admirables chapiteaux d'une grande finesse. Il n'y en a pas deux semblables.

N'hésitez pas à en faire le tour, car chaque côté présente un motif digne d'être analysé : motifs végétaux et intéressant bestiaire. Et tout cela date du milieu du XIIe s ! Beaucoup de finesse d'exécution et grande richesse dans les motifs. Notez le personnage qui semble mordre un buccin (instrument de musique), ou bien sont-ce des serpents qui sortent de sa bouche ? Les spirales qui sortent des oreilles évoquent l'écoute. On vous laisse tranquille pour découvrir les autres par vous-même, car ce qui est extraordinaire, c'est que les chapiteaux sont à hauteur des yeux. Architecture remarquable pour ses ogives et ses clefs de voûte toutes différentes.

– On descend trois marches et on se retrouve dans la *crypte.* C'est la partie la plus ancienne de l'abbatiale (milieu XIe s). Une abside, des absidioles et des chapiteaux sculptés en préroman. Le dessin est grossier, le trait naïf, mais l'expression est vraiment présente, d'une étonnante puissance. Feuilles d'acanthe, incroyable bestiaire, et puis un bel orant (un priant ; ça vient de *orare* : « prier » en latin), qui lève les bras et semble en extase. Admirable d'évocation et état quasi parfait de conservation. Sur l'autel de l'abside, belle pietà où la Vierge verse des larmes qui apparaissent en relief. Elle tient doucement la main de son fils.

– *L'église haute :* l'avancée du chœur dans la nef centrale constitue la partie haute de la tribune monastique. C'était l'espace réservé aux moines. Ce qui frappe ici, nichée dans l'abside, c'est de loin la mosaïque *Le Paradis promis aux justes,* avec Enoc et Elie. Au centre, deux arbres plantés dans le jardin d'Éden. Une feuille manque, on dit qu'Adam et Ève l'auraient prise pour cacher leur nudité ! La mosaïque commémore le passage du pape Urbain II, en 1095.

Depuis cette hauteur, on peut observer les nombreuses fresques qui ornent la nef (XIVe et XVe s). Au programme, le supplice de saint Sébastien avec les moines agenouillés et l'élégant archer, une scène de chasse, une Trinité... Nef romane très pure, à l'envolée majestueuse et aux colonnes engagées. On aperçoit encore au-dessus une tribune seigneuriale qui était réservée à l'abbé, considéré comme le seigneur.

L'abbaye est dissoute vers 1740, et l'abbatiale est alors attribuée aux fidèles Cruassiens. Il s'agit encore aujourd'hui de l'église paroissiale.

Le site médiéval : *tte l'année ; brochure gratuite disponible à l'office de tourisme. Visites guidées slt pour les groupes sur rdv. GRATUIT.* C'était le château des moines. Il s'agit, en fait, de la chapelle Saint-Benoît (XIIe s) fortifiée, à laquelle s'est adjoint au XIVe s un logis où se réfugiaient les moines pendant les périodes troubles et les crues dans la vallée. Ils finirent par y résider de manière permanente, après la destruction des bâtiments conventuels de l'abbaye. Le village médiéval est composé d'un ensemble de maisons des XIVe et XVe s (remanié aux XVIe et XVIIe s) entourées d'une fortification élevée au XIVe s. Aujourd'hui, seuls les remparts nord et ouest sont encore debout, et des vestiges importants des remparts sud et est subsistent. La commune a entrepris de gros travaux de réhabilitation du bâti, avec comme point d'orgue la remontée d'une tour flanquée sur le rempart est et le retour d'habitants dans un îlot expérimental.

Le centre André-Auclair : *av. Mercoyrol. ☎ 04-75-49-59-21. Mer-dim (sf j. fériés) 15h-18h. GRATUIT.* Rétrospective de l'œuvre d'André Auclair, artiste peintre, graveur et céramiste né à Paris en 1893 et mort à Cruas en 1976. Expos temporaires d'artistes contemporains également. Au dernier étage, le *musée des Sports,* avec quelques objets personnels de grands sportifs (genre maillot de Lance Armstrong, de Jeannie Longo, ballon de la Coupe du monde de 1958, etc.).

➢ ***Balade sur le port de plaisance :*** permet de faire une halte sur le parcours de 54 km entre Valence et Viviers. La passerelle entre la frayère et le port en fait un lieu de promenade, et un chemin piéton longe le plan d'eau.

LA RÉGION D'AUBENAS

• Carte La région de Privas et d'Aubenas *p. 52-53*

Entre la commerciale Aubenas, la thermale et dilettante Vals, Antraigues la perchée, Villeneuve l'historique et Alba... la Romaine, sans oublier les villages qui grimpent par des routes qui ont suivi les sentiers muletiers pour ne pas perdre le nord et ces hameaux noyés dans les châtaigniers, voici une région déroutante par ses multiples facettes. Elle offre à chaque bouquet de kilomètres quelques senteurs nouvelles, panoramas inédits, plaisirs insolites, lieux chargés d'histoire jamais éloignés de la nature : un fier château à Aubenas, de l'eau et des fêtes à Vals, des ruines à Alba, dans des paysages de douces collines, avec des vignobles, des oliveraies, des pinèdes dans la plaine et des châtaigneraies sur les flancs des Cévennes.

AUBENAS

(07200) 12 200 hab. *Carte Ardèche, A-B2-3*

• Plan *p. 70-71*

Une ville de taille moyenne, bien située, sur une grosse colline au-dessus de la verte vallée de l'Ardèche. Avec un marché bien vivant et un château chargé d'histoire, Aubenas s'est imposée au fil du temps, éclipsant un peu la petite sous-préfecture voisine, Largentière. Les produits, les marchandises, les idées et les personnes des vallées environnantes convergent vers Aubenas. Et même si on ne passe pas ses vacances en ville, ce serait une erreur que de ne pas y faire une halte. Le mieux est de venir un samedi, tôt le matin, pour profiter de l'ambiance de son célèbre marché, puis visiter le château-musée dans la foulée, et ensuite partir à la recherche des maisons anciennes du centre-ville.

UN PEU D'HISTOIRE

Avec un tel site naturel, véritable poste de vigie au-dessus de l'Ardèche, il semblait évident que l'on cherchât à s'y installer. La famille des Montlaur sera la première à planter ici son château au XIe s. Elle gardera le pouvoir quasiment jusqu'à la fin du XVIe s. Du XIIe s, il subsiste encore le donjon du château. Le Moyen Âge verra la ville

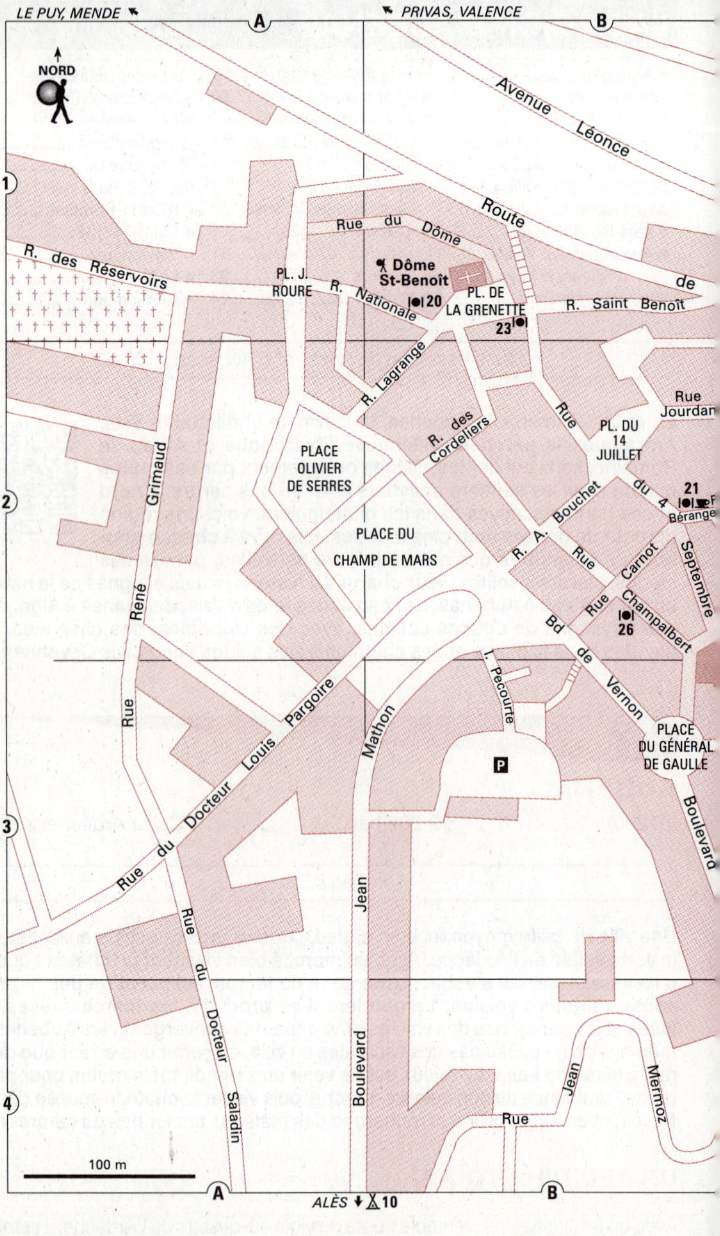
LE PUY, MENDE
PRIVAS, VALENCE
A
B
NORD
1
2
3
4
Avenue Léonce
Route de
Rue du Dôme
Dôme St-Benoît
R. des Réservoirs
PL. J. ROURE
R. Nationale
20
PL. DE LA GRENETTE
23
R. Saint Benoît
R. Lagrange
R. des Cordeliers
Rue Jourdan
Rue du 4 Septembre
PL. DU 14 JUILLET
21
Bérange
PLACE OLIVIER DE SERRES
PLACE DU CHAMP DE MARS
R. A. Bouchet
Rue Carnot
Rue Champalbert
26
Bd de Vernon
Rue René Grimaud
Rue du Docteur Louis Pargoire
Boulevard Jean Mathon
I. Pecourte
P
PLACE DU GÉNÉRAL DE GAULLE
Boulevard
Rue du Docteur Saladin
Rue Jean Mermoz
100 m
ALÈS
10

Adresses utiles

Office de tourisme du pays d'Aubenas-Vals-Antraigues
Gare routière

Où dormir ?

10 Camping Les Acacias
11 Camping Le Plan d'Eau
12 Villa Élisa M

Où manger ?

20 Notes de Saveurs
21 Le Salon d'Ann-Sophie
22 Le Bistrot de Manon
23 Pizzeria du Dôme
24 Le Carré des Maîtres
26 M Restaurant-Chez Mickaël

Où boire un verre ? Où prendre un thé ?

21 Le Salon d'Ann-Sophie
24 Le Carré des Maîtres
31 Le Panorama

Où acheter de bons produits ?

40 Biscuiterie Les Châtaignettes
41 La Table Gourmande
42 La Musette
43 Sabaton

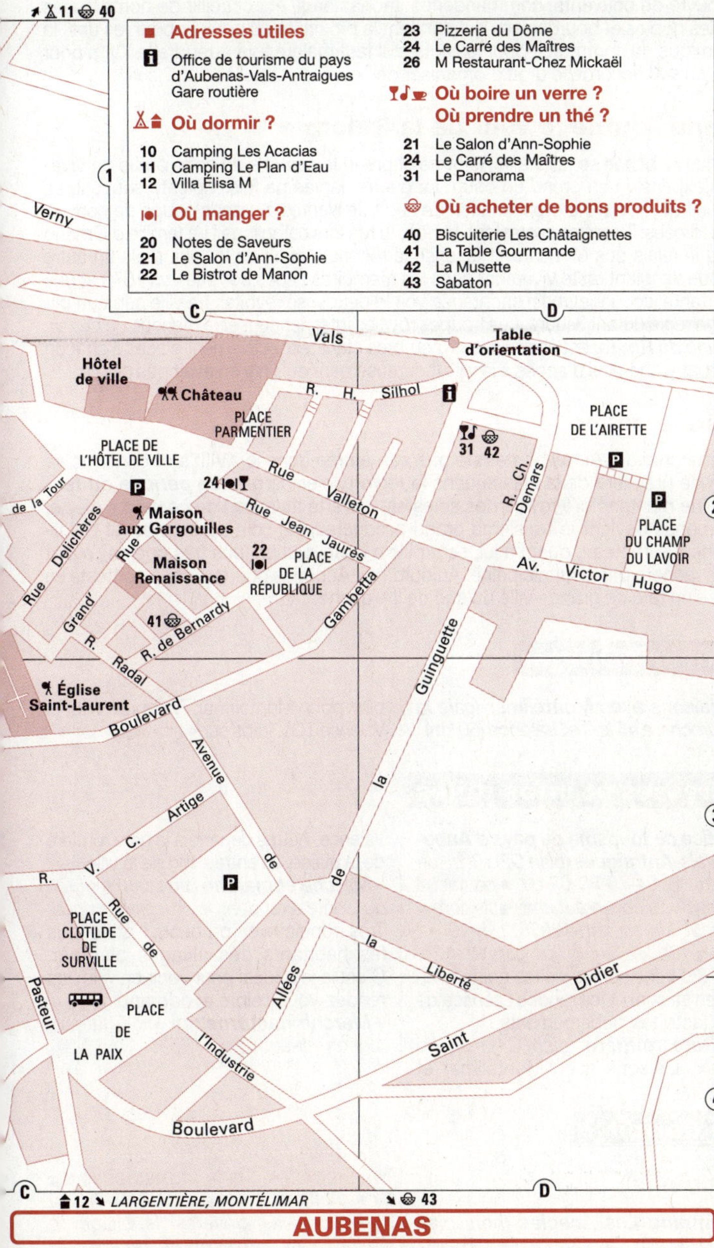

AUBENAS

se couvrir de couvents, commanderies, monastères, et accueillir de nombreuses familles nobles et bourgeoises qu'attiraient la proximité du pouvoir pour les uns, la dynamique du commerce pour les autres. Il faut malgré tout attendre le XVe s pour que Louis XI accorde le droit d'organiser deux foires annuelles dans la ville.

Quand souffle le vent de la Réforme

Lorsque Aubenas se rallie à la Réforme et prend le contrôle de cette partie du Vivarais, l'expansion en prend un coup. La guerre, larvée parfois, violente souvent, se poursuit au-delà de la proclamation de l'édit de Nantes à grands coups de conversions forcées. Tu entres protestant, et hop, tu ressors catholique ! La famille d'Ornano prend le relais des Montlaur et favorise la reconstruction de la ville. Mais un autre épisode sanglant reste vivement dans les mémoires : nous sommes en 1670 et une importante jacquerie quasi spontanée voit le peuple se révolter. La ville subit un pillage en règle durant 3 jours. Les troupes royales interviennent et le meneur, un certain ***Antoine du Roure,*** est écartelé, ses membres étant respectivement placés à chacun des quatre chemins d'accès à la ville (heureusement qu'il n'y en avait pas cinq !).

Enfin le calme

Ville marchande, Aubenas ne rate pas son entrée dans le XVIIIe s et confirme sa place de première de la classe dans la région : c'est la ***grande période du textile.*** Une manufacture royale des soies est ouverte au milieu de ce même siècle, et Aubenas devient le troisième grand producteur de soie après Lyon et Saint-Étienne. Le château, quant à lui, sera pillé à la Révolution (pas très original) avant d'être racheté par la municipalité. Aujourd'hui, Aubenas poursuit sans conteste sa course en tête de grande ville du sud de l'Ardèche.

Arriver – Quitter

➢ ***Liaisons avec Montélimar*** *(gare la plus proche, à 45 km)* ***et Valence*** *(60 km)* **:** bus pour Montélimar, Valence-Ville et Valence TGV. Infos sur • *rhonealpes.fr* •

Adresses et infos utiles

i ***Office de tourisme du pays d'Aubenas-Vals-Antraigues*** *(plan D2)* **:** *6, pl. de l'Airette.* ☎ *04-75-89-02-03.* • *contact@aubenas-vals.com* • *aubenas-vals.com* • *Juil-août, lun-sam 9h-12h30, 14h-19h et dim 9h-13h ; sept-juin, lun-sam 9h-12h, 14h-18h.* Infos sur les visites guidées en ville (en saison) et les randos ; service de résas (activités, hébergements...).

🚌 ***Gare routière*** *(plan C4)* **:** *pl. de la Paix.* Liaisons avec Montélimar et Valence. Autres départs à la gare routière de la plaine, à l'entrée sud de la ville.

– ***Marché et marché bio :*** *sam mat, pl. du Château et dans les rues piétonnes.* Très populaire et fort beau, il attire tous les habitants des villages alentour. C'est le jour idéal pour venir en ville : un rendez-vous coloré et odorant.

– ***Marché nocturne :*** *pl. du Château, mer en juil-août.*

Où dormir ?

Campings

⛺ ***Camping Les Acacias*** *(hors plan par A-B4,* ***10****)* **:** *Les Croix, 07200* ***Saint-Étienne-de-Fontbellon.*** ☎ *04-75-93-67-87.* • *camping-les-acacias@wanadoo.fr* • *camping-les-acacias.fr* • *À 4 km d'Aubenas. Prendre la direction Alès, traverser le village de Saint-Étienne-de-Fontbellon, passer devant le centre commercial, puis fléché. Ouv de mi-avr à fin sept. Forfait* *env 9,70-12,20 € selon saison. Bungalows (avec ou sans sanitaires) et mobile homes env 165-415 €/sem. CB refusées.* Un camping de 50 emplacements, simple et bien ombragé, aux emplacements séparés par de hautes haies. Présente l'avantage de ne pas être cher ni très grand. Verdoyant et calme. Petite piscine et pizzeria à deux pas. Bon rapport qualité-prix.

Camping Le Plan d'Eau *(hors plan par C1,* ***11****) : route de Lussas, 07200* ***Saint-Privat.*** *☎ 04-75-35-44-98. • info@campingleplandeau.fr • campingleplandeau.fr • Ouv mai-fin sept. Forfait 15,50-33 € selon saison (47,50 € pour les emplacements XL). Mobile homes 250-725 €/sem (plus cher pour 6 pers).* Voici le 1er camping ayant reçu l'écolabel européen en Rhône-Alpes. Les proprios ont déniché au bord de la rivière Ardèche leur coin de paradis, aménagé dans le respect de la magnifique nature qui les entoure. Grande piscine chauffée au solaire, éclairage photovoltaïque, produits bio... Même le terrain a été classé refuge LPO (ligue de protection des oiseaux) ! Emplacements bien ombragés et spacieux, voire immenses pour les XL. Snack en été et animations 2 fois par semaine. Équipements de qualité et très bon accueil.

Prix moyens

Le Puits de Sophie *(hors plan par A-B4) : 20, chemin Henri-Constant, quartier Saint-Pierre. ☎ 04-75-93-41-67. • lepuitsdesophie@gmail.com • le-puits-de-sophie.com • À 4 km du centre-ville ; route d'Alès, puis suivre quartier Saint-Pierre. Double 95 € (85 € à partir de 3 nuits).* Nathalie et Jacques (et non Sophie, qui est la grand-mère) ont retapé l'ancienne ferme familiale pour en faire un écrin contemporain, séduisant et tout confort, n'hésitant pas à jouer sur les couleurs et les espaces. Les chambres sont à l'étage, donnant sur un petit patio (sans vue). Coin salon, chambre en mezzanine, salle de bains moderne... Toutes avec frigo, AC, bouilloire, et même un système audio. À l'arrière, un bout de pelouse et quelques transats. Accueil charmant, et l'Ardèche est à deux pas (même si on ne s'y baigne pas vraiment à cet endroit-là).

Chic

Villa Élisa M *(hors plan par C4,* ***12****) : rue Jean-Baussier, face à la piscine municipale. 06-71-34-61-90. • contact@elisa-m.com • villa-elisa-m.com • Réception 17h-20h. Double 115 €, familiale 175 €. Parking.* Avec à peine 8 chambres, la belle adresse de la ville tient plus de la chambre d'hôtes que de l'hôtel. Elle occupe d'ailleurs une grande villa des années 1930, cossue, intimiste, et retranchée dans un jardin paisible derrière une belle grille. Quant aux chambres, à la déco contemporaine de bon goût, elles sont d'un confort irréprochable. Certaines avec terrasse. Très agréable.

Où manger ?

Bon marché

Le Bistrot de Manon *(plan C2,* ***22****) : 8, pl. de la République. ☎ 04-75-35-28-42. Le midi slt, tlj sf dim. Formule déj 17 €, menus 24-34 €.* Cuisine traditionnelle et régionale bonne et pas chère (terrine de foie gras au viognier, jarret de veau fermier...). Déco style bistrot à l'ancienne et un bout de terrasse en été.

Pizzeria du Dôme *(plan B1,* ***23****) : 43, rue du 4-Septembre. ☎ 04-75-35-22-63. Tlj sf dim midi et lun midi (dim-lun hors saison). Formule déj 13 €, carte env 25 €.* Quelques tables en terrasse pour déguster une trentaine de bonnes pizzas au feu de bois et quelques burgers. Également des poêlons gratinés. Une cuisine de bon aloi, présentée sans chichis.

Le Salon d'Ann-Sophie *(plan B2,* ***21****) : pl. des Cocons. ☎ 04-75-39-74-13. Mar-sam 10h-20h. Compter 18 € pour l'assiette du Magnan. Café offert sur présentation de ce guide.* Bienvenue chez des passionnées, de véritables ambassadrices de la châtaigne qui tiennent avec sérieux cette charmante bonbonnière à la déco cosy et douillette. Petite terrasse donnant sur cette plaisante placette. Délicieuse assiette dégustation composée de 5 miniplats aux saveurs du terroir : soupe aux châtaignes absolument divine, puis, en fonction de l'inspiration du jour, des crudités aux noix de Saint-Jacques ou un goûteux mignon de porc à la sauge, etc. Tout cela est divin, tout comme les desserts. C'est aussi un adorable salon de thé l'après-midi (voir « Où boire un verre ? Où prendre un thé ? »).

Le Carré des Maîtres *(plan C2,* ***24****) : pl. de l'Hôtel-de-Ville. ☎ 04-75-35-27-03. Tlj (sf dim-lun hors saison).* Après Vals-les-Bains, c'est à Aubenas que cette bonne maison a ouvert un alter ego. Situation idéale sur la grande place lumineuse : de bonnes salades le midi et de revigorants plats de pays, issus de produits locaux. Une cuisine du moment, aux influences asiatisantes pour certaines préparations. Également une excellente adresse pour découvrir les vins d'Ardèche en terrasse (voir aussi « Où boire un verre ?... »).

De prix moyens à chic

M Restaurant – Chez Mickaël *(plan B2,* ***26****) : 17, rue Champalbert. ☎ 04-75-36-41-66. Mar-sam. Résa conseillée. Formules déj 16,90-18,90 € ; le soir, menu unique 32 €.* Ludique et inspirée : c'est ce qui caractérise la cuisine de ce chef, qui ne travaille que du frais. Cuisine élaborée et pleine de saveurs, que ce soit dans le salé ou le sucré. Des assiettes réjouissantes, toujours pleines d'idées. La salle n'est pas bien grande, mieux vaut réserver. Excellent accueil.

Notes de Saveurs (plan B1, **20**) : *16, rue Nationale. ☎ 04-75-93-94-46. ♿ Le midi slt, tlj sf dim. Menus 29-34 €.* Bienvenue chez un chef de talent qui élabore une cuisine fine et fraîche, évoluant au gré des saisons. La carte est courte mais bien composée (duo de pintade façon basquaise, loup et gambas au pistou...). La salle se prolonge par une terrasse jouissant d'une belle vue sur l'arrière du dôme Saint-Benoît.

Où dormir ? Où manger dans les environs ?

Chambres d'hôtes Villa Sarah : *quartier Bouteyre, 07200* ***Mercuer.*** *📱 06-87-48-13-53. • alsauzet@wanadoo.fr • wix.com/alsauzet/villasarah • À 2 km du village, entre Aubenas et Vals-les-Bains (D 465). Ouv mai-sept. Doubles env 95-115 € selon saison (2 nuits min l'été). Table d'hôtes 29 €. Apéritif maison et café offerts sur présentation de ce guide.* Cette villa moderne, tenue par un couple charmant, abrite des chambres d'une grande élégance (très belle literie), aux couleurs sobres et harmonieuses, ouvertes sur la charmante piscine (avec de beaux transats autour). Du vrai petit luxe. Chacune bénéficie d'une terrasse privative et d'un accès indépendant, et le confort est à la hauteur. Terrain de pétanque. Très cosy.

Mas de Bourlenc : *chez Thierry Ventalon, route de Saint-Andéol, 07200* ***Saint-Julien-du-Serre.*** *☎ 04-75-37-69-95. • masdebourlenc@orange.fr • À env 10 km au nord d'Aubenas. Prendre la D 104 vers Privas, traverser l'Ardèche et, au 1er rond-point, à gauche direction Vals-les-Bains, puis à droite (D 259) vers Saint-Julien ; après 9 km, la maison est à droite, sur la route de Saint-Andéol. Congés : nov-déc. Doubles 65-80 € selon taille et saison. Table d'hôtes 26 €. Pot de confiture offert sur présentation de ce guide.* Très belle maison ouverte sur la nature, avec terrasse et tonnelle recouverte de vigne. Cadre chaleureux où dominent le bois brut, les poutres apparentes et les murs blanc immaculé. Chambres agréables pour 2 à 5 personnes, à l'atmosphère provençale et bien fraîches en été (l'une avec mezzanine). Toutes disposent d'un accès indépendant et d'une terrasse avec une belle vue. Piscine. À table, cuisine bio à base des produits du jardin et de plantes sauvages (superbes salade aux fleurs et lapin au serpolet).

Bar-restaurant Lou Goustadou : *69, route de Saint-Julien-du-Serres, 07200* ***Ucel.*** *☎ 04-75-35-17-50. À env 5 km au nord d'Aubenas, sur la D 218 en direction de Saint-Julien-du-Serre. Tlj le midi (le soir sur résa), sf w-e hors saison. Congés : mars. Formule déj*

15 €, menu 23 €. Digestif maison offert sur présentation de ce guide. D'allure modeste, cette petite auberge perdue dans la campagne propose de bonnes spécialités régionales, dont la fameuse *maouche* (panse de cochon farcie à la viande et aux aromates), à prix sages. Superbe charcuterie maison et légumes du jardin. Atmosphère tranquille, accueil affable, terrasse ombragée.

Où boire un verre ? Où prendre un thé ?

Le Carré des Maîtres *(plan C2, **24**) : pl. de l'Hôtel-de-Ville. ☎ 04-75-35-27-03. Tlj (sf dim-lun hors saison).* La belle carte des vins de ce resto permet de découvrir d'intéressants vins d'Ardèche et du Rhône, tranquillou en terrasse, ou à emporter.

Le Panorama *(plan D2, **31**) : pl. de l'Airette. • barlepanorama@gmail.com • Tlj. Congés : 2 sem en fin d'année.* Un chouette bar un rien alternatif qui organise régulièrement des scènes ouvertes, théâtre, concours de billard, lecture de poèmes érotiques... Programmation éclectique et festive. Ambiance conviviale.

Le Salon d'Ann-Sophie *(plan B2, **21**) : pl. des Cocons. ☎ 04-75-39-74-13. Mar-sam 10h-20h.* Cet excellent resto fait également salon de thé l'après-midi. Sur la terrasse ou dans la salle, on profite d'une belle sélection de thés de provenances diverses, accompagnant les superbes gâteaux maison (à la châtaigne, au chocolat...).

Où acheter de bons produits ?

La Table Gourmande *(plan C2, **41**) : 16, rue de Bernardy. ☎ 04-75-93-37-22. • latablegourmande.com • Mar-sam 8h15-12h15, 14h15-19h15 (en continu en été) ; ouv lun en été, et tlj en continu en déc.* Épicerie fine et cave à vins depuis 1901. Une grande gamme de bons produits ardéchois (confitures, vins, produits à base de châtaignes...). Les vins sont présentés dans une cave voûtée de toute beauté. Accueil très sympa et disponible.

La Musette *(plan D2, **42**) : pl. de l'Airette. ☎ 04-75-35-21-73. Mar-ven 9h-12h30, 15h30-19h ; sam 8h-12h30.* Chouette coopérative de producteurs, qui vend ici tous les produits ardéchois : « Produits de nos fermes, vendus par nous-mêmes ! » dit le panneau. On n'a rien à ajouter. Pain bio, châtaignes, confitures, caillettes, miel, pain d'épice, vins, légumes frais, produits cuisinés en bocaux...

Sabaton *(hors plan par D4, **43**) : 42, rue Paul-Sabaton, Z.A. La Plaine. ☎ 04-75-87-83-87. • sabaton.fr • À l'extérieur de la ville : direction Montélimar par la N 102 ; au 3e rond-point, fléché sur la droite. Lun-ven 8h-12h30, 13h30-18h30, et sam en déc.* Une des grandes adresses gourmandes du département, depuis trois générations : châtaigne ardéchoise, crème de marrons et marrons glacés. Petite vidéo explicative. Les bonnes boutiques de la ville proposent leurs produits.

Biscuiterie Les Châtaignettes *(hors plan par C1, **40**) : 2, rue Champ-de-Fayolle, 07200 **Saint-Privat**. ☎ 04-75-35-93-02. • les-chataignettes.fr • Lun-jeu 9h-12h, 14h-18h ; ven 9h-12h. Congés : fêtes de fin d'année et janv-fév.* Délicieux biscuits à base de farine de châtaigne : croquettes aux écorces d'orange, aux amandes, soufflé aux noisettes croustillant sous la dent...

À voir. À faire

Le château *(plan C2) : pl. de l'Hôtel-de-Ville (ou du Château). ☎ 04-75-87-81-11. Tlj sf dim 8h30-18h30. Visite guidée : juil-août, lun-sam à 11h, puis à 14h (en anglais), 15h (parents/enfants) et 17h ; juin et sept, mar-sam à 10h30 et 14h30*

(appeler, car les horaires peuvent changer) ; le reste de l'année, mar et jeu-sam à 14h. Durée : 1h40. Visite libre GRATUITE (mais on voit moins de choses que lors de la visite guidée). Visite guidée : 4,50 € ; réduc ; gratuit moins de 12 ans.
Un impressionnant château du XIIe s mais qui subit au fil des siècles de nombreuses modifications. Il reste pourtant une des grandes réussites architecturales du département sur le plan civil, où se mêlent les influences de chaque siècle. Plusieurs grandes familles dominèrent la région depuis ce château : les Montlaur, Maubec (période Renaissance), Modène, puis d'Ornano, et enfin Vogüé, au XVIIIe s. Le site fut choisi pour sa situation stratégique, puisqu'il domine la vallée. On remarque tout d'abord les deux grosses tours rondes et défensives, du XIVe s, flanquées aux angles de la façade. L'adjonction de la porte à bossage (style Louis XIII), des fenêtres et des toits décoratifs, où l'on reconnaît les motifs géométriques et colorés de style bourguignon, se fit au XVIIe s, quand le château perdit son aspect défensif. La cour intérieure présente, elle aussi, un aspect éclectique. Voir l'imposant donjon, dont la salle basse qui s'appuie sur un gros rocher servait de réserve de vivres. Jolies loggias à l'italienne à trois niveaux d'arcades, ajoutées à la période Renaissance. Élégant escalier en ferronnerie du XVIIIe s. On passe en revue plusieurs salles, certaines abritant de jolies boiseries Louis XV ou Louis XVI et d'intéressants parquets chevillés à la française. Également quelques salles dédiées aux peintres locaux.

L'ARDÈCHE

Toujours sur la place de l'Hôtel-de-Ville, voir la ***maison aux Gargouilles*** *(plan C2)*, demeure Renaissance qui doit son nom aux gargouilles en haut de la tourelle. Fenêtres à meneaux de la fin du XVe s, escalier à vis.

L'église Saint-Laurent *(plan B-C2-3)* **:** *en général, ouv 9h-12h, 15h-18h.* Même si l'église date du XIIIe s, elle fut reconstruite quatre siècles plus tard et subit encore de nombreux remaniements. Curieuse façade néoromane, peu inspirée. Si on vient ici, c'est surtout pour l'admirable retable baroque et rococo en bois de noyer du XVIIIe s, qui provient d'un collège de jésuites. Superbes colonnes torses décorées d'entrelacs végétaux de toute beauté. Un vrai travail d'orfèvre.

Face à l'église, prendre la rue du 4-Septembre. Au no 19, la ***maison Béranger-de-la-Tour,*** de style Renaissance, et au no 34, la ***maison Lafaye-Lanthozet,*** avec sa tour à pans coupés et sa façade du XVIIIe s. C'est là que furent assassinés les bienheureux (sic !) martyrs d'Aubenas, le père Salès et le frère Sautemouche, deux jésuites envoyés ici au XVIe s, alors que la ville était aux mains des protestants. Ils furent relâchés – fausse joie –, puis assassinés dès leur sortie. Par sa cruauté, ce crime favorisa quelque peu la reconversion des habitants au catholicisme... Au no 41, vestiges d'un ***escalier*** de la fin de la Renaissance (linteau de porte en accolade). Puis on parvient au dôme.

Le dôme Saint-Benoît *(plan B1)* **:** *se visite slt dans le cadre du circuit guidé de la ville.* C'est une ancienne chapelle du XVIIe s faisant partie d'un couvent de bénédictines aujourd'hui détruit. Elle échappa aux destructions de la Révolution pour devenir une halle aux grains. On y trouve le mausolée de la famille d'Ornano et une petite collection d'art religieux.

La porte Valleton : connue sous le nom de porte Sainte-Cécile. C'est la dernière des sept portes d'Aubenas encore debout.

Fêtes et manifestations à Aubenas et dans les environs

– ***Invitation à... :*** *fin fév.* ☎ *04-75-89-02-02.* • *sallelebournot.fr* • Autour d'un pays ou d'une région pour aller à la rencontre des cultures du monde (expos, concerts, spectacles...).

– ***Carrefour du 9e Art de l'Image :*** *en mai. ☎ 04-75-89-02-02. • aubenasbdimage.com* • Rencontres autour de la B.D. : cinéma, illustrations, expositions, dédicaces...
– ***Cinéma en plein air :*** *juil-août, dans les maisons de quartier d'Aubenas. Programme à l'office de tourisme. GRATUIT.*
– ***États généraux du film documentaire :*** *1 sem en août, dans le village de* ***Lussas.*** Pour plus de détails, voir plus loin dans le chapitre consacré à Mirabel.
– ***Fête des Vins primeurs :*** *le w-e suivant le 3e jeu d'oct, à l'espace Lienhart. ☎ 04-75-89-04-86.* Concours de caillettes, animations pour les enfants, repas dansant, défilé musical...
– ***Rencontres des cinémas d'Europe :*** *la 2e quinzaine de nov. ☎ 04-75-89-04-54. • maisonimage.eu* • Présentation de films européens en présence des réalisateurs, courts et longs métrages, films jeune public, films muets en musique, rencontres...

DANS LES ENVIRONS D'AUBENAS

À 18 km au nord d'Aubenas, les ***ruines du château de Saint-Michel-de-Boulogne*** valent le coup d'œil (mais le site ne se visite pas). Ruines admirables d'un château qui ne le fut pas moins. Au sommet d'un promontoire dominant la vallée, c'est une ancienne forteresse féodale, que la Renaissance a agrandie et magnifiée et que le XIXe s a pillée. Fait incroyable, le château traversa intact les guerres de Religion puis la Révolution. C'est après celle-ci qu'il fut vendu et que le pillage de la pierre débuta. Voir le grand portail construit originellement à la Renaissance et remanié au XVIIe s pour lui donner son allure baroque actuelle.

VOGÜÉ

(07200) 950 hab. *Carte Ardèche, B3*

Certains pensent que Vogüé est l'un des villages les plus charmants de France. Fait rare, le village est classé en entier. Ce qui frappe d'abord, c'est le château, bâti sur les fondations d'un ancien fort, avec ses quatre tours, dont deux imposantes en façade. Les ruelles du village longent la falaise, bordées de maisons médiévales. Vogüé ne manque pas d'atouts et sait séduire ses visiteurs.

UN PEU D'HISTOIRE

Vogüé, c'est avant tout une famille. Les Vogüé justement, qui furent, au temps des seigneurs, suzerains de toute la moyenne vallée de l'Ardèche. Certains leur reprochent d'être allés aux croisades, mais à l'époque, le costume croisé était tout à fait à la mode et faisait honneur. D'autres leur reprochent d'avoir bouffé du camisard, mais à cette époque, toutes les minorités de pensée se faisaient plus ou moins avaler. On en a même entendu un qui leur reprochait d'avoir été contre-révolutionnaires. Il ne faut pas mettre les évidences dans le sac des turpitudes. Revue de détail...

Les Vogüé, une dynastie noble ardéchoise

Le château de Vogüé témoigne, sur plus de huit siècles, des périodes de faste et de décadence d'une famille noble. Au XIIe s, Pierre de Vogüé élève une haute tour

avec un logis seigneurial à ses pieds et une chapelle. Mais le château est vendu au XIIIe s à la famille Rochemure qui, durant la guerre de Cent Ans, fait dresser les quatre tours rondes. Au XVe s, on réaménage doucement, on perce quelques fenêtres. Les guerres de Religion ruinent les Rochemure, et revoilà les Vogüé.
Dans la famille, je demande le fils : bonne pioche ! Et voilà tout d'abord Guillaume, chef de guerre catholique qui sort de quarante années de guerre civile. C'est le début de plusieurs siècles d'ascension sociale ininterrompue.
En 1603, voilà Melchior de Vogüé. C'est lui qui rachètera aux Rochemure le château de ses ancêtres. Il y entreprend de gigantesques travaux afin de le transformer en une demeure digne de son rang (il a le titre de grand bailli) : hautes toitures vernissées, fenêtres sur toutes les façades, appartements d'apparat, parcs et jardins. Grâce à une bonne gestion, des alliances calculées et de savants placements dans les industries de pointe (métallurgie et verrerie), la famille constitue une des plus grandes fortunes du royaume. Elle quitte alors le château de Vogüé, en 1736, pour le château d'Aubenas, plus à la mesure de sa nouvelle position, puis s'établit à Dijon, au centre de ses immenses domaines de Bourgogne.
La Révolution ne freine qu'un temps cette croissance : le patrimoine bourguignon est préservé. Cependant, les Vogüé n'ont pu éviter la confiscation de leurs biens en Ardèche. En 1840, Léonce de Vogüé fait un pèlerinage sur le berceau de sa famille. Bouleversé par les ruines du château, il les rachète et les réhabilite.
Régulièrement, les membres de la famille de Vogüé refont ce pèlerinage. Au début du XXe s, deux Vogüé académiciens écrivent les lignes les plus émouvantes sur l'attachement à l'Ardèche, reprises à leur compte par les nombreux Ardéchois exilés : ce sont ***Charles-Jean Melchior de Vogüé*** (1829-1916), grand archéologue et diplomate, et son cousin ***Eugène-Marie Melchior*** (1848-1910), chef de file de l'idéalisme néochrétien. Ce dernier introduira chez nous la littérature russe (Dostoïevski et Tolstoï).

Adresse et info utiles

🅸 ***Office de tourisme Pont d'Arc Ardèche, bureau de Vogüé :*** *à côté de la mairie. ☎ 04-75-37-01-17. • vogue-tourisme.com • Juil-août, lun-ven 10h-17h, sam 10h-12h et 14h-16h, dim 10h-12h. Horaires restreints hors saison.* Personnel compétent et sympathique. Dépliant gratuit décrivant un circuit balisé dans le village médiéval. Visite guidée au départ de l'office en juillet-août, le mercredi à 10h.
– ***Marché :*** *à Vogüé-Gare, lun mat en juil-août.*

Où dormir ? Où manger ?

Campings

⛺ ***Camping Les Chênes Verts :*** *665, route de Saint-Germain (à 1,5 km de Vogüé). ☎ 04-75-37-71-54. • chenesverts2@wanadoo.fr • camping-chenesverts.com • Ouv avr-sept. Forfaits 18-22 € selon saison. Chalets 2-6 pers 280-855 €/sem selon saison. CB refusées.* Le camping est petit, et seuls quelques emplacements (ombragés) sont réservés aux tentes. L'environnement est néanmoins très convivial, organisé en petites terrasses, soigné et paisible. Choisir un emplacement dans la partie haute, plus tranquille. Chalets avec sanitaires, bien tenus. Piscine, coin lessive, petite restauration, barbuvette. Bon accueil.

⛺ ***Camping Les Roches :*** *☎ 04-75-37-70-45. • contact@campinglesroches.fr • campinglesroches.fr • ♿ À Vogüé-Gare, face à la station-service, prendre à gauche, puis fléché. Ouv d'avr à mi-sept. Forfaits 15-28 € selon saison. Mobile homes 350-650 €/sem selon saison. CB refusées.* Un bien joli camping sur un terrain qui a du charme, ce qui est assez rare. Pas mal d'arbres, quelques rochers, un environnement bucolique et bien ombragé partout. Quelques oies et chevrettes animent le tout. Belle piscine en terrasses. Animations et activités sportives en juillet-août. Pizza-snack à côté.

Prix moyens

La Falaise : *dans la Grande-Rue. ☎ 04-75-37-72-59. • contact@hotel-restaurant-lafalaise.com • hotel-restaurant-lafalaise.com • Fermé l'hiver. Doubles 50-60 €. Menu déj en sem 15 €, carte 30 €.* Chambres simples et bien tenues (avec sanitaires). En choisir une au 1er étage, avec petit balcon. D'autres n'ont pas de vue. Le resto possède une terrasse ombragée en surplomb de la rivière (en revanche, la salle n'a rien de mémorable), et c'est surtout ça qu'on retient. Cuisine classique. Accueil un peu débordé.

Village de vacances Lou Capitelle : *☎ 04-75-37-71-32. • resa@loucapitelle.com • loucapitelle.com • Ouv tte l'année. Compter 571-619 €/pers et par sem en pens complète (en juil-août) ; le reste de l'année, à la nuitée 66-86 € selon hébergements.* *Lou Capitelle* est un vaste village de vacances aménagé entre la rivière Ardèche et les falaises, face à Vogüé, dans un bien bel environnement. Les logements sont distribués dans 5 grands édifices. Bon confort général. Plein d'activités de tous ordres : piscine chauffée (d'avril à septembre), accès à la rivière, terrain multisports, salle de muscu, minigolf, resto, bar. Animations enfants pendant l'été et espace bien-être (payant).

À voir. À faire

Le château de Vogüé : *dans le haut du village. ☎ 04-75-37-01-95. • chateaudevogue.net • Vac de Pâques-fin juin et de mi-sept à la Toussaint, mer-dim et j. fériés (tlj pdt vac scol) 10h30-13h, 14h-18h ; de juil à mi-sept, tlj 10h-19h. Fermé Toussaint-Pâques. Entrée : 5 € ; réduc. 15 juil-31 août, visite libre ou guidée (fort intéressante !) à 11h et 16h. Le reste du temps, visite libre slt.*
On l'aime bien, ce château. Bâti au XIIe s, on rajouta au XVIIe s des fenêtres plus larges, un généreux balcon, puis des jardins pour en faire une grande demeure d'agrément. On dit que Louis XIII y séjourna en 1629, après avoir écrasé Privas, mais c'est une légende. Définitivement abandonné en 1739 par les Vogüé qui avaient d'autres châteaux à fouetter, il tombe doucement en ruine, puis est confisqué à la Révolution. En 1840, les Vogüé le sauve de ses ruines. Ainsi, cette jolie façade qui révèle une fausse austérité date-t-elle du XIXe s. L'absence de décoration et de fioritures est compensée par la présence de larges fenêtres à meneaux et œils-de-bœuf. Une curieuse élégance, comme un château fort qui aurait retrouvé la paix. Son intérêt réside surtout dans le fait qu'il appartient à la même famille depuis plus de huit siècles (voir les détails dans l'intro de Vogüé).
On déambule dans une douzaine de pièces qui ne rappellent en rien le passé de la famille, si ce n'est une salle consacrée à l'histoire des Vogüé précisément (expo avec photos des proches ancêtres), et une chapelle du XVIe s. Visite de la salle des États du Vivarais, où se tenaient les états généraux. La toile au fond de la pièce représente la réunion des états généraux du Languedoc en 1704. Accès possible aux sous-sols et aux cachots. Expo sur l'évolution architecturale du château. Des œuvres d'artistes contemporains (peinture, sculpture, photo, céramique, verre, etc.), comme les gravures du célèbre Jean Chièze (un Drômois), sont présentées temporairement. Vue remarquable depuis les jardins en balcon sur l'Ardèche.

➢ **Promenade dans le village :** pour accéder au château, vous serez bien obligé de naviguer à vue, le nez en l'air, dans les rues parallèles qui semblent zigzaguer un peu.

Baignade : juste sous le village, une plagette propice à la baignade (non surveillée), idéale pour se rafraîchir en été.

– ***Location de canoës :*** comme à Ruoms ou à Balazuc, on peut faire un petit bout de chemin sur l'Ardèche à partir d'ici. Trois possibilités : *Vogüé-Balazuc* (6 km ; compter environ 20-25 € par personne selon le kayak) ; *Vogüé-Ruoms* (18 km ; compter 30-35 € par personne) ; *gorges* (1-3 jours ; 33-80 € par personne). Pour toutes infos, contacter *Les Argonautes* (*☎ 04-75-39-79-96 ; ouv de Pâques à mi-sept).*

Manifestation

– ***Balade contée de Vogüé :*** *mar en juil-août. Rdv sur la pl. du château à 10h. GRATUIT.* Une découverte très intéressante du village à travers des contes, son histoire et ses légendes. Une jolie initiative.

EN REMONTANT LA VALLÉE DE LA VOLANE

VALS-LES-BAINS (07600) 3 850 hab. *Carte Ardèche, A2*

• Plan *p. 83*

Vals est l'une des trois stations thermales du département. Un autre visage de ville, une autre personnalité apparaît ici. À Aubenas, haut perchée, c'est encore l'Ardèche du soleil, des cigales et des garrigues. À Vals, on est dans une petite Suisse ardéchoise plantée de pins, de châtaigniers, de vignes, de mûriers et de figuiers... Ça sent la montagne et encore la Méditerranée. Au fond d'une vallée où se rencontrent trois cours d'eau, l'Ardèche, le Voltour et la Volane, Vals est une étape « art de vivre », où se mêlent douceur et dynamisme. Vals est l'unique endroit en Ardèche où boire de l'eau est autant un plaisir que de boire du vin !

UN PEU D'HISTOIRE

Vals fut longtemps écrasée par sa voisine Aubenas puisqu'elle dépendait des mêmes seigneurs entre le XIe et le XVIIIe s. Les guerres laissèrent d'importantes traces, ici comme ailleurs. Vals, majoritairement protestante en ces temps-là, tout comme Antraigues, fut toujours en butte aux rivalités de sa grande voisine, plus catholique. De nombreuses guerres de pouvoir, tant religieuses que politiques, entraînèrent sa destruction au fil des siècles : batailles rangées, interdiction de culte pour les protestants, soulèvement des calvinistes, assassinats, dragonnades. En 1709, c'est la dernière insurrection des camisards, mais il faut encore attendre quelques années et l'arrivée de Louis XV sur le trône pour que les esprits s'apaisent et que revienne la liberté de culte.
Vals ne sort véritablement de l'ombre qu'avec la mode d'aller prendre les eaux. Avec ses 143 sources, la ville est bien placée et on y ouvre un important établissement thermal, puis des hôtels chic pour curistes et touristes. Pas étonnant que ce soit un des lieux choisis pour le repos des soldats américains durant la Première Guerre mondiale. C'est encore à Vals que certaines personnalités furent astreintes à résidence lors de la Seconde Guerre mondiale.

Les eaux de Vals

Dès la découverte de la première source, en 1601, on viendra prendre les eaux ici. Et on en boira dans la foulée à Paris. Claude Expilly, conseiller du roi, fait une cure à Vals et en dira beaucoup de bien. Très en vogue sous Louis XIV, les eaux de Vals sont expédiées aux plus grands personnages de la cour à Versailles. On découvre très vite leurs vertus thérapeutiques. Jean-Jacques Rousseau, mais surtout Mme de Sévigné, profitent des bonnes eaux et utiliseront plusieurs litres d'encre pour dire dans leurs lettres ô combien tout cela est bon.
Les sources ne sont plus toutes en service aujourd'hui, mais il reste de quoi guérir à peu près toutes les affections. Précisons tout de même que la ville est spécialisée dans le soin des intestins. Les très grandes qualités des eaux de Vals permettent d'utiliser chaque source pour ses qualités chimiques et biologiques, toutes différentes. Mais, si elles sont curatives, les eaux de Vals sont aussi simplement bonnes à boire. Aujourd'hui, au-delà des soins, la mode de la remise en forme prend le relais sur le thermalisme curatif pur et dur. Dès le petit matin et tout au long de la journée, n'hésitez pas : hop ! un p'tit verre de Béatrix, puis un autre de Précieuse, un troisième de Désirée...

Arriver – Quitter

– Gares les plus proches : ***Montélimar*** et ***Valence.*** Liaisons pour Aubenas, puis changement pour la navette *Tout'enbus* qui fait la liaison avec Vals (*● toutenbus.fr ●*).

Adresse et infos utiles

ℹ ***Office de tourisme intercommunal du pays d'Aubenas-Vals-Antraigues*** *(plan A1)* **:** *maison Champanhet, 7, rue Jean-Jaurès (entrée par le passage à droite). ☎ 04-75-89-02-03. ● aubenas-vals.com ● Juil-août, lun-sam 9h-12h30, 14h-19h et dim 9h-13h ; sept-juin, lun-sam 9h-12h, 14h-18h.* Très bon accueil. Service de billetterie et de résas en ligne (activités, hébergements et séjours tout compris).
– ***Marchés :*** *dim mat ; et petit marché primeur jeu mat.*
– ***Marché nocturne :*** *jeu en juil-août.*

Où dormir ?

Campings

Au Fil de la Volane *(hors plan par A-B1,* ***13****)* **:** *route d'Antraigues, à 500 m du centre-ville, puis à gauche ; c'est juste derrière le stade. ☎ 04-75-37-46-85. ● camping-aufildelavolane@wanadoo.fr ● camping-ardeche-aufildelavolane.com ● Ouv avr-sept. Forfaits 13,70-20,80 € selon saison. Mobile homes (4-6 pers) 260-660 €/sem.* Familial, ombragé et au calme, il a l'avantage d'être situé à proximité du centre. Sanitaires impeccables et petite piscine (peu aménagée, dommage). Snack, mais pas tous les jours.

Le Pastural *(hors plan par B3,* ***12****)* **:** *quartier Le Pastural, 07200* ***Ucel.*** *☎ 04-75-37-60-28. ● campinglepastural@hotmail.fr ● campinglepastural.com ● Ouv d'avr à mi-oct. Forfaits 12,50-21 € selon saison. Mobile homes 280-610 €/sem.* À 2 km de Vals-les-Bains, un camping de type familial et très bien tenu. Spécialisé dans l'accueil VTT. À proximité d'un bois. Grands emplacements bien ombragés. Sanitaires bien tenus. Piscine chauffée avec pataugeoire, salle de jeux, laverie, etc. Au pied du camping, une petite rivière. Pas de resto, mais un snack.

Domaine de Gil *(hors plan par B3,* ***11****)* **:** *91, route de Vals, 07200* ***Ucel.***

☎ 04-75-94-63-63. • info@domaine-de-gil.com • domaine-de-gil.com • ♿ À 1,5 km de Vals, direction Aubenas, petite route sur la droite. Ouv mai-fin sept (resto de mi-juin à fin août slt). Forfait 17-42 € selon saison. Mobile homes (4-6 pers) 245-1 000 €/sem. Dans un beau site, voici un vaste camping de 4,5 ha avec un équipement de qualité. Ambiance plus club que petit camping tranquille. Accès direct à la rivière. Piscine chauffée.

Prix moyens

Hôtel Saint-Jacques (plan A3, **16**) : 8 ter, rue Auguste-Clément. ☎ 04-75-37-46-02. • saintjacques@wanadoo.fr • hotelsaintjacquesvals.com • Sur les hauteurs de Vals par rapport à la rue Jean-Jaurès ; bien fléché dans le centre. Ouv de mi-avr à mi-oct. Doubles 62-76 € selon confort et saison. Parking privé gratuit. (parties communes). *Un petit déj par chambre double et par nuit offert sur présentation de ce guide.* Au calme, perché dans les sapins et les châtaigniers, à 150 m de la rue principale, cet hôtel agréable et à taille humaine abrite des chambres fonctionnelles et confortables, simples, un peu datées certes, mais impeccables. Une majorité dispose d'un balcon avec vue sur la vallée. Accueil vraiment sympa.

Hôtel-restaurant Saint-Jean (plan B2, **14**) : 112 bis, rue Jean-Jaurès. ☎ 04-75-37-42-50. • hotel.st.jean@wanadoo.fr • sjean.fr • En plein centre mais légèrement à l'écart de la rue, au bord de la rivière Voltour. Ouv début avr-début nov. Doubles env 57-76 € selon confort et saison. Menus 16,90-29,90 €, servis midi et soir. Voici un sympathique hôtel familial, installé de longue date dans un haut édifice du XIXe s. L'accueil et le confort des chambres n'y souffrent aucun reproche. Ah si ! un seul peut-être : certaines d'entre elles sont assez petites (mais vraiment pas chères). Décoration simple et ensemble impeccable. Grande salle de resto aux larges baies vitrées et grande terrasse. Excellent service. Un établissement au calme, qui tient bien sa place dans sa catégorie.

Chic

Grand Hôtel des Bains (plan B3, **15**) : 3, montée des Bains. ☎ 04-75-37-42-13. • grand.hotel.des.bains@wanadoo.fr • hotel-des-bains.com • Ouv avr-oct. Doubles 100-125 € selon confort et saison. ½ pens possible. Parking payant. À deux pas du centre, hyper calme, juste derrière les thermes, voici un grand établissement thermal comme on en faisait au XIXe s, aux chambres en partie refaites. Que ce soit les anciennes (un rien désuètes) ou les plus récentes (très modernes), elles sont toutes impeccables et agréables. Vastes salons, terrasse généreuse, et sur le côté, une piscine ouverte mais protégée par un grand toit. Bon accueil.

Grand Hôtel de Lyon (plan B3, **17**) : 11, av. Paul-Ribeyre. ☎ 04-75-37-43-70. • info@grandhoteldelyon.fr • grandhoteldelyon.fr • ♿ Ouv avr-sept. Doubles 82-114 € selon confort et saison. Formule en sem 20 €, menus 24-55 €. Parking payant. *Apéritif maison offert au resto sur présentation de ce guide.* C'est d'abord l'accueil cordial et attentionné qui est le point fort de cet hôtel. Cette grande demeure donne sur la rue bordée de platanes ou sur des jardins à l'arrière. En 1950, Paul Meurisse et l'équipe de tournage de *Maria du bout du monde* y logèrent. Grandes chambres climatisées, bien tenues et confortables (coffre, sèche-cheveux, AC). Salon TV, salon billard et coquette salle à manger. Piscine chauffée en terrasse, au 1er étage. Au resto, une cuisine régionale bien maîtrisée, à base de bons produits frais : mousseline de sandre, caillette, truite au cornas...

Hôtel Helvie (plan B3, **18**) : av. Claude-Expilly. ☎ 04-75-94-65-85. • courriel@hotel-helvie.com • hotel-helvie.com • Resto ouv tlj sf lun (et sam midi et dim soir hors saison). Congés : 3 sem de mi-fév à début mars. Doubles 80-175 € selon confort, vue et saison ; familiales 3 pers 135-175 € selon saison. Formules déj 18-27 €, menus 35-89 €. Parking. Près du casino, une grosse bâtisse des années 1930 rénovée avec soin. Parties communes, aux tons vieux rose

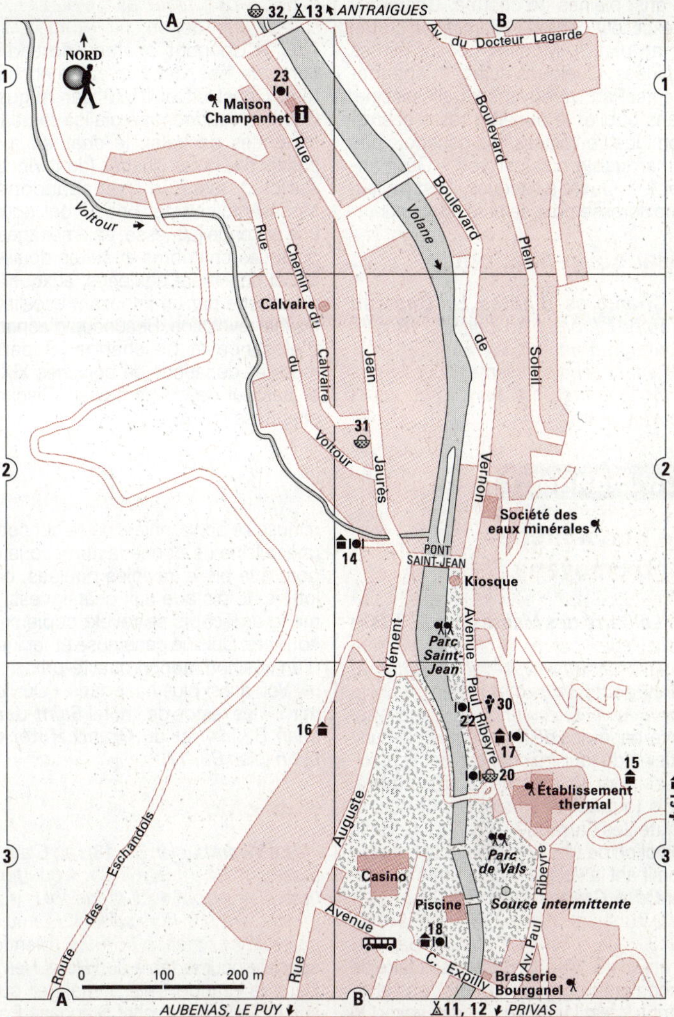

VALS-LES-BAINS

Adresse utile

- Office de tourisme intercommunal du pays d'Aubenas-Vals-Antraigues

Où dormir ?

- **11** Camping Domaine de Gil
- **12** Camping Le Pastural
- **13** Camping Au Fil de la Volane
- **14** Hôtel-restaurant Saint-Jean
- **15** Grand Hôtel des Bains
- **16** Hôtel Saint-Jacques
- **17** Grand Hôtel de Lyon
- **18** Hôtel Helvie
- **19** Chambres d'hôtes Le Château Clément

Où manger ?

- **18** Le Vivarais
- **20** Le Carré des Maîtres
- **22** Côté Crêpes
- **23** Mireille

Où déguster une bonne glace ?

- **30** Glacier Béatrix

Achats

- **20** Le Carré des Maîtres
- **31** Pâtisserie Yvan Baudoin
- **32** La Reine des Basaltes

et gris, pleines de charme. Chambres d'excellent confort (AC, minibar, coffre, écran plat...). Mobilier cossu, teintes raffinées. Quelques suites et appartements. Parc verdoyant et belle piscine. Sans oublier le superbe resto gastronomique *Le Vivarais,* qui concocte une remarquable cuisine (voir « Où manger ? »). Quant à l'accueil, il est parfait. Une adresse pour se faire cocooner.

Beaucoup plus chic

Chambres d'hôtes Le Château Clément *(hors plan par B3,* ***19****) : La Châtaigneraie. ☎ 04-75-87-40-13. • contact@chateauclement.com • chateauclement.com • Sur les hauteurs de Vals, à env 800 m du centre-ville. Ouv avr-oct. Doubles 167-217 €, et suites ; petit déj en sus. Promo sur le site.* Un petit château sorti d'un conte de fées, dans un cadre enchanteur. Construit en 1870 par Auguste Clément (qui commercialisa les eaux minérales de Vals), le château a vu passer des hôtes illustres (dont Vincent Auriol...) avant d'être abandonné. Marie-Antoinette et Éric lui ont donné une seconde jeunesse, en aménageant quelques chambres et suites douillettes et richement équipées, auxquelles on accède par un imposant escalier à double révolution. Beaucoup d'espace, d'élégance et de charme. Superbe mobilier, débauche de boiseries XIXe s et parquet de chêne massif. Piscines chauffées et spa.

Où manger ?

De bon marché à prix moyens

Le Carré des Maîtres *(plan B3,* ***20****) : 6, av. Paul-Ribeyre. ☎ 04-75-88-93-64. • carre-des-maitres@wanadoo.fr • Tlj en juil-août ; fermé dim-lun hors saison. Formule 18 €, menu 21 €.* Excellente cave-bar à vins délivrant également une cuisine du jour fraîche, suivant scrupuleusement le marché. Carte courte, mais tout est très frais. Décor bois et bouteilles, arrangé avec goût. Belle sélection de vins fins. Chouette terrasse dominant la Volane. Accueil très sympa.

Côté Crêpes *(plan B3,* ***22****) : 3, av. Paul-Ribeyre. ☎ 04-75-37-52-90. Tlj 10h30-minuit l'été, en continu. Galettes et crêpes 8-10 €.* Si *Béatrix* sait faire de succulentes glaces depuis fort longtemps (c'est la même maison, voir « Où déguster une bonne glace ? »), ils maîtrisent également les crêpes, servies en terrasse juste de l'autre côté de la rue. Goûteuses et hyper copieuses (on a adoré l'Ardéchoise !).

Mireille *(plan A1,* ***23****) : 3, rue Jean-Jaurès. ☎ 04-75-37-49-06. Au bout de la rue principale de Vals. Tlj sf mer, plus mar soir et dim soir hors saison. Congés : 2 sem en fév et 2 sem en nov. Formule déj en sem 13,50 €, menus 19,50-30,50 €, carte env 35 €.* Une minuscule bonbonnière où se concocte une cuisine de bonne facture. Joue de porc à la bière, ravioles poêlées, ballottine de pintade aux châtaignes... le menu ardéchois se révèle copieux et équilibré. Cuisine généreuse et raffinée, d'un très bon rapport qualité-prix.

Voir aussi plus haut dans « Où dormir ? » les restos de l'hôtel ***Saint-Jean*** *(plan B2,* ***14****)* et du ***Grand Hôtel de Lyon*** *(plan B3,* ***17****).*

Plus chic

Le Vivarais *(plan B3,* ***18****) : av. Claude-Expilly. ☎ 04-75-94-65-85. • courriel@hotel-helvie.com • Tlj sf lun (plus sam midi et dim soir hors saison). Formules déj 18-27 €, menus 35-89 €.* Mention spéciale pour la table de l'*Hôtel Helvie.* Dans la grande salle à manger cossue et Art déco, le chef Stéphane Polly affiche un savoir-faire de haute volée, récompensé récemment et à juste titre par une célèbre marque de pneus. Servie par un personnel au top, voici une cuisine enlevée et goûteuse, pleine de raffinement, osant les alliances des saveurs et des textures, sans jamais tomber dans le travers de l'apprenti sorcier. De l'audace certes, mais savamment dosée. C'est exquis de bout en bout, pour les yeux comme pour les papilles, et ce pour des tarifs plus que raisonnables. Bravo, chef !

Où déguster une bonne glace ?

Glacier Béatrix *(plan B3, **30**) : 3, av. Paul-Ribeyre. ☎ 04-75-37-52-90. Ouv avr-fin sept.* Un excellent glacier dont la réputation remonte aux années 1930. Des glaces fabriquées artisanalement, qu'on déguste en terrasse, à l'ombre bienfaisante des platanes, face au parc Saint-Jean.

Achats à Vals et dans les environs

Pâtisserie Yvan Baudoin *(plan B2, **31**) : 98, rue Jean-Jaurès. ☎ 04-75-37-45-66. Tlj sf lun non fériés 7h30-19h30.* C'est l'une des adresses où l'on peut acheter *lou pisadou*, un gâteau typiquement ardéchois à base de châtaignes (gâteau pour 6). On y fabrique aussi les pastilles de Vals, à l'eau minérale, mais nous n'avons pas vraiment été convaincus.

Le Carré des Maîtres *(plan B3, **20**) : 6, av. Paul-Ribeyre. ☎ 04-75-94-00-89. En été, tlj 9h-minuit, en continu.* Juste à côté du restaurant du même nom, une belle boutique où tous les producteurs de la région sont représentés : caillettes, miel, confitures, vins... Certains produits sont bien chers, en revanche.

La Reine des Basaltes *(hors plan par A1, **32**) : à **Asperjoc**. ☎ 04-75-38-71-91. ♿ Sur la route d'Antraigues (hameau du Raccourci), sur la gauche. Lun-ven 8h-12h, 14h-17h, et sam mat.* Eau ferrugineuse qui soigne le foie, le diabète et aide à la digestion. Les gens du coin y viennent avec leurs bouteilles vides et les font remplir.

L'ARDÈCHE

À voir. À faire

Les quelques souvenirs que Vals conserve de son passé sont regroupés pour l'essentiel au nord de l'office de tourisme. Pas de vénérables bâtisses soutenues par d'épais contreforts, pas de monuments remarquables, nul choc historique, mais une ville fraîche et vivante, pleine de sources et de ressources, qui n'a pas besoin de fouiller dans l'armoire du passé pour se sentir à l'aise.

➢ ***Balade vers le calvaire et dans le vieux Vals*** *(plan A2)* **:** cette courte promenade peut débuter par l'ascension du calvaire, gentille collinette au sommet de laquelle on trouve une sorte de dais de pierre qui accueillait autrefois une chapelle et un calvaire que fit construire le chirurgien Malzamet après avoir été guéri. Vue extra sur la vallée. On découvre alors la ville avec ses toits ocre et bruns au nord, la vallée qui s'enfonce jusqu'à Antraigues, les collines boisées et le mont Sainte-Marguerite à 985 m.

La maison Champanhet *(plan A1) : 7, rue Jean-Jaurès. ☎ 04-75-89-02-03. ♿ Entrée par l'office de tourisme et mêmes horaires. Dernier billet 1h avt fermeture. Entrée : 3,50 €. Compter 1h.* La première salle narre l'histoire de la famille Champanhet, à l'origine du processus d'embouteillage de l'eau de Vals (meubles de famille, orgue, photos, cuisine d'époque...). Petite évocation de l'activité économique de la ville et de sa région durant les XVIIIe et XIXe s. À l'étage, une vidéo et des panneaux portent un regard sur les savoir-faire agricoles ardéchois, notamment à travers les paysages en terrasses. Vous apprendrez tout sur l'artisanat local, le travail de la pierre, du bois et du métal.

La Société des eaux minérales de Vals *(plan B2)* **:** *ne se visite pas.* Plantée au bord de la Volane, c'est là que, depuis le début du XXe s, on met en bouteilles l'eau de Vals, soit plus de 37 millions par an. Bel exemple d'architecture industrielle, massive et géométrique, style Belle Époque.

Le parc Saint-Jean *(plan B2)* **:** un joli parc qui borde la Volane. L'agencement respire le style de Jean-Michel Wilmotte, moderne, créatif et agrémenté de petits canaux et de chevaux sculptés, à l'ombre des marronniers. Dans le parc, un petit pavillon, kiosque des années 1930 où l'on pouvait déguster trois eaux de Vals *(juil-août, mar-sam 10h-12h, 16h-18h)*. On n'en déguste plus qu'une seule, la Béatrix. Dommage ! Dans le parc, quelques sculptures de Jean-Louis Chipon (voir « Le col de l'Escrinet », plus haut).

Le parc de Vals et la source intermittente *(plan B3)* **:** superbement arboré, au bord de la Volane, avec ses ponts de fer, ses bancs, ses cèdres centenaires et un séquoia de 55 m de haut qui règne sur ce paradis végétal (classé « Arbre remarquable » par l'ONF). Au centre, une source, mélange d'eau et de gaz carbonique, jaillit toutes les 6h. Le jaillissement de la source, dû à la pression exercée par le gaz accumulé, est régulé artificiellement (parfois seulement un gros pipi de chat).

La brasserie Bourganel *(plan B3)* **:** *av. Claude-Expilly, au bord de la Volane. ☎ 04-75-94-03-16. • bieres-bourganel.com • Visite guidée slt (env 45 mn) : juil-août, lun-sam à 10h30, 15h, 16h, 17h et 18h ; le reste de l'année, ven-sam à 16h. Fermé 15 nov-15 fév. Entrée : 3 €, dégustation comprise.* Étonnant de découvrir une brasserie dans une ville d'eaux ? Eh bien, pas tant que ça ! Il faut savoir qu'on utilise 11 l d'eau pour faire 1 l de bière (filtration, cuisson, nettoyage des cuves...). D'origine ardéchoise, les proprios brassent leur bière à Vals depuis 2000, dans un établissement très moderne. Bière brassée aux fruits (et non aromatisée), à la myrtille, à la châtaigne, au nougat et à la verveine. On vous expliquera l'histoire de ce breuvage, le mélange des malts, le concassage, l'empattage, la filtration... pendant la dégustation.

L'établissement thermal de Vals *(plan B3)* **:** *15, av. Paul-Ribeyre. ☎ 04-75-37-46-68. • thermesdevals.com • Tlj sf dim 7h-20h. Fermé janv-fév. Nombreux forfaits proposés.* Ici, on a capté, assemblé et chauffé six sources différentes. Ça donne un établissement qui traite aussi bien ceux souffrant de diabète et de maladies nutritionnelles que les bien-portants. Centre avec spa, piscine couverte, hammam, jacuzzi et aquajets.

– **La piscine municipale** *(plan B3)* **:** *juste de l'autre côté du parc de Vals. Juil-sept, tlj 10h-19h ; mai-juin, lun-mar et jeu-ven 11h30-13h30, mer et sam 12h-17h, dim 10h-17h (18h juin). Entrée payante.* Une piscine d'été en plein air, longue de 50 m, en plein centre-ville et au milieu des pins. Toboggan, bassin bébés... Un vrai bonheur !

– **Le casino, le théâtre et le cinéma** *(plan B3)* **:** *dans le parc, derrière l'*Hôtel-restaurant Helvie. Pour les fans de machines à sous notamment.

Randonnées pédestres et spéléologie

■ **Randonnées avec guide :** *avec* Ardèche Randonnées. *07-86-43-31-81. • ardeche-randonnees.fr •* Pour découvrir le secteur avec un guide. Randonnées à la demi-journée et à la journée (faune, flore, sortie bivouac, raquettes en hiver...). Également des randos pour les week-ends et courts séjours.

■ **Randonnées avec un guide spéléo et canyon :** *avec la* Base Canyon de la Besorgues. *07-86-22-78-45.* Excellents guides qui organisent à la demi-journée des activités canyon en famille (à partir de 4 ans) du côté de Labastide-sur-Besorgues, ainsi que des sorties spéléo à Saint-Étienne-de-Fontbellon.

Festival

– **Festi-Vals du jeu :** *le 3e w-e de juil, sam-dim 16h-minuit. ☎ 04-75-37-49-21. • lesquinconces.com • GRATUIT.* On part à la découverte de plus de 200 jeux traditionnels ou insolites, d'ici et d'ailleurs, animés par une centaine de passionnés du jeu qui les expliquent et font jouer aussi bien les enfants que les adultes.

ANTRAIGUES-SUR-VOLANE

(07530) 500 hab. *Carte Ardèche, A2*

« Pour vivre heureux, vivons perchés » pourrait être la devise de ce gros village. Là-haut sur son piton volcanique, ses pieds léchés par trois rivières à truites – la Volane, la Bise et le Mas –, Antraigues semble chargé de surveiller les volcans et les ruines du château de Crau, là-bas en bordure de cratère, pas loin des châtaigniers en terrasses, qui se rendent en rang jouer de l'orgue de basalte. Une situation exceptionnelle, une atmosphère différente, rythmée par le choc des boules sur la place du village.
Petite ou grosse, pétanque ou lyonnaise, ici la boule roule l'été comme roulent les bogues de châtaignes en octobre. Car c'est aussi le village de la châtaigne, qu'on fête chaque année à la Toussaint. On aime aussi les terrasses des petits bistrots à l'atmosphère conviviale, sur la place de la Résistance, qui ont déjà des airs méridionaux. Village d'artistes aussi, de sculpteurs surtout, qui ont fait surgir des murs, des ruelles et des calades des visages curieux de voir et d'être vus.

JEAN FERRAT À ANTRAIGUES-SUR-VOLANE

Son ami artiste Jean Saussac lui avait fait découvrir la région dans les années 1960. Dans la vallée, il y avait une maison à vendre, au bord du torrent le Mazelande. Le site naturel, ombragé par des châtaigniers, est remarquable. Coup de foudre, Jean Ferrat l'achète en 1964 pour 9 000 francs de l'époque. Les maçons retapent la ruine. Inspiré par l'Ardèche, et pour la remercier de tout ce qu'elle lui donnait – « la beauté, l'authenticité et la paix » –, il compose *La Montagne,* un de ses grands succès musicaux. « Pourtant, que la montagne est belle, comment peut-on s'imaginer... »
Le chanteur s'intègre vite à Antraigues, fréquente les bistrots, sympathise avec les habitants, joue à la pétanque sur la place de la République, devient même conseiller municipal (parti communiste) de 1965 à 1971, et adjoint au maire de 1971 à 1977. Le couple Christine-Jean Ferrat s'installe définitivement dans sa maison d'Antraigues en 1973. Ils n'en bougeront plus (ou si peu) pendant 37 ans, recevant leurs amis parisiens, Claude Nougaro, Gilbert Bécaud, Georges Brassens et Jacques Brel. Et l'histoire continue avec la visite de la Maison Jean-Ferrat, où le souvenir du chanteur-militant est plus vivant que jamais.

QUAND FERRAT TIENT LE CAP

Jean Tennenbaum ? Jean Laroche ? Franck Noël ? Trois noms qui n'ont guère laissé de trace dans l'univers des poètes et chanteurs français. Pourtant, ce sont les noms de baptême, puis de scène de celui qui adopta en 1960 le pseudonyme plus connu de Jean Ferrat, en référence à Saint-Jean-Cap-Ferrat. Un cap décisif pour sa carrière.

Adresse et info utiles

i ***Office de tourisme du pays d'Aubenas-Vals-Antraigues :*** *montée de la Croisette, à gauche en arrivant au village. ☎ 04-75-89-02-03. • aubenas-vals.com • Juil-août, lun-sam 9h-12h30, 14h-19h et dim 9h-13h ; sept-juin, mar-sam 9h-12h, 14h-18h (nov-mars, slt ven-sam).* Informations générales sur le village, la région, les randonnées (topoguides). Excellent accueil. Plan de 2 balades à faire dans et autour du village et fiches rando et topoguide (en vente).

– **Marché :** *au centre-ville, mar mat de mi-mai à mi-sept.*

Où dormir ? Où manger ? Où boire un verre ?

Camping municipal d'Antraigues : *prendre le pont vers Aizac, puis c'est à 200 m à gauche. 06-79-28-12-18. • mairie-antraigues@inforoutes-ardeche.fr • antraigues.org • Ouv de mi-juin à mi-sept. Forfait 10-11 € selon tente. CB refusées.* Simple, modeste, mais situé sur une pelouse bien plane et ombragée, au pied du village. Peu d'emplacements (25), peu de douches aussi. Mais, au moins, voici un lieu à taille humaine. Les campeurs purs et durs apprécieront. Camping-cars interdits. Tables, barbecues, et éclairage solaire des allées.

Hôtel La Montagne : *pl. de la Résistance. 04-75-38-72-39. • info@hotel-la-montagne.com • hotel-la-montagne.com • Doubles 39-55 €. Assiette ardéchoise 16 €, menus 19,90-32,90 €.* Le genre de petit hôtel qui fait de la résistance ! Une petite poignée de chambres, modestes et propres, soit avec lavabo seul, soit avec douche (toilettes sur le palier), ou avec sanitaires complets. Amis des adresses à l'ancienne, aux prix tout doux, vous êtes arrivés ! Amateurs de grand confort, revenez au siècle prochain. En terrasse, on vous sert une sympathique petite cuisine ardéchoise et de grosses salades l'été.

Chambres d'hôtes Lo Fédou : *chez Sylvie et Denis Valette, 1, montée du Portail. 06-84-24-33-12. • lofedou@live.fr • lo-fedou-antraigues.com • Double 68 €.* À 100 m de la place du village, à l'angle de la rue, une petite maison restaurée abritant 2 chambres charmantes aux couleurs provençales, avec vue (superbe) sur les vallées de la Bise et de la Mazélande. Le petit déj se prend sur une terrasse face à ce beau paysage. Accueil affable.

Café des Serres : *depuis la place principale, suivre le chemin de la Soie, puis celui des Muletiers, c'est à 90 m. 04-75-88-20-12. Tlj, juin-sept. Assiette 15 € le midi, 20 € le soir.* Personne n'a jamais regretté d'avoir poussé au bout de cette ruelle pour découvrir cette belle terrasse au calme, avec vue plongeante sur la vallée ! On y déguste une cuisine légère et copieuse à la fois, réunie dans l'assiette *Saveurs du pays* ou *Saveurs du jour*. Du travail de qualité, réalisé avec des produits choisis et servi avec le sourire. On adore. Bière artisanale, et l'après-midi, on peut déguster d'excellents sirops locaux.

Lo Podello : *p. de la Résistance. 04-75-88-73-41. Tte l'année. Tlj l'été (fermé lun-mar hors saison). Menu le midi 20 €. Carte env 30 €.* La place du village respire le souvenir de Jean Ferrat. Et c'est tout naturellemnt qu'on vient s'attabler à la charmante terrasse du *Podello*, là où précisément il écrivit *La Montagne,* hymne à la beauté des paysages qui l'entourait. Un lieu historique donc, où on profitera d'une jolie cuisine, locale mais pas uniquement, avec toujours présent à la carte, un sympathique hamburger ardéchois. Une bonne adresse de village, régulière en qualité et au service toujours souriant.

Où dormir ? Où manger ? Où boire un verre dans les environs ?

Chambres d'hôtes de Bise : *chez Bernadette et Gérard Mazoyer, dans le hameau de Bise, 07530* ***Genestelle.*** *04-75-38-71-77. 06-74-87-91-32. • bernadette.mazoyer@wanadoo.fr • lebaladou.com • À 4 km d'Antraigues, tt au fond de la vallée ; sur la gauche en entrant dans le hameau (maison aux volets bleus). Congés : déc-fév. Double 50 €. Table d'hôtes 18 €, et* *l'été, formule assiette gourmande et dessert à 12 € (sf mer et dim).* Propose 5 chambres simples, plutôt petites mais agréables, avec sanitaires privés (sauf une). C'est le calme du village qu'on aime bien ici.

Bistrot de pays Lou Tarare : *hameau de Freyssenet, 07600* ***Labastide-sur-Bésorgues.*** *☎ 04-75-88-22-58. Tlj sf lun et mer hors saison. Assiette env 15 €.* Le seul et unique lieu de vie et d'animation dans ce village isolé. Ce bistrot de pays multifonctions fait bar-tabac-épicerie, cave à vins et resto. Petite cuisine du jour toute simple à base de charcuteries, de faisselles et de picodon. Concerts et animations diverses en saison.

Kaizaco-Café Curieux : *dans le village d'****Aizac*** *(à env 6 km d'Antraigues). ☎ 04-75-38-65-34. Tlj sf jeu. Ouv également pour le petit déj. Le soir sur résa. Menu complet le midi 15 €. Plancha du chef 16 € et le soir entrée-plat 20 €.* Andrès est chilien, Léo est une jeune du pays. Tous les deux ont décidé de faire revivre un vieux bistrot de village pour en faire un resto de potes, un bar d'amis, un lieu de rencontres. Les produits sont locaux et la cuisine est du tonnerre (superbe plancha du chef, copieuse, variée, goûteuse). On sent la générosité derrière l'éclectisme de la carte. On est au bout du monde, mais on ne regrette pas le détour. De la terrasse, vue sublime. On s'y attarde dans l'après-midi pour une bière locale, un thé de qualité, une part de gâteau. Juste à côté, l'épicerie, ouverte par nos hôtes, grâce à un financement participatif *(tlj en saison 8h30-20h30).* On y propose de bons produits locaux. Le *Kaizaco*, où comment faire souffler un vent nouveau dans un village un peu assoupi !

À voir

La Maison Jean-Ferrat : *pl. de la Résistance. ☎ 04-75-94-73-49. • maison-jeanferrat.com • Mai-oct, tlj 9h-12h, 14h-18h ; fermé mar le reste de l'année. Entrée : 5 € ; réduc.* Quelque chose nous dit que la maison choisie pour évoquer la mémoire de Jean Ferrat n'occupe pas cette place de la Résistance par hasard ! Sur 4 niveaux, son épouse a voulu poursuivre la poésie de ce (très) grand de la chanson française. Au rez-de-chaussée, présentation de « Jean des Encres, Jean des Sources ». Au-dessus, son piano et des écrans qui racontent l'artiste. À l'étage supérieur, son bureau reconstitué et la bibliothèque. Enfin, en mezzanine, quelques photos qui jalonnent son parcours au sein du village. Tout ici respire la vie de cet auteur-compositeur et interprète de génie. On arrête là les compliments, sa moustache commence à frémir ! Et à la fin de la visite, on chante : *Hourrah !*

À la recherche des visages de pierre : Antraigues se savoure le nez en l'air, en décrivant des volutes autour de l'église. Faisons un petit jeu : il consiste à partir à la recherche des visages sculptés qui sortent des murs de pierre. 72 visages vous regardent (avec un objectif de 100 dans un proche avenir !). Ce sont les entrailles vivantes d'Antraigues, des postes d'observation discrètement fichés aux angles ou en plein mur, à hauteur d'homme, de femme, de chien ou de géant, c'est selon. Si vous êtes avec des enfants, c'est un jeu extra. Bonus à ceux qui trouveront la bouille de Jean Ferrat ! Cette idée vient du ***peintre Jean Saussac*** qui, au milieu des années 1990, décida de mettre une bonne partie des habitants du village au boulot. Chacun sculpta à sa guise un visage à partir de la roche basaltique du coin.

La tombe de Jean Ferrat : *montée de la Croisette, à gauche à l'entrée du village en venant d'Aubenas ; au niveau de la gendarmerie et juste avt l'office de tourisme. Accessible en permanence.* Sa tombe de marbre gris – avec l'inscription « Jean Tennenbaum dit Jean Ferrat (1930-2010) » – se trouve dans la partie haute du cimetière, contre le mur. Toujours très fleurie, elle est devenue un lieu de pèlerinage depuis sa mort.

Fête et manifestation

– ***Festival Ferrat :*** *le 3e w-e de juil. Infos à la Maison Jean-Ferrat. ☎ 04-75-94-73-49.* Organisé par l'association *Jean Ferrat culture et chansons.*
– ***Fête de la Châtaigne :*** *le dernier w-e d'oct. Infos à l'office de tourisme d'Antraigues.* Organisée par l'association *Randamont.* Tous les producteurs de la vallée se réunissent. Démonstrations de l'artisanat local, vente de châtaignes et de produits à base du célèbre fruit.

VERS LE RHÔNE, LE PAYS DE VILLENEUVE-DE-BERG ET LE PLATEAU DU COIRON

Adresse utile

ℹ ***Office de tourisme Berg et Coiron :*** *quartier Gare-Montfleury, 07170* ***Mirabel.*** *☎ 04-75-94-89-28. • berg-coiron-tourisme.com • Ouv tte l'année : juil-août, tlj 9h30-13h, 15h-18h30 (mat slt les w-e et j. fériés) ; sept-juin, tlj sf dim et j. fériés 9h30-12h30, 14h30-18h.*

VILLENEUVE-DE-BERG

(07170) 3 000 hab. *Carte Ardèche, B3*

À 14 km à l'est d'Aubenas sur la route de Montélimar et du Rhône. Malgré son riche passé, cette ancienne bastide royale est aujourd'hui essentiellement une ville-étape. Mais, au-delà de la bourgade elle-même, les environs de la ville, notamment le plateau du Coiron, abritent des petits bijoux insoupçonnés pour lesquels Villeneuve constitue un point de départ intéressant.

OLIVIER DE SERRES, AGRONOME VISIONNAIRE

Protestant, agronome, écrivain. En trois mots, on peut tracer les grandes lignes de vie d'Olivier de Serres au nom prédestiné. Il naquit à Villeneuve-de-Berg vers 1539. Il achète à 19 ans le vaste domaine du Pradel (150 ha) au nord de la ville, qui sert toujours de champ d'expérimentation et d'apprentissage pour le lycée agricole. C'est là qu'il écrit en 1600 sa grande œuvre : *Théâtre d'agriculture et Mesnage des champs.* Il divise ses jardins en quatre parties : le potager, le bouquetier (où qu'on met les bouquets, pas les boucs !), le verger et le jardin médicinal.
Ses expériences se déroulent en grande majorité sur ce domaine qui restera dans la famille durant plusieurs siècles. Il ***développe la culture de la garance*** (pour le fort pigment rouge extrait de ses racines, le rouge garance), ***du houblon*** (en provenance d'Angleterre) et ***du mûrier*** importé d'Italie. Il est aussi à l'origine du ***développement de la sériciculture*** (élevage des vers et production de la soie). Le roi

Henri IV, enthousiaste, découvre son travail. Il commande à Serres 20 000 mûriers blancs qu'il fait planter dans les jardins des Tuileries en 1603, et fait imprimer le chapitre de son livre sur la production de la soie pour le faire diffuser. À cette époque, la France dépensait d'importantes sommes pour faire importer la belle étoffe. La diffusion des procédés utilisés par Olivier de Serres provoque une véritable explosion de l'élevage des vers dans toutes les Cévennes et le Vivarais, qui se couvrent de magnaneries.

UN HOMME GÉNÉREUX

Outre ses recherches agronomiques et son domaine de 150 ha à Villeneuve-de-Berg, Olivier de Serres devait nourrir et s'occuper de ses sept enfants, mais aussi des neuf enfants de son frère cadet Jean, pasteur et chroniqueur du roi Henri IV, décédé en 1598. Un expert au grand cœur.

Par ailleurs, Olivier met au point les ***techniques d'assolement*** (alternance des cultures sur un même terrain) qui vont permettre un bond énorme de la production agricole. Cette technique, poussée à l'extrême, est l'ancêtre de ce qu'on appelle la culture intensive... mais à son époque où les campagnes étaient dévastées par les guerres de Religion, il s'agissait d'abord de nourrir tout le monde.
Le domaine du Pradel à Mirabel sera détruit sur ordre de Richelieu en 1628, puis aussitôt reconstruit par le fils d'Olivier de Serres au même endroit et accueille désormais une ferme-école.

Où dormir ? Où manger ? Où boire un verre ?

Chambres d'hôtes du domaine de la Manse : *chez Véronique Gandolfo, Le Petit-Tournon. ☎ 04-75-94-74-39. • contact@lamanse.com • lamanse.com • Congés : de mi-déc à début janv. Doubles 92-112 €. Table d'hôtes (sur résa) 35 €.* Entre Berg et Coiron, il s'agit d'une grande demeure ancestrale, à l'architecture imposante (murs épais) face à un vaste paysage d'oliviers, de prés et de vergers. Véronique est une artiste peintre très accueillante. Chaque chambre est personnalisée, décorée avec imagination, avec des tableaux aux murs, on se croirait dans un petit musée. Cuisine familiale. Spa et massages.

Chambres d'hôtes de Laudun : *Le Petit-Tournon. ☎ 04-75-94-75-63. • nicole.loyrion@free.fr • laudun-ardeche.fr • Juste avt Villeneuve en venant d'Aubenas, puis route des gorges de l'Ibie sur la droite, c'est 500 m plus loin. Ouv tte l'année. Double 65 €, suite pour 5 pers 120 €. Table d'hôtes 25 €. Cuisine à dispo des hôtes hors saison. Confiture maison ou vin offert à partir d'un séjour de 3 j.* Des chambres fort agréables, propres et carrelées, chacune avec douche et w-c. Suite avec terrasse et entrée indépendante. Jardin au calme, environnement dégagé et accueil sympathique de Nicole.

Restaurant La Table de Léa : *Le Petit-Tournon. ☎ 04-75-94-70-36. • latabledelea@orange.fr • Ouv vendim et j. fériés, plus le soir des lun, mar et jeu. Congés : nov. Menus 26-65 €.* Cette maison moderne abrite une salle de resto d'un rustique contemporain (néocampagnard). On y sert une cuisine gastronomique de qualité, accommodée par Séverine Croze-Beydon. Bons petits vins locaux. Juste en retrait, si vous ne voulez pas reprendre la route, voir les agréables *chambres d'hôtes de Laudun...*

Café du Siècle : *21, rue Notre-Dame. ☎ 04-75-94-70-31. En principe, midi et soir l'été ; hors saison, le midi slt. Fermé mar. Formules déj en sem 13-15 €, carte env 25 €.* Le *Siècle* était déjà là au début du XXe : façade Art nouveau, long comptoir, grandes glaces dorées. La déco est jeune, colorée, que l'on soit dans le grand bar un brin baroque ou dans la petite salle de resto arrangée avec goût. Cadre plaisant donc pour boire un verre ou se restaurer.

Où manger dans les environs proches ?

Le Relais Saint-Germain : *quartier de la Gare, 07170* ***Saint-Germain.*** *☎ 04-75-94-74-98. À 2 km à l'ouest de Villeneuve (N 102), en face de la coopérative viticole. Ouv lun-ven. Menu 14,50 € en sem (midi et soir), 21,50-25 € ven soir et j. fériés. Apéritif maison offert sur présentation de ce guide.* Adresse pratique, économique, mais pas romantique. 2 salles et une grande terrasse, ce n'est point de trop pour ce populaire relais routier qui aligne souvent plus de 30 camions sur son parking et presque autant de camionnettes d'EDF et de VRP. Toujours un signe infaillible de la qualité des lieux. Grand buffet de hors-d'œuvre et de charcuteries fraîches... et de plats mijotés. Imbattable !

Auberge de Montfleury : *quartier de la Gare, 07170* ***Saint-Germain.*** *☎ 04-75-94-74-13. • contact@auberge-de-montfleury.fr • Tlj sf dim soir, lun et mar 12h-13h15, 19h30-21h (ouv mar soir en été). Congés : les 2es quinzaines de mars et de nov. Formule et menu déj en sem 16,50-19,50 € ; autres menus 33-63 €.* Face à la petite gare endormie, c'est l'une des adresses les plus intéressantes du département. Salle bien arrangée, tables bien séparées et joliment dressées. Découvrez ici une très belle cuisine aux accents inspirés dans les casseroles de Richard Rocle. Escargots de l'Ardèche, porc fermier, noix de ris de veau. Séduisantes associations de saveurs, cuisson d'une justesse remarquable et portions généreuses.

À voir

L'hôtel de Malmazet : *Grande-Rue. GRATUIT.* Un hôtel particulier du XVIIe s, avec de hautes fenêtres et des balcons à accolades. Abrite des expos temporaires (peinture, photo, artisanat...), ainsi qu'un musée des traditions et arts populaires du pays de Berg (ouvert sur demande), qui inclut une expo permanente consacrée à Antoine Court. Originaire de Villeneuve-de-Berg, c'est lui qui réintroduisit clandestinement le protestantisme en France. Juste à côté, au coin de la rue Nationale et de la Grande-Rue, naquit Olivier de Serres. À l'angle, une belle statue de la Vierge à l'Enfant du XVIe s. En face, un vieux cadran solaire fiché dans le mur.

Au bout de la Grande-Rue, à l'angle de la rue du Barry, ***porte de l'hôpital,*** ancienne porte d'entrée principale de la ville. Côté rue du Barry, le ***blason de la ville*** : trois fleurs de lys (symbole de la royauté) et une crosse (symbole du clergé). À l'angle de la rue Albert-Grimaud et la rue des Astars, une ***tour d'angle,*** ancienne ligne de remparts (jolie ferronnerie).

L'église : elle s'inscrivait dans les remparts. Constamment remaniée au fil du temps. À noter : une chaire en bois sculpté, et dans le chœur, un retable néoclassique contenant une intéressante toile du XVIIIe s.

Manifestations

– ***Foire du 1er mai :*** *le 1er mai, pardi !* Ancienne foire aux bestiaux qui existe depuis le Moyen Âge. Aujourd'hui, la foire accueille des exposants de tout poil.
– ***Marché de Noël :*** *le 2e w-e de déc.* Diverses manifestations et concert dans l'église.

DANS LES ENVIRONS DE VILLENEUVE-DE-BERG

Le petit musée du Bizarre : *sur la pl. du hameau de Bayssac, 07170* ***Lavilledieu.*** *☎ 04-75-94-83-28. De mi-juin à mi-sept, tlj sf sam 11h-12h, 15h-19h ; le reste de l'année, sur rdv. Entrée : à votre bon cœur !* Voici un endroit pour lequel on éprouve une sympathie particulière. C'est l'œuvre originale d'un ancien amateur d'art populaire qui a acheté, pendant des années, nombre d'objets insolites créés par des autodidactes du sud-est de la France du XVIIIe s à nos jours. En tout, plus de 200 objets : des statues en bois – certaines grossières, d'autres d'une rare finesse –, une grande roue des années 1900, une ville imaginaire, des montages bizarroïdes. Et puis, il y a ces toiles naïvo-démoniaques d'un certain Gérard Lattier, des œuvres comme une série de B.D. délirantes, des bouffées de libre-pensée, de franc délire, d'angoisses larvées... Tout y passe : la religion, la guerre, l'absurde... Bref, un lieu curieux et une visite assurément différente.

➢ ***Le vélorail du Sud Ardèche :*** *gare de* ***Saint-Jean-le-Centenier.*** *☎ 04-83-51-30-18. • velorail.fr • D'avr à mi-nov. En été, départs ttes les 2h, 10h-18h. Hors saison, 1 à 3 départs/j., mer, sam et dim slt. Prix : 12 € ; réduc ; gratuit moins de 5 ans.* Sur une ancienne voie ferrée désaffectée, on a installé 16 vélorails, de drôles de machines qui permettent, à la force du mollet, d'enfiler facilement les 11 km (aller-retour) de ce joli parcours. Une belle balade à faire en famille.

LE PLATEAU DU COIRON (AU NORD-EST D'AUBENAS)

Entre Aubenas et Privas, ce plateau s'étage de 400 à 750 m d'altitude, souligné de falaises noires. Il monte jusqu'au col de l'Escrinet et descend jusqu'à Rochemaure, dans la vallée du Rhône. Le plateau de Coiron partage les zones d'influence d'Aubenas d'un côté et de Privas de l'autre. Paysages de vertes et grasses prairies, souvent en terrasses, ceintes de haies de buis. Des ravines sombres et minérales, de petites vallées discrètes et paisibles piquées de bosquets de chênes et de bouquets de genêts.
Pour construire les villages, on utilisa du basalte, cette pierre volcanique issue des coulées de lave provenant des volcans du Massif central. Le plateau du Coiron est fait de cette roche-là. C'est ici le pays des *necks* et des *dykes* dont vous pourrez lire la définition à Sceautres, un peu plus loin.
Sur le plan historique, pendant les guerres de Religion, ces villages passèrent de main en main, même s'il y eut prédominance du pouvoir des réformés. Lors de la dernière guerre, en août 1944, des résistants FFI attaquèrent une division allemande qui tentait de s'enfuir par le nord. En réponse, les Allemands feront plusieurs milliers de prisonniers.
Avec l'élevage et grâce au tourisme, les villages sont toujours en vie, car, finalement, la vallée n'est pas bien loin. On ne peut que s'en réjouir.

DARBRES (07170) 250 hab. *Carte Ardèche, B2*

À 15 km au nord-est d'Aubenas sur la D 224, par une route aussi étroite que jolie. Charmant village isolé, aux fières et solides habitations en basalte, typiques du Coiron. En contrebas, l'imposante architecture de l'ancienne magnanerie de 1812, qui employa jusqu'à 70 personnes (le village affichait à l'époque 800 habitants !). Elle ferma après la Première Guerre mondiale. Belles randos balisées dans le coin. Intéressant camp de base pour rayonner donc. En été, ne pas manquer le marché des producteurs, chaque lundi matin.

Où dormir ?

Camping Les Lavandes : *dans le village. ☎ 04-75-94-20-65. 06-29-56-38-02. • sarl.leslavandes@free.fr • les-lavandes-darbres.com • Ouv de mi-juin à août. Forfait env 12,50-24,90 € selon saison. Une douzaine de studios et chalets tt confort (4 pers) 270-670 €/sem selon saison.* Un de nos meilleurs campings. Au cœur du village, à 400 m d'altitude, un très joli 3-étoiles aménagé en terrasses, familial et ombragé. Peut-être un peu trop tranquille pour les grands ados mais très bien pour les adultes et les enfants. Grande piscine et pataugeoire, aires de jeux sympas. Bar et resto (bonnes pizzas maison). Soirées à thème de mi-juillet à mi-août. Accueil charmant d'Yvette et Jean-Pierre. Le patron adore les voyages et donne plein d'infos sur la région.

MIRABEL (07170) 460 hab. *Carte Ardèche, B2-3*

À 9 km au nord de Villeneuve-de-Berg. Mirabel, un nom charmant et savoureux comme un fruit, pour un petit village perché dans les collines des monts du Coiron. Ici, le monument naturel le plus en vue est un haut monolithe de pierre basaltique sur lequel est planté une tour. Durant les guerres de Religion, les catholiques contrôlant la vallée du Rhône et le passage du col de l'Escrinet, Mirabel jouait un rôle stratégique et assurait le passage des huguenots vers le Dauphiné et la Suisse.

À voir. À faire

Grimpette jusqu'à la tour de Mirabel : vous verrez sans doute en montant jusque-là que la base de la masse rocheuse horizontale rappelle quelques tuyaux d'orgues. Cette grande tour noire faisait partie des deux anciens châteaux forts, dont le dernier rendit l'âme au XVIIe s. Il n'en reste rien, à part cette tour, jadis point d'observation militaire idéal. Panorama surprenant sur la vallée. C'est d'ailleurs de ce point que l'on communiquait avec toute la vallée par signaux lumineux.
Deux mots sur ce ***château*** qui n'est plus : du château édifié entre le XIIIe et le XVIe s, les réformés avaient fait une de leurs forteresses. Démantelé en 1629 sur ordre de Richelieu, il fut tout de même habité jusqu'à la fin du XVIIIe s. Aux siècles suivants, on se contenta de le démolir. La tour servit néanmoins aux FFI en 1943-1944. Presque démantelée, elle a finalement été conservée et consolidée en 1970.

DANS LES ENVIRONS DE MIRABEL

Le domaine Olivier-de-Serres : *sur la commune de Mirabel, au lieu-dit **Le Pradel**. ☎ 04-75-36-76-56 ou 30-57. • olivier-de-serres.org • Au nord de la N 102, entre Aubenas et Alba ; bien fléché. Juil-août, tlj 14h-18h, avec visite guidée à 15h : 5,50 € ; 4 € enfants moins de 12 ans ; gratuit moins de 6 ans.* C'est l'ancien domaine de l'agronome Olivier de Serres, où il réalisa ses expériences sur les rendements. Les terres furent rachetées par l'État en 1922. Elles sont aujourd'hui gérées par le lycée agricole d'Aubenas. Il s'agit donc, avant tout, d'un grand champ d'action pour les écoles, les lycées et les universitaires, les historiens et les agronomes. Mais on peut visiter l'« espace de restitution », une sorte de musée où est évoqué le travail d'Olivier de Serres, ainsi que les saisons, le travail du vin, etc. Plutôt bien fait. La visite se poursuit dans les jardins à l'endroit même où Olivier de Serres cultivait jadis.

LES BALMES DE MONTBRUN

Carte Ardèche, B2-3

À environ 10 km au nord de Villeneuve. Prendre la direction Montélimar, puis à gauche pour entrer dans Saint-Jean-le-Centenier ; de là, la D 7 mène au lieu-dit La Roche-Chérie. Accès pour les balmes indiqué à droite. Site naturel remarquable que ces grottes troglodytiques (ou balmes), accrochées aux versants d'un étroit vallon de basalte, cette pierre volcanique brune à souhait omniprésente dans le coin (Montbrun, vous avez compris...).
Par un court chemin, on accède à un point de vue idéal sur la falaise d'en face, où les balmes forment de gros yeux noirs. Et dire qu'hommes et bestiaux vivaient dans ces orbites obscures aux XIIe-XIIIe s ! Par un simple système d'accès d'échelles et de cordes, qu'ils pouvaient remonter, ils se tenaient ainsi à l'abri du danger.

SCEAUTRES

(07400) 100 hab. *Carte Ardèche, B2-3*

À 8 km au nord d'Alba-la-Romaine, par la superbe et étroite D 263. Cet admirable village abrite le plus gros *neck* d'Europe. Un neck, c'est « un piton de roches dures » correspondant à l'emplacement d'une ancienne cheminée volcanique (restes de volcans vieux de 8 millions d'années), mis en relief par l'érosion. On peut aussi voir des *dykes,* des cousins des necks, ces filons de roche magmatique.

À voir. À faire

Rien de spécial, sinon se balader dans les deux minuscules ruelles, passer derrière l'église et puis grimper au ***sommet du rocher*** (543 m) par le court sentier, en un petit quart d'heure. Beau panorama, inutile de le souligner. On peut aussi faire le tour du rocher en 40 mn. Possibilité de visite avec audioguide. Infos auprès de l'office de tourisme *Berg et Coiron* (voir « Adresse utile » en tête de chapitre).
On parle du col de l'Escrinet dans la partie consacrée à Aubenas, même s'il fait géologiquement partie du plateau du Coiron.

RETOUR DANS LA VALLÉE

ALBA-LA-ROMAINE

(07400) 1 500 hab. *Carte Ardèche, B3*

De loin, on remarque immédiatement la silhouette du château émergeant au-dessus des toits de tuiles du bourg. Un bourg méridional avec des allures de gentille forteresse. Son histoire remonterait aux Helviens. Aujourd'hui, c'est un beau village médiéval recroquevillé autour de son château. Les maisons de calcaire et de basalte, ornées de sculptures et de linteaux, sont blotties les unes contre les autres, dans une enceinte du haut Moyen Âge.
Double gratification, en plus d'Alba-la-Médiévale, vous pourrez voir Alba-la-Romaine, un peu à l'écart du village, avec son théâtre, romain bien sûr, et les vestiges de sa ville antique. Tombée dans l'oubli au début du Moyen Âge,

elle a été redécouverte dès le XVIIIe s, puis rendue à la lumière de l'astre solaire dans les années 1980 lorsque a été déplanté un vignoble de mauvaise qualité. En contrebas du village, le hameau de La Roche se fédère autour d'un impressionnant dyke basaltique, duquel on peut admirer la plaine, les mauves et les verts des vignobles.

UN PEU D'HISTOIRE

Alba était une splendeur aux temps antiques. C'était la capitale des Helviens au début du Ier millénaire, sous le nom d'« Alba Helvorum », selon Pline l'Ancien, écrivain de l'époque.

Alba-la-Romaine

Entre le Ier et le IVe s, la ville occupe une trentaine d'hectares : administrations, commerces, sanctuaires, temples. Les espaces cultivés s'étendent de part et d'autre de la rivière Escoutay, et la cité doit compter quelques milliers d'âmes. Déjà à cette époque, on négocie le vin, on y apprécie le théâtre, on y élève des monuments impressionnants. Au IVe s, c'est le temps des chrétiens. Alba devient le siège du premier évêché. Mais cette apothéose est de courte durée, puisque moins d'un siècle plus tard, on lui retire ces prérogatives : le siège épiscopal est transféré dans la vallée du Rhône, à Viviers. Alba perd son poids religieux et son importance politique. Peu à peu désertée, Alba la Romaine se couvre de cultures et sombre dans l'oubli, cédant le haut de son pavé à Alba la Médiévale.

Alba-la-Médiévale

Il faudra attendre le Moyen Âge pour qu'une nouvelle bourgade émerge, à l'écart de l'ancienne ville, sur les hauteurs. Une modeste bourgade se développe autour d'un bout de château, qui ne fera que prendre de l'ampleur. L'ensemble de la ville qu'on voit aujourd'hui date essentiellement des XVIe et XVIIe s, avec des ajouts plus tardifs, mais certains édifices remontent aux XIVe et XVe s, et la plupart des rues ont conservé leur tracé médiéval, dessinant un éventail autour du château. Alba change de nom pour devenir *Aps,* et au début du XVIIe s, le seigneur de la région siège aux États du Vivarais. La Révolution passe par là, ruine le château, la plupart des églises, et les riches s'en vont.

Déclin, oubli et renaissance

Aps redevient Alba au début du XXe s, mais il faudra attendre les années 1950 pour qu'une nouvelle ère s'ouvre pour la ville. Une vague d'artistes venus du monde entier investit la cité, son château et ses alentours (voir encadré). Kees van Willingen et Charles T. Nix viennent de Hollande, Berndt Helleberg de Suède, Hope Manchester, Hellen Philipps, Theodore Appleby (enterré au cimetière d'Alba) et Gabriel Kohn des États-Unis, Juana Muller et Eudaldo Morales du Chili. En 1950, Alba devient une « Cité des Arts » très cosmopolite ! Ces artistes rachètent des maisons en

UN VILLAGE SAUVÉ PAR LA PRESSE

Un article d'André Lhote, paru dans le journal Combat *en septembre 1948, incitait les artistes à venir taquiner leur inspiration dans ce joli village oublié de la campagne ardéchoise. Et le miracle artistique eut lieu ! Une bonne vingtaine de peintres et de sculpteurs affluèrent à Alba d'un peu partout, redonnant un troisième souffle à cette terre : Alba-la-Romaine, devenue Alba-la-Médiévale, se transforma en Alba la Muse.*

semi-ruines, les retapent et continuent à graver, peindre, sculpter. On fume des idées à la mode et on redécouvre un patrimoine exceptionnel, enfoui sous les ans. Dans les années 1960, des fouilles archéologiques sérieuses et suivies seront engagées, des richesses répertoriées, une histoire retrouvée. Aujourd'hui, sur la colonie d'artistes débarqués dans les années 1950, deux vivent toujours à Alba : Patricia Sanderson et Marita Poest Clement, les deux dernières de la « grande époque ».

Adresse utile

Office de tourisme Sud Ardèche Rhône et Villages, bureau d'Alba-la-Romaine : *dans la rue principale, rue du Barry. ☎ 04-75-52-45-86. • sud-ardeche-tourisme.com • Mai-sept, tlj (à 30 mn près) 9h30-12h30, 14h30-18h (dim et j. fériés le mat slt) ; 21 oct-2 nov et avr, slt lun, mer, ven et sam 14h-17h (plus sam mat). Fermé nov-mars.*

Où dormir ? Où manger ?

Chambres d'hôtes Le Jeu du Mail : *chez Marie-Françoise et Maurice Arlaud, le bourg. ☎ 04-75-52-41-59. • lejeudumail@gmail.com • lejeudumail.free.fr • Congés : de mi-déc à mi-fév. Double 95 €, familiale 4 pers 170 €. Une bouteille de vin de la propriété offerte sur présentation de ce guide.* Belle demeure en pierre, ancienne magnanerie construite au XIXe s, au bout du village. Très bel intérieur chaleureux et accueil d'une grande amabilité. Maurice Arlaud est un jovial vigneron retraité (plus de 30 ans d'hospitalité), plein d'humour. Chambres dans le même esprit, avenantes et coquettes. Dans le jardin, une tonnelle et une belle piscine.

Où dormir ? Où manger dans les environs ?

Chambres d'hôtes La Grange au Nègre : *à **Saint-Philippe,** à env 3 km au sud d'Alba-la-Romaine. ☎ 04-75-52-44-67. • grangenegre@gmail.com • lagrangeaunegre.sitew.com • D'Alba, prendre la direction de Valvignère ; à 2 km, panneau sur la droite ; arrivé à une patte-d'oie, prendre à droite. Double 68 €. Table d'hôtes (sur résa) 18-25 €. Réduc de 10 % sur le prix de la chambre à partir de 3 nuits (sf juil-août) sur présentation de ce guide.* Dans une ancienne ferme en pierre tenue par Gilles et Jennyfer, un couple sympathique et décontracté. Ils l'ont entièrement retapée et dotée de 3 chambres d'hôtes avec clim, w-c et bains privés. Que ce soit la « Méditerranéenne », l'« Africaine » ou l'« Ardéchoise », elles sont toutes lumineuses, agréables, aménagées avec sobriété et goût. On est entouré par les vignes, les champs, la garrigue et le grand jardin ombragé. Cuisine à disposition des hôtes séjournant plusieurs jours. Bonne atmosphère familiale.

Hostellerie gourmande Mère Biquette : *Les Allignols, 07580 **Saint-Pons.** ☎ 04-75-36-72-61. • info@merebiquette.fr • merebiquette.fr • D'Alba, prendre la N 102 direction Villeneuve-de-Berg ; à 4 km, à droite direction Saint-Pons, passer le village et poursuivre sur env 4 km par une petite route bucolique (fléché). Congés : 15 nov-2 fév. Doubles 71-120 € selon confort, vue et saison. Menus 27,50-43 €.* Sur un versant de montagne, dominant une vallée en pente douce, c'est dans ce site exceptionnel que se cache cette auberge, loin de l'agitation de la vallée du Rhône. Dans la partie hôtel, en surplomb du resto, deux types de chambres : les plus anciennes à l'atmosphère rustico-chic, et les récentes profitant de baies vitrées ouvrant sur des terrasses. Bon standing (clim, minibar, sèche-cheveux, TV grand écran, etc.). Piscine, tennis... Bon resto au décor rustique, pour des classiques de base ou des mets plus locaux.

Où déguster et acheter du bon vin ?

Caveau des vignerons d'Alba-la-Romaine : *à la sortie du village.* ☎ *04-75-52-40-23.* • *caveau-alba.fr* • *Pâques-sept, lun-sam 9h-12h, 14h-19h ; hors saison, jusqu'à 18h30 et fermé lun mat.* Surtout du vin de pays des Coteaux de l'Ardèche, blanc, rouge et rosé.

Caveau de dégustation Louis Latour : *sur la N 102, au niveau d'Alba ; bien indiqué.* ☎ *04-75-52-45-66.* • *louislatour.com* • *Ouv tte l'année, lun-sam 9h-12h, 14h-18h, ainsi que certains j. fériés et ts les dim en déc.* On ne peut louper ces grands bâtiments qui abritent les installations viticoles de la célèbre maison Latour, installée en Ardèche depuis la fin des années 1970. On trouve ici un excellent chardonnay de l'Ardèche, et surtout son « Grand Ardèche » (toujours du chardonnay), réalisé avec des raisins sélectionnés et dont la vinification comporte un passage en fût de chêne.

À voir. À faire

➢ ***Visite commentée du village médiéval et du hameau de La Roche :*** *1 fois/sem 10 juil-août, le mar à 10h ; sur rdv le reste de l'année. Tarif : 3 € ; réduc. Rens à l'office de tourisme.*

Le château : *dans le centre, bien fléché.* ☎ *04-75-52-42-90.* • *chateaudalba.com* • *De fin mars à mi-mai et de mi-sept à début nov, mer-dim 14h-18h ; de mi-mai à fin juin, les w-e et j. fériés 14h-18h ; de fin juin à mi-sept, tlj 11h-18h. Juil-août, visite guidée tlj à 11h et 15h ; sur rdv le reste de l'année. Entrée : 6 € ; réduc. Fréquentes expos d'art contemporain.*
Voici deux châteaux en un. À gauche, en entrant dans l'enceinte, on découvre les restes de la structure du XIe s, puis le château Neuf du XVIIe s et sa grande porte décorative, auquel est venue s'ajouter la façade en trompe l'œil réalisée au XIXe s à la manière de Viollet-le-Duc. Dans cet ensemble très composite, les siècles se percutent et se mélangent. Au fil du temps, deux grandes familles émergent : les Adhémar, qu'on retrouve à Grignan et à Montélimar, et la famille de La Baume de Suze, qui détenait les droits de passage sur le Rhône. Sur le portail ornementé de l'entrée du logis, les armoiries de la famille de Montagut. Laissé à l'abandon après la Révolution, le château est repris par le docteur Gaillard au XIXe s, et c'est alors une période de grande refonte : on refait les toitures, les fenêtres et les intérieurs.
En 1950, il est vendu à ***Alice Braun*** (1897-1971), une artiste de Bordeaux, qui s'installe à Alba à la suite de l'appel lancé par André Lhote dans *Combat.* Ses dessins, pastels et peintures évoquent principalement la danse car elle est aussi danseuse. Le château vit au rythme des artistes et de la bohème locale. Outre sa participation aux expositions d'Alba, Alice Braun fait du château un lieu convivial où règne une ambiance « étrangement romantique ».
Visite de la cuisine médiévale (énorme cheminée), de la chambre des valets curieusement décorée de fresques fantaisistes dans les années 1930 ! Plusieurs salons au rez-de-chaussée et au 1er étage, la plupart refaits au XIXe s (parquets notables), et un bout de chapelle. À l'étage, point de vue extraordinaire sur la ville.

Balade au cœur d'Alba la Médiévale

On démarre par la ***rue du Four,*** située à l'intérieur du premier rempart, sur lequel les maisons s'appuient depuis le XIIIe s. Maisons en pierre calcaire et basaltique. En noir et blanc. À noter que les pierres blanches proviennent à 90 % des ruines de la ville antique, qui servait de carrière aux habitants. Des pierres déjà taillées, quelle aubaine ! Après quelques enjambées, on arrive à la ***place de l'Horloge*** avec sa tour du XVIIe s, où se déroulaient foires et marchés au XIVe s. C'était alors le centre commerçant et économique du village médiéval. À deux pas de là, les arcades et la ***chapelle Saint-André,*** premier lieu de culte du village médiéval qui remonterait aux alentours du XIe s.

Dans la ***Grande-Rue,*** on trouve des témoignages architecturaux du XVIIe s (linteau de porte daté), contreforts médiévaux qui servaient parfois de passage d'une habitation à l'autre. Cette Grande-Rue aboutit au ***portail de la Trappe,*** d'où l'on peut jeter un coup d'œil à la première partie du château (XIe s).

La rue du Barry est la limite du deuxième rempart de la ville. C'est là qu'on trouve l'***église Saint-André,*** enfichée dans le rempart, de telle manière que le clocher est parallèle à la nef et non perpendiculaire. Son flanc sud s'est construit sur le rempart même, empruntant moult pierres issues des églises détruites lors des guerres de Religion et des anciens monuments romains. Petite échauguette d'angle (tronquée par la rénovation de l'église), dont on ne sait plus trop si elle appartient au rempart ou à l'église.

Le hameau de La Roche : en contrebas du bourg d'Alba, cet échantillon de village se présente comme une réduction de sa grande voisine. Imposant dyke basaltique autrefois fortifié, qui domine le hameau. Un reste de donjon, des maisons médiévales, une ravissante chapelle qui abrite des expos d'art gratuites (de Pâques à octobre), et plein de passages de charme...

Balade dans Alba la Romaine

Contrairement à la période médiévale de la ville, que l'on retrouve dans chaque rue, tout ce qui concerne la période romaine se situe à l'extérieur de la cité, à 1 km au nord du village actuel.

MuséAl : *☎ 04-75-52-45-15. • museal.ardeche.fr • Fév-juin et sept-nov, lun, mer et ven 10h-12h30, 14h30-18h et le w-e 14h30-18h (en continu pdt les vac scol) ; juil-août, tlj sf sam 10h-13h, 14h-18h30 (14h30-18h dim). Fermé déc-janv sf vac scol. Visites guidées en alternance du musée et du site le dim à 15h30 (juil-août, visite du musée tlj sf sam à 15h et visite du site à 16h30). Tarif : visite libre 5 €, visite guidée (du musée ou du site) 7 € ; réduc.* Ce beau musée moderne présente les collections issues des fouilles du site archéologique, et permet de se plonger dans la ville romaine, 2 000 ans en arrière. Au gré des trois grandes sections thématiques (naissance et évolution de la cité, le quotidien, la religion et la mort) à la muséographie sobre, aérée et efficace, on découvre près de 200 objets (sélectionnés parmi les 600 000 de l'inventaire !), dont un magnifique buste impérial, des fragments de mosaïques, des outils... Une exposition temporaire l'accompagne.

Le site archéologique : *au bord de la route D 107, à l'extérieur du village d'Alba. Accès à côté du musée. Ouv tte l'année. Accès au site GRATUIT. Visites guidées : voir ci-dessus les infos de MuséAl. Également, plus insolite, une visite guidée par un vigneron et un guide du site, en juil-août, mer à 16h30 ; départ au caveau des vignerons à l'entrée du village (prévoir 3 €).* Il s'agit avant tout des vestiges arasés de l'ancienne Alba, qui s'étendait sur 30 ha. Ici un temple, là un bâtiment monumental agrémenté en son centre d'une vaste cour et d'un bassin, témoins de l'ancienne somptuosité des lieux publics romains. Plus loin, une allée à portique dont il ne reste que les fondations, puisque la plupart des pierres de la ville furent utilisées au cours des siècles pour bâtir Alba la Médiévale et les villages environnants. Le site fut ensuite abandonné progressivement à partir du IVe s. En tout, une ville composée d'un forum, d'un théâtre (voir ci-après), de boutiques, ainsi que du *cardo maximus,* la rue principale de la ville romaine, dont il subsiste quelques grandes dalles qui servaient de revêtement. Les empreintes des roues de chars y sont encore visibles.

Le théâtre antique : successivement modifié du Ier s av. J.-C. au IIe s apr. J.-C., il est traversé par un petit ruisseau qui occupe toujours son lit depuis l'époque romaine. Près de 3 000 spectateurs pouvaient y prendre place. C'est dans ce cadre naturel que se déroule le festival d'Alba en été (voir « Manifestations »).

➢ Plus loin (en s'éloignant de la route), un petit chemin permet de gagner le centre monumental de la ville antique.

Manifestations

- ***Le Nouveau Festival d'Alba-la-Romaine :*** *pdt 1 sem autour du 14 juil. ☎ 04-75-54-40-46. • lenouveaufestivaldalba.fr •* Un sympathique festival qui anime la cité. Spectacles de cirque dans le village et sur le site antique. Certains gratuits, d'autres payants.
- ***Une saison au château :*** *pdt tt l'été. Rens au château : ☎ 04-75-52-42-90.* Musique classique, musique du monde ou pièces de théâtre, selon les soirs.
- ***Scène ouverte au château :*** *pdt tt l'été. Rens au château.* Festival de spectacles en plein air.

SAINT-THOMÉ (07220) 400 hab. *Carte Ardèche, B3*

Un temps débaptisé à la Révolution pour répondre au doux patronyme de L'Isle-la-Montagne, ce village a planté le décor entre Viviers et Alba-la-Romaine, quasiment sur la D 107. Quitter la route pour grimper de quelques centaines de mètres afin d'accéder à ce beau village isolé. Quelques maisons bien ardéchoises, serrées les unes contre les autres, juste l'espace pour concéder le passage à d'étroits chemins envahis par la végétation. Un charme brut qui vous mène jusqu'à la petite église romane au lourd clocher carré. Encore un petit coup au cœur.

Où dormir chic ?

Chambres d'hôtes Le Moulinage de Saint-Thomé : *chemin des Carmes. ☎ 04-75-52-62-11. 06-09-48-80-14. • contact@le-moulinage.com • le-moulinage.com • À 2 km du village, en direction d'Alba, fléché discrètement sur la droite. Fermé de mi-déc à fin mars. Double 140 €, suite 3-4 pers 240 €. Table d'hôtes 38 € (2 fois/sem).* Une adresse rustico-chic loin du bruit, dans un environnement de rêve. Au cœur d'un petit vallon sauvage, un ancien moulinage admirablement restauré et proposant 3 chambres très spacieuses et aménagées avec un goût très sûr (charme de l'ancien et quelques touches plus modernes). Le pompon, c'est la piscine chauffée (à 29 °C) dans une immense salle voûtée ! Coin avec transats pour se mettre à l'écart, aménagé au bord de la petite rivière qui salue la maison en dévalant. Possibilité de s'y baigner (joli petit bassin).

VALVIGNÈRES (07400) 460 hab. *Carte Ardèche, B3*

À 8,5 km au sud d'Alba-la-Romaine, par une jolie petite route qui traverse une campagne de douces collines couvertes de garrigue, de champs de lavande, d'allées d'oliviers et de bosquets de pins sylvestres. Ce petit village discret, modeste, presque oublié tire son nom de *Vallis Vinaria,* la vallée du

vin. On y fait les vendanges et on y presse le raisin depuis la nuit des temps. On se retrouve ici soit à l'église, romane, jolie et du XIIe s, soit au caveau, pour oublier, dans le viognier, que si l'on continue, on ne montera pas au ciel. Mais on ne sera pas les seuls, car la notoriété de ce vin-là dépasse désormais les frontières du département.

LES VINS DE PAYS DES COTEAUX DE L'ARDÈCHE

Une mosaïque de vignes qui voisinent avec des figuiers, des pins maritimes et des châtaigniers. La diversité du sol – anciennes terrasses alluviales, terre à garrigues, pentes de sols minces d'érosion marneuses, collines sablo-argileuses rouges, sols caillouteux, cônes d'éboulis au débouché des combes – assure une grande diversité de produits. À 200 m d'altitude en moyenne, les ***cépages grenache, syrah, cabernet, sauvignon, cinsault*** et ***merlot*** produisent le vin de pays coteaux-de-l'ardèche rouge par vinification traditionnelle. Pour les blancs, la ***clairette*** blanche et rosée, l'***ugni*** blanc et le ***grenache*** blanc sont plantés sur les coteaux et soumis au mistral dans le sillon rhodanien. Quelquefois, ***marsanne, bourboulenc, chardonnay, viognier*** et ***sauvignon blanc*** sont élaborés à part, pour être vendus en monocépages. Avec une robe qui varie de paille à dorée, ce vin blanc sec peut se marier aux fruits de mer et poissons de rivière. Quant aux rouges, ils accompagnent parfaitement un gibier.

Où manger ?

IOI *La Tour Cassée :* *au bourg. ☎ 04-75-52-45-32. • jcbouveron@orange.fr • Tlj sf mer-jeu. Congés : oct-fév, sf vac de la Toussaint. Formule déj 18 €, menus 22-28 €.* Claire et Jean-Claude ont eu l'idée de rouvrir ce bistrot de village (membre de « Bistrot de pays »). Cette ancienne Parisienne tombée amoureuse de l'Ardèche y invente de délicieux petits plats avec de bons produits frais, suivant l'inspiration du jour ou sa fantaisie. Sa devise : « Pas de surgelés, pas de fraises en hiver ! » C'est franc, sincère, goûteux... Elle va butiner son inspiration dans le Bassin méditerranéen et du côté de l'Asie parfois. Et pour accompagner le festin, une sélection précise et remarquable de vins de pays, la plupart en bio ou en biodynamie. On est quand même dans le bastion ! Cadre simple, mobilier de récup', grande cheminée bien agréable à l'intersaison, bar, billard... Une belle terrasse ombragée. Pour dormir, quelques chambres modestes mais bien tenues *(doubles 45-55 €).* Accueil sympathique et pas compliqué.

Où déguster et acheter du bon vin ?

Cave coopérative de Valvignières : *à la sortie du village en direction de Saint-Thomé. ☎ 04-75-52-60-60. • cavevalvignieres.fr • Caveau ouv tte l'année lun-sam 9h-12h, 14h-18h (jusqu'à 19h juin-août et dim ap-m juil-août).* C'est le royaume des VDP (les vins de pays) et des produits du terroir en tout genre. Ici on élabore des vins de cépages : merlot, cabernet-sauvignon, syrah, grenache, viognier et chardonnay.

LE TEIL

(07400) 8 500 hab. *Carte Ardèche, B3*

Porte d'entrée de l'Ardèche méridionale et au bord du Rhône, voilà une ville ouvrière tout en longueur, coincée entre la montagne, la nationale et la voie ferrée... Une ville charnière aussi entre le bas Vivarais, les Cévennes et l'Auvergne. Admirer au passage la jolie église de Mélas.

Adresse utile

Office de tourisme Sud Ardèche Rhône et Villages, bureau du Teil : *pl. Pierre-Sémard. ☎ 04-75-49-10-46. • sud-ardeche-tourisme.com • Ouv tte l'année. Borne interactive.*

À voir au Teil et dans le coin

Le musée de la Résistance et de la déportation en Ardèche : *espace Aden, 15, rue du Travail. ☎ 04-75-92-25-61. • ardeche-resistance-deportation.fr • Ouv lun-ven (mer-ven période scol) 10h-12h, 14h-17h (18h en été). Entrée : 3 € ; réduc.* Toute l'histoire de la Seconde Guerre mondiale par la lorgnette de l'Ardèche, racontée sur des panneaux très documentés. On découvre ainsi le courage de ces résistants ardéchois qui n'hésitèrent pas à prendre d'assaut le train d'Annonay en partance pour les camps de déportation en Allemagne : un cas unique ! Le musée organise également des expositions temporaires et des événements culturels (consulter son site internet).

L'église de Mélas : *à 2 km du Teil. Visite libre tte l'année ; visite accompagnée sur demande auprès de l'office de tourisme.* Cette église de style roman vivarois (IXe-XIIe s) est classée Monument historique depuis 1868. D'extérieur, elle se caractérise par son clocher bas, carré et trapu. Elle se compose de trois parties distinctes : une nef ou chapelle sur le flanc nord, vestige d'un ancien monastère féminin ; la nef principale, très sobre, datant du XIIe s ; ainsi qu'une remarquable chapelle octogonale sur le flanc nord-ouest, baptistère du IXe s (rare), surprenant avec sa coupole sur arcs doubleaux et son appareillage rustique.

ROCHEMAURE

(07400) 2 335 hab. *Carte Ardèche, B3*

À 4 km au nord du Teil, sur la route D 86, au bord du Rhône, au niveau de Montélimar (Drôme). C'est un de ces « Villages de caractère » d'Ardèche, dominé par les ruines d'un château fort médiéval, perché sur un abrupt piton rocheux, véritable nid d'aigle cerné de murailles crénelées.

L'histoire de Rochemaure est liée à son site stratégique imprenable au bord du Rhône : la cité fut rattachée au royaume de Provence, puis au duché de Bourgogne (933-1032), annexée au Saint Empire romain germanique (1039-1308) avant de redevenir française (avec le Vivarais) en 1308.

Adresses utiles

Point Info : *près de la poste.*

Mairie de Rochemaure : *2, pl. de la Mairie. ☎ 04-75-49-08-07. • rochemaure.fr • Lun-ven (sf ap-m lun et jeu) 8h30-12h, 13h30-17h (16h ven).* Infos sur la ville, brochures. Organise des randonnées du patrimoine.

Où dormir ?

Hôtel Médiéval : *11, av. du Teil (rue de l'Averse). ☎ 04-75-49-07-05. • hmia@orange.fr • hotel-medieval.fr • En venant du sud (Le Teil), vers le milieu du village, c'est sur la droite, légèrement en retrait de la route principale. Avr-sept, ouv tlj ; oct-mars, lun-jeu, et dim soir sur résa. Congés : vac de Noël. Doubles 73-105 € selon confort.* Hôtel récent à taille humaine au centre du village, à l'écart du bruit. Excellent accueil. Confort standard. Chambres impeccables et très bien tenues, avec baignoire et w-c, TV et clim. Elles donnent sur le côté du bâtiment (jardin calme). Petit déj-buffet copieux.

À voir. À faire

➢ ***Balade vers le château :*** depuis le village bas, un sentier permet d'atteindre le sommet de la colline. Il traverse le village, puis se faufile entre les murailles. Les mous du jarret y grimperont en voiture. Parking tout en haut.

Le château : *ouv de mi-juil à fin août, slt sur visite guidée, lun-sam 10h-12h, 13h-17h et dim 14h-17h. Entrée : 3 € ; gratuit jusqu'à 12 ans.* Après la balade dans les ruelles du haut Rochemaure, possibilité de visiter ce qu'il reste du château (XIIe s). Il fut habité jusqu'en 1630, puis abandonné.

La chapelle Notre-Dame-des-Anges : *prendre la route qui mène au château ; 100 m avt la 1re porte crénelée, petit sentier sur la droite. Ouv en période d'expos. GRATUIT.* Mignonne petite chapelle de style gothique provençal, construite au XIIIe s. On peut y voir une réplique du très rare carré magique, dont l'original a été mis en lieu sûr. Expositions temporaires d'artistes rupismauriens (c'est comme ça qu'on appelle les habitants de Rochemaure).

LE CARRÉ MAGIQUE

La chapelle Notre-Dame-des-Anges abrite l'une des rares répliques du carré magique existant au monde. Le plus vieux, découvert à Pompéi, daterait de l'année de l'éruption du Vésuve (79 apr. J.-C.). Cette mystérieuse pierre gravée de cinq lignes de cinq lettres chacune se lit dans tous les sens en révélant toujours les cinq mêmes mots : SATOR AREPO TENET OPERA ROTAS. Soit, en latin, « Le semeur tient la charrue » (lu au second degré, « Dieu tient les rênes de la Création »...). En cinq mots (pas croisés, eux) : ils sont fous ces Romains !

Le pont suspendu : il enjambe le Rhône et relie Rochemaure à Montélimar, l'Ardèche à la Drôme. Une belle promenade à faire ! Construit en 1842 avec des techniques modernes inspirées du principe des ponts de liane, il fut détruit en 1856 lors de l'une des plus violentes crues du fleuve. Bombardé en partie en 1944 (lors des crues de 1993-1994, on trouva dans le lit du Rhône deux bombes de 250 kg qui n'avaient pas explosé). Reconstruit depuis, il est ouvert à la circulation des seuls deux-roues et piétons.

LA RÉGION DES GORGES DE L'ARDÈCHE

• Carte *p. 104-105*

Une région d'une grande richesse, dont les gorges constituent la vitrine éclatante. Mais une fois descendues, il faut savoir les quitter, ces gorges, pour explorer tranquillement les alentours et découvrir d'autres merveilles, notamment ces incroyables grottes qui font la réputation de la région. Les villages autour abritent de nombreuses chambres d'hôtes qui invitent au repos, entre campagne, petite montagne et baignade en rivière.

L'ARDÈCHE

Balazuc Lieux traités
Chauzon Adresses et lieux dans les environs
Rimouren Repères
Largentière
Vogüé
Lanas
Saint-Maurice-d'Ardèche
Montréal
Uzer
Rochecolombe
Laurac-en-Vivarais
Balazuc
Le Viel-Audon
Défilés de Ruoms
Chauzon
Joyeuse
Rosières
Cirque de Gens
Pradons
Lablachère
Ruoms
Labeaume
Lagorce
Saint-Alban-Auriolles
Vallée de l'Ibie
Sampzon
Rocher de Sampzon
Vallon-Pont-d'Arc
Chandolas
Ardèche
Grotte des Tunnels
Maisonneuve
Grospierres
Salavas
Chames
Pont d'Arc
ARDÈCHE (07)
Belvédère du Serre-de-Tourre
Beaulieu
Vagnas
Labastide-de-Virac
Bessas
Aven d'Orgnac
Saint-André-de-Cruzières
Saint-Sauveur-de-Cruzières
Barjac
Orgnac-l'Aven
Saint-Ambroix
Saint-Jean-de-Maruéjols
Saint-Victor-de-Malcap
3 km

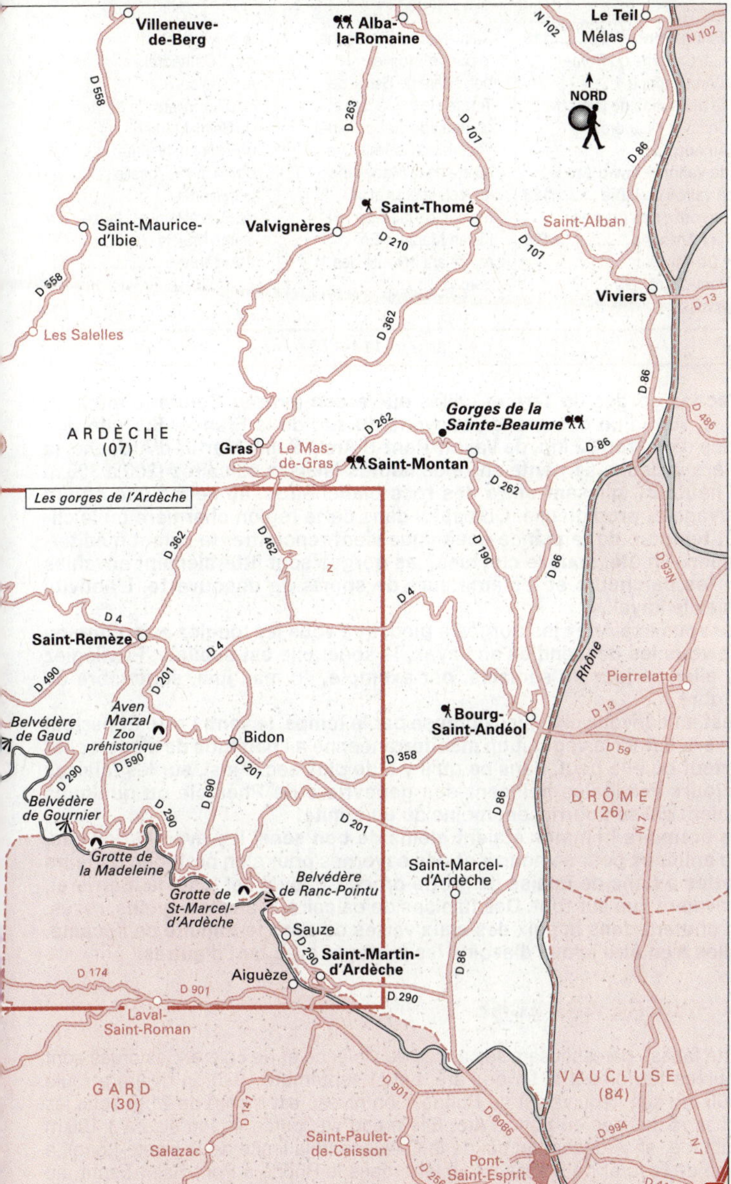

LA RÉGION DES GORGES DE L'ARDÈCHE

LES GORGES

• Carte *p. 114-115*

Avec les gorges du Tarn et celles du Verdon (notre « Colorado méridional »), voici l'un des grands canyons du sud de la France. Sur une distance d'environ 32 km, de Vallon-Pont-d'Arc à Saint-Martin-d'Ardèche, la rivière Ardèche serpente entre de hautes falaises calcaires (200 à 300 m de hauteur), glissant entre des rocs blanchâtres, au sein d'une nature sauvage et prodigieuse. On est ici dans cette région charnière où le climat tempéré de tendance océanique vient rencontrer le climat méditerranéen. En été, sous le ciel bleu, les gorges sont littéralement envahies par les baigneurs et les amateurs de sports de découverte. L'activité reine : le kayak.

Que vous exploriez les gorges à pied, que vous les longiez en voiture ou que vous les descendiez en kayak, le spectacle est sublime. Privilégiez d'y aller un jour de semaine, par exemple, en mai, juin, septembre ou octobre.

C'est un canyon vertigineux creusé par le temps, le vent, l'eau. Et partout du vert, car ici la végétation méditerranéenne a l'habitude de s'accrocher partout où elle peut, dans ce qu'il y a de plus sec. Ainsi, sur les falaises toujours verticales naissent des genévriers de Phénicie ou quelques figuiers qui se nourrissent moins qu'un ermite.

Les premiers hommes étaient pleins de bon sens. Il y avait là de l'eau, des animaux pour se nourrir et des cavernes pour s'en protéger. De leurs grottes à flanc de falaise (la grotte ornée Chauvet est juste là, derrière), ils avaient vue sur tout. Des falaises de calcaire, blanches, grises, roses, qui chutent dans la paix des eaux vertes ou dans le tumulte de l'écume. Belles à en être jaloux d'avoir à les partager avec tant d'autres.

LA RIVIÈRE ARDÈCHE

Cette fausse paresseuse a ses accès de violence et de colère. Ses crues sont réputées terribles à la fin de l'été. Le 21 septembre 1890, la rivière a roulé 7 500 m^3, soit l'équivalent du Rhône. Son niveau est monté de 21 m sous les arches rocheuses du pont d'Arc. Elle prend sa source et son élan à 1 100 m d'altitude, en Ardèche, au col de la Chavade (à la limite de la Haute-Loire), à l'orée de la forêt de Mazan, et se jette dans le Rhône à Pont-Saint-Esprit, au terme d'un parcours tumultueux de seulement 112 km. C'est avant tout, et malgré les barrages, une rivière qui reste naturelle et très méditerranéenne, et qui subit des fluctuations importantes de débit. « C'est une rivière du Massif central. Mais elle est chaude, sauvage et facile », disent ceux qui la connaissent bien. En effet, l'Ardèche offre dans ses gorges une alternance de rapides et de plans d'eau relativement aisés à franchir pour le kayakiste et partout baignables.

UNE BELLE RÉSERVE NATURELLE

La réserve naturelle nationale des gorges de l'Ardèche a été créée en 1980. Lois et règlements protègent ce site de 1 570 ha, où l'on trouve une faune et une flore particulièrement intéressantes. Une centaine d'espèces d'oiseaux, du choucas à l'aigle de Bonelli. Une ribambelle de petits mammifères aux noms très scouts : loutres, fouines, putois... Les reptiles sont bien représentés : couleuvres de Montpellier, lézards ocellés. On y rencontre aussi des castors et des sangliers, assez nombreux par ici, sans oublier les chèvres et boucs sauvages qu'on sent avant de voir.

Descendre les gorges de l'Ardèche en canoë-kayak

Comme des milliers de personnes qui descendent cette superbe voie liquide, vous êtes certainement un peu venu là pour ça, non ? Et vous n'êtes pas le seul. Normal, c'est vraiment une superbe balade, ludique, instructive, familiale et sportive à la fois. En fait, la grande particularité de cette rivière, et surtout de la partie enserrée dans les gorges, est qu'elle est accessible pratiquement à tout le monde (à partir de 7 ans, par arrêté préfectoral) et pratiquement tout le temps. Des barrages en amont, notamment celui de Pont-de-Veyrières, gèrent son débit. Elle est toujours praticable, sauf lors des crues, à savoir une dizaine de jours par an.

Les périodes critiques et les périodes privilégiées

Pour échapper à la foule qui peut être impressionnante, il faut ***éviter les week-ends de l'Ascension et de la Pentecôte*** et, de manière générale, ***les week-ends de juin, juillet et août.*** On insiste vraiment sur l'importance de choisir le bon moment, car la descente peut être vraiment gâchée par la surpopulation. Les ***meilleures périodes*** se situent ***au printemps*** (avril, mai et juin, hors week-end, ça va de soi), mais aussi dans la ***première moitié du mois de septembre.*** L'avantage des hautes eaux, à partir de mi-septembre, est que la navigation est plus facile et on fait moins d'efforts. C'est, en revanche, un peu plus sportif et on se mouille plus. Les périodes de basses eaux se situent surtout en juillet et août. Il y a de moins en moins d'eau à mesure qu'on va vers fin août.

« L'engorgement des gorges »

Certains passages étroits, souvent au niveau des rapides au cœur des gorges ou des glissières à bateaux (en amont de Vallon), se transforment en un gigantesque embouteillage d'embarcations au cœur de la saison.
Si autrefois les deux bivouacs situés au milieu des gorges étaient très fréquentés, ils sont désormais un peu délaissés, les touristes préférant opter pour la descente entre Sampzon et Chames (environ 12 km). Vraiment la foule en été dans cette partie-là, et on ne profite même pas des gorges !

Les types de bateaux

Il existe des kayaks une, deux ou trois places, embarcations hybrides conçues de manière intelligente, alliant sécurité, confort et une certaine sportivité pour ceux

qui le souhaitent. On y est plutôt confortablement installé. Ils sont « autovideurs » et « insubmersibles » et se dirigent avec une pagaie double.
Avec chaque bateau, on vous fournit un ou deux gros bidons étanches qui se fixent avec une sangle sur votre canoë. Nous vous conseillons vivement d'y placer TOUTES vos affaires et votre pique-nique. Considérez tout ce que vous n'avez pas mis dans le bidon comme perdu ! On vous aura prévenu...

ATTENTION, FAUX AMIS !

On associe toujours canoë et kayak, alors que ce sont deux embarcations différentes. Le canoë, inventé par les Indiens, se pratique à genoux et avec une pagaie simple. Le kayak, lui, fut d'abord utilisé par les Inuits. On le pilote assis et avec une pagaie double. Un point commun toutefois : leur instabilité !

Règles de sécurité

1) Si la rivière est accessible à presque tous, il faut tout de même avoir ***7 ans minimum et savoir nager.*** On vous fera signer une attestation. Et ce n'est pas parce qu'on vous fait signer une attestation sans vérifier que votre progéniture ou vous-même savez nager qu'il faut faire les mariolles. Il faut VRAIMENT savoir nager !
2) On peut grimper à trois dans un canoë, mais ***la troisième personne doit impérativement être un enfant entre 7 et 12 ans,*** et peser moins de 40 kg.
3) ***Le gilet est obligatoire.*** Pas dans le bateau, mais sur votre dos, et attaché.
4) Niveau d'eau : il est très surveillé. Il existe ***trois niveaux d'eau,*** mesurés au pont de Salavas. Dans le ***vert,*** la rivière est ouverte à tous ; dans le niveau ***orange,*** on ne peut descendre l'Ardèche qu'avec un moniteur ; et dans le niveau ***rouge,*** la navigation est interdite, sauf aux licenciés des clubs de la Fédération. Au-dessus de 4 m, la rivière est inaccessible à quiconque.
5) Avant de partir, ***s'informer de la météo locale*** (c'est moyennement drôle de faire la descente quand il pleut). Soit sur Internet, ou mieux, auprès des offices de tourisme locaux ou de votre loueur.
6) Prévoir une ***réserve d'eau*** pour au moins 7h, même si l'on en trouve dans les deux aires de bivouac.
7) ***Poste de secours :*** durant toute la saison, on trouve un poste de secours dans chacune des aires de bivouac, ainsi que des pompiers au niveau des rapides de la Dent-Noire et de La Toupine.
8) ***Se couvrir la tête*** si le soleil tape. Un truc bête comme chou, mais vérifier la profondeur de la rivière avant de plonger n'importe où. Certains ont des souvenirs cuisants. D'autres n'ont plus de souvenirs du tout...

Respecter la réserve naturelle

Quelques gestes simples qui semblent si naturels qu'on a presque honte de les écrire...
– Ne rien cueillir dans le périmètre de la réserve naturelle.
– Ne pas polluer l'eau avec quoi que ce soit.
– Ne rien laisser derrière soi, même pas des épluchures dites biodégradables qui vont pourrir là pendant 6 mois, voire plus, et qui vont attirer des bestioles... ainsi que d'autres déchets, toujours aussi biodégradables. Les poubelles appelant les poubelles, la pollution visuelle devient rapidement insupportable. On a même vu quelques lascars jeter leurs mégots dans la rivière. La honte totale ! On précise qu'il y a de grandes poubelles à votre disposition aux deux bivouacs.
– Il est interdit de bivouaquer sur les rives des gorges de l'Ardèche hors des deux aires de bivouac.
– Ne pas faire de feu.

– Ça a l'air bête mais, dans un tel lieu, on peut respecter tout simplement le silence. C'est parfois bien agréable de seulement se laisser bercer par le son du néant, le presque 0 décibel.
– Un arrêté préfectoral interdit d'apporter de l'alcool dans les gorges.

Les différentes descentes possibles

Longue de 32 km, la descente des gorges peut se faire de différentes manières (lire le détail ci-dessous). Les points de départ sont tous au même endroit, répartis sur quelques kilomètres entre Vallon-Pont-d'Arc et Chames. Faites-vous bien préciser par votre loueur le lieu exact de l'arrêt, surtout si vous faites la minidescente.

➢ ***La minidescente*** *(appelée « la 8 km » mais compte en fait 6 km)* **:** *env 17-22 €/pers.* Elle démarre à Vallon-Pont-d'Arc et va jusqu'à Chames, soit environ 2h de navigation pour parcourir environ 6 km. C'est évidemment la section la plus fréquentée. Vers la fin du parcours, on passe le fameux rapide *Charlemagne,* juste avant de passer sous le non moins célèbre pont d'Arc, admirable arche naturelle qui enjambe élégamment la rivière. Au sommet, il mesure près de 60 m. Attention, c'est le parcours le plus fréquenté. La fin de la descente se trouve sur la rive gauche, environ 2 km après avoir passé l'arche. Il y a des numéros sur la rive (de 1 à 7) ou le nom du loueur qui vous indique où vous devez stopper. Demandez l'heure exacte à laquelle on doit venir vous chercher.

HUIT MOINS DEUX FONT SIX !

La minidescente, un des parcours en kayak sur l'Ardèche les plus fréquentés, est communément appelée « la 8 km ». Or, quelle que soit la manière dont on la mesure, elle ne fait en réalité que six petits kilomètres, même en faisant des zigzags ! Les loueurs de kayaks, qui se mènent une concurrence terrible, pourraient tout de même accorder leurs violons. 6 c'est 6, pas 8 !

➢ ***La descente entre Sampzon et Chames*** *(entre 12 et 14 km selon le point de départ)* **:** *env 22-26 €/pers.* Cette descente intermédiaire, entre la mini et la grande, attire ceux qui considèrent la première trop courte et l'autre trop fatigante. Mais, gros inconvénient, elle ne se situe pas dans les gorges même, autant le savoir, donc les paysages sont beaucoup moins spectaculaires. À dire vrai, cette descente ne présente à nos yeux que peu d'intérêt. Par endroits, la présence de la route rompt carrément le charme. Par ailleurs, il n'y a aucun rapide sur ce parcours, puisque la descente est régulée par plusieurs glissières à bateaux (quatre ou cinq en fonction d'où l'on part). En été, c'est d'ailleurs un vrai embouteillage pour les passer, puisque un seul kayak peut les emprunter à la fois. Vous l'avez compris, ce n'est pas notre descente préférée. Les six derniers kilomètres correspondent à la minidescente (voir ci-dessus).

➢ ***La grande descente en 1 jour*** *(32 ou 25 km)* **:** *env 28-31 €/pers.* Si vous n'avez qu'une journée et que vous tenez à faire la descente entièrement, nous vous conseillons vivement de partir en aval du Pont-d'Arc (le site) plutôt que de Vallon-Pont-d'Arc (la ville). Ça raccourcit le parcours d'environ 7 km et permet de descendre plus tranquillou. En effet, se taper les 32 km en une seule journée, surtout avec des enfants et en période de basses eaux (l'été, peu de courant porteur), peut avoir quelque chose d'indigeste. Écourter un peu le trajet permet de faire plus de haltes, de se baigner... bref, de profiter de la nature. Si vous optez pour cette solution, le loueur vous déposera sans problème à ce point de départ décalé. Vous verrez, après les 25 km, vous serez déjà bien cuit. Pour faire votre descente tranquillement, il faut partir entre 8h et 9h30, pas après. En été, partir tôt permet d'éviter une partie de la foule sur une partie du circuit. Les 25 km se parcourent en 5h-5h30 de navigation, auxquels il faut ajouter en moyenne 2h d'arrêt, mais compter 6h30-7h pour les 32 km. On arrive à la fin du parcours, à Sauze, entre 16h et 18h, horaires auxquels se font toutes les remontées en bus jusqu'à Vallon-Pont-d'Arc.

➢ ***La grande descente en 2 jours :*** *env 40-45 €/pers, plus le bivouac (voir plus loin).* Si vous avez un peu de temps, c'est vraiment le truc à faire. En fait, c'est de loin la meilleure manière de s'immerger dans ce monde particulier. Départ de Vallon-Pont-d'Arc. Ne partez qu'après 10h, il y aura beaucoup moins de monde. Comptez environ 3h de navigation la première journée et environ 4h la seconde. Le grand avantage de la descente en 2 jours est qu'on prend tout son temps, en pagayant à son rythme, tranquillement. Sachez ranger votre kayak, et à vous les arrêts multiples sur les plages au soleil, l'exploration des rives, les haltes baignade !

– ***Le bivouac :*** il y a deux aires de bivouac autorisées dans la réserve, non loin l'une de l'autre, à respectivement 3h et 4h de navigation du point de départ de Vallon. Ce sont les ***aires de Gaud et de Gournier,*** qui sont ouvertes plus ou moins de mi-avril à fin septembre. Celle de *Gaud* n'est ouverte qu'au cœur de l'été. On y trouve un coin douche (pas toujours chaude), w-c, poubelles, barbecues avec charbon de bois à disposition et gratuit (mais parfois interdit en période de sécheresse), ainsi qu'un poste de secours d'urgence. On dort à la belle étoile, sous sa propre tente ou en *Marabout* collectif (20 places, mais à la dure, sans matelas ni tralala). À noter que l'aire de Gaud est beaucoup plus vaste que celle de Gournier, et qu'en période d'affluence, on s'y sent plus à l'aise. Une grande clairière accueille les dormeurs à la belle étoile et les petites tentes.

■ ***Réservations de nuit en bivouac :*** *auprès du central de résa de la réserve naturelle (voir « Adresses utiles » à Vallon).* ☎ *04-75-88-00-41.* • *gorgesdelardeche.fr* • *Prix de la nuit : 7 €, ou 8 € en tente Marabout (10 € les w-e et j. fériés en juin-juil).* Apportez votre duvet ainsi qu'un petit tapis de sol. À noter qu'à certaines périodes les nuits peuvent être animées, un peu plus que de raison. ***Toutefois, depuis 2010, la consommation d'alcool est interdite du 1er mai au 30 septembre sur le domaine public fluvial et sur les aires de bivouac Gaud et Gournier (arrêté préfectoral).*** Parfois, ce sont les sangliers qui s'intéressent aux restes de nourriture (!). En haute saison, essayez d'arriver assez tôt en fin d'après-midi pour profiter d'un bon emplacement. Par ailleurs, partir de bon matin le deuxième jour vous permettra de vous retrouver seul dans les gorges pendant au moins deux bonnes heures. Le pied !

– ***La descente avec moniteur :*** • *guides-nature-gorges-ardeche.net* • Chaque descente peut se faire avec un moniteur, mais si vous optez pour cette solution, c'est évidemment la descente dans les gorges (à la journée) qui est la plus intéressante. La découverte du site avec un moniteur diplômé permet de porter un œil différent sur ce que l'on voit. Les guides nature rassemblent souvent les clients pour constituer un groupe (maximum 15 personnes). Cette formule est autorisée aux enfants de moins de 7 ans sachant nager (c'est impératif). On découvre alors des aspects parfaitement insoupçonnés des gorges, impossible à connaître seul. On est alors sensibilisé à la beauté, à la protection et au respect de la nature. Les guides sont incollables sur la faune, la flore, la préhistoire... Très instructif. Ils organisent également une minidescente au crépuscule, très sympa.

– ***La descente accessible à tous :*** la *Confrérie des bateliers* permet à ceux qui ne savent pas nager de découvrir sereinement les gorges en descendant la rivière dans une barque à fond plat, modèle identique à celui qui servait aux temps jadis à transporter le charbon de bois et les animaux ; six personnes maximum, quatre minimum, et deux bateliers. Départ le matin de Chames (à 9h) et arrivée à Sauze en fin d'après-midi (24 km en tout), retour assuré par les bateliers. *Résa auprès des offices de tourisme de Vallon (☎ 04-75-88-04-01) ou de Ruoms (☎ 04-75-93-91-90) ;* • *bateliers.net* • *Fonctionne en principe du printemps à mi-oct. Un seul inconvénient, le prix : 103 €/pers (75 € pour les moins de 12 ans) !*

– ***Petit parcours en barque à fond plat :*** une balade idéale, notamment pour les jeunes familles (enfants à partir de 5 ans), pour s'initier en douceur à la descente des gorges, avec le batelier Dominique, du Pont-d'Arc. *Avr-sept tlj. Inscription auprès de l'office de tourisme des gorges. Tarifs : 9 € ; 3-12 ans 7 €. Durée : 30 mn.*

Conseils de base pour canoéistes débutants

Loin de nous l'idée de vous distiller ici un cours de kayak, ça risquerait de mouiller les pages de ce bouquin. Voici tout de même quelques petits conseils de base.

– ***Diriger le bateau :*** il peut vous arriver d'avoir à diriger le bateau en utilisant votre pagaie comme un gouvernail, en la positionnant vers l'arrière et en l'orientant. Ce mouvement, systématique quand on est dans un canoë avec une pagaie simple, l'est beaucoup moins quand on est équipé d'une pagaie double sur un kayak. On prend vite le coup cependant.

– ***La circulaire :*** il s'agit d'un mouvement ample de la pagaie, à réaliser au plus loin du bateau, exercé avec la pagaie à plat. Il permet de redresser très rapidement le nez du bateau quand vous vous laissez embarquer dans le courant de manière involontaire. Si vous partez sur la droite, grande circulaire à droite, et hop, le bateau retrouve l'axe désiré. Fastoche, non ?

– ***Aborder les rapides :*** ce sont les passages les plus difficiles, et les plus rigolos. À ces endroits, un rocher, un rétrécissement de la rivière, une courbe serrée, une déclivité plus importante provoquent une accélération brutale du courant. La plupart des rapides sont indiqués sur les cartes des gorges. Les principaux : le *Charlemagne* (juste avant le pont d'Arc), les *Trois-Eaux,* la *Dent-Noire,* le *Figueras,* la *Toupine-de-Gournier,* le *Grand-Gour* et celui de la *Pastière.* Il y en a en tout sept sur le parcours des gorges. Leur difficulté est variable en fonction du niveau d'eau. De manière générale, les passages se font à l'intérieur du virage, là où le courant est le plus faible et où il y a moins de cailloux. Si vous vous sentez à l'aise, essayez donc de mettre le nez de votre canoë légèrement orienté vers la sortie du virage (virage à droite, nez à droite).

Juste un mot sur le dernier rapide. Outre le fait qu'il n'est pas évident à négocier, messieurs, il vous faudra compter sur un effet plus... pervers de la rivière : face à ce rapide, on trouve un camp de naturistes réputé. Or, le gros rocher planté au milieu de la rivière accueille en général quelques naïades seulement vêtues de leur petite fourrure naturelle. Ainsi, l'attention des messieurs pagayeurs est-elle subitement détournée par cette vision. Et ce qui doit arriver arrive ! Le pagayeur se retrouve à l'eau, tout *cabussé,* comme on dit ici, chamboulé émotionnellement, tout retourné physiquement. Il paraît qu'un bateau sur trois se met en vrac l'été. Certains, sur la rive, s'amusent beaucoup à profiter de ces petites scènes de choix.

– ***La vitesse :*** ne restez jamais passif dans un rapide, mais montrez bien à la rivière que vous ne vous laissez pas mener par le bout du nez. Vous êtes le maître à bord, que diable ! C'est-à-dire qu'il s'agit d'aller plus vite que le courant. Donc, ne jamais se laisser porter, mais avoir un pagaiement dynamique dans le rapide.

– ***Le drossage :*** dans les rapides, dont la particularité est d'accélérer le rythme de la descente (d'où leur nom), on rencontre fatalement ce qu'on appelle un ou plusieurs drossages, qui qualifie un obstacle (la plupart du temps un rocher), ce qui provoque un changement d'orientation brutal du courant. Dans le cas d'un gros caillou au centre de la rivière (ce qui est fréquent), il s'agit de s'en éloigner dès que vous le voyez, sinon le courant vous « drossera » sur le rocher, c'est-à-dire qu'il vous attirera sur lui de manière automatique.

– ***La cravate :*** ce phénomène arrive quand un bateau se met en travers d'un caillou et reste bloqué par la puissance du courant. Bravo, vous venez de faire une cravate ! Évitez, en tout état de cause, de vous pencher du côté du courant et tentez de maintenir le bateau stable. Facile à dire !

– ***En cas de retournement :*** si vous devez quitter le bateau dans le courant, évitez de vous trouver entre l'obstacle et le bateau. Si vous êtes pris par le courant, ne cherchez pas à vous accrocher au bateau ; s'il continue son chemin, n'ayez crainte, vous le retrouverez un peu plus loin. Cherchez à gagner la berge en faisant la planche, sans nager, pieds en avant, bien à l'horizontale (pour éviter les cailloux).

Où louer un canoë ou un kayak ?

Ce ne sont pas les loueurs qui manquent à Vallon. On en compte plusieurs dizaines ! Compte tenu du nombre de prestataires qui font tous la même chose, nous ne donnons aucun nom de loueurs : à vous de le choisir sur le site internet de l'office de tourisme, sur les sites en direct, ou sur place en arrivant. Ils pratiquent les mêmes tarifs, à quelques euros près. Leurs embarcadères sont situés le long de l'Ardèche, à Salavas ou dans les gorges même, juste avant le pont d'Arc, en fonction de la descente choisie.
La location prévoit le kayak (1 à 3 places) et les pagaies, les gilets (obligatoires), les bidons étanches et la remontée des embarcations (et de leurs passagers !) jusqu'à Vallon. Pour la grande descente, l'arrivée se situe à Sauze, juste avant Saint-Martin-d'Ardèche, sur une grande plateforme bétonnée.
Il n'existe que peu de différence entre les loueurs (mêmes bateaux et mêmes gilets, à savoir aux normes de sécurité). La seule variante est la durée d'attente entre votre arrivée à la fin de la descente et le moment où l'on va vous remonter en camionnette. Parfois une petite demi-heure (acceptable), parfois une grosse heure (inacceptable). En été, c'est souvent le grand bazar ! Un regret : le sourire et l'accueil sont souvent des données bien rares (bien qu'elles existent).
On trouve également une dizaine de loueurs à Saint-Martin-d'Ardèche. Prix identiques à ceux de Vallon. Pratique pour ceux qui résident dans cette ville.

Comment remonter à sa voiture quand on a fait la descente avec son propre kayak ?

■ ***Canoës Service Transport :*** *☎ 04-75-88-07-34. • ardeche-canoe.com • Compter 10 €/pers et 8-9 €/kayak selon taille.* Ce transporteur peut vous remonter de Sauze à Vallon après votre descente avec votre kayak. Appeler auparavant.

Où faire garder le petit dernier pendant la descente ?

■ ***Crèche/halte-garderie Les Galopins :*** *pl. Allende-Neruda, sous l'office de tourisme de Vallon. ☎ 04-75-37-19-39. Lun-ven 7h30-18h30. Résa impérative.* Selon les places disponibles, possibilité de faire garder votre petit (de 3 mois à 6 ans) pour permettre aux grands de faire la descente tranquilles. Pratique et sympa.

Descendre les gorges de l'Ardèche à pied

C'est possible, si, si ! C'est une randonnée de 25 km qui suit la rivière au plus près de son lit. Elle s'étale sur ***2 journées*** impérativement. Compter environ ***6h de marche le premier jour et 5h le second.*** Prévoir le bivouac à l'aire de Gournier. Réservation du bivouac auprès du central de résas de la réserve à Vallon (voir « Adresses utiles »). Comptez 7 € avec votre propre tente, 8 € sous tente *Marabout* (10 € les week-ends et jours fériés en juin-juillet). L'été, les randonneurs naturistes sont assez nombreux à vouloir profiter de la balade.

➢ ***La randonnée :*** attention, des lecteurs ont jugé certains passages dangereux, alors soyez prudent ! Départ de Chames et arrivée à Saint-Martin-d'Ardèche (suivre le balisage jaune et blanc). Le parcours suit les méandres de la rivière et comporte deux passages à gué (ceux des Champs et de Guitard). Attention, renseignez-vous auprès du central de résas pour savoir si le passage à gué est possible en fonction du niveau des eaux. Cela dit, en juillet et août, il n'y a en général jamais de problème. À peu de chose près, on bénéficie des mêmes paysages que les kayakistes, avec un rythme différent et en profitant du fait d'être en marge de la troupe. À défaut de rapides, certains passages sont équipés de main courante métallique. Prévoir de l'eau et de la nourriture, car les seuls points d'eau se situent aux bivouacs. Ce n'est pas indispensable, mais on peut faire la randonnée avec un moniteur (voir plus haut : « Descendre les gorges de l'Ardèche en canoë-kayak. Les différentes descentes possibles »).

– ***Pour le retour à Vallon :*** voir plus haut « Comment remonter à sa voiture quand on a fait la descente avec son propre kayak ? ». C'est le même prestataire.

Faire de la spéléologie dans les gorges et autour de Vallon

Les massifs de l'Ardèche sont essentiellement calcaires, d'où une profusion de grottes et d'avens. Certains servaient d'habitat aux hommes d'hier. Ils donnent des frissons à ceux d'aujourd'hui. La roche tendre et érodée du calcaire a permis à l'eau de creuser des merveilles de galeries, couloirs, passages, gouffres, terrain de jeux miraculeux pour les amoureux du sous-sol. Ce calcaire, résidu de conglomérats, de sédiments marins et de coquillages fossiles, témoigne ici de la présence d'une mer retirée depuis bien longtemps. Ce milieu poreux (action de l'acidité des pluies) présente une roche perforée en mille endroits et jalonnée de microfailles.
Plusieurs milliers de grottes font ressembler le Sud Ardèche à un immense morceau d'emmental. Mais toutes les cavernes ne sont pas exploitables. D'abord, il y a les sites qui sont protégés (les célèbres grottes ornées ne sont pas visitables), et il y a les grottes aménagées pour la visite (la Madeleine, Orgnac, Saint-Marcel, l'aven Marzal, la Cocalière et les Tunnels...), sans oublier celles qui ne présentent qu'un intérêt mineur.
Si vous souhaitez vous lancer dans la spéléo, il vous faudra contacter un moniteur spécialisé auprès de l'office de tourisme de Vallon. Les explorations se font à la demi-journée, à la journée, et même de nuit, en groupe de huit personnes maximum. On vous fournit combinaison, baudrier, casque et lampe. Prévoir bottes ou vieilles chaussures, vieux vêtements à manches longues et pique-nique. Chaque moniteur a sa ou ses grottes favorites, toujours impressionnantes.

VALLON-PONT-D'ARC

(07150) 2 400 hab. *Carte Ardèche, B3*

• Carte Les gorges de l'Ardèche *p. 114-115* • Plan Vallon-Pont-d'Arc *p. 117*

En été, Vallon, c'est Canoë-City, Kayak-Ville ! Aucune ville de France ne vit autant au rythme de sa rivière et du canoë-kayak. La population est multipliée par 40 à la belle saison. Pourquoi Vallon-Pont-d'Arc ? Parce qu'elle est le point de départ de la descente des gorges de l'Ardèche. Vallon, c'est le cœur battant de la région aux beaux jours. De juin à septembre, quelques centaines de milliers de personnes pagaient sur la rivière. Dans les gorges de l'Ardèche en été, ce sont parfois plus de 3 000 embarcations qui voguent quotidiennement sur l'eau, dévalent les rapides, glissent au pied des majestueuses falaises.

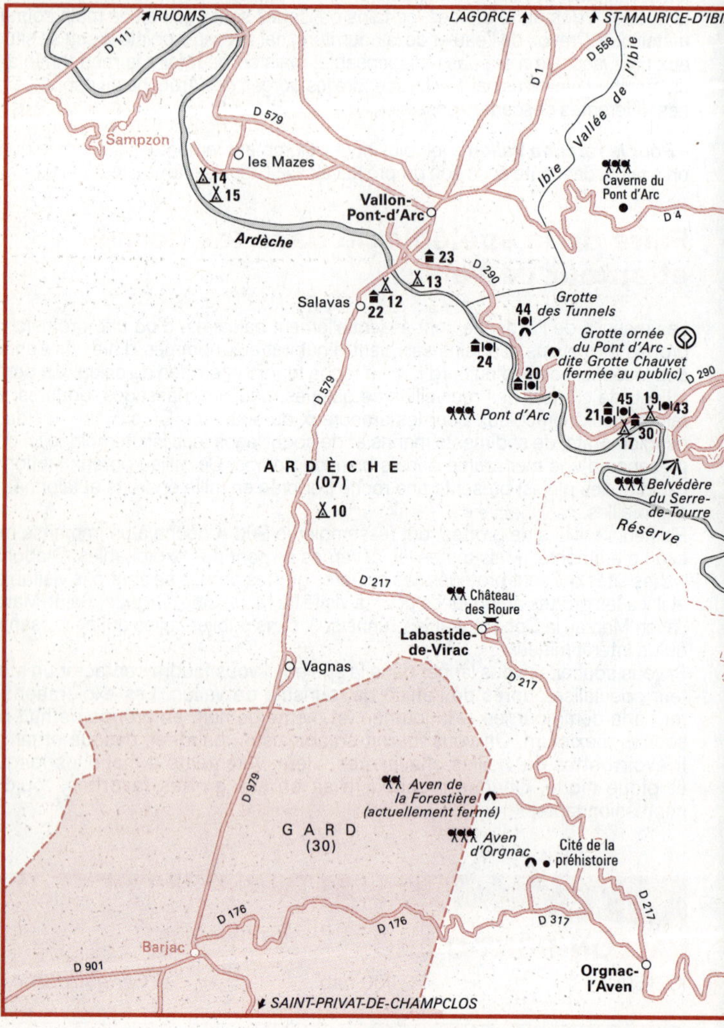

Où dormir ?

10 Camping Huttopia
12 Camping de l'Ardèche
13 Camping Nature Parc L'Ardéchois
14 Camping Bonhomme
15 Camping La Plage Fleurie
16 Camping des Grottes
17 Camping La Rouvière
19 Camping Le Camp des Gorges

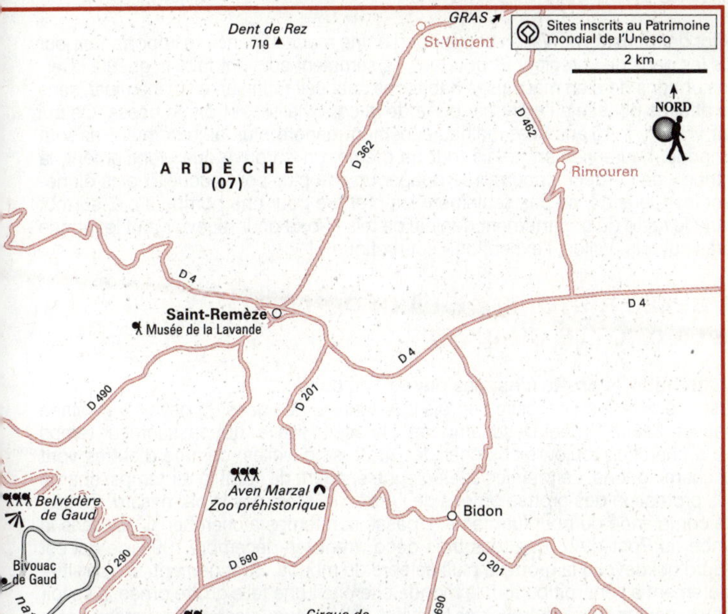

LES GORGES DE L'ARDÈCHE

20 Préhistoric Lodge
21 Le Belvédère
22 Hôtel des Sites
23 Le Clos des Bruyères
24 Domaine Les Blachas
30 Hôtel des Touristes

Où manger ?

21 Resto de l'hôtel Le Belvédère
43 Le Resto du Village
44 La Grotte des Tunnels
45 Restaurant de Chames

ALLEZ, UN P'TIT SOURIRE !

Le flot de touristes de Vallon correspond à une manne financière importante pour tous les gens de la région. Et pourtant, ils semblent souvent faire la gueule ! Certains ont pris de bien mauvaises habitudes : accueil routinier, voire inamical, sens des affaires poussé à l'extrême, perte de la convivialité... et on en passe. Ce qui était vrai il y a 10 ans l'est malheureusement encore plus aujourd'hui. Pas tout le monde, heureusement, mais tout de même, on a trouvé que globalement, la « vitrine » de l'Ardèche pourrait se bouger un peu plus pour accueillir plus dignement les touristes, ne pas seulement les prendre pour une pompe à blé, surtout quand le reste du département déploie de tels efforts pour recevoir tout le monde à bras ouverts. Vallon, l'exception « sourirstique » !

LA BELLE HISTOIRE DE LA DÉCOUVERTE DE LA GROTTE CHAUVET

Attention, la grotte n'est pas ouverte au public.
C'est une belle histoire, celle de trois passionnés, des gens du pays, Jean-Marie Chauvet, Éliette Brunel-Deschamps et Christian Hillaire, qui passent leur temps libre à chercher, toujours chercher des grottes nouvelles, comme d'autres vont aux champignons. Le premier, spéléologue et agent de l'État (à mi-temps) chargé de la protection des grottes ornées de l'Ardèche, n'est pas là par hasard. En service commandé ou pour lui-même, il passe son temps à chercher. C'est dans la combe du Pont-d'Arc que tous trois découvrent, en décembre 1994, ce qui est aujourd'hui devenu la grotte la plus célèbre du monde. Étrangement, elle se situe exactement à l'endroit où tout le monde cherchait une telle grotte ornée, à savoir près du seul moyen de traverser la rivière à l'époque, c'est-à-dire l'arche naturelle du pont d'Arc. Puisque le cadre est beau pour nous, il devait être tout aussi magique pour nos ancêtres. Logique. Pourtant, des générations de spéléologues se sont succédé ici, à cet endroit précis, à la recherche du Graal. Elles sont toutes passées à côté. La chance a fini par récompenser les plus persévérants.

Un trou gros comme un poing

Au départ, il n'y avait qu'un trou de la grosseur d'un poing, que les inventeurs (on est l'inventeur d'une grotte, pas son découvreur) ont agrandi jusqu'à pouvoir passer le corps. Ils l'avaient repéré lors d'un précédent passage et avaient remarqué un courant d'air. Ils n'étaient pas les seuls à l'avoir repéré, mais ils sont les premiers à avoir décidé de « creuser » sérieusement l'affaire. Celui-ci se révèle presque visible à l'œil nu quand il fait très froid, c'est-à-dire quand il y a un gros écart entre la température à l'intérieur de la grotte et la température au dehors. Les trois compères posent alors les yeux sur un incroyable patrimoine, vierge de toute influence extérieure et vieux de 30 000 à 32 000 ans. Ça, c'est de la découverte !
Ici, l'homme témoigne simplement et magistralement de sa capacité éternelle de dire le beau, de crier

À L'ORIGINE DU MONDE...

Comble de la découverte de la grotte Chauvet, cerise sur le gâteau (si l'on peut dire !), en 2001, les équipes de chercheurs ont découvert une représentation d'un sexe féminin. C'est tout simplement le plus ancien dessin érotique de l'histoire de l'humanité : 32 000 ans ! Cette Vénus aurignacienne (datant de la grotte d'Aurignac en Haute-Garonne) se compose d'un vaste pubis noir, simplement fendu en son milieu, et de jambes à peine esquissées. Un sexe brutal et essentiel, qui est la seule représentation humaine dans la grotte. Gustave Courbet n'avait rien inventé avec sa toile qui fit scandale, L'Origine du monde.

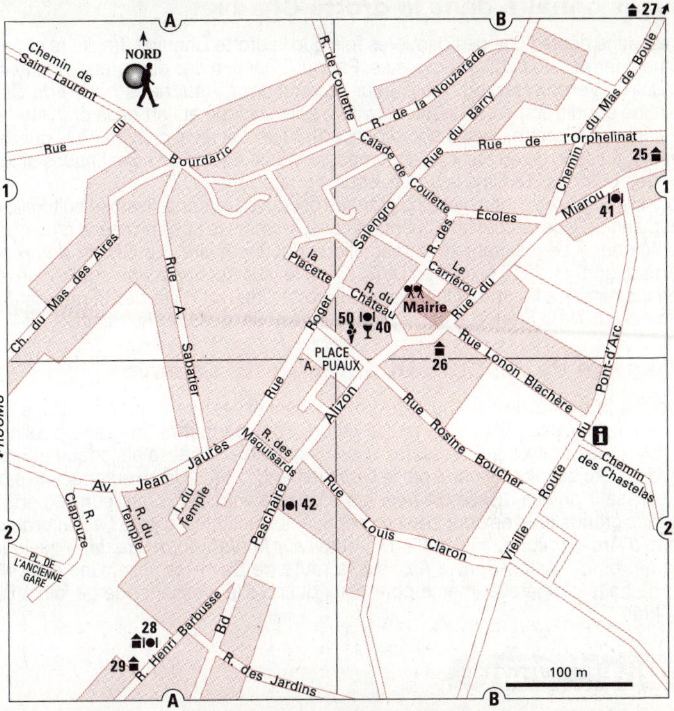

VALLON-PONT-D'ARC

■ **Adresse utile**

- **i** Office de tourisme Pont d'Arc Ardèche et Central de réservations des bivouacs

Où dormir ?

- **25** Chambres d'hôtes La Bastide de Vallon
- **26** Hôtel-restaurant Chez Berneron
- **27** Résidence Odalys Les Sources de Manon
- **28** Le Manoir du Raveyron et La Maison du Manoir
- **29** Chambres d'hôtes Au Clos d'Hélène

Où manger ? Où boire un verre ?

- **40** Café du Nord
- **41** Le Petit Jardin
- **42** Le Chelsea

Où manger une bonne glace ?

- **50** Glacier Béatrix

ses craintes et peut-être ses adorations. La grotte Chauvet abrite, en effet, le plus bel ensemble de peintures et de gravures qui soit au monde. Et le plus ancien : elles sont datées de 15 000 ans avant Lascaux. En tout, près de 1 000 dessins, dont 430 figures animales (mammouths, rhinocéros, ours, lions...), y ont été recensés, des animaux impressionnants et jamais chassés, à l'inverse d'autres grottes dans lesquelles sont plutôt référencés des herbivores. Imaginez quelques instants l'ampleur de l'émotion au moment de la découverte, la force du mouvement intérieur de celui qui cherche... et qui trouve... En tout cas, la découverte est telle qu'elle a été classée au Patrimoine mondial de l'Unesco en 2014.

Un visionnaire dans la grotte Chauvet

C'est sans doute l'une des dernières fois que la grotte Chauvet (fragile et définitivement fermée au public) sera filmée. Par qui ? Par l'un des plus grands cinéastes actuels : ***Werner Herzog,*** réalisateur notamment d'*Aguirre, la colère de Dieu.* Fasciné depuis son enfance par la culture paléolithique et l'art de la préhistoire, il désirait voir la grotte. Il y a d'abord passé 1h30 seul et sans caméra. Puis pendant 6 jours, à raison de 4h par jour, accompagné d'une équipe de scientifiques dirigée par Jean Clottes, il a filmé la grotte, équipé d'une caméra 3D.
Pour Herzog, c'est « une des plus grandes découvertes dans l'histoire culturelle de l'humanité... Une découverte phénoménale... comme la mise en scène d'un opéra de Wagner. » Le résultat est un magnifique documentaire : ***La Grotte des rêves perdus,*** sorti en 2010 (existe en DVD). C'est le plus bel hommage que le cinéaste pouvait rendre à la grotte Chauvet. « La grotte Chauvet n'est pas la propriété de l'Ardèche ni de la France, c'est la propriété de nous tous, de l'humanité », dit-il.

L'espace de restitution de la grotte Chauvet

Comme la grotte de Lascaux, la grotte Chauvet restera à jamais fermée aux visiteurs pour des raisons de préservation. Pour permettre au grand public de découvrir les trésors qu'elle abrite et son incroyable richesse historique et artistique, un projet colossal porté par le Département, l'État, l'Union européenne et un investisseur privé a rassemblé pendant plusieurs années les meilleurs experts et les plus grands artistes pour créer un espace de restitution appelé ***La Caverne du Pont-d'Arc-Ardèche,*** à l'échelle 1/1, établi ***sur le plateau du Razal,*** à quelques kilomètres de Vallon-Pont-d'Arc, sur la route de Saint-Remèze. Une merveille et une halte obligatoire, même pour ceux qui ne s'intéressent que de loin à l'art pariétal.

Arriver – Quitter

En train et en bus

Descendre à la gare de Montélimar ou d'Avignon. À Vallon, gare routière à 5 mn du centre à pied.

➢ ***À Montélimar :*** bus *CRA* n° 76 pour Vallon. Infos sur • *rhonealpes.fr* • rubrique « Actions », puis « Transports », puis « Cars Rhône-Alpes ».

➢ ***À Avignon :*** bus *Ginhoux* (☎ *04-75-88-03-55),* tlj l'été, lun-sam hors saison.

➢ Pour circuler dans la vallée, une ***navette gratuite*** relie Vallon (la ville) au Pont-d'Arc (le site), tlj, ttes les 15 mn en été, 8h-21h. À prendre à la gare routière.

Adresses utiles

ℹ ***Office de tourisme Pont d'Arc Ardèche*** *(plan B2) : quartier Ratière.* ☎ *04-28-91-24-10.* • *info@pontdarc-ardeche.fr* • *pontdarc-ardeche.fr* • *L'été, tlj 9h-19h (9h30-16h30 dim) ; juin et sept, tlj 9h-18h (9h-13h dim) ; le reste de l'année, lun-ven 9h-12h, 14h-17h et sam mat.* Très bon accueil. Infos sur les hébergements disponibles. Vente de topos de randonnées, guides d'escalade, résas de spectacles et de billets de train.

ℹ ***Central de réservation des bivouacs*** *(plan B2) : même adresse que l'office de tourisme.* ☎ *04-75-88-00-41.* • *reservation@gorgesdelardeche.fr* • *gorgesdelardeche.fr* • *Juil-août, tlj 8h30-16h ; mai-juin, 8h30-15h ; avr et sept, 8h30-13h.* Plein d'infos sur les gorges. C'est ici que l'on fait ses résas pour les nuits aux bivouacs de Gaud ou de Gournier, qu'on dorme à la belle étoile, sous sa propre tente ou sous une tente *Marabout,* qu'on soit kayakiste ou randonneur. Si vous avez réservé par Internet, vous devrez tout de même y passer pour retirer votre

ticket de réservation (à donner à l'arrivée au bivouac).
Point info : *à* ***Salavas.*** *☎ 04-75-87-56-31. Juil-août slt, tlj sf sam : lun-jeu 9h-13h, 16h30-19h30 ; ven et dim 9h-13h.*

Taxis : ***Taxi Gilou,*** *☎ 04-75-88-00-27, 06-79-06-17-87.* ***Taxi Marco,*** *06-45-69-50-40.*
Location de VTT : ***Central Location,*** *Z.A. Les Estrades. ☎ 04-75-88-02-57.* Loc de vélos et réparations.

Où dormir ?

Campings

On signale ici quelques campings proches du centre de Vallon, mais il y en a une bonne vingtaine dans le secteur.

Camping de l'Ardèche *(carte Les gorges de l'Ardèche,* ***12****) : 100, chemin de la Plage. ☎ 04-75-88-04-73. • campingvallonpontdarc@gmail.com • campingdelardeche-vallonpontdarc.fr • Du centre de Vallon, prendre vers Salavas/Barjac, c'est au rond-point juste après le pont sur l'Ardèche, sur la gauche. Ouv fin mars-fin sept. Forfait 17-25 € selon saison. 150 empl.* Camping modeste situé à proximité de la rivière. Sympathique et aux prix très raisonnables, avec une partie bien ombragée et une autre qui l'est moins. Pas de piscine ni animations. Sanitaires propres. Snack.
Camping Bonhomme *(carte Les gorges de l'Ardèche,* ***14****) : dans le quartier Les Mazes. ☎ 04-75-88-04-62. • reza@camping-bonhomme.com • camping-bonhomme.com • Du centre-ville, prendre direction Ruoms par la D 579 et à gauche au 1+1 (fléchage), puis faire 1 km. Ouv mars-début nov. Réception 8h-12h, 14h-19h. Forfait camping 15-22 € selon saison. Mobile homes 4 pers env 275-615 €/sem.* Un petit camping familial simple et agréable, composé de plusieurs clairières ombragées, au bord de l'Ardèche. Pas de piscine, pas d'animations (mais ce n'est pas un reproche !). Sanitaires nickel. La section mobile homes (tous avec sanitaires) manque un peu de charme, mais on s'y sent bien tout de même.
Camping La Plage Fleurie *(carte Les gorges de l'Ardèche,* ***15****) : Les Mazes. ☎ 04-75-88-01-15. • info@laplagefleurie.com • laplagefleurie.com • Du centre-ville, direction Ruoms et à gauche au LIDL (fléchage), puis faire 2 km. Ouv de fin avr à mi-sept. Forfait env 19-51 € selon saison. Mobile homes 4-6 pers 275-1 670 €/sem selon nombre de pers et saison.* Dans la zone tranquille des Mazes, correctement ombragé, avec plage de galets sur l'Ardèche (et plage de sable aménagée en juillet-août), juste devant le camping. 2 grandes piscines (dont une chauffée), toboggans, animations, etc. Adresse plutôt tranquille malgré la taille du site. Idéal en famille. Resto, snack et épicerie.
Camping Nature Parc L'Ardéchois *(carte Les gorges de l'Ardèche,* ***13****) : route des Gorges, juste à la sortie de Vallon. ☎ 04-75-88-06-63. • ardechoiscamping@wanadoo.fr • ardechois-camping.com • Ouv du 20 mars à fin sept. Forfait 33-67 € en hte saison (et encore plus cher pour les emplacements « Premium »). Mobile homes 2-5 pers 491-1 190 €/sem selon nombre de pers et saison.* Le camping 5 étoiles de luxe, avec près de 250 emplacements « grand confort », dont certains bénéficiant carrément de la totale : vaste espace, hamac, salon de jardin... Très bonnes prestations : tennis, piscines chauffées avec jacuzzi, jardins fort bien entretenus, resto qui tient la route, et même une supérette bien fournie. Un camping remarquable par ses équipements et son organisation. Prix en conséquence !

De prix moyens à plus chic

Chambres d'hôtes Au Clos d'Hélène *(plan A2,* ***29****) : 172, rue Henri-Barbusse. ☎ 04-75-37-11-63. • helene@chambredhote-vallonpontdarc.com • chambredhote-vallonpontdarc.com •*

Doubles 63-85 € selon confort et saison. En pleine ville et pourtant au calme, une maison abritant quelques chambres tout confort, coquettes et de caractère (dont une familiale avec 2 chambres séparées), donnant sur une cour intérieure tranquille et dotée d'une agréable terrasse surélevée pour prendre le petit déjeuner. Un lieu original dans son aménagement.

Chambres d'hôtes La Bastide de Vallon (plan B1, **25**) *: 3, route du Bourg. ☎ 04-75-88-15-70. • contact@labastidedevallon.com • labastidedevallon.com • Doubles 80-85 €.* À 2 mn à pied du centre de Vallon, une ancienne magnanerie en pierre, rénovée joliment. Les 4 chambres d'hôtes sont situées à l'étage. Déco agréable. Piscine avec transats, le tout très au calme car bien en retrait de la route.

Résidence Odalys Les Sources de Manon (hors plan par B1, **27**) *: lieu-dit Mas-de-Boulle. ☎ 04-75-87-56-35. • sourcesdemanon@odalys-vacances.com • Ouv avr-oct. Compter 75-190 € pour 2 et 125-230 € pour 4 pers selon saison (linge de maison fourni, et ménage quotidien).* Idéalement située à 5 mn à pied du village, la résidence réunit 2 ensembles composés d'îlots résidentiels de 4 à 6 appartements avec cuisinette (en tout, 160 logements), autour de 2 piscines (dont une chauffée). Ensemble à l'architecture d'apparence anodine mais bien entretenu et très calme. Pas de resto, mais dépôt de pain à la réception. Les habitués privilégient les appartements donnant sur l'extérieur plutôt que sur les piscines, plus tranquilles.

Le Clos des Bruyères (carte Les gorges de l'Ardèche, **23**) *: route des Gorges. ☎ 04-75-37-18-85. • closdesbruyeres07@gmail.com • closdesbruyeres.fr • Juste avt la sortie de Vallon, à 100 m du rond-point, sur la gauche en direction de Saint-Montan. Ouv avr-sept. Doubles 104-124 € selon saison et vue, petit déj complet (vraiment très copieux) compris.* À 150 m de la rivière, un hôtel moderne de bon confort, bien tenu, avec un beau jardin, une piscine à l'arrière, et un jacuzzi (en supplément). Une trentaine de chambres fonctionnelles climatisées, spacieuses et bien arrangées, dans les tons gris, violine et blanc. Mention spéciale pour celles, de plain-pied, qui ouvrent directement sur la pelouse, côté piscine. Éviter celles donnant côté route. Resto sur place (gestion séparée). Excellent accueil d'une équipe motivée.

Hôtel-restaurant Chez Berneron (plan B1-2, **26**) *: 6, rue du Miarou. ☎ 04-75-88-02-12. • contact@hotel-ardeche.com • hotel-ardeche.com • Congés : déc-janv. Resto slt le soir. Doubles 110-150 € selon confort et saison, avec petit déj ; familiales 165-170 €. Menus 29,50-39,50 €. Parking fermé.* Au service du tourisme depuis 1937 ! Un hôtel joliment rénové, confortable (ascenseur, clim), avec des chambres très bien tenues à la déco classique et soignée. Une valeur sûre à Vallon. Les supérieures, spacieuses et entièrement refaites, avec balcon, donnent sur la piscine (chauffée toute l'année), à l'arrière.

Le Manoir du Raveyron (plan A2, **28**) *: rue Henri-Barbusse (derrière le collège). ☎ 04-75-88-03-59. • le.manoir.du.raveyron@wanadoo.fr • manoir-du-raveyron.org • Doubles 80-105 € selon saison et confort (105-120 € pour les executives). Pour **La Maison du Manoir,** chambres 60-70 €, petit déj compris. Dîner sur résa 30 €.* Un petit hôtel de charme en plein cœur de Vallon, dans une vieille demeure de caractère du XVIe s retranchée au fond d'une adorable cour intérieure. Cette maison intimiste abrite seulement 8 chambres, à la déco classique pour certaines, plus élaborée pour d'autres (mais toutes très confortables et climatisées sauf 2). Pas de télévision, nous sommes là pour nous reposer ! Dans la même cour, sur le côté, *La Maison du Manoir* (mêmes proprios) propose 3 chambres plus simples et à prix doux. Une bonne alternative.

Où dormir dans les environs ?

Voir aussi plus loin les adresses dans les environs de Labastide-de-Virac et dans la partie sur Ruoms (chapitre « En remontant l'Ardèche, le Pays ruomsois, de Vallon-Pont-d'Arc à Vogüé »). On est à deux pas de Vallon et il y a par là de belles adresses.

Campings

Camping Le Camp des Gorges *(carte Les gorges de l'Ardèche, **19**) : route des Gorges, **Chames.** ☎ 04-75-88-00-05. • campdgorge@aol.com • camping-camp-des-gorges.com • À env 7 km de Vallon-Pont-d'Arc, sur la route des Gorges et à 1 km en aval de l'arche naturelle du pont d'Arc. Ouv de mi-avr à fin sept. Forfait env 18-24 € selon saison. Mobile homes 4 pers, avec ou sans sanitaires, 280-620 €/sem selon saison.* Fondé en 1958, un des plus vieux campings d'Ardèche. Idéalement situé, établi sur un agréable terrain ombragé qui descend vers la rivière et la plage privée. Sanitaires simples mais convenables et propres (turcs ou à l'anglaise), machine à laver. Location de canoës. Resto sur place et snack.

Camping La Rouvière *(carte Les gorges de l'Ardèche, **17**) : route des Gorges, **Chames.** ☎ 04-75-37-10-07. 06-26-98-45-83. • ardbat@yahoo.fr • campinglarouviere.com • À 6 km de Vallon-Pont-d'Arc. Ouv de mi-mars à début nov. Forfait 19,50-29 € selon saison. Mobile homes (4-6 pers) 370-925 €/sem ; loc à la nuit possible en basse saison. 150 empl.* Sous de grands arbres, des emplacements en bordure de rivière, tandis que les mobile homes occupent des terrasses en surplomb du site. Plage vraiment sympa, et en face, d'imposantes falaises à excavations. Pas de piscine. Alimentation, sanitaires corrects. Animations sportives : aire de jeux, beach-volley, pétanque, ping-pong... et kayak, évidemment. Soirées dansantes en été.

Camping des Grottes *(carte Les gorges de l'Ardèche, **16**) : La Combe du Pouzat, 07700 **Bidon.** ☎ 04-75-04-14-65. • didier.thuilleras@wanadoo.fr • Au bord de l'Ardèche, à 20 km env de Vallon et à deux pas de Sauze. Accès presque à l'entrée de la grotte de Saint-Marcel (voir plus loin « La route des Gorges »), par une piste caillouteuse et praticable (sf après de fortes pluies). Ouv de Pâques à mi-sept. Forfait 17-20 € selon saison. CB refusées.* Environnement adorable, avec un vrai côté sauvage. Un camping modeste et riquiqui (une trentaine d'emplacements seulement), sans électricité et réservés aux tentes compte tenu de l'accès un peu difficile (et à quelques camping-cars). Il est aménagé en terrasses, sur une colline escarpée et bien ombragée. Plagette en contrebas. Bar-resto très sympa où l'on peut commander du pain et des croissants le matin, ou manger des sandwichs, des salades ou des entrecôtes midi et soir. Simple, mais sympa et atypique.

Camping Huttopia *(carte Les gorges de l'Ardèche, **10**) : par la route de Salavas, puis Vagnas ; c'est fléché sur la gauche. ☎ 04-75-38-77-27. • huttopia.com • Ouv de mi-avr à mi-oct. Forfait 21-42,50 € selon saison. Hébergements en tentes trappeurs (5 pers) 45-152 €/j. et cahutes toile et bois pour 5 pers (avec sanitaires) 86-166 €/j. Résa de 3 nuits min en hte saison (2 nuits le reste du temps).* Sur 14 ha de sous-bois, parfaitement au calme, l'enseigne Huttopia s'est installé en Ardèche, avec la remarquable qualité de ses hébergements variés et fort bien pensés. Côté tentes, de grands emplacements et beaucoup d'ombre. Services de qualité : resto, animations, terrain de pétanque, aire de jeux, et une vaste piscine posée sur une grande terrasse de bois (mais un peu écrasée de soleil !).

Bon marché

Hôtel des Sites *(carte Les gorges de l'Ardèche, **22**) : 705, route de Barjac, 07150 **Salavas.** ☎ 04-75-88-00-85. • hoteldessites@gmail.com • hotel-dessites.com • À deux pas de Vallon. Prendre la direction Salavas/Barjac ; c'est un peu après le pont, sur la gauche. Ouv avr-oct. Doubles avec sdb 53-81 € selon confort et saison ; belles familiales 68-103 €. Café offert sur présentation de ce guide.* Un petit hôtel frais et chaleureux, à l'ambiance familiale. Cette maison ocre aux volets verts abrite une douzaine de chambres, agréables et bien tenues, qui possèdent leur petit charme : peintures à l'éponge, couleurs chaleureuses. En choisir impérativement une qui donne sur l'arrière (campagne) car celles sur l'avant sont assez bruyantes (route passante juste devant les fenêtres). Pas de jardin ni dégagement. Un hôtel étape, donc. Les plus chères disposent d'une terrasse.

Hôtel des Touristes *(carte Les gorges de l'Ardèche,* ***30****) : sur la route des Gorges, à env 5 km de Vallon. ☎ 04-75-88-00-01. • hoteldestouristes.e-monsite.com • Doubles 43-62 € selon confort (certaines avec toilettes dans le couloir) et saison.* Un des derniers petits hôtels des gorges qui propose des prix doux et un confort modeste mais suffisant. Éviter les chambres sur route. Sur le côté, quelques-unes avec terrasse. C'est simple, propre et familial, avec un bar au rez-de-chaussée, prolongé par une grande terrasse. Quant à l'accueil, c'est le strict minimum ! Bref, une adresse de dépannage, mais qu'on est bien content de trouver quand tout est complet.

Prix moyens

Le Belvédère *(carte Les gorges de l'Ardèche,* ***21****) : sur la route des Gorges, à 6 km de Vallon, sur la gauche de la D 290. ☎ 04-75-88-00-02. • contact@le-belvedere-hotel.com • hotel-ardeche-belvedere.com • Ouv avr-oct. Resto le soir slt. Doubles 55-115 € selon type de chambre et saison ; avec spa, 95-125 €. Menus 23-32 €.* À 150 m du célèbre pont d'Arc, sur le flanc d'une falaise rocheuse, un poil à l'écart de la route, il est difficile d'être plus au cœur des gorges de l'Ardèche ! En revanche, pas d'accès direct à la rivière (on est du mauvais côté de la route). Déco design soignée, souci du détail, belles prestations. Toutes les chambres sont impeccables et confortables (clim, douche et w-c). Évidemment, les *éco* et les *standard* (les moins chères) sont petites, moins lumineuses et sans vue. D'autres donnent sur les gorges ou sur la piscine chauffée. Loft pour 4 ou 6 personnes, ou une grande familiale au rez-de-chaussée profitant d'une terrasse privée. Au resto, situé en bord de piscine, savoureuse cuisine ardéchoise avec quelques spécialités comme la daube de sanglier ou le cabillaud sauce châtaigne. Excellent accueil.

Domaine Les Blachas *(carte Les gorges de l'Ardèche,* ***24****) : 2590, route du Chassel, 07150* ***Salavas.*** *☎ 04-50-88-02-07. • lesblachas.com • En juil-août, compter 665-940 €/sem l'hébergement pour 4 pers, et 350-490 €/sem par pers en ½ pension. Séjour 2 nuits min.* Un vaste ensemble d'hébergements, allant de la tente *Marabout* aux mobile homes de 2 à 6 personnes et logements collectifs bien équipés. Piscine chauffée, jacuzzi et bons équipements sportifs (courts de tennis, terrain de basket, de beach-volley), aire de jeux pour enfants et location de kayaks. Parfait pour les familles car au bord de la rivière, sur la rive la moins fréquentée.

Plus chic

Préhistoric Lodge *(carte Les gorges de l'Ardèche,* ***20****) : route du pont d'Arc, à 6 km de Vallon. ☎ 04-75-87-24-42. • info@prehistoric-lodge.com • prehistoric-lodge.com • Ouv mars-fin oct. Chambres 105-125 € selon saison ; lodges 145-170 € selon taille, confort et saison.* Juste en contrebas de la route (on entend la rumeur des voitures dans la journée, mais c'est plus calme le soir). Plusieurs tentes-*lodges* de luxe posées sur un plancher de bois (à la manière des *lodges* africains), dispersées dans un sous-bois qui descend vers la rivière (plage privée). Toutes avec salle de bains et sanitaires. La classe ! Évidemment, tout cela se paie. Sinon, 4 chambres pleines d'élégance et avec terrasse dans le bâtiment principal.

Où manger ?

Les restos et les chefs changent allègrement à Vallon et il n'est pas évident de dénicher des adresses stables au fil des ans. Quelques exceptions toutefois.

🍽 🍷 ***Café du Nord*** *(plan B1, **40**) : pl. de la Mairie. ☎ 04-75-88-02-31. En plein centre. Avr-sept, tlj ; hors saison, fermé sam. Repas jusqu'à 22h env, bar jusqu'à 1h-2h selon les soirs. Plat du jour 9,50 € ; assiette ardéchoïse et autres 8-13 €. Café offert sur présentation de ce guide pour un repas pris.* Un café-bar-resto offrant l'une des plus belles et grandes terrasses de Vallon, avec jolie vue sur la mairie. Belles et copieuses assiettes ardéchoises, omelettes, pizzas, grosses salades et sandwichs. Cuisine simple et revigorante, dans une ambiance relax, avec un service jeune. Outre les prix très démocratiques, ce qu'on aime bien ici, c'est l'atmosphère vraiment cool, matin, midi et soir.

🍽 ***Le Petit Jardin*** *(plan B1, **41**) : 20, rue du Miarou. ☎ 04-75-94-77-45. En saison, tlj sf lun ; hors saison, ts les midis sf lun, et le soir jeu-sam. Menu 17 € et assiette-repas 19,50 €.* Maison discrète, à l'écart de l'agitation du centre, proposant une petite terrasse au calme et un accueil tout en douceur. Le menu change régulièrement. Tout est simple et réussi : copieuses crêpes, assiettes-repas bien équilibrées, le tout réalisé avec des produits régionaux.

🍽 ***Le Chelsea*** *(plan A2, **42**) : 43, bd Peschaire-Alizon. ☎ 04-75-88-01-40. • info@lechelsea.com • Tlj sf mer. Congés : 20 déc-10 janv et 22 juin-2 juil. Formule déj en sem 13 €, menus 22-31 €.* Maison en vieille pierre, ambiance chaleureuse et jolie terrasse sur le côté de la rue, coquette et au calme. Bonne cuisine locale (rognons de veau, cocotte ardéchoise, tartare de bœuf...) servie comme il faut. Et pour les petites faims, de belles salades-repas.

Où manger dans les environs ?

🍽 ***Le Resto du Village*** *(carte Les gorges de l'Ardèche, **43**) : route des Gorges, à **Chames**. ☎ 04-75-37-51-57. Tlj en saison, sf lun et mar soir. Salade-repas 14,50 € ; plats 14-17,50 €.* Entre le saloon du Far West et la guinguette. En passant sur la route des Gorges, on est irrémédiablement attiré vers ce sympathique bric-à-brac, décalé juste comme il faut. Le sympathique patron donne la couleur du lieu et énonce les plats du jour avec force détails. On sent qu'il aime ce qu'il fait. Les assiettes sont à la hauteur, copieuses, soignées, goûteuses. Rien que des produits choisis, locaux et souvent bio, et toujours de qualité. On aime !

🍽 ***La Grotte des Tunnels*** *(carte Les gorges de l'Ardèche, **44**) : route des Gorges. ☎ 04-75-88-70-81. • lagrottedestunnels@hotmail.fr • À 2 km env de Vallon. De mi-avr à mi-oct, tlj midi et soir ; hors saison, ts les midis sf lun, plus le soir ven-dim. Grillades env 18 €. Café offert sur présentation de ce guide.* Le bar, dans un style rustique, est dans l'entrée même d'une grotte, qui d'ailleurs se visite. Le restaurant, simple et sans prétention, se trouve en terrasse, de l'autre côté de la route. Au menu, bonnes viandes grillées au feu de bois (brochette d'onglet à l'échalote, côtes de bœuf, travers de porc...), d'un bon rapport qualité-prix. Le tout arrosé de petits vins de la région ou d'une bière locale. Sympa et convivial.

🍽 ***Restaurant de Chames*** *(carte Les gorges de l'Ardèche, **45**) : route des Gorges, à **Chames**. 📱 06-07-66-17-09. • lestroiseaux@gmail.com • Ouv en saison slt, tlj sf lun et mar midi. Menus 28-44 €.* Jolie cuisine, très enlevée, servie dans un cadre ravissant, en contrebas de la route, sur une terrasse ombragée entourée d'une vaste pelouse. Un vrai parc, en fait. Les produits locaux sont traités avec subtilité et élégance, accompagnés de beaux vins locaux. Seul bémol, certains plats gagneraient à être un peu plus garnis. Service prévenant.

Où boire un verre ? Où manger une bonne glace ?

🍷 Outre le ***Café du Nord*** (voir « Où manger ? ») sur la place de la Mairie, juste à l'arrière, la place Armand-Puaux abrite quelques ***troquets*** ouverts tard le soir en saison, où la jeunesse se retrouve.

Glacier Béatrix *(plan B1, **50**)* **:** *pl. Armand-Puaux. ☎ 09-73-56-82-08. • glacierbeatrix.fr • Tlj 10h-23h.* Excellent glacier de Vals-les-Bains qui a ouvert une antenne à Vallon. Et le résultat est toujours aussi bon ! Orange-carotte (si, si !), figue, pêche de vigne... Excellent ! À quand la glace vanille-jambon-beurre ?

À voir

Les tapisseries de la mairie de Vallon *(plan B1)* **:** *pl. de la Mairie (officiellement pl. de la Résistance). ☎ 04-75-88-02-06. Lun-ven (sf j. fériés) 8h-12h, 13h30-17h. Entrée : 1,50 €, dépliant inclus.*
La belle et massive mairie fut construite au XVIIe s par les huguenots et abritait les comtes de Vallon avant de devenir hôtel de ville. Jolie mairie, équipée d'un contrefort d'angle rajouté au siècle suivant. Très beau hall, escalier majestueux avec ferronneries classées du XVIIe s et loggia en pierre blanche d'Orgnac.
Mais le clou de la visite est cet ***ensemble de tapisseries d'Aubusson,*** visibles dans la salle des mariages et classées en 1881 par Jules Ferry. Il y en a 7 sur les 70 qui existaient à l'époque : 6 d'entre elles concernent l'épopée du sieur Godefroi de Bouillon à Jérusalem en 1099, reprise en poésie baroque par Le Tasse au XVIe s, et furent tissées au XVIIIe s sous Louis XV. Observez les superbes rouges organiques, dont le rouge cramoisi qui provient du Pérou et du Mexique. On y voit Godefroi en prière, Pierre l'Ermite argumentant devant Tortose, la demande en grâce de deux jeunes chrétiens, l'enterrement du chevalier Dudon, Godefroi blessé à la jambe sous la muraille de Jérusalem et, enfin, le combat d'Argant contre Tancrède. La septième tapisserie évoque la greffe d'un arbre fruitier.

Le petit jardin ampélographique du domaine du Colombier : *à 1 km de Vallon, sur la route de Ruoms, sur la gauche. ☎ 04-75-88-01-70. • domaineducolombier.fr • De mi-mai à fin sept, tlj 9h30-12h30, 15h-19h ; le reste de l'année, tlj 9h30-12h, 15h-18h.* Ici, on fait du vin et on aime en expliquer la fabrication. Un ancien viticulteur, qui a aujourd'hui passé la main à son fils, a planté sur un petit carré de terre une vingtaine de cépages différents, dont quatre cépages hybrides historiques (jacquet, clinton, villars blanc et couderc). Vous pénétrerez aussi dans une cuve carrelée de la fin du XIXe s. Dégustation et vente de vins de pays des Coteaux de l'Ardèche.

Le Moulin des Gorges : *rond-point des Gorges. ☎ 04-75-88-07-46. • moulindesgorges.com •* Vente d'huile d'olive fabriquée au moulin, de cosmétiques à base d'huile d'olive...

DANS LES ENVIRONS DE VALLON-PONT-D'ARC

La Caverne du Pont-d'Arc (carte Les gorges de l'Ardèche) **:** *plateau du Razal. ☎ 04-75-94-39-40. • cavernedupontdarc.fr • Tlj, tte l'année ; en juil-août, 8h30-23h (visites guidées de la caverne de 9h-20h) ; juin et sept, 9h-20h ; le reste de l'année, horaires variables (voir le site). Durant les vac scol, avec votre ticket, possibilité de revenir sur le site le jour même pour déambuler librement après l'heure de la dernière visite. Départ des visites ttes les 5 mn (en hte saison) et 15 mn le reste du temps. Durée de la visite : 55 mn (chrono !). Photos interdites à l'intérieur. Entrée, avec visite guidée de la caverne et de la galerie de l'Aurignacien : 13 € ; enfants 10-17 ans : 6,50 € ; gratuit moins de 10 ans. Résa des billets sur Internet vivement recommandée. Aire de pique-nique, et resto-cafétéria* La Terrasse *(ouv tlj, tte la journée ; menus 12,50-15 €).*

L'enjeu était considérable : offrir à chacun la possibilité de découvrir le patrimoine unique de la grotte Chauvet (inscrite à l'Unesco en 2014), le chef-d'œuvre inestimable du berceau de l'humanité en Europe, en le préservant pour les générations futures. Le défi a été relevé avec panache ! En pleine nature, sur un large plateau, dans l'un de ces environnements superbes dont l'Ardèche a le secret, on a édifié différents édifices sobres, élégants, en béton gris clair pour la caverne, en pierre locale pour les autres bâtiments, parfaitement intégrés dans le paysage tout en présentant une identité en eux-mêmes. Rien ne dépasse du niveau des arbres ! Le bâtiment le plus important, circulaire et sobre, évoque une sorte de carte dépliée. Il abrite la ***Caverne du Pont-d'Arc,*** reconstitution d'une partie la grotte ornée du Pont-d'Arc à l'échelle 1. C'est une véritable merveille technologique et artistique. Un autre édifice abrite un centre de découverte, la ***Galerie de l'Aurignacien,*** tandis qu'un troisième espace accueille des ***salles pédagogiques.*** Un peu plus loin, on trouve le resto et la boutique. À noter, l'élégance de l'espace d'accueil, un bel édifice de pierre, dessiné en arc de cercle. Pour profiter de l'ensemble du site sans courir, compter environ 3h.

CHAUVET, GROTTE, CAVERNE ? ON S'Y PERD !

La « vraie » grotte, la « grotte dite Chauvet », celle que ni vous ni nous ne verrons jamais, portait le nom de son « inventeur » (c'est le terme consacré !) principal. Classée à l'Unesco en 2014, on dut modifier son patronyme pour celui de « grotte ornée du Pont-d'Arc » car les sites classés ne comportent jamais de noms propres. Mais pour l'espace de restitution (comme on dit savamment), il fallait une autre appellation. Pour ne pas la confondre, on choisit donc « Caverne du Pont-d'Arc ». Résultat, tout le monde s'emmêle un peu les pinceaux.

– ***La Caverne du Pont-d'Arc :*** la visite permet d'ouvrir le grand livre de l'histoire au commun des mortels. Même les spéléologues les plus confirmés restent sans voix devant la qualité de la réalisation. Pour réussir cette prouesse, les artistes ont obtenu l'autorisation de se rendre dans la grotte originale pour faire des esquisses in situ, et s'imprégner de l'atmosphère avant de travailler dans les ateliers selon les procédés de nos lointains ancêtres. Quant à la grotte, il s'agit d'un condensé de 3 000 m^2 au sol des éléments les plus remarquables, sélectionnés parmi les 8 500 m^2 que totalise l'originale. Le résultat est éblouissant : par groupes de 28 personnes (maxi), on suit le parcours naturel de la grotte, éclairé par les explications d'un guide, dans un environnement de 8 200 m^2 (sols, parois et plafonds) reconstitué dans ses moindres détails. Stalactites, stalagmites et autres draperies sont rigoureusement identiques, tandis que l'obscurité, la fraîcheur, l'hygrométrie et même certaines odeurs caractéristiques tout aussi parfaitement restituées renforcent l'impression d'être dans la « vraie » grotte. Sur le sol, des ossements d'ours des cavernes et de loups, sur les murs, gravures, dessins et peintures composent un bestiaire exceptionnel. Il ne s'agit plus d'illusion mais d'immersion. Sur les 1 000 dessins répertoriés, plus de 400 sont des dessins animaliers. Technique du poing-paume, mains positives, mains négatives, ocre ou charbon de bois, tout est là, les matériaux et les techniques. Parmi les animaux, ce sont surtout les bêtes non chassées qui ont été représentées : mammouths, lions, rhinocéros, ours. Et un seul oiseau, un grand duc. Quant aux représentations humaines, outre les mains, les artistes se sont concentrés sur l'essentiel : le triangle de vie. On tremble d'émotion en parcourant du regard le panneau des chevaux, qui semblent sortir eux-mêmes d'un utérus rocheux géant. Plus loin, les lions des cavernes, les rhinocéros, ou encore l'extraordinaire scène de chasse, tous réalisés il y a plus de 30 000 ans, jusqu'à 36 000 ans pour les plus anciennes. Un voyage magique aux origines de l'homme... et de l'art.

– ***La Galerie de l'Aurignacien :*** c'est un centre de découverte complémentaire à la visite de la Caverne, où sont présentés trois thèmes, *L'Ardèche d'il y a*

36 000 ans, *Nos ancêtres préhistoriques* et *L'art pariétal,* art des origines. Tablettes multimédia et panneaux interactifs sont d'une grande convivialité. Des animaux grandeur nature rappellent la dureté de l'environnement auquel devaient faire face les premiers hommes. Tout est ludique et instructif, jamais barbant.
– ***Les salles pédagogiques :*** nombreuses animations et ateliers durant les vacances scolaires, en général l'après-midi. Contes animés, miniconférences, lancer de sagaies, initiation à l'art pariétal (en vrai !)... voir le site pour le programme et les horaires.
– En se promenant sur le site, à l'extérieur, on rencontre ***cinq points de découvertes,*** autant d'éclairages sur des thèmes particuliers.
– De grandes tables de pique-nique sont aménagées sur la grande terrasse, et le resto *La Terrasse* (justement) propose de bonnes formules une fois le tour du site terminé.

À faire

– ***Vol en ULM :*** *06-69-64-49-99. Avr-fin sept, tlj sur résa. Le point de décollage est à env 3 km de Vallon (le pilote vous expliquera comment vous y rendre). À partir de 55 € (vol le plus court).* Plusieurs vols proposés (15, 30 ou 45 mn) autour de Vallon et des gorges. Magique ! Attention, l'appareil ne prend qu'un seul passager à la fois.

LAGORCE *(07150)*

À 7 km au nord de Vallon-Pont-d'Arc, une jolie petite route conduit vers Rochecolombe. Lagorce, perché au-dessus d'un doux vallon sauvage, est un village mignon comme tout avec ses maisons rurales et les ruines de son château féodal. Remarquer ses cuves à grain fichées dans les murs du castel. Elles servaient à mesurer la part de récolte des paysans qui revenait au seigneur du coin.

Où dormir ?

Domaine de Coucouzac : *vallée de l'Ibie (D 558). ☎ 04-75-37-16-61. • camping.coucouzac@wanadoo.fr • domaine-de-coucouzac.com • Ouv de mi-avr à sept. Forfait env 20-23 € en hte saison.* En pleine campagne, un des campings à la ferme les plus sympas qu'on connaisse, tout petit et convivial. On plante sa tente sous les arbres, là où l'on veut. Dominique Roume cultive la vigne (mais c'est aussi une artiste plasticienne) et reçoit de façon délicieuse. Emplacements calmes et bucoliques à souhait, sanitaires impeccables. Piscine sur l'arrière. Sympathique petite boutique paysanne, pleine de bons produits. Et puis, sur le terrain, de belles œuvres artistiques géantes, réalisées par l'un des fils de la maison. Mérite le détour !

Camping Ibie : *vallée de l'Ibie. ☎ 04-75-88-01-26. • contact@camping-ibie.com • camping-ibie.com • Depuis Vallon-Pont-d'Arc, suivre la D 558 vers Saint-Maurice-d'Ibie, c'est sur la gauche. Ouv fin mars-début oct. Forfait 12-22 € selon saison. Roulottes, mobile homes et chalets 170-700 €/sem selon taille, saison et confort (avec ou sans sanitaires).* Au bord de la jolie petite rivière Ibie (niveau d'eau bas en été), un camping très agréable à caractère familial, sur un très grand domaine, loin de l'agitation. Une cinquantaine d'emplacements spacieux (80 à 100 m²), organisés en terrasses, sur une colline boisée de 5 ha. Sanitaires propres. Jeux pour enfants, ping-pong, baby-foot, piscine, barbecue, etc. Accueil sympa, et un chaleureux petit bar-resto.

Où manger ?

Les Tilleuls : *14, pl. du 14-Juillet. ☎ 04-75-37-72-12. • smcv-lestilleuls@orange.fr • Avr-oct, tlj sf lun (plus dim soir en basse saison). Formule déj en sem 16,50 €, menus 20,50-42 €.* Au cœur d'un charmant village dominant la campagne, un bon resto de cuisine ardéchoise basée sur la tradition mais revue par le talent du chef. Bon menu du marché. Belles assiettes gourmandes, parfaites pour l'été. C'est frais, savoureux, soigné, varié. Vins de producteurs locaux (Lagorce), tous très bien choisis. Très belle vue de la terrasse. Une valeur sûre.

À voir

Le musée-magnanerie : *dans le village même, dans un espace en dessous de la rue principale. ☎ 04-75-88-01-27. • mamagnanerie.com • Juil-août, tlj 10h-12h30, 14h30-18h30 ; mai-juin et sept, lun-ven et j. fériés (plus w-e de mai) 10h30-12h, 14h30-18h. Entrée : 5 € ; réduc. Visites guidées à 11h et 15h, plus une à 17h en hte saison (pour la visite guidée, ajouter 2 €, résa conseillée).* Pour connaître dans un cadre authentique l'histoire et comprendre la production de la soie, de l'œuf pondu par le papillon jusqu'au cocon que l'on récolte. Petit film sur le cycle de vie du *Bombix.* Le musée n'est pas bien grand, mais la visite est vivante, intéressante, et on apprend plein de choses surprenantes.

2 km plus loin, au quartier Marquenoux, est implantée l'***usine Melvita,*** paumée en pleine nature et écologique dans ses moindres détails, qui se visite de surcroît *(sur résa slt, et pas tlj ; infos au ☎ 04-75-88-78-00 ou • reservations.visites@melvita.com • ; GRATUIT).* Cette marque de cosmétiques élabore ses produits à partir de composants naturels, de plantes, de miels et d'essences issus de cultures biologiques. Vente de shampoings, savons, huiles essentielles, etc.

Où se baigner dans la région de Vallon ?

Il existe de multiples accès à la rivière Ardèche tout au long de son cours. Attention, certains accès sont privés et dédiés à la mise à l'eau des kayaks. Mais en cherchant bien, on trouve toujours des petits coins agréables, sans trop de monde. Bon à savoir : la rive droite, moins accessible, est largement moins fréquentée ! Au niveau de la réserve naturelle, l'accès n'est pas toujours évident puisqu'on est dans des gorges abruptes.

Il y a deux ***plages*** accessibles à pied. Elles sont situées au niveau du pont d'Arc, l'une juste en amont et l'autre juste en aval de l'arche (panneau « sentier pour piétons, pont d'Arc, 0,2 km »), qui passe le long du *Camping du Pont d'Arc.* Aux abords du pont d'Arc, on trouve un grand parking gratuit (plus pour longtemps), et un peu plus loin, un autre payant (5 € quelle que soit la durée !). Inutile de préciser que l'été, c'est vraiment Saint-Trop' sur ces plagettes, car tout le monde veut être proche de cette arche naturelle qui fonctionne comme un véritable aimant. On vous les signale car elles sont relativement faciles d'accès, mais ce n'est vraiment pas le meilleur plan.

Manifestations

– ***Raid nature du pont d'Arc :*** *le w-e de Pâques. • raid-nature-vallon.fr •* Sur une journée, on enchaîne course à pied, canoë, VTT, etc., avec au choix deux parcours : parcours *Raid* ou *Aventure.* Le samedi, place à la version familiale avec le *Kid Raid* (un adulte et un enfant de 10 à 16 ans).

– ***Festival Môme Z'émerveille :*** *le w-e de l'Ascension. Infos à l'office de tourisme de Vallon-Pont-d'Arc : ☎ 04-75-88-04-01. • festival-momezemerveille.com •* Manifestation dédiée aux enfants et à leurs familles. Pendant 2 jours, le village de Vallon est ouvert aux spectacles et aux animations diverses, axés sur les enfants. Une vraie réussite !

– ***Marathon international des gorges de l'Ardèche :*** *le w-e du 11 nov ; accessible à ts. ☎ 04-75-37-12-94. • marathon-ardeche.com •* On y trouve des champions olympiques, anciens et actuels. Il s'agit de descendre les gorges en canoë ou en kayak. Plus de 2 000 participants qui souquent ferme de Vallon à Saint-Martin. Les meilleurs font la descente en 2h ! À vos pagaies !

L'ARDÈCHE

AU NORD DE VALLON-PONT-D'ARC : LA VALLÉE DE L'IBIE

À l'écart de sa célèbre voisine (l'Ardèche) qui lui fait de l'ombre, la petite vallée de l'Ibie est souvent délaissée par les touristes. Même si le cours d'eau est souvent à sec l'été, les curieux emprunteront la D 558 qui serre au plus près ses rives et permet de découvrir les atouts de cette ravissante vallée. Du bonheur sur une quinzaine de kilomètres, en passant par *Les Salelles* (maisons possédant des *couradous*) jusqu'à *Saint-Maurice-d'Ibie* (église romane), puis plus loin jusqu'à Villeneuve-de-Berg.

Où manger dans la vallée ?

|●| ***Auberge des Salelles :*** *Les Salelles, 07170* ***Saint-Maurice-d'Ibie.*** *☎ 04-75-94-84-80. • auberge-des-salelles@wanadoo.fr • Dans un hameau à 4 km au sud de Saint-Maurice-d'Ibie et à 12 km au sud de Villeneuve-de-Berg, par la D 558. Tlj sf mer (tlj en saison). Fermé de la Toussaint à Pâques. Plat du jour 12 €, menus 19,50-28,50 €. Apéritif maison offert sur présentation de ce guide.* Une auberge tranquille dans un village tranquille ! Dans les assiettes, une bonne cuisine de terroir qui chatouille délicieusement vos papilles gustatives. Produits locaux, circuit court et cuisine campagnarde de saison de qualité. Terrasse sous la glycine, à moins de préférer la belle salle rustique.

|●| ***Restaurant Au Levant :*** *à* ***Saint-Maurice-d'Ibie,*** *au centre du village. ☎ 04-75-94-70-89. Congés : fév et Toussaint. En saison, tlj sf lun ; le reste de l'année, slt ven-dim (midi et soir). Menus env 24-31 €. Café offert sur présentation de ce guide.* Ici, les familles sont à la fête. Car, c'est assez rare pour le signaler, ce sympathique bistrot de pays dissimule une grande véranda, donnant sur un jardin avec terrasse... et une aire de jeux ! Les petits sont ravis, mais les grands aussi, car la cuisine traditionnelle se révèle bien bonne, copieuse et servie avec le sourire (notamment l'agneau de 9h façon crumble).

LA ROUTE DES GORGES DE L'ARDÈCHE

On l'appelle ici la route touristique (elle est parcourue chaque année par près de 1,2 million de visiteurs !). Elle surplombe les gorges de l'Ardèche sur 32 km et permet de suivre la rivière à une hauteur moyenne de 200 m. Spectacle grandiose ! Étonnant de savoir que cette route n'a été percée qu'en 1968. L'intérêt de la parcourir est double : les nombreux belvédères aménagés (pris d'assaut en été...) permettent d'admirer les boucles moirées de l'Ardèche. Plusieurs sentiers, plus ou moins aisés, partent de cette route de corniche et descendent au bord de l'eau. Le

second intérêt est la visite des nombreuses grottes aménagées, un peu à l'écart de la route des Gorges mais jamais bien loin, toujours bien indiquées, et qui pour certaines sont vraiment époustouflantes de beauté. Elles ont fait, avec les gorges, la réputation internationale de la région. Certains sites comme la Madeleine ou l'aven d'Orgnac méritent vraiment la visite.

DE VALLON-PONT-D'ARC VERS SAINT-MARTIN-D'ARDÈCHE

Le pont d'Arc (carte Les gorges de l'Ardèche) **:** *à 5 km de Vallon.* Vous connaissez déjà ce gigantesque arc de triomphe taillé par la nature dans le souple calcaire urgonien, évidé en son milieu par l'action des eaux. Primitivement, l'Ardèche contournait ce promontoire par un large méandre. Et puis, petit à petit, la rivière a décidé de couper le fromage et de cheminer au plus court, creusant patiemment la roche tendre. L'autre passage, abandonné par la rivière comme une vieille chaussette, est aujourd'hui planté de vignes. Mais ce site naturel n'est en fait pas complètement naturel : un fort existait ici à l'époque de Louis XIII et un sentier au sommet de l'arche reliait les deux rives. Il fut détruit lors des guerres de Religion. Ainsi l'aspect actuel de l'arche doit-il un peu à la main de l'homme. Point de vue fantastique sur l'arche depuis le belvédère situé au sud de l'arche, surtout depuis qu'elle a été dégagée de son emprise végétale qui la faisait quasiment disparaître. Deux plagettes en contrebas (accès par un petit chemin situé à 100 m environ du belvédère). Au parking, fermez bien votre voiture et prenez vos objets de valeur avec vous !

Le belvédère du Serre-de-Tourre (carte Les gorges de l'Ardèche) **:** superbe panorama, évidemment... Au levant vers les gorges et au ponant vers les Cévennes. Quelles merveilles !

Le belvédère et le château de Gaud (carte Les gorges de l'Ardèche) **:** encore du beau panorama, à une douzaine de kilomètres de Vallon. Le château, quant à lui, n'est autre qu'un ancien pavillon de chasse d'un certain Reynaud, que son cousin Alphonse Daudet immortalisa sous le nom de Tartarin de Tarascon... Un sentier y mène mais il n'a rien de particulièrement passionnant.

Le belvédère de Gournier (carte Les gorges de l'Ardèche) **:** le paysage change, mais c'est toujours aussi beau.

La grotte de la Madeleine, les belvédères et la maison de la Réserve (carte Les gorges de l'Ardèche) **:** *☎ 04-75-04-22-20. • grottemadeleine.com • Ouv avr-oct, tlj 10h-18h (19h30 juil-août, 17h en oct). Dernière visite env 40 mn avt la fermeture. Visite de la grotte (toujours guidée ; durée 1h) : 9,50 € ; gratuit jusqu'à 5 ans ; réduc. Départs des visites ttes les 30 mn env. Snack l'été et tables de pique-nique. Réduc de 20 % sur ts les tarifs sur présentation de ce guide.*
Géré par la commune de Saint-Remèze, ce site formidable est une étape incontournable, notamment grâce à l'accueil très sympa de son équipe dynamique.
– ***La maison de la Réserve*** (accès libre) se trouve dans le hall d'accueil de la grotte. Elle propose une petite exposition pédagogique sur les gorges. Présentation claire, simple et intéressante, à l'aide notamment de jeux interactifs. On y évoque la formation des gorges, la présence humaine, la faune, la flore, ainsi que les problèmes de pollution (les chiffres sont effrayants !).
– ***Les belvédères :*** avant la visite proprement dite, allez donc faire un tour à l'extérieur, sur le sentier de promenade qui mène au belvédère de la Cathédrale et qui offre un merveilleux point de vue sur le rocher du même nom (accès depuis le parking). D'autres belvédères permettent d'admirer des panoramas différents et tout aussi magiques sur les gorges. Ces différents points de vue sont accessibles

gratuitement, et ce, même quand la maison de la Réserve est fermée. En contrebas, la plage des Templiers est un camping naturiste (on se calme, on ne voit rien depuis là-haut !). Quelques tables pour pique-niquer, sous les chênes verts (extra !).
– ***La grotte :*** tout bonnement superbe, elle fut découverte en 1887 par le berger Rigaud. Qu'il soit ici salué ! La Madeleine est une grotte semi-active, à savoir que la faible présence d'eau provoque encore des formations mais très, très lentes. Prévoir une petite laine car il fait 15 °C à l'intérieur. C'est la grotte karstique par excellence, avec toutes les variétés possibles de concrétions. Mais soyons un peu plus précis, car la visite comprend en réalité deux grottes, celle de Lescure et celle de la Madeleine, reliées par un tunnel. On descend au gré de différents escaliers jusqu'à 65 m de profondeur et on découvre les orange-ocre donnés par l'oxyde de fer et les matières organiques, toutes les nuances de gris qui trahissent la présence d'oxyde de manganèse, puis les grandes formations blanches, de calcite pure. Sous la forme de stalagmites ou stalactites, de larges colonnes ou de fins tuyaux, ou encore d'excentriques, de grandes draperies (les plus grandes atteignent les 6 m !). De toute beauté. Une beauté transcendée à l'occasion d'un son et lumière, agrémenté de projections vidéo sur les parois. Très bien fait.

L'aven Marzal *(carte Les gorges de l'Ardèche)* **:** *à 4 km de Saint-Remèze, sur la route de Bidon. ☎ 04-75-04-12-45. Depuis la route des Gorges, prendre la D 590 sur 4,5 km (bien indiqué). Début juil-fin août, visite de la grotte tlj, ttes les heures 10h30-17h30 ; musée du Monde souterrain et zoo préhistorique 9h30-19h (19h30 pour le zoo). Début avr-début juil, en sept et vac scol de la Toussaint, visites de la grotte à 11h30, 14h, 15h15 et 16h30 ; musée et zoo 10h30-17h30). Pdt les vac scol d'hiver, la grotte est fermée, mais le zoo est ouv 14h-16h30. Entrée couplée grotte + zoo : env 15,50 € ; grotte ou zoo slt : respectivement 9 et 8,50 € ; réduc enfants ; gratuit jusqu'à 3 ans. Durée de la visite guidée de la grotte : 45 mn-1h.*
Impressionnant gouffre, profond de plus de 125 m. Plusieurs centaines de marches nous attirent vers les profondeurs : on découvre alors cet étrange paysage hérissé de stalactites et de stalagmites dont les couleurs varient du brun sombre au blanc neigeux. Une des plus belles grottes souterraines de France, avec des salles pleines de majesté, hérissées d'une série de fines stalactites et contenant un disque assez rare. Ossements de cerfs, rennes, ours, chevaux et bisons.
– ***Le musée du Monde souterrain :*** *à proximité de l'entrée de l'aven Marzal. GRATUIT.* On vous raconte ici l'histoire de la spéléo à travers le matériel et les objets ayant appartenu aux pionniers. Jolie petite barque en bois de Martel. Évocation de la vie du grand spéléologue Norbert Casteret, qui explora de nombreuses grottes entre 1920 et 1960. Impressionnant matériel de plongée de Guy de Lavaur, pionnier de la plongée en siphon. Noter l'incroyable combinaison confectionnée par ses soins. Fallait avoir du courage pour enfiler ça ! Et puis le matériel de Robert de Joly qui mit au point, notamment, l'échelle dite « électron ». C'est lui qui découvrit l'aven d'Orgnac. Observer les chaussures dont les crampons sont composés d'ogives de balles. De vrais pionniers, qu'on vous dit ! En vitrine, quelques ossements découverts dans la grotte.
– ***Le zoo préhistorique :*** *dépend de l'aven Marzal, mais à env 150 m de là.* Les amateurs de dinosaures seront comblés avec ce curieux zoo : plusieurs reconstitutions surgissent des taillis et des buissons, au fil d'une promenade de 800 m dans la garrigue, dans une sorte de grand jardin de 2 ha où l'on rencontre de curieux animaux préhistoriques grandeur nature. Aire de jeux, trampoline et petite zone de fouilles à explorer tout seul. Amusant, surtout avec des enfants.

En reprenant la route des gorges...

D'autres ***belvédères*** *(carte Les gorges de l'Ardèche)* sur la route, notamment celui ***de la Cathédrale,*** et le ***balcon des Templiers*** d'où l'on peut apercevoir les ruines de la léproserie des Templiers, de l'autre côté de la rivière.

La grotte de Saint-Marcel-d'Ardèche, histoire d'une rivière fossile (carte *Les gorges de l'Ardèche*) : *sur la route des Gorges. ☎ 04-75-04-38-07. • grottestmarcel.com • De mi-mars à mi-nov, tlj 10h-18h (19h juil-août, 17h d'oct à mi-nov). Dernier billet 1h avt la fermeture. Départs ttes les 30 mn en juil-août. Entrée : 10,50 € ; réduc. Réduc de 20 % sur présentation de ce guide, sur les entrées adultes slt.*

Site classé au Patrimoine national. En tout, 58 km de galeries, dont 500 m sont aménagés pour le plus grand bonheur des visiteurs, entre 30 et 150 m de profondeur. On accède à cette grotte, découverte en 1836 par un chasseur, en descendant un long tunnel qui s'enfonce doucement avant de se retrouver dans un immense espace où court une incroyable galerie, appelée « galerie des Peintres » à cause de la variété des couleurs de la roche.

Vous avez remarqué ces sortes de vagues sur les murs, comme si le clapotis de la rivière avait été fossilisé ? Superbes draperies. Et puis le clou de la visite : disposés par paliers successifs, une série de gours (ce sont des vasques ou bassins) savamment éclairés et remplis d'eau, d'un effet exceptionnel. Ils sont d'ailleurs remarquablement mis en scène dans le cadre d'un son et lumière. Enfin, l'ultime salle, dite « des cathédrales », aux dimensions extraordinaires, également bien mise en lumière. On en prend plein les yeux, les oreilles... et le nez ! Car vous aurez sans doute remarqué l'odeur entêtante du vin. Une partie de la grotte sert en effet de cave de vieillissement aux viticulteurs du secteur.

➢ À l'extérieur, ***chemin de la grosse pierre*** (guide GPS multimédia disponible à l'accueil) : en tout, 2,5 km où l'on retrouve toute la végétation méditerranéenne comme le chêne vert... Tiens, un petit dolmen, et même un menhir. Obélix ne doit pas être bien loin...

– Aire de pique-nique bien sympathique.

Arrêt obligatoire au ***belvédère de Ranc-Pointu*** *(carte Les gorges de l'Ardèche)*, une sorte de chaire d'évêque surplombant une jolie courbe de la rivière. Superbe ! On sort ensuite de la réserve et les gorges reprennent la leur. Les rives s'échancrent, le paysage devient plus sage, moins majestueux.

Sauze *(carte Les gorges de l'Ardèche)* : c'est la plage d'arrivée de la descente en kayak. Un peu la foire d'empoigne l'été à l'arrivée des bateaux.

SAINT-MARTIN-D'ARDÈCHE

(07700) 900 hab. *Carte Ardèche, B3*

À 12 km au sud de Bourg-Saint-Andéol, au débouché des gorges de l'Ardèche, voici un patelin paisible en hiver, très touristique et bondé en été.

BREF ÉPISODE ARDÉCHOIS D'UN ARTISTE GÉNIAL

En 1937, le peintre Max Ernst rencontra Leonora Carrington avec laquelle il vécut jusqu'en 1940, dans une maison du quartier des Allibets, à Saint-Martin-d'Ardèche. À l'époque, cet artiste dada et surréaliste est montré du doigt comme un original un peu fou. Son ancienne maison ne se visite pas, mais la façade, que l'on peut admirer depuis la petite route, est couverte de ses œuvres sculptées. Dénoncé (en tant qu'« étranger ennemi » !), Max Ernst fut arrêté par la Gestapo et interné dans le camp des Milles près d'Aix-en-Provence. Il parvint à quitter le pays par Marseille avec Peggy Guggenheim, se réfugia aux États-Unis où les deux oiseaux se marièrent l'année suivante.

Adresse et infos utiles

ℹ ***Office de tourisme du Rhône aux gorges de l'Ardèche, agence de Saint-Martin-d'Ardèche :*** *pl. de l'Église. ☎ 04-75-98-70-91. • tourismedraga.fr • Avr-sept, lun-sam 8h30-12h30, 14h-19h, plus mat des dim et j. fériés ; oct-mars, lun-sam 9h-12h, 14h-17h.* 💻 Bon accueil et efficace. Résa possible pour les bivouacs dans les gorges.

– Si vous avez une question sur la vie du peintre Max Ernst, qui vécut dans le coin pendant 3 ans, vous pouvez téléphoner à l'*Association Max Ernst* (*☎ 04-75-98-72-48*).

– ***Marchés :*** *ts les dim mat de mi-juin à mi-sept, plus mer mat en juil-août, sur les quais d'Ardèche.*

– ***Marché nocturne :*** *ts les ven (voire jeu) en juil-août.*

Où dormir ? Où manger ?

Camping

⛺ ***Camping Indigo Le Moulin :*** *à la sortie est du bourg, sur la droite, au bord de l'Ardèche. ☎ 04-75-04-66-20. • moulin@camping-indigo.com • camping-indigo.com • ♿ Ouv de mi-avr à fin sept. Forfait env 16,50-29,50 € selon saison. Mobile homes (6 pers), tentes (toile et bois) et roulottes (2-5 pers) env 46-133 €/j. Min 3 nuits en été (et 2 nuits le reste du temps).* 📶 Site exceptionnel au bord de l'Ardèche avec accès direct à la plage. Emplacements spacieux pour les tentes, ombragés ou non selon les goûts, répartis sur un vaste terrain de 7 ha. Nombreux types d'hébergements de qualité. Bonnes prestations dans l'ensemble : 2 petites piscines sur une grande terrasse de bois, resto, aire de jeux, terrain de pétanque et volley... Location de vélos.

Prix moyens

🏠 🍽 ***Hôtel L'Escarbille :*** *dans le quartier Ardonne, à l'arrière du centre. ☎ 04-75-04-64-37. • lescarbille@wanadoo.fr • hotel-restaurant-lescarbille.com • Ouv de mi-mars à mi-nov. Doubles 68-78 € selon saison. Menus 22-31 €. Parking.* 📶 *Apéritif offert sur présentation de ce guide.* Une belle maison de pierre en L, au calme, organisée autour d'une cour arborée et d'une piscine très agréable. Les chambres ne sont pas toujours bien grandes (certaines, avec mezzanine, sont tout indiquées pour les familles) mais toutes ont clim, TV, coffre, sèche-cheveux. Bon confort général. Quant au resto, sur la terrasse au bord de piscine, il propose une bien bonne cuisine, parfaitement maîtrisée, copieuse, présentée avec soin et servie avec le sourire (gambas au whisky, grand aïoli, tartare...).

🏠 ***Hôtel Les Petits Oreillers :*** *rue du Candelas. ☎ 04-75-04-87-85. • les.petits.oreillers@orange.fr • lespetitsoreillers.jindo.com • ♿ Congés : déc-fév. Doubles 75-95 € selon confort. Parking.* 📶 Cette maison est au centre du village, mais au fond d'une courette intérieure. Chambres impeccables, rénovées dans un style sobre et élégant (tons gris-blanc), dotées de tout le confort et de salles de bains séduisantes (belle douche à l'italienne ou baignoire). Sur l'arrière, celles du rez-de-chaussée donnent sur un espace avec quelques fauteuils et fausse pelouse. Pas de jardin ni dégagement, en revanche. Propriétaires aux petits soins pour leurs hôtes.

À faire

➢ ***La descente de l'Ardèche :*** on trouve ici quelques loueurs de kayaks. Votre loueur vous emmène vers l'amont des gorges de l'Ardèche. Ainsi, après la descente, vous retrouvez tout de suite votre véhicule.

⛱ 👨‍👧 ***Baignade :*** plage du Grain-de-Sel à Saint-Martin.

Manifestations

– ***Vide-grenier :*** *fin mars.* Un des mieux approvisionnés de la région.
– ***Trail des gorges de l'Ardèche :*** *le dernier dim de mai. • trail-gorges-ardeche.com* • Course nature qui part de la plage de Saint-Martin et grimpe dans la garrigue, les gorges, les valats asséchés et les bois en suivant un parcours de 20 ou 38 km, avec une dénivelée de 700 à 1 400 m. Avis aux routards sportifs !
– ***Marché nocturne :*** *le ven en juil-août.*
– ***Marathon international des gorges de l'Ardèche :*** *autour du 11 nov. • marathon-ardeche.com* • Saint-Martin est le point d'arrivée de ce marathon en canoë-kayak qui réunit depuis une trentaine d'années près de 2 000 concurrents, amateurs ou professionnels.

AU SUD DES GORGES

LABASTIDE-DE-VIRAC

(07150) *Carte Ardèche, B3*

À 9 km au sud de Vallon-Pont-d'Arc et proche du Gard, cet adorable village est perché sur une sorte de téton où trône un ancien château fortifié qui commandait le passage des gorges de l'Ardèche au niveau du pont d'Arc. Vieilles ruelles pavées de minuscules galets ronds, maisons patinées par le temps et restaurées avec soin. Lors des attaques ennemies au Moyen Âge, les habitants du village se réfugiaient dans le château en traversant les maisons qui communiquaient toutes entre elles. Depuis le château des Roure, la vue embrasse un paysage de chênes verts, de chênes blancs, avec les vignes et la garrigue en toile de fond. Superbe.

Où manger ?

|●| ***La Petite Auberge :*** *dans le village. ☎ 04-75-38-61-94. • bbense@orange.fr • Ouv de Pâques à mi-nov, tlj sf lun (et mer hors saison). Résa conseillée. Menus 28-49 €.* Charmante auberge de village, discrète et bien tenue, avec une terrasse ombragée et une vue qui porte au loin. Le soir, l'ambiance est assez intime et, confortablement installé sur la terrasse, on peut profiter d'une cuisine traditionnelle française de bonne facture. Du classique mais du bon : aiguillette de canard au caramel d'ananas, aumônière de chèvre de pays au miel ou, plus simple, une bonne joue de bœuf, sans oublier la trilogie de foies gras maison... Service soigné. Une adresse sûre !

Où dormir ? Où manger dans les environs ?

Camping

⛺ ***Camping Mille Étoiles :*** *depuis Labastide-de-Virac, suivre la D 217 en direction d'Orgnac-l'Aven ; à 1 km env, prendre à gauche (fléché). ☎ 04-75-38-42-77. 📱 06-10-85-04-98. • nadine@campingmilletoiles.com • campingmilletoiles.com • ♿ Ouv avr-oct. Forfait env 15-21 € selon saison. Yourtes et tentes sur pilotis 40-100 €/j. (270-580 €/sem) selon taille, confort* *et saison. Également d'autres types d'hébergements avec sanitaires.* En pleine campagne, voici un camping pas comme les autres. Il y a bien quelques emplacements traditionnels (vastes et agréables), mais également quelques hébergements originaux comme ces yourtes meublées et ces tentes-*lodges* de bon confort. Sympa, bien organisé (sanitaires propres et kitchenette à dispo dans des cabanons attenants)... Pas de piscine. Location de vélos sur place. Accueil tout sourire.

Prix moyens

Chambres d'hôtes Le Florenson : *hameau de Brujas, 07150* ***Vagnas.*** *06-35-34-01-31. • ncbuisson@wanadoo.fr • leflorenson.cabanova.com • Ouv de mi-mars à mi-nov. Doubles 52-59 €. Un produit régional offert sur présentation de ce guide.* Dans une ancienne petite magnanerie, 3 chambres d'hôtes à l'étage, climatisées et entretenues avec soin par l'accueillante Nicole. Prix économiques, confort suffisant, simplicité et tranquillité. On prend le petit déj sur un bout de terrasse, à l'extérieur, comme à la maison.

Chambres d'hôtes et gîtes Le Mas des Roches : *à 1,5 km de Labastide-de-Virac, en direction d'Orgnac-l'Aven, par la D 217, sur la gauche. ☎ 04-75-38-63-12. • alain.ravoet@wanadoo.fr • masdesroches.com • Chambres d'hôtes ouv juin-août, gîtes tte l'année. Double 60 €, familiale 115 €. Également 2 gîtes loués à la sem.* Le couple de Belges qui s'est installé ici a aussi aménagé de véritables petites maisons individuelles (pour 4 à 8 personnes). Dans la maison principale, 6 chambres de confort différent. Barbecue et terrasse devant. De bon confort, les maisonnettes sont réparties dans la garrigue ombragée et sont toujours situées à proximité de la belle piscine.

D'un peu plus chic à plus chic

Chambres d'hôtes Château de Bassas : *au centre du minuscule village, 07150* ***Bessas.*** *☎ 04-75-38-64-34. • bb.ct@wanadoo.fr • château-de-bessas.com • Doubles 80-100 € selon saison.* Face à l'église, on peut difficilement louper cet adorable petit château du XIVe s, flanqué de 2 tours joufflues et protégé par un haut mur. Derrière celui-ci, une courette avec petite piscine (pas d'époque !), et à l'étage, une adorable loggia ajoutée au XIXe s, où l'on prend le petit déjeuner. Au même niveau, 4 chambres bien aménagées, profitant de la vue sur les alentours. Et s'il y a une attaque, c'est sûr, on se sent bien protégé !

La Bastide d'Iris : *lieu-dit L'Estrade, 07150* ***Vagnas.*** *☎ 04-75-88-44-77. • bienvenue@labastidediris.com • labastidediris.com • À 7 km de Vallon. Env 300 m après le village sur la droite, direction Barjac. Congés : de mi-déc à mi-janv. Selon confort et saison, doubles 89-140 €, familiales 170-224 €. Réduc de 5 % sur le prix de la chambre (hors juil-août et w-e fériés) sur présentation de ce guide.* Longue bastide ocre, aux volets verts. Si la conception est classique, la maison est en fait assez récente. Au calme, car située en retrait de la route, au fond d'une cour. À l'arrière, la terrasse du petit déj ouvre sur les champs. De l'élégance, du calme, de l'espace, de la sérénité... et du confort (AC, coffre, peignoir, TV, etc.). Du joli petit luxe, mais en simplicité, tout comme l'accueil, en douceur et gentillesse. Vaste rez-de-chaussée commun aux couleurs et à la déco qui sentent bon la Provence, tout comme la douzaine de chambres et les 2 suites. Un peu à l'écart, une jolie piscine.

Chambres d'hôtes Le Mas Rêvé : *depuis Labastide-de-Virac, suivre la D 217 en direction d'Orgnac-l'Aven ; à 1 km env, prendre à gauche (fléché). ☎ 04-75-38-69-13. • info@lemasreve.com • lemasreve.com • Ouv mai-sept. Doubles 110-160 € selon saison.* Un petit manoir ardéchois du XVIIe s, charmante demeure au cœur des vignobles, où Marie-Rose et Guido ont aménagé 5 chambres à l'accès indépendant, toutes décorées avec goût et entretenues avec amour. Ici un lit à baldaquin, là un voilage, ailleurs une voûte élégante. Quant à la suite avec cheminée Renaissance et terrasse panoramique, elle est idéale pour les amoureux. Dans la courette glougloutent deux fontaines, et dans le salon commun, plein de jeux en cas d'averse. Au bout de l'allée de cyprès, piscine avec transats à l'ombre. Et, cerise sur le gâteau, le mas est situé à 500 m des gorges, auxquelles on accède par des sentiers menant à de petites plages presque désertes...

Auberge des Granges : *Les Granges, 07150* ***Bessas.*** *☎ 04-75-38-02-01. En août, ouv tlj ; en juil, tlj sf lun ; en basse saison, fermé lun-mar ; le reste de l'année, ouv slt ven-dim. Fermé janv. Menus 25-48 € ; menu dégustation 75 €.* Au cœur du village. Tarik Mezri-Charmasson est passé chez quelques belles toques avant de reprendre l'auberge fondée par son grand-père Léonce. Sous la voûte en pierre de la grande salle, ou préférablement sur la terrasse champêtre ombragée par un vénérable pin, on déguste une cuisine moderne, fraîche et inventive. Le chef s'inspire de la tradition qu'il transcende selon son humeur. Médaillon de foie gras salade de fraises, truite aux amandes cuite à la perfection, quasi de veau rôti. La plume, le poil ou l'écaille, c'est tout bon !

L'ARDÈCHE

À voir

Le château des Roure : *au cœur du village. ☎ 04-75-38-61-13. • chateaudesroure.com • Juil-août, tlj 10h-19h ; Pâques-juin et sept, tlj sf mer 14h-18h. Entrée château-magnanerie : 7,20 € ; écomusée de la Soie : 5 € ; billet couplé : 9,20 € ; réduc enfants 6-12 ans. Réduc de 10 % sur présentation de ce guide. Visite audioguidée d'excellente qualité, très instructive.*

Ce château féodal, remontant à la fin du XIVe s et au début du XVe s, a de tout temps constitué un important bastion stratégique posé en vue du pont d'Arc. Habité dès le XVIe s par Pierre de Beauvoir de Grimoard du Roure (ouf !), le château reste dans la famille jusqu'en 1825. Ce haut lieu des guerres de Religion subit les représailles de Louis XIII et de Richelieu et accueille des chefs huguenots, tels que le duc de Rohan. La révocation de l'édit de Nantes oblige pourtant les propriétaires à se convertir au catholicisme, même si c'est encore en ces lieux que les camisards (calvinistes cévenols) se dressent contre l'autorité royale...

En parcourant les différentes salles (neuf commentaires audio en tout), on apprend beaucoup sur l'histoire mouvementée du château et de ses occupants. Une d'elles est dédiée à la ***magnanerie,*** l'élevage des vers à soie (vidéo sur l'histoire de la soie dans la région). On peut voir l'évolution des cocons et des vers à soie à différents stades. Grimpez jusqu'au chemin de ronde pour profiter d'une vue extraordinaire sur le beau village, les Cévennes et le plateau ardéchois. Du donjon, vue à 360° ! En redescendant, dans la cour, ne pas manquer l'***écomusée de la Soie.*** On y découvre les différentes étapes de la confection du précieux tissu, de l'élevage des vers au tissage, en passant par le filage des cocons. Vidéo sur le travail de la soie.

Animation pour les enfants (rencontre avec le fantôme des oubliettes...), boutique, snack et aire de pique-nique.

DANS LES ENVIRONS DE LABASTIDE-DE-VIRAC

L'aven d'Orgnac, « Grand Site de France », grotte et Cité de la préhistoire : *☎ 04-75-38-65-10. • orgnac.com • À 17 km de Vallon-Pont-d'Arc et 7 km de Barjac. Site ouv tlj de fév à mi-nov et vac scol de Noël. Pour la* ***grotte*** *: juil-août, 9h30-18h (visites ttes les 15 mn) ; avr-juin et sept, 9h30-12h, 13h30-17h30 (visites ttes les 30 mn) ; fév-mars, 10h-12h, 14h-16h45 (5 tours/j.) ; d'oct à mi-nov, 9h30-12h, 14h-16h30. Pdt les vac scol de Noël, 5 tours/j. Pour la* ***Cité*** *: avr-sept, 10h30-19h (à partir de 10h en juil-août) ; hors saison, 10h-13h, 14h30-18h*

(10h30-12h30, 14h-18h fév-mars et vac scol Noël). Entrée Pass Grand Site *(grotte et Cité) : 12,50 € ; 6-14 ans 8,20 €. Cité seule : 6,90 €. Visite guidée de la grotte (durée : 1h). Apporter un vêtement chaud (11 °C à l'intérieur !). Snack et boutique.*
Ce site majeur comprend en réalité deux entités distinctes : la célèbre grotte et la Cité de la Préhistoire.

La grotte
Parmi les 14 « Grands Sites de France », l'aven d'Orgnac a été le premier labellisé, et c'est la seule grotte. Un aven est un puits naturel formé par la dissolution des roches calcaires ou par l'effondrement de la voûte. L'aven d'Orgnac est l'un des plus importants d'Europe par sa taille et par la richesse de ses concrétions. On y trouve notamment la plus grosse stalagmite de France : 24 m de haut et 15 m de diamètre. Un gros pain de sucre ! Aujourd'hui, on ne visite qu'une petite partie des 20 ha de galeries, mais la fascinante exploration entraîne tout de même les spéléologues du jour jusqu'à 120 m sous terre, grâce à un escalier de... 720 marches (on les a comptées !). La remontée se fait par un ascenseur... ouf ! La première salle se révèle gigantesque, absolument impressionnante, avec, au plafond, l'orifice par lequel Robert de Joly et son équipe pénétrèrent pour la première fois en 1935. À ses pieds s'élève un amoncellement formé de roches et d'ossements d'animaux qui ont chuté par mégarde.
Plusieurs salles, toujours plus profondes, reliées par des volées d'escaliers, nous permettent d'approcher toutes sortes de merveilles. On découvre progressivement, et grâce à un éclairage réussi, d'incroyables « piles d'assiettes », des gours et des excentriques, des concrétions qui se forment par cristallisation sans subir la loi de la pesanteur, une forêt de « palmiers », un somptueux « buffet d'orgue », de majestueuses draperies et, enfin, une salle rouge qui doit sa couleur à de l'argile ferrugineuse. Son et lumière pour conclure la visite.
➢ Pour ceux qui veulent aller plus loin dans l'exploration de cette grotte fabuleuse, ***visites spéléologiques*** possibles sur réservation. Parmi celles-ci, le *Vertige souterrain (âge min 14 ans ; prix : 47 € ; durée : 3h).* Pour un public sportif, parcours très technique dans les plafonds de la partie aménagée d'Orgnac. Pour la *Descente historique (âge min 12 ans ; prix : 26 € ; durée : 1h),* équipé d'un casque et d'un baudrier, on descend en rappel par l'entrée naturelle de l'aven, comme le fit en son temps Robert de Joly. Comme lui, on est suspendu à près de 50 m de hauteur. Frissons garantis !

La Cité de la Préhistoire
Installée dans un bâtiment contemporain entouré de belles terrasses paysagées, une salle diffusant une vidéo de présentation et une autre dédiée aux expos temporaires. La section permanente offre une muséographie exemplaire. Écrans tactiles, bornes interactives, maquettes et reconstitutions jalonnent un parcours à la fois chronologique et thématique, permettant d'évoquer en détail le quotidien des hommes du Paléolithique jusqu'à l'âge du fer. Chacun y trouvera son compte. Les informations sont claires, très accessibles, mais également suffisamment fournies pour contenter les plus érudits. Et dans un registre ludique, différents ateliers sont proposés durant les vacances scolaires : observation de la taille du silex, allumage du feu, atelier chasse... À la fin de la visite, vous saurez tout de la vie difficile d'un chasseur-cueilleur, des techniques de chasse adaptées en fonction de la faune, des balbutiements de l'art, des débuts de l'élevage, et de la sédentarisation progressive avec pour conséquence l'apparition de l'agriculture, de nouveaux rites funéraires et du développement de l'artisanat. Très complet et fascinant.
– À l'extérieur, on peut flâner sur le ***sentier du Maubois*** (plan à l'accueil), partiellement ombragé et décliné en deux boucles (30 mn et 1h). En cours de route, tiens, un dolmen !

L'aven de la Forestière : *☎ 04-75-38-63-08. • avengrottelaforestiere.com •* ***Fermé actuellement.*** *Pas de date de réouverture prévue. Se renseigner.*

ORGNAC-L'AVEN

(07150) *Carte Ardèche, B3*

Par une jolie petite route qui musarde dans les collines, on arrive à ce village tranquille, sans charme débordant (pour une fois !), mais qui peut constituer une halte sympathique, un peu à l'écart du tumulte des gorges.

Où dormir ? Où manger ?

■ |●| *Hôtel-restaurant Les Stalagmites :* *à 300 m du centre, route de Pont-Saint-Esprit, sur la droite. ☎ 04-75-38-60-67. • contact@lesstalagmites.com • lesstalagmites.com • ♿ Ouv début avr-début nov. Doubles 54-67 € (avec ou sans AC). Menus 13 € (le midi en sem), puis 19-24,50 €. CB refusées sf en été.* Hôtel sans chichis et sympathique, dans la même famille depuis quatre générations, avec un bar fréquenté par les locaux et des chambres modernes, sobres et confortables (certaines avec clim). La route passe devant, mais le soir c'est calme et les chambres sont en retrait. Grande terrasse sous la vigne vierge pour une cuisine familiale du style caillette maison ou magret de canard au miel. Bon rapport qualité-prix.

EN REMONTANT L'ARDÈCHE, LE PAYS RUOMSOIS, DE VALLON-PONT-D'ARC À VOGÜÉ

D'étonnantes découvertes à faire sur ce parcours un peu moins fréquenté que la route des Gorges. Bon, l'été vous ne serez pas seul, mais c'est tout de même moins l'usine qu'à Vallon. Et puis l'ambiance est bien meilleure.

RUOMS

(07120) 2 300 hab. *Carte Ardèche, A3*

La ville se niche dans une plaine traversée par l'Ardèche, qui coule ici dans des gorges doucement encaissées. Avec les falaises calcaires, ciselées par l'érosion, le pays de Ruoms est devenu le royaume de l'escalade (superbes murs d'école), de la pêche tranquille, du canoë, et tout simplement des plaisirs de la baignade.
L'accès à la ville n'a rien de spectaculaire. Il faut pénétrer à l'intérieur des remparts pour découvrir les ruelles du vieux village, serrées autour de l'église, et mieux apprécier l'intérêt du site.

L'ARDÈCHE

PIERRE DE RUOMS

Ruoms a connu son heure de gloire grâce à sa pierre. De ses nombreuses carrières, on a extrait un calcaire de qualité qui a servi à l'édification de l'actuel pont d'Avignon, de la cathédrale de Gap et du théâtre de Montpellier. Ce fut la matière première pour une bonne partie du sud-ouest de la France au tournant du XXe s. On vous racontera peut-être que le socle de la statue de la Liberté à New York vient de là, et les gens du coin laissent dire, même s'ils savent que ce n'est pas vrai.

Arriver – Quitter

➢ Bus pour ***Montélimar*** et ***Valence TGV.*** Infos sur ● *rhonealpes.fr* ●, rubrique « Actions », puis « Transports », puis « Cars Rhône-Alpes ». Env 4 bus/j. avr-sept, 1 seul le reste de l'année.

Adresse et info utiles

ℹ ***Office de tourisme Pont d'Arc Ardèche, bureau de Ruoms :*** *rue Alphonse-Daudet. ☎ 04-75-93-91-90. ● otruoms.com ● En été, lun-sam 9h-19h, dim 9h30-16h30 ; horaires restreints le reste de l'année.* Personnel compétent et doc sur tout le Pays ruomsois, dont des topoguides et carto VTT (payants).

– ***Marchés :*** *ven mat ; marché bio et de producteurs locaux dim mat (de début mai à mi-sept) ; marché nocturne mer en juil-août.*

Où dormir ? Où manger ?

Campings

⛺ ***Camping Les Chênes :*** *420, route du Boulodrome, 07120* ***Chauzon*** *(bien fléché depuis Ruoms). 📱 06-72-71-52-69. ● leschenes07@gmail.com ● campingleschenes07.com ● Ouv Pâques-oct. Forfaits 12-18 € selon saison. Chalets en bois et mobile homes (4-6 pers), avec ou sans sanitaires et coin cuisine, 180-510 €/sem selon taille et saison.* 📶 Plusieurs terrasses dévalant jusqu'au bord de l'Ardèche. Sympa, tout simple, voici un camping à prix doux. Pas de piscine ni aire de jeux. Snack-pizza. Pour ceux qui apprécient la tranquillité.

⛺ ***Camping Yelloh Village La Plaine :*** *sur la commune de Ruoms ; du village, prendre la direction d'Alès, le camping est sur la gauche, à env 2,5 km. ☎ 04-75-39-65-83. ● info@yellohvillage-la-plaine.com ● camping-la-plaine.com ● ♿ Ouv de mi-avr à mi-sept. Forfait 47 € en hte saison. Cottages (4-6 pers) également. Gamme de prix variée selon taille, confort et saison.* 📶 Cadre agréable (des vignes autour) avec un grand cirque de verdure face aux parois des gorges et, en bas, une petite plage aménagée. Ambiance village et ensemble bien tenu, emplacements larges et ombragés, sanitaires propres. Grande piscine et bel espace aquatique couvert, avec bains bouillonnants et toboggans. Salle de remise en forme. Location de kayaks et de voitures électriques (à la demi-journée), minigolf, pizzeria, alimentation.

⛺ ***Camping du Pont :*** *route du Cirque-de-Gens, 07120* ***Pradons.*** *☎ 04-75-93-93-98. 📱 06-08-93-99-30. ● campingdupont07@wanadoo.fr ● campingdupontardeche.com ● ♿ Sur la D 308, juste avt le pont, sur la gauche, au bord de l'Ardèche. Ouv de fin mars à mi-sept. Forfait env 32,50 € en hte saison. Chalets et mobile homes 260-903 €/sem, tentes nomades 200-644 €.* 📶 Camping familial par sa taille (environ 80 emplacements, sur un beau terrain de 2,5 ha) et agréable par son atmosphère. Excellent accueil. Son réel avantage est son site : un gros méandre rocheux où coule la rivière Ardèche, et l'accès à sa charmante petite plage de sable naturel, dominée par les falaises calcaires. Terrasse semi-couverte avec mobilier de jardin. Pizzeria et plats à emporter. Animations et activités sportives. Belle piscine chauffée.

Camping International Village de Vacances : *à La Coustace, 07120* ***Pradons.*** *☎ 04-75-39-66-07. • contact@camping-international-07.fr • camping-international-07.fr • Le long de la D 579, à 3 km au nord de Ruoms. Ouv avr-oct (jusqu'en nov pour les loc). Forfait 14-28 € selon saison. Mobile homes, bungalows et chalets (2-6 pers) 159-759 €/sem selon taille, confort (les chalets sont sans sanitaires) et saison.* Des allées délimitées par des cyprès sculptés, une cinquantaine d'emplacements ombragés, un accès à la rivière et la proximité d'une plage privée en été : on est bien ici. Comme ce n'est pas trop grand, tout le monde se connaît bien vite. Piscine chauffée avec pataugeoire, jacuzzi...

Camping et gîtes Les Coudoulets : *chemin de l'Ardèche, route d'Aubenas, 07120* ***Pradons.*** *☎ 04-75-93-94-95. • camping@coudoulets.com • coudoulets.com • Ouv de mi-avr à mi-sept. Forfait 32,50 € en hte saison. Mobile homes avec AC ou gîtes 6 pers fonctionnels 300-860 €/sem. (payant). Apéritif maison offert sur présentation de ce guide.* Camping fort bien tenu, avec de beaux espaces et des emplacements tout confort (avec sanitaires privés pour certains !). Espace aquatique (plusieurs bassins) : piscine chauffée et bassin balnéo, accès direct à l'Ardèche. Animations (escalade, initiation kayak). Un endroit agréable, surtout avec de jeunes enfants (sanitaires bébés impeccables, grande aire de jeux...). Beaucoup de monde en été, mais chouette ambiance.

De bon marché à prix moyens

Restaurant des Pommiers : *rue Fontaine-des-Pommiers, à 200 m du centre. 06-46-86-07-16. Tlj midi et soir en saison. Menus env 19,50-28 €.* À l'écart du circuit puisqu'on est dans la roseraie des Pommiers (lire la rubrique « À voir. À faire »). Au milieu des champs, une maison carrée et surélevée, dont la généreuse terrasse qui court autour permet d'embrasser un champêtre panorama. Mais embrassons plutôt notre assiette ! Voici donc une cuisine franco-ardéchoise, avec parfois quelques accents sénégalais. Les copieuses salades fréquentent le loup mariné au four et les ravioles aux cèpes. Superbe mousse au citron. Le vendredi soir en été, concert (avec menu à 28 €). Chouette ambiance.

Restaurant Tradition et Cie : *4, av. de la Gare. ☎ 04-75-39-73-48. En hte saison, tlj sf midi mer-jeu ; en basse saison, fermé mer tte la journée. Formule déj en sem 13,50 € ; menus env 16-23 €. Apéritif maison offert sur présentation de ce guide.* En pleine ville, on profite de la terrasse ombragée pour se régaler d'une cuisine aux accents du Sud, préparée à base de produits frais. Jambonneau au miel et merlot, parillada de la mer...

Chic

Hôtel-restaurant La Chapoulière : *route d'Alès, quartier La Chapoulière. ☎ 04-75-39-65-43. • lachapouliere@orange.fr • hotel-ardeche.net • À l'entrée de la ville en venant du sud (bien indiqué). Resto fermé lun et sam en hte saison, dim-lun en basse saison. Doubles 85-95 € selon confort et saison ; familiale env 120 €. Formule bistrot le midi 15 € ; menus 28-40 €. Apéritif offert sur présentation de ce guide.* Grande maison plaisante un peu en retrait de la route, avec un décor intérieur moderne. Des tonalités franches, des éclairages élaborés et des objets d'art moderne offrant une touche quelque peu décalée. Chambres dans le même style, d'excellent confort. Sans oublier la belle cuisine de la terre et de la mer, servie généreusement. Grande terrasse et piscine sur le côté, agréable même si la présence de la route se fait un peu sentir. Et pour ceux qui veulent prolonger la soirée, pub sympa attenant.

Où dormir ? Où manger dans les environs ?

Chambres d'hôtes

Chambres d'hôtes Lou Couradou : *lieu-dit Les Végias, 07120* ***Grospierres.*** *☎ 04-75-39-79-97. • lou.couradou@free.fr • lou.couradou.free.fr • En venant de Ruoms, prendre la D 111 puis à gauche vers « Les Végias » ; fléché. Ouv mars-nov. Doubles 67-72 € selon confort et saison ; familiales 102-109 €. Table d'hôtes 25 €. Apéritif maison offert sur présentation de ce guide.* Jolie maison aux volets mauves, perchée sur un mamelon. 5 chambres coquettes et simples à la fois. On aime bien la « Bambou », en pierre, voûtée, avec coin salon. Grande terrasse, mare naturelle, barbecue. À la table d'hôtes, bonne cuisine familiale ardéchoise, saine et naturelle (caillette goûteuse, gâteau à la crème de marrons).

Chambres d'hôtes Les Monteils : *sur la commune de* ***Grospierres*** *(07120). ☎ 04-75-36-67-48. • nathalieteyssier@hotmail.fr • lesmonteils.fr • De Ruoms, passer Grospierres-Gare, puis à gauche vers Les Monteils ; la maison est à 500 m sur la droite. Tte l'année. Double 63 €. CB refusées. Réduc de 10 % sur le prix de la chambre oct-mai sur présentation de ce guide.* Ancienne ferme du XVIIIe s avec cour intérieure fleurie et jardin. 4 chambres voûtées au rez-de-chaussée, avec douche et w-c, et entrée indépendante. Décoration rustique très soignée. Murs épais, fraîcheur en été. Coin cuisine et barbecue à disposition.

Chambres d'hôtes Les Clapas : *35, ancien chemin d'Uzer, 07120* ***Chauzon.*** *☎ 04-75-39-79-67. • contact@lesclapas.com • lesclapas.com • Congés : vac scol de la Toussaint et de Noël. Doubles 62-64 € selon saison ; familiales 3-4 pers 79-98 €. Une bouteille de vin par séjour offerte sur présentation de ce guide.* Voici une ancienne ferme du XVIIIe s entièrement réaménagée, tenue avec soin par Chantal, une viticultrice dynamique et souriante. 5 chambres de caractère, plaisantes. Piscine dans le jardin, en plein village. Une bonne adresse.

De bon marché à chic

La Folie en Tête : *Les Échalettes, 07150* ***Chauzon.*** *☎ 04-75-39-70-69. • lafolieentete@neuf.fr • Ouv le soir slt : tlj en juil-août, jeu-dim et j. fériés hors saison. Résa conseillée. Plats 12-20 €.* Une des plus belles terrasses panoramiques de la région sur l'Ardèche, et de superbes concerts les vendredi et samedi soir, de juin à septembre (atmosphère extra), à partir de 23h. Réputé aussi pour son bar sympathique (bons cocktails) et sa cuisine de qualité. Entre autres, pizzas au feu de bois, gratin de ravioles au chèvre, wok de gambas, burger revisité.

Bistrot du Pont : *juste à l'angle du pont, sur la droite, 07150* ***Chauzon.*** *☎ 04-75-93-35-44. En saison slt, midi et soir, tlj sf lun. Burger maison env 14,50 € ; formules 23-28 €.* Plutôt que la grande terrasse à l'angle du pont, préférez le balcon en aplomb de l'Ardèche (passer par l'intérieur du resto). Un lieu un peu décalé, avec une déco tendance États-Unis des années 1950. La carte est dans le même esprit, basée essentiellement sur des burgers de qualité, portant le nom d'artistes parfaitement inconnus des chanteurs locaux sans aucun doute) : Janis (au magret de canard), Elvis (au fromage à raclette), Marley (végétarien), et même Daft Punk. Frites maison.

Où acheter du bon vin ?

Château de la Selve : *07120* ***Grospierres.*** *☎ 04-75-93-02-55. • chateau-de-la-selve.fr • Au sud de Ruoms, sur la droite de la route D 111. Mai-sept, lun-sam 9h-13h, 14h-19h ; le reste de l'année, lun-ven 9h-12h, 14h-18h (plus sam pdt ttes les vac scol).* Un beau château du XIIIe s (ancien relais de chasse), entouré d'un domaine viticole de 40 ha exploité en biodynamie, sans engrais chimiques, avec des rendements naturellement faibles, le savoir-faire et la passion du vigneron Benoît Chazallon. Résultat remarquable ! Des vins de terroir vivants et d'une grande finesse. Coups de cœur pour le Serre de Berty et le Beaulieu.

À voir. À faire

Néovinum : *bd de l'Europe-Unie. ☎ 04-75-39-98-08. • neovinum.fr • Avr-sept, caveau ouv tlj sf dim ap-m 9h30-13h, 14h30-19h ; horaires restreints le reste de l'année. Visite et dégustation 6,50 € ; gratuit jusqu'à 18 ans.* Espace de découverte œnologique dont la mise en scène s'articule autour des cinq sens (voir, sentir, goûter...) au gré d'espaces interactifs. Vente de l'ensemble des vins ardéchois. Dommage, accueil pas toujours au niveau.

Le vieux village : situé au cœur du bourg, avec au centre l'église Saint-Pierre, surmontée d'une grosse tour carrée dont il subsiste quelques éléments romans. Sur la place de l'Église, la petite porte Saint-Roch, du XIIIe s, qui donnait sur un prieuré et dépendait un temps de l'abbaye de Cluny. Tout autour, un réseau de jolies rues pavées, de maisons en pierre qui semblent ignorer l'animation hors les remparts. En vous baladant, vous tomberez certainement sur la maison dite « du Baron », du XVIe s, avec ses fenêtres à meneaux, ou sur la maison de justice avec son linteau gravé.

La roseraie des Pommiers : *rue Fontaine-des-Pommiers. ☎ 04-75-88-30-56. • roseraie-des-pommiers.com • À 200 m du centre. Ouv en principe mai-sept, tlj à partir de 10h (précisions sur le site à partir d'avr). Entrée : 3 € ; gratuit moins de 12 ans.* Sur un peu plus de 1 ha, un jardin consacré aux roses (plus de 600 variétés) et aux arbres fruitiers dont on profitera seulement à la belle saison. Sa propriétaire, Éléonore Cruse, s'est fait connaître avec la roseraie de Berty à Largentière. On retrouve ici la même passion encyclopédique et botanique pour les fleurs, les arbres et les plantes, dans un souci de biodiversité.

Où faire du kayak ?

On peut descendre une portion de l'Ardèche en kayak avec Ruoms comme point d'arrivée. On précise que sur ces parcours on n'est pas dans les gorges, et que la route est parfois présente (rien à voir avec le charme des gorges). Plusieurs parcours possibles, en partant d'un village en amont de Ruoms (Pradons, Balazuc ou Vogüé). L'office de tourisme délivre la liste des loueurs.

- *Pradons – Ruoms :* 6 km (demi-journée).
- *Balazuc – Ruoms :* 12 km (demi-journée).
- *Saint-Maurice – Ruoms :* 14 km (une journée).
- *Vogüé – Ruoms :* 18 km (une journée).

Fête et manifestation

– **Aluna Festival :** *un w-e de juin. Programme sur • aluna-festival.fr •* Musique en tout genre, un chouette événement très prisé.
– **Fête des Vignerons ardéchois :** *le 2e dim d'août.* Randonnée cycliste, charrettes dans les rues et dégustation de plein de bonnes choses. Le soir, grand concert gratuit.

DANS LES ENVIRONS PROCHES DE RUOMS

Les défilés de Ruoms : traverser l'Ardèche et emprunter la D 4 vers Bellevue pour découvrir non pas le canyon du Colorado, mais une route pittoresque qui, sur 7 km, suit d'abord le cours de l'Ardèche puis celui de la Ligne. Les rivières ont creusé, ici plus qu'ailleurs, la tendre roche calcaire. La route passe sous des tunnels et se faufile pour proposer toujours de plus belles perspectives. Les parois du défilé sont constituées d'une couche de calcaire tendre, alternant avec une autre de calcaire plus dur, d'où ce curieux aspect d'empilement.

Le cirque de Gens : *pour accéder au belvédère qui permet d'observer le cirque, prendre la direction de Chauzon ; une fois passé le pont, prendre en face et monter jusqu'au belvédère.* Il s'agit d'un cirque naturel formé par une boucle de l'Ardèche. On y va pour la vue, pour la rando ou pour l'escalade. Pour ces activités, c'est l'un des plus réputés de la région. Superbes randonnées dans tout le secteur.

SAINT-ALBAN-AURIOLLES ET CHANDOLAS

(07120) env 850 et 350 hab. *Carte Ardèche, A3*

Deux petits villages sur le plateau des Gras, à proximité de Ruoms, dans la vallée du Chassezac, au royaume du calcaire et des pierres sèches, dans une campagne parfumée par le thym, le genévrier et le buis. Une véritable garrigue pleine de micocouliers, de mûriers et de chênes verts. Habitée depuis des millénaires, et encore parsemée de mégalithes, dolmens et capitelles que l'on croise au hasard des promenades.

Où dormir ? Où manger dans le coin ?

Camping

Camping de Peyroche : *route de Saint-Alban-Auriolles, 07120* ***Ruoms.*** *☎ 04-75-39-79-39. • info@camping-peyroche.com • camping-peyroche.com • À 2,5 km de Ruoms. Ouv fin mars-début sept. Forfait 18-28 € selon saison. Mobile homes 287-763 €/sem et bungalows toilés (4-5 pers) 189-539 € ; loc possible à la nuit.* Un grand camping fonctionnel et bien équipé, qui arrangera plus d'un mélomane ne voulant pas se priver d'une représentation au Festival de musique classique de Labeaume. Bien situé entre les rivières Ardèche et Beaume (à 400 m), avec de jolis coins de baignade. Clientèle familiale. Snack, pizzas et grillades. Animations 3 fois par semaine.

Chambres d'hôtes

Chambres d'hôtes Villa Saint-Patrice : *70, rue des Pères, à* ***Saint-Alban-Auriolles*** *(bien fléché). ☎ 04-75-39-37-78. • contact@villastpatrice.com • villastpatrice.com • Ouv mai-oct. Doubles 125-135 € selon confort, suite 4 pers 260 €.* Dans une belle demeure qui n'est pas sans rappeler le style d'une villa florentine, un couple sympathique propose 3 ravissantes chambres et 1 suite pour 4 personnes. Les tons sont tout doux, la déco sobre. Il y a de l'espace (suite de 60 m² !). On s'y sent vraiment bien car il se dégage de ce lieu un vrai charme. À l'arrière, un grand espace a été aménagé pour la piscine, au milieu de gros blocs rocheux. Charmant. Barbecue à disposition. Une authentique adresse de charme, sobre et élégante.

Chambres d'hôtes chez Mme Hours : *Le Pazanan, Berrias-et-Casteljau, 07230* ***Lablachère.*** *☎ 04-75-39-01-57. • danielle.hours@orange.fr • Sur la D 104 en direction d'Alès, à 10 km des Vans. Double 54 €.* Prix bien raisonnable pour cette ferme ancienne en pierre sèche, dans un mignon hameau. 2 chambres toutes simples et agréables, avec douche et toilettes. Salle à manger, cuisine et barbecue à disposition. Petit déj servi sur la terrasse aux beaux jours. Bon accueil.

De bon marché à prix moyens

Restaurant Lou Camillou : *à* ***Saint-Alban-Auriolles,*** *sur la route principale. ☎ 04-75-39-71-55. • traiteur.abrines@laposte.net • Ouv tlj en juil-août, le soir slt. Formule unique, à volonté, 22 € (25 € le lun soir, quand il y a de la musique).* C'est le traiteur du village qui propose le soir tout son savoir-faire, dans le cadre d'un vaste buffet hyper varié. Et on ne se moque pas du monde ! Cuisine familiale, à volonté, qui constitue un excellent rapport qualité-prix. Adresse vraiment sympa, très prisée des locaux et des touristes qui reviennent chaque année. Ambiance conviviale, à l'image du patron.

À voir. À faire

Le mas Daudet – Histoire de pierre, histoires de soie : *710, chemin de la Vignasse, à* ***Auriolles.*** *☎ 04-75-39-65-07. • musee-daudet.com • Juil-août, tlj 10h-18h (visites guidées à 11h, 14h30 et 16h) ; mai-juin et sept, tlj sf lun 10h-12h, 14h-18h (visite guidée à 15h) ; avr et oct, tlj sf lun 14h-17h (visite guidée à 15h). Animations familiales pdt les vac. Tarif : 6 € ; réduc ; gratuit moins de 5 ans. Réduc de 10 % sur présentation de ce guide.* Ce très beau mas abrite le musée Alphonse-Daudet, mais témoigne aussi de la vie rurale ardéchoise au XIXe s. Outils d'autrefois (fournil, forge, moulin à olives), cuisine ancienne typique et magnanerie (élevage de vers à soie). Portraits, caricatures, ouvrages et poèmes inédits retracent le talent de l'écrivain. Organise chaque année une *fête de la Soie et du Pays d'autrefois* (le dimanche de la Pentecôte), avec animations et démonstrations autour des anciens savoir-faire. Le mas propose aussi de suivre un sentier de découverte du domaine agricole. Exposition temporaire, snack-bar et boutique. Possibilité de pique-niquer dans le parc.

LABEAUME (07120) 650 hab. *Carte Ardèche, A3*

À deux pas de Ruoms, à flanc de colline, dans un paysage de chênes verts, voici un ancien village abandonné qui a été ressuscité de ses cendres après des années de passion et de labeur. Des falaises calcaires aux formes découpées, ciselées par le temps, dominent les gorges de la Beaume (où l'on peut se baigner). Le village se niche dans une faille de ce relief chaotique et ruiniforme qui, à certaines heures, prend un aspect lunaire...

C'est tout petit, tout mignon, avec les vestiges d'un château sur un piton rocheux, des maisons de maître à arcades, d'autres plus rustiques en pierre ou en galets. Il y a là des ruelles et des calades très étroites. À Labeaume, les voitures passent à peine. Tout se fait à pied. Et sur la place de l'église, une haute tour-clocher, soutenue par deux colonnes aussi incongrues qu'imposantes. Après la baignade, fainéantez donc un moment sur la belle place Sablas, avec ses gros platanes et sa jolie fontaine au bord de l'eau.

LE GOUFFRE D'ÉMILIE

Cette grotte a été découverte en septembre 2011 et daterait de 17 000 à 20 000 ans. Modeste, elle n'a pas l'ampleur de la grotte Chauvet. Un dessin représente une tête de cheval de Przewalski et des empreintes de mains sont visibles sur les parois.

Où dormir ? Où manger ?

Voir aussi plus haut « Où dormir ? Où manger dans les environs ? », dans le chapitre sur Ruoms. Certaines adresses se situent à côté des villages de Labeaume, de Grospierres ou de Chauzon.

Hôtel La Garenne : *pl. du Jumelage. ☎ 04-75-89-29-00. • contact@hotel-lagarenne.fr • hotel-ardechesud.com • Congés : de mi-nov à mi-déc, puis en janv. Resto le soir, pour les clients slt. Doubles 66-99 € selon saison et confort. Formules 18-24 €. Apéritif ou café offert sur présentation de ce guide.* Petit hôtel de village, entièrement construit à la main par le père et le fils. Le Saint-Esprit n'était pas absent car l'architecture, le style, la déco et l'ambiance n'ont pas été négligés, au contraire. Les chambres, simples et confortables (toutes avec clim), où domine le bois blanc, encadrent un carré de pelouse. Cuisine locale et familiale.

Le Bec Figue : *à côté de l'église. ☎ 04-75-35-13-32. Congés : janv-fév. Assiettes déj 15-17 €, formules 22-26 €.* Dans une belle maison traditionnelle, tout en pierre, sur l'adorable place du village. On y sert aux épicuriens de passage une cuisine de grand-mère sans complication, fraîche et gourmande à souhait. Assiette de charcuterie-fromage, ou « légumes et végétables » (pour les végétariens). Les plats changent en permanence, c'est pourquoi on leur donne des noms amusants et incompréhensibles (« J'ardèche, tu ardèches », « Estouffade comme à la maison »...). Les noms restent, les plats évoluent ! Pas bête. Et c'est tout bon. Intérieur style bistrot et jolie terrasse en été. Dans l'après-midi, excellents sirops (fabrication locale) et glaces (idem).

Manifestation

– **Festival Labeaume en musiques :** *en juil-août, mais aussi hors saison. Infos : ☎ 04-75-39-79-86. • labeaume-festival.org •* Concerts à Labeaume et dans les villages environnants. Musique classique essentiellement, mais aussi un peu de jazz et un soupçon de musiques du monde. Une notoriété justifiée par la grande qualité des formations. Mariage habile entre les sites naturels et la musique.

BALAZUC (07120) 350 hab. *Carte Ardèche, A-B3*

La belle Ardèche musarde entre des falaises et des pitons ciselés dans le calcaire. Classé parmi les « Plus Beaux Villages de France » et perché sur un piton rocheux, Balazuc fait partie de ces « miracles de pierre », fier, dominant la rivière sans jamais l'écraser. Ruelles de gros pavés, venelles pluriséculaires, maisons à tuiles romaines et fenêtres à meneaux, église romane chapeautée d'un beau clocher à peigne, un château et son donjon du Xe s, tout était à l'abandon dans les années 1950. Aujourd'hui, Balazuc a retrouvé son caractère, sa personnalité et dégage un charme fou. Avec l'ouverture du *Museum de l'Ardèche* (lire la rubrique « À voir »), le village, s'il en avait besoin, redouble d'intérêt. Balazuc, pèlerinage de beauté obligatoire !

Grands parkings en haut et en bas du village (payant : 3 €). Balazuc se découvre à pied uniquement. La rue principale est d'ailleurs fermée en été dans la journée (11h-19h).

Où dormir à Balazuc et dans les environs ?

Camping

Camping La Turelure : *quartier Fontane, 07110* ***Uzer.*** *☎ 04-75-89-29-21. • camping-la-turelure@orange.fr • camping-la-turelure.com • ♿ À env 8 km de Balazuc, route de Joyeuse (D 104). Ouv de mi-avr à mi-sept. Forfait 12,90-25,90 € selon saison. Mobile homes 4-6 pers et tentes toilées 150-790 €/sem. CB refusées (sf juil-août). Apéritif offert sur présentation de ce guide.* On est bien à *La Turelure* : pas trop grand (moins de 70 emplacements), confortable (sanitaires bien tenus, piscine, café, épicerie), et profitant d'un bel environnement au confluent de la Lande et de la Ligne, déroulé tout au long la berge face à une impressionnante falaise. Sur l'arrière, des vignes et des champs. Impeccable pour la baignade et la pêche ! Une situation stratégique à la fois très nature et à deux pas des axes. Snack le soir et animations en été. Prêt de quelques kayaks.

Chambres d'hôtes

Chambres d'hôtes Les Dolines : *hameau d'Audon. ☎ 04-75-89-17-70. 06-85-70-18-85. • lesdolines@gmail.com • lesdolines.fr • À env 2 km de Balazuc ; traverser le village, passer le pont sur l'Ardèche, tourner à gauche ; 200 m plus loin, un panneau indique Audon sur la gauche. Congés : de mi-nov à mi-mars. Doubles 80-100 € selon confort ; suites 105-145 €. Table d'hôtes (sur résa) 28 €.* Qu'elles soient voûtées ou ouvertes sur le jardin, les chambres ont du caractère, et la décoration est soignée. Piscine extra dans le jardin, avec beaux transats et terrasse qui embrasse toute la vallée. Accueil jovial de Monique et Philou, qui ont beaucoup voyagé avant de se fixer ici et de restaurer cette vieille demeure un peu loin de tout. Le soir, on a tout simplement envie de rester là, à profiter.

Chambres d'hôtes Château de Balazuc : *en plein centre de Balazuc. ☎ 09-51-39-92-11. 06-07-16-66-58. • contact@chateaudebalazuc.com • chateaudebalazuc.com • Ouv avr-nov. Doubles 140-180 €. Table d'hôtes (sur résa) 35 €.* Un vrai château. Perché au sommet du village, il plante fermement ses vénérables murailles dans la roche et surplombe avec panache l'Ardèche. Les portes voûtées dissimulent une déco hors norme : mobilier design et aménagements contemporains audacieux transcendent cet univers médiéval. Ici un rideau en cotte de mailles sépare la partie couchage de la salle de bains, ailleurs un escalier en métal et verre conduit à la chambre d'En-haut... Le soir, vos hôtes offrent l'apéro. Parfait pour une parenthèse amoureuse (mais pas pour les enfants).

Chambres d'hôtes Château d'Uzer : *à* ***Uzer*** *(07110), dans le village même. ☎ 04-75-36-89-21. • chateau.uzer@gmail.com • chateau-uzer.com • À env 6 km à l'ouest de Balazuc sur la D 104. Doubles 145-160 €, suites pour 2-4 pers 210 €. Roulottes 2-5 pers 130-210 €. Table d'hôtes (sur résa) 35 € (quart de vin compris).* Une adresse rare, car cet adorable petit château a tout pour plaire : situé en plein cœur du village (et non sur un tertre, comme souvent), il abrite des chambres et suites de prestige à la déco soignée, mêlant ancien et contemporain, un jardin aussi beau qu'insolite avec sa palmeraie et sa bambouseraie, et tout au fond, une belle piscine pour se ressourcer au calme. En permanence soufflent ici l'histoire (voir le bel escalier ou encore l'incroyable jardin d'hiver avec son étonnante peinture murale), et le temps présent (partout, des toiles d'excellente facture). Les proprios ont le sens du beau, et l'accueil est à la hauteur, attentif et discret. On a aussi le sens de l'humour, avec des suites portant les doux noms de Zéphir, Céleste, Pom et Flore (relire *Babar* dans le texte !). Et il y a même un campement de roulottes pour une nuit romantique. Irrésistible.

L'ARDÈCHE

Où se baigner à Balazuc ?

En contrebas du pont, belle petite ***plage,*** pour se rafraîchir. Baignade surveillée l'été. On se répète, mais on conseille vraiment de faire la balade à pied jusqu'au Viel-Audon, de prendre son pique-nique et de se baigner là-bas (voir le chapitre suivant). Extra.

À voir

Le village : on flâne le nez en l'air le long des ruelles pour se retrouver, tôt ou tard, au pied de l'église romane, petite et adorable, avec ce clocher-mur trilobé qu'on gagne par un étroit escalier. Elle abrite de superbes vitraux de Yankel et peut se visiter pendant les périodes d'exposition (de mars à septembre). Vue sur l'avalanche de toits de tuiles, de cheminées, des pans de pierres blanches ou grises, selon la lumière. En dessous, le bruissement de la rivière et la falaise silencieuse. Du bel ouvrage, madame ! Et puis d'autres passages, d'autres impasses, encore des venelles, toujours plus d'arcades et d'escarpements qui mènent au pied d'improbables remparts, devant quelques ruines d'un château du XIIIe s.

Le Muséum de l'Ardèche : *en arrivant à Balazuc, prendre à gauche vers le parking du stade de foot (indiqué), le musée est à deux pas. ☎ 04-28-40-00-35. • museum-ardeche.fr • Avr-oct, tlj : juil-août, 10h-19h ; le reste du temps, 10h-12h30, 13h30-18h. Entrée : 7,70 € ; réduc. Avec les ateliers : 9,90 €. Visite libre, mais également visite guidée ttes les heures (sans supplément), que l'on conseille vivement. Ateliers animés (l'été, 3 fois/j.) ; s'inscrire par tél.*
L'unique grande salle de ce passionnant musée, lumineux et bien agencé, vaut vraiment le détour. Il abrite les premières traces de vie, sous forme de fossiles, dont la très grande majorité est issue de la terre ardéchoise. Toute l'histoire du vivant est fixée dans la diatomite (pierre tendre composée de sédiments), sur une période allant de 300 à 50 millions d'années avant notre ère, comme si le film de la vie s'était soudainement arrêté. Et c'est de toute beauté. Les guides savent merveilleusement narrer l'histoire de ces animaux figés pour l'éternité. Les vitrines, classées par espèces, permettent de se rendre compte de la diversité : voir l'incroyable couple de *microstonix* (ancêtre du sanglier géant), saisi l'un derrière l'autre, en plein mouvement ; les poissons d'eau douce (silures, vandoises, barbots...), dont l'un est mort étouffé en avalant un plus petit que lui ; les requins qui semblent prendre la pose ; et puis les belles cigales, les serpents... Sans oublier une pièce unique, un *hipparion* (ancêtre du cheval), emprisonné avec son fœtus.
Petite expo temporaire, et à l'extérieur, ateliers de fouilles pour les Indiana Jones en herbe. Également des ateliers animés et des conférences astronomiques de temps en temps (infos sur le site).
Buvette-glacier bien sympathique, avec boissons et produits locaux.

La maison des Artisans : *rue de la Tour-Carrée. ☎ 04-75-37-78-08. • maisondesartisansbalazuc.fr • Dans les hauts de Balazuc. Avr-sept, tlj 10h-12h, 15h-18h (19h juil-août). GRATUIT.* De la poterie essentiellement, une fontaine en céramique dans la courette, construite sur le thème du temps, et pas mal de produits régionaux.

Descendre l'Ardèche entre Balazuc et Ruoms

Il n'y a pas qu'à Vallon-Pont-d'Arc que l'Ardèche est praticable. On ne le sait pas assez, mais on peut profiter de la rivière à partir de Ruoms, de Balazuc ou de Vogüé. Évidemment, les paysages sont moins impressionnants que dans les gorges, mais il y a moins de monde en été. Pour louer un kayak, appeler la base nautique *Le Fazao* (d'avr à mi-sept ; ☎ 04-75-37-00-44 ; • balazuc-canoe.com •).

LE VIEL-AUDON (07120) *Carte Ardèche, A3*

La balade vers Le Viel-Audon et sa visite sont un complément indissociable à la visite de Balazuc, pour continuer en douceur cette exploration de l'art de vivre. Le hameau est ouvert à tous, tout le temps, toute l'année. On s'y promène, on s'y baigne, on s'y restaure, et on peut même y dormir (gîte d'étape). Et c'est une vraie leçon de vie !

ABANDON ET RENOUVEAU

Le Viel-Audon raconte une belle aventure humaine : celle d'un bouquet de maisons, d'un ensemble de bergeries et d'une chèvrerie complètement retapées par un groupe de doux dingues. Dans les années 1970, tout était en ruine ici, parce que les habitants du Viel-Audon avaient quitté les rives de l'Ardèche pour le « nouvel » Audon, perché sur la falaise. Tiens, en passant, on précise que « viel » signifie « vieux » en patois. Au départ, huit familles vivaient là. Au cours du XIXe s, l'élevage du ver à soie était en pleine expansion, et demandait beaucoup de place. On édifia donc la magnanerie sur la falaise surplombant l'Ardèche, alors que les habitants continuaient à résider en bas. Mais petit à petit, les familles abandonnèrent le hameau pour s'installer là-haut. On démonta les toitures et les encadrements de portes et fenêtres, et on laissa le reste se faire dévorer par les herbes folles.
Dans les années 1970, un Ardéchois d'Aubenas et quelques autres découvrent le coin, en tombent amoureux et décident de retaper le lieu, sans but vraiment précis, si ce n'est d'y réinsuffler de la vie avec l'aide de nombreux bénévoles. Plus de 40 années de travail (et ce n'est pas fini...) et des matériaux transportés à dos d'homme ou à la brouette. Les maisons ont été redressées, et la vie a repris. Chapeau !

UNE INCROYABLE RÉUSSITE

Aujourd'hui, Le Viel-Audon est plus que jamais un lieu associatif vivant et particulièrement animé, où résident à l'année une poignée d'irréductibles ne craignant pas les frimas de l'hiver. Quatre associations gèrent le lieu : il y a la partie jardin et élevage, l'épicerie et la buvette, les hébergements (on y reçoit classes vertes, petites colos, groupes...), et enfin l'organisation des chantiers de jeunes (voir plus loin).
Dans un esprit écolo et durable, loin de la mode ambiante (ici, on « cultive » l'écologie depuis 40 ans !), on élève des chèvres, on produit du lait, du fromage (excellent), des plantes aromatiques (en sirop aussi), ainsi que des légumes transformés en plats préparés pour la boutique. On croise aussi poules, chèvres, cochons...

JEUNES CHANTIERS

Tous les étés, en juillet-août, se déroule un chantier de jeunes (appelé Jeunes Chantiers – JC), où des bénévoles (17-25 ans) viennent ici pour une durée minimale de 10 jours. Ils donnent leur temps et leur énergie pour poursuivre la restauration sans fin du hameau. On monte des murs de pierre, travail du bois, jardinage on fait du pain ou la cuisine, on s'occupe des animaux... Six heures de boulot quotidien et une chouette ambiance le soir, avec en prime l'acquisition du sens du partage et des responsabilités. Une expérience du tonnerre, empreinte de solidarité ! *(pour ttes infos : • levielaudon.org • ou ☎ 07-61-43-22-18).*

Comment y aller ?

À pied depuis Balazuc, ou en partie en voiture, puis à pied.

➢ ***À pied** (env 800 m depuis le pont de Balazuc)* **:** descendre tout en bas de Balazuc, passer le pont de l'Ardèche et, juste après, emprunter sur la gauche le sentier qui longe la rivière, en surplomb de celle-ci. En 15-20 mn, on y est.

➢ ***En voiture, puis à pied :*** prendre à gauche après le pont et suivre la route sur environ 2,5 km. Elle longe de jolies petites gorges stratifiées, puis c'est bien fléché sur la gauche (on emprunte un autre pont étroit, et on suit la petite route à gauche, puis un bout de chemin. Parking sur la gauche, sous les arbres (pas super visible). On se retrouve sur le plateau de la falaise. Un sentier muletier mais néanmoins caillouteux permet de descendre jusqu'au hameau en moins de 10 mn.

Où dormir ? Où manger ?

Gîte d'étape du Viel-Audon : *☎ 04-75-37-73-80. • accueil@levielaudon.org • levielaudon.org • Ouv tte l'année. Résa indispensable. Nuitée 18 €. Petit déj et table d'hôtes (sur résa) 22,50 € ; repas pique-nique 12,50 €.* En tout, une cinquantaine de couchages en dortoirs de 4 à 10 lits. Prévoir un duvet ou un sac à viande (couverture fournie). Cuisine équipée, salle commune, terrasse... le tout à deux pas de la rivière. Tiens, puisqu'on est dans un lieu très écologique, on apporte aux cochons ses déchets organiques. Les enfants adorent. À la table d'hôtes, produits de la ferme et biologiques.

Il n'y a pas de resto à proprement parler au Viel-Audon, mais à la boutique, sous la halle, on sert (11h-19h) une ***petite restauration*** genre bonnes planches de charcuteries locales et de fromages (succulente faisselle, entre autres), et des glaces délicieuses. On peut aussi apporter son pique-nique, puis s'offrir une petite sieste sous les arbres, avant de piquer une tête dans la rivière. Le genre d'endroit où l'on reste toute une journée sans la voir passer...

À voir. À faire

Le hameau : *☎ 04-75-37-73-80. • levielaudon.org • Ouv tte l'année.* Les écoles y envoient des classes pour prendre goût aux choses de la terre, à l'écologie et au partage. Des colos y viennent aussi. C'est ainsi un centre de formation en éducation à l'environnement, au développement durable et à la coopération, créé bien avant que ce soit la mode. On s'y balade librement et les curieux peuvent toujours aller glaner des informations à la petite boutique près de la halle. On peut également y dormir (gîte d'étape, voir plus haut). Vous verrez la traite des chèvres (en fin d'après-midi), les animaux tout autour... Sous la halle de la boutique-buvette, quelques panneaux présentent l'incroyable histoire du hameau et des associations qui l'animent aujourd'hui.

Petite boutique : *sous la petite halle-buvette. Tte l'année, tlj 11h-19h.* Produits de la ferme (fromages de chèvre, confitures...) et des autres producteurs locaux, avec un petit coin buvette sous la halle (très sympa) pour prendre une boisson chaude ou froide, goûter les jus de fruits de variétés anciennes, des cafés et thés du commerce équitable, et les étonnants sirops de plantes aromatiques. Vente de bocaux, pâtés végétaux...

ROCHECOLOMBE (07200) 170 hab. *Carte Ardèche, B3*

Ce minuscule village perché n'a pas le charme de Balazuc, certes, mais il possède son caractère. Montez au sommet de la colline par le chemin carrossable (on peut parfaitement monter à pied). Vue superbe sur la vallée. Ça sent tellement le Sud par ici qu'on s'attend presque à voir la mer au loin.

RELIEF KARSTIQUE

On est ici dans un relief karstique. Ce terme désigne au départ une région slovène. C'est un relief calcaire rongé par les eaux. La pluie, contenant du gaz carbonique, est acide et dissout facilement le calcaire. Les eaux sculptent ainsi des crevasses et des cavités souterraines importantes, où elles s'engouffrent pour former ensuite des sources et des cours d'eau.

LANAS (07200) 370 hab. *Carte Ardèche, B3*

Encore un village baigné par l'Ardèche, où le temps s'est arrêté et où les maisons jouent à touche-touche. De la petite place, partez explorer les passages étroits, les voûtes touffues et les ruelles herbeuses, avant de buter sur quelques ruines. En essayant de se perdre, on est tombés sur un bout de ruelle répondant au doux nom de Raccourci-de-l'École, qui aboutissait... aux rives de l'Ardèche. Ça ne s'invente pas. C'est dans le cimetière de Lanas qu'un certain Henri Charrière (1906-1973), dit Papillon, fils d'instituteurs d'Ucel, est enterré, près de sa mère Louise Charrière. C'est un des plus célèbres évadés du monde, incarné au cinéma par Steve McQueen dans *Papillon*.

UN PAPILLON ARDÉCHOIS

On le surnommait le « Vénézuélien de l'Ardèche ». Condamné au bagne pour un meurtre qu'il nia toujours, il s'évada à plusieurs reprises de Cayenne. Henri Charrière, alias Papillon, se réfugia en 1945 au Venezuela, où il resta 21 ans. Célèbre pour sa gouaille, ce Jean Valjean des temps modernes revint en Ardèche en 1969, et retrouva en larmes son école à Pont-d'Ucel. Enrichi par le succès de son récit Papillon, *publié en 1968, il mourut à Madrid en 1973. Papillon est enterré au cimetière de Lanas.*

Où dormir ? Où manger ?

Camping de L'Arche : *de Lanas, route de Vogüé, puis 800 m et sur la droite. ☎ 04-75-37-79-15. • contact@camping-de-larche.*

fr • camping-de-larche.fr • ♿ Ouv avr-sept. Forfait 16,50-19 €. Mobile homes et bungalows toilés 4-6 pers 240-600 €/sem selon taille et saison (loc à la nuit possible hors saison). Camping familial en terrasses, juste au-dessus de l'Ardèche et en contrebas d'une petite route. Endroit calme, agréable, à taille humaine et bien ombragé. Excellent rapport qualité-prix-tranquillité. En vrac : barbecues, baby-foot, soirée paella... Les enfants apprécieront la piscine (avec transats) et les ânes !

Auberge du Vieux Lanas : *sur la petite pl. du village. ☎ 04-75-37-77-09. • auberge.lanas@hotmail.fr • vieux-lanas.fr • Congés : déc-janv. Resto tlj midi et soir en hte saison ; fermé le midi et dim en basse saison. Doubles 62-86 € selon saison. Menus 20-28 €.* Une auberge de village entièrement rénovée, qui s'est donné un nouveau souffle sans renier son passé. À l'image des chambres, refaites avec goût et personnalité, offrant toutes un excellent confort (clim, belles salles d'eau, literie de qualité). Petit coin salon dans les parties communes. Le resto est dans la même ligne : plats travaillés avec soin, sans s'éloigner du produit. Jolie terrasse à l'ombre, d'où l'on peut observer l'animation. Service jeune et plein d'entrain.

AU NORD DES GORGES DE L'ARDÈCHE : LE PLATEAU DES GRAS

Petite incursion au nord des gorges de l'Ardèche, où l'on découvre des villages de pierre tranquilles, d'agréables haltes au gré des départementales. Il faut se laisser tenter par les odeurs, les panoramas incroyables, juste à l'écart des gorges chaudes, parfois trop chaudes en été.

SAINT-REMÈZE (07700) 900 hab. *Carte Ardèche, B3*

À 14 km à l'est de Vallon-Pont-d'Arc, au cœur du plateau du Laoul, voici un doux et lumineux paysage ardéchois, quadrillé par des champs de lavande et des vignes. Un gentil village tranquille qui représente la patrie des côtes-du-vivarais, vins locaux gouleyants. Pour arpenter à son rythme ce charmant territoire d'Ardèche, n'hésitez pas à suivre les sentiers pédestres et les circuits VTT qui permettent de découvrir un beau petit patrimoine insoupçonné (dolmens, moulins). Fiches disponibles à l'accueil de la mairie.

Où dormir ? Où manger à Saint-Remèze et dans les environs ?

Camping Carrefour de l'Ardèche : *à l'entrée du bourg de Saint-Remèze, en venant de l'est. ☎ 04-75-04-15-75. • carrefourardeche@yahoo.fr •*

ardechecamping.net • ♿ Ouv de mi-avr à fin sept. Forfait 13-28 € selon confort et saison. Chalets et mobile homes 180-720 €/sem selon confort et saison (possible à la nuitée hors saison). 90 empl. Grand camping d'excellent confort. Emplacements herbus et espaces bien délimités. Bonnes prestations : bar-resto sympa avec baby-foot, épicerie, grande piscine (toute ronde pour changer !), club enfants en été, et toutes sortes de soirées à thème et animations diverses.

Chambres d'hôtes Le Micalin : *à 3 km de Saint-Remèze, direction Le Micalin. ☎ 04-75-04-20-85. • patrick.meycelle@orange.fr • lemicalin.com • Ouv avr-sept. Double 84 € (dégressif dès la 2e nuit). Table d'hôtes 28 €.* Superbe ferme rénovée avec soin, donnant sur la campagne, un champ de lavande et un cours d'eau en contrebas. Du charme à revendre ! Quant aux 3 chambres, elles sont dans le même esprit, séduisantes (beaux tissus, meubles élégants) et tout confort. Vue bien dégagée sur les côtés et très bon petit déj. Très romantique. Piscine.

Chez Laurette : *rue principale, à Saint-Remèze. ☎ 04-75-46-14-15. • auberge.chez-laurette@orange.fr • aubergechezlaurett.wix.com/chezlaurette • ♿ (resto). Pâques, été et Toussaint, ouv tlj ; le reste de l'année, fermé mer soir et jeu. Doubles 60-67 € (- 5 € dès la 2e nuit), petit déj inclus. Menus 12,90 € (déj en sem)-24 €. Réduc de 10 % sur le prix de la chambre nov-mars sur présentation de ce guide.* L'un de ces lieux conviviaux qui insufflent de la vie dans les campagnes. D'un côté le café, sympa à toute heure, de l'autre le restaurant, où l'on sert dans une jolie véranda lumineuse ou en terrasse une solide cuisine de terroir, simple, bonne et réalisée avec des produits locaux. Et pour prolonger le plaisir, vous pouvez même loger à l'étage dans l'une des 4 chambres sans prétention, sobres et propres, avec salle de bains.

Où déguster et acheter un bon côtes-du-vivarais ?

Domaine de la Boisserelle : *Richard et Isabelle Vigne, route des Gorges. ☎ 04-75-04-24-37. ♿ Dans le village, prendre la route des Gorges, puis panneau sur la droite. Tlj 9h-12h, 14h-19h ; hors saison, fermé l'ap-m mer-ven ; mieux vaut appeler avt.* Un producteur accueillant qui propose de bons vins locaux. Saveurs lointaines de calcaire au goût méridional.

DANS LES ENVIRONS DE SAINT-REMÈZE

La Forêt des Jeux : *plaine d'Aurèle, à env 4 km à l'est de Saint-Remèze sur la D 4 en direction de Bourg-Saint-Andéol. 06-52-23-18-49. • laforetdesjeux.com • Avr-juin et sept, mer, sam et dim 10h30-18h (tlj pdt les vac scol et ponts) ; juil-août, tlj 10h-19h. Dernière entrée conseillée 2h avt fermeture. Entrée : 7 € enfant ou adulte ; gratuit moins de 3 ans.* Une forêt pleine de magie pour distraire et occuper les enfants (mais les grands n'y resteront pas insensibles non plus !). Son parcours (plus de 1 200 m de sentiers), jalonné d'œuvres d'artistes, ponctué de totems et de sculptures originales, est marqué par une série d'animations et de jeux construits avec des matériaux naturels : chevaux volants, marionnettes à assembler, cabanes, tipis, brumisateurs. Une initiative ludique et écologique.

Le musée de la Lavande : *à 2 km du village, par la D 490 en direction des gorges de l'Ardèche (fléché). ☎ 04-75-04-37-26. • ardechelavandes.com • ♿ Avr-sept, tlj 10h-19h (dernière visite à 18h). Entrée : 6,50 € ; 3 € pour les 7-14 ans. Sympathique aire de pique-nique aménagée en bordure de 2 ha* *de lavande.* En pleine campagne, un musée bien fait qui rend hommage à la lavande. Rappelons que sa culture a débuté en Ardèche en 1885. En introduction, vidéo de 15 mn consacrée à l'histoire de cette belle plante à travers les âges (depuis les Égyptiens jusqu'à nos jours). Puis place à la salle des alambics, qui rassemble tous les ustensiles nécessaires pour la distillation. On ne manquera pas d'admirer l'atelier des parfumeurs, dans lequel on ne pénètre pas, mais un simple coup d'œil suffit pour plonger immédiatement dans un univers de rêve et de magie. Enfin, la visite guidée aborde en détail le processus de distillation (on peut même observer la fabrication en direct, puisque le musée produit des essences vendues en boutique), avant de découvrir un petit jardin botanique avec différentes espèces et variétés de lavande (on en recense 50 dans le monde !).

Le village de Bidon : au cœur du plateau des Gras, à 5 km de Saint-Remèze et 3 km des gorges de l'Ardèche, une situation idéale dans un paysage de garrigues, de lavande et de vignes. Vieilles ruelles escarpées à découvrir à pied.

GRAS (07700) 580 hab. *Carte Ardèche, B3*

À 9 km au nord de Saint-Remèze et 23 km de Vallon-Pont-d'Arc. Un petit village perché au bout d'une route au cœur de paysages du grand Sud : champs de lavande, vignobles, collines arrondies. Au centre du village, une placette, quelques tables en terrasse du café, des artisans et des potiers, et même des galeries de peinture.

Où manger dans les environs ?

La Cigale et la Fourchette : *au cœur du village de* ***Larnas*** *(07220), à quelques km de Gras. ☎ 04-69-26-54-25. Ouv tte l'année, tlj sf mer. Formules 19-26 €, midi et soir.* On ne regrette pas de s'être écarté des sentiers battus pour s'attabler sur la jolie terrasse, sous les cannisses, juste bercé par le chant des cigales. Ce véritable « Bistrot de pays » a bien mérité son label, concoctant une cuisine vive et inspirée, attachée à son terroir pour mieux s'en libérer. La carte est courte (gage de sérieux), et évolue au gré des saisons, toujours en quête du meilleur produit.

Où déguster et acheter du bon vin ?

Domaine Alain Dumarcher : *à 1 km du hameau Le Mas-de-Gras (fléché). ☎ 04-75-04-31-82. • a.dumarcher@orange.fr • Tlj (sf mer sept-mars) 10h-20h. Mieux vaut téléphoner avt. Congés : janv. Une bouteille de jus de fruits ou de vin offerte pour l'achat de 12 bouteilles de vin sur présentation de ce guide.* Une cuvée des Champs de la Fare au jaune d'or vif qui, à l'aveugle, passerait facilement pour une AOC. Une dégustation découverte offerte lors de la visite.

Randonnée dans le coin

➢ Ici, les marcheurs ne seront pas en reste : belle randonnée qui peut vous mener, depuis le hameau de Gogne, jusqu'au ***col d'Eyrole,*** puis de là, de grimper jusqu'à la ***dent de Rez*** qui domine le plateau à 719 m.

EN REMONTANT LE RHÔNE, DE SAINT-MARTIN-D'ARDÈCHE À VIVIERS

BOURG-SAINT-ANDÉOL

(07700) 8 000 hab. *Carte Ardèche, B3*

Un carrefour commercial obligatoire, animé les jours de marché, ville de passage le reste du temps. Et pourtant, quelques jolies curiosités, comme cet étrange bas-relief, de beaux hôtels particuliers (ne pas rater le palais des Évêques) et les quais. Le commerce fluvial et le transport de voyageurs étaient très développés aux XVIe et XVIIe s. Les voyageurs arrivaient en bateau et s'y arrêtaient pour changer d'embarcation et continuer la descente du fleuve jusqu'à Beaucaire. Bourg-Saint-Andéol fut une ville prospère de marchands, qui firent bâtir de splendides hôtels particuliers : la plus forte concentration de monuments classés en Ardèche, d'ailleurs. Bref, Bourg-Saint-Andéol, on s'y arrête, on visite, mais on n'y séjourne pas forcément, puisque d'excellentes adresses et des bijoux de petits villages nous tendent leurs belles pierres non loin.

LES CÔTES-DU-RHÔNE

Produites sur le terroir du canton de Bourg-Saint-Andéol, entre Drôme, Gard et Vaucluse, sur des anciennes traces d'alluvions du Rhône, les appellations côtes-du-rhône correspondent à 65 000 hl par an. S'affichant dans les premiers à l'AOC en 1937, ce vignoble s'étend sur 1 260 ha en terrasses surplombant le Rhône et la rivière Ardèche.

Les vins rouges s'élaborent à base de cépages grenache (pour la rondeur) et syrah (pour les arômes et les tanins). Le rosé reprend les mêmes et fait appel au cinsault en complément. Tandis que les vins blancs sont issus de grenache blanc, clairette, marsanne, roussanne, bourboulenc et viognier.

Là où les combes dessinent les coteaux, les vignes sont bien préservées. Là où les sols sont pavés de galets rhodaniens (qui aident au drainage des pluies), les vignes sont bien irriguées, et durant la nuit, la chaleur emmagasinée pendant le jour reste au pied du cep. Là où les cépages rouges sont emplis de tanins, le vieillissement du vin promet de belles années de garde. Parfois, les sols sont de lœss, cette terre douce de couleur ocre. Les vins blancs et rosés y sont plus destinés.

Arriver – Quitter

Gare SNCF : ☎ 36-35 (0,34 €/mn). La gare la plus proche est à Pierrelatte (5 km), de l'autre côté du Rhône, dans la Drôme.

Le Sept : • lesept.fr • La ligne 20 relie Pont-Saint-Esprit (Gard) et Montélimar en passant par Bourg-Saint-Andéol. Arrêts à Saint-Montan, Viviers, Le Teil.

Également *Transports Auran*

(☎ 04-66-39-10-40), Autocars Teste (☎ 04-75-00-27-90), Autocars Charrière (☎ 04-75-81-34-60) et *Autocars Ginhoux (☎ 04-75-35-69-90).*

Adresse et infos utiles

Office de tourisme du Rhône aux gorges de l'Ardèche, agence de Bourg-Saint-Andéol : *pl. du Champ-de-Mars. ☎ 04-75-54-54-20. • rhone-gorges-ardeche.com • Juil-août, tlj sf dim ap-m 9h-13h, 14h-18h30 ; sept-juin, tlj sf sam ap-m et dim 9h-12h30, 14h-18h.* Un office dynamique et professionnel. Bon accueil. Organise notamment une visite guidée de la ville ainsi qu'une visite des dolmens (sur rendez-vous), nombreux dans le coin. Durée : 1h30 à 2h. Et aussi des randonnées commentées autour du vin et du vignoble.

– **Marchés :** *provençal mer mat ; bio ven ap-m à la cave coopérative ; marché aux puces le 1er sam du mois.*

– **Fermes et terroirs, accueil gourmand :** ce réseau permet d'apprécier les productions gourmandes et de visiter les caves et exploitations (infos à l'office de tourisme).

L'ARDÈCHE

Où dormir ?

Camping

Camping du Lion : *chemin Île-Chenevier. ☎ 04-75-54-53-20. • contact@campingdulion.com • campingdulion.com • ♿ Du pont de Pierrelatte, tourner à droite, puis c'est indiqué. Ouv avr-sept. Forfait env 17-29,50 € selon saison. Mobile homes, roulottes, chalets et tentes toilées 230-850 €/sem pour 4-6 pers, selon taille et saison (loc possible à la nuitée).* À quelque distance de la ville, au calme, un vaste camping (5 ha) offrant 140 grands emplacements bien ombragés. Équipements classiques, bonnes prestations. Snack, resto, bar, club enfants en été, piscine (3 bassins), jeux, supermarché à 500 m. Animations diverses et soirées à thème. Ambiance conviviale et familiale.

De prix moyens à chic

Hôtel Le Prieuré : *1, quai Fabry, et 2, rue Poterne. ☎ 04-75-54-62-99. • hotelleprieure@orange.fr • hotel-restaurant-leprieure.com • Fermé sam midi, ainsi que dim soir hors saison. Doubles env 61-78 € selon confort et saison. Café offert sur présentation de ce guide.* Un bel hôtel aux allures bourgeoises avec sa façade qui regarde le Rhône. Si l'emplacement est bon, l'établissement est en revanche un brin vieillot, mais bien tenu. Salon commun agréable à l'étage, prolongé par une terrasse dominant le Rhône. Accueil familial très sympathique.

Où dormir dans les vignes ?

Chambres d'hôtes du domaine Notre-Dame de Cousignac : *quartier Cousignac. ☎ 04-75-54-61-41. 📱 06-16-17-61-64. • ndcousignac@orange.fr • ndcousignacvillegiature.fr • Doubles 60-65 € selon saison.* Une adorable chapelle dans les vignes et une vaste propriété familiale attenante aux chais : voilà pour le cadre ! Dans la grande maison familiale, des chambres d'hôtes rustiques, champêtres et bien tenues (et d'un bon confort : on a même accès à une cuisine commune), ainsi qu'une suite plus luxueuse, avec baignoire balnéo et douche à l'italienne, aménagée dans une dépendance. Superbe vue sur la vallée depuis les terrasses et la belle piscine et le spa (massages sur réservation). Excellent accueil naturel. Le propriétaire est un vigneron-récoltant qui produit un délicieux vin local. Activités à thème : visite du vignoble, vendanges, cueillettes de champignons, œnologie, spéléOenologie... Accueil vélos.

Où déguster et acheter du vin dans le coin ?

Les Vignerons des gorges de l'Ardèche (Pierre Pujuguet) : *quartier des Auches. ☎ 04-75-54-77-02. • vga07.com • Tlj sf sam ap-m, dim et j. fériés 9h-12h, 15h-18h.* On trouve ici des AOC côtes-du-rhône, Coteaux de l'ardèche et des vins bio. Promenade sur le sentier des vignerons. Dégustation et vente.

Domaine Coulange (Christelle Coulange) : *quartier Saint-Ferréol. ☎ 04-75-54-56-26. • domaine-coulange-rhone.com • Lun-ven 9h-12h, 14h-18h ; w-e et j. fériés sur résa.* Le Sud, c'est l'énorme armée des côtes-du-rhône génériques. Et pourtant, avec la diversité des vinifications et des implantations, on distingue quelques producteurs. Celui-ci en fait partie.

Château Les Amoureuses : *chemin de Vinsas. ☎ 04-75-54-51-85. • lesamoureuses.wine • Boutique ouv à l'année, lun-sam 10h-13h, 14h-18h (19h de mi-avr à mi-oct et j. fériés).* Joli nom, ma foi, celui de la source, en contrebas, où venaient se désaltérer les amoureux. Agréable balade du bourg jusqu'au château. Restons dans la poésie pour ce côtes-du-rhône avec des notes de vanille dues au vieillissement en fût. Un vin élégant qui se marie même avec une volaille ou une charcuterie.

L'ARDÈCHE

À voir. À faire

➢ **Visite guidée à thème de la ville :** *en juil-août, sur résa ; départ de l'office de tourisme. Durée : env 1h30.*

Le palais des Évêques : *16, rue Poterne. ☎ 04-75-54-41-76. • palais-des-eveques.fr • Juin-sept slt, mer-ven, dim et j. fériés 15h-19h, plus dim 10h-12h. Visites guidées. Entrée : 9 € ; réduc. Visite nocturne aux chandelles (ven à 21h) 10 €.*
Résidence des évêques de Viviers dès le XIIIe s, ce magnifique édifice sur cour fermée, classé Monument historique en 1946, a été racheté par Jacques et Nicole Lextreyt. Amoureux des vieilles pierres, ils l'ont retapé petit à petit, avec l'aide d'une poignée de bénévoles, pour en faire un espace muséographique. Le résultat est admirable !
Le palais abrite une centaine de salles, mais toutes ne se visitent pas. On ne va pas détailler le contenu des collections, puisqu'elles peuvent changer selon l'humeur et les coups de cœur des propriétaires. Au rez-de-chaussée, vous commencerez la visite en allant faire un tour sur la terrasse qui surplombe le Rhône et lèverez le nez pour admirer les belles façades gothiques.
Retour à l'intérieur. À droite, c'est la salle des banquets, richement meublée, où se réunissaient les évêques pour prendre les décisions. Remarquable cheminée du XVe s. Au fond, les grandes cuisines, avec, là encore, deux cheminées du XVe s ornées du blason de la famille Poitiers-Valentinois. Au 1er étage, la chambre de l'évêque (qui pouvait à loisir contempler les bateaux remontant le fleuve depuis son lit !). On y admire un plafond à la française peint de décors traités à l'huile en 1638. Ensuite, direction la chambre où Mazarin dormit en 1642, alors qu'il se rendait à Lyon pour assister à l'exécution de Cinq-Mars, accusé d'avoir comploté contre Louis XIII. Richelieu, également du voyage mais trop malade pour être amené dans le palais, passa la nuit à Viviers. La date de 1642 est d'ailleurs gravée en souvenir de cet épisode sur l'une des poutres peintes du plafond... Admirez au passage la richesse des coloris !
Dans la chapelle néogothique, ne pas manquer l'expo permanente consacrée aux œuvres du peintre René Margotton. Né en 1915 à Roanne et élève de Fernand Léger, René Margotton a un style tout particulier, que l'on peut définir comme étant la synthèse entre le cubisme et la figuration. Noter sa façon de représenter les femmes avec de longs cous et des doigts graciles. Dans une aile du XIVe s, ouverture

d'une nouvelle salle renfermant un ancien laboratoire pharmaceutique. Dans la cour d'honneur, minijardin à la française avec sa roseraie et son jardin médicinal ; encastré dans le mur, à droite de l'entrée, un document lapidaire (très rare) gravé en 1536 et commémorant les travaux exécutés dans le palais. Également une bibliothèque de consultation avec sa salle de lecture pour les chercheurs, ses fonds anciens et de régionalisme.
Organise également des expos temporaires et des dîners médiévaux du XVe s.

Le bas-relief du dieu Mithra et le goul de Tourne : *à 5 mn à pied de l'office de tourisme (qui propose un fascicule gratuit), en empruntant l'av. Marc-Pradelle.* Dans un espace verdoyant, plusieurs curiosités qui n'ont rien à voir les unes avec les autres. Tout d'abord, ce lavoir de style néoclassique, du XIXe s, et puis, à l'arrière, au-delà de la pelouse, sur une paroi rocheuse, un étonnant bas-relief sculpté dans la pierre. C'est celui du dieu Mithra, d'origine bien mystérieuse. Il date du IIe ou IIIe s apr. J.-C. et fut réalisé par les Romains. Il s'agit d'un culte monothéiste venu du Moyen-Orient, transmis par les soldats romains. Les Romains ont laissé des vestiges de *mithreum* (lieu de culte à Mithra) partout où ils sont passés : en Italie, en Espagne, en Allemagne, dans les Balkans, en Afrique du Nord et au Moyen-Orient...
Le bas-relief du *mithreum* de Bourg-Saint-Andéol représente le dieu en train d'immoler un taureau. Mithra a pris ici les traits d'un bel éphèbe à la cape flottant au vent et coiffé d'un curieux bonnet phrygien, en fait le symbole de l'affranchissement et de la liberté chez les Grecs et les Romains. Et puis un soleil, un corbeau, un serpent, la lune, un chien... Autant de symboles autour desquels tournent plusieurs hypothèses. Frédéric Mistral y situe une scène de *La Sorcière de Tourne.* Le psychologue Jung parle de Mithra dans son œuvre.
Autre curiosité : juste à droite du bas-relief, deux résurgences de type vauclusiennes *(goul),* à savoir une remontée d'eau, en l'occurrence de la Tourne. Concrètement, il s'agit d'un gouffre sans fond. Site très réputé chez les plongeurs spéléo, le Petit Goul a permis à un plongeur de battre le record d'Europe de plongée spéléo à 220 m en 2008. Cette source se voyait attribuer de nombreuses vertus. On trouve une deuxième résurgence à quelques enjambées, après le bas-relief. Enfin, sachez qu'il y avait dans ce quartier de nombreux moulins à blé, puis des tanneries, qui utilisaient le cours d'eau. On voit d'ailleurs encore les bâtiments des anciennes tanneries *Amblard.*

L'église de Saint-Andéol : bel édifice roman au départ, maintes fois transformé au fil des siècles. Façade de style jésuite, ajoutée au XVIIIe s. Plus intéressant, le clocher du XVIe s, à dentelures byzantines. « Une des plus belles tours romanes octogonales que j'ai vues » selon Victor Hugo qui visita l'église en 1839. À noter encore, l'autre petit clocher triangulaire agrémenté de quelques gargouilles, surmonté d'une jolie ferronnerie. L'intérieur, sobre, abrite un orgue classé et, à droite du chœur, un sarcophage de marbre, au couvercle sculpté façon écaille. D'après la légende, il aurait contenu le corps de saint Andéol. Venu de Smyrne (aujourd'hui Izmir en Turquie) vers 167 apr. J.-C., Andéol a fini martyrisé en 208 sur les rives du Rhône. Le sarcophage présente une face romaine opposée à une face chrétienne.

Le moulin à huile Lou Mouli d'Oli : *domaine de la Souteyranne. ☎ 04-75-54-70-54. • paroledolive.com • Tte l'année (sf vac de fév), en principe mar-sam 14h-18h ; sinon, sur rdv. Visite commentée. Entrée et dégustation gratuites.*

La Cascade – Maison des arts du clown et du cirque : *av. de Tourne. ☎ 04-75-54-40-46. • lacascadeclownetcirque.fr • Lun-ven 9h30-12h30, 14h-17h30. La Cascade,* unique pôle national des arts du cirque en Rhône-Alpes, occupe les locaux de l'ancienne école Saint-Joseph. Ce superbe bâtiment est organisé autour d'un cloître majestueux. Les troupes des Nouveaux Nez et des Colporteurs y sont installées à demeure mais *La Cascade* se veut un lieu ouvert et devient donc résidence temporaire d'artistes, lieu de formation et bien sûr de spectacles. Le cloître résonne à nouveau de cris, de rires et de pleurs parfois...

➢ ***La ViaRhôna :*** l'un des tronçons de la *ViaRhôna* relie Bourg-Saint-Andéol à Viviers (voir le texte « Le vélo en Ardèche » en début de chapitre).

Manifestation

– ***Les Jeudis de l'été :*** *juil-août, en soirée.* Une manifestation culturelle gratuite. Au programme : concerts variés, jeux du monde, théâtre, cinéma en plein air, etc.

SAINT-MONTAN (07220) 1 870 hab. *Carte Ardèche, B3*

À 14 km au nord de Bourg-Saint-Andéol. Ce village est un des plus beaux sites médiévaux de la région. Il s'élève en pyramide jusqu'à son château des temps féodaux, construit sur l'éperon rocheux de l'Agache. Dans les années 1970, c'était encore un village abandonné comme il y en avait beaucoup en Ardèche. Il a été patiemment restauré grâce à l'Association des amis de Saint-Montan. On a pavé les ruelles, reconstruit les maisons en ruine, et la vie est revenue dans les vieilles pierres. Un proverbe dit que l'on ne peut pas être et avoir été : ce n'est pas vrai pour Saint-Montan, qui revit aujourd'hui sur les cendres de son passé.

UN PEU D'HISTOIRE

Le village de Saint-Montan naît au Ve s, et un château est édifié un peu plus tard. Au XIIIe s, le bourg s'agrandit et les murailles à créneaux forment alors les limites de la basse-cour et d'un second château, qu'on voit encore nettement aujourd'hui. Des remparts et des tours de défense, encore visibles eux aussi, englobent toujours plus ce gros village. Une des extensions du village prend le nom curieux de San Sanmonta.

Au XVe s, Saint-Montan descend jusqu'à la rivière du val Chaud. La rue de Tour désigne l'artère qui fait « le tour » de l'ensemble médiéval. Même si le secteur est catholique, les huguenots, et notamment l'armée de Coligny (protestants), stationnent ici en 1575. C'est alors que les remparts sont détruits. Petit à petit, le rôle défensif de la cité n'a plus lieu d'être. Pourtant, artisans, paysans et quelques coseigneurs habitent toujours la partie médiévale de la petite cité, et ce jusqu'en 1880, bien qu'elle ne corresponde plus aux critères d'habitat de cette période.

C'est l'époque où chacun a sa magnanerie pour subsister, ainsi qu'une petite exploitation de chênes-lièges pour les tanneries. On a donc besoin de place, et chacun prend position ailleurs. C'est le début du déclin. Saint-Montan se vide de ses habitants. Ils partent s'installer dans la vallée. À la veille de la guerre – la Seconde –, le village est quasiment mort.

Adresses et info utiles

Point info : *à l'agence postale. ☎ 04-75-01-29-45. Tlj sf dim 9h-12h.*

Mairie de Saint-Montan : *☎ 04-75-52-62-09. • mairie-st-montan.fr • Ouv lun-mer, ven et sam mat.*

■ ***Association des amis de Saint-Montan :*** ☎ *04-75-54-45-36.* Pour obtenir des infos sur l'histoire du village et les gîtes.

Où dormir dans les environs ?

Chambres d'hôtes La Pacha : *quartier d'Eylieux, à env 2,5 km du village (fléché).* ☎ *04-75-52-57-41.* • *lapacha.lemoure@wanadoo.fr* • *lapacha.fr* • *Double 69 €. Table d'hôtes 29 € tt compris. Réduc de 10 % sur le prix de la chambre hors juil-août sur présentation de ce guide.* Au bout d'une petite route qui grimpe au cœur d'un vallon ombragé, on découvre cette ancienne ferme ardéchoise du XVIIIe s. Elle abrite 3 chambres de plain-pied, claires et chaleureuses, toutes avec accès indépendant et terrasse privée. Piscine à l'écart de la maison et en pleine nature (3 ha de propriété, avec vue panoramique) ! Calme garanti. Une belle adresse pour se ressourcer, tenue par des gens sympathiques et de bon conseil.

L'ARDÈCHE

À voir

Le bourg médiéval : *petit livret historique fourni gratuitement à la mairie et au point info.* Voici une promenade qui joue à saute-mouton avec les siècles. De passages droits en venelles en colimaçon, de rues voûtées en montées escarpées, on découvre de hautes maisons édifiées sur des rochers, soutenues par de puissants contreforts, trouées de fenêtres à meneaux, avec des portes cintrées, caractéristiques du Moyen Âge, des fenêtres géminées... Vos yeux partiront sans doute naturellement à la recherche des détails qui racontent mieux que personne les histoires de Saint-Montan.

À la sortie du village, vers Larnas, sur la droite, l'***église San Samonta,*** datant du XIIe s, accolée à une ***chapelle*** du IXe s. Elles ont été construites ici, car proches d'une résurgence. Parfois ouvertes en saison, lors d'expos temporaires ; sinon, les clés sont disponibles à la mairie. Juste en face, de l'autre côté de la route, une curieuse ***fontaine.*** Elle fut édifiée par le curé qui officiait ici au début du XXe s ; lors d'une visite à Lourdes, il s'enticha de la fontaine de la ville et en fit construire ici une sorte de copie.

DANS LES ENVIRONS DE SAINT-MONTAN

Les gorges de la Sainte-Beaume : la route de Saint-Montan à Larnas enfile les gorges de la Sainte-Beaume. Une route étroite, escarpée, qui pénètre au milieu de ces gorges superbes, plus modestes que celles de l'Ardèche mais admirables, étonnantes, et assez méconnues. Trois petits kilomètres et puis s'en vont. C'est court, évidemment, mais quel plaisir !

VIVIERS

(07220) 4 000 hab. *Carte Ardèche, B3*

À 14 km au nord de Bourg-Saint-Andéol et 11 km au sud de Montélimar (Drôme). La route départementale passe si vite que peu nombreux sont ceux qui s'y arrêtent. À l'écart des grands circuits touristiques, Viviers est restée comme elle était autrefois. Pour avoir le plus beau point de

vue sur Viviers, y arriver depuis Châteauneuf-du-Rhône. La cathédrale émerge sur un éperon rocheux au-dessus de la masse verte des arbres. En contrebas, la mairie est aussi grande qu'un palais... Au loin, les crêtes calcaires, ciselées et érodées, font parfois songer à un paysage chinois (Guilin).

UN PEU D'HISTOIRE

Voilà une cité millénaire, dans un site étonnant, chargée d'histoire. Le Ve s en fit un évêché, avant de donner son nom au Vivarais. L'évêque y est toujours. Viviers doit son nom, dit-on, à ses vivariums qui permettaient de conserver des vivres pour la cité d'Alba, la prestigieuse Alba-la-Romaine. De belles demeures seigneuriales élevées au fil de la richesse des commerçants et des notables, de nobles remparts, quelques tours mouchardes, une cathédrale d'une inconnue richesse, et enfin un belvédère qui résume le tout. Le nombre d'habitants n'a pas varié depuis le Moyen Âge, et c'est un signe.
Pourtant, Viviers fait une erreur grossière au XIXe s : elle passe à côté de la gare, ou plutôt la gare passe à côté d'elle, en s'installant non loin, au Teil. La ville rate donc son expansion industrielle et tombe quelque peu dans l'oubli.

L'ARDÈCHE

Adresse et info utiles

Office de tourisme du Rhône aux gorges de l'Ardèche, agence de Viviers : *2, av. Mendès-France. ☎ 04-75-49-86-61. • rhone-gorges-ardeche.com • En été, lun-sam et dim mat ; hors saison, lun-ven slt (et sam mat en mi-saison) et horaires réduits.* Personnel très compétent et fort sympathique. Organise des visites de la ville en juillet-août, dont quelques visites-spectacles.

– ***Marché :*** *ts les mar, pl. de la Roubine.*

Où dormir dans le coin ?

Le Mas d'Andenas : *à 4 km de Viviers par la D 86 ; juste après le hameau de Saint-Alban, tourner à droite (fléché). ☎ 04-75-52-69-94. • mas.dandenas@cegetel.net • mas.dandenas.free.fr • Ouv de mi-mars à mi-nov. Double 68 € pour 2 nuits ; draps 6 €/pers ; petit déj 6 € ; accès à la cuisine 6 €. Gîtes (10 et 14 pers) 735-1 160 €/sem selon saison.* Dans un ancien mas de pierre perdu au milieu d'une nature sauvage, 3 petites chambres voûtées labellisées « Rando Plume ». C'est simple et sobre (simple lavabo ; douche et toilettes extérieures) mais charmant et idéal pour les petits budgets. Également 2 gîtes.

À voir. À faire

➢ ***Balade dans la ville :*** il y a là une ville basse et une ville haute, avec au milieu des bouts de remparts et, là-haut, une cathédrale qui a su protéger tout autour, comme une mère, son quartier intact. On y retrouve le tracé de l'ancienne voie romaine, la voie Valérienne. On peut débuter par la rue de la République, où l'on verra sur la droite la ***statue de Charles de Foucauld,*** qui fut ordonné prêtre à Viviers. Dans la ***rue Chales,*** jeter un œil aux restes de la muraille basse. Rue de la République, voir la ***porte Riquet*** dont il ne reste qu'un côté. On devine encore en quel endroit se plaçait la herse. Au no 14, ***rue de la République*** (face à la rue de l'Hospice), fenêtres à meneaux (Renaissance), fenestrons... Au no 16, un ange garde la porte. Et puis, au niveau des nos 20-25, un passage en hauteur entre les maisons, datant de l'époque où les proprios rachetaient les demeures et avaient besoin de passer de l'une à l'autre sans sortir.

La cathédrale Saint-Vincent : *dans la ville haute. Ouv 8h-17h (19h juil-août).* La plus petite cathédrale de France en activité (celle de Carpentras est encore plus petite mais n'est pas en activité) possède un style hétéroclite mais abrite quelques merveilles. Son élévation débuta au XIe s et l'église fut inaugurée par le pape Calixte II. Ce qui impressionne d'abord, c'est cette tour-forteresse de 40 m, édifiée entre le XIe et le XIVe s, purement romane avec ses bandes lombardes et, à son sommet, un large tambour octogonal et quelques gargouilles. Devant la cathédrale, un vaste porche élégant. Passons à l'intérieur : à l'entrée, la partie romane, et au fond, le chœur gothique flamboyant qui fut épargné par les guerres de Religion. Très belles voûtes aux multiples nervures, des colonnes engagées sans chapiteaux qui donnent un sentiment d'élévation malgré une voûte de la nef en éventail assez plate, refaite au XVIIIe s. Le chœur est couvert de tapisseries du XVIIIe s, réalisées aux Gobelins sur des cartons du siècle précédent, dont trois furent offertes par amitié à monseigneur Guibert par Napoléon III. Trois d'entre elles furent volées, mais on en retrouva deux.

UN ÉVÊQUE AGORAPHOBE

Né en Lozère dans une famille de 16 enfants pétrie de religion, Joseph Bonnet (1835-1923) fut nommé en 1876 évêque de Viviers ; il le resta 47 ans, un record de longévité inégalé. Monarchiste dans l'âme, il incarnait par excellence l'évêque d'Ancien Régime. Frappé d'agoraphobie dès 1890, il fuyait ses fidèles, devenu incapable de célébrer la messe dans sa cathédrale, et réclama à Rome un évêque « coadjuteur ». Ainsi écrit-il à ses ouailles : « Nous serons deux à vous aimer, à cause de notre décourageante infirmité. »

La maison des Têtes (*ou des Chevaliers*) **:** *pl. de la République.* Une place bien tranquille qui fut autrefois le centre névralgique de la ville. Elle appartenait à un riche marchand de sel du Vivarais, un certain Noël Albert, qui mènera le sac de la cathédrale avec ses vandales. Il sera jugé et exécuté. Édifiée en 1546, cette façade entièrement Renaissance fut plaquée sur une maison plus ancienne. Assez exceptionnelle car elle est d'un style pur qui n'a jamais été modifié au fil des siècles. C'est une façade à l'antique, avec ses trois styles de colonnes, à commencer par le dorique au rez-de-chaussée. Trois jolies frises décorent les bandeaux : en bas, un haut-relief où apparaît un heaume de chevalier ; au 2e niveau, une frise de tournoi de chevaliers, d'où le nom de la maison ; et au 3e étage, une gerbe de fleurs. Tout en haut, cariatides et colonnes torses. Étonnante unité architecturale.

La rue du Château : au no 1, porte en plein cintre, fenêtres à encadrement, fenêtres géminées... Sous le côté droit de la petite arche-contrefort, noter le chapiteau, d'une rare finesse. On prend à droite, toujours rue du Château : pavés ronds et posés sur la tranche au sol, quelques portes romanes en plein cintre, contreforts, fenêtres à meneaux... levez la tête ! Prendre à gauche la porte de la Gache (surmontée d'une bretèche). On accède ainsi à la ville haute et on grimpe jusqu'à la cathédrale.

Le belvédère : *à 50 m de la cathédrale, sur la gauche.* Grande plateforme d'où l'on domine le Rhône, les vignobles et les toits ocre de la cité, d'où émerge la tour crénelée de l'Horloge, couronnée de son élégante ferronnerie.

Le port de plaisance : *au confluent de l'Escoutay et du Rhône.* Promenade le long du bras ancien du fleuve. Nombreux bateaux de croisière. Possibilité de pratiquer voile, aviron...

LA CÉVENNE ARDÉCHOISE ET LA HAUTE VALLÉE DE L'ARDÈCHE

• Carte *p. 163*

Cette partie du département comprenant la Cévenne ardéchoise et la haute vallée de la rivière Ardèche, c'est un peu une Ardèche en miniature. À l'extrême sud, aux portes du Gard, on sent le souffle chaud du Midi et le soleil qui picote la peau agréablement. Ce soleil qui grille la garrigue, fait éclater les cosses de genêt en plein mois d'août, mûrit les olives et donne du sucre au raisin. Puis en montant – si peu – vers le nord, on quitte les oliviers pour immédiatement pénétrer le royaume du majestueux châtaignier, arbre nourricier à l'ombrage chargé d'histoire. Plus haut encore, entre 500 et 800 m, dans le massif du Tanargue, on sent une bise fraîche, parfois mordante, qui semble venir de la montagne, on flaire le sanglier à chaque lacet des petites routes, on se croirait en Corse l'espace d'un instant. Si le châtaignier est encore présent, le mûrier ne l'est plus guère. Il fut pourtant des siècles durant une autre source de richesse de la région, avec un nombre incroyable de magnaneries.

L'ARBRE D'OR OU L'AVENTURE DE LA SOIE

La découverte de la soie bouleversa la civilisation chinoise et assura, près de cinquante siècles plus tard, la prospérité des Cévennes et du Vivarais. C'est dans la région d'Anduze en effet, au XIIIe s, que l'on fait mention pour la première fois de la soie et du mûrier, arbre importé d'Orient par les croisés. À la fin du XVIe s, ***l'agronome Olivier de Serres*** donne sa première impulsion à cette nouvelle activité : la sériciculture. Mais c'est aux XVIIe et XVIIIe s qu'elle va s'étendre à l'ensemble des Cévennes, se substituant progressivement à l'exploitation des châtaigniers, détruits par le terrible hiver de 1709. Le XIXe s est l'âge d'or de la soie pour les Cévenols, qui en tirent une grande partie de leurs revenus. ***Les mûriers, appelés « arbres d'or », couvraient les versants des montagnes.*** Dans chaque ferme, il y avait une grange pour l'élevage des cocons.

LA ROUTE DE LA SOIE

Une légende raconte qu'une princesse chinoise – Dame Xiling – aurait découvert le fil de soie vers l'an 3000 av. J.-C. Alors qu'elle prenait son thé sous un mûrier, un cocon tomba dans sa tasse. En voulant le retirer, elle accrocha le fil avec son ongle et le déroula. Ensuite, de la Chine aux Cévennes, ce sont les moines qui importèrent clandestinement le secret de la soie : le mûrier (les larves se nourissent de ses feuilles).

En fait, le fil à soie provient de larves : des chenilles voraces, *Bombyx mori,* qui ne se nourrissent que des feuilles des mûriers. Ces vers grandissent dans des magnaneries. Puis, devenus plus gros, ils sont accrochés sur des branches de bruyère pour qu'ils y tissent leur cocon. Après quelques semaines, on retire ces cocons pour en dévider le fil. C'est le rôle des filatures, qui employaient des milliers de femmes. Dernière étape : le tissage.
Les filatures de soie des Cévennes vendaient leurs tonnes de fil à des manufactures de Nîmes ou de Lyon où l'on tissait des bas, des bonnets et toutes sortes de vêtements en vogue à l'époque. La concurrence des fils synthétiques, les maladies du ver à soie et l'abandon de la soie dans la tenue vestimentaire des bourgeois du XIXe s provoquèrent le déclin de la sériciculture cévenole.

LE CHÂTAIGNIER OU L'ARBRE À PAIN

Le maïs aux Mexicains, le riz aux Chinois et les châtaignes aux Cévenols... Pendant des siècles, les habitants d'ici ont mangé des châtaignes midi et soir, parfois au petit déjeuner. Symbole des Cévennes, rude à l'extérieur, douce à l'intérieur, la châtaigne a engendré un véritable mode de vie original. Le châtaignier était ***surnommé l'arbre à pain,*** car il assurait la subsistance quotidienne des montagnards. Au XVIe s, tous les versants des Cévennes entre 500 et 800 m d'altitude étaient plantés de ces beaux arbres aux feuilles en dents de scie qui laissent tomber leurs fruits à l'automne, tandis que la bogue protectrice hérissée d'épines reste accrochée à la branche.
Tout était utilisé dans le châtaignier : les feuilles servaient de fourrage aux moutons et aux chèvres, de litière aux porcs. Le bois imputrescible servait à fabriquer des charpentes, des tuiles, des planchers, des meubles, des tonneaux, des berceaux, des paniers, des outils... Une fois ramassées, les châtaignes étaient séchées dans la *clède* (petite maison à part), décortiquées avec des *soles* (chaussures à pointes), puis consommées fraîches *(blanchettes),* grillées ou sous forme de soupe, le *cousina.*

LES VANS

(07140) 2 700 hab. *Carte Ardèche, A3*

• Plan *p. 165*

Au sud-ouest du département de l'Ardèche, au pied des Cévennes, sur des versants pierreux (d'où vient son nom), Les Vans est une ville hybride : son site et ses forêts de châtaigniers en font une cité cévenole ; mais par ses oliveraies proches et son caractère, elle reste bel et bien sous influence méditerranéenne. Est-ce un hasard si on la considère comme la petite capitale du pays des oliviers ? Cette riante bourgade est l'endroit idéal pour établir un campement, car ses proches environs sont délicatement parsemés de villages rivalisant de beauté. Et puis, bien sûr, il y a le bois de Païolive, bois des fées qui draine tant de curieux, à juste titre.

UN PEU D'HISTOIRE

C'est souvent autour d'un prieuré que se construit un village. C'est ce qui s'est passé aux Vans au XIIe s, autour de l'abbaye bénédictine de Saint-Gilles. Et quand il y a de l'eau en abondance, c'est une raison de plus pour qu'une industrie se développe. Pour cette raison, le ***travail des peaux et du cuir,*** un peu aussi celui

LA CÉVENNE ARDÉCHOISE ET LA HAUTE VALLÉE DE L'ARDÈCHE

de la laine, font vivre la cité qui devient dès le XIIIe s un centre marchand. Argent et pouvoir ont toujours fait bon ménage, donc la petite ville prend une importance politique qui attire officiers royaux et gens de loi en plus des hommes d'Église. Le premier quart du XVIe s sonne l'heure de ***la Réforme,*** et la cité fortifiée devient pour un temps protestante. L'église sera une des dernières de la région à être rendues au culte catholique. La paix retrouvée, les affaires reprennent et, rapidement, les Vanséens se lancent dans la ***sériciculture*** (culture de la soie) et profitent de son essor extraordinaire. La Révolution, pourtant particulièrement sanglante aux Vans, ne freine que pour un temps le développement économique. C'est le début du XXe s qui sonnera le glas de l'ère industrielle.

Adresses et infos utiles

Office de tourisme *(plan A1)* ***:*** *pl. Léopold-Ollier.* ☎ *04-75-37-24-48.* • *les-vans.com* • *Ouv tte l'année : juil-août, tlj (sf dim ap-m) 9h-19h ; hors saison, tlj sf dim 9h (10h30 jeu)-12h, 14h-18h.* Bonne documentation, très bon accueil. Infos sur les transports, les randos, les visites guidées (nombreux circuits) et billetterie pour les spectacles.

Gare routière : *face à la poste.* Bus n° 74 pour Aubenas, Montélimar et Valence TGV. Infos sur • *rhonealpes.fr* • rubrique « Actions », puis « Transports », puis « Cars Rhône-Alpes ».

– ***Marché local :*** *sam mat.*

– ***Marché des producteurs et artisans créateurs :*** *mar en saison, 18h-22h30, autour de la fontaine.* Les exposants sont exclusivement des artisans, artistes et producteurs du canton, donc le tout est garanti 100 % ardéchois.

– ***Marché des potiers :*** *3e jeu et ven de juil, dans le cœur historique du village.* Grand rendez-vous des potiers d'art.

Où dormir ?

Camping

Camping Le Pradal *(hors plan par A1,* ***10****)* ***:*** *à 1,5 km du village en direction de Villefort, sur la gauche.* ☎ *04-75-37-25-16.* *06-89-21-37-35.* • *camping.lepradal@free.fr* • *camping-lepradal.com* • *Ouv avr-sept. Forfait env 20 € en hte saison. Mobile homes et chalets 220-630 €/sem.* Un petit camping familial et ombragé d'une cinquantaine de larges emplacements s'étageant doucement sur une petite colline, au sein d'une belle nature sauvage, avec vue sur les vignes. Piscine, bar et barbecue collectif. Simple et sympa.

De bon marché à prix moyens

Hôtel Le Vivarais *(plan A1,* ***11****)* ***:*** *pl. Thibon.* ☎ *04-75-37-22-73.* • *vivaraishotel@orange.fr* • *le-vivarais-hotel.com* • *Ouv tte l'année. Double 50 €, quadruple 78 €.* Depuis plus de trois générations dans la même famille, un petit bistrot de village où se mêlent représentants, touristes et Vanséens. Côté hôtel, préférer les chambres à l'arrière, plus calmes, avec patio ou terrasse. Toutes sont équipées de sanitaires complets et correctement entretenues. Accueil particulièrement affable.

Hôtel-restaurant Le Carmel *(plan A1,* ***12****)* ***:*** *7, montée du Carmel.* ☎ *04-75-94-99-60.* • *contact@le-carmel.com* • *le-carmel.com* • *Dans le bourg. Resto ouv tlj de mi-avr à sept. Congés : nov-début mars. Doubles 65-97 € selon confort et saison ; petit déj 12 €. Menus 18 € (déj lun-sam), puis 24,50-45 €. Apéritif offert sur présentation de ce guide.* Un hôtel-restaurant de charme, caché dans un coin du village, un lieu calme et tout en sérénité. Rien d'étonnant à cela : *Le Carmel,* comme son nom l'indique, est un ancien couvent (1845) dont l'aspect extérieur est demeuré inchangé. Chambres impeccables et récemment rénovées, claires et spacieuses, ouvrant sur le joli jardin. Piscine.

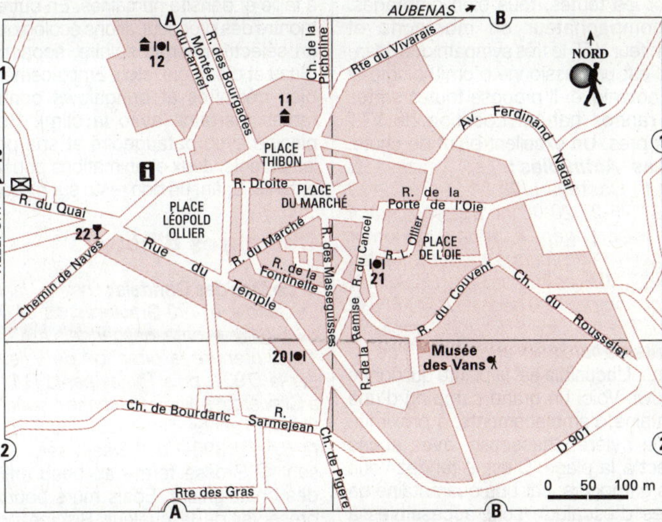

LES VANS

Adresse utile	**Où manger ? Où boire un verre ?**
Office de tourisme	20 La Feuille de Chou
Où dormir ?	21 Don Camillo
10 Camping Le Pradal	22 Le Serre de Bar
11 Hôtel Le Vivarais	
12 Hôtel-restaurant Le Carmel	

Où dormir dans les environs ?

Campings

Camping de la Claysse : *La Digue, 07460* ***Saint-Sauveur-de-Cruzières.*** *☎ 04-75-35-40-65. 06-48-75-03-14. • camping.claysse@wanadoo.fr • campingdelaclaysse.com • Ouv avr-sept. Forfait 26 € en hte saison. Mobile homes (4-5 pers) 220-700 €/sem selon saison ; loc au w-e hors saison. CB refusées. Apéritif offert sur présentation de ce guide.* Une soixantaine d'emplacements (90 m²) au bord de la rivière qui donne son nom au camping. Endroit calme et ombragé, à l'écart de la route et à deux pas du bourg. M. Vezon et sa famille vous accueillent dans leur beau pays, où ils produisent et pressent des olives (voir « Où acheter de la bonne huile d'olive... ? »). Piscine, mur d'escalade, randonnées VTT, resto (plats à emporter), soirées dansantes à thème, concours, etc. Location de vélos.

La Vignasse : *Terres du Moulin, 07140* ***Casteljau.*** *☎ 04-75-39-30-44. 06-84-11-64-91. • campinglavignasse@gmail.com • lavignasse.com • À 800 m du village ; passer devant l'église, prendre à droite après le pont, puis c'est fléché. Ouv avr-sept (jusqu'à fin oct pour les loc). Forfait 17,50 € en hte saison. Mobile homes (2-5 pers) et chalets en bois plutôt mignons (2-7 pers) 235-520 €/sem. Une bouteille de vin offerte sur présentation de ce guide.* Joli camping à taille humaine et familial, avec des emplacements peu nombreux pour les tentes, tous bien ombragés. Accompagnateur en montagne et moniteur VTT, le très sympathique Jean-Luc est un passionné d'ornithologie et de botanique. Il propose toutes sortes de randos nature. Location de VTT tout près. Un excellent point de chute.

Les Actinidias : *Les Lauzasses, 07140* ***Casteljau.*** *☎ 04-75-39-02-79 ou 04-75-37-29-06 (hors saison). • actinidias@orange.fr • actinidias.com • Ouv de fin mars à mi-sept. Forfait env 17,50 € en hte saison. Chalets et mobile homes (4-8 pers) env 280-685 €/sem. Réduc de 5 % sur les emplacements camping sur présentation de ce guide.* L'actinidia est la plante qui donne le kiwi. Voici un grand camping d'une centaine d'emplacements, à proximité de la rivière Chassezac, avec accès direct à la plage. C'est le rendez-vous des grimpeurs, car une quarantaine de voies d'escalade sont accessibles à proximité. Sanitaires un peu justes.

La Rouveyrolle : *hameau La Rouveyrolle, 07140* ***Casteljau.*** *☎ 04-75-39-00-67. • info@campingrouveyrolle.fr • campingrouveyrolle.fr • À 2 km env du village ; bien fléché. Ouv avr-sept. Forfait 15,50-30 € selon saison. Mobile homes (5-8 pers) 371-1 110 €/sem. 100 empl.* Un camping aux emplacements bien ombragés et offrant tout le confort d'un 4-étoiles : grande piscine, salle de fitness et animations.

Domaine des Chênes : *Chassagnes-Haut, 07140 Les Vans. ☎ 04-75-37-34-35. 06-10-18-60-71. • reception@domaine-des-chenes.fr • domaine-des-chenes.fr • Accès par la D 901 ; bien fléché. Ouv avr-sept. Forfait 28-33 € en hte saison. Bungalows, mobile homes et tentes toilées 252-1 274 €/sem selon taille et saison. 122 empl.* Grand camping en terrasses dans un cirque rocheux, au milieu de 4 ha de terrain aux chênes centenaires. Rivière le Chassezac à 500 m. Le camping reste à taille et densité humaines. En outre, il montre des préoccupations écologiques (tri sélectif, énergie solaire, économie d'eau et d'énergie, etc.). Emplacements bien délimités et bungalows confortables (certains avec la clim). Belle piscine avec pataugeoire et spa pour les parents. Jeux et animations pour les enfants. Enfin, un bon resto sur place.

Chambres d'hôtes

Le Mas des Garidels : *chez M. Janas, Le Garidel, 07140* ***Gravières.*** *☎ 04-75-88-52-16. • lemasdesgaridels.fr • Des Vans, prendre la direction de Villefort par la D 901, puis Thines par la D 113 ; à Gravières, suivre le fléchage à gauche. Ouv tte l'année. Doubles 40-60 €. Gîtes (2-6 pers) 390-1 000 €/sem selon saison.* Grosse ferme au beau milieu des châtaigniers. Épais murs pour se préserver de la chaleur. Piscine pour se rafraîchir, barbecue. 3 chambres agréables (2 se partagent une salle de bains) et des gîtes tout autant. Ambiance décontractée et excellent accueil.

Le Mas des Molières : *chez Danièle et Richard Reuther, 07460* ***Saint-Sauveur-de-Cruzières.*** *☎ 04-75-39-08-75. 06-37-59-77-43. • reservation@masdesmolieres.com • masdesmolieres.com • De Saint-Sauveur-de-Cruzières, prendre la D 255 vers Bessas sur 700 m, puis tourner à droite vers Molières ; la maison est à 1 km (fléchage). Ouv avr-oct. Doubles 68-105 € selon confort. Table d'hôtes 25 €.* Joli mas du XVIe s posé au milieu des vignes. Ça sent le début de la Provence... 5 chambres spacieuses, installées dans une bergerie ou à l'étage avec terrasse. Déco de bon ton avec frises au pochoir et jolies toiles. Une cuisine recherchée et parfumée, qui sent bon l'huile d'olive. Agréable salon. Sans oublier une belle piscine.

Où manger ? Où boire un verre ?

De bon marché à prix moyens

La Feuille de Chou *(plan A2,* ***20****) : 24, rue du Temple. ☎ 04-75-88-51-12. En juil-août, tlj sf lun ; en basse saison, tlj sf mar-mer. Résa conseillée. Au déj en sem, formule 13,50 € et menu 16 € ; carte env 26 €.* Petite salle voûtée vite remplie pour une belle cuisine pleine de fraîcheur et de talent, à base de produits naturels. Des petits plats simples, goûteux, parfumés et servis généreusement. Savourez les cuisses de poulet à la tapenade, les rognons de veau flambés à l'armagnac... Évidemment, il y a parfois un peu d'attente compte tenu de la qualité des plats, d'autant que c'est souvent complet. Accueil courtois.

Don Camillo (plan B1, **21**) : *rue du Cancel. ☎ 04-75-94-91-20. • pierreaudrin@gmail.com • ♿ Dans le centre, entre l'église et le lavoir. Tlj sf lun (plus dim hors saison). Menu 26,50 €, carte env 28 €.* Située dans un coin touristique, cette bonne pizzeria-crêperie offre depuis plus de 35 ans une qualité régulière. Produits locaux et artisanaux, tapenade, terrine et tiramisu aux châtaignes, galette « chevrette »... Le tout accompagné de vins et apéritifs du terroir. Salle voûtée ou terrasse dans la rue piétonne en été.

Le Serre de Bar (plan A1, **22**) : *1, rue du Quai. ☎ 04-75-37-69-40. Tlj sf dim hors saison. Congés : janv.* Cadre coloré, clientèle populaire et un poil bohème, bonne musique rock et pop, terrasse animée... Dégustation de petits vins de pays pas chers.

L'ARDÈCHE

Où manger dans les environs ?

Le C4 : *Les Lauzasses, à* ***Casteljau*** *(07460). ☎ 04-75-39-35-33. ♿ À env 10 km des Vans par la D 901 puis la D 202. Ouv avr-sept, tlj. Menu 18,50 € et carte. CB refusées. Café offert sur présentation de ce guide.* Environnement bucolique à souhait. Grande terrasse ombragée par de grands et beaux arbres pour de croustillantes pizzas, bonnes grillades, brochettes, magret et salades diverses. Réputé aussi pour son saumon fumé maison.

Où acheter de la bonne huile d'olive aux Vans et dans les environs ?

Moulin Vezon : *à* ***Saint-Sauveur-de-Cruzières****. ☎ 04-75-39-30-61. • oleigest.com/vezon.htm • Téléphoner avt.* Sur leur *Camping de la Claysse* (voir plus haut « Où dormir dans les environs ? »), M. et Mme Vezon ont aménagé une boutique pour vendre leur huile d'olive. Le moulin à proprement parler est mitoyen. Principalement de la rougette, mais aussi de la verdale, de la bouteillan et de la picholine. Également des olives en bocaux, des tapenades et produits dérivés.

Moulin Froment : *dans le bourg des Vans. ☎ 04-75-37-34-88. • moulin.froment.free.fr • Ouv tte l'année. Rens pour les visites à l'office de tourisme ou en s'inscrivant à la balade thématique sur l'olive et les oliviers.* Un personnage, ce M. Froment ! On visite le moulin et on suit la petite chaîne de fabrication de l'huile. Au passage, on jette un coup d'œil à la collection de motos anciennes, toutes restaurées par le maître des lieux. Pas un pic de rouille, bien graissées les pétrolettes. Normal, dans un moulin à huile ! Vente et dégustation sur place.

GAEC Jeune Frères : *Lascous, route de Bessas, à* ***Saint-Sauveur-de-Cruzières*** *(07460). 📱 06-99-56-71-83. • gaecjeunefreres.com • Mieux vaut téléphoner.* La famille Jeune produit ses propres olives mais les fait presser, car elle ne possède pas de moulin. Très belle huile à prix bien raisonnable.

L'Olivier de Vincent : *pl. du Marché, face à la fontaine, aux Vans. ☎ 04-75-36-00-42 ou 04-75-37-98-45. • olivierdevincent.fr • Pâques-oct, tlj sf dim ap-m 10h30-12h30, 15h-19h30. Fermé l'hiver.* Une simple et petite boutique tenue par des passionnés d'olive. Plein de produits, et même du gel douche. Tout ce que vous devez savoir sur ce fruit aux mille vertus sans avoir jamais pensé à le demander ! L'atelier, ***Lo Molin de Vincent,*** se trouve près de Payzac, dans le hameau de ***Brès,*** à 10 km des Vans *(☎ 04-75-36-00-42 ; des Vans, prendre la direction de Chambonas, puis la D 250 ; à Payzac, direction Faugères par la D 207 ; en principe, tlj 15h-19h ; pdt la période de fabrication de l'huile – fin oct-fin déc –, ouv tte la journée, mais mieux vaut téléphoner avt ; fermé janv-fév ; visite guidée gratuite passionnante).* Également une boutique sur place, et un petit resto tout proche tenu par leur fille, *La Table du Moulin* (voir plus loin « Circuit au départ de Joyeuse »), qui propose une cuisine de terroir avec, bien sûr, l'huile d'olive à l'honneur !

Où acheter de bons produits ?

Vins sur Vins : *pl. Thibon. ☎ 04-75-88-56-46.* Annie Meyrel est une caviste indépendante qui n'écoute que sa raison et ses goûts personnels. Vins naturels et biodynamiques sélectionnés avec soin et vendus à des prix sages.

Aux Fermes des Rayols : *4, av. Charles-de-Gaulle. ☎ 04-75-94-00-93. Mar-sam mat 9h-12h30 (13h sam), 16h-19h.* Produits fermiers.

À voir. À faire

Le Musée des Vans (plan B2) : *4, rue du Couvent. ☎ 04-75-37-08-62. • les-vans.fr/musee • Mer-sam mat (vac scol sf fév, lun-ven) 10h-12h, 14h-17h (15h-18h juil-août). Congés : jan. Plusieurs expos temporaires/an. Entrée : 3 € ; réduc ; gratuit jusqu'à 12 ans.*

– *Léopold Ollier, précurseur de la chirurgie moderne :* la commune des Vans a vu naître, le 2 décembre 1830, un homme qui a fait faire un grand pas à la médecine. Il est d'ailleurs devenu chirurgien orthopédiste. Ses études à peine achevées, il prenait son pied en opérant les animaux de basse-cour, expérimentant sur eux les premières greffes de périoste, la membrane qui enveloppe les os. Rapidement, il opère des humains et remporte de francs succès. Il a aussi lutté contre les amputations et en a nettement amélioré les techniques. Au cours de la visite du musée, on découvre sa vie, son œuvre, à travers de nombreux documents, dont de saisissantes photos.

– *Domaine d'un oléiculteur :* expo et reconstitution du domaine de l'oléiculteur au XIXe s. Témoignage de l'importance de cette culture au pays des Vans.

– *Âges et paysages du pays des Vans* regroupe trois sections : archéologie, géologie et ethnographie.

Le Laby Parc : *accès par la D 104 direction Berrias-et-Casteljau. 06-37-64-22-45. • labyparc.com • Juil-août, tlj 9h-20h. Entrée : 7 € ; réduc.* 3 ha de labyrinthe dans un immense champ de maïs à découvrir en famille. Un thème et des parcours différents sont proposés chaque année. Sur place, aire de pique-nique et buvette.

DANS LES ENVIRONS DES VANS

➢ ***Promenade dans le bois de Païolive :*** le bois de Païolive fait partie de ces lieux rares, mystiques, magiques, où les légendes se marient à l'histoire. La nature a mis des millions d'années pour sculpter le calcaire, et pourtant, en une seule minute, on est littéralement happé par l'atmosphère de ce labyrinthe végétal et minéral. Alors, carte en main, partez découvrir l'ours et le lion, Jean de la Lune et le pont des Fées. Plusieurs circuits pédestres : la Vierge (1,5 km), la Corniche (4 km, 1h30) et Saint-Eugène (5 km, 2h). Fiche disponible à l'office de tourisme.

*La grotte de la Cocalière : 30500 **Courry,** en direction d'Alès. ☎ 04-66-24-34-74. • grotte-cocaliere.com • Juil-août, tlj 9h45-18h (résa conseillée) ; de mi-mars à fin juin et sept-Toussaint, tlj 10h-12h, 14h-17h (dernier départ env 15 mn avt) ; fermé le reste de l'année. Entrée : 11,50 € ; 6-12 ans : 8 € ; réduc. Parking. Visite guidée (1h env). Prévoir un vêtement chaud car la température à l'intérieur de la grotte peut descendre à 14 °C.* À cheval sur deux départements, le Gard et l'Ardèche, ce qui explique sa présence dans ce guide. L'entrée naturelle de la grotte se situe sur la commune ardéchoise de Saint-André-de-Cruzières et forme un aven de 30 m de large. Celle réservée aux visites est dans le Gard, à Courry exactement. Son nom signifie « conche (coquillage) emplie de lierre ». Réseau connu sur plus de 25 km. Parcours d'environ 1 km sur piste cimentée, très aisé, pour admirer les classiques stalactites et stalagmites, draperies, etc. La visite est guidée et dure 1h environ, pendant laquelle on suit le cours d'une rivière souterraine. Le retour se fait en petit train. À l'extérieur, deux sympathiques sentiers de découverte à parcourir en 20 mn, dont un vers une tour d'observation (avec table d'orientation). Vous y croiserez dolmen et capitelle dans un magnifique paysage karstique.

Les gorges du Chassezac : simplement pour se baigner, mais aussi pour faire du canoë. Le site, certes moins noble que celui de sa sœur aînée l'Ardèche, reste tout de même d'une rare beauté et beaucoup plus accessible avec des enfants. Cette rivière est également moins physique et technique, donc tout à fait accessible pour canoter en famille, sans entraînement. Bien sûr, on y pratique aussi la pêche à la truite.

BANNE (07460) 720 hab. *Carte Ardèche, A3*

À 10 km au sud des Vans, un gros bourg ardéchois accroché à un versant des Cévennes, perché au milieu des rocailles, des roches calcaires et des bois de châtaigniers. Le cœur de ce charmant village de caractère consiste en une adorable place ombragée par quelques figuiers. Très agréable promenade dans les rues et ruelles en escaliers bordées de maisons anciennes.

Adresse utile

Point Information : *quartier du Fort. ☎ 04-75-39-87-18. • info@banne.fr • En été, lun-ven mat 10h30-12h30, 15h-17h30 (16h30 avr-juin et sept ; fermé j. fériés). Fermé oct-mars : contacter la mairie (☎ 04-75-39-82-66).*

Où dormir ? Où manger dans les environs ?

Hôtel La Santoline : *lieu-dit Bouchet, 07460 **Beaulieu.** ☎ 04-75-39-01-91. • contacts@lasantoline.com • lasantoline.com • À 1,5 km de Beaulieu (fléché). Ouv mai-août. Double 115 € ; petit déj 13 €.* Une solide bastide en pierre blanche, confortablement assise depuis le XVIe s en pleine garrigue et faisant fièrement face aux Cévennes. Chambres spacieuses et bien équipées (clim), avec une déco personnalisée élégante souvent liée aux voyages. Larges fenêtres aux géométries diverses pour mieux profiter de la nature environnante. Quant à la piscine, elle est irrésistible. Une adresse de charme intimiste.

Aux confins de l'Ardèche et du Gard

Chambres d'hôtes Le Mas des Monèdes : *07460* ***Saint-Paul-le-Jeune.*** *☎ 04-26-62-54-03. 06-20-96-06-37. • lemasdesmonedes@gmail.com • lemasdesmonedes.fr • À 5 km au sud de Banne, sur la route D 104. Juste avt le panneau de sortie du village, tourner à droite, passer un petit pont et suivre les panneaux « Les Monèdes ». Ouv avr-oct. Doubles 60-80 € selon confort et saison. Table d'hôtes (sur résa) 15-25 €.* Sur un versant de colline plantée de châtaigniers et d'oliviers, cette ancienne magnanerie a été restaurée avec passion par Sébastien et Audrey, un jeune couple sympathique et accueillant. Gros murs en pierre, décoration design et sobre, l'ancien et le moderne se marient bien. Chambres toutes décorées avec goût et très confortables. Vue sur le jardin (avec petite piscine).

La Cuisine d'Édith *(atelier de cuisine)* **:** *hameau de Pierregras, 07460* ***Saint-André-de-Cruzières.*** *☎ 04-75-93-21-45. 06-76-19-10-30. • lacuisinededith@gmail.com • À 13 km à l'est de Banne, sur la D 901. Ouv tte l'année, sur résa. Menu unique 22 €.* Au cœur de l'Ardèche méridionale, au milieu des vignes et des oliviers. Ce n'est pas un resto classique, mais plutôt une table du marché, comme le précise la charmante Édith, l'âme active de cette bonne maison. Sa cuisine d'inspiration méditerranéenne n'utilise que des produits locaux sélectionnés avec soin : viandes et volailles fermières, fromages de chèvre, légumes, fruits, lait et œufs bio... C'est raffiné, naturel et savoureux. Organise des cours de cuisine et des week-ends gourmands. Une adresse à la mesure de la passion d'Édith.

À voir

Le château : ses pierres ont été réutilisées pour bâtir d'autres maisons, mais on peut visiter librement l'entrée en fer à cheval, ainsi que les écuries qui subsistent. Dimensions peu communes, car les voûtes courent sur plus de 50 m de long et sont larges de 8 m. Magnifiques jeux d'ombre et de lumière.

Fête et manifestations

– ***Festival d'art singulier :*** *4 j. d'expo, le w-e de l'Ascension et le 3e w-e de juil, dans le quartier du fort. Infos sur • festivaldebanne.over-blog.com •* Exposition d'une quarantaine d'artistes internationaux non conventionnels (peintres, sculpteurs). Les exposants doivent se confectionner un chapeau singulier et farfelu pour le vernissage...
– ***Théâtre, musique... :*** *en juil-août, représentations dans les écuries du château. Programme à l'office de tourisme des Vans ou au point info de Banne.*
– ***Embrasement des ruines du château :*** *le 14 juil.* Toujours spectaculaire, bal.
– ***Fête votive :*** *ts les ans, le 1er w-e d'août, sur la pl. du Fort.* Bals populaires, tiercé de chèvres.

THINES (07140) 250 hab. *Carte Ardèche, A3*

À une vingtaine de kilomètres au nord des Vans. Voilà un village cévenol typique, perché et retiré, auquel on accède par une petite route (D 513) étroite et sinueuse. Elle emprunte les splendides gorges de la rivière Thines et en suit les méandres. On croirait volontiers qu'elle a été dessinée par un âne ivre. Le charme de ce minuscule village réside dans ses maisons aux

toits de lauzes, qui résistent aux violents orages et lui donnent un cachet tout particulier.
– ***Parking*** en bas du village, puis quelques centaines de mètres à faire à pied.

À voir. À faire

Simplement découvrir le village, ses fraîches venelles, ses maisons aux toits de lauzes, serrées les unes contre les autres, comme un petit troupeau de moutons. Thines possède une splendide ***église romane,*** disproportionnée pour un si petit village. Imposant escalier et portail latéral de granit polychrome. Un ouvrage raffiné.

La maison du Gerboul : *à l'entrée du village.* ☎ *04-75-36-22-10.* Cette bâtisse présente avec brio l'histoire du village que l'on nomme parfois « la perle du Vivarais » à cause de sa magnifique église romane polychrome. On y trouve donc la documentation sur Thines, le pays des Vans, le territoire du parc naturel, de nombreux ouvrages régionaux, ainsi qu'un espace réservé aux producteurs et aux artisans d'art locaux, très nombreux. Terrasse avec vue panoramique sur la vallée, où prendre un verre ou manger une glace.

➢ Du bourg, départ de nombreuses ***randonnées pédestres.***

JOYEUSE

(07260) 1 700 hab. *Carte Ardèche, A3*

Peut-on imaginer un nom de village aussi loin de la mélancolie et de la tristesse ? Non. Pourtant il ne vient pas d'un adjectif, mais ce serait peut-être un terme en relation avec l'épée de Charlemagne, ou bien un mot issu du terme *godinelle,* qui signifiait « fille de joie ». À 12 km au sud de Largentière, dans la plaine au pied des premiers monts des Cévennes ardéchoises, Joyeuse est une bourgade de caractère, fière et altière, solidement dressée sur sa colline.

JOYEUX LURONS, JOYEUX MACARONS

En 1581, le duc de Joyeuse épousa la belle-sœur du roi. Les noces furent les plus belles jamais organisées au royaume de France. Catherine de Médicis fit venir des pâtisseries aux amandes d'Italie : les maccarone. Émerveillé, le duc de Joyeuse les introduisit dans son duché ardéchois. Voilà pourquoi c'est ici qu'il faut les acheter et les déguster... joyeusement !

Adresse et infos utiles

Office intercommunal de tourisme du pays Beaume Drobie : *63, av. François-Boissel.* ☎ *04-75-89-80-92.* ● *tourisme-beaumedrobie.fr* ● *En été, tlj 9h-18h (13h dim) ; mars-oct, tlj sf dim ; nov-mars lun-ven, horaires restreints.* Disponibilité des hébergements ; billetterie spectacles. Visite théâtralisée de la cité médiévale (les mercredi et jeudi à 20h45) et parcours ludique pour les enfants.

Arrêt des cars : *sur la D 104, à 50 m de l'office de tourisme. Rens auprès de la compagnie* ***Sotra*** *(☎ 04-75-39-40-22).* Sur la ligne Montélimar-Alès. Env 6 bus/j. 7h-18h ; moitié moins dim.
– ***Marché :*** *mer mat, pl. de la Grand-Font.*
– ***Marché nocturne :*** *dim soir en juil-août, pl. de la Gare, et « marché des créateurs » dans la vieille ville.*

Où dormir ? Où manger ?

Camping

⛺ ***Camping Le Sous-Perret :*** *180, chemin de Garel, au lieu-dit Sous-Perret. ☎ 04-75-39-50-54. • jacques.silhol@wanadoo.fr • campinglesousperret.com • ♿ Sur l'axe Aubenas-Alès, au rond-point de Joyeuse, le camping est fléché. Ouv d'avr à mi-oct. Forfait env 24 € en hte saison. Mobile homes (4-5 pers) 340-620 €/sem. 📶 Apéritif offert sur présentation de ce guide.* Un joli 3-étoiles au bord de la Beaume et au calme. Emplacements bien ombragés, atmosphère familiale. Sanitaires impeccables. Piscine et pataugeoire. Le village est à 10 mn de marche.

De bon marché à prix moyens

🏠 🍽 ***Hôtel-restaurant de l'Europe :*** *sur la D 104, à la sortie du village en direction de Lablachère. ☎ 04-75-39-51-26. • hotel-europe3@wanadoo.fr • ardeche-hotel.net • ♿ Congés : vac scol de fév (zone A). Doubles 50-60 € selon saison. Pizzas 8-12 €. 📶* Chambres simples et classiques, à choisir de préférence côté vallée. Grande piscine couverte et chauffée (accessible de mai à septembre). Agréable terrasse aux beaux jours. Au resto, une cuisine traditionnelle de bonne tenue, ainsi que des pizzas au feu de bois qui remportent tous les suffrages. Globalement, un excellent rapport qualité-prix pour une étape sur la route des gorges de l'Ardèche et des Cévennes.

🍽 ***Restaurant Valentina :*** *pl. de la Peyre. ☎ 04-75-39-90-65. • dolo.shirley@orange.fr • Dans le haut du vieux village. Tlj sf lun (et dim hors saison). Congés : fin oct-avr. Formule déj 14 €, menus 18-23,50 €. Café offert sur présentation de ce guide.* À l'écart du tintamarre, le *Valentina* dispose d'une terrasse au calme, donnant sur une placette agréable où glougloute une petite fontaine. Côté cuisine, osso buco, *spezzatino d'agnello* (mijoté d'agneau aux cèpes), pâtes fraîches et un grand choix de desserts maison, notamment le tiramisu aux *amaretti* et la *panna cotta*. Bonne cave de vins italiens. Une bonne adresse simple, où se pratique parfois le fameux adage italien « *chi va piano va sano* » (un peu longuet, quoi), mais stable dans sa qualité.

Où dormir dans les environs ?

⛺ ***Domaine Arleblanc :*** *07260 **Rosières.** ☎ 04-75-39-53-11. • info@arleblanc.com • camping-arleblanc-ardeche.fr • ♿ Bien indiqué. Ouv fin mars-début nov. Forfaits 15,50-29 € selon saison. Chalets et mobile homes 380-725 €/sem selon taille (2 ou 3 chambres) et saison. 📶* Situé dans un fort bel environnement, à l'entrée des gorges de la Beaume, c'est l'un des plus anciens campings de l'Ardèche. Domaine de 7 ha en bord de rivière, abritant plus de 160 emplacements ombragés. Très familial et confortable. Piscine chauffée et pataugeoire, plage aménagée, tennis, petit supermarché, bar, resto, animations multiples, club enfants... Atmosphère particulièrement animée, une vraie petite ville. Possibilité de faire du canoë sur la rivière. Bon accueil.

🏠 🍽 ***Chambres d'hôtes L'Oustalou :*** *Augnac, 07260 **Rosières.** ☎ 04-75-39-57-05. 📱 06-07-91-28-62. • loustalou@wanadoo.fr • loustalou-ardeche.com • À 3 km de Rosières. Au village, prendre la direction Laurac ; après 1 km env, au niveau de Mouleyres, bifurquer à gauche, direction Augnac et suivre le panneau « L'Oustalou ». Ouv de début mars à mi-nov. Doubles 71-79 €. Table d'hôtes 28 €.* Charmant mas perché au sommet d'une petite colline, entourée de conifères, où l'on n'entend que le chant des oiseaux et des cigales. Le domaine de 2 ha s'étage sur des *faysses* (terrasses en pierre sèche), avec une grande piscine lovée dans la verdure. Un couple très sympathique, Philippe et Véronique, a aménagé 5 chambres toutes belles, toutes fraîches (certaines avec mezzanine). Une déco sobre et de bon goût. À la table d'hôtes, la châtaigne et les plantes sauvages sont à l'honneur.

Séjours à thème, notamment autour de la découverte et cuisine des plantes sauvages. Très bon rapport qualité-prix.

Chambres d'hôtes Le Mas de la Cigale : *La Croix, 07260* ***Vernon.*** *☎ 04-75-39-68-69. • la.cigalle@wanadoo.fr • lemasdelacigale.com • Prendre la D 303 de Joyeuse. Ouv de mi-mars à mi-nov. Doubles 98-108 € ; suite familiale mansardée 150 € pour 4 pers. Table d'hôtes 32 € (1 fois/sem).* Adresse chic et charme. Mas de village en pierre sèche, bénéficiant d'une vue superbe sur la nature environnante (vignes, oliviers, châtaigniers). Catherine Gohier est une bien accueillante maîtresse de maison. 5 vastes chambres rénovées dans un esprit très contemporain. Petit déj dans la belle salle voûtée ou en terrasse. Salons, espace bibliothèque, grande piscine. Table d'hôtes d'inspiration provençale, succulentes recettes.

Chambres d'hôtes La Petite Cour Verte : *La Roche, 07110* ***Beaumont.*** *☎ 04-75-39-58-88. • sylvie@lapetitecourverte.com • lapetitecourverte.com • Prendre la D 203 direction Valgorge sur 12 km jusqu'au hameau du Gua ; après l'auberge* La Boucharade, *prendre le pont à gauche direction La Roche pdt 3 km, puis suivre le fléchage. Congés : janv. Double 98 €. Table d'hôtes 29 €. Réduc de 10 % sur le prix de la chambre à partir de la 3e nuit sur présentation de ce guide.* De belles chambres dans une magnifique bastide du XVIe s, en pleine nature, avec une grande et belle terrasse en bois. Vue superbe sur la campagne vallonnée. Petite piscine chauffée, sauna, hammam, jacuzzi. À table, bonne cuisine familiale à base de produits frais et bio, pour des petits plats concoctés avec une touche très personnelle. Un vrai cocon (d'ailleurs, ils proposent des séjours bien-être impeccables pour refaire le plein d'énergie). Excellent accueil.

Où acheter de délicieux macarons ?

Maison Charaix : *av. François-Boissel. ☎ 04-75-39-66-70. • maisoncharaix.com • Mar-sam 9h-12h, 14h-19h.* Les macarons sont une spécialité de la ville depuis la fin du XVIe s. Chez *Charaix,* la tradition du vrai macaron se perpétue, basée sur des produits naturels et un savoir-faire remarquable. On retrouve le goût unique du macaron du XVIe s.

À voir. À faire

➢ **Visites théâtralisées :** *06-70-72-18-07. • cppj07.fr • Juil-août, mer-jeu ; départ à 20h45, pl. de la Recluse. Tarif : 8 € ; 6-14 ans 6 €.* Pour retrouver, à travers les rues du vieux village, les principaux personnages qui ont marqué l'histoire de Joyeuse. Une idée originale et pleine d'humour, ce qui n'empêche pas le sérieux des explications historiques.

Le musée de la Châtaigneraie : *sur le parvis de l'église, dans le vieux village. ☎ 04-75-39-90-66. • musee-chataigneraie.fr • Avr, mar-ven 14h-18h ; mai-oct, tlj sf lun 14h-18h, plus le mat 10h-12h en juil-août. Dernier billet 45 mn avt la fermeture. Entrée : 5 € ; tarif réduit sur présentation de ce guide ; gratuit moins de 6 ans. Jeu découverte pour enfants et ados. Rencontres avec les producteurs le dim en juil-août.*

Le musée est établi dans l'ancien collège des Oratoriens, bâtiment datant du XVIIe s. Il témoigne des liens étroits qui ont uni, pendant des siècles, les Cévenols à l'arbre à pain.

On fait d'abord un prodigieux bond dans le passé, à l'ère tertiaire (8 millions d'années en arrière), car les plus anciennes empreintes foliaires (de feuilles) ont été datées de cette période et provenaient du massif voisin du Coiron. Plus proche de nous, au Moyen Âge, ce sont des moines défricheurs qui commencent véritablement sa culture, au début du XIVe s. Puis elle ne cesse de s'amplifier jusqu'à la fin du XIXe s,

L'ARDÈCHE

période où l'on abat tous ces beaux arbres pour en extraire le tanin (utilisé pour tanner le cuir). On oublie rapidement qu'ils ont sauvé tant de vies pendant les périodes de disette, et on déboise sans état d'âme. À cela, il faut ajouter les maladies, la mévente des fruits et l'exode rural qui n'arrangent vraiment pas le cas de la châtaigne. Présentation de splendides objets et machines liés à la castanéiculture, mais aussi des expositions d'œuvres contemporaines, sculptures, peintures, céramiques et poteries utilisant le châtaignier comme matériau ou comme thème. Rarissimes *berles,* meubles véritablement creusés à même le tronc, utilisant en quelque sorte la technique de fabrication des pirogues ; par exemple, un amusant banc équipé de chatières pour protéger la nourriture des rats et des souris. Un beau musée, très intéressant. Également une boutique de produits du terroir à base de... châtaignes.

L'Espace historique et légendaire : *pl. Lapeyre, au cœur de la cité médiévale. 06-70-72-18-07. • cppj07.fr • Juil-août, tlj sf lun et sam 16h30-19h. Entrée : 2 € ; gratuit moins de 6 ans.* Musée qui rend hommage aux principaux personnages illustres qui ont marqué la région. Une grande maquette du duché de Joyeuse en 1761 ravira les amoureux de soldats de plomb. Les numismates devraient aussi trouver leur bonheur avec une collection qui expose des pièces gallo-romaines jusqu'à l'euro. Petits films, photos anciennes de Joyeuse, expos de sceaux et de blasons. L'association a également ouvert la ***maison de la Caricature et du Dessin d'humour,*** qui retrace l'histoire de la caricature des origines à nos jours.

Manifestations

– ***Festival Labeaume en musiques :*** *en juil-août, mais aussi hors saison. ☎ 04-75-39-79-86. • labeaume-festival.org •* Nombreux concerts de musique classique et de musique du monde.
– ***Les Chemins de la création :*** *l'été principalement.* Expos d'artistes et visite des ateliers. Un dépliant disponible à l'office de tourisme retrace la route de ces expos.
– ***Salon gourmand et artisanal :*** *le w-e après la sortie du gamay nouveau, donc le 3e ou 4e d'oct. • castagnades.fr •* Gastronomie, terroir, artisanat, le tout baignant dans l'odeur des châtaignes grillées.

Circuit au départ de Joyeuse

La vallée de la Drobie par la corniche du Vivarais

Payzac : *à 10 km au sud-ouest de Joyeuse ; suivre la D 207 qui passe par Lablachère.* Payzac est un beau village aux maisons de grès blotties autour d'une église romane à clocher-peigne. Le paysage est marqué par le vignoble en terrasses et les champs d'oliviers où l'on récolte la rougette de Payzac, petite olive qui donne une huile bien fruitée.

De Payzac, continuer jusqu'au hameau de ***Brès,*** 3 km au nord. Nous sommes encore dans le pays du grès, cette fois-ci aux tonalités nettement roses et ocre. Là aussi, charmant village de montagne. Voir l'*église* à l'imposant chevet de grès rouge. Superbe point de vue.

La Table du Moulin : *à Brès. ☎ 04-75-35-99-64. 06-37-14-89-74. • latabledumoulin@yahoo.fr • Ouv en principe Pâques-Toussaint, le soir mer-sam et dim midi. Résa obligatoire (c'est vite complet !). Menus env 36-40 €. CB refusées.* À l'ombre de la séduisante église, près de *Lo Molin de Vincent,* une belle auberge de montagne, faite de grosses pierres et de larges tomettes. Cuisine de terroir (et autour de l'huile d'olive), soigneusement élaborée à partir des bons produits locaux : tartelette croustillante de légumes au fromage de chèvre, assiette autour de la châtaigne... Ne pas être trop pressé, ici le temps s'est quasi arrêté !

LARGENTIÈRE (07110) 2 050 hab. *Carte Ardèche, A3*

À 20 km au sud-ouest d'Aubenas. Une des plus petites sous-préfectures de France, au bord de la Ligne (la rivière), accrochée aux flancs et aux versants des collines du piémont cévenol. À Largentière, l'étrange alchimie des paysages a bien fonctionné : le monde de la plaine, des garrigues et des oliviers croise le royaume des châtaigniers.
C'est une intense émotion que de descendre du massif du Tanargue et de Valgorge à travers monts, pour aborder au fil des routes sinueuses la vallée du Rhône et le paysage méditerranéen. C'est une des plus belles descentes qui soient ! Nos endroits préférés aux abords de Largentière sont Sanilhac et Joannas.

UN PEU D'HISTOIRE

Son nom vient des mines d'argent (plus exactement de plomb argentifère) qui ont fonctionné depuis le IXe s jusqu'en 1983. Les évêques de Viviers ont rapidement géré l'extraction du précieux métal et ont fait battre monnaie dès le Xe s. Qui dit argent dit convoitise, et cette cité médiévale a dû se protéger en bâtissant des remparts, encore visibles à la porte des Récollets et à celle de Tauriers. Si aujourd'hui, à Largentière, on ne vit plus grâce à l'argent de l'argent, on est fier d'avoir adopté une main-d'œuvre harki spécialement venue dans les années 1960. Après la guerre, la mine ; et les voilà ardéchois. À Largentière, la xénophobie, on ne connaît guère.

Adresse et info utiles

Office de tourisme : *8, rue Camille-Vielfaure. ☎ 04-75-89-33-30. • tourisme@cc-valdeligne.fr • tourisme-valdeligne.fr • Avr-sept, tlj sf dim ap-m 10h-13h, 14h-18h (en continu juil-août) ; oct-mars, lun-ven 10h-12h, 14h-16h30.* Bon accueil et plein de documentation. Organise également une visite commentée de la ville certains jours de mi-juillet à mi-août.

– ***Marchés :*** *en été, intéressants marchés de producteurs à Largentière et dans les environs (rens à l'office de tourisme).*

Où dormir ? Où manger dans les environs ?

Chambres d'hôtes La Haute Maurelle : *La Haute-Maurelle, 07110* ***Joannas.*** *☎ 04-75-37-29-94. • bernadette@lahautemaurelle.fr • lahautemaurelle.fr • À env 5 km de Largentière en direction de Joannas, sur la D 24. Ouv fin avr-début nov. Doubles 75-88 € selon saison. Table d'hôtes sur résa 30 €. Un pot de confiture offert à nos lecteurs sur présentation de ce guide.* Difficile de rester insensible à la beauté de ce mas imposant du XVIIe s émergeant des châtaigniers à flanc de colline. De la terrasse et de la piscine à débordement, la vue sur la vallée est somptueuse. Mais la surprise est à l'intérieur, avec une rénovation soignée mêlant l'ancien à quelques touches contemporaines. Très réussi dans son genre. Les chambres sont dans le même esprit, colorées, aménagées avec goût et de très bon confort. Une halte de choix, d'autant que la table d'hôtes proposée par les charmants propriétaires est gourmande à souhait.

Chambres d'hôtes et gîtes Domaine du Fayet : *chez Karine et Pascal Schluter, Le Fayet, 07110* ***Sanilhac.*** *☎ 04-75-39-12-19. • info@fayetardeche.com • fayetardeche.com • Doubles 80-100 € selon saison. Gîtes 5-10 pers 530-1 215 €/sem selon taille et saison.* Quand Susanne est arrivée d'Allemagne à l'époque *peace and love,* elle a eu le coup de foudre pour ce coin de nature exceptionnel. Elle a ouvert les premiers gîtes d'Ardèche dans les années 1960. Son fils Pascal et sa femme Karine, passionnés et charmants, continuent son œuvre, avec ténacité et ingéniosité. Ils sont Ardéchois de cœur. La grande maison principale abrite d'exceptionnels gîtes de caractère historique. Le plus beau est le gîte *Académie*. En contrebas, 2 très belles chambres d'hôtes autour d'une courette où glougloute une fontaine. Vue magnifique sur les collines couvertes de châtaigniers et, au loin, l'horizon dégagé. Une adresse coup de cœur.

Auberge de la Tour de Brison : *lieu-dit La Chapelette, 07110* ***Sanilhac.*** *☎ 04-75-39-29-00. • belin.c@wanadoo.fr • belinbrison.com • ♿ À 7,5 km de Largentière, par la D 212 puis la D 312. Resto tlj sf mer. Congés : nov-mars. Doubles 77-92 € selon confort et saison. ½ pens 70-97 €/pers, demandée en juil-août. Gîtes 2-18 pers env 370-630 €/sem. Menu (très copieux) 31,50 €. Parking (garage gratuit pour les motos).* Aux confins de l'Ardèche, à flanc de montagne, une adresse paisible tenue par un couple très sympathique. Une quinzaine de chambres climatisées (avec TV), certaines avec bains à remous, douches à hydrojets, et vue sur... les Alpes ! Par temps clair, bien sûr. Également des chambres familiales avec cheminée et mezzanine. Au resto, parmi les spécialités : la mousse de volaille aux châtaignes, la traditionnelle caillette, maison, servie chaude. Vue magnifique depuis la salle à manger (une sorte de balcon dominant la vallée et la campagne ardéchoise). Piscine chauffée couverte donnant sur l'horizon, pataugeoires et nombreuses autres activités : idéal pour recharger les batteries !

Hôtel Le Chêne Vert : *07110* ***Rocher.*** *☎ 04-75-88-34-02. • contact@hotellechenevert.com • hotellechenevert.com • ♿ À 5 km au nord de Largentière par la D 5, puis la D 235. Resto tlj sf lun midi. Congés : oct-mars. Doubles 80-110 € selon confort et saison. ½ pens env 72-90 €/pers. Menus 22-43 €. Café offert sur présentation de ce guide.* Au bord d'une petite route tranquille, dans un bel environnement de collines. Construction classique, moderne et rassurante, avec un intérieur agréable, abritant une bonne vingtaine de chambres bien entretenues, les plus vastes étant dans la partie la plus récente. Certaines disposent d'un balcon. Cuisine régionale très soignée et raffinée, servie dans une belle salle à manger voûtée en pierre (de 1839). Les spécialités évoluent au gré des saisons : joue de bœuf, gâteau d'écrevisses à l'aneth... Accueil familial et franc. Piscine chauffée, salle de remise en forme et jacuzzi.

Le Mas de Baume : *hameau de Baume, 07260* ***Rosières.*** *☎ 04-75-93-76-88. 📱 06-09-65-42-92 • hotel-lemasdebaume@orange.fr • mas-de-baume.com • À 7 km au sud-ouest de Largentière, par Laurac-de-Vivarais ; suivre la route de Rosières, puis tourner à droite à 300 m après Blajoux et suivre les panneaux « Augnac », « L'Estourels », puis « Le Mas de Baume ». Ouv avr-sept. Doubles 85-190 € selon confort et saison.* On arrive sur une colline verte, au milieu d'une pinède, devant un hôtel de charme, ancienne ferme fortifiée restaurée. Ensemble récent aménagé par un couple respectueux de l'environnement : isolation, électricité, chauffage... tout a été soigneusement étudié. Très belles chambres climatisées et décorées dans le style rustique-chic du pays : pierre, bois, cuir. Piscine (bassin naturel).

Où acheter de bons produits ?

La cave et les halles de L'Ardéchoise : *à la sortie sud de Largentière, en direction de Ruoms. ☎ 04-75-39-11-02. • lardechoise.net • Tte l'année, tlj sf dim ap-m 8h-12h30, 14h30-19h.* Une caverne d'Ali Baba pour les amateurs de vins, de jus de fruits et de confiseries de qualité. Quel que soit le rayon, la saveur est au rendez-vous, et vos hôtes vous accueillent avec chaleur et enthousiasme pour vous faire partager leur passion.

Épicerie fine Brin d'Ardèche : *31, rue Jean-Louis-Soulavie. ☎ 04-75-39-04-99. Ouv d'avr à mi-oct, lun-sam*

9h-20h (18h le sam). Lové dans une ruelle de la cité médiévale, une échoppe qui propose une flopée de merveilles de gueule, des liqueurs locales aux nougats en passant par les miels et confitures.

À voir. À faire

➢ ***Balade dans la cité médiévale :*** charmant réseau de calades, traverses et passages voûtés au-delà de la *porte des Récollets,* datant du XVe s. En surplomb de la place éponyme, surprenant palais de justice de style néoclassique, à la façon d'un temple grec, et de proportions peu communes pour cette petite ville. La présence du canal, encore visible, permettait d'alimenter les commerces en eau (moulin, tannerie, armurerie...). Flâner dans les rues pavées et admirer cette ville où l'on frappait le denier épiscopal au XIIe s. Intéressant aussi, l'hôtel de ville partiellement Renaissance, aux élégantes grilles, fenêtres à meneaux et anse de panier, et quelques beaux hôtels particuliers. Dans l'église au doux nom de *Notre-Dame-des-Pommiers,* datant du XIIIe s bien que largement « gothiquisée », un rare sarcophage de l'époque carolingienne. À l'extérieur, une tour des remparts encastrée dans l'église.

Le ***château des Évêques,*** qui semble avoir fleuri sur la rocaille, veille toujours sur ce petit monde d'un air sévère *(accessible en été durant les animations médiévales ; sinon, avec l'association* Au-delà du temps *; se renseigner à l'office de tourisme).*

– En été, le château accueille ***Le Temps des chevaliers*** qui ravira petits et grands. Activités et ambiance du Moyen Âge recréées à travers des ateliers artisanaux : forge, métier à tisser, herboristerie, fabrication de vitraux, échoppes, etc. *(juil-août, lun-ven 10h30-12h30, 14h-19h ; adulte 9,50 €, 6-14 ans 5 €, forfait famille 29 € ; CB refusées ; ☎ 04-75-36-83-44 ; • audeladutemps.fr •).*

– ***L'exposition « 1 000 ans d'histoire »*** (dans le château) : *juil-août, tlj sf dim. GRATUIT.* Nombreuses photos, gravures, textes explicatifs sur le patrimoine de Largentière, les mines d'argent, le château, etc.

Manifestations

– ***Grande fête médiévale de l'Argentaria :*** *dans tte la cité, le 1er w-e d'août, les années impaires.* Festival off dans la cité de Largentière, gratuit, et festival payant en circuit fermé.

– ***Les Castagnades :*** *plusieurs w-e entre oct et nov dans différents villages autour de Largentière (rens à l'office de tourisme).* Ça *castagne* sous toutes ses formes : en rôties, en conférences, en expositions...

DANS LES ENVIRONS DE LARGENTIÈRE

La roseraie de Berty : *quartier Berty, à 6 km de Largentière (dont 2 km de piste) ; fléché depuis l'église. ☎ 04-75-88-30-56. 📱 06-09-65-42-92. • roseraie-de-berty.com • Ouv en principe de mi-mai à mi-juin, tlj 10h-18h. Entrée : 5 € ; réduc ; gratuit moins de 12 ans. Chiens en laisse acceptés.*

Au cœur de la petite vallée du Roubreau et d'une nature sauvage, Éléonore a aménagé un petit éden bucolique et champêtre à souhait, classé « Jardin remarquable » (on comprend pourquoi). Des roses, plein de roses, en massifs, en bouquets, dégringolant des tonnelles, de toutes les couleurs. Et pas n'importe lesquelles, plus de 700 variétés, toutes anciennes ! Au passage, saviez-vous que la rose à l'état sauvage existe seulement dans l'hémisphère nord (évidemment, l'homme la cultive également dans l'hémisphère sud) ? Et puis, il y a aussi ces fleurs sauvages qu'Éléonore laisse entrer dans son jardin, parce qu'elles sont belles, tout simplement...

Petit salon de thé où l'on peut siroter, entre autres, du sirop de rose. Les jardiniers en herbe pourront rapporter des spécimens de ces rosiers. Éléonore a ouvert aussi la roseraie des Pommiers à Ruoms.

Montréal : un village médiéval, comme sculpté dans le grès. Modestes mais élégantes maisons, et surtout un château vraiment intéressant.

– **Le château :** *rens au ☎ 04-75-89-91-81 ou 07-86-53-06-48 (M. Fenestrier). • chateau-montreal.com • Mars-janv, visites tlj 9h-12h (sf w-e), 14h-18h ; juil-août, tlj sf sam 10h30-13h, 15h-19h. Entrée : 9 € ; 5-14 ans 4,50 € ; forfait famille 25-28 €. Hors saison, entrée : 6 € ; 5-14 ans 4 €. Campement médiéval début juil-fin août, tlj sf sam. Animations vac de Pâques : voir le site.* Un château du XIIIe s (avec une partie XVIIe s) qui mérite notre admiration tout comme son propriétaire, un maçon devenu châtelain. Il le restaure seul avec les moyens du bord. Durant l'été, le château accueille un campement médiéval où des artisans en costume travaillent devant vous. Il y a le forgeron, l'archer, le calligraphe, le verrier, le luthier, le maître d'armes... qui vous racontent leur métier. Très beau donjon du XIIe s. Magnifique coup d'œil sur la nature, particulièrement modelée par la main de l'homme, avec de nombreuses cultures en terrasses.

Joannas : *à 8 km à l'ouest de Largentière.* C'est autant l'adorable route sinueuse que le site lui-même (à 400 m d'altitude) qui rend Joannas attachant. Dominé par un vieux château ayant résisté aux turpitudes des siècles, ce petit village (342 habitants) du piémont cévenol se trouve sur la ligne de rencontre entre l'influence méditerranéenne et la montagne. La mairie s'est installée dans une aile du château, l'autre étant occupée par l'*Auberge de Joannas*.

Camping Le Roubreau : *lieu-dit Le Roubreau, route de Valgorge. ☎ 04-75-88-32-07. • camping@leroubreau.com • leroubreau.com • Ouv de mi-avr à mi-sept. Forfaits 16-26 € selon saison. Mobile .homes et cottages 4-6 pers 250-770 €/sem selon confort et saison.* Au bord d'une rivière, voici un camping de taille moyenne (100 emplacements) sur un terrain bien ombragé de 3 ha. Très bon accueil. Équipements aux normes. Piscine, snack-bar, dépôt de pain.

– **Parapente :** *☎ 09-79-59-85-00. 06-22-20-75-40. • parapente-ardeche.com • Env 80 € le baptême. Envol depuis le col de Meyrand (1 400 m), arrivée à Valgorge (600 m). Durée : env 1h.* Hubert Rochas, Fabrice de Meyer et Étienne Mattina sont des moniteurs sérieux qui possèdent une expérience et du matériel de qualité. Balade aérienne époustouflante au-dessus du massif du Tanargue et du piémont cévenol.

Vinezac : *à env 10 km au sud de Largentière, par la petite route D 423.* Solide petit bourg médiéval fortifié, étendu dans la plaine, au milieu du vignoble. Classé « Village de caractère », bien conservé mais pas « maquillé ». Pas moins de trois châteaux (qui ne se visitent pas) et une église romane du XIIIe s, au clocher à gargouilles si particulier. Pour les amateurs, nombreux témoignages de la préhistoire, comme de beaux dolmens et des pierres levées.

Cabane Perchée : *Basse-Hironde, 07110 Vinezac. ☎ 04-75-88-93-60. 06-11-76-60-10. • cabane-perchee@orange.fr • cabane-perchee.com • Compter 105 €/nuit (min 2 nuits) ou 700 €/sem.* Le nom « Cabane » est trompeur car en fait il s'agit d'un éco-hébergement chic à l'architecture d'avant-garde, intégré dans un sous-bois, à flanc de coteau, avec piscine hors sol toute de bois vêtue et sauna. Son propriétaire, Koen Pinnoo, venu d'Europe du Nord, a réalisé son rêve en pleine nature. Original, insolite et de très bon confort. Pour jouer à Robinson, mais version grand luxe !

Chassiers : *à 2,5 km au nord de Largentière.* Ce village se niche dans un paysage cévenol où les courbes de niveau se confondent avec les murets de pierre sèche délimitant les cultures en terrasses. Son origine pourrait remonter à la préhistoire. Au gré de ses calades se révèle une riche architecture : châteaux de la Motte et de la Vernade, tour à bossages, église fortifiée Saint-Hilaire, façades Renaissance de la place, chapelle Saint-Benoît, unique en Ardèche. Chouette visite en famille au travers d'une chasse au trésor (à retirer à la mairie ou à l'office de tourisme de Largentière).

THUEYTS (07330) 1 200 hab. *Carte Ardèche, A2*

On prononce « Tueille » ! À une vingtaine de kilomètres à l'ouest d'Aubenas, cette longue route qui monte vers les montagnes et les hauts plateaux, en direction du Puy-en-Velay. En venant de Barnas, arrivée superbe, la route forme une sorte de tunnel végétal voûté par une longue allée de platanes. Labellisé « Village de caractère », ce modeste bourg est assis sur la coulée basaltique qui a détourné l'Ardèche à l'époque quaternaire. Inutile de dire qu'on ne risque pas le glissement de terrain ! La rivière Ardèche s'offre ici un beau plongeon avec la cascade de la Gueule d'enfer, déversant des mètres cubes sous le pont du Diable.

Adresse utile

Office de tourisme : *10, rue Pouget. ☎ 04-75-36-46-79. • thueyts.fr • Ouv tte l'année : juil-août, mar-sam 10h (8h30 ven)-13h, 14h-18h ; le reste de l'année, lun-ven 9h-13h, 15h-18h.* Plein d'infos sur les balades et un topoguide local en vente.

Où dormir ? Où manger ?

Camping

Camping de Belos : *820, chemin de Belos, Le Luzet. ☎ 04-75-36-44-35. • campingbelos@wanadoo.fr • camping-belos.com • À 3 km de Thueyts par la N 102 en direction de Barnas ; bifurquer à gauche au panneau « Luzet », c'est à 1 km. Ouv mai-sept. Forfait 15,50-21,50 € selon saison. Chalets et mobile homes (4-6 pers) 200-790 €/sem. 67 empl.* Au bout d'une jolie route (étroite) de campagne, sur la rive gauche de l'Ardèche, voici un charmant camping loin du tintamarre. Grands emplacements ombragés par de beaux arbres, sur des terrasses verdoyantes, et séparés par des haies. Petit bar-snack à côté d'une piscine agréable.

De bon marché à chic

Hôtel-restaurant Les Platanes : *à 200 m du cœur du village mais en bordure de la N 102. ☎ 04-75-93-78-66. • h.r.lesplatanes@wanadoo.fr • hotel-restaurant-lesplatanes.com • Resto fermé dim soir et lun hors saison. Congés : nov-mars. Doubles 66-79 € selon confort. Formule déj en sem 16 €, menus 22-47 €, carte env 30 €. Café offert sur présentation de ce guide.* Cette adresse à l'ancienne possède bien des qualités, notamment l'accueil de Mme Fayette et sa belle cuisine (cinquième génération), mais aussi un petit défaut : sa situation en bord de route. Bon, ce n'est pas l'autoroute, et les chambres sont dotées de double vitrage. Celles-ci, un peu datées pour certaines, modernisées pour d'autres, sont bien tenues, d'un confort convenable (les plus agréables disposent d'une terrasse), et accessibles par un ascenseur. Réalisée par un maître restaurateur, la cuisine est goûteuse, sincère, à la fois familiale et ardéchoise : omelette aux cèpes, truite au champagne, cassolette d'escargots, et de bonnes viandes...

Hôtel-restaurant Les Marronniers : *au cœur du village, sur la pl. du Champ-de-Mars. ☎ 04-75-36-40-16.*

• contact@hotel-les-marronniers.com • hotel-les-marronniers.com • ♿ Resto fermé dim soir (et lun hors saison). Congés : de mi-nov à début mars. Doubles 56-69 € selon confort et saison ; petit déj-buffet 9 €. Menus 17,50 € (déj en sem) puis 19-42 € et carte. Parking. 📶 Café offert sur présentation de ce guide. Un petit hôtel familial où l'on se sent tout de suite à l'aise : l'accueil est chaleureux et pas compliqué, les chambres simples, classiques et de bonne tenue, et le petit déj de qualité (brioche maison, fromages locaux, fruits d'un producteur du coin). Les marcheurs aux mollets fatigués auront même plaisir à se détendre autour de la jolie piscine. Dans l'assiette, une cuisine de terroir franche et naturelle : assiette des monts d'Ardèche, velouté cèpes et châtaignes, foie gras, truite snackée au vin rouge. Une bonne adresse.

Où dormir dans les environs ?

🏠 🍽 ***Chambres d'hôtes Quinte & Sens :*** *Le Bardy, quartier de Lafarre, 07330* ***Barnas.*** *☎ 04-75-39-88-54. • quinte.et.sens1@gmail.com • chambrehotesardeche.com • Double 78 €. Table d'hôtes 29,50 €.* 📶 Bienvenue chez un couple de sympathiques néo-ruraux qui ont choisi cette superbe vallée pour changer de vie. Et quitte à se lancer dans l'aventure, ils le font dans les règles : leur vieille maison perchée à flanc de montagne est soigneusement restaurée, et surtout avec des matériaux écologiques de qualité. Le résultat est séduisant, à l'image des belles chambres décorées avec des têtes de lit en bois de récup', et dotées d'étonnants meubles en carton. Très réussi. On retrouve cette même passion à la table d'hôtes, soignée, et dans les séjours à thème organisés, notamment à l'occasion de la saison des champignons (madame est mycologue). Très complet.

À voir. À faire

➢ ***Balade dans le village :*** de la place du Champ-de-Mars, accès à pied en 5 mn au vieux bourg. En suivant les ruelles anciennes et la rue Pouget, on découvre la tour Pouget, le château de Blou, la chapelle Saint-Roch... Un riche patrimoine bâti qui vous dévoilera un peu de son histoire.

★ ***Le musée de l'Ardèche d'autrefois :*** *sur la place du village ; entrée par la boutique. 📱 06-75-68-22-24. ♿ En principe, avr-sept, tlj sf ap-m mer et dim 9h-12h, 15h-19h (ouv mer en juil-août) ; oct-déc, sur résa. Congés : janv-mars. Entrée : 3,50 €.* Petit musée à l'ancienne mode plein d'atmosphère, qui présente au gré d'un véritable inventaire à la Prévert une ribambelle d'objets sur la vie paysanne au XIXe s. Mobilier d'époque, quelques costumes, instruments agraires, outils...

★★ ***Le belvédère de la Gueule d'enfer :*** *à deux pas du centre, sur la droite en allant vers Aubenas.* Admirable panorama sur le pont du Diable, la chaussée des Géants (une des coulées basaltiques les plus hautes d'Europe, 80 m par endroits) et la jolie courbe que dessine l'Ardèche.

➢ ***Balade, et baignade, le pont du Diable – l'Échelle du Roi :*** *compter 1h15 de marche.* Depuis l'office de tourisme, traverser le parc du château de Blou puis le parking ; fléché ensuite à gauche. Le sentier descend et passe sous le pont de l'Apic (datant du XVIIIe s) puis au pied de la *Chaussée des géants.* Son pavage daterait de l'époque romaine. À hauteur du premier virage, vue sur la *cascade de la Gueule d'enfer* (à certaines saisons). On rejoint alors cet impressionnant pont du Diable en dos d'âne. Ce pont romain enjambe élégamment l'Ardèche qui, à moins de 25 km de sa source, offre ici ses eaux les plus cristallines et sa plus grande fraîcheur. Au pied du pont et autour, baignade obligatoire ! Petites plages de galets pour se sécher entre chaque bain. Pour rejoindre le village par *l'Échelle du Roi,* prendre avant le pont l'escalier à droite.

➢ ***La via ferrata du pont du Diable :*** *rens et loc de matériel complet (env 15 €/pers la ½ journée) auprès de la mairie (☎ 04-75-36-41-08). Elle peut aussi vous fournir une liste de guides (env 38 €/pers).* Autour du site du pont du Diable, un parcours câblé serpente sur de belles parois rocheuses et passe au-dessus de la rivière (tyrolienne et pont de singe). Accès libre depuis le parking au niveau du stade de foot. Parcours de 2h environ. Mais attention, ce n'est pas une simple balade dominicale mais de l'escalade sportive ! Un guide professionnel est indispensable si vous n'êtes pas expérimenté.

MEYRAS (07380) 870 hab. *Carte Ardèche, A2*

À 5 km à l'est de Thueyts et à 3 km du Pont-de-Labeaume (château de Ventadour), Meyras est un « Village de caractère », typique de ces joyaux de l'Ardèche. Des passages voûtés, de vénérables maisons de lourdes pierres qui ont vu défiler plusieurs siècles, une église austère mais intéressante pour son portail gothique taillé dans une pierre volcanique. Dans les environs de Meyras, dans les villages de l'arrière-pays, quelques excellentes adresses de fermes-auberges à ne pas manquer.

Adresse utile

ℹ ***Office de tourisme :*** *RN 102, Neyrac-les-Bains. ☎ 04-75-36-46-26. • ardechedessourcesetvolcans.com • Ouv tte l'année : avr-oct, tlj sf ap-m des w-e et j. fériés 9h-13h, 14h-17h (15h-18h juil-août) ; nov-avr, lun-ven 13h-17h.* Toutes les brochures sur la région, guide volcanisme, vente de topoguides.

Où dormir ? Où manger dans les environs ?

Gîte d'étape et chambres d'hôtes Les Champs d'Aubignas : *07380* ***Chirols.*** *☎ 04-75-94-56-01. • leschampsdaubignas@gmail.com • leschampsdaubignas.com • ♿ Depuis Chirols, suivre les panneaux « Champs d'Aubignas » ; à env 6 km. Ouv Pâques-Toussaint. Résa obligatoire (en principe, repas slt le soir en sem). Double 62 €. En gîte d'étape (5 chambres, 21 lits) 20 €/pers ; petit déj 6 €. Repas à la ferme 16-24 €. CB refusées.* Wifi. Voici une des adresses les plus isolées qu'on connaisse ! Pour arriver à ce minuscule hameau littéralement accroché à la montagne, route sinueuse grimpant sec à travers de superbes châtaigneraies et... de plus en plus étroite. Ferme de caractère, offrant des chambres douillettes et de bon confort (pierre sèche et bois, belles salles de bains). Excellente cuisine de terroir à partir des bons produits locaux : pâté chaud de porc aux châtaignes, agneau confit, bœuf au miel et aux cèpes... Légumes bio du jardin et pain maison. Enfin, randonneurs et fans de montagne trouveront ici les conseils et cartes nécessaires. Un coup de cœur !

Chambres d'hôtes La Ferme du Monteil : *Le Monteil, 07380* ***Jaujac.*** *☎ 04-75-93-28-56. • contact@la-ferme-du-monteil.com • la-ferme-du-monteil.com • À 10 km de Meyras. Depuis Pont-de-Labeaume, prendre la D 5 vers Jaujac ; dans le village, tourner à droite avt la pharmacie, passer le petit pont, tourner à droite et suivre Le Monteil ; c'est à 3,5 km, tt au bout d'une route qui ne va pas plus loin. Ouv avr-oct. Double 59 €. Table d'hôtes 22 €. ½ pens (à partir de 4 nuits) 89 € pour 2. Wifi. Réduc de 10 % à partir de 2 nuits consécutives (hors juil-août) sur présentation de ce guide.* Dans leur ferme en pierre qui surplombe la vallée du Lignon, Catherine et Alain ont aménagé 4 chambres à la déco toute simple. Calme assuré, la route s'achève au Monteil. Beaux sentiers tout autour. Ce sympathique couple d'agriculteurs cultive sur de minuscules terrasses une pléiade de légumes (dont beaucoup d'oubliés), de salades originales qui finissent, pour notre plus grand bonheur, dans les assiettes. Pas moins de 40 variétés différentes de tomates ! Organise de passionnants week-ends « menus curieux », stages autour des fleurs comestibles et des plantes portant les noms chantants d'*achillée millefeuille, nombril de vénus, cardamine hérissée...* Une halte reposante, riche en découvertes culinaires !

Ferme-auberge La Framboise : *route de Pramirail, lieu-dit Lamadès, 07450* ***Burzet.*** *☎ 04-75-94-52-03. • falaframboise@orange.fr • À 9 km au nord de Meyras et 12 km du Pont-de-Labeaume. Arrivé à Burzet, tourner à droite avt l'entrée du village, c'est indiqué sur la droite ; un étroit chemin y conduit. Ouv juil-août slt, tlj. Assiette du terroir 15 € ; menus 20-35 €.* Une maison où souffle la passion des produits naturels. Jacqueline vient de Provence et Franz de la Forêt-Noire. Il fut un des pionniers de l'agriculture biologique en Ardèche. Leur ferme du XIIe s, entourée d'un jardin bio de 3 ha, est agrippée à un versant abrupt au-dessus de la vallée. La terrasse suspendue au-dessus des jardins offre une vue incomparable (et l'on voit pousser ce qu'on mange !). Le site est superbe, l'accueil attentionné, la cuisine entièrement réalisée avec des produits de la ferme ou de producteurs locaux. Un rapport qualité-prix-environnement remarquable ! Fait aussi brocante.

Hôtel du Levant – Restaurant Brioude : *à* ***Neyrac-les-Bains,*** *07380 Meyras. ☎ 04-75-36-41-07. • info@hotel-levant.com • hotel-levant.com • À 2,5 km de Meyras par la N 102. Resto fermé lun-mar sf mar soir en saison. Congés : 20 nov-12 déc. Double 46 € avec sdb. Menus 20 € (déj lun-sam), puis 30-44 €.* Agréable hôtel isolé, calme et bien tenu. Chambres propres, claires et suffisamment vastes, certaines avec vue. Au resto, on déguste la cuisine fine et inventive du fils de la famille, Claude Brioude, inspiré par le terroir. Service en salle ou sur la terrasse, sous les platanes noueux et à côté des hortensias.

Fête et manifestations

– ***Foire de la Saint-Blaise :*** *à Meyras, le 1er dim de fév.* Foire locale traditionnelle qui remonte au IXe s, mais qui, hélas, a perdu de son éclat. Les gens de la montagne y achetaient autrefois des râteaux et des paniers en bois de châtaignier. En effet, cet arbre ne poussant pas sur la montagne, il fallait descendre à la foire pour trouver du matériel imputrescible. Aujourd'hui encore, un artisan vient ici vendre ses paniers comme au temps jadis.

– ***La Passion du Christ :*** *à* ***Burzet,*** *le Vendredi saint.* Toute la population revit la passion du Christ. Montée au calvaire (chemin coriace). Très haut en couleur car tout le monde est costumé.

– ***Fête de la châtaigne :*** *à* ***Meyras*** *ou à* ***Jaujac,*** *en oct. • castagnades.fr •* Appelée les *castagnades*.

DANS LES ENVIRONS DE MEYRAS

Le château de Ventadour : *à côté de Pont-de-Labeaume en direction d'Aubenas ; fléché. ☎ 04-75-38-00-92 (juil-oct) et 03-23-55-50-67 (nov-juin). Ouv Pâques et juil-sept, tlj 9h-12h, 14h-18h (15h-18h le w-e). Se renseigner pour le reste de l'année. Entrée : 5 €.* Surplombant majestueusement le confluent de la rivière Ardèche et de la Fontaulière, cette forteresse d'origine médiévale, bien amochée par la guerre de Cent Ans, les guerres de Religion et par les conséquences de la Révolution (c'est original !), a aujourd'hui fière allure grâce aux innombrables chantiers menés depuis plus de 40 ans par Pierre et Françoise Pottier et effectués par de jeunes bénévoles. Ils ont relevé l'incroyable défi de redonner vie à ces illustres pierres. On déambule dans l'histoire en laissant vagabonder son imaginaire dans ce vaste ensemble harmonieux.

La Maison du parc naturel des monts d'Ardèche : *domaine de Rochemure, 07300* ***Jaujac.*** *☎ 04-75-36-38-60. • pnrma.fr • À 8 km au sud de Meyras, par la D 5. De mi-juin à mi-sept, tlj 13h30-18h (10h-18h w-e et j. fériés). GRATUIT.* Créé en 2001, à l'initiative des producteurs de châtaignes, le parc des monts d'Ardèche, entre montagnes et vallées, couvre une très vaste étendue de territoire (150 000 ha), des Vans jusqu'à Privas, du Gerbier-de-Jonc à Saint-Agrève. Il regroupe environ 132 communes. La Maison du parc est un bon point d'information. On y découvre notamment un bassin de biodiversité, un « hôtel » à insectes, une mare aux libellules et un sentier, *La Coulée vive,* à la découverte du volcan.

Neyrac-les-Bains : *à 1 km au-dessus de la N 102, entre Thueyts et Pont-de-Labeaume.* Cette station thermale est bien connue de tous ceux qui souffrent de maladies de peau et de rhumatismes. Elle était fréquentée par les Romains souffrant des mêmes maux. Déjà, on savait les bienfaits du limon de Neyrac, dépôt qui possède la propriété de nettoyer et de redonner luminosité à la peau.
– ***Établissement thermal :*** *☎ 04-75-36-46-00. • thermesdeneyrac.com •* Forfaits de remise en forme à la carte (piscine couverte, jacuzzi, etc.).

La cascade du Ray-Pic : *à env 15 km au nord, sur la commune de* ***Péreyres.*** Site classé qui vaut le détour, puisqu'il s'agit d'une belle cascade dégringolant parmi une série d'orgues basaltiques. L'occasion d'une jolie balade (sentier bien aménagé).

LA MONTAGNE ARDÉCHOISE

• Carte *p. 186-187*

Cette région d'Ardèche a un net parfum auvergnat. Avec la Haute-Loire frontalière côté ouest, du nord au sud, les influences sont franches à plus d'un titre. Vous ne trouverez pas ici les plus beaux villages du département, mais la nature vous fera vibrer d'une façon particulièrement intense. Tout est resté à l'état brut, sans presque aucune trace de la main de l'homme.
Rares sont les cultures car on est quasiment toujours entre 1 000 et 1 500 m d'altitude. La nature intacte n'a ainsi pas eu à récupérer ses droits car elle ne les a jamais perdus. Et puis, cette partie d'Ardèche offre le plus beau des présents à la France en faisant jaillir de sa terre et d'entre ses pierres un fleuve roi : la Loire. L'habitat, rare également, abrite ces montagnards ardéchois, peu nombreux mais qui occupent leur terre avec conviction, comme on affirme une volonté, « noueuse comme un pied de vigne ». Car il est bien plus rude de vivre ici que dans le sud du département.

Les affaires comme l'agriculture sont tributaires du climat et des longs hivers. Même en été, on cherche plus le soleil que l'ombre ; et puis, l'hiver justement, quand la burle se met à souffler sans vous contourner mais en vous traversant sans oublier de vous glacer au passage, on courbe l'échine et on presse le pas.
Des passionnés préservent leur patrimoine, comme ces fermes de granit au toit de genêts ou de lauzes, que vous aurez l'occasion de visiter en fredonnant « ... que la montagne est belle... ».

LE FIN GRAS DU MÉZENC

Peut-on être gras et fin à la fois ? C'est le cas de cette viande bovine exceptionnelle, appelée le fin gras du Mézenc, produite dans les montagnes de l'Ardèche et de la Haute-Loire. Il s'agit de la troisième AOC de viande bovine de France (avec la limousine et la charolaise). Issue de l'engraissement hivernal des génisses et des bœufs nourris au foin du Mézenc, cette viande possède un goût, une saveur et une fraîcheur uniques, et une étonnante richesse aromatique (fenouil des Alpes, localement appelé cistre)... à découvrir chez les bouchers et restaurateurs ardéchois.
• *aoc-fin-gras-du-mezenc.com* •

LA RÉGION DES SOURCES DE LA LOIRE

On est ici sur un haut plateau, puisque prennent naissance dans ces paysages sauvages des centaines de sources, dont une tirera mieux que les autres son épingle du jeu : la Loire.

COUCOURON (07470) 820 hab. *Carte Ardèche, A2*

À 8,5 km de l'axe qui relie Aubenas au Puy-en-Velay (Haute-Loire). Un des derniers villages du haut plateau ardéchois (1 150 m d'altitude), avant les horizons du Velay. Petite place, ruelles étroites où se blottissent poste, mairie et église. Elle a de l'allure cette église, surtout la façade avec son porche roman du XIIe s, ses contreforts et son clocher-peigne à quatre arcades du milieu du XIXe s.

Adresse utile

Office de tourisme : pl. du 14-Juillet. ☎ 04-66-46-12-58. • coucouron-lacdissarles.com • Juin-sept, tlj sf dim 9h-12h, 14h-18h ; le reste de l'année, lun-ven 9h-12h, 13h30-17h30.

Où dormir ? Où manger ?

Camping

Camping municipal de Coucouron : à 400 m du lac du même nom. ☎ 04-66-46-13-08. 06-12-29-36-54. • campingmunicipal.coucouron@orange.fr • coucouron.fr • Ouv mai-sept (oct pour les loc). Forfait

8-12 € selon saison. Chalets (4-6 pers) 250-550 €/sem selon taille et saison. CB refusées. Il n'est pas situé au bord du lac (places pour les camping-cars) mais à 250 m de la place de la Mairie. Camping modeste et propre de 90 emplacements, à proximité des commerces.

De bon marché à prix moyens

Hôtel-restaurant Enjolras : *pl. de la Mairie. ☎ 04-66-46-10-04. • hotel-enjolras.fr • Fermé en janv. Mai, resto ouv le w-e sur résa, hôtel w-e et j. fériés sur résa ; juin-sept, hôtel et resto ouv tlj ; oct-déc, resto ouv ts les midis, hôtel sur résa. Double 45 €. ½ pens 46 €/pers. Menus 18-29 €.* Une affaire familiale au parfum des années 1970, sérieusement tenue depuis trois générations. Bon rapport qualité-prix, autant pour l'hôtel que pour le resto. Cuisine régionale copieuse et honnête. Côté chambres, c'est aussi sobre que propre ; avec vue sur la campagne, c'est mieux, évidemment.

Où dormir ? Où manger dans les environs ?

À Mazan-l'Abbaye *(07510)*

Gîte d'étape Le Bouteirou : *☎ 04-75-38-92-02. • le.bouteirou@free.fr • le.bouteirou.free.fr • À env 19 km de Coucouron et 3 km de Lanarce. Accès par la D 16 direction Villeneuve, puis la D 110 direction Saint-Cirgues-en-Montagne et la D 239. Ouv mai-sept (mais possibilité d'ouvrir occasionnellement hors saison : se renseigner). Compter 40 €/pers en ½ pens et 50 € en pension complète.* Grande ferme en pierre à flanc de colline, dans un environnement sauvage, toute la vallée se déroulant harmonieusement devant... Accueil adorable de Martine et Christian Rey. Une dizaine de chambres (de 2 à 4 lits). Sanitaires communs propres et carrelés. Pour les grandes familles ou bandes d'amis, possibilité de louer une annexe en gestion libre (jusqu'à 8 personnes), avec cuisine équipée. Hôtes imbattables sur les possibilités de rando, coins de pêche, baignades et visites aux animaux de ferme, etc. Activités diverses : balades avec âne bâté, en chariot bâché (en été), avec attelage de chiens de traîneau (en hiver). En prime, cuisine délicieuse (café et vin compris à chaque repas).

À Lanarce *(07660)*

Hôtel-restaurant Le Provence : *rue principale (N 102). ☎ 04-66-69-46-06. • reservation@hotel-le-provence.com • hotel-le-provence.com • À 12 km au sud de Coucouron par la D 16 puis la N 102. Congés : 11 nov-1er mars. Resto tlj. Doubles 58-71 €. Menus 13,90 € (déj en sem) et 17,50-39 €. Parking gratuit. Digestif offert sur présentation de ce guide.* La façade principale donne sur la route, mais l'autre à l'arrière ouvre joliment sur la vallée. Chambres impeccables (grands lits), bien décorées et arrangées (côté route elles sont bien insonorisées). Excellente cuisine traditionnelle. Une cuisine de chef avec une touche inventive, comme ce gâteau de brochet à la noix de Saint-Jacques ou ce croustillant de boudin aux pommes, servie dans une pimpante salle à manger. Service alerte et souriant. Un de nos meilleurs rapports qualité-prix !

La Fourchette Ardéchoise : *rue principale (N 102), au centre du village. ☎ 04-66-69-44-93. Ouv ts les midis ; également le soir mer-dim et j. fériés en juil-août. Congés : de mi-fév à mi-mars. Menus 18,90-32,90 €, carte env 20 €. Apéritif offert sur présentation de ce guide.* Une adresse appréciée de la clientèle locale. Qualité régulière et bonnes spécialités, comme la traditionnelle *maouche* (estomac de porc farci au chou et au cochon haché).

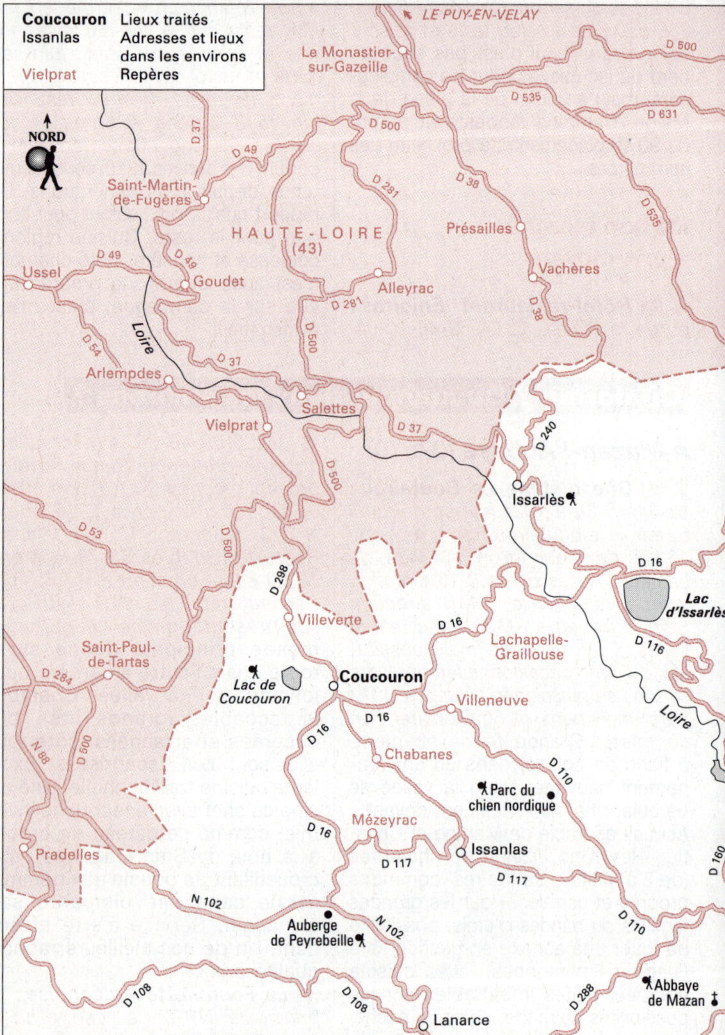

Où acheter de la bonne charcuterie ?

Dans la montagne ardéchoise, vous êtes au cœur d'une région de charcuterie. Vous trouverez la vitrine des salaisons en Ardèche, avec notamment, à Coucouron, la boucherie-charcuterie ***Jolivet et***

LA MONTAGNE ARDÉCHOISE

Fils, qui travaille une viande issue des fermes locales. Il faut aussi aller, à Lanarce, chez ***Noël Puzzi*** *(☎ 04-66-69-44-79),* qui a remporté de nombreux prix. Terrines, pâté de campagne, saucissons (dont le gros jésus), boudins, andouillettes, etc. Toujours à Lanarce, la charcuterie ***Coudene*** *(☎ 04-66-69-46-12)* est également une adresse sûre.

À faire

Le lac de Coucouron : *à 1 km du village.* Lac artificiel de 14 ha, pour la pêche ou la baignade. Planche à voile, location de canots à pédales, etc. Baignade surveillée en juillet-août, mais eau souvent frisquette. Ambiance familiale et jolies balades sur les hauteurs.

DANS LES ENVIRONS DE COUCOURON

Le parc du Chien nordique : *au Patus d'Issanlas, Les Fayolles, sur la commune d'**Issanlas** (07510). ☎ 04-75-38-91-41. 06-83-37-02-25. À 6 km env de Coucouron ; prendre la direction d'Issarlès, puis bifurquer à droite par la D 110 (fléché). Juil-août, tlj 14h-18h ; hors saison, sur résa. Tarif : 7,50 € ; réduc enfant ; gratuit moins de 4 ans.* Un parc qui rassemble une cinquantaine de chiens venus du Grand Nord (huskys, chiens du Groenland, samoyèdes, etc.) ainsi que des rennes dans un environnement qui rappelle la Scandinavie. Film, expo et visites guidées. Différentes activités proposées : attelage à pied ou à roues en saison, balades en traîneau en hiver, etc.

L'auberge de Peyrebeille : *sur la N 102, au niveau de la D 16 qui mène à Coucouron. ☎ 04-66-69-47-51. Tlj 8h-12h, 13h30-18h. Visite individuelle : 4 €. Durée : env 25 mn. Le billet s'achète au bar à côté de l'auberge.*
Depuis l'époque des aubergistes criminels (voir encadré), l'auberge a peu changé. Elle a été aménagée en petit musée. On n'y mange et n'y dort plus depuis bien longtemps (en revanche, on peut être nourri et logé dans l'annexe, à quelques pas). On découvre aujourd'hui une reconstitution en suivant avec attention les commentaires qui restituent parfaitement l'ambiance sordide de l'auberge « rouge ». Une anecdote amusante : on sait que le fameux baron Haussmann, en voyage entre Aubenas et Le Puy, fit escale dans cette auberge. Le destin et la chance ont voulu qu'il ne soit pas séduit par l'inconfort de la maison. Il préféra continuer sa route de nuit jusqu'au Puy. S'il avait dormi à Peyrebeille, le Paris haussmannien n'aurait sans doute jamais vu le jour... L'histoire de ce lieu a inspiré Claude Autant-Lara qui en a fait un film intitulé *L'Auberge rouge,* avec Fernandel. En 2007 est sorti un autre film sur le même sujet avec Balasko, Jugnot et Clavier.
Sur la place, devant les pompes à essence, une stèle et un panneau rappellent l'endroit où a été dressée la guillotine pour exécuter, en juin 1833, les aubergistes Martin et leur domestique Rochette.

L'AUBERGE « ROUGE »

Au début du XIXe s, le couple d'aubergistes Martin avait une notion de l'hospitalité très particulière... Après le dîner, et en accompagnant leurs clients aux chambres, ils les faisaient assommer par leur domestique Rochette, pour les trucider et les dépouiller de leurs biens. Cet accueil frappant n'a pas connu de crise de 1810 à 1833. Aucun cahier de comptes n'a été retrouvé pour estimer le nombre de victimes... Les hôteliers et le domestique ont été guillotinés en 1833 sur le lieu même de leurs forfaits.

Les ruines de l'abbaye de Mazan : *au cœur du village de **Mazan-l'Abbaye,** pardi ! Accès libre. Visites guidées (env 2 €) en été (infos à l'office de tourisme du pays des sources de la Loire : ☎ 04-75-38-89-78).* L'abbaye vit le jour au début du XIIe s. Et ce n'était pas drôle tous les jours : les moines faisaient vœu de chasteté, de pauvreté et d'obéissance, mais aussi de silence. Pas moyen de tailler une petite bavette entre copains ! Même si ces ruines font encore bonne figure, elles ne reflètent que partiellement ce que fut sa puissance au

Moyen Âge. Vignobles, élevage et vastes cultures constituaient de grandes richesses économiques. Mais les guerres de Religion passèrent par là comme ailleurs, et l'abbaye perdit de sa superbe. Les gens du coin utilisèrent les pierres pour bâtir leurs maisons. Il reste aujourd'hui ces ruines, non dénuées de charme.

LE LAC D'ISSARLÈS

(07470) *Carte Ardèche, A2*

À 12 km à l'est de Coucouron et 8 km du village du Béage. Comme un gros miroir aux couleurs changeantes, posé dans un cirque de montagnes boisées, ce lac d'altitude change de teinte selon le temps et les saisons, passant du bleu outremer au vert émeraude, ou au gris argentifère sous les nuages de pluie. Des couleurs dues aussi à une profondeur vertigineuse, atteignant 137 m. Il contient environ 35 millions de mètres cubes d'eau. Bien sûr, on s'y baigne, mais on y pratique aussi des sports nautiques et la pêche. En faire le tour (5 km) représente une marche d'une bonne heure. Pour alimenter en électricité la région, une longue canalisation (17,5 km) achemine les eaux d'Issarlès jusqu'à l'usine souterraine de Montpezat.

Adresse utile

Office de tourisme : *pl. de l'Église. ☎ 04-66-46-17-69. • coucouron-lacdissarles.com • En mai, lun-ven, le mat slt ; juin-sept, lun-sam 9h-12h, 14h-18h (plus dim mat de mi-juil à fin août).*

Où dormir ? Où manger ?

Hôtel-restaurant Le Beauséjour : *au milieu du village. ☎ 09-70-35-91-96. • hotelrestaurantbeausejour@orange.fr • hotel-07.fr • Ouv mars-oct. Doubles 46-51 €. Menus 17 € (déj en sem)-30 €.* De l'hôtellerie traditionnelle, tenue avec sérieux. Proximité immédiate du lac, que l'on ne voit pourtant pas de l'hôtel. Chambres à réserver de préférence côté jardin. Pas de vue sur la vallée, quelques-unes avec terrasse. À table, cuisine régionale à prix raisonnables tels que le magret aux myrtilles, le rôti de veau aux girolles...

– Pour une chambre avec vue sur la vallée, voir en face l'hôtel *Panoramic.*

À voir

L'habitat troglodytique : *à 300 m de la plage, par le sentier qui part sur le côté gauche. Fin avr-fin oct, tlj 9h-19h.* C'est l'ancien logement du garde-pêche du lac creusé à même la roche et transformé en petit musée du patrimoine naturel et culturel du coin.

Issarlès-Village : peut-être un des villages les plus charmants du plateau, à l'urbanisme atypique pour la région. Mais peut-on parler d'urbanisme pour un petit village ? Quasi absence de rues, maisons articulées autour de placettes, nombreux espaces engazonnés. Grande et belle école prouvant que le village a été plus animé qu'il ne l'est aujourd'hui.

SAINTE-EULALIE (07510) 250 hab. *Carte Ardèche, A2*

À 6 km au sud du mont Gerbier-de-Jonc, posé sur un doux versant du haut plateau du Vivarais, dans un paysage aux horizons lointains, Sainte-Eulalie est une commune chanceuse. Sur son territoire se trouvent les sources de la Loire, au petit débit d'eau mais gros débit de touristes. Alors on va voir couler le fleuve naissant, puis on fait l'ascension du fier « pain de sucre » pour contempler l'un des plus beaux paysages qui soient dans la région. Quant au cœur du village, il bat sûrement tout à côté de l'église, dans la ferme de Clastres, presque millénaire.

Adresse utile

Office de tourisme intercommunal du pays des sources de la Loire : *dans le village. ☎ 04-75-38-89-78. • ardeche-sources-loire.com • Juil-août, tlj sf dim ap-m 9h-12h, 14h30-18h ; sept-juin, lun-sam (sf l'ap-m mer et sam) 9h-12h, 14h-17h30.*

Où dormir ? Où manger ?

Hôtel-restaurant du Nord : *dans le bourg. ☎ 04-75-38-80-09. • hotelnord.mouyon@orange.fr • hoteldunord-ardeche.com • Tlj sf mar soir et mer. Congés : de mi-nov à mi-mars. Doubles 64-68 € selon confort et saison. Menus 20 € (le midi sf dim), puis 31,50 € (sf dim)-45 €. Apéritif maison offert sur présentation de ce guide.* De la véranda du salon, la vue est magnifique sur la campagne où la Loire naissante n'est qu'un gros ruisseau. Chambres classiques et très confortables. Au resto, cuisine mijotée selon les produits du marché et les idées du chef. On peut même y dénicher un bon feuilleté d'escargots et un soufflé (ou une crêpe) à la truite fumée. C'est aussi le rendez-vous des amateurs de pêche à la mouche, l'autre grande passion du chef. Une adresse sûre depuis des années.

Où dormir ?
Où manger dans la montagne ardéchoise ?

À Sagnes-et-Goudoulet (07450)

Auberge Jean-François Chanéac : *Les Sagnes, dans le bourg. ☎ 04-75-38-80-88. • bienvenue@auberge-chaneac.fr • auberge-chaneac.fr • Resto ouv ts les soirs en juil-août ; hors saison, midi et soir les w-e et j. fériés slt. Congés : dernière sem d'août. Résa conseillée. Doubles 48-49 €. ½ pens 55,50 €/pers, demandée en principe le w-e et en juil-août. Gîtes 4 et 8 pers 370-635 €/sem. Menus 24-30 €. Digestif maison offert sur présentation de ce guide.* On ne peut pas trouver une auberge plus ardéchoise que celle-ci. On se sent bien dans cette maison aux murs épais, blottie entre pierre et bois, aux chambres confortables et rustiques à la fois ! Un ancêtre Chanéac prit le maquis et tint tête aux soldats de la République pendant la Révolution. Le chef Jean-François hérita de sa grand-mère et de sa maman le goût des bons produits et des plantes sauvages, son frère est producteur dans le bio... À table, une affaire de terroir bien sûr, pour ce qu'il a de meilleur, des plats mitonnés avec les produits du pays, mijotés le temps qu'il faut pour magnifier les saveurs. Ajoutons à cela un accueil exquis, une belle salle de resto, et on tient là un lieu de séjour idéal. Propose également 2 gîtes pour 4 à 8 personnes.

Chambres d'hôtes La Ferme de Suchasson : *à 1,5 km du village. 06-07-81-14-86. • cthomas.suchasson@orange.fr • suchasson.fr • Double 60 €. Repas 22 €.* Au milieu de 30 ha verdoyants, une belle ferme du XVIIe s en pierre recouverte de lauzes. Petite rivière et GR 73 tout à côté. Bon accueil de Claire et Pierre. Chambres de caractère et d'excellent confort. Possibilité de dîner (sur résa) dans l'agréable salle à manger aux vénérables poutres. Production de la ferme ou locale, pommes de terre bio, lasagnes aux épinards sauvages, velouté d'ortie, rôti de génisse, tarte aux châtaignes, la fameuse *maouche* (d'octobre à avril), etc. Une adresse pour amateurs de grands espaces.

Au Béage (07630)

Gîte d'étape de la ferme du Verden : *04-75-38-85-43. • verden07@laposte.net • gite-ferme-de-verden.fr • À 300 m du Béage en direction de Sainte-Eulalie, bifurquer à droite (direction Géorand) ; c'est à 1,5 km. En dortoir, 18 €/pers. Double (w-c sur palier) 50 €. ½ pens 41 €/pers. Dîner 16 €. CB refusées. Apéritif maison offert sur présentation de ce guide.* Gîte d'étape de 14 places dans une vraie ferme en pleine nature (membre de « Relais paysan »). Solange et Bernard Teyssier fabriquent et vendent leurs fromages, leurs terrines, leur viande de veau, des pommes de terre et carottes bio. On déjeune et on dîne à la table familiale, où l'on se régale des produits de la ferme, bien sûr. Confort sommaire, entretien un peu bohème, mais ambiance franche et chaleureuse.

La Table d'Élodie : *chemin des Tousières, à 2 km du village (fléché). 04-75-38-86-05. 06-75-73-79-97. • latabledelodie.lebeage07@orange.fr • Ouv tte l'année, tlj. Double 55 €. Table d'hôtes 17-24,50 €.* À presque 1 500 m d'altitude, au bout d'une route étroite à flanc de coteau, dans un paysage aux horizons lointains. Chambres modestes mais bien arrangées. Côté cuisine, des plats de terroir simples et rustiques. Vue absolument remarquable sur la vallée. Belles randonnées aux beaux jours et en hiver (location de raquettes).

Hôtel-restaurant Beauséjour : *dans le village. 04-75-38-85-02. • nicolasvernet@orange.fr • beausejouraubeage.com • Au bord de la route D 16, en allant vers le lac d'Issarlès. Resto tlj sf dim soir et lun midi (plus soir hors saison). Congés : 15 nov-27 déc. Doubles 62-68 € selon saison. Menus 18 € (déj en sem)-35 €.* Un hôtel familial d'une dizaine de chambres, tenu par le jeune et sympathique Nicolas Vernet avec sa petite famille. Chambres à la déco colorée, entièrement restaurées. Les nos 3 et 4, avec balcon, donnent sur la belle vallée de Veyradeyre. Resto dans la plus pure tradition régionale, labellisé « Goûtez l'Ardèche » ; 80 % des produits sont issus du terroir. Accueil simple, plein d'attention et de gentillesse. Une adresse qui fait partie de nos coups de cœur de la montagne ardéchoise.

À Usclades-et-Rieutord (07510)

Ferme-auberge de la Besse : *hameau de Rieutord, sur la gauche 400 m après la pl. de l'Église. 04-75-38-80-64. • eliane.mejean@me.com • Ouv de mi-avr à nov, sur résa slt. Menus 18-35 €. CB refusées.* Un endroit incroyable et unique ! Cette belle ferme typique appartient depuis cinq siècles à la famille de Gérard Méjean. Dans la magnifique salle voûtée du XIVe s abritant une vaste cheminée et des tables coquettes, on dégustera une véritable cuisine de terroir, rythmée et magnifiée selon la saison par les cueillettes d'Éliane. Goûter à l'agneau noir du Velay ou au bœuf fin gras du Mézenc, au velouté d'orties, au feuilleté de champignons... tout est naturel et délicieux. Autour de la maison poussent orties, chénopodes, pissenlits, renouées, autant de plantes sauvages aux parfums oubliés, mariées avec délicatesse aux produits de la campagne.

À La Rochette (07310), sur le versant sud-est du mont Mézenc

Chambres d'hôtes La Retrouvade : *chez Fabienne et Norbert Dupré, hameau de Chauvy.* ☎ *04-75-29-11-94 • laretrouvade@gmail.com • retrouvade.com • Ouv tte l'année. Double 62 €. Table d'hôtes 22 €.* À 1 200 m d'altitude, une bonne grosse demeure montagnarde retapée et tenue par un couple plein d'idées, soucieux de l'environnement. Ils ont vécu en Asie, travaillé dans l'industrie textile avant de revenir à la terre ardéchoise. 4 chambres confortables de 2 à 5 personnes dans une décoration de bois simple et chaleureuse. Table d'hôtes de qualité, cuisine faite avec des produits sains et naturels : plantes sauvages comestibles, légumes et fruits rares, plantes aromatiques et médicinales... Activités liées à la nature : randonnées pédestres, raquettes en hiver, balades botaniques à la découverte des marmottes, etc.

Où acheter de bonnes confitures dans la montagne ? Où grignoter ?

Les Confitures de Nicole : *aux Échaffis (07510).* ☎ *04-75-38-89-82. • lesconfituresdenicole.com • À 800 m du mont Gerbier-de-Jonc, en direction des Estables (Haute-Loire), sur la D 378. Ouv Pâques-nov et vac scol (téléphoner). Boisson env 3 € et pâtisserie du jour. Café offert sur présentation de ce guide.* Lorsqu'elle ne cueille pas ses fruits et ses plantes sauvages ou ne s'affaire pas dans son atelier pour concocter de fines confitures, Nicole est dans sa boutique, aménagée dans une ancienne ferme retapée, à 1 400 m d'altitude, pour servir un goûter aux touristes de passage (hmm, la tarte aux myrtilles !). Seulement quelques tables, face à une grande baie vitrée qui s'ouvre sur les pâturages et le mont Mézenc (si vous ne voulez pas trop passer pour un touriste, ne prononcez pas le « c » final, dites « Mézain »). Cadre bois et pierre et atmosphère chaleureuse. Vente de produits locaux. Une très belle étape dans les montagnes.

À faire

– ***Parcours « no kill » de pêche à la mouche :*** les mordus comprendront tout de suite. Il s'agit, en fait, de pêcher, puis de relâcher les poissons. Renseignements à l'office de tourisme ou à l'*Hôtel du Nord* (voir plus haut « Où dormir ? Où manger ? »), car le proprio, Serge Mouyon, est un passionné de ce sport.

Fête et manifestation

– ***Fête du fin gras :*** *1er w-e de juin, dans un des villages du massif Mézenc-Gerbier.* Le dimanche, grand rassemblement des éleveurs du fin gras (viande qui a obtenu l'AOC en 2006).

– ***Foire aux violettes :*** *dans le bourg, le 2e w-e de juil.* La plus grande foire du coin.

LA MONTAGNE ARDÉCHOISE AUTOUR DU MONT GERBIER-DE-JONC

C'est la nature à l'état pur ! À plus de 1 000 m d'altitude, jusqu'à 1 700 m (mont Mézenc, 1 753 m), les hauts plateaux ondulent sous le ciel qui semble

se rapprocher de la terre. Prairies vertes et fleuries au printemps, blanches sous la neige de l'hiver, piquées de bosquets d'arbres résistant au vent et au froid intense. À l'image de ce paysage dépouillé et sauvage, les habitants de la montagne sont aussi fiers et tenaces que leur environnement. Vieilles chaumières couvertes de genêts, grosses fermes aux murs en pierre épais comme des murailles de château, étranges sucs volcaniques venus d'un autre âge, vallées oubliées hors du tintamarre contemporain... Quelques petits animaux y ont trouvé leur royaume, comme ces tritons alpestres, les marmottes et les hermines (de plus en plus rares).
Tout évoque ici un monde enclavé mais heureux, retiré mais pas reclus, des lieux solitaires habités par des gens solidaires. Avec le développement du tourisme vert, stimulé par des acteurs locaux créatifs et dynamiques, jamais la montagne ardéchoise n'a été aussi bien mise en valeur que maintenant. Inutile de vous rendre en Patagonie, venez à Sainte-Eulalie. Oubliez les sources du Nil, pour goûter à celles de la Loire !

ALI BABA ARDÉCHOIS

Jean-François Chanéac (1759-1841), dit le Cadoudal de l'Ardèche, était un chef chouan et royaliste qui s'opposa, armes à la main, aux troupes révolutionnaires. On le surnommait « le Grand » car il mesurait 2 m (quand même !). Chanéac et ses 40 chouans détroussaient les convois de marchands. Jamais blessé, ce diable d'homme mourut de sa belle mort à 82 ans. Ses descendants habitent encore la montagne aujourd'hui... mais ils ne rançonnent plus personne !

La ferme Philip : *à 3 km de Sainte-Eulalie, sur la gauche en allant au mont Gerbier-de-Jonc. ☎ 04-75-38-80-00. Juil-août, lun-ven 15h-18h ; sinon, sur rdv. Visite guidée : 5 €, enfant 3 € ; gratuit jusqu'à 9 ans.*
Beaucoup de gens l'appellent « la chaumière ». Le toit n'est pourtant pas de chaume mais de genêt, que l'on trouve en quantité car il pousse naturellement dans la région. La première tâche consiste donc à le ramasser, mais encore faut-il savoir le « piquer » sur la toiture pour assurer une bonne étanchéité, puis ensuite l'entretenir régulièrement. Cette ferme du XVIIe s qui embellit le paysage de Sainte-Eulalie est la propriété de la famille Chareyre, et c'est à Léon, un piqueur-lauzeur de la région, que l'on doit la restauration de ce superbe bâtiment. Son métier est donc couvreur, et il recouvre les toits, soit de lauzes, soit de genêt (d'où le nom de piqueur).
Avec une vraie conscience du patrimoine, il a entamé une titanesque rénovation. Et le résultat est admirable. Les quelque 650 m^2 de toiture sont entièrement recouverts de genêt. Du fenil (la grange, située au-dessus de l'étable et du logis, donc sous la toiture), on peut admirer ce travail colossal « de l'intérieur » : des milliers de plants serrés les uns contre les autres, la tige dirigée vers l'intérieur.
La partie habitation est parfaitement dans son jus. Émouvante cuisine, véritable pièce à vivre où tout se passait autour de la cheminée. Rare lit clos disposé tout contre l'étable pour profiter de la douce chaleur des vaches. Four à pain, etc. Immense étable communiquant directement avec le fenil par des trappes, pour remplir les mangeoires de fourrage. Les animaux y restaient tout l'hiver. Visite passionnante et instructive, menée par Léon Chareyre ou sa sœur, Thérèse-Marie.

La ferme de Bourlatier : *à 3 km du mont Gerbier-de-Jonc, sur la commune de* ***Saint-Andéol-de-Fourchades,*** *en bordure de la D 122 entre Lachamp-Raphaël et Sainte-Eulalie. ☎ 04-75-38-89-78. Juil-août, tlj 10h30-18h ; mai-juin et sept, les w-e et j. fériés 10h30-18h et mer 14h30-17h30. Entrée : 4 € ; enfant (8-15 ans) 2 € ; gratuit jusqu'à 8 ans. Visite libre ou guidée l'ap-m (tlj en été, le reste de l'année le w-e slt ; sans supplément). Animations diverses (balades botaniques, etc.).*

Non loin de la ligne de partage des eaux entre l'Atlantique et la Méditerranée, voici une immense ferme de granit et basalte vraisemblablement bâtie vers 1642. Elle dépendait autrefois d'un château qui n'existe plus aujourd'hui. Magistralement restaurée en 1988, on vous recommande vivement sa visite, surtout si vous vous intéressez à l'habitat rural ou à l'architecture en général.
Fort imposante de l'extérieur, presque aérodynamique, avec ses longs murs sans saillie et un lourd toit de lauzes (150 t sur 900 m^2 !), elle l'est tout autant intérieurement. La grange à foin est immense, longue comme une salle de bowling ou un loft new-yorkais. La charpente en forme de vaisseau renversé est typique des granges de la région. Elle est idéale pour des expos temporaires sur le patrimoine local. Splendide abreuvoir. La visite continue par la partie d'habitation, et enfin le fenil sans fin, sous quelques tonnes de lauzes. Là encore, l'espace est impressionnant.

Le mont Gerbier-de-Jonc : à Saint-Martial. La star incontestée du tourisme local. On vient de toute la France pour admirer ce mont Gerbier-de-Jonc qu'on nous a rabâché en primaire (quelle est la longueur de la Loire, au fait ?). Ce n'est pas le point culminant de la montagne ardéchoise, mais il atteint fièrement les 1 551 m, soit 203 m de moins que son voisin le mont Mézenc. Il doit sa forme étrange à la lave visqueuse dont il est constitué, qui s'est élevée en se solidifiant au sortir du cratère. C'était à la fin de l'ère tertiaire.
Précisons que nous sommes sur un volcan péléen, c'est-à-dire du même type que la montagne Pelée en Martinique. La phonolithe, cette lave qui doit son nom au bruit qu'elle produit lorsqu'on la heurte, est délitée en lauze, celle-là même que l'on retrouve sur quelques toits de la région. Malheureusement, le coût est élevé et la technique se perd. Un des derniers lauzeurs habite à Sainte-Eulalie (voir plus haut « La ferme Philip »).
Pour ce qui est de l'ascension du suc, elle est relativement aisée à condition d'être en bonne condition physique (certains passages sont un peu « sportifs » et nécessitent le port de bonnes chaussures) et ne présente pas plus de 150 m de dénivelée. Après 30 mn de grimpette, on est largement récompensé par une vue à couper le souffle, qui porte jusqu'aux Alpes, sans oublier les Cévennes, la vallée du Rhône et, plus près, le Mézenc, les sucs de Sara et du Montfol, etc.
– Une ***plaque gravée*** dans le basalte d'un chalet fermé rappelle que cette maison hébergea des ***maquisards*** et ***résistants*** de l'armée secrète d'Aubenas et des FTP Ardèche. Au cours de l'été 1943, ces hommes courageux, pourchassés par les Allemands, vinrent réceptionner des « colis importants » c'est-à-dire des armes et des chargés de mission, parachutés par les avions venus de Londres.
– Le conseil général de l'Ardèche propose en juillet-août des randonnées accompagnées par un guide nature (2 €). Rendez-vous au point info du Gerbier-de-Jonc *(rens : ☎ 04-75-38-89-78).*

Les sources de la Loire : pour beaucoup d'entre vous, ça va rappeler une leçon de géographie de l'école primaire. Eh oui ! Vous y êtes ! Le plus grand fleuve de France prend sa source ici même, à 1 430 m d'altitude, à l'ombre du mont Gerbier-de-Jonc. Ce petit ruisseau va sinuer, s'élargir, rassembler les eaux de nombreux affluents avant de se jeter dans l'Atlantique quelque 1 012 km plus loin (voilà la réponse à la question posée plus haut !).

UN FLEUVE QUI TIENT LA DISTANCE

Tous les bons petits Gaulois l'ont appris à l'école : la Loire prend sa source au mont Gerbier-de-Jonc. Et, ajoute la maîtresse : « c'est le plus long fleuve français, avec ses 1 012 km ». Et pourtant... et pourtant, l'Aigue-Nègre a parcouru déjà 4 km lorsqu'il conflue avec la Loire, qui ne mesure alors que 2,5 km. Alors, lequel des deux est le plus long fleuve de France ?

Trois sites s'en disputent sa légitimité. Le site officiel semble être celui situé, en contrebas de la route départementale, à la *ferme-café-restaurant Source de la Loire.* Sous le porche d'entrée de cette ancienne ferme couverte de lauzes, un modeste abreuvoir reçoit un filet d'eau claire et fraîche : c'est la Loire naissante issue du ruissellement souterrain du mont Gerbier-de-Jonc ! L'intérieur de la maison est occupé par un grand magasin de souvenirs et de produits du terroir.
– Pour les marcheurs, un *sentier des Sources,* balisé (compter 1h15 environ) débute juste en face du parking du mont Gerbier-de-Jonc.

La chartreuse de Bonnefoy : *à 7 km au nord du mont Gerbier-de-Jonc, sur la route des Estables (Haute-Loire) ; un panneau l'indique sur la gauche, à partir du croisement des D 377 et D 378. ☎ 04-75-38-89-78. Visites guidées en juil-août, le mer à 14h30 slt (le reste de l'année sur résa). Entrée : 2 €.* Ni la burle ni la neige ou la pluie ne prennent en pitié ces splendides ruines. La tour carrée du XIIe s et la façade du XVIIIe s luttent seules contre les éléments, comme si elles n'avaient pas perdu espoir qu'un jour on leur porte secours. Ce sont des moines chartreux, au XIIe s, qui ont choisi ce plaisant vallon pour vivre en ermites. Dévastée pendant les guerres de Religion, puis reconstruite et à nouveau meurtrie à la Révolution, elle dresse ses derniers murs au milieu des arbres et ronces. Dans l'église d'un village voisin, Le Béage, on peut voir une croix de cuivre ouvragée provenant de la chartreuse de Bonnefoy.

Le mont Mézenc : *respectivement à 18 et 12 km au nord de Sainte-Eulalie et du mont Gerbier-de-Jonc.* Encore en Ardèche, mais il s'en est fallu de peu, car on est à la frontière de la Haute-Loire. Ce mont a donné son nom au massif. Après une bonne heure de marche, sans difficulté, on se retrouve à 1 753 m d'altitude. Splendide coup d'œil à 360°, du haut de cette étrange pyramide dont la construction semble ne jamais avoir été achevée. Végétation variée, très différente de celle du plateau. Quelques espèces de gentianes, anémones des Alpes, etc. Quelques bivouacs de marmottes également, réintroduites dans le massif en 1985 !
En hiver, beaucoup de monde aussi à la « zone nordique » où se retrouvent les amateurs de ski de fond qui apprécient les quelque 100 km de pistes.
Ayez une pensée pour une jeune randonneuse de 27 ans qui, au cours de l'été 1935, passa une nuit fraîche, seule dans un cagibi en pierraille grise au sommet du mont Mézenc. C'était ***Simone de Beauvoir,*** grande marcheuse enchantée par sa découverte de l'Ardèche pendant 3 semaines. Dans *La Force de l'âge,* elle écrit : « La nuit qui m'a laissé le plus vif souvenir, c'est celle que je passai sur le Mézenc. »

Au beau milieu d'un paysage de sucs et rochers, le village de ***Borée*** (sur la D 378, à 8 km au nord de Saint-Martial) rassemble quelques maisons aux toitures traditionnelles. Comme des capteurs solaires, les lauzes emmagasinent la chaleur, et lorsque se déverse délicieusement sur elles un orage d'été, elles se mettent à fumoter de façon ravissante. Superbe !

L'École du vent : *au cœur du village de* ***Saint-Clément*** *(07310). ☎ 04-75-30-41-01. ● ecole-du-vent.com ● Avr-juin et sept, mer-dim 14h-18h ; juil-août, tlj 10h-12h30, 14h-18h30. Entrée : 5 € ; réduc. Visite : env 1h.* Posé sur un plateau volcanique de 12 coulées de lave, face à un paysage extraordinaire de « sucs », le petit village de Saint-Clément est battu par tous les vents. Cela a d'ailleurs valu l'installation de deux éoliennes. Pour tenter de faire revivre la commune, on y a installé l'« École du vent ». Ici, on raconte qu'il y a de cela fort longtemps à Saint-Clément vivait le Peuple du vent, un peuple qui apprenait à ses enfants à voler. Aujourd'hui, l'École se visite (simulateur de vol, aigle à pédales...). D'avril à novembre, plein d'activités sympas, voire insolites : ateliers de cerfs-volants, roses des vents et sorties nature accompagnées par des guides spécialisés, à pied, en voiture.

L'ère du Tchier de Borée *(École de la nuit, Palais des secrets)* **:** *entre Mézenc et Gerbier-de-Jonc. ☎ 04-75-64-50-17. • boyer.verse.free.fr •* Une œuvre contemporaine à ciel ouvert, créée par les sculpteurs Serge Boÿer et Fabienne Versé. Ils ont une passion commune pour les œuvres monumentales en pleine nature et ont déjà par le passé installé le Belvédère de la Compas-Raison à Lyon et le Jardin des neuf damoiselles à Vaison-la-Romaine. Cette fois, ils créent à domicile. En effet, ils ont retapé patiemment une maison près de Borée, et ce site ponctué des grands éternuements de la terre avec tous ces sucs, ces bouillonnements volcaniques, les a inspirés. Ils ont aménagé un champ de mégalithes en forme de cercle : 70 pierres dressées avec méthode, polies et gravées de signes parfois étranges, pour former un calendrier poétique... alchimique même, en prise directe avec les éléments. Chaque roche fait référence à une pensée fondatrice des philosophes du monde. Un endroit donc pour méditer, rire ou rêver... En tout cas, un moment fort !

***Le lac de Saint-Martial* :** 13 ha d'eau autour de quelques milliers d'hectares de verdure. Entre le lac et la colline, le village de Saint-Martial s'étale langoureusement. Devant le lac, un camping tranquille et surtout une sympathique base de loisirs avec un ponton, des planches à voile à louer, une zone de baignade tranquille (surveillée l'été), un espace pour pique-niquer.

➢ Entre le mont Gerbier-de-Jonc et Saint-Martial, ***sentier de découverte de la vallée du Pradal,*** en boucle (12,7 km), jalonné de stations d'observation. Topoguide bien fait en vente (5 €) à l'office de tourisme de Sainte-Eulalie *(☎ 04-75-38-89-78).* Également un sentier balisé, ***La Ronde des hameaux*** (10 km), au départ de Saint-Martial.

LE PAYS DU TANARGUE

Voici un pays de transition entre la région des sucs et les Cévennes, qui flirtent avec la Lozère, abandonnant le copinage avec la Haute-Loire. Peu de monde dans ces paysages plus violents, plus tourmentés que ceux du plateau, mais qui rivalisent de beauté, toujours avec une dominante sauvage.
Les amoureux des sports de nature seront comblés : sentiers de randonnée par dizaines (dont beaucoup de randonnées familiales), circuits de VTT, escalade et, cerise sur le gâteau de l'Ardèche, un des rares sites du département où on peut pratiquer le canyoning dans les gorges de la Borne. L'hiver, ski de fond et ski de descente à *La Croix-de-Bauzon.*

Où dormir ? Où manger ?

Mas du Pas de l'Âne* :** *Bel-Air, 07660* ***Astet. *☎ 04-75-88-51-99. • masdupasdelane.belair@gmail.com • masdupasdelane.fr • Sur la D 239, en direction du col du Pendu. Sur résa. Resto fermé en avr. Compter 42,50 €/pers en ½ pens. Menus 13-20 €. Café offert sur présentation de ce guide.* Le camp de base idéal pour sportifs et amoureux de la nature. Jouxtant la belle forêt de Bauzon, ce beau gîte d'étape et de séjour abrite 15 lits répartis en 3 chambres ; sanitaires communs. Cadre de bois blanc, salle commune avec longue table conviviale et cheminée. Accueil chaleureux et plein d'infos sur les nombreuses possibilités de la région. Randos (on est à la croisée des GR 7 et GR 4), accueil des cavaliers, escalade, ski nordique, raquettes, possibilité de balades avec chiens de traîneau. Bonne étape aussi pour se restaurer ou boire un verre (salle à manger-véranda avec belle vue) : casse-croûte, goûter campagnard, spécialités régionales comme la *bombine* et la tarte à la châtaigne, mais aussi crêpes, glaces, etc.

SAINT-ÉTIENNE-DE-LUGDARÈS

(07590) 460 hab. *Carte Ardèche, A2*

À 27 km au sud de Lanarce. Un village isolé, loin du tapage, où l'on fera halte surtout pour son église, plus connue sous le nom un peu pompeux de « cathédrale de la Montagne ». Certes, vu la taille du village, elle semble bien disproportionnée... Construite en bandeaux de pierre volcanique, elle conserve une façade intéressante à l'aspect grandiose. Jetez un coup d'œil à l'intérieur (si elle est ouverte) pour son maître-autel en marbre. Saint-Étienne-de-Lugdarès est également le point de départ de nombreuses randonnées dans tout le secteur de la montagne ardéchoise.

Adresse utile

Office de tourisme Cévenne et montagne ardéchoises : *pl. de la Mairie. ☎ 04-66-46-65-36. • ardeche-otcevenneetmontagne.com • Ouv tte l'année : janv-mai, lun-mar 9h-18h, mer 9h-12h, jeu-ven 9h-12h et 13h30-17h ; de juin à mi-sept, lun-ven 9h-12h30, 13h30-17h (le w-e, accueil au Moulin de Masméjean 14h-18h) ; de mi-sept à déc, lun-ven 9h-12h, 13h30-17h.* Bon accueil. Vente de cartes de randonnées et de VTT sur les balades dans la région.

Où dormir ? Où manger dans les environs ?

Auberge et gîte d'étape du Bez : *à l'intersection de la D 19 et de la D 239, lieu-dit Le Bez, 07590* ***Borne.*** *☎ 04-66-46-60-54. • aubergedu bez@9business.fr • aubergedubez.com • ♿ Resto tlj sf sam. Congés : 15 oct-nov. Résa conseillée. Nuitée 14-16 €/pers en gîte (draps et petit déj inclus). Doubles 35-49 € selon saison. Formule salade et verre de vin 12 € ; menus 19-23,50 €. Café offert sur présentation de ce guide.* Au lieu-dit Le Bez, on est sur la ligne de partage des eaux entre l'Atlantique et la Méditerranée. C'est aussi la croisée du GR 4 et du GR 7-72, sur le tour de la montagne ardéchoise. Difficile de faire plus stratégique pour cette auberge tenue depuis cinq générations par la même famille. Consacrée « Bistrot de pays », elle possède un gîte d'étape dans une maison indépendante, comprenant un vaste espace à vivre bien équipé (cuisine, TV...), et de jolis dortoirs avec une bonne literie. Pour plus de confort, direction les 8 chambres d'hôtel impeccables et fort mignonnettes aménagées au-dessus du resto (ancienne grange de 1850) ; 2 d'entre elles, les moins chères, se partagent la salle de bains. Un excellent rapport qualité-prix ! Enfin, excellente cuisine de terroir, sincère et goûteuse, servie en salle, et les glaces en terrasse. L'auberge élève ses propres cochons (nourris aux bonnes châtaignes), et toute la charcuterie est donc maison. Fromages affinés dans la cave et beurre fabriqué à la baratte ! Goûter à la truite de l'Ardèche au *lapi* (une herbe du jardin), au confit de lapin du Bez, au picodon bio...

Chambres d'hôtes Le Mas du Tilleul : *lieu-dit Le Cros. ☎ 04-66-46-67-96. • francine.derecque@gmail.com • tilleulmas.fr • Sortir de Saint-Étienne vers l'ouest, puis prendre une petite route sur la droite vers Le Cros et faire 2,5 km. Ouv mai-oct. Double 60 €. ½ pens 56 €/pers.* Nichée dans un hameau, voici une belle maison aux volets bleus, donnant sur un joli jardin étagé (pelouse avec transats sur le devant). Superbe vue sur la montagne, les prairies et les forêts de pins. On y est accueilli par une dame énergique et tout sourire, qui a aménagé 2 chambres agencées de manière simple et moderne à la fois, et décorées avec les clichés de son mari, qui était photographe. Excellente table d'hôtes. Une adresse douillette où l'on se sent vite à l'aise.

À voir. À faire

Le Moulin de Masméjean : *à env 5 km à l'est de Saint-Étienne par la D 19. ☎ 04-66-46-65-36 (office tourisme). ♿ Juil-août, tlj 14h30-18h ; mai, juin et sept, w-e slt 14h30-18h. Entrée : 5 € ; réduc ; gratuit moins de 6 ans.* Deux visites en une : d'une part, celle du moulin du XVIIe s parfaitement restauré (démonstrations de la fabrication de farine pendant la visite guidée) ; d'autre part, celle d'une exposition sur les énergies renouvelables. Intéressant et bien en phase avec notre époque.

➢ ***Randonnées pédestres :*** un nombre incroyable de randos à réaliser dans ce secteur. Les étendues sont sauvages, les paysages contrastés, les chemins et GR nombreux. Le plus simple est de se rendre dans les offices de tourisme et d'acheter les cartes détaillées. On pourra vous conseiller sur des petites balades de 1h30 ou des randonnées à la journée.

SAINT-LAURENT-LES-BAINS

(07590) 160 hab. *Carte Ardèche, A3*

À 17 km au sud-ouest de Loubaresse par la très sinueuse et étroite D 4 qui se dirige vers les gorges de la Loire (limite de l'Ardèche et de la Haute-Loire). Voici la troisième station thermale de l'Ardèche par ordre d'importance (elle fait partie de la très sérieuse *Chaîne thermale du soleil*) ; elle accueille les curistes atteints de rhumatismes et propose également des séjours de remise en forme. Toujours agréable de s'y faire dorloter.
Ce village de poche est encaissé au fond d'une minuscule vallée pleine de charme. Les eaux qui sortent des entrailles de la terre (à plus de 1 500 m de profondeur) nous parviennent à une température de 53 °C. Elles sont utilisées sous forme de bains mais peuvent aussi se boire.

Adresse et info utiles

Office de tourisme : *☎ 04-66-46-69-94. ● ardeche-otcevenneetmontagne.com ● Juil-août, tlj sf dim ap-m 9h-12h, 14h-17h ; le reste de l'année, horaires restreints. Fermé de mi-nov à mi-mars.* C'est l'antenne de l'office de tourisme Cévenne et montagne ardéchoises, dont le siège se trouve à Saint-Étienne-de-Lugdarès.
– ***Marché des producteurs :*** *avr-nov, 1er et 3e jeu du mois.*

Où dormir ? Où manger ?

Camping du Ceytrou : ***Le Ceytrou,*** *à env 3 km de Saint-Laurent. ☎ 04-66-46-02-03. ● campingleceytrou@wanadoo.fr ● campingleceytrou.free.fr ● Ouv d'avr à mi-nov. Forfait 13,10-17,90 € selon saison. Chalets 150-437 €/sem selon confort et saison.* Bien situé au fond de la vallée, dans un très bel environnement bucolique au calme, au bord d'une petite rivière (baignade). Emplacements herbus et ombragés. Un petit côté familial très sympa. Barbecue collectif. Tennis et minigolf.

Gîte d'étape-restaurant Au Chat Bleu : *dans la partie haute du village (bien indiqué). ☎ 04-66-46-22-17. • contact@auchatbleu.fr • auchatbleu.fr • Ouv de mi-mars à mi-nov, sur résa slt. Resto tlj (sur résa de préférence). ½ pens 42 €/pers. Plat du jour et formule à partir de 9 €, menus entre 15 et 20 €. CB refusées.* Une vingtaine de places dans ce charmant gîte aménagé dans une vieille maison cévenole retapée et modernisée. Au total, 3 chambres doubles, 2 familiales et un dortoir de 9 places, le tout bien tenu et confortable. Quant au resto, il fait dans le convivial et le chaleureux, avec une salle rustique dotée comme il se doit d'une cheminée. Au menu, cuisine traditionnelle à base de produits frais du terroir, comme cet aligot de derrière les fagots. Et en prime, une vue superbe sur le village ensoleillé depuis la grande terrasse en surplomb. Une adresse réjouissante tenue par un jeune couple très sympa.

L'ARDÈCHE

À voir. À faire

– **Le centre thermal de Saint-Laurent :** *au cœur du village. ☎ 04-66-69-72-72. • chainethermale.fr • Ouv de mi-mars à mi-nov.* Bains hydromassants, massages aux huiles essentielles, bain de boue, douche au jet... Plusieurs forfaits et formules également. Installations d'un très bon niveau.

Au centre du village, la ***source*** sourd naturellement à 53 °C dans un lavoir. Au-dessus du village, ***tour médiévale*** du XIIe s qui accueille « L'Odyssée des eaux », une expo artistique et scientifique sur le thème de l'eau *(entrée payante ; infos à l'office de tourisme).*

DANS LES ENVIRONS DE SAINT-LAURENT-LES-BAINS

L'abbaye de Notre-Dame-des-Neiges : *à env 6 km à l'ouest de Saint-Laurent-les-Bains, sur la frontière avec la Lozère. ☎ 04-66-46-59-00. L'abbaye ne se visite pas, mais on peut y visionner une petite vidéo (tlj 8h30-11h45, 13h30-18h15) présentant la vie des moines.* Cette massive abbaye aux puissants murs est en fait assez récente, puisque fondée en 1850. On l'aborde en traversant un admirable sous-bois. Elle est vaste, sobre et se compose de plusieurs bâtiments disséminés dans un bel univers verdoyant. C'est ici que le père Charles de Foucauld fit son apprentissage de la vie monastique. Une salle lui est consacrée. Plus amusant, Robert Louis Stevenson et son ânesse Modestine y firent halte lors de leur traversée des Cévennes à l'automne 1878. Aujourd'hui, les moines y vivent toujours selon la rigoureuse règle de saint Benoît.

Boutique de l'abbaye : *☎ 04-66-46-59-00. • notredamedesneiges.com • Lun-sam 10h-12h, 14h-18h (17h en hiver) ; dim 14h-17h30.* Produits monastiques venant de tous les monastères de France, mais aussi des produits régionaux : crème de marrons, farine de châtaigne, miel, saucisson, pâtés, fromages... Les moines ne produisent plus eux-mêmes leur vin depuis quelques années, mais apéritifs, vins et liqueurs sont toujours en vente.

L'atelier de tournage d'art sur bois : *à* ***La Baraque,*** *sur la D 4 entre Saint-Laurent et La Trappe. ☎ 04-66-46-03-50. • elisabeth-molimard.com • Avr-nov, tlj 9h30-19h ; le reste de l'année, fermé le mar, téléphoner.* Élisabeth Molimard est une des rares femmes en France à exercer le tournage sur bois. Elle parle avec passion de son art, des essences de bois qu'elle utilise (une cinquantaine) et des superbes pièces qu'elle crée. Expo et démonstration dans son atelier.

LOUBARESSE (07110) *Carte Ardèche, A3*

À 26 km au sud de Lanarce et 11 km de Valgorge. Encore un village de poche, encore un site enchanteur, au panorama plus ouvert qu'ailleurs car dominant une butte, et surtout quelques très bonnes adresses pour le repos des randonneurs et pour rassasier tous ceux qui auront un petit creux. À proximité, à Meyrand, on peut se lancer dans un vol ou un baptême de parapente *(● parapente-ardeche.com ●).*

Où dormir ? Où manger ?

Gîte d'étape de l'Église : *au cœur du village. ☎ 04-75-88-99-38. ● gitedeloubaresse@gmail.com ● gitedeloubaresse-ardeche.fr ● Ouv avr-oct. Résa indispensable. En ½ pens, env 52 €/pers en chambre ou 42 €/pers en dortoir. Apéritif offert sur présentation de ce guide.* La petite adresse coup de cœur ! Nichée à côté de l'église, elle comprend en réalité 2 maisons. La première, moderne et bien tenue, accueille le gîte d'étape, avec au choix le dortoir de 6 lits ou des doubles fonctionnelles (douche et/ou w-c privés pour les chambres ; tout en commun pour le dortoir). La seconde, rustique, est adorable avec sa petite terrasse dominant la vallée et sa salle qui rappelle les vieux bistrots d'autrefois. On se sent bien ici. Et il y a surtout les bons petits plats qui raviront les randonneurs.

Le Pégan : *au village. ☎ 04-75-88-96-48. Ouv ts les midis sf sam, sur résa. Formules et menus 12-15,50 € (22 € dim) et carte en saison.* Dans le renouveau des « Bistrots de pays », voici l'un des fleurons. Le cadre est typique à souhait (une demeure traditionnelle en pierre sèche, avec sa terrasse et une salle pleine de cachet), et la cuisine évidemment de terroir. Qu'il s'agisse d'une belle salade, d'une omelette ou d'un plat bien local, c'est simple, bon et bien servi. Bon accueil.

MONTSELGUES (07140) *Carte Ardèche, A3*

À 14 km au sud de Loubaresse et environ 7 km de Thines. Un village du bout du monde, accessible par une route étroite. Prudence ! On est là sur un plateau pelé, perché à 1 000 m d'altitude, battu par les vents du nord, couvert de genêts et de jolie bruyère. On est comme en suspension, avec en bas les gorges de la Loire (Haute-Loire) et, au loin, le mont Lozère. Ce n'est plus tout à fait l'Ardèche, et c'est presque l'Auvergne. Comme elle semble loin et exotique, la vallée du Rhône !

Pour toute info concernant les randonnées sur le plateau de Montselgues et autour, rendez-vous au *gîte d'étape de la Fage*.

Où dormir ? Où manger ?

Gîte d'étape de la Fage : *au centre du village. ☎ 04-75-36-94-60. ● contact@gite-lafage.com ● gite-lafage.com ● Ouv de mi-mars à mi-nov. Résa très conseillée en été. À partir de 38 €/pers en ½ pens.* Cette grande maison est LE rendez-vous des marcheurs de la région : super équipe (très impliquée dans le développement du territoire et la préservation de l'environnement), bon confort (espaces de vie sympas avec coin TV, cheminée et piano, et 36 lits répartis en 9 chambres nickel de 2 à 4 personnes avec ou sans salle de bains privée) et cuisine de qualité, qui respecte les saisons et mise tout sur des spécialités locales préparées avec les ingrédients du coin. Impeccable.

Auberge L'Aure : *pl. de l'Église. ☎ 04-75-39-98-45. Tlj midi et soir (sf mer en période scol) ; hors saison, slt sur résa le soir. Congés : déc-fév. Résa conseillée au resto. Double en ½ pens 100 €. Menus 12 € (déj en sem)-25 €. CB refusées. Café offert sur présentation de ce guide.* Au cœur du village, une auberge de poche tenue avec conviction par une jeune femme fort sympathique et énergique. Pour le gîte, 3 chambres pimpantes et tout confort, où le bois domine, bien sûr (belle charpente apparente) ; et pour le couvert, une petite salle rustique où l'on déguste dans la bonne humeur une cuisine familiale goûteuse, préparée en fonction des matières premières dénichées au marché. Simple, très bon et généreux. Sinon, possibilité de se restaurer à toute heure de bonnes charcutailles, fromages, crêpes, glaces...

Ferme-auberge Chez Francine : *à deux pas de l'église. ☎ 04-75-36-94-44. Tlj sf sam midi. Résa obligatoire. Menu 23 €. Café offert sur présentation de ce guide.* Une authentique ferme-auberge qui propose une bonne cuisine traditionnelle et familiale, à partir de ses produits ou ceux du voisinage (porc, œufs, fromages, légumes du jardin). Délicieux desserts et confitures de châtaigne maison. Gentille salle à manger rustique, simple et conviviale, et bon accueil. Terrasse face à la campagne aux beaux jours. Accueil jovial.

L'ARDÈCHE

À voir. À faire

L'église de Montselgues : romane et massive, avec son gros clocher trapu pour éviter qu'il ne s'envole et son élégant toit de lauzes. Voir le porche roman à voussures et les chapiteaux sculptés. Attenant, le cimetière. L'ensemble rappelle presque un enclos paroissial comme on en trouve en Bretagne, mais en plus modeste évidemment.

➢ ***Balade à cheval et à poney avec Danielle Faure :*** *dans le village. ☎ 04-75-36-96-88. Juil-août slt.* Balade à poney non accompagnée, mais avec accompagnateur pour les promenades à cheval. Qu'est-ce qu'on est bien à trotter ou à galoper dans la lande et la bruyère ! Même au pas, pour les débutants, la balade est extra. Et puis, on a trouvé Danielle sympa.

➢ ***Randonnée avec un âne :*** c'est le *gîte de la Fage* (voir plus haut « Où dormir ? Où manger ? ») qui organise cette balade avec un âne bâté à la journée *(env 40 € la journée, 30 € la ½ journée).*

VALGORGE

(07110) 470 hab. *Carte Ardèche, A3*

La petite et longue route D 24 vient du col de la Chavade près de Lanarce et traverse le massif du Tanargue où se trouve Valgorge (550 m d'altitude). En continuant vers la vallée, on descend les monts des Cévennes ardéchoises jusqu'à Largentière (22 km plus à l'est). Si le village en lui-même n'est pas le plus

attractif du coin, il reste bien situé et peut constituer un point de chute pour rayonner dans la région. Sentiers de rando et une bonne adresse pour refaire le plein d'énergie. C'est dans les environs de Valgorge que prend sa source une rivière qu'on aime bien, la Beaume.

BEAUVOIR EN ARDÈCHE

Au cours de l'été 1935, Simone de Beauvoir, jeune professeur de 27 ans, passa 3 semaines en Ardèche. Marchant 30 à 35 km par jour, sac à dos, seule, elle dormait souvent à la belle étoile. Grisée, émerveillée, c'est une randonneuse enchantée. « Je goûtais le bonheur des dieux », écrit-elle dans La Force de l'âge.

Adresse utile

Point info *(office intercommunal du pays de Beaume-Drobie)* **:** *pl. de l'Eyre. ☎ 04-75-88-95-26. ● tourisme-beaumedrobie.fr ● Juil-août slt, lun-mar 9h30-12h et dim 9h30-12h30. Sinon : ☎ 04-75-89-80-92.* Infos sur les randonnées dans la région du Tanargue. Installé dans l'ancien *Hôtel du Midi,* ce relais du pays Beaume-Drobie expose une copie de la fameuse lettre de Simone de Beauvoir à Jean-Paul Sartre (voir encadré).

Où dormir ? Où manger ?

Hôtel-restaurant Le Tanargue : *dans le centre du village. ☎ 04-75-88-98-98. ● info@hotel-le-tanargue.com ● hotel-le-tanargue.com ● Ouv d'avr à mi-nov. Resto tlj sf lun midi. Doubles 55-68 € selon confort, exposition et saison. Formule déj 14,50 € (sf dim), menus 20-32 €. Apéritif offert sur présentation de ce guide.* Hôtel traditionnel classique, au calme dans un parc ombragé. Les chaleureux propriétaires sont des amoureux de leur métier. Chambres simples, impeccables, spacieuses et confortables. On préfère celles donnant sur la vallée. Au resto, tout en baies vitrées et décoré d'objets rustiques, les produits (y compris les légumes) sont sélectionnés avec beaucoup de soin et présentés avec la manière. Cuisine savoureuse, fine et naturelle. On se régale ! Une excellente maison d'un très bon rapport qualité-prix.

LA VALLÉE DE L'EYRIEUX

● Carte *p. 204-205*

Cette région débute aux frontières de la Haute-Loire, avec le village de Mars, et descend jusqu'aux rives du Rhône. Elle offre « à l'horizontale » des aspects

très contrastés de l'Ardèche. Avec le plateau des Boutières, aussi rude que splendide, puis une descente dans les vergers qui bénéficient d'infiniment plus de douceur grâce au couloir rhodanien. Vergers qui, au printemps, se parent de mille fleurs et ressemblent à un rêve du réalisateur Kurosawa. De La Voulte-sur-Rhône, on emprunte la route du sel, la route de la gabelle, et on chemine sagement jusqu'à Saint-Agrève, en prenant son temps, en suivant les fantaisies de l'Eyrieux.

➢ ***La Dolce Via, voie douce de la vallée de l'Eyrieux :*** agréable promenade à vélo au fil de l'Eyrieux en suivant le tracé d'une ancienne voie de chemin de fer, abandonnée en 1968. D'une rive à l'autre, on s'attarde à admirer un ouvrage d'art, on étend sa serviette pour une petite baignade dans la rivière... Le tracé couvre environ 50 km entre Saint-Laurent-du-Pape et Le Cheylard. On traverse des vergers, on longe l'Eyrieux, on croise des villages... tout en douceur.

SAINT-AGRÈVE (07320) 2 600 hab. *Carte Ardèche, A-B1-2*

Sur la route Valence – Lamastre – Le Puy-en-Velay, nous voici à plus de 1 000 m d'altitude. Le mont Chiniac culmine à 1 128 m. Tourisme vert, tourisme sportif et étés culturels animent ce bourg isolé sur son haut plateau et le canton. On se ressource à Saint-Agrève, on se refait une santé, et pas seulement en dégustant la bonne charcuterie du cru.

Ce n'est pas un village dit « de caractère », mais Saint-Agrève n'en manque pourtant pas. Cette grosse bourgade s'est construite autour d'une longue et étroite rue principale. De part et d'autre de cette artère, des ruelles plus ou moins perpendiculaires et puis des placettes à l'espace mesuré, sans doute pour laisser moins de prise au vent, car les hivers sont longs et rudes par ici.

UN PEU D'HISTOIRE

Saint-Agrève a été construit sur le flanc du mont Chiniac, par une tribu gauloise, les Ségovellaunes. Ce cône de granit au milieu des bois s'appelait alors le mont Ursin, la montagne aux Ours. Puis les Romains rebaptisent l'endroit qui devient *Cinnacum,* la ville de Cinna. Mais il faut attendre le VIIe s pour qu'un évêque du Puy, répondant au prénom d'Agrippa, évangélise la région et perde la tête au pied du mont Chiniac (il a été décapité) pour que le village soit à nouveau rebaptisé *Sanctus Agrippa,* puis Saint-Agrève. À l'époque, il est fortifié, et ce depuis la période romaine, car situé sur une voie de commerce stratégique entre le Sud et Le Puy-en-Velay. C'est la route du sel et d'autres denrées, elle le restera jusqu'au XVIIIe s.

Mais avant cela, au XVIe s, pendant les guerres de Religion, Saint-Agrève est le triste théâtre de sanglantes batailles et rasé à plusieurs reprises, malgré une incroyable résistance des protestants ardéchois. À l'inverse, la Révolution épargne la région de ses violences.

C'est à partir du début du XXe s que le village reçoit les premiers touristes, grâce à la compagnie des chemins de fer départementaux qui a permis la liaison avec Valence par la vallée de l'Eyrieux.

Pendant la Seconde Guerre mondiale, les populations du plateau ont, à grande échelle, recueilli, caché et sauvé la vie de très nombreux juifs. Son histoire d'accueil des persécutés est semblable à celle du Chambon-sur-Lignon en Haute-Loire voisine.

Arriver – Quitter

En bus

➢ ***Liaisons avec Tournon-sur-Rhône*** (ligne 5) via Lamastre et Désaignes et Valence (ligne 3+ ; gare routière) avec *Les Courriers Rhodaniens* (☎ *04-75-81-09-09*).

➢ ***Liaisons avec Saint-Étienne :*** via Dunières, Montfaucon (ligne 37 ; Châteaucreux gare SNCF), 2 bus directs/j., avec les *Transports Jaccon* (☎ *04-71-59-81-78*).

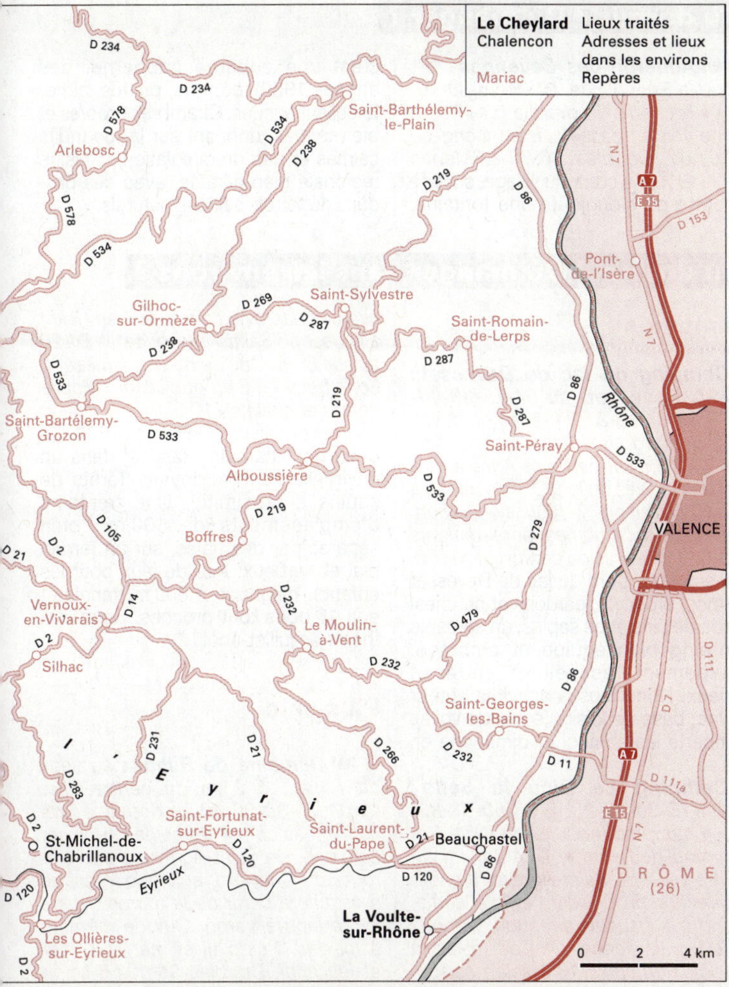

LA VALLÉE DE L'EYRIEUX

Adresse et info utiles

ℹ ***Office de tourisme Intercommunal Val'Eyrieux :*** *35, Grand-Rue. ☎ 04-75-64-80-97. • tourisme-valeyrieux.fr • En saison, lun-sam 9h-12h, 14h-18h (17h30 sam) ; dim et j. fériés 10h-12h. Hors saison, tlj sf mer et dim 9h-12h, 14h-17h (16h30 sam).*

– ***Marché :*** *lun mat tte l'année.* L'occasion d'acheter de bons produits du terroir. Curnonsky (fondateur de l'Académie des gastronomes, quand même !) a décrit Saint-Agrève comme la Mecque de la charcuterie. En saison, rue piétonne.

Où dormir ? Où manger ?

🏠 🍽 ***Auberge des Cévennes :*** *10, pl. de la République.* ☎ *04-75-30-10-22.* ● *rochedy07@orange.fr* ● *Resto fermé ven en basse saison. Congés : 5-30 nov. Doubles 60-78 €. Menus 15-35 €.* Au cœur du village, sur une placette où glougloute une fontaine, c'est une auberge (moderne, des années 1950) comme on les aime. Excellent accueil. Chambres propres et bien tenues, donnant sur la rue (nuits calmes et pas de circulation). Cuisine régionale bien mijotée, avec des produits du terroir, sains et naturels.

Où dormir ? Où manger dans les environs ?

Campings

⛺ ***Camping du lac de Devesset :*** *07320* ***Devesset.*** ☎ *04-75-30-00-37.* 📱 *06-87-19-37-34.* ● *lac.de.devesset@wanadoo.fr* ● *lac-de-devesset.fr* ● ♿ *À 8,5 km de Saint-Agrève et à 200 m des rives du lac. Ouv de mi-avr à fin oct. Forfait env 7-19 € selon saison. Chalets, mobile homes, appartements 270-630 €/sem selon confort et saison. 150 empl.* Au bord du lac de Devesset (carpes, brochets, gardons et perches) bordé de pins et de sapins, un agréable camping bien équipé et ombragé. Équipement, accueil et entretien sérieux. Nombreuses activités autour du lac, base de loisirs (école de voile). Concerts les samedi et dimanche en été.

⛺ ***Camping Le Riou la Selle :*** ☎ *04-75-30-29-28.* 📱 *06-50-08-36-26.* ● *camping.lerioulaselle@live.fr* ● *camping-riou.com* ● ♿ *À 2,5 km du centre-ville ; de Saint-Agrève, prendre la direction du Cheylard et, à la sortie, prendre à gauche direction Vernoux (D 21), puis fléché. Ouv de mi-avr à mi-oct. Forfait 13-18 € selon saison. Mobile homes et jolis chalets en rondins de bois (4 à 6 pers) 300-520 €/sem.* Un bien beau domaine que ce *Riou la Selle.* Du calme, de l'espace, une grande piscine chauffée, de l'ombrage, et tout ça en pleine nature. Bon équipement, excellent accueil et entretien nickel. Divers services : jeux pour enfants, bar-snack, etc. Bonne ambiance dans une structure à taille humaine.

⛺ ***Camping La Prairie :*** *lieu-dit Lailler, 07320* ***Mars.*** ☎ *04-75-30-24-47.* ● *millardjf@camping-laprairie.com* ● *camping-laprairie.com* ● ♿ *À env 8 km à l'ouest de Saint-Agrève, par la D 120 puis la D 15. Ouv de mi-mai à mi-sept. Forfait env 15 € en hte saison. Mobile homes et chalets 210-650 €/sem selon confort et saison. CB refusées.* Un beau petit camping familial dans un environnement verdoyant (forêts de sapins à proximité). Une trentaine d'emplacements de 100 m², bien séparés par des haies, sur un terrain plat et herbeux. Aire de jeux pour les enfants, baignade à 800 m, tennis et golf 18 trous tout proches. Soirées à thème en juillet-août.

Plus chic

🏠 🍽 ***Domaine de Rilhac :*** *au lieu-dit Rilhac, à 2 km du centre-ville.* ☎ *04-75-30-20-20.* ● *domainederilhac@gmail.com* ● *domaine-de-rilhac.com* ● ♿ *De Saint-Agrève, prendre la route du Cheylard, suivre le fléchage à gauche à partir de la fourche, juste avt le lac de Véron. Ouv de mi-mars à mi-déc. Resto tlj sf mar soir, mer et jeu midi. Doubles 95-132 € selon confort. ½ pens à partir de 107,50 €/pers. Formule déj en sem 19,50 €, menus 31-48 €.* Isolée dans une campagne verdoyante et calme, cette ancienne ferme transformée en auberge offre une vue magnifique à ses hôtes. Protégée par d'épais murs, elle abrite de charmantes chambres sobrement décorées. Au resto, cuisine concoctée par un chef talentueux. Ici, pas d'énoncés ronflants, mais une cuisine sincère et exécutée avec soin. Une adresse exclusive à s'offrir pour de beaux souvenirs.

À voir. À faire

Le mont Chiniac : une bien belle promenade que l'ascension de ce mont-là, qu'on peut faire en « candidat libre » ou au gré d'un parcours jalonné de panneaux explicatifs (renseignements à l'office de tourisme). De la place de Verdun, on y accède par la montée de l'Eyrieux (rebaptisée rue Jacques-Dondoux) en une quinzaine de minutes, mais aussi par la rue du Petit-Paris ou par la place Saint-Hubert. De la place de la République, la boucle est un peu plus longue, mais la montée moins rude. On peut aussi y aller en voiture et la garer sans problème. Une fois en haut, on peut en faire le tour à pied, comme celui d'une tour de guet. Superbe panorama et table d'orientation.

La fontaine miraculeuse et la chapelle Saint-Agrève : *prendre la direction Devesset par la D 9 et suivre le fléchage à gauche. Derrière le mont Chiniac.* D'après la légende, Agrippa, évêque du Puy, déclara avant d'être décapité : « Là où ma tête roulera, une source jaillira, qui jamais ne tarira » ; et c'est, bien sûr, ce qui se passa ! L'eau est censée guérir les maux des yeux, du nez et des oreilles !

➢ ***Le train touristique « Velay Express » :*** *infos à l'office de tourisme et sur • velay-express.fr • Juin-sept.* Pour une balade en train qui chemine à travers les prairies et les forêts de plateau du Vivarais-Lignon.

L'ARDÈCHE

Fêtes et manifestations

– ***Fête au lac de Devesset :*** *début juil. ☎ 04-75-30-00-37.*
– ***Festival international des Arts :*** *de mi-juil à début août, à la grange de Clavière. Rens à l'office de tourisme ou au ☎ 04-75-30-22-43. • festival-des-arts.com •* Cette splendide grange accueille des artistes de renom international. Concerts et expos. Belle programmation de musique classique.
– ***Festival des Étoiles :*** *juil ou août. • arche-des-metiers.com •* Conférences et ateliers sur le thème de l'astronomie. Observation du ciel.
– ***Équiblues :*** *pdt 5 j. autour du 15 août. • equiblues.com •* Festival western, rodéo et *country music.* Grande fête à l'américaine avec rodéo, parade, montes de taureaux et broncos, etc., et bien sûr des concerts de blues et de musique country.
– ***Festival Musiques en Vivarais-Lignon :*** *la 2e quinzaine d'août. Rens dans les offices de tourisme du plateau Vivarais-Lignon.* Belle programmation culturelle. Concerts, mais aussi moments de découverte avec les artistes « Une heure avec... » et stages de chant.
– ***Festival Lectures sous l'arbre :*** *autour du 20 août, sur le plateau Vivarais-Lignon. ☎ 04-75-30-65-06. • lectures-sous-larbre.com •* Lectures en plein air, expositions, musique, ateliers de poésie, balades-lectures, spectacles, repas lecture...

DANS LES ENVIRONS DE SAINT-AGRÈVE

Le lac de Devesset *(1 100 m d'altitude) : à 8 km au nord de Saint-Agrève par la D 9. ☎ 04-75-30-00-37. • lac-de-devesset.fr • Accès voiture payant juin-août (!).* Site splendide en toutes saisons. Lac alimenté par l'Eyrieux, d'une superficie de 48 ha, comme une grande clairière au milieu des sapins. Plage aménagée avec structure gonflable en juillet-août, base nautique, baignade surveillée (juillet-août) et école de voile.

LE CHEYLARD (07160) 3 630 hab. *Carte Ardèche, B2*

Nous sommes ici au cœur d'une vallée particulièrement verdoyante, où la burle des proches hauteurs ne descend guère. À 48 km au nord-ouest de Privas et 21 km au sud-ouest de Lamastre, dans une petite région enclavée, encaissée, isolée, entourée de collines, de montagnes et de belles forêts. Le Cheylard a été construit à la fois sur les bords de la Dorne et de l'Eyrieux, deux rivières vives qui traversent la ville et lui procurent la fraîcheur et l'énergie nécessaires à l'industrie locale intégrée au paysage. Le Cheylard est le deuxième pôle industriel du département.

BIJOUX, GILETS PARE-BALLES ET FLACONS CHANEL

Rustique, laborieux et glamour : c'est le Cheylard. Malgré la crise, ce gros bourg éloigné, encastré dans un relief impossible, entre monts altiers et rivières caracolantes, continue à être le moteur économique de la région. L'usine de bijoux fantaisie *GL (Georges Legros)* est le fruit d'une histoire familiale. Madame Legros avait des soucis de santé et voulait changer d'air. Son époux Georges quitta la grande ville et vint s'installer au Cheylard où l'air est pur. La société *Chomarat,* elle, est spécialisée dans les textiles dits « intelligents » et complexes (fibres pour les coques, gilets pare-balles...) ; elle emploie 600 personnes au Cheylard. Sans oublier la société *Perrier,* spécialiste des chaînes d'embouteillage. Ne soyez pas étonné de vous retrouver à l'auberge le soir auprès d'une charmante représentante de chez Chanel en tenue ad hoc : elle n'est pas venue pour vous mais pour discuter de la forme glamour des flacons de parfum chez Perrier...

Adresse et info utiles

Office de tourisme : *rue du 5-Juillet-1944. ☎ 04-75-29-18-71. • otlecheylard-ardeche.com • Ouv tte l'année : juil-août, tlj 9h-12h, 14h-17h30 ; hors saison, fermé dim (et sam en hiver).* Accueil compétent et souriant.

– **Marchés :** *mer mat. Également, en juil-août, un marché des producteurs locaux, lun et ven vers 17h.*

Où dormir ? Où manger ?

Camping

Camping Le Cheylard : *route de Saint-Christol. ☎ 04-75-29-09-53. 06-27-60-65-19. • campinglecheylard@gmail.com • camping-le-cheylard.com • Peu après la sortie du Cheylard vers Saint-Martin-de-Valamas, par la D 120. Ouv avr-sept. Forfait env 13,50-15 € selon saison. Bungalows toilés et mobile homes env 180-550 €/sem selon saison.* Dans l'ancien parc du château de la Chèze, superbement planté d'essences rares (dont des séquoias géants) et dominant le village, cet agréable camping présente bien des avantages : pas trop grand (57 emplacements), et par conséquent tranquille et convivial, il occupe un beau terrain semi-ombragé en surplomb de l'Eyrieux, en terrasses. Très sympa, surtout en été lorsqu'on y aménage une retenue d'eau (surveillée) pour la baignade ! Sanitaires bien tenus et confort classique (épicerie, snack-bar, aire de jeux pour les enfants). Accueil souriant et disponible.

De prix moyens à plus chic

🏠 🍽 ***Hôtel-restaurant Le Provençal :*** *17, av. de la Gare. ☎ 04-75-29-02-08. • contact@hotelrestaurantleprovencal.com • hotelrestaurantleprovencal.com • Face à la gare du Cheylard, au-dessus du circuit de la Dolce Via. Congés : 3 sem en janv et 1re quinzaine d'oct. Resto tlj sf dim soir, lun et ven soir. Double 69 € ; petit déj 10 €. Formules 14-18 € en sem, menus 27-42 €. Parking. Apéritif offert sur présentation de ce guide.* Accueil sympathique et service professionnel pour ce petit hôtel agréable occupant une maison à la façade fleurie. Dans les 2 salles, les grands classiques du terroir, cuisinés avec application, sont servis en portions fort raisonnables. Les chambres sont dans le même esprit, simples, traditionnelles et confortables, avec de bonnes meringues maison à disposition. Sympa ! Terrasse pour les beaux jours. Piscine. Une adresse sérieuse.

Où dormir dans les environs ?

🏠 🍽 ***Chambres d'hôtes La Croix de Pierre :*** *07310* ***Saint-Martin-de-Valamas.*** *☎ 04-75-30-29-25. • riou-lebon@orange.fr • À 8,5 km du Cheylard. À la sortie de Saint-Martin-de-Valamas (direction Arcens), prendre la route qui monte sur la droite ; c'est la large maison en pierre aux volets bleus. Congés : déc. Double 80 €. Table d'hôtes 25 €.* Notre coup de cœur dans cette vallée ! Une belle maison bourgeoise entourée d'un jardin. Tenue par les accueillants Florence et Dominique Riou, ses 5 grandes chambres spacieuses et confortables donnent sur le jardin (très calme). Chanceux gourmands, elles portent des noms de grands crus de chocolat. Car Dominique est un chocolatier hors pair, qui vous fera partager sa passion au travers de stages culinaires (sa boutique se trouve au Cheylard ; voir plus loin) ou de quelques belles surprises à sa table (une p'tite mayonnaise au chocolat, ça vous tente ?)... Au final, on n'est pas chocolat !

🏠 🍽 ***Chambres d'hôtes La Bergerie de l'Aulagner :*** *quartier l'Aulagner, 07160* ***Saint-Julien-Labrousse.*** *☎ 09-88-18-63-61. • labergeriedelaulagner@gmail.com • bergerie-aulagner.fr • À 8 km du Cheylard par la D 120 vers La Voulte (ne pas aller à Saint-Julien) ; de la D 120, prendre la 1re à gauche après l'intersection (indiquée à droite) pour Saint-Barthélemy, et suivre l'indication « Trouillet-le-Bas » ; dans la vallée, passer le pont, puis remonter à gauche en surplomb de la berge. Doubles 65-75 € selon saison. Table d'hôtes 19,50 €.* 💻 C'est un brin excentré, mais qu'est-ce qu'on y est bien ! L'ancienne bergerie, entièrement restaurée et largement modernisée, occupe un bel emplacement en surplomb de l'Eyrieux et d'un vaste jardin. On y devine la piscine et, plus loin, les oies et les chèvres de la maison. Les enfants seront aux anges ! Quant aux chambres, coquettes et soignées, elles sont tout confort et disposent d'une entrée indépendante (et même d'une terrasse pour l'une d'entre elles). Une adresse chaleureuse, comme l'accueil.

🏠 🍽 ***Chambres d'hôtes Le Moulinage :*** *Écharlives, 07160* ***Saint-Christol.*** *☎ 04-75-29-00-34. • info@lemoulinage.fr • lemoulinage.fr • À 12 km au sud du Cheylard. Congés : 15 nov-fin mars. Double 80 €. Gîte (6 pers) env 400 €/sem. Table d'hôtes 22 €. Réduc de 10 % sur le prix de la chambre sur présentation de ce guide.* Au bord d'une rivière et au cœur du parc naturel régional des monts d'Ardèche, cet ancien moulinage superbement restauré abrite 5 chambres (dont une familiale) bien décorées, spacieuses et dotées de sanitaires privés. Bon petit déj servi dans une belle salle à manger avec cheminée. Bibliothèque, coin TV, salles de gym et de jeux à disposition.

– Voir aussi, plus loin, nos adresses dans la rubrique « Où dormir ? Où manger dans les environs ? » à Saint-Pierreville.

Où acheter de bons chocolats ?

Chocolatier-confiseur Riou : *pl. Saléon-Terras. ☎ 04-75-29-90-80. Mar (plus lun l'été) 15h30-19h ; mer-sam 10h-12h, 15h30-19h ; dim (été et déc) et j. fériés 9h30-12h.* Excellente adresse ! Dominique Riou est un chocolatier de talent ! Et sa notoriété est même parvenue jusqu'aux oreilles de l'Élysée... Dans sa belle boutique, plein de chocolats succulents aux parfums divers et variés, aux épices. Il n'a de cesse de travailler de nouvelles saveurs, sans oublier les produits du terroir comme ces chocolats aux fleurs de châtaignier. On vient et on y revient, parfois de très loin...

À voir. À faire

Le château de la Chèze : *☎ 04-75-29-45-93. Visite guidée par l'Association pour la sauvegarde du patrimoine boutiérois, avec libre participation, pdt le chantier des jeunes bénévoles : de mi-juil à mi-août, en sem à 16h ; le reste de l'année, sur résa pour les groupes (20 pers min) ; portes ouvertes le 15 août et pour les Journées du patrimoine.* Bel édifice que ce château du XIVe s qui semble veiller sur Le Cheylard. Il a vaillamment traversé les guerres de Religion et les siècles, mais c'est pendant la dernière guerre qu'il a le plus souffert, mis à sac et incendié par les Allemands pendant l'été 1944.

L'Arche des Métiers : *pl. des Tanneurs. ☎ 04-75-20-24-56. Juil-août, lun-ven 10h-12h, 14h-18h ; les w-e et j. fériés, l'ap-m slt. Le reste de l'année, lun-ven 14h-18h. Entrée : 6 € ; réduc. Tte l'année, conférences gratuites. Propose l'été des activités sur la science (sorties, ateliers planétarium, etc.), gratuites ou payantes.* Un bel espace consacré à la transmission des savoir-faire industriels ardéchois et à l'innovation des entreprises locales. Un hymne aux réussites du genre, comme celle de René Perrier, inventeur de procédés mécaniques, mais aussi à l'art de la bijouterie, aux eaux minérales, à la soie, à la tannerie, etc. Conçu de manière très ludique et pédagogique : il ne faut pas hésiter à fouiner, ouvrir les tiroirs, appuyer sur les poignées... Des événements toute l'année, expos temporaires et temps forts. Les enfants, petits et grands, seront ravis !

La Maison du Bijou : *4, rue Saint-Joseph. ☎ 04-75-29-18-71. • lavalleedubijou.com • Lun-ven 9h-12h, 14h-17h ; juil-août, tlj 9h-12h30, 14h-18h. Entrée : 6 € ; réduc.* Il est une vallée qui brille comme un bijou. Voici un espace ludique et vivant qui ouvre les portes d'un univers précieux, d'une tradition *made in Ardèche.* Pièces de collection, techniques utilisées, créations originales... On met ici en lumière les créateurs, ce qui interroge sur la place du bijou dans notre société et l'on invente virtuellement son propre bijou sur un mode interactif.

Manifestations

– **Printemps de la randonnée :** *de mi-avr à fin juin, chaque w-e. Rens : ☎ 04-75-29-18-71.* Balades conviviales où l'on est séduit par les paysages traversés et les rencontres insolites.
– **Raid VTT des monts d'Ardèche :** *le dernier w-e de juin. Rens à l'office de tourisme.*
– **Festival Les Articulés :** *mi-août. Rens à l'office de tourisme.* Ateliers de marionnettes, théâtre de plein air, sur différentes places du Cheylard. Tous les publics trouveront un immense plaisir à rire en compagnie d'artistes qui savent émouvoir les enfants de 7 à 77 ans.

DANS LES ENVIRONS DU CHEYLARD

Le château de Rochebonne : *après Saint-Martin-de-Valamas, sur la D 478 ; de la route, on y accède à pied après 20 bonnes mn de grimpette. ☎ 04-74-60-26-16. GRATUIT. Mise en lumière le soir de mi-juin à mi-sept.* Complètement en ruine, mais quelles ruines ! Et quel site ! De loin, on ne peut différencier les lambeaux de murs de la roche granitique, tant les deux matières sont burinées, érodées et fissurées par le temps et les éléments. Elles ont comme fusionné, ont fait osmose, et c'est en s'approchant que l'on peut les distinguer. Cette forteresse a été bâtie au XIe s par la famille de Châteauneuf. Architecture défensive sans aucun doute, pourtant mise à mal lors des guerres de Religion. Aujourd'hui, seule la magnifique vue reste inchangée, sur le Vivarais, la vallée du haut Eyrieux puis, de loin en loin, jusqu'au Gerbier-de-Jonc.

Le chemin des Cinq Sens : *infos à l'office de tourisme du Cheylard.* « L'art dans la nature, la nature dans l'art. » Est-ce l'art qui copie la nature ou l'inverse ? À 17 km au sud du Cheylard, entre Saint-Christol, Le Chazel, Le Fau, le promeneur inspiré peut suivre les *circuits Rubis, Azur* ou *Émeraude,* au gré de sentiers de moyenne montagne ponctués d'œuvres qui épousent la nature ardéchoise. On peut faire toute la boucle (12 km) ou bien de petites boucles plus courtes.

SAINT-PIERREVILLE (07190) 510 hab. *Carte Ardèche, B2*

À une trentaine de kilomètres au nord de Privas, on y accède par de petites routes de montagnes, sinueuses et tranquilles. Unanimement reconnu comme la capitale de la châtaigne, et c'est vrai qu'à l'approche du village, ce ne sont que châtaigniers à perte de vue, qui s'étendent sur des centaines d'hectares.

Adresse et info utiles

Office de tourisme : *rue du Moulinage. ☎ 04-75-66-64-64. • aupaysdeschataigniers.com • Juil-août, tlj sf lun 10h-13h, 14h-17h.*

– **Marché du terroir :** *le dim avr-oct.* Produits du terroir et artisanat à tous les étages (plus des animations au cœur de l'été).

Où manger ?

La Cerise sur l'Agneau : *sur le site d'Ardelaine (lire plus loin « À voir »). ☎ 04-75-66-62-66. • restau@ardelaine.fr • Avr-déc, ouv ts les midis plus sam soir (tlj, midi et soir, en juil-août). Formules et menus 15-30 €. Café offert sur présentation de ce guide.* L'excellent site d'Ardelaine a en outre l'avantage de proposer au choix une très bonne table (savoureux plats de terroir élaborés avec des produits de saison, essentiellement bio, et sélectionnés dans les fermes du coin), ou un café où l'on sert à toute heure des tartines gourmandes (comme celle à la caillette !). Bien pratique, délicieux... et même très ludique à l'occasion des soirées à thème !

Où dormir ? Où manger dans les environs ?

Chambres d'hôtes Porte de Besse : *Philippe Cholat, porte des Autrichiens, 07240* **Chalencon.** *☎ 04-75-58-15-18. • ph.cholat@free.*

fr • chambre-dhote-ardeche.com • Ouv de mi-avr à oct. Double 70 €. Table d'hôtes 26 €. Dans ce ravissant petit village médiéval aux rues pavées et aux murs de pierre noyés sous la vigne vierge, la *Porte de Besse* propose 3 chambres ; 2 d'entre elles sont aménagées dans les anciens remparts (un des murs fait 1,20 m de large !). La chambre « Échauguette », avec une petite mezzanine, peut accueillir 3-4 personnes. Esprit rustique avec tout le confort actuel. Un rapport qualité-prix indiscutable.

Hôtel Le Relais de Sully : *pl. de la Liberté, 07190* ***Gluiras.*** *☎ 04-75-66-63-41. • chriscuisinier@hotmail.fr • lerelaisdesully.fr • Congés : de fév à mi-mars. Doubles 42 ou 47 €.* Dans l'ancien prieuré de Gluiras, une agréable maison traditionnelle face à la fontaine, une adresse au rapport qualité-prix très intéressant. Seulement 4 chambres, avec douche et w-c privés, à la déco sobre et simple. Également un resto.

Où acheter de succulentes glaces ?

Terre Adélice : *hameau Le Moulinon, à 1,5 km de* ***Saint-Sauveur-de-Montagut,*** *en allant vers La Voulte-sur-Rhône. ☎ 04-75-65-43-00. • terre-adelice.eu • Juil-août, lun-ven 14h-19h ; sam 10h-12h, 14h-19h ; dim 15h-19h. Le reste de l'année, en sem slt 14h-17h (fermé ven d'oct à mars).* Glaces, crèmes glacées et sorbets naturels artisanaux, comportant de 60 à 70 % de produits frais issus de l'agriculture bio, dans le respect de la nature et de l'homme. Colorants, conservateurs et arômes artificiels sont bannis. Un choix incroyable de parfums, classiques ou beaucoup plus inattendus, voire carrément insolites (géranium, romarin, safran, fleurs et plantes sauvages diverses, clairette de Die, lard fumé, roquefort, et on en passe... la liste est longue comme le bras !). L'entreprise fournit les plus grands chefs : Bocuse, Ducasse, et bien sûr, le grand voisin Régis Marcon. Une halte obligatoire pour un frisson de plaisir garanti !

À voir

La Maison du châtaignier : *pl. Neuve. ☎ 04-75-66-64-33. Avr-nov, mer, sam, dim et j. fériés 11h-12h30, 14h30-18h30 (juil-août, tlj). Entrée : 4,50 € ; réduc.* Le département possède deux lieux consacrés à la châtaigne, l'autre étant établi dans la Cévenne ardéchoise, à Joyeuse. À Saint-Pierreville, on apprend tout ce qu'il faut savoir sur la châtaigne, le châtaignier et le castanéiculteur. Dans le passé, bien sûr, mais aussi aujourd'hui, en ce début de XXIe s. Photos, documents sonores, outils, archives et vidéos à l'appui, on découvre un métier, un produit et une région.

La ***route du Châtaignier*** est un complément bien agréable à cette visite.

Ardelaine : *☎ 04-75-66-63-08. • ardelaine.fr • De mi-juil à fin août, visite tlj à 11h, 14h30, 15h30 et 16h30 ; le reste de l'année, ts les ap-m (sf janv et 25 déc). Visites guidées slt (1h30) : la coopérative, les secrets de la laine, la laine en révolution. Tarifs : 7,50-18 € (1-3 visites) ; réduc. Resto de qualité sur place,* La Cerise sur l'Agneau *: cuisine locale et produits frais (voir « Où manger ? »).* Le mouton est un animal à poil laineux, ça, tout le monde le sait. Mais (comme disent les moutons !) on ne peut pas exploiter la toison de tous les moutons sans savoir qu'il y a de grands écarts de qualité selon les races. Nous n'irons pas jusqu'à dire que certains filent un mauvais coton, mais d'une race à une autre, l'animal sera plus apprécié pour sa laine, pour sa viande ou pour sa production de lait (de brebis, bien sûr !). Chez *Ardelaine,* ce sont près de 50 000 moutons qui sont tondus tous les ans (de quoi rendre envieux le percepteur !).

Visite extrêmement instructive, dans un musée bien vivant. Équipe très dynamique, celle de la coopérative *Ardelaine,* qui vous présente, selon la visite choisie, plusieurs races d'ovins, leur élevage, et vous fait suivre la chaîne de la laine, de la matière première brute au produit fini, ou encore les processus qui ont amené la mécanisation du travail de la laine. Tonte, lavage, cardage, filage n'auront plus de secret pour vous. Et pour finir, vente d'articles en laine produits sur place *(tlj 10h-18h).*

La Fabrique du pont d'Aleyrac : *pont d'Aleyrac. ☎ 04-75-66-65-25. • mira belbe@wanadoo.fr • Prendre la minuscule ruelle qui descend depuis la place du village, juste en face du monument aux morts. En principe, mai-nov, ven-dim 15h-19h (et sur rdv). GRATUIT.* Expositions temporaires d'artistes internationaux, modernes et contemporains qui font bon ménage avec les vénérables murs de cet ancien moulinage. Sculptures, photographies et peintures investissent trois salles d'exposition.

L'ARDÈCHE

DANS LES ENVIRONS DE SAINT-PIERREVILLE

L'écomusée des Terrasses : *hameau de la Chareyre, sur la commune de* ***Saint-Michel-de-Chabrillanoux*** *(07360). ☎ 04-75-65-24-70. • ecomuseedesterrass. wixsite.com • De Saint-Michel-de-Chabrillanoux, en direction des Ollières, par la D 2, tourner à gauche à 1 km ; c'est à 5 km (fléché). Ou accès par la D 233, entre Dunière et Silhac. Juil-août, tlj sf lun 15h-18h ; le reste de l'année, sur rdv. Visite accompagnée du site sur résa (5 pers min) : 30 € ; ou 4,50 € pour l'un des sentiers à thème en visite autonome avec livret pédagogique ; réduc.* Dans un environnement végétal et minéral, un espace de terrasses défrichées qui permet de comprendre la vie quotidienne et les pratiques traditionnelles (avec toutes ses difficultés) d'une famille de paysans du XIXe s. Une visite très intéressante qui permet d'approcher tout un pan de l'identité ardéchoise. Sur résa, atelier de découverte des plantes sauvages ou construction en pierre sèche. Sur place, boutique qui propose les productions de l'écomusée.

Chalencon : toujours dans la vallée de l'Eyrieux, ce délicieux patelin classé « Village de caractère » mérite une halte à plus d'un titre. Ancienne seigneurie, ou plus exactement baronnie, ce petit bourg, à l'époque fortifié, a malheureusement été saccagé et détruit en 1623 sur ordre de Richelieu, pour écraser « l'ennemi huguenot ». La tour de Diane, ainsi qu'une porte, baptisée au début du XIXe s « porte des Autrichiens », sont aujourd'hui les seuls vestiges des remparts. Dans le temple (ouvert en saison), ne pas manquer d'aller observer la rare ***chaire du désert.*** Cette émouvante « tribune portative » a été fabriquée après la révocation de l'édit de Nantes, lorsqu'il a fallu se cacher pour célébrer les offices. En sortant du temple, s'arrêter aussi près de la fontaine, devant les splendides, massives et lourdes mesures à grain en granit datant de l'Ancien Régime. Monter ensuite sur la place du Valla pour jouir de la vue sur la vallée de l'Eyrieux et le pont de Chervil.

– ***Été musical :*** *de la 2e sem de juil à mi-août.* Concerts dans le temple ou dans l'église de Chalencon (programmation variée).

Le moulinage de la Neuve : *à* ***Marcols-les-Eaux*** *(07190). ☎ 04-75-65-69-70. • moulinages.fr • À 12 km à l'ouest de Saint-Pierreville par la D 152 puis la D 102 ; passer Albon-d'Ardèche ; c'est fléché dans Marcols-les-Eaux. Juil-août, visite mer et dim à 15h et 16h30 ; sinon, sur rdv. Fermé déc-mars. Visite (guidée) : 5 € ; réduc ; gratuit moins de 7 ans.* Au gré de cette visite, on découvre l'un des maillons de l'industrie de sériciculture locale (la vallée comptait pas moins de 15 moulinages au XIXe s). Le moulinage était l'une des dernières étapes de la fabrication textile, entre filature et tissage. On a même droit à la remise en service de certaines anciennes machines, toujours vaillantes à travailler...

LA VOULTE-SUR-RHÔNE

(07800) 5 240 hab. *Carte Ardèche, B2*

À une vingtaine de kilomètres au nord-ouest de Privas, sur la D 86 qui monte vers Saint-Péray et Valence par la rive droite du Rhône. C'est à La Voulte-sur-Rhône que l'Eyrieux mêle ses eaux fraîches à celles du Rhône. Située dans une boucle que formait jadis le Rhône, la petite ville en a tiré son nom *la volta,* qui signifie « la courbe » en provençal. Les amateurs de rugby des années 1970 n'ont pas oublié que cette ville fut en tête des championnats nationaux grâce aux frères Camberabero. On découvre quelques vestiges médiévaux, et puis les traces d'un passé moins lointain, celui de l'industrie minière et de la métallurgie, qui a fait vivre la région de nombreuses années durant.

Adresse et infos utiles

i *Office de tourisme :* *pl. Étienne-Jarjeat. ☎ 04-75-62-44-36. • tourisme-eyrieuxrhoneveore.fr • Tlj 9h-12h, 14h-18h (le w-e, mat slt).*

➢ ***Liaison avec Valence :*** env 1 bus/h. 2 arrêts : La Voulte-Mairie (à côté de la mairie) et La Voulte-Cité.

– ***Marché :*** *ven mat, pl. Étienne-Jargeat.*

– ***Foire à la brocante-marché aux puces :*** *le 4e dim du mois.*

– ***Kiosques à musique :*** *en juil-août, ts les mer et ven soir.* Les kiosques de la ville s'animent de divers concerts.

Où manger ?

|●| *Restaurant La Treille :* *21, quai Jean-Jaurès. ☎ 04-75-62-42-31. ♿ Tlj sf lun soir (plus dim soir et mer soir hors saison). Formule déj en sem 11,80 €, menus 24,50-29,50 €.* Près du Rhône (rive droite) et du pont suspendu de la ville, ce petit resto discret prolongé par une terrasse en été élabore une petite cuisine de terroir, simple et bonne, à des prix sages. Andouillette aux cèpes, tête de veau... Accueil très sympathique.

À voir. À faire

Le château et la chapelle des Princes : *sur la Grand-Place. ☎ 04-75-62-44-36. Visite guidée : rens à l'office de tourisme. Compter env 4 € ; gratuit jusqu'à 12 ans.* Impressionnante masse de pierre juchée sur la roche, dominant le village et surveillant le Rhône, le château a été bâti entre le XIVe et le XVIIe s. Il semble encore tout imprégné de l'époque où les États du Languedoc y siégeaient. Ensemble de style Renaissance, belle cour d'honneur à élégante galerie. Ne pas manquer de visiter la chapelle des Princes, de style flamboyant, au décor intérieur rappelant le maniérisme en vogue à l'époque.

➢ ***Balade dans le village :*** autour du sentier de *Régis le Mineur.* Étroites rues et venelles courent le long de la pente, sous le château, et s'engouffrent sous de délicieux passages voûtés. Un arrêt s'impose dans l'***église Saint-Vincent,*** qui possède un splendide bas-relief en marbre blanc richement sculpté, datant du XVIe s. Et puis, à quelques minutes de là, derrière le château, dans le parc Baboin, les hauts fourneaux, impressionnants tels des dragons assoupis.

DANS LES ENVIRONS DE LA VOULTE-SUR-RHÔNE

BEAUCHASTEL (07800)

Un petit village de carte postale, au débouché de la vallée de l'Eyrieux sur le Rhône. Des petites maisons de pierres et de galets, construites à flanc de colline, avec chacune son orientation propre et son toit de tuiles. Blotties les unes contre les autres, elles ont dessiné de charmantes ruelles qui tournicotent et jouent avec les ombres. Au printemps, Beauchastel est délicieusement assoupi sur un coussin de fleurs de pêchers, rêvassant au milieu des vergers.

Du ***château de Bellicastrelli,*** qui a donné son nom au village, il ne reste aujourd'hui que quelques maigres ruines, au pied desquelles se dresse un petit théâtre de verdure. Le château fut construit au XIIe s par les seigneurs de Retourtour, qui profitèrent de la situation à l'entrée de la vallée de l'Eyrieux pour percevoir un droit de péage. Il passera ensuite au fil des siècles en bien d'autres mains (celles des Tournon et des princes de Condé, entre autres), avant d'être totalement balayé au cours des guerres de Religion.
Le bas du village, quant à lui, est confronté régulièrement aux violentes crues de l'Eyrieux (l'église et les remparts ont été emportés plusieurs fois). Le village a fini par être déserté et, malheureusement, totalement abandonné. C'était sans compter sur la passion de quelques habitants, qui créèrent, en 1973, une association chargée de restaurer et de faire revivre ce vieux village médiéval. Aujourd'hui, grâce à eux, on peut à nouveau profiter du charme de ces maisons de schiste ou de galets délicieusement blotties autour de jardinets, de ces ruelles étroites, passages couverts et escaliers tortueux. Belle vue sur Saint-Laurent-du-Pape du haut du village.

L'ARDÈCHE VERTE, ANNONAY ET LA VALLÉE DU DOUX

• Carte *p. 217*

S'étirant du massif du Pilat au plateau de Saint-Agrève, les monts du haut Vivarais s'étendent du nord au sud sur près de 100 km à des hauteurs comprises entre 1 000 et 1 400 m environ. Vers l'est, ce chaos de montagnes bascule rapidement sur le « Piémont » vivarois, vaste plan incliné s'étageant de 800 à 300 m. Ce plateau morcelé et parcouru d'innombrables torrents vient buter à l'est sur une petite corniche qui surplombe le couloir

rhodanien, tandis qu'au sud, il s'interrompt sur la vallée de l'Eyrieux. Constituée de vignobles et de vergers, de forêts de hêtres et de sapins, de collines et de sommets, de rivières et de gorges, cette Ardèche verte est encore peu connue des touristes. Pourtant, ce paradis des pêcheurs, des baigneurs ou des randonneurs est une région paisible et secrète, qui vaut la peine d'être explorée.

ANNONAY

(07100) 18 000 hab. *Carte Ardèche, B1*

• Plan *p. 218-219*

Ville la plus peuplée du département, capitale du nord de l'Ardèche, Annonay est aujourd'hui encore l'héritière d'une longue tradition industrielle. Bâtie en amphithéâtre aux flancs de sept collines qui lui donnent une topographie quelque peu déroutante. Une balade dans ses vieux quartiers permet de découvrir, au long de ruelles escarpées et de passages voûtés, d'agréables placettes, de vieilles bâtisses et des usines d'un autre siècle. Une cité industrielle, Annonay ? Certes ! Mais c'est aussi la capitale de la montgolfière et la patrie d'hommes qui se sont illustrés. De balades en musées, de marchés en festivals, partez à sa découverte, vous y trouverez une richesse et une vie souvent insoupçonnées.

UN PEU D'HISTOIRE

Du XIIIe au XVe s, les eaux pures des rivières d'Annonay (la Deûme et la Cance) attirèrent, toujours plus nombreux, les mégissiers et les tanneurs, dont le travail de la peau et de la laine fourniront aux siècles suivants la colle forte et les chiffons nécessaires aux papetiers. Les célèbres papeteries *Canson* naquirent ici.
Bastion du protestantisme, Annonay sera mise à sac sept fois pendant les guerres de Religion, ce qui explique l'absence de vestiges du Moyen Âge. Mais la ville s'illustrera particulièrement au XVIIIe s, à travers ses enfants...

Les frères Montgolfier...

Qui aurait cru que le rêve d'Icare ou celui de Léonard de Vinci se serait en partie matérialisé à la fin du XVIIIe s dans une petite papeterie familiale d'Annonay ? Nés dans une famille de 16 bambins, Joseph et Étienne vont vite s'élever au-dessus de la mêlée, l'un grâce à son tempérament rêveur, l'autre grâce à ses aptitudes scientifiques.
Des petits essais amateurs au concept du ballon, le temps passe vite pour ces passionnés qui réalisent leur première véritable expérience chez eux, le 14 décembre 1782. Mettant le feu à un petit tas de laine et de paille mouillée, un ballon de papier doublé de toile s'élève tant bien que mal dans les airs... Mais au cours de leurs nombreuses tentatives de nuit, l'un de

TOUT FEU TOUT FLAMME !

Le principe de la montgolfière arriva telle une révélation par un soir d'orage, en 1782, lorsque Joseph Montgolfier, tout mouillé, décida de faire sécher sa chemise au-dessus du feu de la cheminée. Celle-ci s'éleva soudainement, portée par l'air chaud du foyer (plus léger que l'air froid)... Papetier de profession, Joseph Montgolfier se mit à construire un ballon tout en papier, avec une source de chaleur à la base.

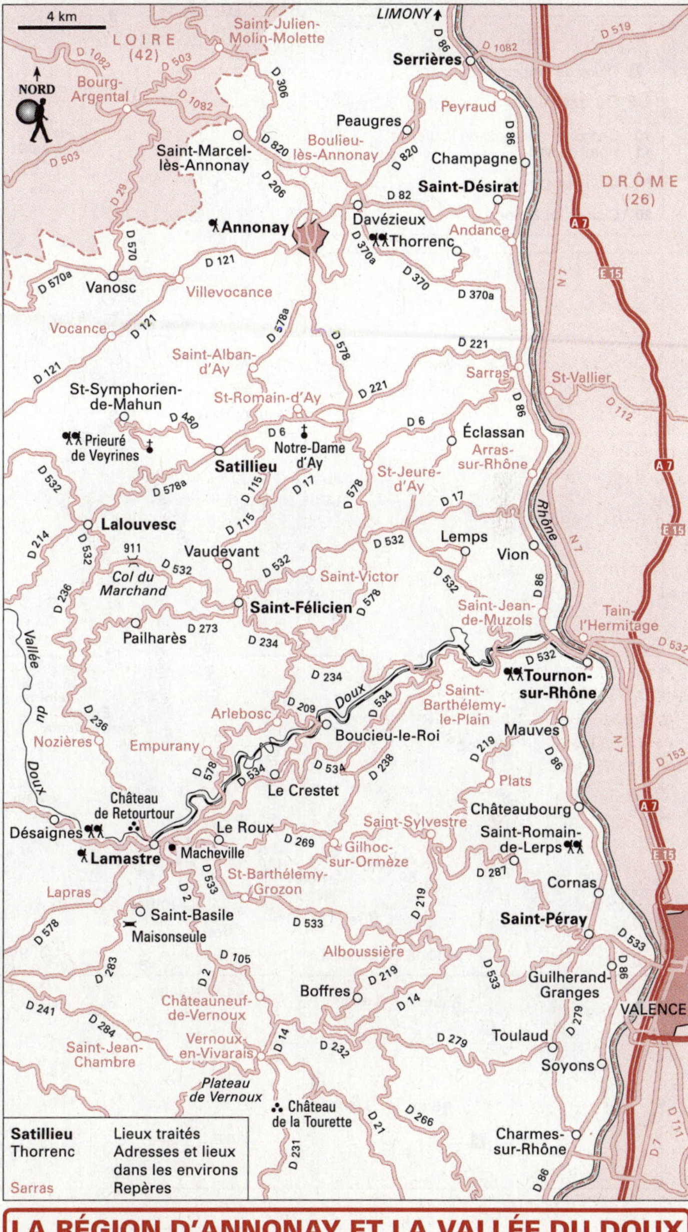

LA RÉGION D'ANNONAY ET LA VALLÉE DU DOUX

■ **Adresse utile**

Office de tourisme

Où dormir ?

10 Camping municipal de Vaure
11 Hôtel du Midi

Où manger ?

20 Cuisine en Scène

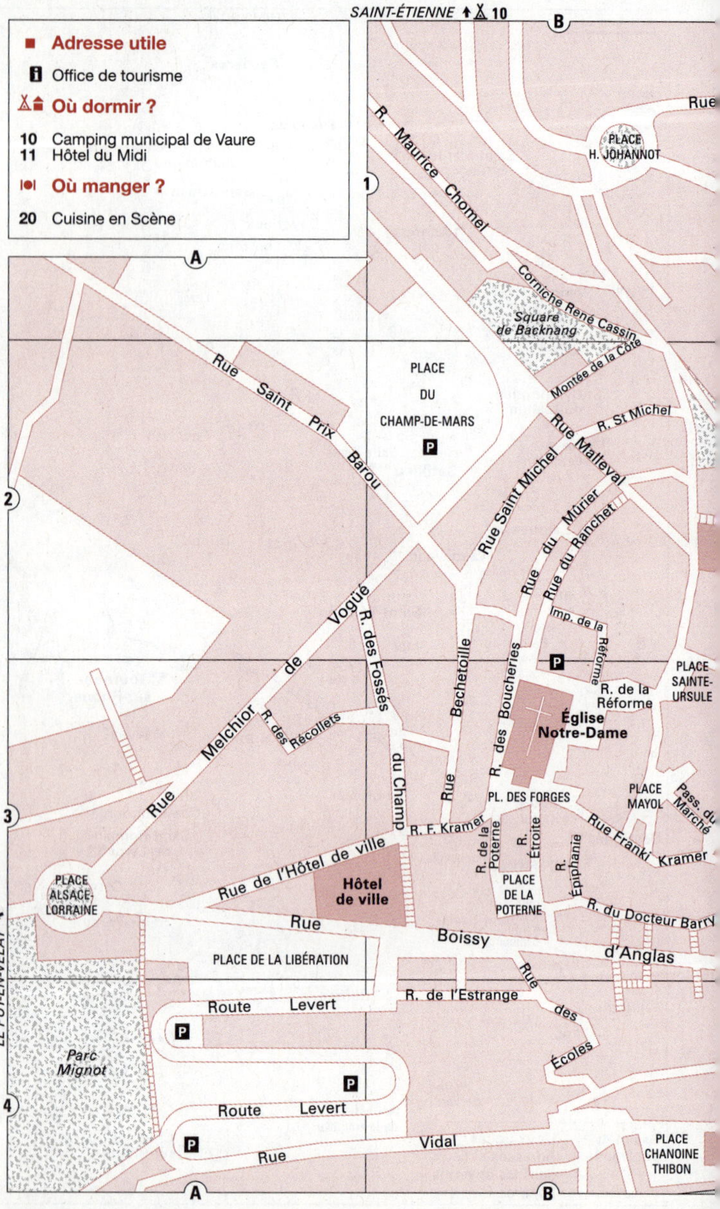

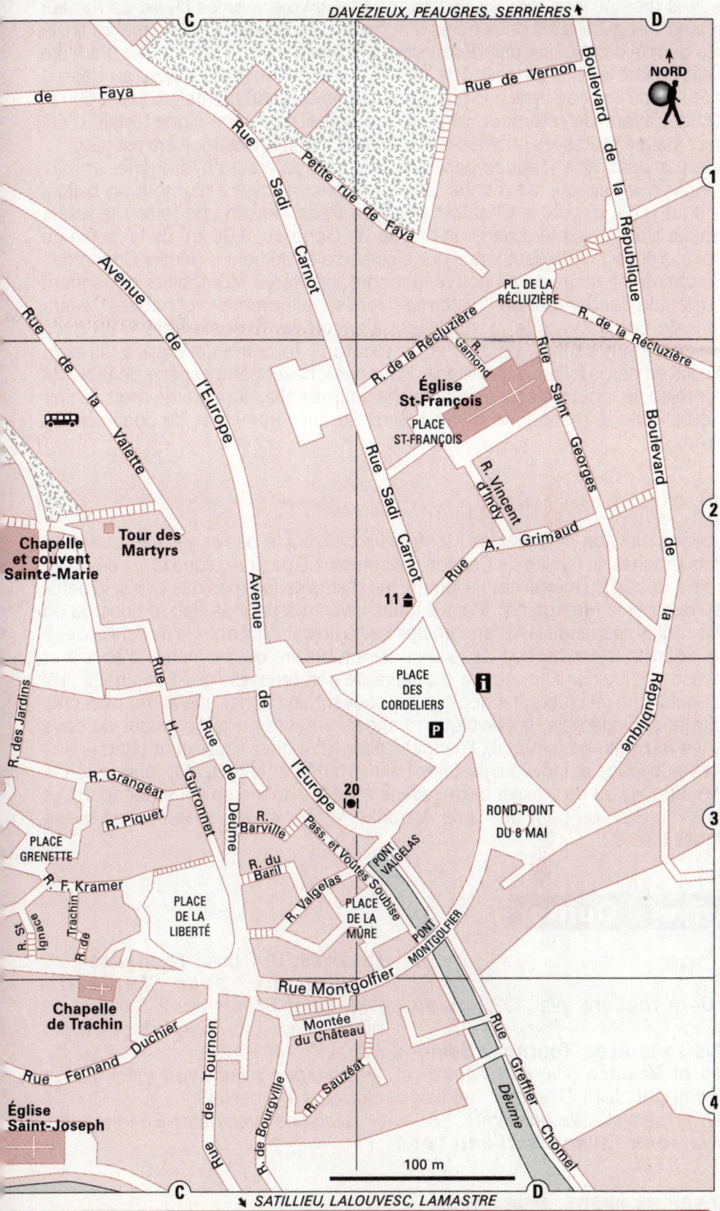
DAVÉZIEUX, PEAUGRES, SERRIÈRES
NORD
C
D
1
2
3
4
Rue de Faya
Rue de Vernon
Boulevard de la République
Rue Sadi Carnot
Petite rue de Faya
PL. DE LA RÉCLUZIÈRE
R. de la Récluzière
R. Gamond
Avenue de l'Europe
Rue de la Valette
Église St-François
PLACE ST-FRANÇOIS
Rue Saint Georges
R. Vincent d'Indy
Rue A. Grimaud
Chapelle et couvent Sainte-Marie
Tour des Martyrs
11
PLACE DES CORDELIERS
Rue H. Guironnet
Rue de Deûme
R. des Jardins
R. Grangéat
R. Piquet
PLACE GRENETTE
R. Barville
Pass. et Voûtes Soubise
20
PONT VALGELAS
ROND-POINT DU 8 MAI
R. du Baril
R. F. Kramer
PLACE DE LA LIBERTÉ
R. Valgelas
PLACE DE LA MÛRE
R. St. Ignace
R. de Trachin
PONT MONTGOLFIER
Rue Montgolfier
Chapelle de Trachin
Montée du Château
Rue Fernand Duchier
Rue de Tournon
R. Sauzéat
R. de Bourgville
Rue Greffier Chomel
Deûme
Église Saint-Joseph
100 m
SATILLIEU, LALOUVESC, LAMASTRE

ANNONAY

leurs plus gros ballons rompt ses amarres et s'envole vers les cieux. La rumeur s'enflamme et qualifie les deux frères d'apprentis « sorciers » ! Pour y mettre fin, la famille décide d'organiser une démonstration publique en 1783. Pour la première officielle devant le conseil général de l'époque, une énorme toile s'élève au-dessus d'un feu de paille et de laine. Ce premier véritable aérostat monte jusqu'à 1 000 m d'altitude, avant de retomber comme une crêpe dans une vigne ! Mais c'est gagné : malgré toutes les craintes et les superstitions, la montgolfière est née.
Repris par deux scientifiques parisiens pariant que c'est l'hydrogène, un gaz plus léger que l'air, qui fait monter la toile, ceux-ci lancent à leur tour un ballon, le 27 août 1783, depuis le Champ-de-Mars à Paris, devant une foule médusée. L'aérostat s'abat plus tard dans un champ de Gonesse, à 25 km de là (ironie de l'histoire, c'est sur cette campagne que s'écrasera également le dernier Concorde). Revanchards et vexés de ce nouveau record, les frères Montgolfier obtiennent finalement le dernier mot de l'histoire en réalisant le premier vol habité. Devant la cour de Louis XVI, une montgolfière s'envole le 19 septembre 1783 avec à son bord... un canard, un coq et un mouton ! Tous trois rescapés, ils sont accueillis en héros à leur atterrissage. Pour parachever cette espèce de fable de La Fontaine, le mouton, seul animal qui ne soit pas ailé, aura même droit de finir ses jours dans la ménagerie royale ! Berceau d'inventeurs et de consciences éclairées...

... et quelques autres

N'oublions pas non plus que les Montgolfier créèrent le papier vélin, et que leurs parents proches, la famille de Canson, inventèrent le papier-calque et les célèbres papiers à dessin du même nom. Comme les chiens ne font pas des chats, le petit-neveu des frères Montgolfier, Marc Seguin, inventera pour sa part le principe du pont à câbles suspendu (il fait encore des petits aujourd'hui dans le monde entier !) et travaillera à la conception de la chaudière tubulaire qui permettra d'accélérer la vitesse des trains. Il construira d'ailleurs de nombreuses lignes de chemin de fer. Et puis, une révolution technologique pouvant en cacher une autre, bien plus sociale et considérable, la Révolution française mettra un autre enfant du pays sous les feux des projecteurs : l'avocat Boissy d'Anglas. Protestant attaché aux libertés publiques et individuelles, il est élu député par le tiers état, puis dirige la Convention, avant de s'exiler et de revenir avec les honneurs sous Bonaparte et Louis XVIII. Bref, on peut dire qu'à Annonay, le Siècle des lumières aura laissé quelques traces...

Arriver – Quitter

En bus

Gare routière *(plan C2)* **:** *pl. du 19-Mars-1962.* ☎ *04-75-67-03-97.*

➢ ***Liaisons avec Tournon, Saint-Péray et Valence*** *(via, entre autres, Davézieux et Saint-Désirat)* **:** 2-6 liaisons/j. en sem et 2 liaisons dim.

➢ ***Liaisons avec Satillieu et Lalouvesc* :** 1-2 bus/j. selon saison.

➢ ***Liaisons avec Lamastre*** *(via Saint-Félicien)* **:** 2-3 bus/j. sf dim. Avec *Les Cars du Vivarais* (☎ *04-75-06-06-00).*

➢ ***Liaisons avec Lyon*** *(gare TGV)* **:** plusieurs A/R par jour.

➢ ***Liaisons avec Saint-Étienne.***

Adresse et info utiles

i ***Office de tourisme Ardèche Grand Air*** *(plan D3)* **:** *pl. des Cordeliers.* ☎ *04-75-33-24-51.* • *ardechegrandair.com* • *Lun-sam 9h30-12h30,*

13h30-17h30. Bonne documentation, accueil efficace et souriant. Organise aussi d'intéressantes visites guidées toute l'année.

– **Marchés :** *mer et sam mat, pl. de la Liberté. Un autre marché sam mat, pl. de la Libération.* Marchés de producteurs locaux, sympathiques et animés.

Où dormir ?

Camping

⛺ ***Camping municipal de Vaure*** *(hors plan par B1, **10**) : rue Mathieu-Duret. ☎ 04-75-33-73-73. • cc-bassin-annonay.fr • ♿ À 2,5 km du centre (en direction de Saint-Étienne), au bord de la Deûme et à proximité de la piscine et du complexe sportif de Déomas. Ouv mai-sept. Forfait 8,30 € en hte saison. CB refusées.* Environ 80 emplacements agréables et ombragés dans un beau cadre de verdure. Simple mais suffisamment équipé, et infrastructures municipales à deux pas (piscine, tennis, etc.).

Prix moyens

🏠 ***Hôtel du Midi*** *(plan D2, **11**) : 17, pl. des Cordeliers. ☎ 04-75-33-23-77. • hoteldumidi.annonay@orange.fr • hotel-annonay.com • ♿ Congés : 19 déc-6 janv. Doubles 59-68 € selon confort. Parking payant.* 📶 Bien situé sur cette place animée, un robuste immeuble de type haussmannien, surprenant sous ces latitudes. Intérieur agréable et de bon confort : larges couloirs et chambres spacieuses (surtout côté place). Un très bon rapport qualité-prix malgré une insonorisation parfois un peu juste. Excellent accueil.

Où manger ?

Prix moyens

🍽 ***Cuisine en Scène*** *(plan C-D3, **20**) : 4, av. de l'Europe. ☎ 04-75-67-50-61. ♿ Tlj sf mer, jeu soir, dim et j. fériés. Congés : 3 sem en août-sept et vac de Noël. Formule déj en sem 11,50 €, menus 21 € (sf dim)-29 €, carte env 25 €.* Un des points de chute des artistes du théâtre à côté, comme en témoignent les nombreux tabliers dédicacés au mur. Dans une déco sans prétention, on mange une cuisine traditionnelle correcte, ravioles au foie gras et autres desserts maison. Une adresse populaire.

Où dormir ? Où manger dans les environs ?

🏠 ***Chambres d'hôtes La Palisse :*** *chez Anne et Gérard Morel, La Palisse, 07340 **Peaugres.** ☎ 04-75-67-08-37. 📱 06-03-34-97-19. • inforesa@lapalisse-peaugres.com • lapalisse-peaugres.com • ♿ À env 8 km d'Annonay. Ouv avr-oct ; le reste de l'année, sur résa. Double 75 €.* 📶 *Une bouteille de jus de pomme offerte sur présentation de ce guide.* Une belle maison d'architecte, spacieuse et lumineuse. 3 superbes grandes chambres contemporaines aux noms évocateurs (Madurai, Beijing – avec lit *king size* –, Voyages), ouvrant chacune sur une terrasse d'où l'on pourrait presque entendre, en tendant l'oreille, les rugissements des lions du parc animalier... Copieux petit déj. Piscine. Très bon accueil.

🏠 🍽 ***Auberge du Lac :*** *Le Ternay, 07100 **Saint-Marcel-lès-Annonay.** ☎ 04-75-67-12-03. • contact@aubergedulac.fr • aubergedulac.fr • ♿ À 9 km d'Annonay. Fermé janv. Resto ouv mar soir-dim midi. Doubles 85-145 € selon confort et saison ; petit déj 14 €.* 💻 📶 Entre lac et montagne, cet hôtel chic compte une douzaine de chambres de très bon standing (certaines avec baignoire balnéo ou douche à jets). On aime bien la n° 11, avec sa terrasse en angle donnant sur le lac. Belle déco inspirée par les fleurs. Les chambres donnant sur la route sont toutefois un peu bruyantes. Également un resto.

À voir. À faire

Balade dans la vieille ville

Pour profiter des richesses de la ville, nous ne saurions que trop vous conseiller de participer à une visite organisée par l'office de tourisme. Pour ceux qui souhaitent se débrouiller seuls, petit avant-goût ci-dessous.

➢ Départ de la ***place des Cordeliers*** *(plan D2-3)* où a eu lieu, le 4 juin 1783 et pour la première fois au monde en public, l'envol d'un ballon gonflé à l'air chaud. Une plaque commémorative rappelle cet événement qui rendra célèbres ses inventeurs, Joseph et Étienne Montgolfier. En traversant la place, on rejoint l'avenue de l'Europe, qui recouvre sur une grande partie la Deûme.

Sur la gauche, la ***tour des Martyrs*** *(plan C2)* du XIIIe s, l'un des derniers vestiges des anciennes fortifications, est dominée par l'imposant bâtiment du couvent Sainte-Marie. On reprend ensuite l'avenue de l'Europe en direction de la place des Cordeliers. On peut retrouver la rivière enfin « libérée » en prenant sur la gauche le joli ***pont Valgelas*** *(plan D3)* en dos d'âne, ancienne entrée de la ville fortifiée, qui date du XIIIe s.

Au-delà du pont, le passage et les voûtes Soubise (rue couverte qui circulait sous les remparts) permettent de rejoindre la ***place de la Mure,*** bâtie sur les contreforts du château aujourd'hui disparu. En prenant la rue d'Arvants et la rue Valgelas (vieilles portes cloutées et tourelles), on arrive sur la ***place de la Liberté*** *(plan C3),* où une statue rend hommage à un autre Annonéen illustre, Marc Seguin. À gauche, belle vue sur le clocher octogonal de la ***chapelle de Trachin*** *(plan C4),* seul vestige d'un ancien prieuré fondé au début du XIVe s. La chapelle ne se visite que lors des visites guidées. Au-dessus du porche de style gothique, tête sculptée de son fondateur, Gigues Trachi, et Vierge à l'Enfant en pierre du XVIIe s.

> **CONCOURS LÉPINE**
>
> *Petit-neveu de Joseph de Montgolfier, Marc Seguin (1786-1875) avait hérité du génie inventif de son ancêtre. Outre ses talents de procréateur (jusqu'à l'âge de 75 ans, il eut 19 enfants de ses deux femmes !), il donna naissance à la chaudière tubulaire, et surtout au pont suspendu. Plusieurs ponts de ce type enjambent le Rhône aujourd'hui encore.*

Au fond de la place de la Liberté, des escaliers permettent de rejoindre la ***rue Franki-Kramer,*** l'artère principale de la ville jusque dans les années 1850. Les convois de muletiers chargés de blé, de vin ou de poissons séchés empruntaient alors cette grande rue, au grand dam des habitants qui durent barder leurs murs de fer pour les protéger de l'assaut intempestif des roues ! On peut y voir de belles demeures bourgeoises avec cours intérieures, escaliers et rampes en fer forgé des XVIIe et XVIIIe s (nos 7, 11, 13 et 14), et le temple protestant installé depuis 1808 dans un bâtiment du XVIIe s (beau portail).

La ***place Grenette*** *(plan C3),* créée en 1480, ancien centre du commerce des grains, abritait en son centre une importante halle dont subsistent piliers et arcades. Au no 1, splendide porte cloutée avec fronton de pierre du XVIe s. Le passage du Marché permet de rejoindre la ***place Mayol*** (vieille tour en pierre du XVIIe s avec une belle porte à parecloses au no 7) et la place Sainte-Ursule *(plan B2-3).* Nous voilà devant le ***couvent Sainte-Marie*** *(plan C2),* construit en 1630 sur l'emplacement d'un ancien château. La chapelle possède une belle porte à encadrement de pierre.

En empruntant la rue Malleval, on rejoint enfin la ***place du Champ-de-Mars*** *(plan B2),* flanquée d'une statue de Boissy d'Anglas. À l'angle de la place, les bâtiments de l'ancien hôpital avec ses tours et sa chapelle, du XVIIe s. Sur la droite, un square permet d'avoir une vue panoramique sur la ville. Rejoindre la place Saint-Michel et la rue Béchetoille (belles demeures bourgeoises avec portes, impostes et fer forgé) où se trouve le musée vivarois César-Filhol. On retrouve la rue Franki-Kramer qui permet de rejoindre la rue et la place de la Poterne *(plan B3),* puis la place de la Libération (statue des frères Montgolfier) et le petit parc Mignot. De là, possibilité de descendre jusqu'aux rives de la Cance, bordées des anciennes tanneries.

Hors du centre-ville

L'Espace du Parchemin et du Cuir (hors plan par B1) **:** *4, la combe du Prieuré. 06-81-11-17-08. • espaceduparchemin.fr • Au nord de la ville, par l'av. de l'Europe puis l'av. Jean-Jaurès ; la combe du Prieuré donne sur cette dernière. Juil-août, mer-sam 14h-18h, dim 15h-18h ; le reste de l'année, se renseigner. Congés : vac scol d'hiver. Entrée : 6 € ; réduc.* Installé sur le site de l'une des trois dernières parchemineries encore en activité en France, créée en 1926 par le grand-père de l'actuel propriétaire, cet étonnant musée dédié à l'histoire et à la fabrication du parchemin vaut largement le détour. Il s'organise autour du dernier séchoir à peaux d'Annonay et s'efforce de présenter en détail le métier de parcheminier (avec démonstration à la clef !), et plus largement l'univers de la tannerie. On y trouve aussi une boutique consacrée aux articles fabriqués à partir des matières naturelles animales (os, corne, laine, soies), tombées en désuétude avec l'expansion du plastique. Organise également des cours de calligraphie et loue des chambres d'hôtes *(L'Air du Tan).*

Faire un vol en montgolfière

– ***Ardèche Montgolfières :*** *64, montée des Aygas. ☎ 04-75-69-39-39. • ardeche-montgolfieres.fr • Avr-oct, les w-e (mat slt) et j. fériés ; tlj en été. Vol de 1h min avec petit déj ; compter env 175 €/pers (tarifs dégressifs) ; enfant 135 €.* Cette agence a été agréée par l'Aviation civile. Décollage tous les jours par temps propice, sur réservation uniquement ou en fonction des places disponibles.

Fête et manifestations

– ***Festival international du Premier film :*** *sur 10 j. début fév. Rens à la Maison des Jeunes et de la Culture (MJC) : ☎ 04-75-32-40-80. • annonaypremierfilm.org •* Sélection internationale de premiers longs-métrages inédits, des courts-métrages, des regards sur le cinéma d'un pays, d'une région ou l'œuvre d'un réalisateur, débats et rencontres. Un grand rendez-vous cinéphile.

– ***Fête de la Montgolfière :*** *1ᵉ w-e de juin. Rens auprès des Montgolfières d'Annonay (☎ 04-75-67-57-56) ou à l'office de tourisme.* Le dimanche matin, reconstitution en costumes d'époque du premier envol de 1783. Un spectacle coloré et inoubliable.

– ***Les Gourmandises d'Ardèche :*** *2ᵉ w-e de nov.* Une cinquantaine de producteurs ardéchois, avec dégustation gratuite de charcuteries, fromages, confitures, etc. dans une poêle géante. Les villes jumelées avec Annonay proposent aussi leurs spécialités gastronomiques. Délectable !

DANS LES ENVIRONS D'ANNONAY

Le musée des Papeteries Canson & Montgolfier : *700, rue de Vidalon, à **Davézieux**. ☎ 04-75-69-89-20. • musee-papeteries-canson-montgolfier.fr • À 3 km d'Annonay. Prendre le bd de la République, direction Valence ; juste avt*

L'ARDÈCHE

la zone industrielle de Davézieux, emprunter une route qui descend sur la gauche (fléché) et laisser sa voiture sur le parking devant l'église. Juil-août, tlj 14h15-18h ; le reste de l'année, mer et dim 14h30-18h. Congés : fêtes de fin d'année. Entrée : 5,20 € ; réduc ; gratuit moins de 6 ans. Aménagé dans la maison natale des fameux frères Montgolfier, ce musée retrace plus de trois siècles de l'histoire de la papeterie annonéenne. Après une vidéo de présentation, on découvre au gré d'une dizaine de salles de nombreux souvenirs de la famille (arbre généalogique, photos, impressionnants livres de comptes de la fin du XIXe s, etc.), et l'histoire de l'usine de Vidalon et de l'évolution des techniques papetières. Reconstitution d'un atelier et d'un laboratoire du début du XXe s. Au sous-sol, à la place même d'un ancien atelier, de nombreuses et superbes machines d'époque que le guide met en marche vous permettront de revivre toutes les étapes de fabrication du papier. Vous aurez même droit à une démonstration de création à la main d'une feuille à l'ancienne.

Le Safari de Peaugres : *à 6 km au nord-est d'Annonay, au bord de la D 82. ☎ 04-75-33-00-32. • safari-peaugres.com • Tlj de mi-fév à mi-nov : juil-août, 9h30-19h ; le reste de l'année, 10h-17h. Venir de préférence assez tôt, car il y a de quoi passer ici une bonne journée. Entrée : 21,50 € ; enfants (3-12 ans) 18,50 € ; personnes à mobilité réduite 15,40 €.*

Un des plus beaux parcs animaliers du sud de la France. Créé il y a plus de 40 ans par Paul de La Panouse, concepteur-réalisateur du parc de Thoiry en région parisienne, le Safari de Peaugres permet de découvrir plus de 800 animaux des quatre coins de la planète. D'un côté, un itinéraire pour les voitures permet de circuler au milieu des ours, bisons, zèbres, éléphants, rhinos, girafes, etc. Vous pourrez donc observer en toute sécurité tout ce petit monde vivant en liberté sur un vaste territoire de 50 ha de bois, de prairies ou de plans d'eau. Fermeture des vitres obligatoire et moments intenses garantis !

De l'autre côté de la route, un parc de 35 ha, que l'on visite à pied, permet de rencontrer de plus près une faune tout aussi riche et variée : gibbons, pandas roux, tapirs, girafes, otaries, lémuriens, etc. On peut même traverser le territoire des lions, des tigres, des hyènes et des loups dans un tunnel de verre ! Dans les sous-sols du château (belle bâtisse de la fin du XIXe s), immersion dans l'univers souterrain d'animaux nocturnes, au gré d'un parcours scénarisé sombre à souhait et riche en surprises. Une miniferme également. On a bien aimé la *Serre aux 1 000 cachettes* où on découvre toute l'ingéniosité des animaux pour se cacher et échapper à leurs prédateurs naturels.

Tout au long de la journée, différentes animations sont proposées par les soigneurs du parc, comme le moment riche en émotions de l'entraînement des otaries. Ajoutons que le Safari de Peaugres participe également à la sauvegarde de plus de 20 espèces protégées ou en voie de disparition.

L'espace Joseph-Besset, musée du Charronnage au car : *07690* **Vanosc.** *☎ 04-75-34-79-81. • museeducar@lavanaude.org • lavanaude.org • À 12 km d'Annonay, par la D 121 puis à droite en direction de Vanosc. Avr-oct, mer-dim 15h-18h30 ; et sur rdv tte l'année. Entrée : 5 € ; réduc ; gratuit moins de 15 ans.*

Un musée qui rend hommage à l'enfant du village, Joseph Besset, charron-carrossier de métier, mais surtout un sacré entrepreneur et visionnaire qui fut à l'origine, en 1938, du premier car européen *Isobloc* à structure autoportante avec moteur à l'arrière. À l'époque, c'est une véritable révolution et le succès ne se fait pas attendre ! Ces modèles sillonnent rapidement les routes de l'Europe, de l'Afrique du Nord, de l'Indochine et d'Amérique du Sud. Une véritable industrie se développe au niveau local, et Annonay devient la capitale française du car.

Espace muséographique très bien fait (visite guidée par des passionnés), avec reconstitution d'un atelier de charron, parcours de Joseph Besset, histoire de la production des cars à Annonay, collection de modèles réduits, projection vidéo, et bien sûr une exposition d'une dizaine de superbes véhicules datant de 1935 à 1984.

SERRIÈRES

(07340) 1 120 hab. *Carte Ardèche, B1*

À 15 km au nord-est d'Annonay. Située à la limite nord du département, sur la rive droite du Rhône, Serrières est une très ancienne cité qui accueillait autrefois une importante communauté de mariniers et des équipages locaux très renommés. Malgré la disparition de la batellerie, la petite ville a conservé une de leurs belles traditions : celle des joutes nautiques. On y trouve une école et une équipe de jouteurs comptant plusieurs champions de France ! De grands tournois ont lieu sur le Rhône (le week-end qui suit le 14 juillet et le deuxième samedi de septembre). La ville est entourée de vignobles en AOC saint-joseph et condrieu.

L'ARDÈCHE

Adresse et info utiles

Syndicat d'initiative : *83, quai Jules-Roche. ☎ 04-75-34-06-01. Ouv juin-sept slt.*

➢ ***Bus*** directs pour Annonay et Lyon.

Où dormir ? Où manger ?

Hôtel-restaurant Schaeffer : *quai Jules-Roche, sur la D 86. ☎ 04-75-34-00-07. • mathe@hotel-schaeffer.com • hotschaeffer.com • ♿ (resto slt). Resto fermé sam midi, dim soir et lun. Congés : 1er-15 janv, 1er-8 mai, 3-17 août. Doubles 77-98 €. Menus 26 € (déj en sem), puis 39 €. Digestif maison offert sur présentation de ce guide.* Depuis plus de 80 ans, trois générations se sont succédé aux fourneaux de cette grande maison au bord du Rhône, où les meilleurs produits sont à la fête. Par exemple : l'agneau en croûte ou la tatin d'endives à l'orange. En automne-hiver, spécialité de gibier. Séduisante carte des vins, privilégiant bien entendu les côtes-du-rhône septentrionaux (splendides saint-joseph). Service attentionné. À l'étage, une quinzaine de chambres aux couleurs pimpantes, modernes et fonctionnelles, insonorisées et climatisées. On aime bien celles avec vue sur le Rhône et le pont éclairé le soir. Une halte de grande qualité.

À voir

Le musée des Mariniers : *dans la chapelle Saint-Sornin. ☎ 04-75-34-00-46 (mairie). Tlj sf mar et j. fériés, de juin jusqu'aux Journées du patrimoine (tte l'année pour les groupes). Résa à la mairie. Entrée : 3 € ; gratuit jusqu'à 12 ans.* Dans ce monument classé, outre une nécropole et un ensemble de fresques découvert récemment, voir la petite collection de croix de mariniers et le musée sur la batellerie de halage.

DANS LES ENVIRONS DE SERRIÈRES

Champagne *(07340) : à 6 km au sud de Serrières, au bord de la D 86.* Bien que situé sur la rive droite du Rhône, Champagne, fief des seigneurs d'Albon, fut terre dauphinoise jusqu'à la Révolution. Ce n'est qu'en 1790 que la commune fut rattachée au département de l'Ardèche. Les dimensions de l'*église Saint-Pierre* témoignent sans doute de l'intérêt que présentait cette place forte, enclave impériale dans un Vivarais royal. Prieuré vraisemblablement fondé au IXe s par les chanoines de Saint-Barnard-de-Romans, il est placé aux XIe et XIIe s sous la dépendance de l'archevêque de Vienne, qui le confie aux moines bénédictins de Saint-Chef-en-Viennois. Ce sont eux qui reconstruiront solidement cette église en lui donnant des allures de forteresse.

Restaurant La Treille : *13, route de Saint-Désirat. ☎ 04-75-34-20-68. • bainas.daniel@bbox.fr • Fermé dim soir, lun, mar soir en hte saison, et ts les soirs en basse saison. Résa souhaitée. Menus 15-24 €. Café offert sur présentation de ce guide.* Un resto installé dans l'ancien *Café de la Gare.* Aujourd'hui, c'est le rendez-vous des habitués et des ouvriers de la cave coopérative voisine. Cuisine ardéchoise et familiale : crique, terrine maison, cuisses de grenouilles en persillade ou plat du jour. Terrasse ombragée par une superbe vraie vigne, bien agréable l'été.

L'ARDÈCHE

SAINT-DÉSIRAT (07228) 850 hab. *Carte Ardèche, B1*

À 10 km au sud de Serrières, sur la D 86 qui descend vers Tournon en longeant le Rhône par la rive droite. Jadis célèbre pour ses potiers, le village est aujourd'hui connu pour ses vignobles qui produisent l'un des meilleurs crus des côtes-du-rhône septentrionaux : le saint-joseph. Arrêt obligatoire à la cave coopérative et à la distillerie *Jean-Gauthier,* où vous trouverez un très joli musée.

Où dormir ? Où manger ?

La Désirade : *lieu-dit La Condamine. ☎ 04-75-34-21-88. • ladesirade2@orange.fr • desirade-fr.com • À l'entrée du village, sur la droite. Résa conseillée. Fermé dim. Le soir, resto ouv slt sur résa. Doubles 72-74 € selon saison ; petit déj 8 €. Menu 23 €. Digestif maison offert sur présentation de ce guide.* Grosse maison de famille bicentenaire en retrait de la rue, avec ses jardinières fleuries, son petit parc agréable et sa piscine pour se relaxer, sans oublier les vignes exploitées par Philippe, le patron. Chambres à la déco rustico-chic ou un peu plus moderne, avec sanitaires, dont une suite, idéale en famille. Cuisine du terroir saine et parfumée comme ce savoureux canard au romarin. Accueil convivial.

À voir et... où déguster de bons vins et de l'eau-de-vie ?

La cave de Saint-Désirat et la maison des Arômes : *☎ 04-75-34-22-05. • cave-saint-desirat.com • Tlj 9h-12h, 14h-18h30 (en continu dim et j. fériés). GRATUIT.* De nombreuses fois primée pour la qualité de son travail de vinification, cette cave réunit les producteurs de saint-joseph, condrieu et vins de pays. L'occasion de faire son choix entre les différents millésimes, qu'une dégustation vous permettra de départager. En sous-sol, intéressante expo interactive pour s'initier aux multiples arômes délicats (pain d'épice, champignon, fleurs blanches, etc.) que dégagent les différents cépages. Pour vous réoxygéner, n'hésitez pas à parcourir le *sentier du domaine de Rochevine,* itinéraire fléché qui permet de découvrir ce petit vignoble aménagé en terrasses.

Le musée de l'Alambic : *distillerie Jean-Gauthier, 600, route de la Syrah. ☎ 04-75-34-23-11. • jeangauthier.com • Lun-sam 8h (10h sam)-12h, 14h-18h (18h30 sam) ; dim et j. fériés l'ap-m slt. GRATUIT. Dégustation.*

Au cœur de la distillerie Jean-Gauthier (qui transforme chaque année plus de 7 000 t de fruits en eau-de-vie !), le musée relate le charme d'une mémoire rurale aujourd'hui disparue, celle des « bouilleurs ambulants ». Au début du XXe s, l'Ardèche comptait encore plus de 1 000 bouilleurs itinérants, qui officiaient dans les cours des fermes, les caves ou sur les places de village. Cent ans plus tard, il n'en reste plus qu'une petite vingtaine à perpétuer cette vieille tradition, qui consiste à transformer des marcs ou des fruits en alcool.
Sur 1 400 m² d'exposition, de superbes appareils en cuivre, une collection de matériel, ustensiles et outils anciens, une vingtaine de tableaux commentés et animés ainsi qu'un film et un diaporama retracent cette histoire et celle de la distillerie.

DANS LES ENVIRONS DE SAINT-DÉSIRAT

THORRENC (07340)

À 4 km environ au sud de Saint-Désirat. Adorable petit village de pierre plein de charme, blotti au creux de la vallée du Thorençon et au pied d'un château du XIe s. Depuis la route d'Annonay, point de vue remarquable sur le ***village et son château,*** et depuis la colline supportant celui-ci, vue sur les Alpes, la vallée du Rhône et le Dauphiné.

L'Auberge de Thorrenc : *au village. ☎ 04-75-34-21-02. • contact@auberge-thorrenc.com • auberge-thorrenc.com • Resto ouv dim et le soir slt jeu-sam. Congés : 21 déc-10 janv. Doubles 65-110 € selon taille, petit déj compris. Menus 24-36 €.* Une auberge installée dans une solide maison en pierre (l'ancienne ferme du château). Cuisine d'inspiration régionale et de bonne tenue, comme le carré de porcelet aux figues et banyuls, ou le filet de rouget et brandade de lotte. Soirées animées de concerts et service agréable. Jolies salles aux murs de pierre (dont une avec cheminée, très agréable dès les premiers frimas), ou cour avec le glouglou de la rivière en fond sonore. Dans l'ancienne mairie, à 50 m de là, 5 belles chambres de bon confort, dont 3 avec mezzanine (bien en famille). Planchers de bois blond, quelques pans de pierres sèches et une déco dépouillée.

SATILLIEU (07290) 1 620 hab. *Carte Ardèche, B1*

À 14 km au sud-ouest d'Annonay. Ancien berceau des comtes de Tournon, Satillieu est aujourd'hui un gros bourg agricole et industriel. La mairie est installée dans l'ancien château des marquis de Satillieu. Deux salles y ont conservé leur décor d'antan : la chambre de la marquise, tapissée de papier peint datant du Premier Empire, et le grand salon – aujourd'hui la salle des mariages – orné de six belles toiles peintes de la fin du XVIIe s au début du XVIIIe s, illustrant, avec beaucoup de charme, quelques-uns des plus célèbres épisodes de *Don Quichotte de la Manche.* Satillieu est aussi une bonne base de départ pour de nombreuses balades (GR 42 et autres sentiers balisés).

Adresse et info utiles

Bureau d'accueil : *Grande-Rue. ☎ 04-75-34-91-02. • valday-ardeche.com • Ouv de juil à mi-août slt ; sinon, s'adresser à l'office de tourisme de Lalouvesc (☎ 04-75-67-84-20).*

➢ ***Bus*** pour Annonay et Lalouvesc.

Où dormir ?

Où manger à Satillieu et dans les environs ?

Campings

⛺ ***Camping Le Grangeon :*** *3, route du col du Marchand, à l'entrée de Satillieu. ☎ 04-75-34-96-41. 📱 06-81-54-76-96. • camping.grangeon@orange.fr • mairie-satillieu.fr • Ouv avr-oct (loc tte l'année). Forfait 9,90 € en hte saison. Chalets 230-400 €/sem. CB refusées.* Camping plaisant et de bon confort, méticuleusement tenu et avec une seule préoccupation : le bien-être des hôtes ! 48 emplacements vastes, herbus et bien séparés par des haies. Sanitaires impeccables. Agréables chalets. En juillet-août, snack avec produits régionaux, glaces et dépôt de pain ; animations et bonne restauration. « Châtaigne sur le gâteau », jouxtant le camping, un superbe bassin communal (pas une piscine !) nourri aux eaux limpides de la rivière Malpertuis (baignade surveillée en haute saison). Plein de bons conseils pour les balades dans le coin. Un de nos campings préférés, c'est dit !

⛺ ***Camping L'Oasis :*** *Le Petit-Chaléat, 07370* ***Éclassan.*** *☎ 04-75-34-56-23. • info@oasisardeche.com • oasisardeche.com • ♿ À env 17 km de Satillieu, prendre direction de Saint-Jeure-d'Ay, accès par la D 6 : au lieu-dit La Patelle, avt d'arriver à Eclassan, petite route bien indiquée. Ouv fin avr-début sept. Forfait env 18-30 € selon saison. Chalets et mobile homes env 232-749 €/sem selon nombre de pers et saison. 📶 Un café de bienvenue offert sur présentation de ce guide.* L'un des plus séduisants campings de l'Ardèche, et bien caché ! On le découvre tout à coup dans les plis d'une douce colline, bien étagé au sein d'une nature splendide. Beaucoup de charme, et de larges emplacements (71 en tout) bien séparés. Engagement écolo (gestion de l'eau et des déchets...). Accueil sympathique et bon confort général. Ateliers enfants en été, balades à dos d'âne, soirées musicales... Belle piscine chauffée et pataugeoire, aires sportives, bar, resto (en saison), sanitaires bien tenus, et surtout, accès direct à la joyeuse petite rivière Ay qui coule en bas (claire et peu profonde).

De bon marché à prix moyens

🏠 🍽 ***Hôtel-restaurant Chaléat Sapet :*** *pl. de la Faurie, à Satillieu. ☎ 04-75-34-95-42. • contact@chaleatsapet.com • chaleatsapet.com • ♿ Congés : janv-10 mars et 23 oct-déc. Resto tlj sf dim soir et lun midi ; en basse saison, ts les midis (ainsi que le soir pour les clients de l'hôtel) sf lun. Doubles avec sdb 55-64 € selon saison. ½ pens 110-120 €/pers. Formule déj en sem 13 €, menus 17-28 €. 📶 Apéritif maison offert sur présentation de ce guide.* Au cœur du village, un hôtel familial prodiguant un accueil courtois et une cuisine de bonne qualité (spécialité de crique ardéchoise et de cuisses de grenouilles). Repas en terrasse aux beaux jours. Côté hébergement, 13 chambres confortables et rénovées, aux teintes claires. Clim dans tout l'établissement. Piscine extérieure chauffée en saison (ainsi qu'un jacuzzi avec supplément).

🏠 🍽 ***Maison d'hôtes La Chastanha :*** *chez Catherine et Christophe Collinet, 07290* ***Saint-Symphorien-de-Mahun.*** *☎ 04-75-34-90-08. • contact@chastanha.com • chastanha.com • À 7 km à l'ouest de Satillieu par la jolie, étroite et sinueuse D 480. Fermé déc-janv. Doubles 56-76 € selon saison. ½ pens, demandée en juil-août, 50,50-56 €/pers. 💻 📶* En surplomb du joli village de Saint-Symphorien, grande demeure de la fin du XIXe s, où Catherine et Christophe ont aménagé 5 chambres et un gîte à la déco soignée et de bon goût. Salle à manger très spacieuse, bibliothèque, coin cheminée qui crépite en saison, salon TV et terrasse ombragée. Atmosphère chaleureuse. Massages pratiqués par Catherine (californien, réflexologie plantaire...), stages et divers séjours à thème, ainsi qu'un spa. Cuisine aux triples influences (Ardèche, Méditerranée et Alsace), avec de délicieuses recettes perso comme la tatin d'artichaut et anchois ou le crumble rhubarbe et fraise. En outre, possibilité d'acheter les bonnes confitures maison (un choix incroyable) et des soupes artisanales.

DANS LES ENVIRONS DE SATILLIEU

Le prieuré de Veyrines : *à 7 km à l'ouest de Satillieu.* Dans ce petit hameau se trouve un joyau de l'art roman. Le prieuré, fondé autour de 1050, est aussi remarquable à l'extérieur qu'à l'intérieur. Imposant clocher carré, abside à pans coupés, portail avec chapiteaux décorés d'élégants feuillages... Tout respire la sobriété et l'élégance. À l'intérieur, d'un grand dépouillement, il faut surtout s'attarder sur la beauté des chapiteaux, dont trois sont superbement historiés (*La Tentation d'Ève, La Descente du Christ aux limbes* et *Le Combat de deux guerriers*). À remarquer également, deux bénitiers anciens et un bel autel en bois finement sculpté du XVIIe s. Possibilité de se rendre à pied jusqu'au prieuré par une agréable balade au départ de Satillieu ou de Lalouvesc (4h30 de marche environ ; balisage blanc-jaune et blanc-rouge du GR 421).

SAINT-FÉLICIEN (07410) 1 200 hab. *Carte Ardèche, B1*

Au cœur du Vivarais ardéchois, ce joli village tranquille à flanc de colline possède une belle église romane (classée Monument historique), ancienne chapelle d'un prieuré fondé par les chanoines aux XIe et XIIe s. Elle offre par ailleurs d'innombrables possibilités de balades, à pied ou à vélo.
Voici la patrie du caillé doux, petit fromage de chèvre qui ressemble un peu au picodon (mais pas au saint-félicien !), et de Charles Forot. L'écrivain, éditeur, homme de théâtre et poète vivarois a célébré ainsi les charmes de son village : « Vieux bourg qui sous ton ciel contient tout l'univers, pays de châtaigniers et d'exquise lumière, San Farcio, je te dois la source de mes vers. »

L'ARDÉCHOISE, GRANDE COURSE CYCLISTE

Chaque année, pendant 3 jours à la mi-juin, le village s'anime lors du départ de la célèbre *Ardéchoise,* l'une des plus grandes concentrations cyclotouristiques au monde ! Au départ du village, ce sont près de 15 000 participants qui s'élancent sur une quinzaine de circuits (de 60 à 580 km) et un marathon. Les marcheurs, quant à eux, pourront participer aux *Rando Tub'* (six randonnées entre début avril et fin octobre), un genre de jeu de piste comprenant une dizaine d'étapes (renseignements à l'office de tourisme). Autant dire que Saint-Félicien fait dans le sport de nature ! Infos sur cette grande course cycliste au ☎ 04-75-06-13-43 ou sur • *ardechoise.com* •

Sur les routes de l'Ardéchoise

La renommée de la célèbre course cycliste l'Ardéchoise n'est plus à faire ! Elle se décline en version « Sur les routes de l'Ardéchoise », donnant l'opportunité pour tous d'emprunter à la carte les 13 circuits de l'événement, toute l'année (parcours balisés). Du challenge sportif à la découverte itinérante, il y en a pour tous les mollets. Le périple est jalonné d'hébergements labellisés « Accueil vélo », qui facilitent la balade (local à vélo, kit de réparation, petit déjeuner adapté, transport des bagages...). L'application mobile géolocalisée offre plein d'infos pratiques (réparateurs, hébergeurs, restaurants...). On trouve plein de bonnes infos auprès de l'association *Sur les routes de l'Ardéchoise, quatre saisons (☎ 04-75-06-17-30).* Infos sur le site *• monardechoise.com •*

Adresse utile

Office de tourisme : *pl. de l'Hôtel-de-Ville. ☎ 04-75-06-06-12. • tourisme-saintfelicien.fr • Juil-août, tlj sf dim ap-m 9h-12h30, 13h30-18h30 ; le reste de l'année, mar-sam mat (juin, lun-sam mat).*

Où dormir ? Où manger à Saint-Félicien et dans les environs ?

Chambres d'hôtes du col du Marchand *(Jacques Andry) : lieu-dit Le Petit-Marchand, 07410* ***Pailharès.*** *☎ 04-75-06-06-80. • petitmarchand07@gmail.com • petitmarchand-ardeche.fr • À 8 km à l'ouest de Saint-Félicien. Prendre la D 532 vers Lalouvesc ; la maison est sur la gauche, 500 m avt le col. Ouv tte l'année. Double 60 €. Table d'hôtes 20 €.* À 900 m d'altitude, jolie ferme ouvrant sur des monts boisés. Dans une petite maison indépendante (un peu au bord de la route mais insonorisée), 2 chambres claires et spacieuses avec sanitaires privés, joliment décorées de meubles en rotin coloré, plus un gîte (une chambre et un grand salon avec convertibles, cuisine équipée). À la table partagée en commun, de goûteuses spécialités ardéchoises et alsaciennes. Adresse idéale pour les amateurs de nature et de randonnée. Accueil particulièrement convivial. Piscine.

Chambres d'hôtes Théolier : *07410* ***Pailharès.*** *☎ 04-75-06-07-47. • evelyne.milesi@wanadoo.fr • theolier.com • Au col du Petit-Marchand, sur la gauche de la D 532 en venant de Saint-Félicien. Doubles 60-65 €. ½ pens 53-55 €/pers. Écogîte indépendant (4-5 pers) env 350-465 €/sem selon saison.* Ici, une adresse qui intéressera nos lecteurs avant tout pour son côté écolo et nature. Évelyne et Michel Milesi ont remonté cette bergerie en pleine nature, au bout du bout d'une route sauvage, avec des matériaux le plus écolo possible. Isolation aux copeaux de bois, chauffe-eau solaire, phytoépuration... Table d'hôtes, où l'on ne trouve que des produits naturels, issus de l'exploitation ou des fermes environnantes.

Le Grain de Sel : *rue Charles-Forot, au cœur du village de Saint-Félicien. ☎ 04-75-06-04-12. ♿ En hte saison, tlj sf mar soir et mer ; hors saison, ouv ts les midis sf sam, ainsi que le ven soir. Congés : 3 sem sept-oct et janv-fév. Formule 12 €, menu 19 €. Café offert sur présentation de ce guide.* À priori, on ne vient pas en Ardèche pour manger des crêpes ou des galettes. Oui, mais celles qui sont préparées par Annie sont goûteuses. La carte propose aussi quelques sympathiques salades et plats du jour. Décoration faite de bois et de vieilles pierres. Accueil souriant et aimable. Une adresse que l'on est bien content de trouver pour une restauration légère à prix serrés.

Restaurant La Récré : *au bourg, à* ***Vaudevant*** *(07410). ☎ 04-75-06-08-99. • restaurant-la-recre@restaurant-la-recre.com • À 2 km de Saint-Félicien. En saison, tlj sf lun-mar ; hors saison, ouv le midi mer-dim et sam soir. Congés : déc-janv. Formule déj en sem 20,90 €, menus 27,90-35,90 €. Digestif offert sur présentation de ce guide.* Pourquoi *La Récré,* d'abord ? Parce que ce resto est installé dans l'ancienne école du village. On est accueilli dans des salles fort plaisantes, évoquant précisément une salle de classe d'antan, mais aussi le voyage. Côté cuisine, Cédric et Fabrice ont bac + 10...

Que de bons produits, une cuisson parfaite respectant les saveurs, une carte changeant régulièrement ; pain, glaces et sorbets, quasiment tout est maison. Mon tout servi généreusement. Très belle carte des vins. Desserts sublimes (la spécialité de Fabrice). Service jeune et alerte. Terrasse fleurie aux beaux jours. L'une de nos plus belles découvertes en Ardèche, c'est dit !

LALOUVESC (07520) 400 hab. *Carte Ardèche, B1*

À 25 km au sud-ouest d'Annonay, on est déjà dans la montagne. Implanté sur un col à 1 080 m d'altitude, abrité des vents du nord par le mont Chaix, Lalouvesc (on dit « Lalouvé ») bénéficie d'un climat sain et vivifiant, très appréciable pendant les chaudes journées d'été. Entouré de rivières aux eaux pures, de forêts balisées de nombreux sentiers, le village se révèle un véritable paradis pour les randonneurs et les amoureux de calme et de verdure.
Si Lalouvesc est une station touristique et climatique au charme incontestable, c'est aussi un haut lieu de pèlerinage. Ce modeste village, où l'on trouve aujourd'hui une basilique, vit en effet son destin basculer au milieu du XVIIe s, lorsque Jean-François Régis, « l'apôtre du Vivarais », y mourut, en 1640.

UN PÈRE DES PAUVRES DEVENU SAINT

Né en 1597 à Fontcouverte, près de Narbonne, ***Jean-François Régis*** commence ses études au collège des jésuites de Béziers. À 19 ans, il entre au noviciat à Toulouse, où il sera ordonné prêtre en 1631. C'est l'époque de la Contre-Réforme. Le Vivarais, sorti exsangue des guerres de Religion, a perdu la foi. En 1634, mis à la disposition de l'évêque de Viviers, Régis est envoyé pour prêcher dans les campagnes revenues à des pratiques superstitieuses et à la sorcellerie. Il parcourt la région, allant de village en village, passant la belle saison au Puy, arpentant les montagnes l'hiver lorsqu'il sait qu'il pourra trouver les paysans chez eux. Logeant chez les humbles, attentif aux besoins de tous, animé d'une humilité et d'un franc-parler sans égal, il sait vite gagner le cœur des populations.
Déjà, dans les montagnes du Velay et du Vivarais, on le nomme le saint Père. Le 23 décembre 1640, il part du Puy pour une mission dans le modeste village de « La Louvesc ». Égaré sur les pentes de la montagne de Chaix en pleine tempête de neige, il est contraint de se réfugier à Veyrines, déserté de ses habitants (ceux-ci l'attendent déjà à Lalouvesc). Il passe alors la nuit dans un abri exposé à la burle glaciale. Le lendemain, veille de Noël, il rejoint finalement la petite église de Lalouvesc où une foule dense l'attend. Durant 2 jours, il prêche et confesse sans relâche. Le mercredi 26 décembre, en pleine confession, Jean-François Régis chancelle et s'affaisse. Transporté à la cure, il rendra l'âme 5 jours plus tard.
La nouvelle de sa mort se répand dans les montagnes comme une traînée de poudre, et le village regorge bientôt de monde. Le 2 janvier, 22 curés se trouvent à l'enterrement. La foule, quant à elle, emporte tous les objets ayant appartenu au père, jusqu'à la terre qui vient de recouvrir son cercueil ! De peur qu'on leur enlève le corps du père Régis, son cercueil est remplacé par un tronc de châtaignier creusé et cerclé de fer, enterré sous un amas de poutres entrelacées. Dès lors, un pèlerinage se développa sur sa tombe, où se multiplièrent les miracles. Jean-François Régis sera canonisé en 1737 sous le nom de saint François-Régis.

Arriver – Quitter

En bus

Avec *Les Cars du Vivarais (☎ 04-75-06-06-00).*

➢ ***Pour Annonay :*** 2-3 bus/j. selon saison.

➢ ***Pour Valence, Saint-Félicien et Tournon :*** 2 bus/j. en été ; hors saison, 1 seul bus ven.

Adresses et info utiles

Office de tourisme Lalouvesc-Val d'Ay : *rue Saint-Jean-François-Régis. ☎ 04-75-67-84-20. • valday-ardeche.com • En été, tlj 9h (10h dim)-12h, 14h30-18h30 (17h30 dim) ; hors saison, fermé dim-lun.* Accueil très aimable, service excellent, grande motivation. Bonne documentation sur la région et bon accueil.

■ ***Maison de la Randonnée – Bureau des guides :*** *mêmes adresse et horaires d'ouverture que l'office de tourisme.* Topoguide (en vente) détaillant une vingtaine de randos dans le secteur et toutes les infos nécessaires pour préparer vos balades.

– Pas de distributeur automatique de billets dans le village.

Où dormir ? Où manger ?

Camping municipal et cabanes perchées Le Pré du Moulin : *☎ 04-75-67-84-86. • camping.lalouvesc@orange.fr • cabanes-lalouvesc.com • Ouv mai-sept. Forfait env 9 € en hte saison. Cabanes perchées env 95-120 €/nuit avec petit déj. Mobile homes et chalets 188-343 €/sem selon confort et saison.* À 300 m du centre du village et déjà quasiment en pleine nature, un agréable terrain offrant 70 emplacements en lisière de forêt. Des chalets et mobile homes à louer, et, plus insolite, des cabanes perchées très bien conçues et mignonnes comme tout (charmantes mais sans confort : pour les aventuriers !). Sanitaires chauffés, bon équipement, jeux pour enfants, tennis, ping-pong, salle TV... Et, bien sûr, départ de nombreux sentiers aux portes mêmes de ce joli camping.

Chambre d'hôtes Le Relais du Monarque : *9, rue des Alpes. ☎ 04-75-67-80-44. • relais.monarque@orange.fr • lerelaisdumonarque.com • À 100 m de la basilique. Congés : oct-mars. Doubles 54-60 €.* Un ancien relais de poste du XVIIe s, joliment rénové et à l'atmosphère rustique-bourgeoise patinée par le temps. Salon avec cheminée et belles salles à manger, agréablement meublés et repeints de patines colorées. Chambres à la déco fraîche, de très bon goût et confortables. Préférez celles qui donnent sur la vallée, pour leur vue imprenable sur le mont Blanc et la chaîne des Alpes (au loin, quand le ciel est dégagé). Belle terrasse verdoyante et grand jardin ombragé, avec piscine... Accueil excellent.

À voir

La basilique : *au centre du village.* Consacrée en 1877. De style romano-byzantin, cette grosse bâtisse est l'œuvre de Pierre Bossan, l'architecte de la basilique d'Ars et de celle de Fourvière à Lyon. Bâti en granit et en marbre gris, son extérieur plutôt simple et dépouillé contraste avec l'exubérance des couleurs et la richesse intérieure : colonnes de marbre de différentes couleurs, arcades dorées et ciselées, coupole richement peinte de pèlerins célèbres, vitraux très colorés illustrant la vie du saint... Sous la basilique, une crypte abrite la châsse des reliques de saint Régis. Son tombeau n'est pas à Lalouvesc.

Le musée Saint-Régis : *rue Saint-François-Régis. ☎ 04-75-67-82-00. Avr-11 nov, tlj 8h30-18h30 ; le reste du temps, sur rdv. GRATUIT.* Pour tout savoir sur la vie du saint homme, une vingtaine de dioramas retraçant les principaux épisodes de sa vie. Également deux superbes anges de marbre blanc, socle d'une châsse (disparue à la Révolution) ayant contenu ses reliques, un lit dans lequel il a dormi, etc.

La chapelle Saint-Régis : c'est le lieu même où saint Régis mourut. Ancien presbytère transformé en chapelle par les jésuites en 1848, qui y conservèrent un pan de mur et la cheminée. Un gisant en stuc représente le saint dans son lit, au moment de sa mort. Nombreux ex-voto, autel tout de marbres et ors, et superbes peintures dans la coupole.

La maison du Cénacle : *14, rue de la Fontaine. ☎ 04-75-67-83-01. Ouv en principe juin-sept.* Destinée à accueillir dans des conditions dignes les nombreuses femmes venues en pèlerinage au tombeau de saint Régis. La congrégation de Notre-Dame-du-Cénacle fut fondée en 1826 par le père Étienne Terme, qui en confia la direction à Marie-Victoire-Thérèse Couderc. Après avoir passé une grande partie de sa vie à Lalouvesc, mère Thérèse mourut au cénacle de Fourvière, en 1885. Son corps, ramené à Lalouvesc, est exposé dans la chapelle. Sainte Thérèse Couderc, canonisée en 1970, veille toujours sur la terre du Vivarais.

Manifestations

– ***Carrefour des Arts :*** *chaque année, en juil-août. Rens : • carrefourdesarts-lalouvesc.com •* Une grande expo de peintures, sculptures, photos... de renommée internationale.
– ***Promenades musicales :*** *en août, dans les différentes communes.* Répertoire classique essentiellement.

LAMASTRE

(07270) 2 570 hab. *Carte Ardèche, B2*

À une quarantaine de kilomètres à l'ouest de Valence et de la vallée du Rhône, sur la route de Saint-Agrève et du haut plateau ardéchois. Au cœur de la vallée du Doux, dans son écrin de verdure et de fraîcheur (forêts, pâturages, ruisseaux et rivières), Lamastre est une charmante petite bourgade, à mi-chemin entre la plaine et la montagne. C'est une ville animée toute l'année. Ne pas manquer les jours de marché et les soirées d'été (spectacles).

Adresse et info utiles

Office de tourisme : *22, av. Boissy-d'Anglas. ☎ 04-75-06-48-99. • otpayslamastre-ardeche.com • Juil-août, lun-sam 9h30-18h et dim et j. fériés 10h-13h ; le reste de l'année, mar-sam 10h-12h30, 14h-17h.* Livret (2 €) du parcours Lamastre en lumières.
– ***Marchés :*** *grand marché mar mat. Marché du terroir sam mat.*

Où dormir ? Où manger ?

Camping

Camping de Retourtour : *1, rue de Retourtour. ☎ 04-75-06-40-71. • campingderetourtour@wanadoo.fr • campingderetourtour.com • À 1,5 km de Lamastre, en direction de Saint-Agrève (D 533). Ouv de mi-avr à fin sept. Forfait 19 € en hte saison. Mobile homes et caravanes*

2-5 pers 175-650 €/sem selon confort et saison. Au pied des ruines d'un château, en bordure du Doux et d'un plan d'eau naturel : l'emplacement est remarquable. Côté confort, le camping est bien tenu, suffisamment ombragé et bien équipé. Glacier-pizzeria, bar (avec billards et baby-foot), épicerie, dépôt de pain. *Retourtour* est par ailleurs le pôle touristique de Lamastre. Activités sportives : site d'escalade, location de VTT, minigolf, salle fitness, badminton...

De bon marché à prix moyens

Hôtel des Négociants : *14, pl. Rampon. ☎ 04-75-06-12-20. • hoteldesnegociants@wanadoo.fr • hoteldesnegociants.fr • Resto fermé lun midi, ven et dim soir en basse saison. Doubles 57-62 € avec sdb. Menus 20-32 €, carte env 25 €.* Un établissement classique et bien tenu à deux pas du centre et de la gare. Les chambres, spacieuses, claires et au calme, sont d'un bon rapport qualité-prix, d'autant qu'on a accès à une piscine. Jolie salle à manger et terrasse pour déguster les quenelles ou le foie gras, maison tous deux, ou les desserts, fameux.

Chez Germaine : *31, rue de Macheville. ☎ 04-75-06-41-26. • chez.germaine@wanadoo.fr • Dans le haut du village (le vieux Macheville) ; bien indiqué depuis le centre-ville. Accès direct depuis la route de Valence (D 533, pancarte à gauche). Mai-sept, tlj sf mer soir et dim soir ; hors saison, ouv le midi slt, sf sam. Congés : vac scol, Noël. Plat du jour 9,20 €, menus 19-28 €. Café offert sur présentation de ce guide.* Éric et Carole Rochedieu perpétuent la tradition : des spécialités régionales et des plats du terroir, pour une petite cuisine familiale très correcte et sans chichis. Des viandes, cuisses de grenouilles et de belles salades. Ça tourne. Aux beaux jours, profitez de la belle et grande terrasse avec vue imprenable sur la ville basse, pendant que les enfants s'ébattent dans l'aire de jeux. Bonne atmosphère.

Restaurant La Mère Tranquille : *1, av. Paul-Bruas. ☎ 04-75-06-48-52. • ju.montet@laposte.net • De l'autre côté du pont sur le Doux. Juil-août, ouv le midi mar-dim et le soir jeu-sam ; hors saison, le midi mar-dim plus sam soir. Sur résa. Formules déj en sem 11,20-19,50 €, menus 25-30 €.* Dans un quartier sans charme particulier. Petite terrasse agréable pour une cuisine traditionnelle simple et généreuse servie avec le sourire.

Où dormir ? Où manger dans les environs ?

Hôtel-restaurant La Terrasse : *07270* ***Le Crestet.*** *☎ 04-75-06-24-44. • hotel-restaurant-laterrasse.com • À 8 km de Lamastre. Prendre la direction Tournon en suivant la D 534 ; le village est sur la gauche. Hôtel fermé oct-fin avr. Resto ouv tlj sf le soir et le sam hors saison. Double 65 €. Menus 13 € (déj en sem, sf j. fériés)-36 €.* Un hôtel-restaurant classique où règnent la sérénité et le bien-vivre. De la salle à manger, belle vue sur la vallée du Doux. Chambres impeccables et bien aménagées. Cuisine du Vivarais, savoureuse et sincère. Spécialité de poulet aux écrevisses (en saison) et caillette. En été, le jardin qui entoure la piscine (chauffée) est joliment fleuri et la terrasse ombragée par une vigne luxuriante.

L'Escapade : *route d'Empurany (D 578), Le Groubon 07270* ***Le Crestet.*** *☎ 04-75-06-33-90. • restaurant-lescapade@hotmail.fr • À 2 km de Lamastre (direction Saint-Félicien). Resto fermé lun midi et mer midi en saison ; lun, mer et dim soir hors saison. Double 58 € ; petit déj 8 €. Formule déj en sem 13,90 €, menus 22-48 €.* Un hôtel-resto dans une grosse bâtisse des années 1970 sans charme particulier. Mais c'est largement compensé par le très bel environnement, surtout si l'on choisit l'une des chambres dotées d'un balcon. Toutes sont par ailleurs très bien tenues, agréables et de bon confort. Quant à la cuisine, traditionnelle et savoureuse, elle est servie dans une salle classique ou en terrasse aux beaux jours, avec vue sur la piscine, le Doux et le Mastrou. Une bonne adresse tenue par un jeune couple sympathique.

Le château de Maisonseule : *à Saint-Basile, à 8 km au sud de Lamastre par la D 2 puis la D 283. 06-76-45-50-64. • info@maisonseule.com • maisonseule.com • Doubles et suites env 180-250 €. Table d'hôtes sur résa 45 €.* Construit en pierre ocre du Vivarais, ce beau manoir fortifié flanqué de tours domine un paysage superbe. Édifié entre le XIe et le XVIIe s, le château médiéval fut beaucoup modifié par les seigneurs de Maisonseule, propriétaires de la bâtisse jusqu'à la Révolution. Au début du XIXe s, il accueillit un collège puis un séminaire, avant d'abriter une compagnie secrète de l'armée au cours de la Seconde Guerre mondiale. Racheté en 1990 par Yves Lecoq, qui poursuit patiemment sa restauration, il abrite désormais des chambres d'hôtes de grand charme. Les chanceux apprécieront le mobilier d'époque, les cheminées monumentales, les plafonds peints, les armoiries... Tables d'hôtes soignée, proposant des spécialités traditionnelles élaborées avec de bons produits locaux de saison.

À voir. À faire

L'église, le prieuré et le vieux quartier de Macheville : *sur les hauteurs du village.* Macheville s'est établi au Moyen Âge autour d'un prieuré, puis une petite bourgade aux ruelles pentues et étroites se développa au pied de l'église. Macheville sera rattaché à Lamastre en 1790. Du prieuré ne subsistent qu'une tour ronde et une belle porte de style Renaissance, protégée par une bretèche. L'église, dont les fondations remontent au Xe s, a été profondément transformée au XVIIe s.

Les ruines du château de Peychelard (propriété privée) : dominant la ville, le château fut construit par les seigneurs de La Mastre au Xe s. Perché sur son éperon, il surveillait les vallées du Doux, du Grozon et du Condoie. Le château est aujourd'hui en état de ruine avancé !

Les ruines du château de Retourtour : dominant le Doux, ce château construit au Xe s était le fief de la puissante famille Pagan-Retourtour. Les querelles de succession au XIVe s furent vraisemblablement à l'origine de son abandon. Cependant, on raconte qu'au début du XVIIe s y vivait encore un petit seigneur à la fort mauvaise réputation (criminel à ses heures, ce brigand rançonnait aussi les habitants).

➢ ***Lamastre en lumières :*** le temps d'une balade au cœur de la vallée du Doux, c'est l'occasion de découvrir l'histoire de Lamastre, notamment à travers ses activités artisanales qui perdurent depuis des siècles. Pochette explicative avec plan et jeux de piste pour les enfants (en vente à l'office de tourisme).

– ***Le plan d'eau de Retourtour :*** *à 2 km de Lamastre, sur la route de Saint-Agrève. Baignade surveillée de mi-juin à début sept.* Adorable site de baignade aménagé sur le Doux, vraiment sympa, avec son petit plongeoir et son eau super propre.

Manifestations

– ***La course de montagne Lamastre-Nozières :*** course de montagne et randonnée ouverte à tous, moyennant 4 ou 9 € le jour de la course. Avis aux sportifs en herbe...
– ***Le Grand Prix de la châtaigne :*** *dernier sam d'oct, à 19h30.* On fête la châtaigne non par un grand prix automobile, mais par un cross qui se finit autour d'un festin... de châtaignes !

DANS LES ENVIRONS DE LAMASTRE

La ferme du Châtaignier : *Le Roux (07270), hameau à 5,5 km de Lamastre. ☎ 04-75-06-30-19. Du centre-ville, prendre la direction de Tournon, bifurquer à droite vers Gilhoc (D 269), puis suivre Le Roux. Avr-juin et sept-nov, mer et sam 15h-19h ; juil-août, tlj sf dim 11h-19h.* Au cœur de leur exploitation, Martine et Michel accueillent les visiteurs pour tout leur expliquer sur la culture et la transformation, de la châtaigne. Visite d'une châtaigneraie et de l'atelier de transformation, qui sert également aux producteurs du coin. Une visite intéressante que l'on peut conclure par un goûter avec crêpe et boisson *(5 €).* Bien entendu, vente de produits à base de châtaignes (crème, farine, compote, etc.) et plein de bonnes confitures élaborées par Martine. Un bel exemple de diversification !

DÉSAIGNES *(07570)*

À 7 km à l'ouest de Lamastre. Vieux village médiéval (labellisé « Village de caractère ») qui possède beaucoup de charme et un patrimoine remarquable. Au début du XVIe s, Désaignes était la cité la plus peuplée du Vivarais. Dès 1561, des pasteurs viennent y prêcher les idées de Calvin. Comme la plupart des villes réformées, elle passera successivement d'un parti à l'autre, connaissant exactions et pillages. Malgré cette période troublée, Désaignes a su sauvegarder d'importants vestiges de son riche passé. Derrière son mur d'enceinte, accessible par trois superbes portes fortifiées quasi intactes, les ruelles cachent de vieilles portes, des grilles en fer forgé, des fenêtres à meneaux et un temple adossé à un château abritant un petit musée. Et puis il y a ici un adorable coin aménagé pour la baignade !

Adresse utile

Antenne touristique de Lamastre : *pl. de la Mairie. ☎ 04-75-06-61-19. • desaignes.fr • Juil-août, tlj sf dim ap-m et lun 9h30-12h, 14h-18h ; avr-sept, mar-sam ; oct, slt mat mer et sam.*

Où dormir ?
Où manger à Désaignes et dans les environs ?

Chambres d'hôtes Le Veyroux de Longefaye : *au hameau de Longefaye. ☎ 04-75-06-61-74. • leveyroux@orange.fr • leveyrouxdelongefaye.com • De Désaignes, direction Lamastre sur env 3 km, puis à droite au panneau pour la ferme-auberge de Jammesse et suivre les indications pour la chambre d'hôtes. Ouv mai-sept. Double 95 € (85 € à partir de la 2e nuit).* La route étroite grimpe et tournicote sec, mais le jeu en vaut la chandelle : d'abord, l'accueil est vraiment sympa, ensuite, les 3 chambres sont aussi séduisantes qu'originales. Élégantes et tout confort, elles se distinguent par leur déco thématique, les beaux objets rapportés de voyage par les propriétaires (des anciens de la Croix-Rouge), et même quelques curiosités comme les toilettes de l'une d'entre elles qu'on vous laisse découvrir... Le top ! Et on n'a encore rien dit de la salle de détente, de la piscine, du sauna et des terrasses pour profiter du panorama...

Auberge de la Fontaine : *pl. de la Fontaine. ☎ 04-75-07-17-94. • bourdin.christel@outlook.fr • Ouv tlj en hte saison ; hors saison, fermé lun soir, mar soir et sam midi. Menu déj 13 €. Apéritif offert sur présentation de ce guide.* Idéalement située en plein centre du vieux village, c'est le genre de bonne petite auberge que tout le monde recherche. Ici, on travaille avec cœur et sincérité : l'accueil au féminin est charmant, la salle conviviale et la cuisine sans complication mais fraîche, locale et préparée avec application. Simple et bon.

À voir

Le château-musée : *rue du Temple.* ☎ *04-75-06-66-21 et 04-75-06-61-19. Ouv Pâques-Toussaint : juil-Journées du patrimoine, tlj sf lun 14h-18h ; le reste du temps, slt le w-e 14h-18h. Entrée : 3 € ; réduc. Juil-août, mer-dim 15h-18h, dans les caves du château, dégustation gratuite de produits locaux (fromages, charcuterie, miel, confitures, vins ardéchois, etc.) et initiation à l'œnologie.* Ce château du XIVe s mérite bien une petite halte. La visite débute par un hommage à la vie rurale traditionnelle (différents outils et objets). Ensuite, direction la cuisine avec sa cheminée monumentale, la cour (noter le superbe puits) donnant accès à des caves voûtées. Puis un escalier à vis dessert une poignée de pièces (chapelle du XIVe s, appartements avec cheminée et armoiries), pour grimper jusqu'à l'ancien poste de gué. Au long de la visite, plusieurs expositions : sur l'architecture médiévale et religieuse de la région, l'histoire des huguenots en Vivarais, le cahier de doléances de Désaignes en 1789, sur la résistance pendant la Seconde Guerre mondiale ou encore sur l'histoire des écoles de la commune et les seigneurs de Désaignes, la famille de Tournon.

TOURNON-SUR-RHÔNE

(07300) 11 400 hab. *Carte Ardèche, B1*

• Plan *p. 239*

Quel site naturel remarquable ! Le Rhône large et majestueux coule au pied de collines couvertes de champs de vigne en terrasses (rive gauche, la Drôme), et de parois rocheuses plus abruptes (rive droite, l'Ardèche). Un grand pont et une passerelle à haubans relient les deux rives du roi des fleuves. À la croisée du Dauphiné et du Massif central, au cœur du berceau de l'appellation saint-joseph, cinquième ville du département, Tournon est une petite cité commerçante, prospère et très animée, notamment le samedi matin, jour du marché. Perché tel un nid d'aigle sur son piton rocheux, le vieux château veille depuis des siècles sur le Rhône et l'entrée de la vallée du Doux. Déjà méridionale avec ses joueurs de boules, ses terrasses ombragées de platanes et ses vieilles pierres, Tournon mérite qu'on s'y arrête.

LE FIEF D'UNE PUISSANTE ET ILLUSTRE FAMILLE

Du XVIe au XVIIe s, la ville rayonne grâce à la famille de Tournon qui la transforme en une grande cité artistique, intellectuelle... et profondément religieuse. Famille dont on retrouve le nom dans certains chapitres de l'histoire du royaume de France.

En 1525, Just Ier de Tournon meurt à la bataille de Pavie en combattant aux côtés de François Ier contre les armées de Charles Quint. Son frère, le cardinal François de Tournon, est chargé de mener les négociations pour faire libérer le roi de France, prisonnier de Charles Quint à Madrid. En échange, la France doit céder le duché de Bourgogne au Saint Empire romain germanique.

Son succès diplomatique lui donne accès au rang de ministre en 1541. Plus tard, il sera envoyé à Rome comme ambassadeur par Henri II. Successivement abbé de Saint-Antoine puis de La Chaise-Dieu, cardinal, doyen du Sacré Collège et archevêque de Lyon, il faillit même être pape ! En 1536, le collège qu'il fonde à Tournon devient le pôle intellectuel et artistique de la ville et de la région.
La Réforme s'installe et les idées nouvelles enflamment la cité. Ce qui ne plaît pas du tout au cardinal ! Il retire la direction de son collège aux laïcs pour la confier aux jésuites en 1560. Le calme revenu, la religion catholique reprend le dessus, et on se glorifie alors de n'avoir plus un seul réformé dans les murs de la ville. La famille s'éteindra finalement en 1644, avec la mort de Just-Louis II à la bataille de Philisbourg. Sans descendance, sa succession fera l'objet de nombreuses convoitises. Après plusieurs années de procès, l'héritage est attribué à Marguerite de Montmorency Ventadour, sa grand-mère, puis, par des jeux d'alliances, à des seigneurs qui, finalement, se désintéresseront de Tournon et de ses terres, et le château sera transformé en prison.
En 1825, le premier pont suspendu « en fil de fer » français, œuvre de l'Annonéen Marc Seguin, est lancé entre Tournon et Tain. Mais il génère un tel trafic qu'un second doit être construit un peu plus loin (l'actuelle passerelle piétonne) quelques années plus tard. Tournon partage aujourd'hui ses intérêts entre sa vieille tradition commerçante, agricole, industrielle, et le tourisme.

Arriver – Quitter

En bus

Gare routière *(hors plan par B2)* **:** *rue Pasteur.* Point de départ de plusieurs compagnies desservant le département et celui de la Drôme.

➢ ***Liaisons avec Valence*** *(via Saint-Péray)* ***et Annonay*** *(via Saint-Désirat)* **:** 2-8 liaisons/j. en sem et 2 le dim. Avec *Les Courriers Rhodaniens* *(☎ 04-75-81-09-09).*

➢ ***Liaisons avec Lamastre et Saint-Agrève* :** 2-3 bus/j. (1 seul le dim). Avec *Les Courriers Rhodaniens.*

➢ ***Liaisons avec Saint-Félicien et Lalouvesc* :** 4 bus/j. en moyenne ; pas de liaison dim hors saison. Avec *Les Cars du Vivarais (☎ 04-75-06-06-00).*

➢ ***Liaisons avec Tain-l'Hermitage et Romans* :** 4 bus/j. tlj sf dim. Avec *Régie Voyages Drôme (☎ 04-75-41-85-85).*

Adresse utile

Hermitage tournonais, bureaux de Tournon *(plan A1)* **:** *centre culturel de la Tourette. ☎ 04-75-08-10-23. • ht-tourisme.com • De mi-juin à mi-sept, lun-sam 10h-18h30, dim 10h-13h ; le reste de l'année, horaires restreints.* Bonne documentation et excellent accueil. Propose des visites guidées du centre historique et du château-musée de Tournon, Tain-l'Hermitage et quelques villages alentour *(sur résa, min 10 pers).* Toutes les infos sur les manifestations locales et activités sportives, horaires des bus et trains.

Où dormir ?
Où manger à Tournon et dans les environs ?

Camping

Camping de Tournon *(plan A1,* ***9****)* **:** *1, promenade Roche-de-France. ☎ 04-75-08-05-28. • camping@camping-tournon.fr • camping-tournon.fr • Forfait 20 € en hte saison. Mobile homes (4-6 pers) 330-541 €/sem selon saison.* Emplacement idéal, au centre de la ville près des commerces et au bord du Rhône, sur un grand terrain

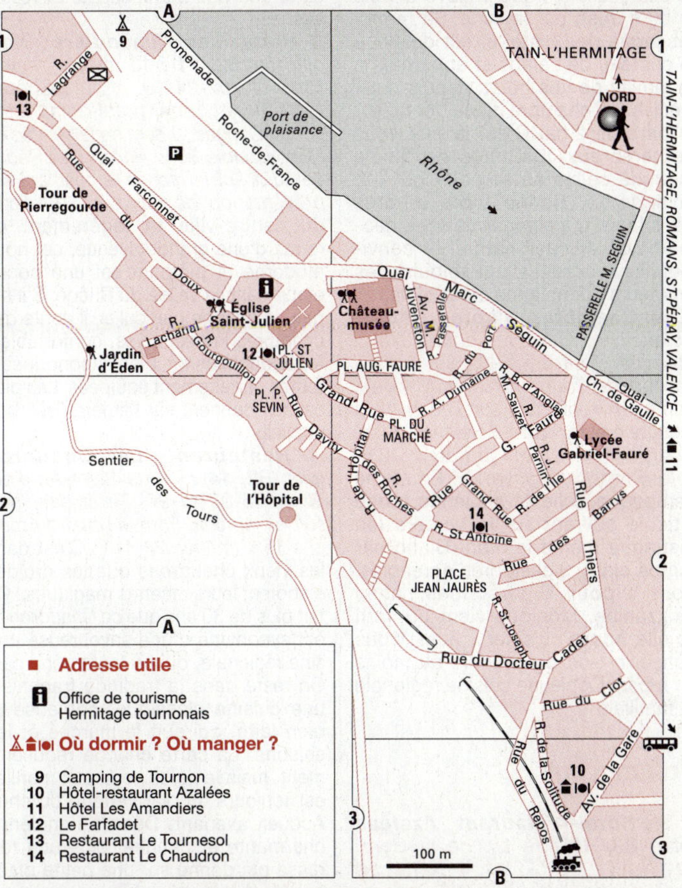

TOURNON-SUR-RHÔNE

plat ombragé. Autre avantage, il est ouvert toute l'année ! Accepte les tentes et les camping-cars. Bien tenu, équipements et sanitaires aux normes, vue sur le fleuve et les collines de Tain-l'Hermitage sur la rive gauche.

Chambres d'hôtes

Chambres d'hôtes Le Château de Lemps : *chez Paul et Nicole du Trémolet, 07610* ***Lemps.*** *☎ 04-75-06-80-08. • chateaudelemps@gmail.com • chateaudelemps.com • À 12 km au nord-est de Tournon, par la D 532 vers Lamastre puis à droite vers Saint-Victor et de nouveau à droite jusqu'à Lemps ; la demeure est en face de l'église. Ouv avr-sept. Double 65 €. Table d'hôtes 25 €.* Voici une adresse chargée d'histoire. Dans ce petit village habité par quelques familles, le château d'Iserand s'élève depuis le IXe s, rasé par la suite. Sa ferme, rescapée de l'histoire, est devenue le château de Lemps et appartient à la famille de vos hôtes depuis deux siècles. La chambre bleue donne sur le parc de 2 ha. C'est là que vous goûterez aux confitures de Nicole (comme celles au serpolet ou à la lavande !)... Bonne table d'hôtes dans la salle à manger de style néo-médiéval. Accueil naturel et convivial. Une adresse qui réjouira les amateurs d'ambiance d'autrefois.

Chambres d'hôtes Roure-Soleil : *chez Monique Conrad, 07300* ***Mauves.*** *06-88-39-32-89. À 4 km au sud de Tournon. Dans Mauves, continuer vers Plats sur 700 m, puis à gauche vers Roure-Soleil, sur 2 km. Double 55 €. Table d'hôtes 20 €. Gîte 4 pers 300 €/sem.* En pleine campagne, jolie et ancienne ferme viticole ouvrant sur le Vercors (on distingue même le mont Blanc par temps clair). 3 chambres agréables, dont 2 pour 5 personnes, avec mezzanine. Monique vient du Tarn et elle adore cuisiner... aussi vous conseille-t-on d'y prendre au moins un repas. Copieuse cuisine régionale et familiale.

Prix moyens

Hôtel-restaurant Azalées *(plan B3,* ***10****) : 6, av. de la Gare. 04-75-08-05-23. • contact@hotel-azalees.com • hotel-azalees.com • Congés : 3 sem autour de Noël. Doubles 73-96 €. Formule déj en sem 11 €, menu 23,50 €. Parking gratuit. Réduc de 10 % sur le prix de la chambre sur présentation de ce guide.* Hôtel très bien tenu, abritant des chambres à la déco soignée et colorée, toutes confortables et climatisées. Dans l'annexe, celles du rez-de-chaussée donnant sur le parking se contentent toutefois d'une porte-fenêtre. Savoureuse cuisine traditionnelle à base de produits locaux (et légumes du jardin), élaborée par un maître restaurateur consciencieux. Au dessert, chocolat Valrhona de Tain-l'Hermitage (le bourg voisin). Belle carte des vins à prix sages. Excellent accueil.

Hôtel Les Amandiers *(hors plan par B2,* ***11****) : 13, av. de Nîmes. 04-75-07-24-10. • hotel@hotel-amandiers.com • hotel-amandiers.com • Congés : 1 sem en fév et vac de Noël. Double 85 €. Parking. Réduc de 10 % sur le prix de la chambre sur présentation de ce guide.* À l'écart du centre-ville et légèrement en retrait d'une grande avenue, cet hôtel moderne et pimpant est une bonne étape dans la vallée du Rhône. S'il n'a pas de charme particulier, il abrite des chambres impeccables, confortables, fonctionnelles et bien insonorisées, toutes parfaitement équipées. Les plus calmes donnent sur l'arrière. Très bon accueil.

Restaurant Le Chaudron *(plan B2,* ***14****) : 7, rue Saint-Antoine. 04-75-08-17-90. Tlj sf dim, mar soir et jeu soir. Formule plat du marché 15 €, menus 24-41 €.* C'est dans les vieux chaudrons que les druides élaborent leurs recettes magiques ! Ça fait plus de 30 ans que ce *Chaudron*-là est synonyme d'une savoureuse cuisine régionale, qui ne fanfaronne pas. On reste dans la tradition française, une cuisine classique, copieuse et bien faite, qui suit le marché et les saisons. La carte change régulièrement, mais le ris de veau aux morilles est toujours un plat vedette du chef. Accueil avenant. Déco à l'ancienne charmante et patinée, plus une terrasse qui donne sur une petite place calme et très agréable, au cœur du vieux Tournon.

Du Jardin à l'Assiette : *12, av Saint-Jospeh, dans le village de* ***Mauves.*** *04-75-07-25-56. Tlj sf dim-lun. Congés : 2 sem à Noël, 10 j. en mai et 3 sem en août. Repas complet env 33 €. Plat 17 €.* Petite salle à la déco moderne, presque toujours pleine, et ce grâce au talent du chef qui exprime son savoir-faire sur des produits de qualité. Cuissons parfaites, assiettes soignées, accompagnements originaux. La carte est courte et tourne au fil des mois. Très fréquenté par les gens du coin, et c'est un signe. Aux beaux jours, courette sur l'arrière. Dernier point positif : pas de menu enfant, mais on leur propose les mêmes plats, en demi-portion.

Le Farfadet (plan A1, **12**) : *14, pl. Saint-Julien. ☎ 04-75-08-53-03. • lefarfadet07@orange.fr • Fermé lun-mar, ainsi que le soir mer, jeu et dim. Menus 14,90 € (déj en sem) et 22-26,50 €. Digestif offert sur présentation de ce guide.* Belle salle voûtée et grande terrasse. Spécialité de tranches de pain toastées, salades et plats classiques (magret miel et thym, ravioles, cuisses de grenouilles). Un bon rapport qualité-prix.

Restaurant Le Tournesol (plan A1, **13**) : *44, av. du Maréchal-Foch. ☎ 04-75-07-08-26. • contact@letournesol.net • Tlj sf dim soir et mar-mer. Menu « Fraîcheur » en sem 19,50 € ; menus plus élaborés 29-38 €.* Fraîcheur et qualité des produits, travail net et précis, une pointe d'inventivité et des assiettes bien présentées. Rillettes de saumon à l'ail des ours (une plante locale rare), dodine de lapin au goudoulet... Une bonne adresse, jeune et dynamique, le tout enveloppé dans un cadre chaleureux, soigné et avec un service irréprochable.

L'ARDÈCHE

À voir

Le château-musée (plan B1) : *14, pl. Auguste-Faure. ☎ 04-75-08-10-30. • chateaumusee-tournon.com • De mi-mars à fin juin et de sept à mi-nov, tlj 14h-18h ; juil-août, tlj 10h-19h ; nov-déc, tlj 14h-17h30. Visites guidées : en été, tlj sf lun à 15h et 16h30. Entrée : 4 € ; gratuit le 1er dim du mois.*

Perché sur son piton rocheux, le château fut construit entre le Xe et le XVIe s. À l'entrée, superbe et imposante porte cloutée donnant accès à la cour d'honneur. À droite, un mur d'une construction du Xe s, dont la partie supérieure fut rasée pour y aménager des jardins ; à gauche, une aile du XIVe s, qui abrite désormais une vaste salle d'expositions temporaires, et au fond, un grand bâtiment Renaissance accueille le musée.

Le 1er étage est consacré à l'histoire et au souvenir de la famille de Tournon, le second à la batellerie (croix de mariniers et mémoire de la batellerie, maquette du premier pont suspendu de Marc Seguin, etc.), aux peintures représentant le Rhône et aux œuvres d'artistes locaux (Marcel Gimond, Charles Forot...). Les terrasses permettent de profiter d'une vue exceptionnelle sur les vignobles, le Vercors, le Rhône et les vieux quartiers de Tournon. Elles donnent surtout accès à la jolie *chapelle Saint-Vincent,* qui renferme un magnifique triptyque (daté de 1555) de l'artiste florentin Giovanni Capassini.

L'église Saint-Julien (plan A1) : collégiale jusqu'en 1790, elle date pour l'essentiel du XIVe s. Remarquer la présence incongrue de cinq maisons directement accolées à la façade de l'église, qui remplacèrent de petites chapelles détruites en 1790 par décision révolutionnaire ! Intérieur de style gothique flamboyant. Superbes fresques des XIVe-XVIIe s ornant la chapelle des Pénitents et le chœur. Quant à la chapelle de l'Immaculée-Conception, elle abrita durant 11 ans le cercueil du dauphin François, mort au château en 1536 et dont les funérailles n'eurent lieu qu'à la mort de son père François Ier ! Une fresque exécutée par l'artiste tournonais Paul Sevin rappelle cette longue présence.

Le lycée Gabriel-Fauré (plan B2) : *visite lors des Journées du patrimoine et expos temporaires dans la bibliothèque.*

Deuxième plus vieux lycée de France fondé en 1536 par le cardinal François de Tournon, dont la statue se dresse sur la place (le lycée n'adoptera son nom actuel qu'en 1967). Pendant des siècles, toutes les familles importantes du Vivarais y ont envoyé leurs fils. Au début du XVIIe s, le collège recevait entre 1 500 et 3 000 élèves, alors que la ville ne comptait guère que 3 000 habitants !

Parmi quelques élèves ou enseignants devenus célèbres : saint François-Régis (grand apôtre du Vivarais), Jean-François Gondi (premier archevêque de Paris), et surtout ***Stéphane Mallarmé,*** qui y fut professeur d'anglais de 1863 à 1866 (loin d'être célèbre à cette époque, il composa cependant ses premières œuvres à Tournon). La très belle chapelle baroque construite au XVIIIe s fut la seule, avec l'impressionnant portail d'honneur Renaissance, à échapper à un terrible incendie qui ravagea les bâtiments et la riche bibliothèque du cardinal, dans laquelle il stockait également de précieuses œuvres d'art du début du XVIIIe s.

Le jardin d'Éden *(plan A1) : 8, rue Lachanal. ☎ 04-75-07-05-27. • edenparc.eu • Visite guidée assurée par le propriétaire : juin-oct, tlj 10h-19h ; mars-14 avr, w-e 14h-19h ; 15 avr-mai, ven-dim 10h-19h. Billet : 5 € ; réduc.* Un parc de 1 ha situé en plein centre-ville. Murailles Renaissance, chemins étroits, ruisseaux, petits ponts et bassins. C'est un lieu idyllique et insolite où il fait bon flâner en contemplant Tournon du haut de sa magnifique terrasse. C'était autrefois le lieu privilégié des sœurs du couvent Notre-Dame.

À faire

➢ ***Le train de l'Ardèche :*** *gare de Tournon-Saint-Jean. ☎ 04-75-06-07-00. • trainardeche.fr • Résa obligatoire.* Propose plusieurs trajets :

– ***Le train des gorges :*** *en service mars-nov. Départs presque tlj (jusqu'à 3/j. à certaines dates l'été) ; consulter le site. A/R : 15 € ; 4-14 ans 8 € ; gratuit jusqu'à 4 ans. Durée : 1h15.* Tracté par une antique locomotive à vapeur, dans une voiture panoramique, on remonte la partie la plus encaissée des gorges du Doux jusqu'à la petite gare de Colombier-le-Vieux. Puis retour.

– ***L'autorail du marché :*** *juil-août, départ ts les mar à 8h30 de Tournon ; retour de Lamastre à 12h15 (arrivée à Tournon vers 13h20). A/R : 12 € ; 4-14 ans 6 € ; gratuit jusqu'à 4 ans.* Petite incursion à Lamastre à bord d'un autorail de 1937 classé Monument historique. Un tour au marché hebdomadaire et retour les cabas chargés de bonnes trouvailles.

– ***Le Mastrou :*** *avr-nov, départ ts les mar et jeu à 10h de Tournon ; retour de Lamastre à 16h30. Juil-août, départ dim à 10h. A/R : 20 € ; 4-14 ans 11 € ; gratuit jusqu'à 4 ans.* 28 km de balade pépère, au rythme effréné d'un TGV (Train Gentiment à Vapeur). Plein d'eau en cours de route à Boucieu-le-Roi et 3h d'arrêt à Lamastre pour écumer le marché hebdomadaire.

➢ Les courageux emprunteront ces rails d'une autre façon, originale... à la force de leur sueur à bord d'un *vélorail* (voir plus loin à Boucieu-le-Roi).

➢ ***Faire une croisière sur le Rhône :*** *rens et résas auprès de l'office de tourisme.*

➢ ***La ViaRhôna :*** l'un des tronçons de la *ViaRhôna*, qui relie Sarras à Glun passe par Tournon (voir le texte « Le vélo en Ardèche » dans les généralités).

Manifestations

– ***Les Petites Scènes découvertes :*** *au printemps et à l'automne, ts les 2 ans. • kiteus.fr •* Festival jeune public. À Tournon et à Tain-l'Hermitage.

– ***Les Estivades en Hermitage tournonais :*** *juil-août.* Visites gourmandes, ludiques... Programme auprès de l'office de tourisme.

– ***VoChora :*** *en juil. • vochora.fr •* Festival d'art polyphonique et vocal à Tournon, Tain-l'Hermitage et dans les petites communes de la vallée du Doux. Concerts en saison également de septembre à avril.

– ***Festival Shakespeare :*** *la 2e quinzaine de juil. • festivalshakespeare.fr •* Une compagnie de jeunes amateurs et de professionnels (âgés de 12 à 20 ans !) talentueux mettent Shakespeare et le monde élisabéthain à l'honneur, dans la cour du château et dans les environs. Quelques compagnies étrangères également.
– ***Festival national des humoristes :*** *10 j. fin août. • festivaldeshumoristes.com •* Né en 1989 grâce à une bande de joyeux lurons de Tournon, ce festival connaît une renommée et un succès croissants et largement mérités. Spectacles d'artistes confirmés, découverte de nouveaux talents (y ont été révélés, entre autres, Dany Boon, Éric et Ramzi, Kavanagh). Ambiance pleine de convivialité et de gentillesse. Également à noter, les « Préludes à l'humour », dans plusieurs communes de la région à cheval sur l'Ardèche et la Drôme, juste avant le début des grandes soirées du festival de Tournon.
– ***Foire aux oignons :*** *le 29 août.* Gigantesque rendez-vous autour du fameux oignon de Tournon, et de l'ail, son cousin, avec plus de 1 000 exposants. Également des produits du terroir, du matériel traditionnel et de nombreux... bestiaux. Une ambiance d'un autre temps pour ce grand et sympathique rassemblement dont l'origine remonte au XIVe s !

DANS LES ENVIRONS DE TOURNON-SUR-RHÔNE

L'église Saint-Martin : *à **Vion** (à 5 km au nord de Tournon). Visite guidée possible sur résa à l'office de tourisme de Tournon (☎ 04-75-08-10-23) ou auprès de l'association (☎ 04-75-08-01-17).* Dans ce petit village paisible se dresse une belle église aux allures de forteresse, édifiée entre le XIe et le XIIe s. Intérieur tout à fait remarquable, avec une nef reconstruite au XIXe s dans un style romano-byzantin, ornée d'un splendide décor peint.

BOUCIEU-LE-ROI (07270)

À mi-chemin entre Tournon (22 km) et Lamastre, Boucieu est un adorable petit village perché sur une croupe au-dessus d'un méandre du Doux. C'est l'un des joyaux de la vallée, labellisé « Village de caractère ». Le village tire son nom de son ancien statut de bailliage royal, qui officia sur tout le haut Vivarais de 1291 à 1562, avant qu'il ne soit transféré à Annonay. Le bailli parti, l'importance du bourg et son activité déclinèrent, jusqu'à donner le paisible village que l'on découvre aujourd'hui. Dans le village, la belle maison du bailli est reconnaissable à son échauguette (XVe s). Maisons traditionnelles en pierre granitique. Remarquer notamment, dans la rue principale, cette belle maison avec *aître,* un perron recouvert d'une toiture soutenue par des colonnes de pierres taillées et superposées, localement appelées « fromages ».

À faire

Le vélorail des gorges du Doux : *gare de Boucieu. ☎ 04-75-08-20-30. • veloraillardeche.com • Ouv avr-début nov, ts les jeu, w-e et j. fériés, et tlj pdt les vac scol. Résa conseillée. Compter env 2h l'A/R. Tarif : 17 €/pers ; 8 € jusqu'à 14 ans.* Ce n'est pas un train classique, mais une embarcation à pédales sur rail, en somme. Un engin à roues qui se déplace sur les rails d'une ancienne petite ligne de chemin de fer. Soit on opte pour le circuit de la « partie basse », et on quitte la gare en vélorail jusqu'à Troyes avec retour dans un adorable autorail vintage de 1938 ; soit on choisit la « partie haute », et on monte en autorail jusqu'au point de départ, avant de revenir en vélorail. Dans tous les cas, le circuit est superbe.

SAINT-PÉRAY (07130) 7 500 hab. *Carte Ardèche, B2*

À 4 km à l'ouest de Valence, il suffit de traverser le Rhône et on voit se dessiner sur la rive droite du fleuve un massif imposant de hautes collines rocheuses. Perchées sur un de ces éperons vertigineux, les ruines romantiques du château de Crussol (on dirait un dessin de Victor Hugo) dominent le village de Saint-Péray, blotti dans une petite vallée et entouré de vignes. Les vins AOC de ce terroir sont bien connus des amateurs : le saint-péray, vin blanc tranquille ou pétillant, et le cornas, vin rouge de garde produit dans la petite commune du même nom, à 2 km au nord.

LE LABEL « VIGNOBLES ET DÉCOUVERTES »

La région dénommée Rhône-Crussol regroupe six communes : Saint-Péray, Cornas, Châteaubourg, Guilherand-Granges, Soyons et Toulaud. Elle bénéficie du label « Vignobles et découvertes » : qualité de l'accueil, sensibilité particulière à l'univers du vin, ouverture au patrimoine naturel, culturel et humain.

LE CORNAS

Officiellement « Appellation d'origine contrôlée cornas » depuis l'été 1938, ce vin de qualité, surtout quand on sait l'attendre, a un goût de terroir caractéristique. Recherché et apprécié depuis longtemps, un vin dont la couleur grenat foncé a fait dire de lui, sous Louis XV, qu'il était « un très bon vin noir ». Pendant fort longtemps, les vins de cette région ne connurent guère d'autres débouchés que l'Italie, mais dès le XVIIe s, grâce à l'acharnement des viticulteurs et marchands de Cornas, ils gagnèrent Paris en empruntant le cours supérieur de la Loire, évitant Lyon et ses taxes douanières.
L'appellation cornas se limite à la seule commune de Cornas, aux vins rouges et au cépage syrah : une petite trentaine de producteurs se partagent 100 ha pour produire près de 4 000 hl, ce qui est bien peu. Un petit vignoble donc. Soi-disant sévères dès leur naissance, ces vins apparaissent durs et peu aromatiques dans leur prime jeunesse ; puis, avec le temps, ils s'arrondissent. Ils se révèlent au bout de 5 ans et se comportent très bien jusqu'à 20 ans. Le cépage syrah n'a pas fini de diviser les amateurs : il y a 20 ans, on le méprisait ; aujourd'hui, on ne fait que le découvrir.

LE SAINT-PÉRAY

L'Ardèche, c'est reculé, secret, préservé, et il est vrai que le saint-péray est peu connu. Rebaptisé en 1793 Péray-Vin-Blanc, ce village situé en face de Valence, sur la rive droite du Rhône, appartient également à la zone de production des côtes-du-rhône. Pourquoi un si joli surnom ? Parce qu'ici, on élabore blanc et pétillant ; et quel pétillant ! Un brut qui permet encore à ce village de se faire appeler le Reims de l'Ardèche, et pourtant son sol n'est pas le même que là-bas. Ici, en Ardèche, c'est la rocaille, et le saint-péray est remarquable pour sa « minéralité ».
Oui, l'Ardèche c'est sec, mais les vins de Saint-Péray, eux, sont fins, avec une robe légèrement jaune. Il faut dire que jadis on vinifiait ici en « vendanges tardives », bien avant qu'on ne pense aux bulles. Aujourd'hui, cette appellation lilliputienne de 60 ha, située surtout autour du château de Crussol, risque de disparaître, car la ville grimpe sur la terre. Alors, dépêchez-vous de goûter au saint-péray pétillant, sans adjonction de liqueur de tirage, comme l'ont fait Wagner et Baudelaire, qui aimaient ce vin.

LE SAINT-JOSEPH

Rendons hommage à la courageuse décision qualitative des producteurs de l'appellation saint-joseph. Ainsi 170 ha, soit le quart de l'appellation, ne seront-ils pas renouvelés dans les 10 ans à venir, et la vigne devra-t-elle être remontée sur les terroirs d'exception des terrasses et ne plus s'étendre dans la vallée. La syrah devra donc souffrir sur les pentes rocailleuses, pour notre plus grand plaisir. Chapeau !
Bien des appellations trop extensives devraient, au plus vite, méditer la démarche prise par les hommes du saint-joseph en 1995. Un autre hommage peut être rendu à ce fabuleux projet de redonner vie aux renommés coteaux de Seyssuel, qui avaient disparu sous la période phylloxérique. L'Ardèche viticole retrouve ainsi le sens de ses maîtres mots : racine, courage, terroir et chaleur.
Et pourtant, ce n'est pas si simple de faire couler quelque chose de la terre d'Ardèche. Il faut l'apprivoiser, l'aimer ; c'est ce que savent faire les Ardéchois. Et ils nous en donnent un bon exemple avec le saint-joseph. Ce vin a du cœur et quelque chose de vrai, de simple, avec des sensations brutes, natures, fortes, authentiques.
Sur ces échalas, la syrah nous bâtit son saint-joseph rouge à la robe marron-beige, aux notes cuivrées, comme l'Ardèche, qui s'accompagne très bien avec les petites caillettes ardéchoises, tandis que le saint-joseph blanc coule des demoiselles marsanne et roussanne et se marie facilement avec le saint-félicien.

Adresse utile

Office de tourisme Rhône-Crussol : *1, rue de la République. ☎ 04-75-40-46-75. • rhone-crussol-tourisme.com • Tlj sf dim 9h30-12h30, 14h-18h (oct-mars, 10h-12h, 14h-17h).* Toutes les infos nécessaires pour les balades dans la région. En été (le jeudi après-midi), propose des visites de vignobles accompagnées par les viticulteurs (tarif : 3 €, gratuit jusqu'à 15 ans).

Où manger dans les environs ?

De prix moyens à chic

Auberge des Trois Canards : *565, av. de la République, 07500* ***Guilherand-Granges.*** *☎ 04-75-44-43-24. • au565@orange.fr • À droite de la route de Saint-Péray à Valence. Tlj sf lun, ainsi que le midi sam-dim. Plat du jour 18 €, formules brasserie 26-46 €. Une coupe de saint-péray pétillant offerte sur présentation de ce guide.* Un restaurant discret animé par une équipe accueillante. Le chef Thierry Astié a travaillé dans de grandes maisons avant d'ouvrir son restaurant. Ravioles, foie gras, magret de canard au syrah... cuisine qui suit les saisons et les marchés. Salle à la déco soignée et terrasse ombragée à l'arrière.

Plus chic

Le Carré d'Alethius : *4, rue Paul-Bertois, 07800* ***Charmes-sur-Rhône.*** *☎ 04-75-78-30-52. • lecarredalethius@orange.fr • À 10,5 km au sud de Saint-Péray par la D 86. Tlj sf dim soir, lun, mar midi et mer midi. Congés : 15-30 août. Menus 20-26 € (le midi en sem), puis 75-105 €.* Le resto gastronomique du secteur. Au centre d'un petit village, ce resto chic et design porte le nom d'un sénateur romain dont le sarcophage est conservé à Charmes. En salle ou dans le patio intérieur, on déguste une cuisine inventive et raffinée, signée Olivier Samin, un des grands talents de la région, récemment étoilé. Dommage justement que les prix se soient envolés avec cette étoile ! Heureusement, les menus du déjeuner restent quant à eux accessibles.

Où déguster ou acheter un bon vin de terroir ?

Voici quelques viticulteurs parmi tant d'autres qui proposent des vins qui nous ont séduits.

Saint-péray

Domaine Voge : *4, impasse de l'Équerre, 07130* ***Cornas.*** *☎ 04-75-40-32-04. • alain-voge.com • Lun-ven 9h-18h.* La vigne se développe où elle se plaît, et à priori, ici, elle aime s'enraciner. Chez ce producteur de cornas, le saint-péray coule tranquille (sans bulles) ou pétillant. Et Dieu sait que le saint-péray tranquille est difficile à dénicher.

Cave J.-L.-Thiers : *725, route de Biguet, 07130* ***Toulaud.*** *☎ 04-75-40-49-44. • domainedubiguet.fr • Tlj sf dim et mar.* Ici, c'est l'esprit terroir avant tout, l'attachement aux valeurs et aux coutumes. Alors, à Toulaud, on fait du saint-péray tranquille (sans bulles), mais aussi du cornas, et plus loin, aux Faures, on fait du pétillant.

Bernard Gripa : *5, av. Ozier, 07300* ***Mauves.*** *☎ 04-75-08-14-96. Tlj sf sam (sf résa) et dim.* M. Gripa, réputé entre autres pour son saint-joseph, vous fait profiter de son expérience pour vous faire aussi déguster un saint-péray à la jolie robe grenat.

Saint-joseph

Domaine Louis-Cheze : *à Pangon, 07340* ***Limony.*** *☎ 04-75-34-02-88. • domainecheze.com • Tlj sf dim, sur résa.* Essayez sa cuvée dédiée à sa fille Caroline, ou sa « Ro-Rée » (forêt de chênes) en blanc, qui restent très accessibles. Et si vous voulez vraiment vous faire plaisir, ouvrez votre bourse pour sa Cuvée des Anges qui mérite louanges.

Domaine Courbis : *6, route de Saint-Romain, 07130* ***Châteaubourg.*** *☎ 04-75-81-81-60. • vins-courbis-rhone.com • ♿ Lun-ven 9h-12h, 14h-18h ; sam sur rdv.* « Propriétaire-éleveur », dit l'enseigne, et c'est vrai qu'ils savent l'élever leur cuvée Royes. Mais ils savent également produire d'intéressants cornas. Avec une vendange manuelle et un vieillissement de 15 mois en foudre, pour le rouge. Robe bien foncée, arômes de fruits sauvages et une belle longueur en bouche, une légère âpreté les premières années, mais c'est un vin de garde de 10 ans en moyenne.

À voir

Le château de Crussol : *☎ 04-75-81-00-51. Possibilité de visite guidée sur rdv : 5 € ; réduc. Au pied du château, expo sur l'histoire et la restauration du site, ouv tlj sf lun : juin-août 10h30-12h30, 13h30-18h30 ; avr-oct 13h30-17h30.*
Une ruine et un site romantiques par excellence ! En 1839, Victor Hugo émerveillé dessina Crussol comme un « burg » de la vallée du Rhin. Une route étroite et sinueuse monte jusqu'au parking (expo). De là, continuer à pied (environ 1 km). Des ânes vivent là pour éviter l'embroussaillement. Sur les pelouses sèches

DES RUINES INSPIRÉES

Thomas E. Lawrence, alias Lawrence d'Arabie, traversait l'Ardèche à vélo en 1907. Il découvrit les ruines de Crussol, y passa la nuit : « Beau château du XIIe s sur un précipice à 150 m au-dessus du Rhône. » Un avant-goût des vertigineuses citadelles des croisés qu'il allait découvrir plus tard au Proche-Orient...

poussent des orchidées et des genévriers. On trouve aussi un oiseau rare, le guêpier, et un rapace, le circaète Jean-le-blanc.
À l'instar de toutes les bourgades implantées le long du Rhône, Saint-Péray a une origine très ancienne. Un éperon rocheux, endroit clé de la vallée, qui séduit les Gallo-Romains dès le début de notre ère. On y adorait le dieu Mars. À partir du IXe s, les seigneurs des lieux (la famille de Crussol) y édifient leur château. Six siècles plus tard, ce nid d'aigle stratégique et défensif comporte quatre enceintes ceinturant un logis seigneurial (protégé d'une double enceinte), un châtelet d'entrée et une enceinte basse. À ses pieds, le quartier de la Villette compte une centaine de maisons où la population vient s'abriter en période de conflit.
Au XVe s, les habitants, lassés des conditions de vie trop dures, quittent finalement le site du château de Crussol pour se fixer dans la vallée qu'arrose le Mialan et reprendre une activité que les Romains avant eux pratiquaient déjà : l'exploitation de la pierre blanche. La famille de Crussol, quant à elle, finit à son tour par déserter les lieux. Devenus par alliance ducs d'Uzès, pairs et cousins du roi accédant aux plus hautes charges, ils abandonnent petit à petit le château.
Incendié par deux fois durant les guerres de Religion, effondré sous les mines des carriers qui exploitent le calcaire en contrebas, le château reçoit le coup fatal en 1952, lorsque la foudre abat la dernière tourelle. Du site, remarquable point de vue sur la vallée du Rhône.

L'ARDÈCHE

Fêtes et manifestations

- ***Fête de Crussol :*** *le dernier w-e de juin, au château.* Spectacle et embrasement du château.
- ***Fête du Vin :*** *le 1er w-e de sept, à Saint-Péray.* Marché aux vins, animations, concerts, etc.
- ***Marché de potiers du pays de Crussol :*** *le 3e w-e de sept.* Marché tournant sur six communes alentour.
- ***Marché aux vins :*** *le 1er w-e de déc, à **Cornas.***

DANS LES ENVIRONS DE SAINT-PÉRAY

Saint-Romain-de-Lerps : *à 9 km au nord-ouest de Saint-Péray.* Une très jolie route en corniche permet de rejoindre ce petit village qui offre l'un des plus grandioses belvédères du département. La montée, par une raide et étroite route pleine de lacets (la D 287), est éblouissante. Enfin, on se retrouve sur les collines dominant la plaine valentinoise. Deux balcons d'orientation aménagés de part et d'autre d'une petite chapelle offrent une vue panoramique sur la vallée du Rhône, les Alpes et les Cévennes.

SAINT-ROMAIN-DU-PANORAMA

Le village de Saint-Romain-de-Lerps offre un tel panorama qu'il paraît que par temps clair, on pourrait y embrasser du regard jusqu'à 13 départements ! Nous, on n'en a pas compté autant, mais la vue est effectivement superbe.

Les grottes et le Musée archéologique de Soyons : *à 7 km au sud de Saint-Péray. ☎ 04-75-60-88-86. • soyons.fr • ♿ (musée slt). Pour se rendre aux grottes, prendre la D 86, sortie sud de Soyons. Les grottes sont à 15 mn à pied depuis le parking. Le musée se situe, quant à lui, sur la pl. de la Déesse-Soïo, à 50 m de l'église. Avr-oct, mer-dim 14h-18h ; juil-août, tlj 10h-19h ; le reste de l'année, pour les groupes sur rdv slt. Dernière visite guidée des grottes 1h avt la fermeture. Forfait musée + grottes : 7 € ; réduc. Prévoir un pull pour la visite des grottes.*

Modeste village établi entre la D 86 et des massifs calcaires où se campait un édifice fortifié dont il ne reste que la « tour penchée ». Soyons, dont le nom vient de Soïo, déesse adorée par un peuple gaulois qui fit de Soyons sa capitale, possède un patrimoine archéologique tout à fait exceptionnel. Le village a révélé une occupation humaine sans discontinuité depuis 150 000 ans ! Ainsi trouve-t-on à Soyons, sur une trentaine d'hectares, sept cavités (dont deux se visitent) et la plus grande concentration de vestiges de toutes les époques connues en France, du Paléolithique au Moyen Âge.
Un petit sentier botanique conduit à la *grotte de Néron* (classée Monument historique) et au *Trou-du-Renard,* qui ont abrité alternativement hommes et animaux des cavernes. On peut y admirer un décor féerique de concrétions calcaires : des stalactites, stalagmites, draperies, colonnes... créées par les eaux d'infiltration.
Le *Musée archéologique* (près de l'église) présente des collections de la période de Neandertal au Moyen Âge. À noter, les restes d'un squelette de mammouth retrouvés en creusant la cave d'un habitant de Soyons ! Également, l'autel à sacrifices de la déesse Soïo, une mosaïque romaine... Une visite qui permet d'entreprendre un fabuleux voyage dans le temps ! Des ateliers d'initiation à la fouille archéologique sont proposés aux jeunes archéologiques en herbe.

Ardèche Miniature : *1230, route de Nîmes, 07130* ***Soyons.*** *☎ 04-75-60-96-58 • jardin-des-trains.com • Ouv de mars à mi-nov : mars-avr et oct-nov, les mer, sam et dim (et tlj pdt les vac scol zone A) 14h-18h ; mai-juin et sept, tlj 14h-18h ; juil-août, tlj 10h-19h. Entrée : 7,50 € ; enfants 5,50 € ; gratuit moins de 3 ans.* Les créateurs passionnés de ce petit parc-jardin ont reconstitué le décor naturel de l'Ardèche sur un terrain de 2 800 m². Des trains miniatures se faufilent entre plus de 900 bonsaïs, traversant rivières, tunnels et gares, au cœur des paysages ardéchois reproduits à petite échelle. Un endroit accueillant et très bien aménagé, qui enchante les enfants et leurs parents.

En poursuivant la D 86 vers le sud, on croise ***Charmes-sur-Rhône*** et ses vilains lotissements. Oubliez-les, son charme réside dans le ***vieux village*** et ses ruelles pavées à arcades, qui montent à flanc de coteau jusqu'aux ruines de l'ancienne résidence des seigneurs de Crussol. Sentier d'interprétation, le *sentier du Troubadour,* au cœur du village. En saison, visites théâtrales et costumées certains soirs, à partir de 21h (là encore, infos à l'office de tourisme).

À 2,5 km environ de Charmes, direction Toulaud (puis fléché), un vaste ***labyrinthe végétal*** de 3 ha dans un champ de maïs *(☎ 04-75-25-80-65 ; • labyleo.com • ; juil-août et 3 premiers dim de sept, tlj 10h-20h ; nocturnes jusqu'à minuit ven : apportez vos lampes de poche ! ; tarifs : 6,50 € adulte, 5,50 € pour les 4-16 ans ; réduc).* Les enfants adorent !

Rejoindre ensuite le débouché de la vallée de l'Eyrieux par le très joli village de ***Beauchastel*** (lire plus haut), puis traverser Saint-Laurent-du-Pape pour attraper la très belle D 21. Elle permet de rejoindre le ***plateau de Vernoux,*** gros bourg ramassé autour d'un clocher visible à plusieurs kilomètres à la ronde. Celui-ci est l'aboutissement de la volonté de reconquête que mena, au XIXᵉ s, le clergé catholique sur ce plateau à forte tradition protestante. Le carillon, perché à 55 m de hauteur, exécute une musique de Vincent d'Indy (contemporain de Debussy), qui aurait été le premier organiste de l'église. On peut se rendre jusqu'au ***château de la Tourette*** (XIVᵉ s), dont il ne reste que quelques ruines superbes et mélancoliques surplombant les gorges de la Dunière et de l'Ève.

Rejoindre ***Boffres*** par la D 14 puis la D 219. Dans ce petit village perché, un buste a été élevé à la mémoire de Vincent d'Indy. C'est en effet dans son (beau) château des Faugs, à l'ouest du village, que le célèbre compositeur puisa une grande partie de son inspiration. D'innombrables sentiers et de superbes petites routes sillonnent ce plateau riant et frais, couvert de cultures, de vergers, de prairies et de bois de châtaigniers.

LA DRÔME

• Carte *p. 251*

ABC de la Drôme

- ***Nom :*** il vient de Druma, nom de la rivière Drôme chez les Romains.
- ***Population :*** 491 330 hab.
- ***Superficie :*** 6 530 km².
- ***Préfecture :*** Valence (63 000 hab.).
- ***Sous-préfectures :*** Die (4 400 hab.) et Nyons (6 800 hab.). Montélimar et Romans, avec toutes deux plus de 30 000 hab., ne sont que des chefs-lieux de canton !
- ***Géographie :*** département semi-montagneux au cheptel de caprins et d'ovins, il culmine à 2 453 m au rocher Rond.
- ***Histoire :*** haut lieu de la Résistance (dans le Vercors) pendant la Seconde Guerre mondiale.
- ***Principaux secteurs d'activités :*** 51,4 % dans les services et 18 % dans l'industrie, 14 % pour le commerce et seulement 3,8 % pour l'agriculture.
- ***Signes particuliers :*** abrite la commune la plus méridionale de la région Auvergne-Rhône-Alpes (Ferrassières) et un village d'une seule âme à Rochefourchat, en Drôme provençale.
- ***Nombre de bistrots par hab. :*** on compte un café pour quasiment 2 000 habitants. Au pays de l'alcool de noix, de la clairette de Die et des côtes-du-rhône, on meurt rarement de soif.

La Drôme est aux Alpes ce que l'Ardèche peut être au Massif central. C'est la descente des montagnes en douceur et en beauté. Impressionnante par la diversité de ses paysages, de ses coutumes, de ses activités, de ses climats, de ses saisons... la Drôme enchante le visiteur curieux de tout qui s'y promène. Le département se découvre aux yeux de chacun selon ses propres centres d'intérêt et à travers les routes et chemins thématiques qui la traversent. Un jour, vivez la vie de château, jouez la carte vieilles pierres et art de vivre (Crest, Grignan, Suze-la-Rousse, Montélimar) ; le lendemain, selon l'époque de l'année et l'humeur du temps, partez sur les chemins de l'*olivier* (autour de Nyons et Buis-les-Baronnies) ou sur les routes de la *lavande* (Séderon, Grignan...) en vous arrêtant le temps d'un marché, d'une pause gourmande en terrasse, d'une visite de cave. Les différentes *routes des vins* mises en place vous mèneront toujours de façon détournée à la chambre d'hôtes ou au resto que vous avez repéré, dans nos pages, à moins

que vous n'ayez choisi de fuir la foule, en privilégiant les grands espaces, les routes en lacet, les noms qui font rêver de solitude (bien accompagnée) : Vercors, Diois, Baronnies... Des cartes et des brochures sont disponibles auprès des offices de tourisme et de l'agence de développement touristique de la Drôme (voir « Avant le départ » ci-dessous). Alors, à chacun sa route !

AVANT LE DÉPART

Adresses utiles

- ***Agence de développement touristique de la Drôme** (ADT) : 8, rue Baudin, BP 531, 26005 **Valence** Cedex. ☎ 04-75-82-19-26. • ladrometourisme.com • Lun-ven 9h-12h, 14h-17h.* Abondante et intéressante documentation pour tout savoir sur le département et ses différentes « régions » : hébergements, activités sportives, routes thématiques, activités de pleine nature, etc.
- ***Relais départemental des Gîtes de France :** plateau de Lautagne, 42, av. des Langories, BP 169, 26906 **Valence** Cedex 9. ☎ 04-75-83-16-42. Résas : ☎ 04-75-83-09-23. • gites-de-france-drome.com •*
- ***La Drôme à cheval :** 24, rue Palestro, 26100 **Romans.** ☎ 04-75-45-78-79. • drome-a-cheval.com •* La Drôme offre près de 2 500 km de chemins balisés et une cinquantaine de relais-gîtes d'étape pour les cavaliers. Cette association départementale très compétente renseigne sur les itinéraires, les stages, les randonnées libres ou accompagnées, les hébergements, etc.

LES COULEURS DE LA DRÔME

C'est un film superbe quand la nature bouge, mais aussi, tout là-bas dans les arrière-pays drômois, quand elle se pâme dans la chaude immobilité. Alors, regardez-la, la Drôme, quand le soleil est au zénith et que les tournesols brûlent en bas de Dieulefit sous la montagne bleue de Saint-Maurice. Et le soir, à l'heure où les grands-ducs retournent au nid, contemplez les falaises du Glandasse, c'est là le cœur de la terre qui jaillit dans le ***bronze*** et l'***or.*** Et que dire, le matin, à la fraîcheur des premières lueurs du printemps, quand le ciel à l'horizon passe au rouge et les oliviers au vert ? La Drôme alors devient un tableau, une palette sans fin de couleurs. Tous les ***verts*** d'abord : du Véronèse pur des plateaux en haut du Vercors – là où l'homme n'habite pas – au vert émeraude des hêtres et des pins à crochets quand le Vercors descend, et jusqu'au vert foncé quand le Royans offre ses noyers. Sans oublier ces verts vieux cuivre du Diois sur les montagnes de Cerne, le vert olive des oliviers, le vert amande des amandiers... Puis voilà les ***rouges*** : le rouge pomme des pêchers, le rouge brique des toits de Saoû, et le rouge rubis de la robe des bouteilles d'hermitage. Et tous les ***bleus*** du ciel, des lacs, des rivières, des montagnes, le matin quand la brume annonce les chaleurs. Et le ***violet*** tendre des champs de lavande, l'***ocre*** et le ***gris*** des châteaux et des falaises, le ***jaune*** des genêts et des tournesols. Bon. Il fait soir. Des couleurs, on passe aux hommes.

UNE DRÔME AUX MULTIPLES VISAGES

Les Drômois, il en existe deux sortes. Ceux d'en haut, de la Drôme des collines et du Vercors, et ceux d'en bas, de la Drôme provençale. Certains portent l'accent teinté d'oïl d'arrière-glotte à la mode de Grenoble, tandis que d'autres revendiquent une langue d'oc aux arrière-goûts d'Orange. Dans la plaine de Valence,

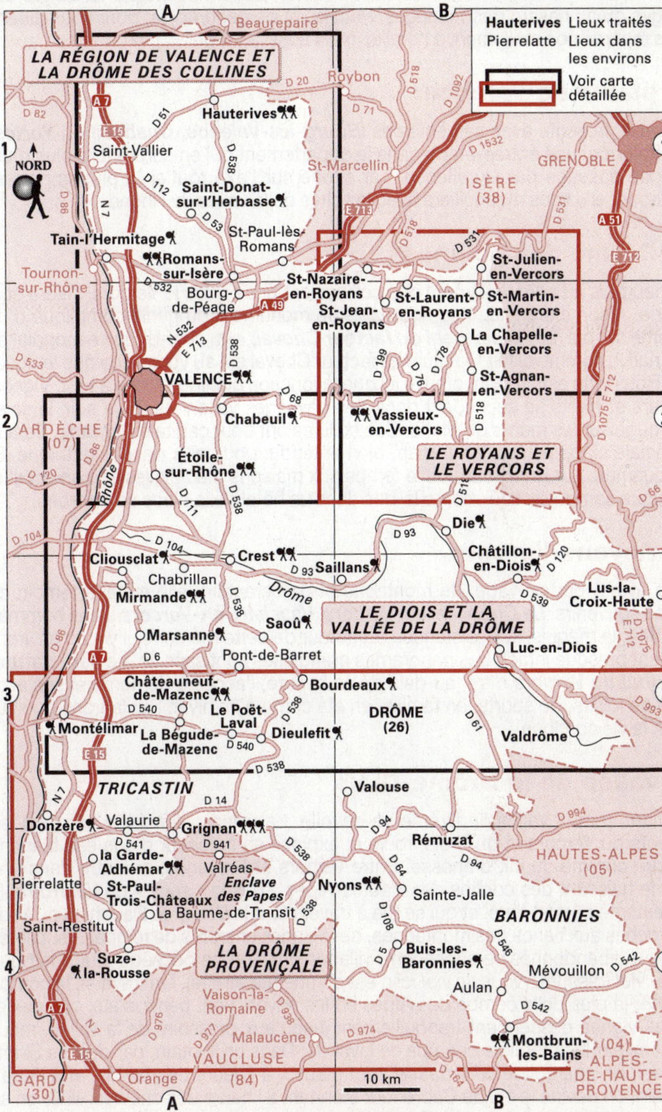

Hauterives Lieux traités
Pierrelatte Lieux dans les environs
Voir carte détaillée
NORD
LA RÉGION DE VALENCE ET LA DRÔME DES COLLINES
LE ROYANS ET LE VERCORS
LE DIOIS ET LA VALLÉE DE LA DRÔME
LA DRÔME PROVENÇALE
TRICASTIN
BARONNIES
Enclave des Papes
Beaurepaire
Roybon
Hauterives
Saint-Vallier
St-Marcellin
GRENOBLE
ISÈRE (38)
Saint-Donat-sur-l'Herbasse
Tain-l'Hermitage
St-Paul-lès-Romans
Romans-sur-Isère
Tournon-sur-Rhône
Bourg-de-Péage
St-Nazaire-en-Royans
St-Jean-en-Royans
St-Laurent-en-Royans
St-Julien-en-Vercors
St-Martin-en-Vercors
La Chapelle-en-Vercors
St-Agnan-en-Vercors
VALENCE
Chabeuil
Vassieux-en-Vercors
ARDÈCHE (07)
Étoile-sur-Rhône
Rhône
Die
Châtillon-en-Diois
Lus-la-Croix-Haute
Cliousclat
Crest
Saillans
Chabrillan
Drôme
Mirmande
Saoû
Marsanne
Luc-en-Diois
Pont-de-Barret
Châteauneuf-de-Mazenc
Bourdeaux
Montélimar
Le Poët-Laval
La Bégude-de-Mazenc
Dieulefit
DRÔME (26)
Valdrôme
Valouse
Donzère
Valaurie
Grignan
Rémuzat
HAUTES-ALPES (05)
la Garde-Adhémar
Valréas
Pierrelatte
Nyons
St-Paul-Trois-Châteaux
Sainte-Jalle
La Baume-de-Transit
Saint-Restitut
Buis-les-Baronnies
Suze-la-Rousse
Mévouillon
Aulan
Vaison-la-Romaine
Malaucène
Montbrun-les-Bains
(04) ALPES-DE-HAUTE-PROVENCE
VAUCLUSE (84)
GARD (30)
Orange
10 km
A 7
E 15
N 7
A 49
E 713
N 532
A 51
E 712
D 20
D 71
D 518
D 1092
D 1532
D 531
D 82
D 51
D 538
D 112
D 53
D 86
D 532
D 533
D 199
D 76
D 178
D 68
D 120
D 111
D 104
D 93
D 539
D 1075
D 66
D 6
D 540
D 61
D 993
D 14
D 994
D 541
D 941
D 94
D 64
D 108
D 5
D 546
D 542
D 976
D 977
D 938
D 974
D 164
1
2
3
4
A
B

LA DRÔME

bordée par le Rhône, ou la vallée de la Drôme, l'accent hésite par ici au gré des villages ou au hasard des mariages. Petit point de géographie, pour vous aider à vous repérer, non seulement à l'oreille, mais aussi à la vue.

La plaine de Valence

Valence présente avec ses environs (***Bourg-lès-Valence, Chabeuil*** ou ***Portes-lès-Valence***) une entrée-étape dans le département qui en surprendra plus d'un. Ville de passage par excellence, car située sur l'axe routier le plus important d'Europe, elle vous réconciliera avec les cités de la vallée du Rhône.

La Drôme des collines

Un peu plus au nord, la Drôme des collines est prise entre le Vercors, l'Isère et le Rhône. À son extrémité, incontournable, le monument du génie compliqué d'un homme simple. Le ***Palais idéal du facteur Cheval,*** « un chef-d'œuvre mondial de l'art naïf », comme disait Malraux. Le facteur Cheval est au volume ce que le douanier Rousseau est au plan, preuve ici que la fonction publique mène à tout. Vignes, vergers et forêts se succèdent dans des paysages vallonnés. Et le soir, le soleil est rouge sur les monts du Matin. Ces collines ont pour capitale ***Romans,*** dont la collégiale s'appuie sur l'art roman, bien entendu, pour jaillir dans le gothique. Et Jacquemart, sur le rempart, dit le temps aux maisons médiévales et à un escalier gothique flamboyant qui monte là-bas dans un hôtel de la place aux Herbes.

Le Royans-Vercors

Terre avant tout sauvage, de montagne et de caractère, elle reste la témoin de tristes souvenirs. ***La Chapelle-en-Vercors, Vassieux-en-Vercors...*** Les hommes de 1944, le maquis, la Résistance... Et autour de cette mémoire, il y a un environnement presque intact. Les panoramas grandioses sont sans fin. Le ***parc naturel régional du Vercors*** offre, au-delà de sa beauté, l'accès à de nombreuses activités de loisirs, de sports, en famille, en été comme en hiver. Sur la trace du souvenir, la vie continue...

La vallée de la Drôme-Diois

En filant vers la vallée, la Drôme se dévoile. La rivière, alimentée par tous les torrents du Vercors et du Diois, roule et explose en fraîcheur d'une eau blanche et pure comme du lait d'ânesse. Entre Vercors et Provence, on entre dans une Drôme naissant des confins des Hautes-Alpes, sous le « serre » de ***Valdrôme*** la protestante pure et dure, et qui se rue à travers tout le ***Diois,*** ce Dauphiné du Midi. Accrochés aux flancs des montagnes, des villages entourés de remparts sublimes presque abandonnés se succèdent, villages que l'on ne possède tout à fait que par le viol (rassurez-vous, le *viol* ici n'est qu'une rue étroite). On traverse la combe de ***Die,*** la plus belle combe des Alpes où les noyers sont pendus aux coteaux et où les vignes descendent tranquillement jusqu'aux pressoirs de la vallée, mouchetées par les premiers champs de lavande. Dans un lointain, par-dessus Saint-Andéol, on aperçoit le ***Glandasse,*** tout mauve, à l'heure des brebis, et à l'autre lointain, on devine le col de Cabre tout étonnant à l'heure des chèvres. Mais on se retourne, on descend et voilà ***Crest,*** la commerçante, où domine le plus beau et haut donjon de l'Hexagone.

La Drôme provençale

Une fois passé Montélimar et longé le Rhône, la Drôme provençale s'offre à vous. Cette Drôme va de l'ouest à l'est, de ***Montélimar,*** où le miel se mélange aux amandes, jusqu'aux lointains pays des ***Baronnies*** qui flirtent avec les terres de

Giono. Un pays qui étale aussi ses draps mauves et rose tendre de lavande le long de l'Ouvèze. Du nord au sud, il s'étend du désert de ***Saint-Nazaire*** aux oliviers de ***Nyons,*** ville accueillante qui vit au rythme des marchés, et aux tilleuls de ***Buis-les-Baronnies.*** À ***Dieulefit,*** on saluera les potiers et la ruine de la commanderie de Saint-Jean-de-Jérusalem dans le vieux village du ***Poët-Laval.*** On rejoindra la vallée du Rhône par le ***Tricastin*** et ***Saint-Paul-Trois-Châteaux*** (qui n'en a en fait aucun !), avec ses habitants qui descendent, paraît-il, des Tricastéries romains par la cuisse gauche. Au loin monte ***La Garde-Adhémar,*** village sublime qui, du haut de son perchoir, surveille le Rhône et sa vallée. Sur la route, ***Grignan,*** incontournable splendeur. Désormais, les montagnes ne sont plus loin, mais l'influence méridionale a bien pris le dessus.

UNE DRÔME SPORTIVE ET EN PLEIN AIR

Avec un taux d'ensoleillement important, la Drôme est un terrain privilégié pour des activités de plein air. Les ***randonneurs*** se délectent d'une promenade à la fraîche dans le Vercors, le Diois ou autour des petits villages de la Drôme provençale. Les ***VTTistes*** disposent, eux, de plus de 3 000 km de sentiers balisés. Au départ de Valence, ils pourront suivre la grande traversée des Préalpes qui rejoint Grenoble d'un côté, Gap de l'autre (balisée sur 255 km), ou Sisteron plus au sud *(• grande-traversee-alpes.com •).*

Pour tous, il existe ***ViaRhôna,*** une voie verte dédiée principalement au vélo et à tous les déplacements non motorisés, qui relie le lac Léman à la Méditerranée. Dans la Drôme, cinq tronçons sont ouverts, entre Saint-Rambert-d'Albon et Saint-Vallier (sur 15 km), de Tain-l'Hermitage à Valence (28 km), de Livron à Loriol (6 km), de Montélimar à Châteauneuf-du-Rhône (13 km) et, enfin, entre Pierrelatte et Saint-Restitut (5 km). Pour en savoir plus : *• viarhona.com •*

Tout au long de ses 1 600 km, le sentier international de grande randonnée ***Sur les pas des huguenots*** suit au plus près le tracé historique de l'exil des protestants à la suite de la révocation de l'édit de Nantes. Au départ de Poët-Laval dans la Drôme, il rejoint Bad Karlshafen, en Allemagne. Pour en savoir plus : *• surlespas deshuguenots.eu •*

Vous pouvez aussi vous laisser tenter par la découverte – ou la pratique – du ***parapente,*** de l'***équitation,*** de l'***escalade,*** du ***golf,*** de la ***spéléo,*** du ***quad,*** du ***canoë-kayak*** ou encore de l'***accrobranche,*** entre autres activités estivales permettant de satisfaire toutes les tranches d'âge.

Et en hiver, pas de panique, on dévale les pentes de ***ski*** en famille dans le Vercors (Font d'Urle-Chaud Clapier, Vassieux, col du Rousset...) ou le Diois (Jarjatte, Valdrôme), en ski nordique ou alpin. Renseignements sur le site *• ladrome.fr •*

VALENCE ET SES ENVIRONS

• Carte La région de Valence et la Drôme des collines *p. 255*

Aux portes de Valence s'étend une plaine. Au centre, de vastes champs de céréales et d'arbres fruitiers viennent buter sur les lits du Rhône, de l'Isère et de la Drôme. De l'autre côté, au levant, les monts du Matin, ces premiers contreforts du Vercors, s'étirent de la vallée de l'Isère au nord jusqu'à Crest au sud. Même si cette microrégion n'est pas la plus marquée du

département, elle offre déjà quelques jolis villages et de bien belles balades. Et Valence tombe à « Pic », comme on dit ici, quand la fatigue vous saisit, sur la route des vacances.

VALENCE

(26000) 65 000 hab. *Carte Drôme, A2*

● Plan *p. 258-259*

Sur la fameuse N 7 chantée par Charles Trenet, Valence veut faire oublier son ancienne image de ville-étape, célèbre pour ses bouchons estivaux. Son passé assez riche et son centre-ville piéton joliment mis en valeur méritent qu'on s'y attarde. Par ailleurs, Valence constitue une étape stratégique pour explorer le département. La ville est idéalement située à 2h10 de Paris en train, à 1h de Lyon, de Grenoble, des stations de ski, du massif du Vercors ou des montagnes du Diois, du soleil et du chant des cigales de la Drôme provençale. Et elle fait face à l'Ardèche. Ville fluviale, Valence s'est également dotée d'un port de 480 anneaux, situé à une journée de bateau de la Méditerranée...
Chef-lieu et préfecture de la Drôme, Valence est une ville tranquille, légèrement bourgeoise, joliment provinciale. Pas tout à fait méridionale car encore un peu trop au nord (les hivers peuvent être vifs lorsque souffle le mistral !), mais on y perçoit tout de même les premiers accents du Sud : ruelles un peu tortueuses, agréables places ombragées de platanes et terrasses de bistrot où il fait bon s'attarder lorsque le soleil pointe son nez. Ajoutez à cela quelques perles architecturales dispersées dans la charmante vieille ville... et on oublie complètement la nationale et l'autoroute qui rabotent le pied de la colline.

UN PEU D'HISTOIRE

Malgré les signes d'une implantation qui remonterait à la nuit des temps, l'histoire de la cité ne débute vraiment qu'à l'***âge des conquêtes romaines.*** De simple camp d'observation militaire de la vallée du Rhône, *Valentia* (« la cité vigoureuse ») devient une colonie sous le règne de César. Au Moyen Âge, la ville, installée sur une terrasse en surplomb du fleuve et ceinturée de remparts, devient une étape importante sur la route des pèlerinages. Très active dans le mouvement de réveil et de reconstruction de la vie religieuse, Valence construit sa cathédrale et accueille la puissante abbaye des chanoines de Saint-Ruf.

De l'âge d'or aux guerres de Religion

À la veille de la Renaissance, la ville est très active, notamment grâce à l'impulsion du futur roi Louis XI. Exilé par son père dans cette contrée lointaine du Dauphiné, celui qui n'est alors que le dauphin Louis II en profite pour s'exercer aux affaires. Il renforce les nouvelles institutions communales, concède des foires et crée, en 1452, une université qui enseigne le droit, la théologie, la médecine et les arts. Ses illustres professeurs attirent des étudiants venus de toute l'Europe, attisant la vie intellectuelle et artistique de la ville. Le commerce, quant à lui, est au mieux de sa forme, facilité par cette formidable voie d'échange qu'offre le Rhône et par le négoce du sel qui assure la prospérité de ses habitants. De riches

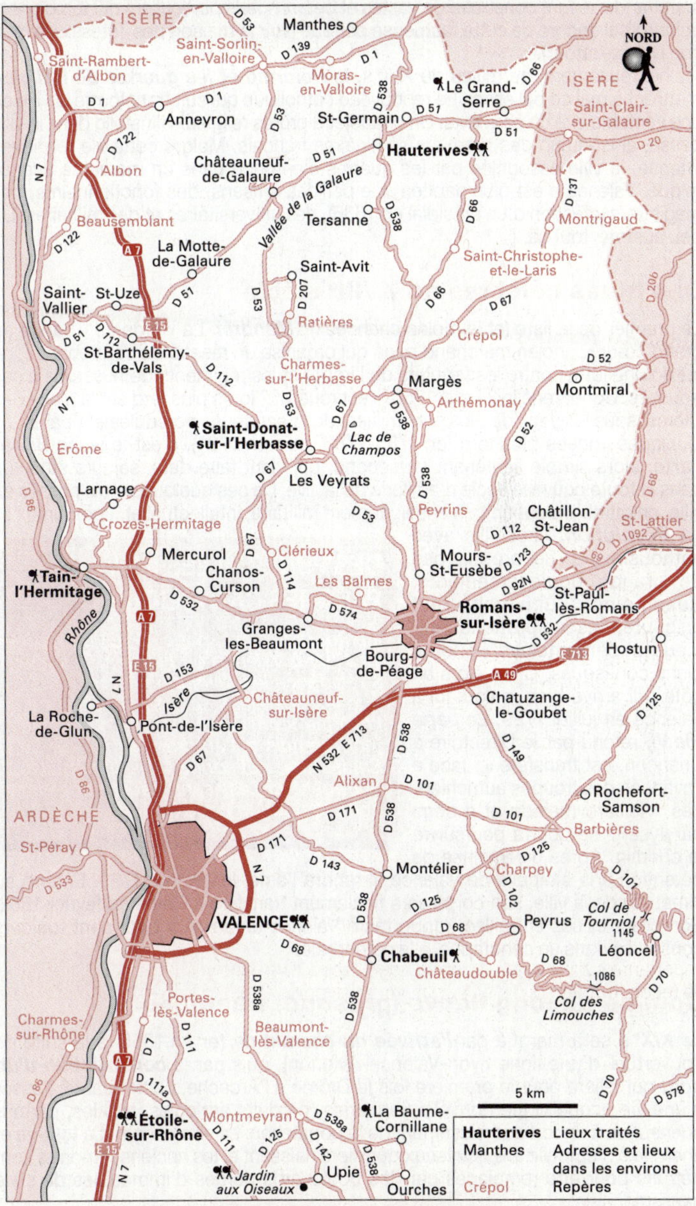

LA RÉGION DE VALENCE ET LA DRÔME DES COLLINES

marchands se font construire de vastes et beaux hôtels particuliers qui témoignent aujourd'hui encore de cette fastueuse période (voir la maison des Têtes ou la maison Dupré-Latour).
Malheureusement, au milieu du XVIe s, ***la Réforme et les guerres de Religion*** mettront à mal ce bel essor. Le renouveau catholique qui suit transforme la ville en une véritable cité de couvents. Un chapelet d'ordres religieux s'installe dans la ville basse, ainsi qu'un des premiers séminaires français. Malgré cette vie religieuse intense, la ville essoufflée par les guerres s'enfonce dans un marasme économique. Valence n'est plus habitée que par des artisans, des fonctionnaires, des magistrats (création d'un présidial en 1636), des universitaires et des militaires. Un peu austère, tout ça.

Des hôtes célèbres au XVIIIe siècle

Le premier de la liste (et le moins chanceux) : ***Mandrin.*** La vie de ce « bandit au grand cœur », ancien marchand ruiné qui organisa un réseau de contrebande, ne fut qu'une lutte contre les fermiers de l'impôt et les régiments de hussards à ses trousses. Condamné le 24 mai 1755, il est roué vif 2 jours plus tard sur la place des Clercs, sous les yeux de plusieurs milliers de spectateurs incrédules et ébahis.
Quelques années plus tard (en 1785-1786, puis en 1791), c'est le jeune ***Bonaparte,*** alors simple lieutenant en second, qui vient faire deux séjours studieux dans la toute nouvelle école d'artillerie de la ville. De ces quelques mois passés en ville, on dit qu'il reçut un bon enseignement militaire, intellectuel et... amoureux !
La Révolution, accueillie avec enthousiasme, ne produit pas de grands bouleversements. Néanmoins, l'université est dissoute, les institutions religieuses démantelées et leurs biens confisqués. C'est alors un hôte qui arrive bien malgré lui à Valence en juillet 1799. Le ***pape Pie VI,*** retenu par le Directoire à Briançon, est transféré ici face à l'avancée des troupes autrichiennes. Vieillard malade et à demi paralysé, il ne pourra poursuivre le chemin. Après 6 semaines de détention à la citadelle de Valence, il rendra l'âme, le 29 août 1799. Enterré au cimetière de la ville, son corps sera finalement transféré à Rome en février 1802. Son cœur et ses entrailles, rapportés à Valence un an plus tard, sont toujours conservés dans un cénotaphe, à la cathédrale.

DES FUNÉRAILLES PAPALES PAS TRÈS CATHOLIQUES

L'entourage du pape Pie VI, mort en 1799 à Valence où l'avaient assigné à résidence les révolutionnaires, refusa que les obsèques soient célébrées par l'évêque constitutionnel de Grenoble (non soumis à l'autorité du pape). Le Saint-Père eut donc des funérailles purement civiles, sans sacrement : un comble pour un pape !

Comme un long fleuve (presque) tranquille...

Le XIXe s sera marqué par ***l'arrivée du chemin de fer*** en 1855 (à la suite de l'ouverture d'une ligne Lyon-Valence-Avignon), puis par la ***construction d'un pont*** qui reliera pour la première fois la Drôme à l'Ardèche, contribuant à l'essor d'une vie économique nouvelle (tanneries, produits agricoles, textiles, cartoucherie...) et à un fort accroissement de la population. La ville construit à tout-va et cherche à s'embellir. De nouveaux quartiers naissent et les anciens remparts sont détruits pour être remplacés par des boulevards bordés d'immeubles de style haussmannien.
Entre les deux guerres, Valence continue à se développer à un rythme tranquille. La ville traverse ***la Seconde Guerre mondiale*** sans connaître de graves problèmes (malgré l'installation, en 1942, de la Kommandantur et de la Gestapo dans deux hôtels de la ville) jusqu'au 15 août 1944. Ce jour-là, un bombardement

américain détruit plusieurs quartiers et édifices de la ville (la préfecture, entre autres, dont il ne reste plus que la façade rue Malizard), faisant 280 victimes. Le 19 août, c'est un train allemand rempli de nitroglycérine qui explose, rasant totalement le quartier de La Palla. Devant l'ampleur des dégâts (près de 200 victimes civiles, 135 résistants et militaires tués, 386 immeubles détruits, 500 logements endommagés...), la ville est déclarée sinistrée en mars 1945. Ensuite, comme partout, on se met à reconstruire, créant de nouveaux quartiers et des ZUP qui prolongent la ville vers l'est et le sud, lui donnant son aspect actuel.
En ce début de XXIe s, après avoir restauré la vieille ville et réaménagé les boulevards, Valence poursuit sa cure de jouvence en développant un pôle universitaire et en s'offrant ***le premier port fluvial de France.***

Arriver – Quitter

En train

Gare TGV : *à 10 km au nord-est de la ville.* Des navettes bus *Inter Citéa* (☎ *04-75-60-06-26 ; • citea.info •)* font la liaison entre la gare routière et Valence-TGV lun-sam 6h10-19h40 (7h10-20h10 depuis la gare TGV).
➢ Liaisons avec Paris (en 2h10 au plus court), Bruxelles, Lille, Rouen, Nantes, Lyon, Montpellier, Perpignan, Marseille et Nice (voir en début d'ouvrage le chapitre « Comment y aller ? »).

Gare SNCF *(plan C4)* ***:*** *38, rue Denis-Papin.* ☎ *36-35 (0,34 €/mn).* Liaisons avec :
➢ ***Montélimar :*** 1 train ttes les 20-50 mn depuis les gares de Valence-Ville ou Valence-TGV (un peu moins dim). Trajet : 25-30 mn.
➢ ***Romans :*** 1 bus TER/h ; plus de possibilités avec changement. Trajet : 40 mn à 1h.
➢ ***Grenoble :*** 1 bus TER ttes les 20-40 mn. Durée : 1h en moyenne.
➢ ***Crest, Die, Luc-en-Diois et Gap :*** en sem, bus TER ttes les 20 mn-1h pour Crest et Die, plus 3 trains directs/j. continuant sur Gap (2 le w-e). Env 1h30 jusqu'à Die et 3h pour Gap.
➢ ***Privas :*** 1 bus TER ttes les 30 mn-1h en sem (un peu moins le w-e). Durée : 1h.
➢ ***Aubenas :*** en sem bus TER ttes les 30 mn-1h30 (directs). Trajet : env 1h50.

En bus

Gare routière *(plan C4)* ***:*** *rue Denis-Papin, juste à côté de la gare SNCF.* ☎ *04-75-81-23-25 ou 0810-26-26-07 (infos horaires ; prix d'un appel local depuis un poste fixe). • ladrome.fr •* Bon réseau vers les principales villes du département et les communes voisines en Ardèche. Liaisons avec :
➢ ***Montélimar :*** env 12 départs/j. (moitié moins dim) 6h40-19h10. Trajet : env 1h.
➢ ***Romans :*** env ttes les 30-40 mn 6h30-20h15 (slt 6 bus dim). Durée : 50 mn.
➢ ***Crest et Die :*** 12 bus/j. (moins dim). Compter 1h30 jusqu'à Die.
➢ ***Le Vercors :*** très compliqué. Bus irréguliers (certains bus partent de Romans).
➢ ***L'Ardèche :*** 4 bus/j. en sem (2 sam) pour **Le Cheylard** avec les *Cars de l'Eyrieux* (☎ *04-75-29-11-15)* ; 4 bus/j. (1 seul dim) pour **Lamastre** et 2 pour **Le Chambon-sur-Lignon** avec *Les Courriers Rhodaniens* (☎ *04-75-81-09-09).*

Comment se déplacer ?

La vieille ville et ses abords se parcourent aisément à pied. Mais d'autres solutions existent, tout aussi agréables et écolos.

■ ***Libélo :*** ☎ *0811-005-678. • velo-libelo.fr •* Location de vélos à la journée ou à l'année (sur abonnement). Une vingtaine de stations réparties

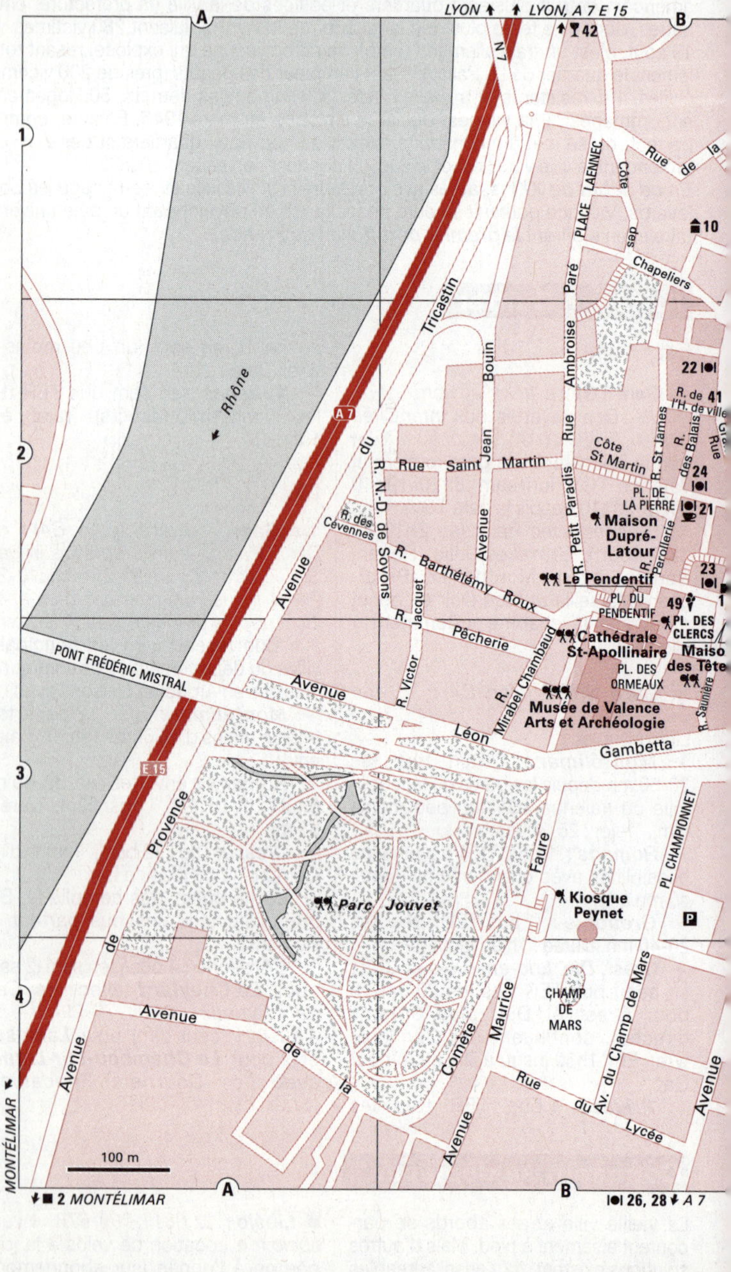
LYON
LYON, A 7 E 15
42
A
B
1
2
3
4
N 7
Rue de la
Côte des Chapeliers
PLACE LAENNEC
10
Tricastin
Bouin
Ambroise Paré
22
R. de l'H. de ville
41
Rhône
A 7
Avenue du
Rue Saint Jean Martin
Côte St Martin
R. St James
R. des Balais
Rue
24
PL. DE LA PIERRE
21
R. des Cévennes
R. N.-D. de Soyons
Avenue
Rue Petit Paradis
Maison Dupré-Latour
R. Perollerie
23
R. Barthélemy Roux
R. Jacquet
Le Pendentif
PL. DU PENDENTIF
49
PL. DES CLERCS
R. Pêcherie
R. Mirabel Chambaud
Cathédrale St-Apollinaire
Maiso des Tête
PL. DES ORMEAUX
R. Saunière
PONT FRÉDÉRIC MISTRAL
Avenue Léon Gambetta
R. Victor
Musée de Valence Arts et Archéologie
E 15
Avenue de Provence
Parc Jouvet
Faure
Kiosque Peynet
PL. CHAMPIONNET
P
CHAMP DE MARS
Av. du Champ de Mars
Maurice
Comète
Avenue
Avenue de la
Rue du Lycée
Avenue
MONTÉLIMAR
100 m
2 MONTÉLIMAR
26, 28
A 7

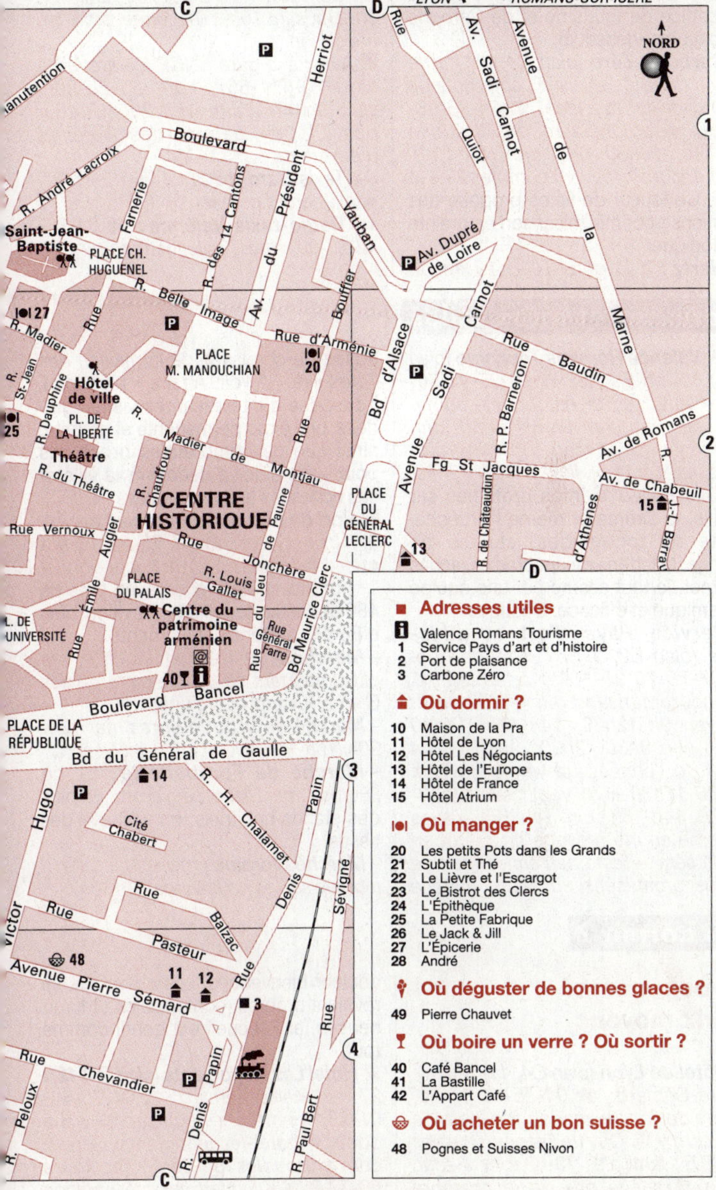
LYON
ROMANS-SUR-ISÈRE
NORD
C
D
1
2
3
4
Boulevard
Herriot
Président
du
Av.
Rue
Av. Sadi Carnot
Avenue de la Marne
Quiot
Vauban
Av. Dupré de Loire
R. André Lacroix
Farnerie
R. des 14 Cantons
Saint-Jean-Baptiste
PLACE CH. HUGUENEL
R. Belle Image
Bouffier
Rue d'Arménie
Bd d'Alsace
Sadi
Carnot
Rue Baudin
R. P. Barneron
R. Madier
R. St-Jean
R. Dauphine
Hôtel de ville
PL. DE LA LIBERTÉ
Théâtre
R. du Théâtre
PLACE M. MANOUCHIAN
R. Madier de Montjau
R. Chauffour
CENTRE HISTORIQUE
Rue de Paume
Rue Vernoux
Augier
Rue Jonchère
Avenue
Fg St Jacques
Av. de Romans
Av. de Chabeuil
R. J.-L. Barrault
R. de Châteaudun
R. d'Athènes
PLACE DU GÉNÉRAL LECLERC
PLACE DU PALAIS
R. Louis Gallet
Centre du patrimoine arménien
Émile
Rue
du Jeu
Rue Général Farre
Bd Maurice Clerc
PL. DE UNIVERSITÉ
Boulevard Bancel
PLACE DE LA RÉPUBLIQUE
Bd du Général de Gaulle
Hugo
Cité Chabert
R. H. Chalamet
Papin
Denis
Sévigné
Victor
Rue Pasteur
Rue Balzac
Avenue Pierre Sémard
Rue
Rue Chevandier
Papin
Peloux
R. Denis
R. Paul Bert
R.
27
20
25
15
13
14
40
48
11
12
3
P
Adresses utiles
Valence Romans Tourisme
1 Service Pays d'art et d'histoire
2 Port de plaisance
3 Carbone Zéro
Où dormir ?
10 Maison de la Pra
11 Hôtel de Lyon
12 Hôtel Les Négociants
13 Hôtel de l'Europe
14 Hôtel de France
15 Hôtel Atrium
Où manger ?
20 Les petits Pots dans les Grands
21 Subtil et Thé
22 Le Lièvre et l'Escargot
23 Le Bistrot des Clercs
24 L'Épithèque
25 La Petite Fabrique
26 Le Jack & Jill
27 L'Épicerie
28 André
Où déguster de bonnes glaces ?
49 Pierre Chauvet
Où boire un verre ? Où sortir ?
40 Café Bancel
41 La Bastille
42 L'Appart Café
Où acheter un bon suisse ?
48 Pognes et Suisses Nivon

VALENCE

dans toute la ville. Plan et infos auprès de l'office de tourisme et de *Carbone Zéro* (voir ci-dessous).

■ **Carbone Zéro** *(plan C4,* **3***) : sur le parvis de la gare SNCF, côté gauche quand on lui fait face. ☎ 04-75-56-99-06. • carbone-zero.fr • Tlj sf dim 9h-12h, 13h30-19h (lun 14h-19h). Pour 1 journée de loc, compter 20 € le vélo.* Ce loueur de vélos propose des solutions pour minimiser son empreinte écologique.

■ **Hertz :** *à la gare TGV (10 km du centre). ☎ 04-75-58-93-50. Lun-ven 8h-21h, sam 10h-17h ; fermé dim sf en hte saison.*

■ **Avis :** *à la gare SNCF (centre-ville). ☎ 0820-611-667. Lun-ven 8h-20h, sam 9h-17h, dim 15h-20h. Retour possible en dehors des horaires d'ouverture.*

🚗 **Taxis Bardet :** *☎ 04-75-43-67-67. • taxi-bardet.com •*

🚗 **Radio-taxis Valence :** *☎ 04-75-42-26-00. • taxis-valence.fr •*

LA DRÔME

Adresses et infos utiles

ℹ @ ***Valence Romans Tourisme*** *(plan C3) : 11, bd Bancel. ☎ 04-75-44-90-40. • valenceromanstourisme.com • Avr-sept, lun-sam 9h30-18h30, dim et j. fériés (sf 1er mai) 10h-15h ; oct-mars, lun-sam (sf j. fériés) 9h30-12h30, 13h30-18h.* 💻 📶 Infos pratiques sur la ville, la Drôme et même l'Ardèche, vente de topoguides, service de change, billetterie de spectacles, accès Internet, le tout assuré par une équipe dynamique et efficace. Boutique.

■ ***Service Pays d'art et d'histoire*** *(plan B2,* **1***) : 57, Grande-Rue. ☎ 04-75-79-20-86. • artethistoire.valenceromansagglo.fr • Juil-août, lun-ven 9h-12h30, 14h-18h (17h30 ven) ; w-e 9h30-12h30, 14h-18h. Le reste de l'année, lun-ven 8h30-12h, 13h30-17h30 (17h ven) ; sam 9h30-12h30, 14h-18h ; dim 14h-18h. Visites à thème en été presque tlj ; plutôt en fin de sem le reste de l'année (peu de visites organisées en sept).* Installé au rez-de-chaussée de la *maison des Têtes* (lire « À voir. À faire » plus loin), il propose d'intéressantes visites guidées, une expo permanente et gratuite, ainsi que de nombreuses brochures pour vous aider à découvrir la ville et ses richesses architecturales.

■ **Port de plaisance** *(hors plan par A4,* **2***) : L'Épervière. ☎ 04-75-81-18-93. • drome-portdeplaisance.com •* 1er port fluvial de France avec près de 480 anneaux, labellisé « Pavillon bleu d'Europe ». Bons équipements.

– **Marchés :** *ts les mat (8h-12h) ; le plus important se tient le sam, pl. des Clercs.* Vivants et typiques.

– **Marché de producteurs :** *mar 17h-20h (16h-19h l'hiver), pl. Saint-Jean.*

– **Marché de Fontbarlette :** *pl. de l'Europe, mar mat et sam ap-m.* En plus des stands habituels, on y trouve des tissus.

– **Marchés forains :** *mer et sam, tte la journée sur les boulevards.*

Où dormir ?

De bon marché à prix moyens

🏠 **Hôtel de Lyon** *(plan C4,* **11***) : 23, av. Pierre-Sémard. ☎ 04-75-41-44-66. • hoteldelyon@wanadoo.fr • hoteldelyon.com • ♿ Ouv tte l'année. Doubles 49-66 € ; familiales 70-80 €. 📶 Réduc de 10 % sur le prix de la chambre sur présentation de ce guide.* Pas de luxe superflu ni d'extravagance dans la déco (lino au sol, salle de bains-cabine), mais quelques touches de couleur bienvenues. Les chambres se révèlent propres, confortables et lumineuses, et l'accueil est gentil comme tout.

🏠 **Hôtel Les Négociants** *(plan C4,* **12***) : 27, av. Pierre-Sémard. ☎ 04-75-44-01-86. • hotel.les-negociants@wanadoo.fr • hotel-lesnegociantsvalence.com • Doubles 54-69 € ; familiales 69-77 €. 📶 Kir offert sur présentation de ce guide.* Cette institution locale a été entièrement repensée dans un style sobre et élégant : chambres contemporaines dans les tons gris perle, crème ou marron, parfois « peau de bête » (!), lino façon parquet ou moquette, belles salles d'eau. Salle de petit déj stylisée très réussie et hall pimpant... Et comme la maison a gardé la tête froide, elle pratique des prix tenus. Restauration sur place. Une aubaine.

Hôtel de l'Europe (plan D2, **13**) : *15, av. Félix-Faure. ☎ 04-75-82-62-65. • hoteleuropevalence@gmail.com • hoteleuropevalence.fr • Ouv tte l'année. Doubles 63-67 € selon confort et saison ; familiales 75-90 €. Garage fermé payant.* Chambres coquettes mais très simples, dans les tons pastel. Comme le niveau de confort est bon et que le double vitrage remplit correctement son office, on n'hésite pas à poser ses valises avant de partir à pied à la découverte de la vieille ville toute proche. Préférez les chambres des 2e et 3e étages, plus lumineuses.

Plus chic

Hôtel de France (plan C3, **14**) : *16, bd du Général-de-Gaulle. ☎ 04-75-43-00-87. • info@hotel-valence.com • hotel-valence.com • Ouv tte l'année. Double 135 € ; petit déj 16 €. Parking payant. Réduc de 10 % sur le prix de la chambre sur présentation de ce guide.* Un hôtel à taille humaine, à la situation stratégique, que l'on recommande pour ses chambres les plus grandes et rénovées, d'un bon niveau de confort. Pas donné tout de même. Déco contemporaine soignée qui habille élégamment le beau salon. Accueil pro.

Hôtel Atrium (plan D2, **15**) : *20, rue Jean-Louis-Barrault. ☎ 04-75-55-53-62. • info@atrium-hotel.fr • atrium-hotel.fr • Doubles 69-167 € selon confort et saison ; familiales 139-189 €. Clim. Parking.* À deux pas du centre, dans une rue assez calme, l'*Atrium* se veut moderne par son architecture et chaleureux par son accueil. Quant aux chambres, rénovées de fond en comble, leur décoration sonne au diapason de notre siècle, avec quelques clins d'œil vintage des années 1970. Certaines sont dotées d'une kitchenette et d'autres (dites « Duplex ») d'une mezzanine. Minibar inclus. Beau buffet au petit déjeuner.

Chic et charme

Maison de la Pra (plan B1, **10**) : *8, rue de l'Équerre. ☎ 04-75-43-69-73. • contact@maisondelapra.com • maisondelapra.com • Doubles (avec clim) 125-170 € selon chambre et saison ; petit déj 18 €. Garage clos payant. Apéritif offert sur présentation de ce guide.* Dans le centre ancien, derrière la place Saint-Jean, 4 superbes chambres aménagées dans une imposante bâtisse Renaissance. Les volumes sont magnifiques. Les chambres, orientées sur cour intérieure ou sur jardin et piscine, sont aussi vastes que hautes de plafond. La déco est sobre mais contemporaine. Une adresse de caractère. Excellent petit déj, proposé en buffet dans la salle à manger.

Où manger ?

De bon marché à prix moyens

Les Petits Pots dans les Grands (plan C2, **20**) : *32, rue Bouffier. ☎ 09-52-00-07-91. • marie.proye@gmail.com • Ouv le midi lun-sam. Formule 10,90 € avec café ou thé, carte 20 €. Café offert sur présentation de ce guide.* Ici, la vérité est dans la verrine. Une formule un peu passée ailleurs mais qui a conservé dans ce repaire bio toute sa fraîcheur. Du végétarien pas triste, jusque dans l'accueil de la patronne, d'une vraie gentillesse. De l'inventif, et du local, dans le bocal. Bons desserts, pour ceux qui auraient encore une petite faim. Fruits et légumes des environs, évidemment.

Subtil et Thé (plan B2, **21**) : *2, rue Pelleterie. ☎ 04-75-56-75-06. Tlj sf dim 11h-17h. Congés : 3 sem en août. Résa recommandée. Assiette 14 €, repas env 20 €.* On s'installe dans cette agréable salle au décor japonisant pour se faire plaisir, mais aussi du bien. Le chef, qui officie au-dessus de nos têtes, un peu comme dans une

LA DRÔME

maison sur pilotis, réalise ses assiettes – entrées (chaude et froide), plat chaud et accompagnement salade – avec l'aide d'une diététicienne. Couleurs et saveurs s'y harmonisent en un juste équilibre. Pour satisfaire la clientèle d'habitué(e)s, les menus changent toutes les semaines. Musique zen, bien sûr, service à la fois efficace et souriant.

Le Lièvre et l'Escargot *(plan B2, **22**) : 6, Grande-Rue. 06-70-65-58-70. Mar-jeu 10h-18h, ven-sam 10h-23h. Formule déj 16 €, carte 16 €.* Ce lièvre-là n'a fait qu'un bond de Cluny à Valence, où il a transporté ses rêves de bio, de cuisine simple et sincère dans un décor d'ancienne brocante-épicerie-bistrot de quartier. Éthique, mais pas toc. Assiettes de saison, tartes salées, produits d'ici et d'ailleurs (l'Ardèche, autrement dit, voire le Vaucluse, mais pas plus loin). Accueil chaleureux et service plutôt rapide. Petit bout de terrasse.

De prix moyens à chic

Le Bistrot des Clercs *(plan B2, **23**) : 48, Grande-Rue. ☎ 04-75-55-55-15. • chabran@michelchabran.fr • Tlj. Plat du jour 13 €, menus 24 € (midi et soir sf dim)-32 €, plats 19-24 €.* Dans son néobistrot qui semble planté de toute éternité à ce coin de rue, les deux pieds bien calés dans le terroir et la tête un peu dans les étoiles, Michel Chabran, l'une des grandes toques de la région, continue de veiller au grain (plus de 20 ans déjà !). Des plats sans détour, goûteux et copieux, servis impeccablement, comme ces Saint-Jacques sur un risotto aux cèpes ou girolles, ou les rognons de veau cuits entiers avec pommes de terre sautées, oignons et lardons. Le tout se savoure à petites bouchées dans une salle tout en boiseries ou sur la belle terrasse adossée à une fontaine. Belle carte des vins.

La Petite Fabrique *(plan C2, **25**) : 6, rue de l'Hôtel-de-Ville. ☎ 09-83-68-31-82. Ouv le midi mar-sam (sf mer hors saison), plus soir jeu-sam. Congés : 15 j. en août. Formules 17-27 €. Café ou digestif offert sur présentation de ce guide.* Une formule qui ne peut que plaire : de vrais bons petits plats goûteux et originaux, un chef seul en cuisine, une serveuse qui se démène, des rigolards qui mettent l'ambiance à la grande table, une famille à poussette qui aimerait pouvoir savourer peinarde sa côte de veau au piment d'Espelette. On les comprend, du savoureux, à ce point, ça devient rare. Le vendredi, c'est l'aïoli, comme dans le Midi. Sinon, menus et plats à l'ardoise, qui s'efface tous les jours. Il y a une terrasse sympa, mais c'est le temps et le chef qui auront le dernier mot. Pas de place si on n'a pas réservé, à moins d'aller prendre un verre (et même deux) à la Bastille à côté, pour patienter.

L'Épithèque *(plan B2, **24**) : 3, rue Pelleterie. ☎ 04-75-56-08-40. • contact@epitheque.com • Tlj sf dim-lun. Congés : fin juil-3e sem d'août. Plats à partir de 13 € au déj, menu 23 €, mix du chef 35-40 € le soir.* À deux pas de *Flaveurs,* son restaurant gastronomique, Baptiste Poinot a ouvert cet espace gourmand, plus décontracté. *Épithèque,* contraction des mots « épicurien » et « bibliothèque », est l'atelier de création où le chef teste les plats qui, pour la plupart, finiront sur la carte du gastro. Mais c'est aussi un lieu entre le bar à tapas et le bistrot chic. On mange accoudé au comptoir en bois ou aux quelques tables mange-debout.

Le Jack & Jill *(hors plan par B4, **26**) : 236, av. Victor-Hugo. ☎ 04-75-44-39-31. Tlj sf dim-lun et le soir mar-mer. Congés : 15 juil-15 août. Formule déj 17 € et menu 22 €, le soir 30 €. Digestif maison offert sur présentation de ce guide.* Autrefois propriétaire de *L'Âne en Ciment,* ce couple franco-irlandais s'est réinstallé ici après un long voyage. Son sérieux n'a pas tardé à faire revenir les habitués, même si cette adresse est un peu plus excentrée ! Sourire à l'accueil, déco contemporaine tout en couleur... Le tout au service d'une réjouissante cuisine sans frontières, avec toujours une spécialité d'outre-Manche (comme le *sticky toffee pudding, of course* !).

De chic à plus chic

André *(hors plan par B4, **28**) : 285, av. Victor-Hugo. ☎ 04-75-44-15-32.*

• *contact@pic-valence.com* • *Ouv tlj. Menu 32 € ; carte env 50 €.* Entre le Daily Pic, face au square Jouvet, et la table gastronomique Chez Pic, vous pouvez offrir à votre portefeuille un bon compromis dans cette adresse relookée dans un style graphique où prédomine le bois blond. Sur les murs de la salle, se succèdent des photos de la dynastie Pic. Quant à la cuisine, elle rend hommage au grand-père André qui avait posé ici ses casseroles : fidèle à ses classiques, mais délicieusement épurée et pleine de créativité.

l●l *L'Épicerie* *(plan C2,* ***27****) : 18, pl. Saint-Jean.* ☎ *04-75-42-74-46.* • *pierre.seve@free.fr* • *Fermé sam-dim et j. fériés. Congés : 10 j. début mai et 24 déc-18 janv. Formule déj 18 €, menus 24-51 €. Café offert sur présentation de ce guide.* Difficile d'imaginer l'ancienne épicerie dans ces belles salles veinées de poutres, compartimentées par des arcades en pierre et rehaussées d'éléments décoratifs contemporains. Alors on se concentre sur la cuisine de Pierre Seve, un vibrant hommage au terroir ciselé aux petits points. Aux beaux jours, en terrasse sur la petite place, face à la vieille halle, on trouve décidément Valence bien sympathique.

Où déguster de bonnes glaces ?

Pierre Chauvet *(plan B2,* ***49****) : 3, pl. des Clercs.* ☎ *04-75-55-47-78. Ouv tte l'année ; juin-sept, tlj 10h-minuit ; le reste de l'année, se renseigner.* Un des artisans glaciers qui s'appuie le plus sur les fruits et fleurs de la région pour composer sa palette de parfums : lavande, violette, noix-abricot, suisse, etc. C'est aussi un chocolatier, alors inutile de dire qu'on a craqué... trop souvent !

Où boire un verre ? Où sortir ?

En journée ? ***Place des Clercs,*** pardi ! Sans doute le coin le plus séduisant pour piocher parmi les belles terrasses orientées face au soleil, comme des tournesols. Sinon, le secteur de la ***place de la Mairie*** est une bonne alternative.

C'est entre la place du Général-Leclerc et la place de la République que l'on va prendre l'air du soir. Valence rassemble ici une poignée de bars, où l'on ira commenter l'excellente programmation du cinéma d'art et d'essai ***Le Navire*** (bd d'Alsace).

La Bastille *(plan B2,* ***41****) : 1, rue de l'Hôtel-de-Ville, à l'angle de la Grande-Rue.* ☎ *04-75-43-32-39. Tlj sf dim 8h30-1h (2h le w-e et en été).* Vous n'y couperez pas ! Car ce petit troquet mignon comme tout fait partie des étapes de choix dans la tournée des bars. D'abord, pour la situation stratégique de sa terrasse ; ensuite, pour l'atmosphère conviviale et fraternelle distillée par un joyeux patchwork d'artistes, d'étudiants et autres trentenaires décontractés. Personne à suspendre à la lanterne, en somme, mais idéal pour prendre le pouls de la ville.

L'Appart Café *(hors plan par B1,* ***42****) : 11, quai Thannaron, 26500* ***Bourg-lès-Valence.*** ☎ *04-75-42-96-65.* • *appartcafe.com* • *Tlj sf lun, à partir de la tombée de la nuit.* Café-théâtre orienté vers l'humour (programmation sur le site internet). Un concept. Mi-broc, mi-galerie d'art, ce bar insolite entasse les antiquailles comme un collectionneur chine l'objet rare. Du coup, les cocktails et le très beau choix de champagnes n'ont pas le même goût si on est assis dans un vieux Chesterfield ou dans un fauteuil de dentiste ! Accueil personnalisé et souriant, à l'image de l'atmosphère décontractée... Bienvenue dans un café « à part ».

Café Bancel *(plan C3,* ***40****) : 7, bd Bancel. ☎ 04-75-78-35-98. Tlj sf dim 9h-1h (2h le w-e et l'été).* Rien ne manque à la panoplie du *Bancel* : bar en céramique façon piscine, écran plat pour les clips, mobilier contemporain en harmonie avec une salle sophistiquée... Bref, le *Bancel* reste le *lounge-bar* tendance de Valence, malgré la concurrence de l'*Ernest,* là-haut, sur le toit des *Nouvelles Galeries.* Lui, il est accessible à tous.

Quant au ***Nautic,*** installé au cœur du port de l'Épervière *(hors plan par A4 ; chemin de l'Épervière ; ☎ 04-75-55-68-30),* il permet de découvrir une jolie vue des bateaux amarrés et, au loin, de la colline de Crussol, tout en étanchant sa soif, voire sa faim.

Où acheter un bon suisse ?

Pognes et Suisses Nivon *(plan C4,* ***48****) : 17, av. Pierre-Sémard (av. de la Gare). ☎ 04-75-44-03-37. Tlj sf lun 6h-19h30 (19h dim).* On vient de loin pour acheter ce biscuit parfumé à la fleur d'oranger et au citron, née au Moyen Âge, qui reste l'une des grandes spécialités gourmandes drômoises. L'histoire du *suisse* (qui monte la garde en vitrine) remonte à la toute fin du XVIIIe s : le pape Pie VI, prisonnier du Directoire, meurt en exil à Valence. Une boulangère décide de rendre hommage au saint homme en confectionnant un petit bonhomme en pâte sablée, parfumé aux écorces d'orange confite, reproduisant le costume (dessiné par Michel-Ange) des gardes suisses. Ce biscuit était à l'origine consommé le dimanche des Rameaux.

À voir. À faire

La place des Clercs *(plan B2-3)* **:** jolie place à l'ambiance méridionale, qui offre une belle vue sur le chevet de la cathédrale. Dès les premiers beaux jours, lorsque les platanes ont revêtu leur habit d'été et que les terrasses pointent le bout du nez, ça sent bon le Midi ! Le samedi matin et le jeudi midi s'y installe un grand et beau marché typique, animé et coloré.

La cathédrale Saint-Apollinaire *(plan B2-3)* **:** vraisemblablement édifiée entre les XIe et XIIe s (d'après la *Chronique des évêques de France,* qui attribue sa consécration au pape Urbain II en 1095). La cathédrale, passablement malmenée durant les guerres de Religion, fut largement remaniée au fil des siècles. Superbe chevet présentant une savante progression des volumes, des chapelles rayonnantes jusqu'au transept et au massif de la nef. Seul le clocher-porche, construit au XIXe s dans un style un peu hybride, rompt cette belle harmonie. Sous le porche de la porte latérale sud, beau tympan datant de la construction de la cathédrale (XIe s). Représentation du Christ en majesté et linteau avec scène de la multiplication des pains. Intérieur très pur. Remarquer, dans le chœur, le cénotaphe surmonté d'un buste de Pie VI, servant de reposoir au cœur et aux entrailles du pape mort à Valence en 1799. Chapiteaux décorés de feuillages ou de figures d'atlantes. Imposant maître-autel en marbre décoré de figures de bronze. Beau buffet d'orgue, de la seconde moitié du XVIIIe s, en noyer massif sculpté d'anges musiciens. Sortir par la porte latérale nord (linteau présentant des scènes de la vie de la Vierge et du Christ), pour se retrouver sur la place du Pendentif.

Le Pendentif (plan B2-3) : bâti dans la cour bordant le cloître détruit au moment des guerres de Religion, cet oratoire funéraire fut érigé en 1548 par le chanoine Nicolas Mistral. C'est l'un des premiers monuments de France à avoir été classés Monuments historiques, grâce aux bons soins de Prosper Mérimée. Il doit son nom à la technique architecturale qui permet, par l'insertion de formes triangulaires (les pendentifs) aux quatre coins supérieurs d'un édifice, d'implanter une voûte hémisphérique sur une base cubique (vous avez suivi ?).

ÇA LUI PENDAIT AU NEZ !

Ironie du sort : le Pendentif, monument funéraire du chanoine Mistral, fut vendu à la Révolution comme bien national et transformé un temps en... débit de boissons, où l'on ne buvait pas que du vin de messe ! Le chanoine a dû se retourner dans sa tombe !

Repasser sur le parvis de la cathédrale d'où l'on découvre un ***panorama*** impressionnant sur la basse ville, le Rhône, les ruines du château de Crussol au loin et les montagnes ardéchoises.

Le musée de Valence, Arts et Archéologie (plan B3) : *4, pl. des Ormeaux. ☎ 04-75-79-20-80. • musee-valence.org • Tlj sf lun, mar mat et j. fériés 10h-18h. Entrée : 5 € ; 8 € lors des expos temporaires ; réduc ; gratuit 1er dim du mois et jusqu'à 18 ans.*
Créé en 1850, le musée de Valence est installé depuis 1911 dans l'ancien palais épiscopal, au cœur du centre-ville. Un musée étonnant à plus d'un titre, qui mérite à lui seul un arrêt prolongé au cœur même d'une ville qui semble trouver naturel de posséder de tels trésors, au point de vouloir les garder pour elle. Il aurait suffi d'une passerelle jetée par-delà le boulevard en direction du parc Jouvet, juste en face, pour créer l'ouverture au grand public, un événement qui aurait rappelé à certains leur découverte du MUCEM à Marseille. Ici, pour des raisons autant politiques qu'économiques, on a préféré jouer la discrétion. Rien d'ostentatoire, juste un belvédère incongru que personne ne sait comment atteindre en arrivant dans la vieille ville : les indications sont rares, il faut se perdre dans les ruelles pour arriver à la porte de ce qui est pourtant aujourd'hui un des plus beaux musées de France.
Totalement revisités pendant sept années, le bâtiment et ses jardins, à eux seuls, ne manquent pas d'intérêt. Et on vous passe sous silence les sous-sols qui ont révélé des vestiges de l'époque romaine. Seul musée des Beaux-Arts en Drôme, il présente dans 35 salles d'exposition permanente une collection riche de plus de 20 000 œuvres. Un panorama à 360° de l'histoire de l'homme et des arts, de la préhistoire régionale à l'art contemporain.
Ce « musée des vues » ne cherche pas à vous en mettre plein la vue, pourtant, se contentant à tout instant de vous placer en perspective avec l'histoire, dans laquelle tous les artistes présentés sont inscrits, comme avec le paysage aux alentours qui leur donne du sens.
Ces jeux virtuels entre ville et collections vous entraînent, d'étage en étage, et selon l'humeur du temps, jusqu'à un intrigant belvédère planté face à la ville, où l'on peut prendre un bain de soleil, ou dans la pénombre de la salle des papiers peints, avec de très belles œuvres sculptées en lien avec les tapisseries baignant dans une lumière douce. On se perd, dans ces escaliers, ces bouts de couloirs débouchant sur d'autres temps, s'arrêtant au passage devant un retable de l'ancienne chapelle de l'évêque, ou le *Jugement de Pâris* de la salle André Lhôte, avant d'aboutir aux œuvres, très attendues, du fameux « Robert des ruines ».
Parmi les œuvres exposées figure en effet une exceptionnelle collection d'une centaine de peintures et dessins d'Hubert Robert (XVIIIe s), qui est la troisième collection au monde avec celles du musée du Louvre à Paris et du musée de l'Hermitage à Saint-Pétersbourg.

Le voyage s'achève au rez-de-chaussée, devant un immense *dolium* placé, ce n'est pas un hasard, près d'une fenêtre avec vue sur ce Rhône qu'il a bien connu. Libre à chacun d'imaginer comment ce géant, pouvant contenir jusqu'à 2 000 l d'huile d'olive ou de liquides divers, a pu arriver par bateau jusqu'ici...

Le Centre du patrimoine arménien *(plan C2-3)* **:** *14, rue Louis-Gallet. ☎ 04-75-80-13-00. • patrimoinearmenien.org •* ***Fermé pour travaux jusqu'en 2018.*** *Programmation hors les murs ; consulter le site internet.*

La maison des Têtes *(plan B3)* **:** *57, Grande-Rue.* Cet ancien hôtel particulier, siège aujourd'hui du *Service Pays d'art et d'histoire* (voir plus haut « Adresses et infos utiles »), fut construit vers 1530 pour le riche consul de Valence, Antoine de Dorne, avant d'échoir par alliance à Barthélemy de Marquet. Un certain Napoléon Bonaparte, jeune lieutenant d'artillerie, ami du fils Marquet, le fréquenta. Belle façade, au décor de style gothique flamboyant mêlé d'influences Renaissance. Au rez-de-chaussée, neuf figures en médaillon représentent les philosophes anciens ; au 1er étage, statues en demi-grandeur de la Fortune et du Temps. Sous la passe du toit, quatre grosses têtes joufflues symbolisent les vents.
Dans la cour, le style est plus sobre. Belle porte gothique abritée sous une galerie voûtée d'ogives (ainsi que des fenêtres ornées d'angelots et de lions ou autres personnages fantastiques). Allez admirer, sous la galerie, les quatre bustes sculptés des Pères de l'Église, et dans le corridor, les bustes en médaillon inspirés d'empereurs et philosophes antiques, qui valurent à cet hôtel particulier son nom de maison des Têtes.

La maison Dupré-Latour *(plan B2)* **:** *rue Perollerie. ATTENTION : accessible slt dans le cadre des visites organisées par le Service Pays d'art et d'histoire (voir plus haut « Adresses et infos utiles »).* Cet ancien hôtel particulier, qui doit son nom à ses derniers propriétaires, fut édifié vers 1522 pour la famille Genas, enrichie par le commerce du sel et proche du roi Louis XI. Bien cachée dans une petite cour intérieure, cette maison abrite pourtant un des fleurons de l'architecture Renaissance valentinoise : un escalier à vis avec tourelle, dont la porte d'accès est considérée comme une des plus belles de France ; rien de moins !

L'hôtel de ville *(plan C2)* **:** c'est en décembre 1894 qu'est inaugurée la nouvelle « maison de ville ». Caractéristique de l'éclectisme architectural du XIXe s et d'une époque où l'on voulait des mairies « grandes, belles et proclamatrices », le bâtiment est une juxtaposition de divers styles : imposante façade de style classique, beffroi et campanile comme on en voit dans le nord de la France, toiture polychrome de type bourguignon. Mais c'est à l'intérieur qu'il faut aller pour saluer, malgré leurs airs sévères, Maurice Clerc, Désiré Bancel et Madier-Montjau, anciennes figures politiques de la ville, avant de monter au 1er étage. De toute part, des plafonds à caissons peints, véritables panthéons des gloires locales et municipales, des fenêtres à vitraux, des planchers habilement composés, une belle cheminée monumentale d'inspiration néogothique ornée d'une mosaïque et encadrée de deux peintures murales célébrant l'Amour.

L'église Saint-Jean-Baptiste *(plan C1)* **:** édifice dont l'origine remonterait au IXe s. Comme tous les édifices religieux de la ville, celui-ci connut une histoire mouvementée, et de son architecture primitive ne reste aujourd'hui que le clocher-porche de style roman, surmonté d'un campanile. L'ensemble de l'église a été entièrement reconstruit au XIXe s et la décoration intérieure revue totalement. Le porche abrite les vestiges d'une dizaine de chapiteaux d'époque romane (lions montant la garde, feuilles d'acanthe, femme aux serpents, etc.). À l'intérieur, quelques beaux tableaux monumentaux dont une *Vierge à l'Enfant intercédant pour les âmes du purgatoire* du XVIe s et une *Mort de saint Joseph* du XVIIe s. Face à l'église, jolie halle datant de la fin du XIXe s. Le soir, un éclairage bien conçu met en avant la couleur de la pierre et la structure du bâtiment.

Le parc Jouvet *(plan A-B3-4) : entrée par l'av. Gambetta ou l'av. Maurice-Faure. Tlj, tte l'année : 7h-20h mai-sept, 8h-17h30 au plus dur de l'hiver.* Inauguré en 1905 par le président Émile Loubet, ce parc de 7 ha en plein cœur de la ville en est le poumon vert. Il abrite plus de 800 arbres aux essences rares et variées, labellisés « Arbres remarquables » et plantés au gré de jardins à la française ou paysagés. Jeux, petit train pour les enfants *(l'ap-m mer, w-e et vac scol)*, animalerie, canaux et bassins où s'ébattent les canards en font un lieu de promenade familiale bien agréable. Pour ceux qui sont véhiculés, parking gratuit côté berges, pratique puisqu'il suffit ensuite de traverser le parc pour accéder à la vieille ville.

Emprunter pour sortir du parc les vastes escaliers qui aboutissent sur la place du Champ-de-Mars et le joli ***kiosque Peynet*** *(plan B3)* qui offre une belle vue sur les montagnes ardéchoises et les ruines du château de Crussol. C'est ici qu'un soir de 1942, Raymond Peynet mit au monde ses fameux *Amoureux.* Parti de Paris pour rejoindre sa bien-aimée à Antibes, en l'attente de son train, le dessinateur désœuvré (et encore inconnu à l'époque) dirigea ses pas vers le Champ-de-Mars, attiré par le son de l'harmonie municipale qui répétait sous le kiosque. Le concert terminé, seule resta une belle jeune fille qui attendait patiemment qu'un petit violoniste eût fini de ranger son instrument. Cela fait, les deux amoureux s'enlacèrent avant de s'éloigner vers l'autre bout de la place. Séduit par la beauté de cette scène et de l'endroit, Peynet immortalisa le délicat pavillon et ses deux amoureux en une image qui fit ensuite le tour du monde, rendant internationalement célèbres son créateur et le kiosque valentinois.

UN BRASSENS TOUT PEYNET

Le dessin de Peynet, passé à la postérité en 1942, aurait inspiré à Brassens, 12 ans plus tard, un autre immense succès : Les Amoureux des bancs publics. *On passa ainsi du dessin muet au dessin chantant...*

➢ ***Balade le long des canaux :*** *itinéraire détaillé dans la brochure* Les Canaux, *disponible à l'office de tourisme. En juil-août, visite organisée par le Service Pays d'art et d'histoire, dim à 10h ; inscription par tél obligatoire (voir plus haut « Adresses et infos utiles »).* Rejoingnez le parking Chamfort. De là, découvrez au gré de votre promenade les quelques canaux aux noms évocateurs (canal des Malcontents, de la Grande-Marquise, de Californie...), concentrés dans ce quartier est de la ville et qui datent des Romains. Le nom même de Valence signifierait en celte « habitations pleines d'eau ». Utilisés autrefois pour alimenter les lavoirs, les moulins, les scieries et pour irriguer, ils s'étendent à ciel ouvert sur 17 km (40 km en comptant les canaux secondaires) et sont mentionnés par des itinéraires verts balisés avec des totems. Frais en été. À découvrir, vraiment.

Fêtes et manifestations

– ***Festival d'un jour :*** *en mars, sur... 6 j. Rens : ☎ 04-75-78-48-67. • lequipee.com •* Un festival de films d'animation de tous les pays pour adultes et enfants, présentés dans les cinémas de la ville. Programmé par l'association *L'Équipée,* internationalement reconnue. Les premiers jours mettent l'accent sur la participation du public sous forme d'ateliers pour petits et grands.
– ***Fête des canaux :*** *juin. Infos auprès de l'office de tourisme.*
– ***Festival Sur le Champ :*** *tt le mois de juil. Infos auprès de l'office de tourisme.* Spectacles variés dans différents lieux de la ville, essentiellement en extérieur : concerts, spectacles jeune public, visites nocturnes de la ville... Et tout est gratuit !

ÉTOILE-SUR-RHÔNE

(26800) 4 850 hab. *Carte Drôme, A2*

Situé à une dizaine de kilomètres au sud de Valence, ce gros village possède une histoire remarquable. Le bourg s'est développé dès le Xe s, autour d'un prieuré, puis de deux châteaux. Mais c'est à la Révolution qu'Étoile connaît son heure de gloire, quand, dans un hameau voisin, le 29 novembre 1789, une assemblée de 119 gardes nationaux de plusieurs communes des environs de Valence se réunit et prêta serment de fédération. Cette réunion, la première du genre en province, est considérée par les historiens comme le point de départ qui aboutit à la fête de la Fédération à Paris le 14 juillet 1790... Rien de moins !

Deux places ombragées de platanes, une grande rue bordée de jolies maisons en pierre, des ruelles recroquevillées au cœur d'anciens remparts, des fontaines et autres lavoirs, autant d'images pittoresques qui confèrent à la cité un charme mi-provençal, mi-médiéval.

Adresse utile

Office de tourisme : *45 bis, Grande-Rue. ☎ 04-75-60-75-14. • valencetourisme.com • Mar-mer et ven (plus jeu en juil-août) 10h-12h30, 13h30-17h ; sam 10h-12h30. Fermé 24 déc-4 janv.* Guide du parcours du patrimoine disponible. Expos temporaires.

Où dormir ? Où manger dans le coin ?

***Chambres d'hôtes de la famille* Chaix :** *La Mare, 3480, route de Montmeyran. ☎ 04-75-59-33-79. • la.mare@free.fr • la.mare.free.fr • À 3,5 km du village par la D 111b ; la ferme est sur la droite. Ouv tte l'année. Camping (Pâques-oct) 9 €. Double 64 €. Roulotte 2 pers à partir de 66 € la nuit. Également 3 gîtes 6 pers 440-600 €/sem suivant la saison.* Les parents ont ouvert leur maison d'hôtes il y a plus de 25 ans, avant de transmettre le goût de la formule à leur fille. On vous y réserve le meilleur accueil : des chambres chaleureuses et confortables, un petit déj de qualité servi l'été en terrasse à l'ombre d'un platane bicentenaire, des gîtes de caractère, sans oublier la roulotte de Marcel, fabriquée par lui... Idéal pour se ressourcer, la maison étant isolée en pleine campagne.

Valsoyo : *quartier Marcou, 26120* **Upie.** *☎ 04-75-60-58-06. • info@valsoyo.com • valsoyo.com • Résa longtemps à l'avance pour le w-e. Doubles 85-97 € selon saison ; également des familiales. Petit déj 9 €. Plateau repas le soir 17 €. Gîtes 2-4 pers 524-588 €/sem.* Un délire de grands voyageurs. Aussi bien les couleurs que l'agencement ou le choix des matériaux, tout rappelle, dans les 10 chambres, les pays visités par les créateurs de *Valsoyo* : la « Canada » fait la part belle au bois, la « Grèce » – déclinée en blanc et bleu –, se prolonge par une terrasse, la verte « Irlande » possède un bar, la « Japon » est forcément très zen, etc. Elles sont toutes immenses (« Tibet » est la plus vaste), dotées d'un coin salon. Et au-dehors, le rêve continue : multiples activités développées autour du plan d'eau (voir sur leur site).

Le Domaine du Tisserand : *chez Sabine et Bruno Huart, quartier les Garis, 26120* **La Baume-Cornillane.** *☎ 04-75-60-30-78. • bruno.huart@club-internet.fr • domaine-du-tisserand.fr • À env 2 km du village de La Baume en direction de Montvendre.*

Ouv mai-oct. Doubles 130-150 € selon saison. Au milieu d'un parc de 8 ha, cette demeure de charme avec le Vercors en toile de fond offre 5 chambres superbes... et 2 bulles, pour ceux qui ont soif de magie. Accrochées dans l'arbre ou posées sur le sol, les bulles, pour une nuit la tête dans les étoiles, sont tout aussi luxueuses et confortables que les autres chambres du domaine. Celles de la maison, toutes spacieuses, possèdent chacune un charme différent et de superbes salles de bains. Le domaine offre d'autres plaisirs et activités, parfois insolites, que vos hôtes, Sabine et Bruno, sauront vous faire partager (baptême en ULM, vol en montgolfière, balade en calèche...), sans oublier la magnifique piscine !

La Pangée : *107, le village, 26120* ***La Baume-Cornillane.*** *☎ 04-75-78-66-69. • resto.lapangee@orange.fr • Fermé dim soir, lun et mar soir. Menus 15 € (déj en sem), puis 28-38 €.* Au centre du village, près de la fontaine, avec une grande terrasse agréable aux beaux jours. Une bonne petite adresse de campagne, qui ne paie pas de mine à l'extérieur, mais où le chef sert une cuisine de qualité avec des produits frais, sans chichis.

À voir. À faire

La vieille ville : Étoile possède un patrimoine remarquable. Hormis les vestiges des remparts, on y trouve l'ancien *château des Poitiers* (XIe s), dont on peut voir une partie de l'ancien corps de bâtiment et, plus loin, sa *tour des Arbalétriers* (XIIIe s). Le château, aujourd'hui propriété privée, aurait vu naître et grandir la petite Diane (future favorite d'Henri II).

Fortement remaniée aux XVIIe et XVIIIe s, l'*église* (à la belle couleur ocre typique) a conservé les principales caractéristiques architecturales de l'art roman. Remarquer, au-dessus du portail nord, cette plaque de marbre, datée de 1244. Aymar de Poitiers, comte de Valentinois alors en guerre contre l'évêque de Valence, signa cette charte des Franchisés, se ralliant ainsi les Étoiliens en leur accordant franchise de tout impôt et autres redevances.

Sur le mur nord de l'église, on peut voir une rare mesure à grains datant du Moyen Âge. Un peu plus haut dans la Grande-Rue, une fontaine couverte d'une voûte de la même période.

➢ Agréable ***promenade*** à faire à pied depuis l'église en remontant par le chemin qui mène au sommet de la colline. Beau point de vue sur ce village aux allures provençales et sur la région avoisinante.

DANS LES ENVIRONS D'ÉTOILE-SUR-RHÔNE

Le jardin aux Oiseaux : *1795, route de Montoison, 26120* ***Upie.*** *☎ 04-75-84-18-71. • jardin-aux-oiseaux.com • À env 10 km d'Étoile par la D 444, puis la D 111 jusqu'à Montoison ; continuer sur la D 125, puis la D 342 jusqu'à Upie. Avr-sept, tlj 10h-18h (19h juil-août) ; hors saison, horaires variables (voir le site). Entrée : 14,50 € ; 10-13 ans 12,50 € ; 3-9 ans 10,50 €.* Ce zoo accueille plus d'un millier d'oiseaux dans des volières ou des enclos disséminés dans un parc de 6 ha, bien aménagé et soigné, tout comme les animaux, d'ailleurs. Des perroquets aux rapaces, des hiboux aux calaos, des flamants roses aux grues antigones, on rencontre ici plus de 200 espèces. Oiseaux d'Europe ou exotiques, un certain nombre d'espèces présentes participent à un programme de conservation. On trouve aussi une miniferme, une grande serre tropicale, et même des lamas. Un lieu où l'on passe facilement une bonne demi-journée, d'autant plus qu'on peut y rester déjeuner (bar-resto sur place), pique-niquer dans le parc et assister à des vols de rapaces ou de perroquets *(spectacles selon conditions météo ; avr-juin et sept, mer et w-e ; juil-août, tlj).*

La Baume-Cornillane : situé entre Crest et Chabeuil, ce village possède un joli clocher (temple-église réformée de France) aux tuiles colorées et les restes d'un site médiéval (accès à pied) dominant la vallée et les monts de l'Ardèche. Le village est considéré comme le centre de la Pangée (continent unique supposé avoir existé à la surface du globe il y a... ouuuh, avant son morcellement). Des roches situées dans le centre du village constitueraient un vestige de ce continent originel. Plus d'informations sur ce phénomène géophysique auprès de l'office de tourisme de Chabeuil (voir ci-dessous) ou celui de Valence.

LE NOMBRIL DU MONDE

D'après certains scientifiques, il y a 240 millions d'années, le village de La Baume-Cornillane n'était rien d'autre que... le centre de la Pangée, ce continent unique à l'origine des continents actuels ! Ah ! être le nombril du monde, un vieux rêve gaulois, non ?

CHABEUIL

(26120) 6 860 hab. *Carte Drôme, A2*

À l'est de Valence, la petite ville de Chabeuil surprend le visiteur qui tombe nez à nez sur sa porte monumentale, imposant porche carré et crénelé du XIIe s, quasi unique vestige d'une ville médiévale alors ceinte de remparts. Tout à côté, la mairie a des airs de petit palais en pierre au style néogothique-troubadour, surmonté d'un campanile inspiré du Palazzo Vecchio de Florence ! Et à l'occasion d'une agréable balade dans les vieilles rues, on tombe sur l'ancien hôtel particulier des princes de Monaco dans la rue de la Correcterie. Chabeuil, eh oui, est une ancienne cité monégasque ! Cédée aux Grimaldi en 1647 par Louis XIV, la ville restera propriété du Rocher jusqu'à la Révolution. On peut également emprunter la montée du Barda, pittoresque escalier couvert qui mène à l'église (construite à la fin du XIXe s). À gauche, la place du Four-Banal où les habitants venaient cuire autrefois leur pain et leurs caillettes. Car Chabeuil, c'est aussi cette fameuse *caillette,* petit pâté rond à base de viande de porc et de fines herbes, qui se mange chaude ou froide mais toujours avec délectation, ou encore ce gâteau à l'amande, à l'abricot et au miel, la *pangée.*

Adresse et info utiles

Office de tourisme de Valence Sud Rhône-Alpes : *4, pl. Génissieu. ☎ 04-75-59-28-67. • valencetourisme.com • Ouv tte l'année, tlj sf sam ap-m et dim (plus lun et sam hors saison) 10h-12h30, 13h30-17h.* Plein d'infos sur les visites et balades à faire dans le coin. Organise également des expos dans la porte monumentale. Accueil fort sympathique et disponible.

– ***Marché :*** *mar mat, pl. de la Poste.*

Où dormir ? Où manger à Chabeuil et dans les environs ?

Camping

Camping La Combe d'Oyans : *combe d'Oyans, 26300* ***Rochefort-Samson.*** *☎ 04-75-47-33-23. • lacombedoyans@gmail.com • lacombedoyans.com • À 13 km au nord-est de Chabeuil, puis à 1 km du village de Rochefort, sur la D 125 direction Hostun. Ouv mars-nov. Forfait 14-19,50 €*

selon saison. Chalets, mobile homes et gîtes 4-6 pers 290-495 €/sem. Petit camping (38 emplacements) bien équipé, très joliment situé au pied du Vercors. Grande piscine (ouverte en juillet-août seulement). Chalets installés en lisière de forêt et emplacements ombragés pour tentes et caravanes. Bon accueil par un couple de Bourguignons ayant décidé de changer de vie. Nombreuses randonnées (de 1h à une journée) au départ du camping. Aire de jeux pour les enfants et terrain de boules.

Bon marché

Café de la Poste : *2, pl. Général-de-Gaulle, à Chabeuil. ☎ 04-75-59-02-62. • nicolas-reinke@hotmail.fr • Tlj sf dim soir hors saison. Dim soir : pizzas uniquement, sur place ou à emporter. Menu déj en sem 13,50 € et carte env 23 €. Café offert sur présentation de ce guide.* Le *Café de la Poste*, c'est le troquet de village comme on les aime, bon et efficace ! Petite terrasse aux beaux jours si vous arrivez les premiers, sinon, salle cachée à l'arrière où se rassemblent les habitués. Formules simples, économiques et copieuses qui font mouche. Ambiance conviviale. Accueil souriant.

La Chênaie : *Les Batailles, 26120* **Ourches.** *☎ 04-75-60-31-69. • bernard.pelurson@dbmail.com • Entre Chabeuil (8 km) et Crest, indiqué le long de la D 538 ; suivre « Camping à la ferme ». À l'extérieur du village. Forfait camping env 10 € (dégressif à partir de 2 nuits). Double 40 €.* Geneviève et Bernard Pelurson ont aménagé un petit camping sur un beau terrain ombragé en contrebas de la ferme. On y croise d'ailleurs quelques oies et poulets que nos hôtes élèvent en plein air. Quant aux chambres, simples, elles ont comme principal avantage de cumuler les qualités de la chambre d'hôtes et celles du gîte : on y vit en totale indépendance, dans un genre de studio équipé d'un coin cuisine et doté d'une terrasse privative.

De prix moyens à chic

Chambres d'hôtes La Bouilhanne : *1, rue Pérollerie, à Chabeuil. ☎ 04-75-60-98-70. 06-14-31-24-99. • jl.duc@wanadoo.fr • labouilhanne.com • Ouv tte l'année. Double 75 €. Remise de 10 % sur présentation de ce guide.* 3 chambres au rez-de-chaussée de la demeure familiale avec chacune son style : celle « Côté jardin », ensoleillée, dispose d'un petit coin salon (qui peut se transformer en seconde chambre) et s'ouvre sur un jardin privatif. De l'autre côté, la « Marine », qui arbore fièrement ses tons bleus et blancs, permet aux cyclistes et motards de garer leurs deux-roues sous le porche. Cette chambre peut accueillir 4 personnes et donne sur un petit patio. Un très bon rapport qualité-prix-accueil.

Chambres d'hôtes La Source : *lieu-dit Combelle, route de Barcelonne, 26120 Chabeuil. ☎ 04-75-60-97-53. • alasource26@gmail.com • De Chabeuil, suivre « Barcelonne », puis prendre à droite la D 188 sur 2 km ; une fois au lieu-dit, au niveau d'un virage à droite, tourner 2 fois à gauche, c'est au bout. Ouv avr-oct. Chambre ou yourte 110 € pour 2 (2 nuits min) ; tarif dégressif à partir de 4 nuits. Repas sur résa (bio, végétarien et sans alcool) 22 €. Sirop maison ou tisane du jardin offert sur présentation de ce guide.* En pleine campagne, cette belle maison entièrement rénovée et repensée de façon écolo accueille tous ceux qui ont besoin de se ressourcer. Tout y contribue : le dépaysement des chambres thématiques (Océanie, Amérique du Sud...) ou de la yourte mongole en saison, la nature environnante, la piscine, les jeux pour enfants, les stages... Un endroit différent pour expérimenter des vacances autrement, dans un lieu exclusivement non-fumeurs, sans viande et sans alcool.

Hôtel du Commerce et du Parc : *26120* **Peyrus.** *☎ 04-75-59-80-08. • hotel.commerce.parc@orange.fr • hotelpeyrus.fr • Au cœur d'un village croquignolet, à 8 km à l'est de Chabeuil. Resto fermé mer (plus mar soir hors saison). Formules ½ pens 60 €. Menus 17,50 € (déj en sem)-30 € (dim). Apéritif offert sur présentation de ce guide.* Une véritable institution locale. C'est toujours la même famille qui dirige cette grande bâtisse depuis 1847 ! Atmosphère très vieille France, on s'en doute... Dans le parc, une piscine irrésistible en rentrant de balade. Quant à la cuisine, traditionnelle pour faire bonne mesure, elle emploie avec bonheur les produits de la ferme familiale.

Manifestations

– ***Rencontre entre les mondes :*** *1 sem début mars. ☎ 09-52-08-62-77.* Vous vouliez du décalé ? En voilà, de l'atelier de clown à la jam-session de jazz en passant par le cliché de votre plus belle grimace. Très (ré)créatif.
– ***Rencontres de la photo :*** *2ᵉ-3ᵉ w-e de sept.* Une trentaine d'expositions gratuites dans différents lieux.
– ***Foire à la caillette :*** *l'avt-dernier dim d'oct.* Grand marché des produits du terroir drômois avec, bien sûr, des fabricants de... caillettes.

DANS LES ENVIRONS DE CHABEUIL

À ***Peyrus*** (village qui doit son nom à d'anciennes carrières de tuf), remarquer la présence de deux jolies églises : l'une, au cœur du cimetière, date du XIIᵉ s ; l'autre fut construite par Louis XIV au XVIIᵉ s.

À partir de Peyrus, on quitte la plaine pour monter à l'assaut des ***monts du Matin,*** ces premiers rebords du Vercors. Superbe espace de nature préservée qui fera la joie des randonneurs et amateurs de VTT. En quelques kilomètres seulement d'une route superbe (la D 68), on passe des 300 m de la plaine aux 1 086 m du ***col des Limouches.*** Ne manquez pas de vous arrêter en chemin pour apprécier un point de vue remarquable sur la plaine et les vallées du Rhône et de l'Isère. Au col, possibilité le dimanche (14h-17h30 ; selon météo) de faire des provisions à la *charcuterie,* fameuse ici et maintes fois primée pour la qualité de ses jambons et autres saucissons. Sandwichs bien garnis et de qualité. Les autres jours (sauf lundi et mardi matin), rendez-vous directement à leur boutique de Châteaudouble.

Le musée de Madagascar : *av. de Provence, 26120* ***Montélier.*** *☎ 04-75-59-97-61. • museedemadagascar.com • À 3 km au nord de Chabeuil ; fléché « Palais de Madagascar ». Tlj sf dim mat et lun 10h-12h, 14h-18h30 ; janv-fév, 14h-18h slt. Fermé 25 déc-5 janv. Entrée : 6 € ; réduc, notamment sur présentation de ce guide. Visite commentée (1h30).* Ne ratez pas ce musée attachant, c'est le seul du genre en Europe ! Ce musée privé, qui ne bénéficie d'aucune subvention, a été créé par un couple de passionnés. Les nombreuses vitrines d'animaux et de minéraux, les reconstitutions colorées de scènes de vie (toutes réalisées par madame, comme les peintures murales), ou encore les collections d'objets artisanaux et de bois précieux, des sculptures du XIXᵉ s témoignent de leur amour pour cette île formidable.

LA DRÔME DES COLLINES

• Carte La région de Valence et la Drôme des collines *p. 255*

Au nord du département s'étend une région secrète et verte. Une région douce, au relief arrondi, vallonné, modelé par une longue érosion, étalant ses formes des pentes du Bas-Dauphiné à celles du Vercors, suivant à l'ouest le Rhône

et la plaine de l'Isère au sud qui ferment ses frontières. La Drôme des collines, c'est une terre parsemée de prés ou plantée de forêts, de vergers et de vignobles célèbres. La Drôme des collines, c'est une petite chapelle veillant fièrement sur des terrasses parsemées de fruits au délicieux nectar. C'est le grès tendre de la molasse, l'argile et ses galets qui marquent les villages. C'est un modeste facteur qui, de ces pierres, éleva son palais. C'est un coin où s'épanouit la religion, édifiant une grandiose collégiale à Romans et parsemant la campagne de petites et discrètes églises romanes. Moins brutale ou moins tapageuse que ses voisines du Vercors, du Diois ou de la Provence, c'est une Drôme des tendres sentiments, qu'il faut découvrir en prenant son temps.

ROMANS-SUR-ISÈRE (26100) 34 200 hab. *Carte Drôme, A1*

• Plan *p. 274-275*

Capitale et porte d'entrée de la Drôme des collines, Romans est une ville agréable qui a judicieusement développé ses atouts. À quelques minutes de Valence, elle tire largement son épingle du jeu grâce à une promotion touristique efficace, soutenue par une bonne desserte routière, autoroutière et ferroviaire. Capitale de la chaussure de luxe, elle a su relever la tête d'une industrie finissante, attirant les visiteurs avec les noms de ses grands créateurs, ses magasins d'usine et son très beau musée dédié à ses fameux souliers, joliment installé dans un ancien couvent. Mais la ville dynamique ne s'est pas arrêtée en si bon chemin : elle a également mis en avant son riche patrimoine historique et architectural. On pose sa voiture à deux pas du cœur de la ville, avant d'aller flâner dans les ruelles bordées d'hôtels particuliers coulant en pente douce vers les quais de l'Isère, puis d'entamer une plaisante balade le long des berges aménagées. On marquera une pause pour visiter la collégiale, chef-d'œuvre qui mêle à la fois art roman et style gothique. Romans est aussi la capitale de la *pogne* (brioche en forme de couronne) et des fameuses *ravioles* (carrés de pâte farcis au fromage), dont on se délectera avant d'attaquer un brin de shopping. Voilà bien une ville accueillante et séduisante.

UN PEU D'HISTOIRE

Au IXe s, saint Barnard, archevêque de Vienne, fonde une abbaye au bord d'un gué sur l'Isère. Un bourg se développe autour de celle qui deviendra bientôt collégiale, attirant en masse marchands et artisans. Menacé par la convoitise des seigneurs d'Albon au nord, des comtes de Valentinois et évêques de Valence au sud, le bourg s'entoure de ses premiers remparts au XIIe s. Un pont enjambe désormais l'Isère ; le commerce s'intensifie, une importante activité drapière se développe, assurant l'essor et la renommée du bourg, et l'enrichissement des chanoines qui perçoivent une taxe sur tout ce qui entre et qui sort de la ville. Au XIIIe s, l'abbé Bernin, grand bâtisseur, achève la construction de la collégiale, fait rebâtir le pont sur l'Isère, faisant ainsi sortir la ville de ses remparts. Mais la pesante tutelle du chapitre pèse sur les habitants qui, en 1280, finissent par s'insurger. Ils obtiennent ainsi confirmation de leurs libertés et maîtrise de leurs remparts, dont la construction s'achève lentement à la fin du XIVe s. C'est l'apogée de l'économie romanaise. Attirés par l'abondance des eaux et les nombreuses bêtes des proches plateaux qui leur fournissent les peaux, les premiers mégissiers et tanneurs s'installent. L'enrichissement et l'indépendance de la cité suscitent cette fois les convoitises du dauphin Humbert II, qui annexe la ville en 1342. Mais en 1349, en proie à de

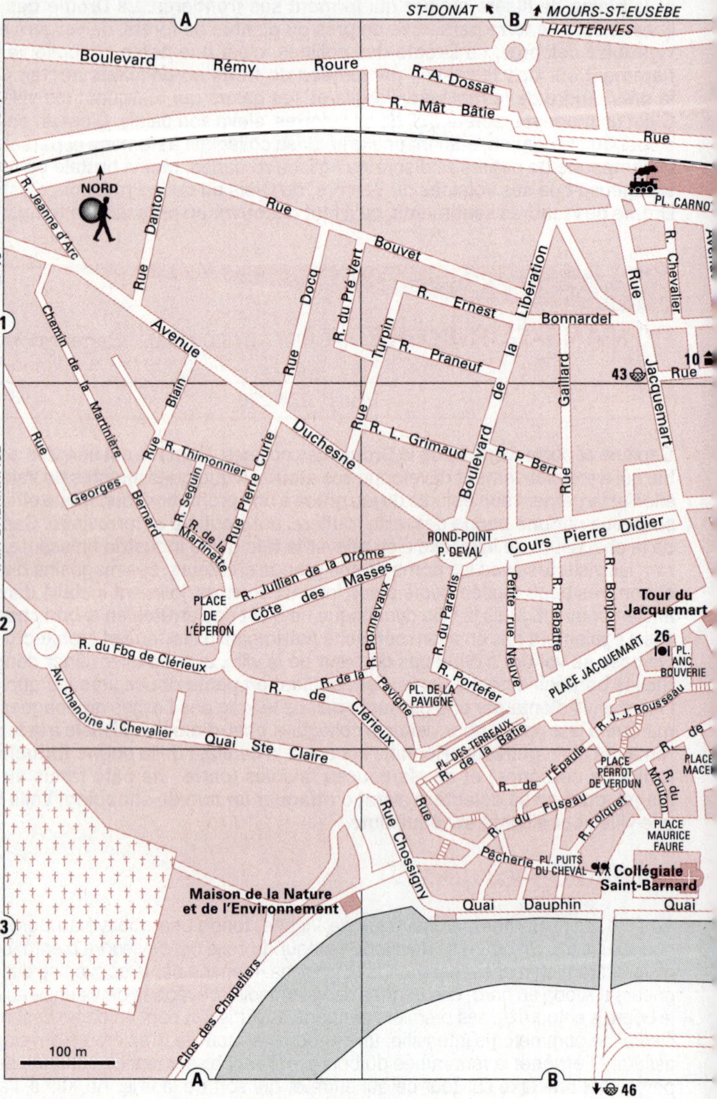

■ **Adresse utile**

ℹ Valence Romans Tourisme

Où dormir ?

10 Hôtel Magdeleine
11 Chambres d'hôtes La Passerelle
12 L'Orée du Parc
13 Chambres d'hôtes Au Rucher de Jabelin

Où manger ?

20 Le Bistrot Gourmand
21 Restaurant-café-théâtre La Charrette
22 Le Bar à Vin
23 Restaurant Mandrin

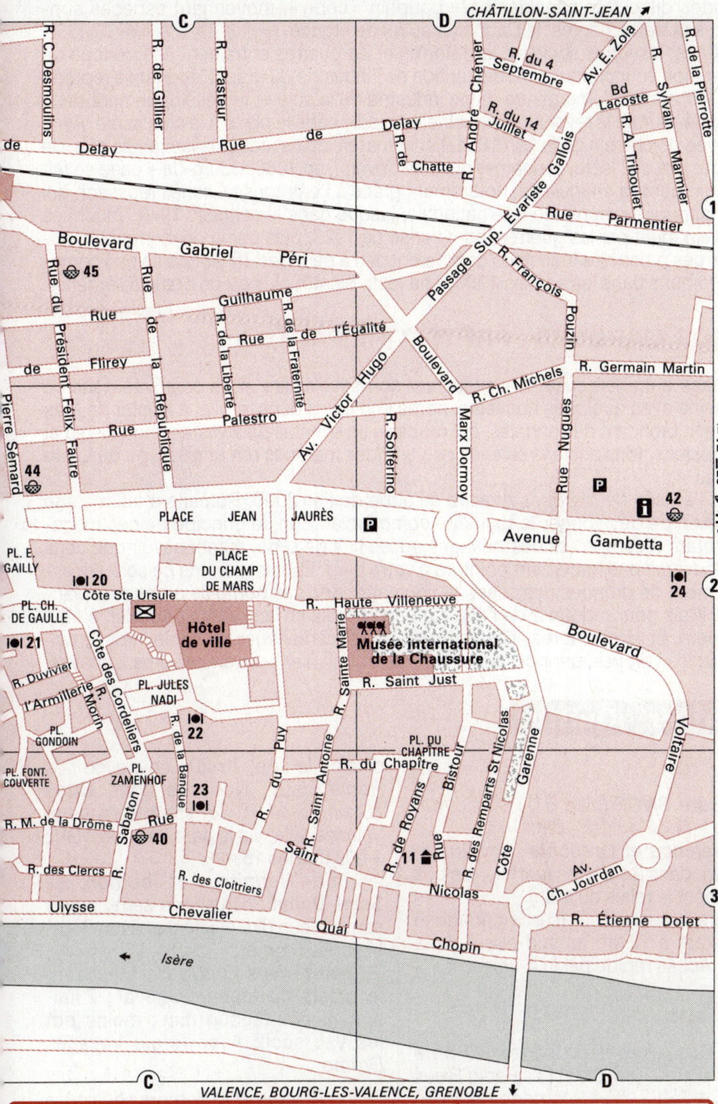

ROMANS-SUR-ISÈRE

24 Villa Margot
25 Il Diciotto
26 Nature Gourmande

Achats

40 Galerie Fanal
41 Les Ravioles de Saint-Jean
42 Marques Avenue
43 Boulangerie-pâtisserie Pierre Mourier
44 Maison Guillet
45 Les Ravioles de la Mère Maury
46 Le musée de la Pogne et boulangerie Pascalis

grandes difficultés financières, le dauphin « cède », moyennant espèces sonnantes et trébuchantes, le Dauphiné au roi de France.
Au XVIe s, les luttes sociales, la Réforme et les guerres entraînent une période de stagnation économique et la disparition de l'industrie du drap. L'économie reprend au XVIIIe s avec l'émergence d'une industrie de la soie et le développement de la tannerie. Durant la révolution industrielle, la soie cède la place à la chaussure. Avec l'arrivée du chemin de fer, en 1864, l'artisanat du cuir s'industrialise tandis que, de l'autre côté de l'Isère, le quartier qui était devenu, en 1680, Bourg-de-Péage se fait un nom dans la chapellerie, notamment grâce à l'entreprise *Charles Mossant,* qui connaîtra une renommée internationale, jusque dans les années 1970. Touchées de plein fouet par les guerres, par la crise de 1929, puis par la concurrence mondiale, ces prospères industries déclineront peu à peu. Des 35 fabricants que comptait Romans dans les années 1900, il ne resta bientôt plus qu'un grand *(Clergerie).*

À VOS MARQUES ! PRÊTS ? (RE)PARTEZ !

Romans a su heureusement préserver son savoir-faire et sa créativité dans ce domaine avec quelques nouveaux noms implantés dans la ville, à l'instar de Max Vincent, fabricant de sandales, qui mobilise un éventail de stylistes, modélistes et techniciens, tous anciens salariés des grandes marques romanaises, ou de Laure Bassal.
Avec l'arrivée de *Marques Avenue* à l'aube de l'an 2000, Romans a affirmé son ambition de développer le tourisme commercial. Bon, le principe de ces magasins étant d'écouler les déstockages ou les fins de série, autant savoir que vous ne trouverez pas forcément pointure à votre pied. Et puis, comme ce sont essentiellement de grandes marques, ne vous attendez pas non plus à des prix plancher. Mais pour redonner de l'allant à une ville qui se laissait un peu aller, c'était inespéré. Et 15 ans après, il ne restera plus qu'à aménager les boulevards, envahis par les voitures, pour permettre aux piétons d'user leurs chaussures... neuves.

Arriver – Quitter

En train

Gare SNCF *(plan B1)* **:** *pl. Carnot. Infos : ☎ 36-35 (0,34 €/mn).*
➢ ***Valence et Grenoble :*** env 20 liaisons/j. dans les 2 sens (parfois, les bus prennent le relais du train).
– Gare Valence-TGV (sur la commune d'Alixan) à 12 km au sud-ouest de la ville. Accès rapide par la 4-voies.

En bus

Bus *Régie Voyages Drôme (☎ 04-75-41-85-85)* et *Les Rapid'Bleus (☎ 04-75-02-75-11),* au départs de la gare SNCF. Liaisons avec :
➢ ***Valence (et Grenoble) :*** une bonne vingtaine de bus en sem et une petite dizaine le w-e, 7h-20h env, avec *Les Rapid'Bleus.* Nouvelle ligne *Citea (☎ 04-75-44-10-33)* entre Romans et Valence-ville, via la gare Valence-TGV : 1 bus ttes les 15 mn.
➢ ***Tain-l'Hermitage et Tournon, via Saint-Donat :*** 5 bus/j. en sem ; moins sam ; aucun dim et j. fériés. Avec *Régie Voyages Drôme.*
➢ ***Hauterives :*** pour aller découvrir le palais du facteur Cheval ; 2 liaisons/j. env (aucun dim ; moins pdt les vac scol). Avec *Régie Voyages Drôme.*

➢ ***Le Royans et le Vercors :*** quelques liaisons/sem avec La Chapelle-en-Vercors via Saint-Jean-en-Royans. Avec *Régie Voyages Drôme.*

Adresse et info utiles

Valence Romans Tourisme *(plan D2)* **:** *62, av. Gambetta. ☎ 04-75-02-28-72. • valenceromanstourisme.com • ♿ Ouv lun-sam tte l'année, plus dim* *mat mai-sept.* À l'entrée de l'ancienne caserne abritant aujourd'hui *Marques Avenue,* un office de choc assez chic. Infos sur les hébergements, plan de ville, manifestations, etc. Organise également des visites guidées d'avril à octobre. Accueil disponible et compétent.

– ***Marché*** *(plan B3)* **:** *ven et dim mat, pl. Maurice-Faure, derrière la collégiale.* Grand marché coloré et animé.

Où dormir ?

De bon marché à prix moyens

■ ***Hôtel Magdeleine*** *(plan B1,* ***10****)* **:** *31, av. Pierre-Sémard. ☎ 04-75-02-33-53. • contact@magdeleine-hotel.com • magdeleine-hotel.com • Doubles 55-60 € ; familiales 65-70 €.* Petit hôtel de centre-ville à l'ancienne mode. On apprécie son atmosphère conviviale et sa situation stratégique, à deux pas du centre et de la gare. Les chambres sont de bonne taille, agréables, bien tenues et rénovées (douche balnéo dans certaines salles de bains). Un excellent rapport qualité-prix.

■ ***Chambres d'hôtes La Passerelle*** *(plan D3,* ***11****)* **:** *5, rue Bistour. ☎ 04-75-70-54-68. • dalcapello@hotmail.fr • lapasserelle26.com • Ouv tte l'année, sur résa. Doubles 53-58 €. Table d'hôtes (à l'occasion) 25 €. Apéritif offert sur présentation de ce guide.* Un lieu et des occupants assez hors du commun. Du caractère, de l'originalité, cette ancienne menuiserie n'en manque pas. Si on adhère d'entrée, on se retrouve au calme, surveillé par le chat de la maison, dans une chambre zen à laquelle on accède par une passerelle à travers les arbres. Enfin, pas besoin d'être Tarzan pour ça ! Difficile de trouver plus original en plein cœur du centre historique de Romans. Belle cour intérieure.

■ ***Chambres d'hôtes Au Rucher de Jabelin*** *(hors plan par A1,* ***13****)* **:** *358 B, route des Jabelins. ☎ 04-75-02-36-97. • ruchjab@gmail.com • chambre-hote-drome.fr • À 3 km du centre, par la route de Tain (D 532) sur 2 km, puis à droite (panneaux) au niveau du centre hospitalier. Ouv juin-août. Double 72 €.* Le *Rucher de Jabelin,* c'est avant tout une vieille maison de famille réfractaire aux effets de mode. On dort dans un lit à rouleaux, on pose sa montre sur une table de chevet sans âge et on range ses affaires dans une armoire patinée. Et le rucher alors ? C'est pour faire référence à l'activité d'apiculteur des propriétaires. Au petit déj, dégustation de miel garantie ! Délicieux, comme l'accueil... et comme la piscine, une gourmandise en rentrant de balade.

De chic à plus chic

■ ***L'Orée du Parc*** *(hors plan par D2,* ***12****)* **:** *6, av. Gambetta. ☎ 04-75-70-26-12. • hotoree-parc@wanadoo.fr • hotel-oreeparc.com • Doubles 86-123 € selon confort et saison. Un verre de châtillon offert sur présentation de ce guide.* Dans une jolie maison de maître, à l'orée... de la ville. On ne peut pas la louper, elle est sur l'artère principale qui mène au centre... et à *Marques Avenue.* Rassurez-vous, les chambres sont dotées d'un double vitrage, et avec un peu de chance, vous bénéficierez, côté parc, du calme et de la fraîcheur (seules 2 chambres sur les 10 donnent sur l'arrière). Belles chambres, à la déco actuelle, haute en couleur et pimpante. Piscine.

Où manger ?

De bon marché à prix moyens

IOI ***Le Bistrot Gourmand*** *(plan C2,* ***20****)* **:** *10, pl. Charles-de-Gaulle. ☎ 04-75-72-50-08. • 3candice@hotmail.fr • Fermé lun-mar et le soir. Service déjeuner jusqu'à 15h. Formule 18,80 €. Café offert sur présentation de ce guide.* Attention, ne pas confondre avec *La Pause Gourmande,* le snack

LA DRÔME

sympa, certes, qui se trouve à 10 m ! Une adresse idéale pour le déjeuner ou le goûter, dans un endroit relax. Joli cadre intérieur comme extérieur avec sa façade vert pomme et sa terrasse haute en couleur pour lézarder au soleil en contemplant le Jacquemart. Formule toute simple mais efficace. Tartes aux légumes de saison, ravioles, délicieuses pâtisseries, tout est fait maison.

Restaurant-café-théâtre La Charrette (plan C2, **21**) **:** *15, pl. de l'Horloge. ☎ 04-75-02-04-25. • lacharretteromans@wanadoo.fr • ♿ Tlj sf dim et le soir des j. fériés. Menu 19,50 €. La Charrette,* c'est une institution locale qui ne manque pas de caractère (l'adresse a ouvert en mai 1968 !), un lieu « show » connu pour ses dîners-spectacles où l'on vient aussi dans la journée pour boire un verre en avalant un plat du jour ou un gratin de ravioles. Et vous pourrez profiter en terrasse d'un tout autre spectacle : celui de la plus jolie place de la ville.

Le Bar à Vin (plan C2, **22**) **:** *13, pl. Jules-Nadi. ☎ 04-75-70-47-32. • lebav@sfr.fr • ♿ Tlj. Congés : vac de Noël. Formules et menus 8,90-22,50 €.* Ici, on consacre beaucoup de temps à vanter les mérites de la dive bouteille. Mais pas seulement ! Car les flacons accompagnent une bonne cuisine de terroir, préparée avec soin et servie avec un réel effort de présentation. Le chef change la carte tous les mois. L'été, la terrasse est un plus appréciable ; l'hiver, tout le monde se rassemble avec bonne humeur dans la salle de bistrot. Une bonne adresse à l'écart des modes et de la circulation.

De prix moyens à chic

Restaurant Mandrin (plan C3, **23**) **:** *70, rue Saint-Nicolas. ☎ 04-75-02-93-55. Tlj sf dim-lun (hors saison, ouv dim midi). Congés : 3 sem en août et 1 sem entre Noël et le Jour de l'an. Résa conseillée. Plat du jour 12 €, formule déj 17 €, menus 25-46 €.* Cette belle demeure plusieurs fois centenaire abrite l'une des bonnes références de la vieille ville. Côté salle, pierres, poutres apparentes et mur à colombages participent à l'esprit rustique de la maison, qui se reflète dans la déco comme dans l'assiette. La cuisine soignée, traditionnelle et régionale, reste sans reproche, mais le petit plus, c'est de pouvoir, aux beaux jours, déjeuner ou dîner dans la « cachette » de Mandrin. Une cour d'hôtel particulier qui pourrait en raconter des choses...

Villa Margot (plan D2, **24**) **:** *57, av. Gambetta. ☎ 04-82-30-20-10. 📱 06-51-60-03-96. • contact@lavillamargot.fr • ♿ Tlj sf dim et le soir lun-mar, en continu de 8h30 jusqu'au dîner inclus. Menus 21 € (déj)-38,50 €. Parking.* Le jardin de cette ancienne maison bourgeoise est devenu un de ces coins cachés dont les visiteurs de *Marques Avenue* (juste en face !) ont vite trouvé l'entrée pour un déjeuner de soleil à prix non pas cassés mais tout doux. Car il ne faut pas se fier à la façade, cette *Villa* est plutôt bonne fille, et sa cuisine colle aux envies de l'époque. Chic et *frenchy.* Coin bar à cocktails, et salons pour boire un thé et avaler quelques gourmandises, dans la journée.

Il Diciotto (hors plan par D2, **25**) **:** *18, av. Gambetta. ☎ 04-75-05-28-45. • info@ildiciotto.fr • ♿ (y compris une place de parking). Tlj sf dim-lun. Carte 30-35 €.* À l'écart de l'agitation de *Marques Avenue,* un petit resto confidentiel qui propose des spécialités italiennes et dont la carte change toutes les 3 semaines. Pâtes *al dente* aux fruits de mer pour changer des ravioles de Romans, *vitello tonnato* pour changer des caillettes, osso buco remarquable... Tons bleu-gris et salle blanche, cour-jardin abritée des regards. Service qui fait lui aussi dans l'authentique.

Nature Gourmande (plan B2, **26**) **:** *37, pl. Jacquemart. ☎ 04-75-05-30-46. • naturegourmande@aol.fr • Ouv le soir mar-sam et le midi sam et j. fériés. Congés : 3 sem fin juil-début août et 8 j. à Noël. Menus 35-60 €. Digestif offert sur présentation de ce guide.* En plein centre historique, un resto pour amoureux (de la cuisine) tenu par un couple qui a tout compris : Pierre, au piano, assure côté saveurs et inventivité, tout en gardant une base terroir authentique. Bons produits, cuissons justes, mariages rassurants. Quant à Gwenaëlle, elle sait accueillir, servir avec le sourire, mais aussi préparer les desserts. Pas de bruits en salle, en dehors des soupirs d'aise des convives découvrant (ou finissant) leur assiette.

Où dormir ? Où manger dans les environs ?

Hôtel Les Vieilles Granges : *26600* ***Granges-les-Beaumont.*** *☎ 04-75-71-62-83. • info@vieilles-granges.com • vieilles-granges.com • ♿ À 4 km du centre, par la route de Tain (D 532) sur 3 km, puis à gauche (panneaux). Resto fermé dim soir, lun et mar midi. Doubles env 62-83 € selon confort et saison. Menus 20 € (midi en sem) et 35-50 €.* Perdues en pleine campagne, ces *Vieilles Granges* dominent l'Isère, à l'ombre des arbres fruitiers. Un amour de petit hôtel-resto avec une terrasse sous un énorme érable, où l'on prendra son petit déj aux beaux jours, ou un verre avant d'aller dîner dans une salle très cocooning, aux jours gris. L'environnement est exceptionnel et la table une des plus savoureuses, des plus inventives de la région. Les chambres, elles, sont assez petites mais récentes et de très bon confort. Une étape bucolique autant que gourmande, idéale donc pour qui recherche le calme de la campagne à deux pas de la ville.

Chambres d'hôtes La Maison Forte de Clérivaux : *26750* ***Châtillon-Saint-Jean.*** *☎ 04-75-45-32-53. • contact@clerivaux.fr • clerivaux.fr • À 10 km à l'est de Romans par la D 123. Dans le village de Châtillon, prendre la direction de Parnans sur 1 km, puis à gauche direction Saint-Michel et suivre les panneaux. Fermé 2 janv-2 avr. Double 65 €. Appart 4-5 pers 490 €/sem.* Dans un beau vallon isolé, une maison forte du XIIIe s et ses belles dépendances. Un lieu enchanteur et hors du temps, avec son jardin médiéval entretenu avec amour. Les chambres ne sont pas en reste, meublées d'ancien et dotées de salles de bains coquettes. Un vrai coup de cœur, vous l'aurez compris !

La Table de Chatu : *2, pl. Saint-Apollinaire, 26300* ***Chatuzange-le-Goubet.*** *📱 06-50-00-54-06. À 5 km au sud-ouest de Romans. Ouv le midi mer-dim, et le soir jeu-sam. Menu-carte 33-37 €.* Dans le village de Chatuzange, ce restaurant au cadre tout simple mais chaleureux, avec sa terrasse blottie contre l'église aux beaux jours, offre au visiteur, surpris, une cuisine faisant tout à la fois dans le local, l'inventif et le généreux. Accueil tonique. L'épouse bulgare de Christophe vous proposera de faire votre choix sur la grande ardoise plantée au milieu de la salle. Service tout en simplicité.

La Chapotière : *453, rue des Deux-Clochers, 26750* ***Montmiral.*** *☎ 04-75-45-15-12. 📱 06-60-66-71-13. • lachapotiere@orange.fr • lachapotiere.com • À 15 km au nord-est de Romans. Double 110 € (2 nuits min en juil-août). Table d'hôtes 30 €.* Un mélange savant de luxe, d'informel, de charme, de rustique, de contemporain, de brut et de raffiné. En été, on peut même séjourner sous les toits, dans un atelier d'artiste. Produits locaux et pains maison à la table d'hôtes. Petit déj servi à toute heure, au jardin ou au coin du feu, selon la saison. Dans la journée, détente assurée dans le salon extérieur ou auprès de la piscine chauffée.

Chambres d'hôtes Les Pascals : *80, chemin du Stade, 26750* ***Saint-Paul-lès-Romans.*** *☎ 04-75-71-41-05. 📱 06-63-44-79-56. • dingdong@lespascals.com • lespascals.com • Ouv tte l'année. Double 55 €, familiale 75 €. Table d'hôtes (slt en saison et sur résa) 19 €. Garage fermé. Remise de 10 % sur le prix de la chambre sur présentation de ce guide.* Une belle maison de village en pierre avec son gros portail en bois lie de vin, qui ouvre sur un adorable petit jardin clos. 4 chambres de bon confort, dont une familiale. Celles de l'étage ont chacune un charmant petit balcon qui donne sur le jardin. Plusieurs espaces communs pour se poser, comme la grande pièce au rez-de-chaussée, le salon-bibliothèque à l'étage, la mezzanine avec hamacs ouverte sur le jardin et, bien entendu, le jardin avec sa tonnelle pour les repas l'été. En plus, très bon accueil de Pascale et Pascal !

La Cassolette : *chemin du Devienne, Les Revols, 26540* ***Mours-Saint-Eusèbe.*** *☎ 04-75-02-55-71. • restaurant-la-cassolette@bbox.fr • À 2,5 km du centre de Romans ; juste avt Mours, tourner à droite vers la Z.I. Ouv le midi lun-ven, plus ven soir. Congés : août. Résa souhaitée. Formule 13 €, menus 15,20-38 €. Café offert sur présentation de ce guide.* Restaurant installé sur la rocade ; pas très glamour donc ! Mais qu'on se rassure, la salle donne sur l'arrière, côté verdure, où se cache une belle terrasse. Grand choix de menus pour une cuisine traditionnelle de bonne tenue. Carte des vins bien fournie.

L'Auberge des Voyageurs : *au village, 26750* ***Montmiral.*** *☎ 04-75-02-29-27. • aubdesvoyageurs@bbox.fr • À 15 km au nord-est de Romans. En saison, tlj sf lun ; dimmer hors saison. Congés : janv. Formule et menu du marché (déj en sem) 13 €-14,90 €, menus 23,90-31,50 €, carte env 23 €. Apéritif ou café offert sur présentation de ce guide.* Un troquet de village, relooké. Une jolie terrasse accueillante dans la rue et, sur l'arrière, une terrasse panoramique avec vue sur le Vercors. À table, des produits du terroir, cuisinés maison ou en provenance des producteurs locaux. Une cuisine simple mais savoureuse : terrines, cuisses de grenouilles (sur résa), plats en cocotte et menu du jour ; pogne maison le week-end.

Achats à Romans et dans les environs

Bien sûr, il serait dommage de ne venir à Romans que pour ça, mais il ne faut pas oublier que l'on peut aussi y faire provision de chaussures, de sacs ou autres articles dégriffés dans les magasins d'usine de la ville ou de Bourg-de-Péage, sa voisine.

Chaussures et accessoires

Galerie Fanal *(plan C3,* ***40****) : 57, rue Saint-Nicolas. Boutiques tlj sf dim 10h-12h30, 14h-19h (lun, l'ap-m slt ; sam journée continue).* On y trouve de nombreuses enseignes surtout spécialisées dans la chaussure et la maroquinerie de luxe.

Ne pas oublier les ***boutiques et autres magasins d'usine*** dans la côte des Cordeliers, autour du Jacquemart et en périphérie.

Prêt-à-porter

Marques Avenue *(plan D2,* ***42****) : 60, av. Gambetta. ☎ 04-75-05-85-29. • marquesavenue.com • Tlj sf dim 10h-19h.* Même principe qu'à Roubaix ou Troyes, mais ici, on a soigné l'environnement et l'accueil. 150 grandes marques éclatées dans une ancienne caserne joliment et intelligemment relookée par Wilmotte, plutôt pas mal comme résultat. Certains bronzent dans les transats ou boivent des verres, jouent avec les enfants sur la pelouse tandis que leur moitié (cela dit sans préciser le sexe) prend son temps pour visiter les magasins de prêt-à-porter, accessoires, linge de maison, bagages, etc.

Plaisirs de bouche

Romans, c'est aussi la capitale de la *pogne,* cette délicieuse brioche aromatisée à la fleur d'oranger dont l'origine remonte au Moyen Âge, et du *saint-genis,* de même conception que la pogne mais parsemé de pralines. Sans oublier les *ravioles,* ces petits carrés de pâte farcis de fines herbes et de fromage frais, spécialité du Royans.

Le musée de la Pogne et boulangerie Pascalis *(hors plan par B3,* ***46****) : 86, rue Jean-Jaurès, 26300* ***Bourg-de-Péage*** *(il suffit de traverser le pont, à pied ou en voiture). ☎ 04-75-02-08-46. • pascalis.com • Boulangerie ouv tlj sf dim ap-m et lun ; visite guidée de l'atelier possible ; se renseigner.* Tous les secrets de la fabrication dévoilés entre un fournil en pleine activité et une vidéo retraçant l'épopée familiale. Et vous verrez qu'au fond, il n'y a pas vraiment de secret mais du beurre frais de la ferme, des œufs de poules qui courent et de la bonne farine de blé tendre en provenance du dernier moulin drômois... sans oublier le coup de main (et de coude !) et quelques gouttes de fleur d'oranger... Hmm !

Boulangerie-pâtisserie Pierre Mourier *(plan B1,* ***43****)* **:** *39, rue Jacquemart. ☎ 04-75-02-32-29. Tlj sf dim ap-m et lun.* Une des plus vieilles maisons à fabriquer la célèbre pogne... et une des plus réputées. Fabrication artisanale et savoir-faire sans reproche !

Maison Guillet *(plan C2,* ***44****)* **:** *76, pl. Jean-Jaurès. ☎ 04-75-02-26-80. • guillet.com • Tlj sf lun mat.* Le maître chocolatier de la ville. Délicieux chocolats, entremets et glaces...

Les Ravioles de la Mère Maury *(plan C1,* ***45****)* **:** *38, rue du Président-Félix-Faure. ☎ 04-75-70-03-59. • raviolesmeremaury.com • Tlj sf dim ap-m 8h (9h dim-lun)-12h30, 14h-19h.* Une des plus anciennes fabriques de ravioles, fondée en 1875. Boutique annexe à Bourg-de-Péage.

Les Ravioles de Saint-Jean *(hors plan par D2,* ***41****)* **:** *44, av. des Allobroges. ☎ 04-75-05-83-80. • raviole.com • À la sortie de Romans en direction de Saint-Paul, dans la contre-allée, entre* McDo *et* Leclerc. *Lun 9h-12h, 13h30-19h ; mar-sam 9h-19h.* Vente directe de l'usine, qui se trouve juste derrière, de ravioles, quenelles, pâtes fraîches et autres produits fabriqués ici. Les ravioles de Saint-Jean ont obtenu le Label Rouge.

LA DRÔME

À voir

***Le musée international de la Chaussure** *(plan C-D2)* **:** *rue Bistour, portail Roger-Vivier. ☎ 04-75-05-51-81. ♿ Mar-sam (et lun en juil-août) 10h-17h (18h mai-sept), dim et certains j. fériés 14h30-18h. Fermé 15 j. après Noël. Entrée : 6 € ; 4 € sur présentation de ce guide ; gratuit jusqu'à 18 ans et le 1er dim du mois (hors juil-août). Loc d'audioguides 2,50 €.*
Installé depuis 1971 dans l'ancien couvent de la Visitation, construit du XVIIe au XIXe s. Bel ensemble architectural italianisant, entouré d'un vaste jardin clos qui abrite un musée bien riche.
Un brin d'infos pratiques pour commencer la visite (outils, machines, formes, documents) avant de remonter le temps et les escaliers pour 4 000 ans d'histoire à travers les cinq continents sur les pas, au sens strict, de ceux qui semblent avoir toujours trouvé chaussure à leurs pieds, quelle que soit la taille de ceux-ci. De la Chine du *Lotus Bleu* aux contes de notre enfance *(Cendrillon, Le Chat Botté)*, notre imaginaire se trouve confronté ici à une réalité tour à tour fascinante, réjouissante ou angoissante.

Ces femmes qui abusaient de la chopine

C'est toute l'histoire de l'humanité chaussée que nous (ra)content, dans les anciennes cellules monastiques, près de 300 pièces rarement vues jusqu'alors, comme d'antiques sandales égyptiennes en fibres de papyrus du Nouvel Empire (de 1500 à 1085 av. J.-C.), ou des patins à la « poulaine », grossières semelles de bois surélevées plus ou moins longues selon le rang social. Celles-ci permettaient de ne pas se salir les pieds dans les rues boueuses du Moyen Âge, mais il était interdit de les porter dans les églises en raison du bruit qu'elles faisaient.
Ce n'étaient pas les hommes mais les femmes qui avaient tendance à abuser des chopines, particulièrement portées par les Vénitiennes de la Renaissance mais raillées par beaucoup d'hommes, à commencer par Shakespeare. Il faut dire que ces « chaussures », qui mettaient les femmes sur un piédestal, pouvaient atteindre jusqu'à 54 cm. Chaussées ainsi, difficile pour elles de s'exercer à la danse, quoique... certaines y arrivaient très bien, grâce à leurs coachs de l'époque (deux serviteurs pour aider à les mettre, à marcher, et un maître de ballet pour apporter la touche gracieuse).

Des bottes de sept lieux aux bottines des Chinoises

Difficile de ne pas remarquer aussi ces bottes de mousquetaires, très à la mode au XVIIe s, qui devaient être assez lourdes à porter. Et que dire de ces bottes de postillon (les fameuses « bottes de sept lieues ») pesant plus de 4 kg ! Quelques pièces rares, comme ces souliers portés par la marquise de Pompadour, cette pantoufle ayant été chaussée par Napoléon Ier et ces bottes de cuir brodées d'argent aux initiales du jeune prince Eugène Louis Napoléon Bonaparte (fils unique de Napoléon III et de l'impératrice Eugénie).

Il faut prendre le temps d'aller d'une cellule à l'autre, traverser le couloir pour passer des Balkans à l'Inde, du Japon à l'Afrique, avec un détour par La Mecque ou l'Amérique du Nord. Beaucoup de pièces rares à côté desquelles vous ne devez pas passer, des « patins de bain » de la Turquie ottomane aux sandales de fakir en bois hérissé de clous (si, si !), des minuscules bottines portées par les Chinoises aux pieds bandés, vision assez insoutenable, aux bottes mongoles en peau de requin, etc.

– En redescendant, place aux créateurs du XXe et XXIe s : Andrea Pfister, Carlo Pompéi, bottier de la scène et de l'écran, Sarkis der Balian, Hellstern et tant d'autres. Très belle vitrine présentant le travail des « créateurs insolites » avec des pièces très... surprenantes (chaussures fétichistes qui vous feront marcher l'imagination !). Le fonds est si riche (plus de 20 000 pièces !) qu'on le fait tourner régulièrement.

Balade dans la vieille ville

Compter une bonne petite heure pour partir, depuis le musée de la Chaussure ou l'office de tourisme, à la découverte d'un centre historique joliment restauré, aux allures moyenâgeuses et composé d'un dédale de petites côtes et ruelles, d'escaliers anciens, à l'atmosphère romanesque, surtout à la nuit tombée. N'oubliez pas de demander à l'office de tourisme le guide gratuit de visite de la ville.

➢ Départ de la ***tour Jacquemart*** *(plan B2).* Symbole de la ville, cette horloge à automate fut installée en 1429 dans une porte des premiers remparts devenus inutiles. Cette tour en pierre du XIIe s, qui fut intégrée à la forteresse Montségur (propriété du chapitre de Saint-Barnard), servit de cachot jusqu'en 1835 ! Après avoir changé de look plusieurs fois au gré des événements (lancier polonais à l'époque napoléonienne, troubadour, puis gendarme au XIXe s), Jacquemart revêt, depuis 1910, l'uniforme des Volontaires de 1792. Témoin de la mémoire des habitants, le plus vieux des Romanais domine toujours avec prestance les rues de la vieille ville, du haut de ses 37 m.

SI J'AVAIS UN MARTEAU

Au XVe s, les consuls de Romans décidèrent d'asseoir leur pouvoir civil face au clocher de la collégiale tenue par les chanoines. L'automate frappant les heures dans la tour de Jacquemart fut baptisé par le peuple « Jacques » (surnom donné aux paysans) « Marteau » (parce qu'il sonnait la cloche avec un...). Le nom, à l'usage, se raccourcit pour devenir tout simplement « Jacquemart ».

➢ En descendant la ***rue Jacquemart,*** deux façades anciennes, l'une de style Renaissance, l'autre gothique, mais très abîmées.

➢ Un peu plus bas sur la droite, au 18, ***rue de l'Armillerie,*** l'hôtel particulier Nugues, avec son portail en plein cintre orné de pointes de diamant, mérite le coup d'œil ; si, par chance, la porte est ouverte, vous pourrez y voir une belle loggia à balustres, de style Renaissance italienne. Un peu plus loin, l'ancienne maison commune, fermée par une belle porte en bois massif de la fin du XVIIe s.

➢ Continuer tout droit. À l'angle de la ***rue du Fuseau*** *(plan B3)* et de la ***rue Pêcherie,*** belle maison du XVe s avec étage en encorbellement sur angle. En remontant la rue Pêcherie, on aboutit à l'***escalier Josaphat*** (escalier couvert daté du XVe s) qui descend au ***quartier de la Presle*** et aux ***quais*** bordés des anciennes maisons des tanneurs. Remarquer, sous les toits, ces galeries à claire-voie en bois : ouvertes à tous les vents, elles servaient à l'étendage des peaux.

➢ Rejoindre la collégiale et la ***place Maurice-Faure,*** bordée de beaux hôtels particuliers construits aux XVe-XVIe s. Sur le chemin, la jolie ***place du Puits-du-Cheval*** avec sa fontaine. Plus loin, remarquer, au-dessus de la librairie *La Manufacture,* l'ancienne demeure d'Humbert II, qui vendit en ce lieu le Dauphiné au roi de France en 1349. Au n° 24, l'*hôtel Duport-Roux,* de la première moitié du XVIe s. Propriété de la famille du même nom, qui compta le premier maire élu de Romans en 1790. Si la porte est ouverte, voir le bel escalier en tourelle éclairé de cinq baies géminées.

LE DAUPHIN NAGE DANS LA PROSPÉRITÉ

Au XIVe s, le comte d'Albon, portant le titre de « dauphin », était à la limite de la ruine, et sans descendant. Pour assurer un devenir à son territoire, il conclut un rémunérateur traité d'allégeance avec le royaume de France. Le Dauphiné revint ainsi au fils aîné du roi... d'où le titre de dauphin qui colla à la peau de l'héritier de la couronne de 1349 à 1789. Le dernier dauphin disparut dans les filets de la Révolution.

LA DRÔME

★★ ***La collégiale Saint-Barnard*** (plan B3) : *l'association des Amis de Saint-Barnard et du calvaire des Récollets propose des visites commentées en été. Rens auprès de l'office de tourisme ou au ☎ 04-75-72-43-58. Visite guidée : 5 €. Juin et sept, concerts d'orgue gratuits, en principe sam à 17h30.*
Au bord de l'Isère s'élève le monument le plus ancien de Romans : l'imposante collégiale, à l'origine de la création de la ville. De la première église, construite au IXe s par l'archevêque de Vienne, objet de plusieurs destructions et reconstructions, il ne reste rien. L'ensemble architectural que l'on voit aujourd'hui, édifié entre le XIe et le XVe s, est un mariage entre art roman (partie basse de la nef) et style gothique (partie supérieure). La partie romane de l'église, restée inachevée, se perçoit cependant dans ses colonnes ornées de beaux chapiteaux sculptés de feuillages stylisés ou de personnages. Les fenêtres et les voûtes de la nef sont gothiques, de même que le transept et le chœur. Triforium comptant pas moins de 160 arcades. Remarquer les fresques du chœur, harmonieux mélange de couleurs représentant les apôtres et de superbes motifs géométriques. Ces peintures murales datent du XIVe s. Nouveaux vitraux sur le thème de l'Apocalypse, réalisés en 2000 par l'architecte allemand George Ettl.
Sur le bas-côté droit, la *chapelle du Saint-Sacrement* abrite la tenture brodée du *Mystère de la Passion.* Ces neuf panneaux monumentaux constituent un spécimen unique de l'art de la broderie du début du XVIe s. Sous une arche près de l'entrée, fresques présentant, l'une, l'entrée d'Humbert II à Romans, l'autre, son entrée à Avignon (l'une des plus anciennes représentations du palais des Papes). Émouvante *Vierge à l'Enfant* en bois peint du XVIe s et *Mise au tombeau* en bois polychrome du XVIIIe s.
Sur le bas-côté gauche, la *grande sacristie* abrite de jolies boiseries du XVIIe s, avec volutes et anges en médaillon, servant d'écrin aux reliques de saint Barnard et à la mule du pape Pie VI, de passage à Romans lors de son exil forcé de 1799 (lire à Valence « Un peu d'histoire »). Également une belle collection de vêtements liturgiques, un antiphonaire (recueil des chants de l'office) de la fin du XVIIIe s et, bien cachée sous ses panneaux de bois, une peinture murale de la Cène du début du XIVe s.
Attention, la chapelle du Saint-Sacrement et la sacristie ne sont ouvertes qu'à l'occasion des visites guidées.

➢ Au fond de la place, on aboutit sur la petite ***place aux Herbes.*** Prendre le passage. À l'angle de la ***rue des Trois-Carreaux,*** voir l'*hôtel de Clérieux* (ancien hôtel de la Monnaie, ce qui explique son architecture plutôt massive), qui hébergea deux rois de passage, Louis XII et Henri III. Plus loin, la ***tour des Poitiers,*** donjon du XIe s établi par la famille de Clérieux pour affirmer son pouvoir face au chapitre de Saint-Barnard.

➢ Poursuivre par la ***rue des Clercs*** *(plan C3).* Au n° 5, maison de style Renaissance italienne, avec loggia visible depuis la grille d'entrée. Un peu plus loin, l'*hôtel Dochier,* au vaste couloir couvert d'une voûte en ogive aboutissant à une petite cour, qui abrita l'une des premières fabriques de chaussures de la ville.

➢ En remontant la rue Sabaton, on aboutit ***rue Saint-Nicolas.*** Au n° 70, belle façade de style Renaissance avec fenêtres à meneaux. Dans cet ancien hôtel particulier d'une riche famille de drapiers, on raconte que Mandrin, le bandit de grand chemin, venait retrouver sa maîtresse et qu'il y aurait peut-être caché un de ses trésors (jamais retrouvé...).

➢ Prendre à gauche la rue de la Banque, qui débouche sur la ***place Jules-Nadi*** *(plan C2).* L'*hôtel de ville* occupe l'emplacement d'un ancien couvent de frères franciscains. C'est ici qu'entre le 1er décembre 1788 et le 16 janvier 1789 se déroulèrent les États du Dauphiné, prélude à la Révolution française. Joli kiosque sur la place. Traverser celle-ci pour découvrir le discret ***square Marcel-Carné*** avec son petit escalier qui remonte sur la rue et rejoint la ***place du Champ-de-Mars.***

Pour ceux qui veulent aller encore plus loin

➢ ***Balade à vélo au fil des berges de l'Isère*** *(véloroute Voie verte Vallée de l'Isère) :* entre Châteauneuf-sur-Isère et Saint-Nazaire-en-Royans. En tout, 42 km alternativement sur les rives droite ou gauche de l'Isère, tantôt en zone plus urbaine et tantôt dans la campagne, pour découvrir de plus près la faune et la flore particulièrement riches des berges de l'Isère : le corbeau freux, le héron cendré, le cygne tuberculé, la poule d'eau, la sarcelle (à l'automne), etc.

Le bois des Naix : *à **Bourg-de-Péage,** à la sortie de la ville direction Valence. Mai-sept, ouv 7h-21h ; hors saison, 9h-17h30. GRATUIT.* Douze hectares de verdure traversés par le ruisseau le Charlieu. Arbres centenaires, jeux pour enfants, parcours de santé et d'orientation.

Le calvaire des Récollets : *av. Berthelot, route de Tain, en sortie de ville. Visites organisées par l'association des Amis de Saint-Barnard, sur rdv slt au ☎ 04-75-72-43-58. Tarif : 4 €.* Au début du XVIe s, alors que la Terre sainte est aux mains des Turcs, rendant le pèlerinage à Jérusalem dangereux et difficile, un riche et pieux marchand de Romans, Romanet Boffin, fait édifier à travers la ville plusieurs stations évoquant le grand voyage, le calvaire en étant la dernière étape. Aujourd'hui encore, chaque Vendredi saint, de nombreux pèlerins empruntent ce chemin de croix jusqu'au calvaire situé dans un enclos attenant à l'ancien couvent des Récollets. On y trouve l'un des rares cimetières de l'époque romantique à être demeurés intacts dans leur environnement originel. Beaucoup de charme. L'ensemble est classé Monument historique.

Manifestations

– ***Festival international de Romans, Culture et Traditions du monde :*** *début juil. Rens auprès de l'office de tourisme et sur • empi-et-riaume.com •* Des dizaines de groupes folkloriques du monde entier se retrouvent à Romans. Ambiance et découvertes garanties !
– ***Je Dis Musik :*** *de mi-juil à mi-août. Concerts gratuits ts les jeu, pl. Gailly, au pied de la tour du Jacquemart, et pl. Maurice Faure.*

DANS LES ENVIRONS DE ROMANS-SUR-ISÈRE

Le musée diocésain d'Art sacré : *église Notre-Dame, Le Village, 26100* ***Mours-Saint-Eusèbe.*** *☎ 04-75-02-24-71. À 3 km au nord de Romans par la route de Hauterives (D 538). Mai-oct, tlj sf sam 14h30-18h30. Entrée : 4 € ; réduc ; gratuit jusqu'à 16 ans. Visite guidée (env 1h).*
Ne vous fiez pas aux apparences ! Cette petite église romane élevée au XIe s (seuls le clocher et le mur méridional sont d'origine) sert en réalité d'écrin au plus beau des joyaux : une superbe collection de 25 000 objets d'art sacré (XIVe-XXe s), sauvés de la destruction ou de l'oubli par le prêtre de la paroisse, Raoul des Cilleuls. Depuis plus de 50 ans, celui-ci a rassemblé des objets témoignant de la vie religieuse et de la piété populaire, des plus modestes aux plus beaux. À peine un dixième de la collection est présenté, faute de place, ce qui laisse présumer de la richesse du fonds !
Nombreuses statues baroques du XVIIe s (dont une émouvante Vierge au mouchoir), des dizaines de tableaux (dont un attribué à Bruegel, ou pour le moins à son école), près de 4 000 vêtements liturgiques (dont une splendide chape brodée par des bénédictines, incroyable et superbe de minutie), de très rares calices en bois ou en verre soufflé (interdits jusqu'au milieu du XXe s car en matériaux pauvres) et la plus vieille pièce de la collection : un ciboire en bronze doré du XIVe s. Également de beaux objets d'art populaire : des croix de bateliers, des reliquaires à papier roulé (tableaux en papier roulé et collé), des ex-voto, des bénitiers de chevet, etc. Impossible de tout vous décrire, une partie de la collection étant renouvelée chaque année ! Soyez sûr, en tout cas, d'y voir, modestes ou somptueux, les témoins d'une ferveur créatrice absolument superbe. Un musée inattendu, rare et franchement incontournable.

TAIN-L'HERMITAGE (26600) 6 050 hab. *Carte Drôme, A1*

Ville de passage, peut-être, mais étape obligée pour les gourmets ! Tain, portant le nom prédestiné issu des mots celtiques *ta* et *wyn* signifiant « bon » et « vin », est connue dans le monde entier comme le centre d'une zone de production de quelques-uns des fleurons des côtes-du-rhône septentrionaux. Cette zone, située de part et d'autre du Rhône, produit, sur sa rive gauche (côté Drôme), les fabuleux hermitage et crozes-hermitage, tandis que la rive droite (côté Tournon, en Ardèche) donne naissance aux fameux saint-joseph, cornas et saint-péray. Tous bénéficient d'une AOC. Balade dans les coteaux qui dominent la ville et visite des caves vivement conseillées ! Et puis, les amateurs de chocolat ne manqueront pas d'aller visiter une maison qui approvisionne quelques-uns des plus grands chefs de la gastronomie française : *Valrhona.*

L'HERMITAGE ET LE CROZES-HERMITAGE

Ici, 126 ha sont cultivés par une soixantaine de propriétaires, sur deux communes. Le blanc, à base de marsanne et roussanne, couvre 25 à 30 % de la superficie, et le rouge, basé sur le cépage syrah, 70 à 75 %. Ces vins peuvent se conserver entre 8 et 20 ans.
En quelques mots, voici les dominantes : pour les rouges, couleur prononcée, très tannique, parfum de violette, de framboise, de cassis. Robe allant du violet au pourpre. Et pour les blancs, parfums d'amande, de noisette et de pomme.

L'*hermitage* est très ancien, et la légende fait remonter l'implantation du vignoble au moment des croisades. Le chevalier de Sterimberg, de retour d'Asie Mineure, décida d'élever sur une colline la chapelle Saint-Christophe et de mettre en production quelques pieds de syrah rapportés de ces contrées lointaines. Lorsque Louis de Bourbon, duc de Penthièvre, plus grosse fortune de France, meurt dans son lit en 1793, son gendre, Philippe Égalité, fait procéder à un inventaire d'une de ses caves, au château de Sceaux. Celle-ci renferme des tonneaux et des bouteilles, dont une majorité d'hermitage rouge, preuve du bon goût de ce duc qui ne buvait pas. Et c'est aussi sur de l'hermitage rouge que se termine le menu de banquet du repas d'alliance franco-russe, en 1892, tandis que, récemment, l'hermitage blanc fut présenté par messieurs Puisais (grand œnologue) et Senderens (grand cuisinier) comme le vin qui se marie le mieux au saint-marcellin. C'est dire ! Il est vrai que nous ferions les difficiles en refusant des bouteilles aussi prestigieuses que l'hermitage « La Chapelle » de Jaboulet, ou celles provenant d'autres domaines renommés tels que Grippa ou Chapoutier. Que dire en revanche de l'hermitage « vin de paille », si difficile à trouver car si rare, donc si cher ?
Quant au fameux *crozes-hermitage,* voici certainement le meilleur rapport qualité-prix au nord du Rhône, avec le saint-joseph. Vous qui êtes sur place, regardez du haut de cette colline magique les vignes exposées vers le sud se reflétant dans les eaux limoneuses du Rhône. Sur son versant nord, les vignes de Crozes-Hermitage, paisible village au nord de Tain, portent cette appellation. Sévissant sur les communes de Crozes-Hermitage, Serves, Erôme, Gervans, Larnage, Tain, Mercurol, Chanas-Curson, Beaumont-Monteux, La Roche-de-Glun et Pont-de-l'Isère, l'AOC produit des vins rouges plus légers que l'hermitage et des blancs très agréables en primeurs. Parmi les producteurs renommés, Delas accorde au crozes-hermitage une attention toute particulière. Normal, puisque ce sont des vins dont la restauration raffole. Belle progression pour cette appellation, qui se prolongeait sur 550 ha en 1952 pour presque un millier aujourd'hui. Entourant l'hermitage, dont il est plus ou moins la continuité, le crozes-hermitage, déjà vanté par de nombreux dégustateurs, a l'avantage de réussir un excellent produit sur un terrain plat constitué de cailloux roulés et suffisamment pentu pour gêner l'emploi de la machine à vendanger.

Arriver – Quitter

En bus

➢ Liaisons avec ***Romans*** (devant la gare), avec *Régie Voyages Drôme* *(☎ 04-75-81-72-62),* et ***Valence*** (pl. du Taurobole), avec les *Cars Mercier* *(☎ 04-75-08-26-52).*

Adresse utile

ℹ *Office de tourisme Hermitage-Tournonais :* *pl. du 8-Mai-1945. ☎ 04-75-08-06-81. • ht-tourisme.com.com • De mi-juin à mi-sept, lun-sam 10h30-18h30, dim 10h-13h ; sinon, horaires restreints.* On vous fournira, entre autres, un très utile *Guide des caves des AOC des environs.* Propose en saison des « visites guidées gourmandes ». Nombreuses brochures. Accueil très agréable et disponible. Même office qu'à Tournon (voir plus haut). Il suffit de passer le pont, et c'est l'Ardèche qui vous accueille.

Où dormir ?

⌂ *Hôtel Les 2 Coteaux :* *18, rue Joseph-Péala. ☎ 04-75-08-33-01. • hotel2coteaux@wanadoo.fr • hotel-les-2-coteaux-26.com •*

Congés : 26 déc-16 janv. Double 82 €. Excellente adresse que ce petit hôtel convivial, situé au bord du Rhône face à la jolie passerelle qui rejoint l'Ardèche. Les chambres, bien tenues, ont été rénovées dans un style chaleureux aux couleurs tendres et offrent, côté ouest, une vue splendide sur le fleuve et le château de Tournon. La plus chère possède même sa petite terrasse, idéale pour siroter un verre au soleil couchant. Cela dit, les chambres sur l'arrière profitent aussi d'une belle vue sur les coteaux de l'hermitage. Terrasse agréable pour prendre le petit déj au soleil, en regardant couler le Rhône. Accueil très gentil.

Où manger ? Où boire un verre de vin ?

De bon marché à prix moyens

L'Entre-Deux-Ponts : *quai Rostang. 06-89-85-07-91. • matallo@hotmail.fr • En saison, lun-ven 11h-21h30, à partir de 14h30 sam-dim. Congés : nov. Carte 8-16 €. Café offert sur présentation de ce guide.* Le kiosque où se retrouvent ceux qui empruntent la *ViaRhôna* pour arriver à Tain, et tous ceux qui ont simplement envie d'un grignotage avec vue, au soleil. Salades, sandwichs, crêpes, etc.

Le Café : *45, av. Jean-Jaurès. ☎ 04-75-08-36-62. • lecafetain@hotmail.fr • Ts les midis plus le soir jeu-ven. Menu 13 € le midi. Café offert sur présentation de ce guide.* « Restaurant ouvert et engagé », c'est écrit sur la carte. Une des adresses les plus étonnantes du pays. Sur l'ancienne N 7, au centre de Tain, voyage dans le temps assuré : vieux bar, déco formica années 1970, vieux 45-tours et pubs pour les copains genre « vends tracteur bon état ». Pas de choix dans le menu du jour, mais vu le prix et la qualité de la cuisine du chef, personne ne se plaint, apparemment. Les habitués au fond rigolent, les Japonais incrédules photographient ; même les jours ensoleillés, ici, on ne regrette pas d'avoir réservé dans une salle sans terrasse.

La Lanterne : *7, rue Lanterne. ☎ 04-75-07-48-69. Ouv ts les midis sf dim. Congés : 15 j. à Noël. Formule déj 12 €, carte env 15 €. Café offert sur présentation de ce guide.* Une ambiance familiale et chaleureuse, des produits frais, une cuisine de femme qui change tous les jours, selon l'humeur et le marché. Et il n'y a pas que les aristos qui vont à *La Lanterne,* ou alors, à qui se fier ! Super rapport qualité-prix.

Des Terrasses du Rhône au Sommelier : *22, rue Bessards. ☎ 04-75-08-40-56. • vinrhone@hotmail.com • Dans le centre. Tlj sf dim-lun 10h-15h (20h jeu-ven). Menu tartines 13 €. Un verre de vin offert sur présentation de ce guide.* Petit bar à vins idéal pour ceux qui apprécient les grignotes bien arrosées. Excellentes tartines, variées et sympathiques (très bons fromages notamment), servies avec les meilleurs crus de la région. Normal, Fabien Louis est sommelier (il a travaillé chez Pierre Gagnaire). Le soir, belle animation qui déborde largement dans la rue quand il fait beau. Vente à emporter (plus de 500 références de vins – essentiellement de la vallée du Rhône –, fromages de petits producteurs, etc.). Notre sommelier organise aussi des balades pointues autant que sympa dans le vignoble (voir son site • *baladesviticoles.com* •).

De prix moyens à chic

Le Vineum : *25, pl. du Taurobole. ☎ 04-75-09-26-20. • vineum@jaboulet.com • Dans le centre. Tlj sf lun 10h-19h (20h en été, et 17h dim hors saison). Congés : 1re quinzaine de janv. Menus 18-33 €. Un verre de bienvenue offert sur présentation de ce guide.* Caveau, bar à vins et restaurant tout à la fois, le *Vineum* fait partie des espaces malins où l'on peut emmener belle-maman déjeuner (fort correctement, on précise !) : en sortant par la boutique, elle aura forcément la bonne idée de vous offrir une des caisses de vin qui pourraient faire votre bonheur pour les mois à venir. Créé par les domaines Paul Jaboulet Aîné, un lieu élégant et chaleureux où l'on ne vient pas en short. À moins de profiter de la terrasse, côté place !

Le Quai : *17, rue Joseph-Péala. ☎ 04-75-07-05-90. • chabran@michelchabran.fr • ♿ Tte l'année, tlj. Menus 24-45 €, plats à la carte 15-24 €.* La brasserie de Michel Chabran et sa fille Carole jouit d'une situation exceptionnelle en surplomb du Rhône. Les tables en terrasse, quasi les pieds dans l'eau, sont donc très prisées aux beaux jours, mais la salle au décor chaleureux de paquebot ne manque pas d'atouts. Cuisine de bistrot, correcte et généreusement servie par une équipe jeune en tenue de garçon de café.

Le Mangevins : *6, av. du Docteur-Paul-Durand (rue de la Gare). ☎ 04-75-08-00-76. • mangevins@yahoo.fr • ♿ Ouv lun-ven. Congés : 1 sem début janv, 2 sem en avr et 3 sem en août. Menu 32 € le midi et 35 € le soir.* Ce bistrot à vins, grand comme un mouchoir de poche, compte une petite trentaine de couverts (plus quelques tables en terrasse), c'est dire si la réservation s'impose, midi et soir. Le patron, entre vins au verre et flacons rares, a su composer une carte des vins dont la lecture fait rêver... Petits ou grands, les côtes-du-rhône sont évidemment à l'honneur. Pour accompagner une cuisine contemporaine, concoctée par une chef japonaise, qui mêle les terroirs et joue avec les saisons et les couleurs.

Où dormir ? Où manger dans les environs ?

Chambres d'hôtes La Ferme des Denis : *quartier Les Denis, 26600* **Chanos-Curson.** *☎ 04-75-07-34-11. • lesdenis.com • ♿ À 6 km à l'est de Tain, direction Romans. À Chanos, au rond-point, 4e sortie puis parcourir 200 m. Ouv tte l'année. Double 67 € ; 20 €/pers supplémentaire. Une bouteille de nectar d'abricot offerte sur présentation de ce guide.* La même famille habite cette maison depuis 25 générations ! La ferme du XVe s a, bien sûr, été rénovée, mais elle présente toujours l'aspect typique d'une belle propriété viticole avec murs en galets, grand porche et cour fermée où sommeille le pressoir. Chambres très correctes et accueil en toute simplicité. Pas de table d'hôtes, mais cuisine à disposition. Également une salle de jeux et un joli patio arboré avec piscine couverte.

Auberge Monnet : *3, pl. du Petit-Puits, 26600* **La Roche-de-Glun.** *☎ 04-75-84-57-80. • aubergemonnet26@free.fr • Tlj sf à Noël. Formules déj en sem 14,50-16 €, menus 27,50-30,50 €. Café offert sur présentation de ce guide.* Une bien bonne auberge, où l'on peut déguster des cuisses de grenouilles et des petites fritures avec un bon vin de la région, à l'ombre des platanes ou dans la salle avec vue sur le bassin des Musards. Un cadre de verdure plaisant, à fréquenter en famille.

Où déguster du bon vin ?

Cave de Tain : *22, route de Larnage. ☎ 04-75-08-91-86. • cavedetain.com • Lun-sam 9h-12h30, 14h-18h30 (9h-19h en juil-août et 15-24 déc) ; dim et j. fériés 10h-12h30, 14h-18h.* La cave de Tain, qui vinifie, à partir de la récolte de ses 310 adhérents, près de la moitié de la production totale des cinq appellations de la région, a été de nombreuses fois récompensée pour la qualité de son travail (vinification traditionnelle, élevage et vieillissement en fût de chêne). Remarquable hermitage rouge, velouté et puissant, typé, long, tout en nuances aromatiques, et régulièrement réussi. Vous pourrez donc déguster ici, en présence des vignerons, chacune des cinq AOC. Très utile pour se décider entre une bouteille d'hermitage, de crozes-hermitage, de cornas, de saint-joseph ou de saint-péray. À moins que vous ne repartiez avec une bouteille de chaque ? Parcours dans les vignes au départ de la cave (demander le livret sur place), compter 1h30.

Domaine des Remizières : *1459, av. du Vercors, 26600* ***Mercurol.*** *☎ 04-75-07-44-28. Lun-sam 9h-12h, 14h-18h30.* Hermitage, crozes-hermitage et saint-joseph. Avec des pointes d'asperges à la crème, leur joli hermitage blanc se démultipliera. Son nez très bavard parle de fruits exotiques légèrement miellés.

Michel Chapoutier : *18, av. du Docteur-Paul-Durand, 26600 Tain. ☎ 04-75-08-92-61. • chapoutier.com • ♿ Lun-sam 9h (9h30 sam)-13h, 14h-19h ; dim et j. fériés 10h-13h, 14h-18h.* La maison Chapoutier, grand producteur-négociant depuis 1808 (7e génération), fait un travail excellent, tant en crozes-hermitage qu'en hermitage, en saint-joseph qu'en cornas. Ça, tout le monde le sait. Ce qu'on sait moins, c'est que la maison organise, depuis 20 ans, « les vendanges du cœur » : pour chaque kilo de raisin vendangé par les bénévoles, 0,30 € sont reversés à l'*EFS* (Établissement français du sang) de Valence, afin d'aider le financement de don de moelle osseuse. Les vendangeurs s'inscrivent d'ailleurs sur le fichier des donneurs. Inscription par téléphone ou sur le site par e-mail.

On ne peut pas citer tous les domaines qui vous ouvriront leurs portes sur rendez-vous et qu'on aime bien. En voilà juste quelques-uns, tentez votre chance par exemple auprès de Florent Viale au ***Domaine du Colombier*** *(175, route des Alpes, 26600* ***Mercurol*** *; ☎ 04-75-07-44-07)* ou au ***Domaine Alain Graillot*** *(Les Chênes-Verts, 26600* ***Pont-de-l'Isère*** *; ☎ 04-75-84-67-52).* Quant au domaine voisin ***Laurent Combier*** *(RN 7, 26600* ***Pont-de-l'Isère*** *; ☎ 04-75-84-61-56),* il peut s'enorgueillir de 40 années d'agriculture biologique. Ces précurseurs ont su jouer les avant-gardistes de talent.

Autre adresse à découvrir, le ***Domaine des Alexandrins*** *(Les Audouards, 26600* ***Mercurol*** *; 📱 06-26-09-85-62).* Ou encore le ***Domaine Betton*** *(245, chemin des Hauts-Saviaux, RN 7 Les Chassis, 26600* ***La Roche-de-Glun*** *; 📱 06-03-02-77-12),* petite exploitation familiale où Christelle et Roland Betton travaillent comme leurs voisins sur les appellations crozes-hermitage et hermitage. On a bien aimé aussi le travail de Charles et François Tardy, qui réalisent un crozes-hermitage d'excellente tenue et pratiquent des prix raisonnables au ***Domaine des Entrefaux*** *(1050, chemin de Veaunes, 26600* ***Chanos-Curson*** *; ☎ 04-75-07-33-38).* Pour finir, direction ***Larnage*** où Philippe Belle s'impose comme un des meilleurs vinificateurs *(****Domaine Belle,*** *510, rue de la Croix ; ☎ 04-75-08-24-58).* Dans le même village, poussez jusqu'au ***Domaine de la Croix du Verre*** *(15, traverse Chautin ; ☎ 04-75-07-26-29)* où tous les travaux se font toujours de façon manuelle, y compris les vendanges.

LA DRÔME

À voir. À faire

La Cité du chocolat Valrhona : *12, av. du Président-Roosevelt. ☎ 04-75-09-27-27. • citeduchocolat.com • Lun-sam 9h-19h, dim et j. fériés 10h-18h. Fermé 1er janv et 25 déc. Entrée : 9 € avt 12h et 10,50 € après ; enfant 7,50 € (avt 12h) et 8,50 € après 12h ; réduc. Mini-atelier (20-30 mn) : 1 €/pers. Et boutique, comme il se doit !* Un lieu pour explorer, déguster et découvrir les secrets du chocolat, de façon ludique, pédagogique et gourmande. Une sorte de voyage initiatique et d'immersion multi-sensorielle au cœur de la matière ! Les gourmets, au fur et à mesure du parcours, découvrent le goût, le geste et la matière, à l'aide de nombreux dispositifs interactifs. La Cité se décline en sept pôles : immersion (sentir, toucher, goûter), recettes, ingrédients, provenance et importance des gestes et du terroir, fabrication, puis un pôle où l'on peut reproduire, à l'aide de tablettes tactiles (pas de chocolat !), sous forme de jeux interactifs, les gestes et tours de main du pâtissier-chocolatier. Les enfants ne sont pas en reste puisqu'un petit livret leur est remis à l'entrée afin qu'ils suivent les deux mascottes, Lili et Zoco, et répondent à ses questions/jeux. Toutes les bornes interactives ont une fonction spéciale pour eux ! En sortant, ce qui se cache derrière un carré de chocolat ne devrait plus avoir de secrets pour eux. Depuis peu, un nouvel étage propose de nouveaux espaces de découverte, de dégustation, et de pratique avec le Labo Dulcey (on peut participer à des ateliers de pâtisserie), ainsi qu'un espace dédié aux artisans du chocolat, un autre consacré à l'histoire de Valrhona... Saviez-vous qu'il existe 50 goûts élémentaires de chocolat ? Non ? Alors il est temps de visiter la Cité !

La passerelle Seguin : voici une passerelle pour une promenade agréable. Elle franchit le Rhône pour rejoindre Tournon et l'Ardèche à la manière des ponts américains en câbles torsadés. Elle date de 1849 mais avait connu une première version en 1825. Un ancêtre du pont de Brooklyn à New York !

Le musée Palué : *hôtel des Courbis, 9, Grande-Rue. ☎ 04-75-08-29-60. 06-76-15-76-05. Avr-oct, mer et dim 15h-18h, jeu 10h-12h. Fermé les j. fériés. Entrée : 4 € ; réduc.* Marie Palué a acheté cette ancienne maison du XVIe s, il y a un quart de siècle, pour en faire son logement et présenter les œuvres de son père et celles de ses amis peintres de la nouvelle école de Paris. Une plongée dans le monde des peintres figuratifs des années 1950 et 1960.

Fête et manifestations

– ***Salon des vins :*** *le dernier w-e de fév.* Le principe est simple : on achète un verre de dégustation (environ 7 €), puis on fait tranquillement le tour des 80 vignerons présents pour goûter à leurs divins nectars. L'occasion d'avoir un bon aperçu des productions du Septentrion (de Vienne à Livron) et de faire l'achat de quelques bonnes bouteilles. Avant de repartir... pensez à laisser le volant !
– ***Duo de l'hermitage :*** *mi-mai. • duo-hermitage.com •* Un trail en binôme dans le cadre des vignobles pentus à souhait. Le vin, c'est pour le soir seulement !
– ***Festival Vochora :*** *pdt tt le mois de juil ; rens à l'office de tourisme. • vochora.fr •* Musique classique instrumentale et vocale dans plusieurs lieux des environs de Tain et jusqu'à Tournon.
– ***Festival des Humoristes :*** *dernière sem d'août ; rens à l'office de tourisme. • festivaldeshumoristes.com •* Depuis 25 ans, tous ceux qui font la scène des cabarets actuels sont passés ici. Un festival qui se partage entre Tournon et Tain.
– ***Fête des vendanges :*** *le 3e w-e de sept.* Deux jours de fête avec concours de vins, élection de la reine des vendanges, soirée dansante, etc., dont le point d'orgue est le défilé de chars fleuris du dimanche après-midi. Très populaire.

DE TAIN-L'HERMITAGE À HAUTERIVES, PAR LA VALLÉE DE LA GALAURE

Vous pouvez suivre la N 7 jusqu'à ***Saint-Vallier,*** gros bourg au débouché de la Galaure, sur le Rhône. La ville reste un lieu de passage, mais elle possède un château ayant appartenu à la riche famille drômoise des Poitiers (privé, il ne se visite pas) et une église du XIIe s, profondément modifiée durant huit siècles, qui a conservé de superbes tableaux.
Les amateurs de varappe ou (et) de phénomènes mystérieux iront plutôt saluer ***Les Roches qui dansent,*** à ***Saint-Barthélemy-de-Vals*** (au sud de Saint-Vallier, bien indiqué depuis la N 7). Aujourd'hui encore, on n'a toujours pas élucidé l'origine de ce vaste cromlech disposé en trois enceintes géométriques : chaos rocheux de formation naturelle né de l'érosion, œuvre de la main d'hommes des temps anciens ou de celle de quelque créature mystérieuse ?

Où dormir ? Où manger dans la vallée ?

Vacances à la ferme chez Pierre et Monique Delhome : *quartier Bruthias, 26240* ***La Motte-de-Galaure.*** *☎ 04-75-68-41-72. À 11 km de Hauterives par la* *route de Saint-Vallier. À l'entrée du village, après la station Élan, prendre la route à gauche (panneau). Double avec sdb (w-c séparés) 45 €. Table d'hôtes 18 €. Apéritif maison offert sur présentation de ce guide.* Une grande ferme perdue en pleine campagne, dans les champs, à quelques kilomètres du Palais idéal. Simple, champêtre, à l'image des chambres sans chichis et bien propres. Bon accueil.

Auberge de Chateauneuf : *2, pl. des Cordeliers, 26330* ***Châteauneuf-de-Galaure.*** *☎ 04-75-68-99-30. • contact@aubergedechateauneuf.fr • À 4-5 km de Hauterives par la D 51 en direction de Saint-Vallier. Ouv lun-ven, le midi slt. Menus 13-16,50 €. Apéritif offert sur présentation de ce guide.* Au centre du village, face à la poste, une maison rose. La terrasse ombragée est agréable aux beaux jours. Les menus, simples, sont bons et d'un excellent rapport qualité-prix. Également une dizaine de chambres toutes simples à l'étage.

À voir

Saint-Uze : situé à l'entrée du défilé de Saint-Vallier, gorges pittoresques et étroites au fond desquelles coulent les eaux de la Galaure, Saint-Uze est le pôle d'une région où s'est développée, grâce à de proches carrières de kaolin, une importante activité : la porcelaine et la céramique. Ce travail, qui a fortement marqué le nord du département depuis les années 1800, est toujours bien implanté à Saint-Uze où l'on trouve une ***maison de la Céramique,*** son exposition et ses conférences *(pl. du 8-Mai-1945 ; ☎ 04-75-03-98-01 ; • territoire-ceramique.com • ; ouv mars-déc, mer et dim 14h-18h, mer-dim 14h-18h pdt les vac scol, sinon sur résa).* Voir aussi l'une des premières fabriques de la région, créée il y a plus de deux siècles : ***Revol Porcelaine*** *(pl. du 29-Mars-1962 ; ☎ 04-75-03-99-81 ; magasin d'usine ouv mar-sam 10h-12h, 14h-18h – en juil-août, lun-sam 10h-12h, 15h-19h ou 18h sam).*

La Motte-de-Galaure : vaut un arrêt pour aller jeter un coup d'œil, en surplomb du village, au prieuré et à l'église Sainte-Agnès, fondés au XIe s par des moines bénédictins de Tournus. L'église, à l'origine église-halle à trois nefs, a conservé une harmonieuse façade romane à triple élévation. Y admirer notamment ce bel arc polylobé, surmonté d'un clocher-mur à deux baies. Au-delà ne subsistent de l'édifice roman que les murs. Deux belles chapelles s'ouvrent sur un chœur à chevet droit, datant du XVIe s. L'église est entourée d'une ancienne galerie du cloître et d'un enclos paroissial qui ajoutent au charme du lieu.

Châteauneuf-de-Galaure : patrie de la célèbre Marthe Robin, née à Châteauneuf en 1902, à l'origine de la création des Foyers de Charité. Cette fille de paysan, atteinte à l'âge de 16 ans d'un mal inexpliqué qui la laisse totalement paralysée, se plonge alors dans une totale dévotion mystique. Un jour de l'année 1930, dans ses mains apparaissent des stigmates, manifestation qui se reproduira tous les vendredis jusqu'à sa mort. Durant 50 ans, elle resta alitée, sans dormir, sans bouger et sans voir, se nourrissant uniquement de l'hostie ! Morte en 1981, le dossier de béatification est à l'étude (le pape François l'a reconnue « vénérable »). Sa maison natale, sa tombe au cimetière de Saint-Bonnet-de-Galaure (à 2 km) et le sanctuaire qui lui est dédié attirent aujourd'hui des croyants venus du monde entier.

HAUTERIVES

(26390) 1 750 hab. *Carte Drôme, A1*

Au nord du département, le petit village de Hauterives est devenu internationalement célèbre par les soins involontaires d'un modeste facteur qui y a élevé son *Palais idéal,* monument surprenant et intrigant qui mérite

amplement votre venue ici. Mais il serait dommage de faire une visite éclair uniquement pour ce chef-d'œuvre de l'art naïf. Car Hauterives et sa région proposent de nombreuses et agréables balades. Même si on est aux portes des « terres froides » du Chambaran (vaste plateau isérois), la région est douce, jolie et reposante. Partir à la rencontre de ce paysage marqué de paisibles collines, de jolies rivières et de maisons aux murs en galets joliment inclinés sera, sans doute, un plaisant moment de votre voyage dans le nord du département. Par ailleurs, Hauterives a été classé « Village botanique » grâce à ses plantes fantastiques...

Où dormir ? Où manger ?

Qu'on vous rassure d'entrée, vous ne risquez pas de mourir de faim au pays du facteur Cheval. Sans parler des bistrots du village, deux adresses qu'on vous glisse quand même parce qu'on les aime bien : le snack ***Le Clos,*** tout à côté du Palais, ouvert non-stop en saison, et le bar-salon de thé-librairie ***Le Baz'Art des Mots,*** dans la rue principale, atypique, on peut dire ça comme ça (fermé le lundi).

Camping

⛺ ***Camping Le Château :*** *route de Romans. ☎ 04-75-68-80-19. • contact@camping-hauterives.com • camping-hauterives.com • ♿ En ville, près du château. Ouv avr-sept. Forfaits 12-30 € selon saison. Hébergements locatifs 155-847 €/sem. Réduc de 10 % en basse saison ou de 5 % sur les emplacements en hte saison sur présentation de ce guide.* Propose 150 emplacements, en partie ombragés, en bordure d'un château du XVIIe s dont le parc abrite un cèdre du Liban tricentenaire de 35 m de haut et 8 m de circonférence. Piscine municipale d'eau salée chauffée et tennis à proximité, accessibles de mi-juin à août, animations pour enfants. Épicerie à 20 m.

De prix moyens à chic

🏠 🍽 ***Hôtel-restaurant Le Relais :*** *1, pl. du Général-de-Miribel. ☎ 04-75-68-81-12. • contact@hotel-relais-drome.com • hotel-relais-drome.com • ♿ Resto fermé dim soir et lun. Résa conseillée. Double 74 € ; familiales 80-88 €. Formules déj en sem 15,60-19,80 €, menus 29,80-40 €.* 📶 Cette grosse demeure du XIXe s en impose par sa robustesse : larges murs, grandes pièces plutôt rustiques, mais aussi une grande et belle terrasse pour une cuisine régionale traditionnelle de bon aloi. Beaucoup de monde de passage, situation de monopole oblige, ce qui explique les tarifs rondelets des chambres, tout à fait convenables cela dit.

🏠 🍽 ***Chambres d'hôtes Villa Eugénie :*** *10, route de la Vallée. ☎ 04-75-68-81-92. • villa.eugenie@laposte.net • les-chambres-d-hotes-drome.com • Doubles 76-89 € selon chambre et saison.* 📶 Une maison de famille comme on rêverait d'en posséder, au milieu d'un parc, à la sortie de ce village qui a misé sur le bon Cheval. Hommage aux grands-parents dans ces lieux ayant gardé leur âme tout en s'étant accommodés du confort moderne. Une chambre et une suite vraiment très agréables. Comme l'accueil.

Où dormir ? Où manger dans les environs ?

Campings

⛺ ***Camping du Grand Cerf :*** *à 200 m du village du* ***Grand-Serre*** *(et à 7 km au nord-est de Hauterives). ☎ 04-75-68-86-14. • contact@campingdrome.fr • campingdrome.fr • ♿ Ouv avr-oct. Forfaits 12-24 € selon saison. Caravanes estivales, tentes bengalis chalets et mobile homes 210-896 €/sem.* 📶 *Réduc de 10 % en basse saison ou de 5 % en hte saison sur présentation de ce guide.* Petit camping familial d'une soixantaine d'emplacements bien ombragés et au calme. Une étape parfaite pour des vacances nature et pour de belles balades dans cette région du nord de la Drôme. Piscine chauffée avec 2 bassins, bar-restaurant (matin, midi et soir en saison, seulement le week-end hors saison). Programme d'animation pour les enfants de 5 à 16 ans.

Flower camping La Châtaigneraie : *route de Mantaille, 26010* ***Anneyron.*** *☎ 04-75-31-43-33. 06-63-44-80-34. • contact@chataigneraie.com • chataigneraie.com • Fléché depuis le centre-ville (3 km). Ouv avr-sept. Forfait 18-26,50 € selon saison. Bungalows toilés, mobile homes, chalets 220-462 €/sem. 71 empl. (payant).* Un camping labellisé « Clef verte », soucieux de la protection de l'environnement... On ne peut pas parler de camping écolo, mais il faut avouer que des efforts ont été faits sur le paysage et le fleurissement. Ambiance familiale et conviviale. Emplacements ombragés ou ensoleillés. Piscine découverte chauffée. Et pour ceux qui auraient besoin de changer de matériel, le magasin d'usine de ***Lafuma*** est ouvert toute l'année, dans le centre-ville *(tlj sf dim et j. fériés 10h-17h45 ; ☎ 04-75-31-31-31 ; • lafuma.fr •).*

Prix moyens

Chambres d'hôtes Les Baumes de Tersanne : *chez Sylvie et Dominique Ladiray, Le Malfas, 26390* ***Tersanne.*** *☎ 04-75-68-90-56. • contact@lesbaumes.com • lesbaumes.com • De Hauterives, suivre la D 538 vers Romans ; prendre la route à gauche après la pizzeria à la sortie du village. Congés : fév et oct. Double 65 €. Table d'hôtes 19 €. Gîtes 2-12 pers 250-1 090 €/sem selon taille et saison.* C'est d'abord la belle situation de la maison qui retient l'attention : au cœur d'un labyrinthe de routes qui caracolent de colline en colline. Et puis l'accueil très souriant, la piscine et le bon entretien des bâtiments confirment cette impression, même si l'enchevêtrement des gîtes et des chambres s'apparente plus à un village convivial qu'à une retraite pour amoureux...

À voir. À faire

Le Palais idéal du facteur Cheval : *☎ 04-75-68-81-19. • facteurcheval.com • Juil-août, tlj 9h30-19h ; jusqu'à 18h30 avr-juin et sept, 17h30 fév-mars et oct-nov et 16h30 déc-janv. Fermé 1er janv, 2 sem fin janv et 25 déc. Entrée : 6,50 € ; réduc. Visite guidée (1 à 2 fois/j.) avr-sept. Audioguide : 2 €. Compter 1h30 de visite. Soirées jazz fin juin dans le parc et concerts en juil.*

Un jour d'avril 1879, un facteur bute sur une pierre au cours de sa tournée. Il lui trouve une forme si jolie et si pittoresque que germe en lui l'idée d'en faire quelque chose. Ce jour-là, dans la tête de Ferdinand Cheval (1836-1924), un rêve naît : il construira ici son palais idéal ! Infatigable et obstiné, chaque jour il rapportera de ses 30 km de tournée dans la campagne environnante les pierres et les matériaux qui lui serviront à bâtir son château. Bien souvent, il effectuait sa tournée en poussant une brouette ! À 43 ans, il pose la première pierre de son futur palais. Ferdinand commence à creuser un bassin et à sculpter des animaux en ciment. Puis il construit une cascade. Viennent ensuite une seconde cascade et puis une grotte. Et de fil en aiguille... ce sont « 10 000 journées, 93 000 heures, 33 ans d'épreuves », le travail et le rêve d'un homme solitaire, en butte à toutes les railleries, que vous avez sous les yeux. Un palais unique en son genre et au monde, où se rencontrent des cultures et des croyances venues des quatre coins du globe, dans un univers onirique, étrange et émouvant à la fois. Car le facteur Cheval s'inspirait beaucoup des cartes postales exotiques qu'il distribuait.

Sur ces 26 m de long, 14 m de largeur et 10 m de hauteur, cent détails, curieux et insolites, à observer : une mosquée, un temple hindou, un tombeau égyptien, un labyrinthe qui permet de découvrir des animaux fabuleux, ou encore cette crèche faite de petits coquillages. Sans parler même des trois géants fabuleux qui veillent sur le monument. Il faut lire toutes les citations gravées sur cette étrange construction. Mais il est impossible et inutile de vous décrire l'ampleur de cette œuvre fantastique

et titanesque. Car c'est un lieu qu'il faut voir en se laissant porter par l'émotion qu'il procure (attention tout de même au monde en été).
Pour le nom du site, Ferdinand Cheval s'inspira du poème que son ami Émile Roux avait rédigé pour lui, *Ton idéal, Ton palais,* en 1904. « Cette merveille dont l'auteur peut être fier sera unique dans l'univers », avait écrit le facteur sur les murs de son palais, comme dans un rêve, peut-être une vision. Et justement, en 1969, 45 ans après la mort de son génial créateur, le palais fut enfin classé Monument historique par André Malraux, apportant à Ferdinand Cheval la reconnaissance et l'admiration qu'il mérite.
Pour prolonger la visite, bel espace muséographique tout neuf, consacré aux descendants reconnus ou non du facteur, comme Niki de Saint-Phalle.

Ne pas manquer d'aller saluer également le facteur au cimetière communal. N'ayant pu obtenir le permis d'être inhumé dans la tombe qu'il avait creusée au cœur de son palais, Ferdinand Cheval débuta la construction, en 1914, de son ***tombeau du Silence et du Repos sans fin,*** également classé Monument historique en 2011. Œuvre ultime de sa vie (dans la même veine que son palais), qu'il termina à l'âge de 86 ans, 2 ans avant sa mort.
Si jamais vous voulez prolonger le dépaysement, lisez ***Le Palais idéal du facteur Cheval, rêves de Pierres*** de Bonifay, Schneyder et Grycan (éd. Glénat, 2006), une bande dessinée qui fourmille d'anecdotes sur la vie de ce personnage haut en couleur !

➢ ***Locanimo :*** *800, route de Gournay. ☎ 04-75-68-88-21. 06-78-10-68-96. À 2 km du Palais idéal du facteur Cheval en direction de Romans, indiqué sur la gauche. Juil-août, mar-sam 14h30-20h, dim 10h-20h ; avr-juin et sept-Toussaint, sam (sous réserve, tél avt) 14h30-19h, dim 10h-19h. Résa conseillée. Balades env 8-25 € par animal loué, selon distance.* Une adresse originale pour se familiariser avec l'univers des poneys ou des ânes et partir quelques heures en famille en randonnée. Alain Paquien connaît son sujet et profitera de la promenade pour vous faire découvrir les alentours.

DANS LES ENVIRONS DE HAUTERIVES

Les labyrinthes de Hauterives : *à* ***Saint-Germain.*** *☎ 04-75-68-96-27. • labyrinthes-hauterives.com • À 3,5 km de la ville. Indiqué par la route de Saint-Germain. Pâques-août, tlj 11h-19h ; sept, w-e 11h-19h. Entrée : 11 € ; enfants 3-14 ans 9,50 €.* Pour se promener à travers quatre labyrinthes végétaux (cyprès, charmilles, glycines et lavande), autour d'un jeu de piste qui ravit les enfants.

Le parc Oasis Aventura : *605, route de Saint-Christophe,* ***Le Grand-Serre*** *(au sud-ouest du bourg). ☎ 04-75-68-94-40. • parcoasisaventura.free.fr • Ouv mer ap-m, w-e et j. fériés et tlj pdt les vac scol ; en plein été 9h-19h, en mi-saison se renseigner. Fermé nov-mars. Parcours : plus de 15 ans 22 € ; enfants 1 m-1,30 m 15 €, et 1,30 m-15 ans 17 €. CB refusées.* Si vous voulez côtoyer les cimes des arbres ou dévaler une pente accroché à une tyrolienne de 250 m, une cinquantaine d'ateliers pour six niveaux de difficulté sont proposés sur 10 ha. Le premier parcours est réservé aux tout-petits. Attention, les mineurs doivent être accompagnés d'un adulte.

Le village du Grand-Serre : *à 7 km au nord-est de Hauterives, à la frontière du département de l'Isère.* Belvédère qui offre un panorama exceptionnel sur la vallée de la Galaure, le val de Galaveyson et la forêt de Chambaran, les contreforts du Vercors et les montagnes des Alpes. Quelques belles bâtisses en galet et en molasse. Également une très vieille halle du XIVe s. Voir aussi l'*église Saint-Mamert (juil-août, ouv ts les ap-m ; le reste de l'année, s'adresser au presbytère),* bel édifice de type église-halle, du XIe s. Très beau clocher-porche fortifié du XIIIe s et son portail orné d'un Christ en majesté. À l'intérieur, beau décor peint des XVe et XVIe s dans le chœur et la chapelle seigneuriale gothique.

Le prieuré de Manthes : *à 8 km au nord de Hauterives.* Ce village tranquille possède un petit parc entourant un lac engendré par la remontée de la nappe phréatique. Très romantique. Au bord du lac se trouve un surprenant lavoir à l'ancienne alignant 17 battoirs au ras du sol. Mais c'est surtout sur ses hauteurs qu'il faut aller, car on y trouve un intéressant prieuré. Fondé au XIe ou au XIIe s par des moines de l'ordre de Cluny, il a subi de nombreux remaniements dont on peut voir les cicatrices sur ses différentes façades. Les bâtiments actuels sont datés des XVe et XVIe s. À l'intérieur, très belles poutres peintes au pochoir, trois têtes primitives, un escalier à vis conduisant à la chambre du prieur et des fresques datant du XVIIe s. Le prieuré accueille des expos de peintures, sculptures ou céramiques d'art, tous les ans la seconde quinzaine de septembre. Autrement, visite sur rendez-vous *(☎ 04-75-31-98-39 ou 04-75-68-74-50 ; • prieure-manthes.fr •).*

– L'***église Saint-Pierre-Saint-Paul,*** juste à côté, a conservé de l'époque romane son chevet bénédictin ainsi que les belles peintures murales du chœur. L'abside centrale est éclairée par un vitrail du XVIe s (Pierre et Paul), superbe et unique verrière ancienne conservée dans le département. Voir également, dans le chœur, le christ sculpté en bois du XVIe s, d'un réalisme poignant.

SAINT-DONAT-SUR-L'HERBASSE

(26260) 3 950 hab. *Carte Drôme, A1*

Sur les rives de l'Herbasse et au cœur de la Drôme aux verdoyantes collines, Saint-Donat est un village tranquillement blotti au pied d'un imposant prieuré. Au VIIIe s, l'évêque de Grenoble, en fuite devant l'avancée sarrasine, se réfugie dans ce bourg gallo-romain. L'évêque est alors dépositaire des reliques d'un ermite ayant vécu au VIe s dans la montagne de la Lure, près de Sisteron. Le bourg prendra désormais son nom : Saint-Donat. Au XIe s, une église (la collégiale), un cloître et un prieuré (le palais Delphinal) ainsi qu'une chapelle sont édifiés au sommet de la colline. Ce sont eux qui dominent aujourd'hui le village, et il faut monter à l'assaut des ruelles médiévales pour visiter ce bel ensemble architectural.

Adresse et info utiles

Office de tourisme : *32, av. Georges-Bert.* *☎ 04-75-45-15-32. • saintdonat-tourisme.com • Lun-ven 9h (10h mer-jeu)-12h, 14h-18h et sam 9h-12h ; en saison, ouv aussi dim et j. fériés 10h30-12h30.* Visites guidées sur rendez-vous de la cour du cloître, de la chapelle des Évêques, du palais Delphinal et de la collégiale. Bonne documentation et équipe fort serviable.

– ***Marché :*** *lun mat ; produits régionaux le sam mat.*

Où dormir ? Où manger ?

Camping

Camping du domaine du lac de Champos : *☎ 04-75-45-17-81. • contact@lacdechampos.com • lacdechampos.com • À 2 km de Saint-Donat par la D 67. Ouv avr-nov. Résa indispensable en été. Forfait 12-17 € selon saison. Chalets, tentes aménagées 199-599 €/sem. 98 empl.* Très beau camping offrant des emplacements spacieux et une vingtaine de jolis chalets dans un superbe cadre arboré et calme. Son plus : l'accès gratuit au lac et à la plupart des activités de la base de loisirs du domaine de Champos (lire « À voir. À faire... »). Nombreux équipements sportifs : tennis, volley, pétanque, jeux pour enfants, etc. Une très bonne base également pour de jolies balades à pied ou à VTT.

De chic à plus chic

Chartron : *1, av. Gambetta. ☎ 04-75-45-11-82. • restaurantchartron@orange.fr • restaurant-chartron.com • Resto tlj sf mar-mer. Congés : 15 j. avr-mai et 15 j. sept. Doubles 98-145 € ; petit déj 14 €. Menus 38-98 €. Apéritif offert sur présentation de ce guide.* Une des grandes tables du département. Élégante, raffinée, elle a les faveurs des locaux, qui aiment s'y retrouver. C'est la table des fêtes et des célébrations ! Le cadre et le service sont à la hauteur. Mais qu'on se rassure, si l'ambiance est chic, elle n'est en aucun cas guindée. Dans l'assiette, une belle cuisine gastronomique, plus traditionnelle que créative, mais très enthousiasmante. Le menu de saison met la région à l'honneur ; les autres s'autorisent quelques échappées belles. Et la spécialité de la maison : les menus autour de la truffe, servis de mi-décembre à fin mars (à partir de 98 €...).

Où dormir ? Où manger dans les environs ?

Domaine La Garenne : *156, chemin de Chablezin, 26330* ***Saint-Avit.*** *☎ 04-75-68-62-26. • garenne.drome@wanadoo.fr • domaine-la-garenne.com • À env 10 km au nord de Saint-Donat par la D 53. Ne pas aller au village de Saint-Avit : le camping est sur la droite, au bout d'un chemin qui part de la départementale (panneau). Ouv de mi-avr à sept (loc tte l'année). Forfait 27,90 € en hte saison. Mobile homes, chalets et bungalows toilés 250-1 109,50 €/sem. 112 empl. Café offert sur présentation de ce guide.* Bel espace de 14 ha au milieu de chênes, de piddns et de prés où sont répartis les emplacements en terrasses. Bon confort : sanitaires entretenus, machines à laver, boulanger tous les jours en été, vente de fruits et légumes bio 2 fois par semaine, 2 piscines et une pataugeoire ; restauration à emporter certains soirs. Rivière et nombreux sentiers pédestres et VTT tout à côté. Un camping de rêve pour les amoureux de calme et les amateurs de tourisme vert.

Chambres d'hôtes La Veyrardière : ***Les Veyrats.*** *☎ 04-75-45-17-49. • laveyrardiere@wanadoo.fr • laveyrardiere.fr • Du centre, suivre la D 574 vers Saint-Bardoux (panneaux). Ouv juin-sept. Doubles 90-120 €.* Cette vaste demeure du XVIIe s, isolée au flanc d'une colline surplombant la campagne environnante, a été restaurée avec un soin infini par la propriétaire, peintre-décoratrice, en respectant le bâti ancien : poutres apparentes, murs en pierre, cheminées... Dans les chambres, très personnalisées, forcément, peintures décoratives à la chaux, assorties comme il se doit aux meubles peints. Ça vous plaît ? Josiane organise des stages à la demande ! Piscine pour se rafraîchir les jours de grosse chaleur.

Auberge du Pont du Chalon : *50, route des Dauphins, 26260* ***Margès.*** *☎ 04-75-45-62-13. • contact@auberge-pontduchalon.com • auberge-pontduchalon.com • (resto). À 5 km au nord-est de Saint-Donat et à 2 km au sud de Margès par la D 538. Resto fermé dim soir et lun-mar. Doubles 85-130 € selon confort. Formule déj en sem 14 €, menus 22-39 €.* De l'extérieur, la maison a tout de ces auberges typiques stratégiquement plantées à la croisée des chemins. Rentrez vite à l'intérieur, pour apprécier une atmosphère conviviale et romantique : 9 chambres spacieuses et de bon confort, dont certaines avec balcon donnant sur la cour arborée, jardin à l'arrière, et cuisine traditionnelle préparée par un chef passionné, ça se sent, ça se voit aussi.

Achats

Boulangerie Ronjat : *42, rue Pasteur. ☎ 04-75-45-11-67. Tlj sf jeu.* Délicieuses *pognes*, ces délicieuses brioches parfumées à la fleur d'oranger. Fraîches du jour, elles n'ont généralement pas le temps de traîner sur les étals !

À voir. À faire à Saint-Donat et dans les environs

La collégiale, le cloître et le palais Delphinal : ils furent rudement éprouvés durant les guerres de Religion, la Révolution et les deux guerres mondiales. Ces nombreuses destructions, reconstructions et restaurations donnent un ensemble plutôt disparate.
La *collégiale,* entièrement reconstruite au XXe s, présente peu d'intérêt, si ce n'est un chevet gothique des XIVe-XVe s et un orgue superbe.
Au-delà du porche, le *cloître.* Seule la partie ouest a été épargnée par les vicissitudes de l'histoire. Aujourd'hui, on peut donc admirer les restes de la galerie occidentale charpentée et ses quatre arcades. Le décor sculpté, d'une grande richesse, est d'inspiration à la fois provençale et viennoise. Statues avec un saint Jean, et surtout, une très rare représentation de deux joueurs de rebec (ancêtre du violon), dont un chantant dans une posture très amusante. Également de nombreux masques et médaillons, allégories des vices et des vertus (dont deux Luxure aux longs cheveux, très évocatrices), travaux (forgeron, travaux des champs) et prophètes. On y retrouve également *Adam et Ève* autour de l'arbre du Bien et du Mal, et la *Visite des saintes femmes au tombeau.* Très beaux ornements de feuilles d'acanthe, de vigne, d'animaux, etc.
Les anciens bâtiments conventuels *(palais Delphinal),* qui ont été beaucoup remaniés entre le XIe s et la Révolution, possèdent de beaux plafonds en châtaignier, des fenêtres gothiques et des cheminées des XVIIe et XVIIIe s. C'est aujourd'hui un lieu d'exposition. Visite guidée possible sur réservation auprès de l'office de tourisme.

La chapelle Saint-Michel : *également appelée chapelle des Évêques. Ouv lors des visites guidées et des Journées du patrimoine.* Petite chapelle de style roman provençal, bien préservée des troubles de l'histoire. Très belle et émouvante. Abside en encorbellement reposant, ce qui est rare, sur une colonne unique. À l'intérieur, belles peintures murales du XIVe s.

➢ ***Le sentier « Randocroquis » :*** *dans le bois de Sizay. Du centre de Saint-Donat, prendre la route de Bathernay sur env 3 km ; parking en sous-bois sur la droite. Rens à l'office de tourisme.* Une initiative sympathique pour les dessinateurs amateurs. Un sentier de 2 km sillonne le bois de Sizay, avec panneaux explicatifs donnant des astuces pour croquer les arbres ou peindre un sous-bois à l'aquarelle. Matériel non fourni.

– ***La base de loisirs du domaine de Champos :*** *☎ 04-75-45-17-81. • lacdechampos.com • À 2 km de Saint-Donat par la D 67, direction lac de Champos. Juil-août, tlj 10h-22h, et le w-e 9h-22h fin mai-début sept. Entrée : 6 €/voiture (5 € en mai).* Vaste domaine arboré de 40 ha autour d'un lac de 9 ha. Idéal pour se rafraîchir aux heures chaudes de l'été. Activités nautiques (payantes). Baignade surveillée. Snack, buvette et de jolis coins aménagés pour pique-niquer sous les arbres.

Manifestation

– ***Festival international Jean-Sébastien Bach :*** *fin juil. Rens : ☎ 04-75-45-10-29. • cmi-bach.com •* La collégiale est l'hôte depuis près de 60 ans d'un festival de grande renommée internationale. Plus une saison musicale, d'ailleurs, car les concerts s'étalent toute l'année, avec un point d'orgue (!) fin juillet. Le plus ancien festival français consacré à l'œuvre de Bach.

LE ROYANS ET LE VERCORS

• Carte *p. 299*

Jailli du fond des mers à la fin de l'ère tertiaire, le Vercors est le plus méridional et le plus vaste des massifs préalpins du nord. À cheval sur les départements de la Drôme et de l'Isère, ce plateau calcaire est marqué d'un long pli nord-sud brisé par des gorges et des vallées. Lorsqu'on l'aborde depuis la vallée du Rhône, arrivant de Tain et approchant de Romans, les yeux butent sur cette barrière de blanches et altières falaises, énorme masse de roches et de parois abruptes plutôt intimidante. Mais c'est pourtant elle qui rosit la première en fin de journée, et pas vous.
Ancré au pied de ces falaises, à l'ouest, le Royans est un petit bassin encadré par les eaux de la Bourne et de la Vernaison, une petite vallée qui tente de pénétrer dans la carapace de calcaire du Vercors central. Le Vercors, forteresse imprenable et fascinante, est resté longtemps isolé. C'est sans doute cela qui y attira des ordres monastiques, fort heureux de trouver ici la solitude nécessaire à leur idéal d'une vie éloignée de l'agitation des hommes. Les chartreux ou les cisterciens, notamment, contribuèrent à façonner son paysage : défrichement, essartage, mise en culture, exploitation de la forêt, ouverture de chemins forestiers, etc. Mais toujours est-il que, jusqu'au XIXe s, on n'accédait au Vercors que par de très pentus chemins muletiers, étroits sentiers aménagés au milieu des failles et des vallons. Les routes qu'on y a ouvertes dans la seconde moitié du XIXe s furent creusées, percées grâce à l'audace et à l'obstination d'hommes engagés dans une aventure immense et périlleuse. C'est grâce à eux que l'on peut aujourd'hui profiter de cet immense espace de beauté et de liberté. Un conseil : n'oubliez pas que l'on est vite en hauteur, qu'il y fait vite frais, même en été.

UN ESPACE NATUREL TRÈS DIVERSIFIÉ

Véritable ***carrefour climatique,*** le Vercors offre une ***diversité faunique et florale tout à fait exceptionnelle. La forêt couvre près de 60 % du territoire.*** Jusqu'à 900 m environ, c'est le règne des feuillus : hêtres, érables, frênes, acacias, saules, peupliers et, très abondants dans le Royans, les noyers, qui prospèrent grâce à l'arrosage généreux de ce flanc ouest du massif. Entre 1 000 et 1 600 m, le sol devient plus sec : au pied des falaises, c'est le règne du buis, puis vient celui du chêne ; plus haut, les sapins et les épicéas habitent les étages, tandis qu'ensuite,

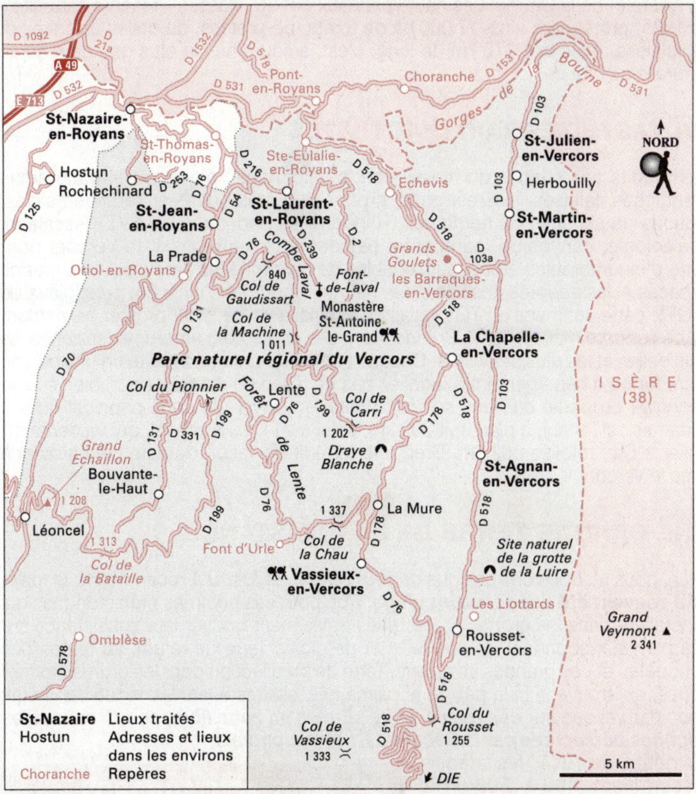

LE ROYANS ET LE VERCORS

seul le pin à crochets, adapté aux rudes climats, arrive à s'agripper au roc. C'est d'ailleurs la plus vaste forêt de ce type des Alpes occidentales. Lorsqu'on approche du Diois, vers le sud, le climat plus méditerranéen laisse la place aux pins sylvestres, chênes pubescents, peupliers, mûriers, genévriers et, encore plus bas... aux vignes. Côté flore, c'est aussi riche et varié. Dans les prés des hauts plateaux, on trouve tulipes sauvages, asters, anémones, renoncules, orchidées, edelweiss ou lys martagon. Un peu plus bas, gentianes, ancolies, bruyères, fruits des bois et le célèbre sabot de Vénus, la plus grosse orchidée de France. Enfin, thym, lavande ou genêt cendré règnent du côté du Diois.

Le Vercors, c'est aussi le règne des ***grands ongulés,*** dont certains ont été ***réintroduits avec succès*** : chevreuils, cerfs, chamois, bouquetins, mouflons, etc. Selon les climats ou l'altitude s'y retrouvent également renards, blaireaux, belettes, sangliers, loirs, écureuils, martres... Quant aux ***oiseaux,*** ils ne manquent pas non plus : aigle royal, faucon pèlerin, tétras-lyre, vautour fauve, mais aussi perdrix, bartavelle, gélinotte, tichodrome (que l'on nomme joliment « papillon des rochers »), pipit rousseline... Créé en 1970, le ***parc naturel régional du Vercors*** réunit désormais 186 000 ha du massif, répartis sur une soixantaine de communes de l'Isère et de la Drôme. Les hauts plateaux ont été classés « réserve naturelle » en 1985, protégeant ainsi 17 000 ha de forêts, de prairies, de dalles calcaires et de falaises. Avec ses 170 km de long, c'est, aujourd'hui, la plus grande réserve naturelle de France.

UN VASTE TERRAIN D'ACTIVITÉS

Les attraits touristiques du massif sont bien connus : paysages et panoramas grandioses, falaises, rivières, puits, grottes et autres gouffres, sentiers balisés, stations de ski alpin ou nordique... Randonnées pédestres ou à VTT, escalade, spéléologie, canyoning, parapente, balades à raquettes, ski, le Vercors possède d'innombrables atouts susceptibles de ravir tous les amoureux des grands espaces et les adeptes des vacances nature. Emprunter l'itinéraire prestigieux de la *GTV*, cette antithèse du TGV qui circule dans la vallée, pour profiter pleinement de ce superbe massif. Cette *Grande Traversée du Vercors* emprunte les zones les plus belles et les plus sauvages. Chaque station du parcours abrite un gîte ou une autre forme d'hébergement (n'oubliez pas de réserver). La GTV peut, bien sûr, se découvrir en partie ou dans son intégralité, en suivant le tracé principal ou ses variantes : si le tour, à pied, fait 332 km, celui à VTT, ou à cheval, qui va de Saint-Dizier à Die, totalise 302 km. Bref, une formidable façon de faire connaissance avec le Vercors.

UNE GRANDE TERRE DE LA RÉSISTANCE

Enfin, nous n'oublierons pas que ***de tout temps, et jusqu'à récemment, le massif a souvent été une terre de refuge.*** Abri pour ces hommes préhistoriques qui s'installent dans les grottes protectrices et viennent trouver leur subsistance sur ces plateaux abondant de cueillette et de gibier. Terre de refuge au temps des conquêtes et des grandes invasions. Terre de prédilection pour les ordres monastiques, qui trouvent ici la paix et le calme nécessaires à leur vie recueillie. Il était donc naturel que ***sur ces terres, alors situées en zone libre, se retrouvent les hommes persécutés par la Seconde Guerre mondiale.***

Au début de 1944, les maquis rassemblent 400 à 500 civils et militaires, soutenus par une population généralement favorable. En ***juin 1944,*** l'excitation est à son comble : ***l'ordre a été donné à Londres d'entamer une action générale.*** Les entrées du massif sont « verrouillées », n'y laissant pénétrer que les volontaires qui affluent. Le 14 juillet, ils sont 4 000, maquisards des débuts, réfractaires au STO (Service du travail obligatoire, institué par les Allemands en 1943 pour envoyer de la main-d'œuvre française en Allemagne) et nouveaux convertis, à proclamer la ***république du Vercors.*** Cependant, ils sont mal ravitaillés, armés de trois grenades, de deux tromblons et de dix Sten parachutés ; la lutte contre l'envahisseur allemand sera inégale. Après quelques offensives destinées à mesurer la résistance effective du maquis, le ***général Karl Pflaum*** décide de frapper un grand coup. Le ***21 juillet 1944,*** ce sont ***15 000 hommes qu'il envoie à l'assaut du Vercors.*** Des planeurs portant la croix noire de la Waffen SS se posent à Vassieux, là où l'on attendait les Alliés, tandis que des troupes terrestres attaquent d'autres entrées.

LE « PLAN MONTAGNARDS »

En décembre 1942, une poignée de résistants grenoblois s'installèrent dans une ferme du Vercors, à Ambel, constituant ainsi un des premiers maquis de France. Dès 1943, la Résistance organisa une douzaine de camps au cœur des forêts protectrices. Ce « plan Montagnards », entériné par Jean Moulin et approuvé par De Gaulle, prit corps en novembre 1943 avec le premier grand parachutage allié d'armes et de ravitaillement.

Durant une semaine, les maquisards, héroïques, s'opposent à quatre contre un. Mais en moins d'une semaine, le Vercors et ses hommes sont à genoux. L'ennemi procède alors, jusqu'à la fin août 1944, à un terrible « nettoyage », fusillant sans procès jeunes et vieillards, achevant les blessés, brûlant les fermes et les villages. Le Vercors paiera un ***lourd tribut à ces 2 mois de bataille : plus de 600 résistants seront tués.*** Du ciel, ils attendaient leur salut. Du ciel a surgi la mort. ***Le « plan Montagnards »*** n'aura pas fonctionné.
Pour rendre hommage à la Résistance du Vercors, ne manquez pas de vous rendre au ***mémorial de la Résistance*** et au ***village martyr de Vassieux-en-Vercors,*** à la ***grotte de la Luire*** ou devant la ***cour des Fusillés de La Chapelle-en-Vercors.*** Et n'oublions pas qu'en Isère, ils furent également nombreux à tomber sous les balles, comme le rappellent de nombreux sites historiques (nécropole de Saint-Nizier-de-Moucherotte, ruines de Valchevrière, village-piège de Malleval et piège du Pas-de-l'Aiguille).

Comment circuler en bus dans la région ?

Pour rejoindre ou quitter Saint-Nazaire-en-Royans, Saint-Laurent-en-Royans et Saint-Jean-en-Royans, renseignements auprès de la gare routière de Valence *(☎ 04-75-81-72-62)* ou sur le site • *ladrome.fr* •

➢ ***Liaisons avec Valence et Romans :*** très irrégulier. Attention, certains bus s'arrêtent à Romans et ne poursuivent pas jusqu'à Valence.

➢ ***Liaisons avec La Chapelle-en-Vercors :*** 1-2 bus/j. pdt les vac scol.

➢ ***Service (très pratique) de transport à la demande*** *(TAD)* ***:*** depuis les gares de Die et Villard-de-Lans. Renseignements à l'office de tourisme Vercors Drôme *(☎ 04-75-48-22-54).*

Adresse utile

🅸 ***Parc naturel régional du Vercors*** *(en Isère)* ***:*** *255, chemin des Fusillés, 38250* ***Lans-en-Vercors.*** *☎ 04-76-94-38-26.* • *parc-du-vercors.fr* • Situé dans l'Isère, cet accueil répond à toutes les demandes concernant le parc, aussi bien sur l'Isère que la Drôme. Hébergements, activités, brochures sur la faune et la flore, sur les activités sportives, les différents musées et même la gastronomie (produits du parc, comme la truite ou la viande bovine du Vercors).

Manifestations

– ***Vercors Traversées :*** *infos et inscriptions au ☎ 04-76-63-38-01 ou 04-75-48-22-54 (office de tourisme de La Chapelle-en-Vercors), ou sur le site* • *traverseesduvercors.fr* • Des manifestations sportives ouvertes à tous pour effectuer la traversée du Vercors à skis de fond, ou à VTT, selon l'époque. Paysages grandioses garantis. Buffets, animations et encadrement professionnel.
– Dans le même esprit, mi-juin, ***Les Drayes du Vercors,*** deux courses au choix de 25 ou 55 km, ainsi qu'un parcours de 12 km accessible aux moins sportifs. Animations musicales et repas avec spécialités régionales. • *lesdrayesduvercors.com* •

SAINT-NAZAIRE-EN-ROYANS

(26190) 750 hab. *Carte Drôme, B1*

À une vingtaine de kilomètres à l'est de Romans, le village de Saint-Nazaire constitue la porte d'accès principale vers le Royans. En arrivant par l'est,

on est saisi par la beauté de son aqueduc et de ses rochers rouges se reflétant dans l'eau verte de la Bourne, rivière sauvage ici domptée, qui descend du Vercors pour se jeter dans l'Isère. Et puis, au-dessous, le village, et en arrière-fond, les falaises du Vercors.
Sa situation stratégique en fit un site déjà fréquenté il y a plusieurs milliers d'années par l'homme de Cro-Magnon (lire « La grotte de Thaïs » dans « À voir. À faire »). Bien plus tard, au Moyen Âge, le bourg est fortifié et on y édifia un château. Il devient capitale administrative et militaire du Royans, et le restera jusqu'à la Révolution. Mais les guerres n'épargneront pas le village, et seules quelques maisons médiévales, l'église (XIIIe s) et les ruines de la tour féodale Delphinale rappellent cette période de gloire. Dommage que la départementale traverse en partie le bourg... Saint-Nazaire reste malgré tout la plus historique des villes du Royans. À découvrir en prenant votre temps avec le dépliant gratuit « Sur les pas de Nazarius » remis par l'office de tourisme.

Adresses utiles

Office de tourisme du Pays de Royans : *pl. de Thaïs – parvis de l'Aqueduc. ☎ 04-75-48-61-39. • royans.com • Avr-oct, tlj sf lun 10h30-13h, 14h-17h30 (en continu et ouv tlj en juil-août). Fermé nov-mars.* Cette antenne de l'office principal de Saint-Jean-en-Royans reste très disponible en saison. Elle gère l'accès à l'aqueduc et à l'espace *Royans & Vercors* (voir plus loin).

L'Escale gourmande : *dans le village. ☎ 04-75-45-37-23 ou 04-75-47-53-91. Tlj en saison.* Une vingtaine de producteurs locaux se sont unis pour proposer leurs produits bio (noix, huiles, miels, confitures...).

Où dormir à Saint-Nazaire-en-Royans et dans les environs ?

Camping

Camping municipal du lac de Saint-Nazaire : *dans le village. ☎ 04-75-48-41-18. • contact@camping-saint-nazaire-en-royans.fr • saint-nazaire-en-royans.com • Ouv Pâques-Toussaint. Forfait 9-11 € selon saison.* 75 emplacements en bord de Bourne, assez grands, ombragés et pas désagréables, mais un peu bruyants.

Prix moyens

Chambres d'Hôst'un : *1, pl. Camille-d'Hostun, 26730* ***Saint-Martin-d'Hostun.*** *06-14-68-70-51. • contact@chambresdhostun.com • chambres-hotes-sejour-week-end.fr • À env 8 km au sud-ouest de Saint-Nazaire-en-Royans par la D 125. Congés : déc-janv. Double 70 €. Table d'hôtes 30 €. Réduc de 10 % sur le prix de la chambre à partir de 2 pers et 2 nuits consécutives (hors vac scol) sur présentation de ce guide.* Une belle maison en pierre à l'entrée du petit village de Saint-Martin, ancienne école communale rénovée avec soins. Elle abrite désormais 4 chambres d'hôtes, dont une familiale, tout confort. Dans un magnifique cadre campagnard au pied du Vercors, à un jet de pierre de nombreuses randonnées pédestres. Plusieurs activités possibles. Entre autres, des cours de cuisine organisés au rez-de-chaussée de la maison par *Terre Gourmande,* avec Alain Berne, un chef meilleur ouvrier de France.

À voir. À faire

La grotte de Thaïs : *☎ 04-75-48-45-76. • grotte-de-thais.com • Juil-août, tlj 11h-19h ; avr-mai et de mi-sept à fin oct, dim et j. fériés 11h-18h (en* *sem, se renseigner) ; juin et 1re quinzaine de sept, tlj (sf lun en sept) 14h-18h (11h-19h dim). Dernier billet 45 mn avt la fermeture. Entrée : 8,70 € ; enfant 5 € ; pass famille. Réduc de 1 € sur présentation de ce guide.* Découverte au XIXe s, ce n'est cependant qu'à la fin des années 1960 que toute la partie exondée de la grotte fut totalement explorée. On découvrit alors qu'elle avait abrité, il y a un peu plus de 17 000 ans, l'homme de Cro-Magnon et sa petite famille. Les fouilles ont mis au jour d'intéressants objets : os gravés, pendeloques, grattoirs, pointes, lames, aiguilles percées d'un chas (oui, on faisait déjà de la couture à cette époque) et un très rare « os coché », soit l'un des premiers systèmes numériques connus au monde ! Mais la grotte présente également un grand intérêt géologique. Ciselée par l'eau durant plusieurs millénaires, elle livre le spectacle merveilleux d'un entrelacs de belles concrétions, draperies et failles qui font de Thaïs l'une des grottes les plus colorées de France. Tout au long de la balade, plusieurs reconstitutions et commentaires audio très accessibles aux enfants ressuscitent l'histoire de la grotte, de sa formation au quotidien de nos lointains cousins qui l'occupèrent. Une visite fort belle et bien fraîche, même les jours de grosse chaleur. Pensez à prendre une polaire, au cas où...

LA DRÔME

L'aqueduc et l'espace muséographique Royans & Vercors : *☎ 04-75-48-61-39. ♿ Mêmes horaires que l'office de tourisme. Fermé nov-avr. Entrée : 4 € ; réduc.* Construit entre 1876 et 1878 pour irriguer la plaine de Valence, ce bel ouvrage, long de 235 m, réserve bien des surprises. Catapulté à 35 m au-dessus du sol par un ascenseur panoramique, premier miracle, vous marcherez sur l'eau. Vue remarquable sur le village, le Vercors et la vallée de la Bourne. Instructives tables d'orientation, panneaux didactiques et bornes vocales. Poursuivez la visite avec l'espace *Royans & Vercors,* découverte originale du territoire avec sa muséographie polysensorielle, comme ils disent (écrans, odorama, jeux tactiles, films, etc.).

➢ ***Petite randonnée jusqu'au belvédère de Vanille :*** *compter 2h de marche. Cartoguide du PNRV (parc naturel régional du Vercors).* Au départ du parvis de l'aqueduc (160 m), balade sympa qui consiste à monter à un belvédère (460 m), duquel vous aurez une vue imprenable sur l'aqueduc, le village et les eaux de la Bourne. En toile de fond, le Vercors et ses brèches : Combe-Laval, les Grands-Goulets, la vallée de la Vernaison et les gorges de la Bourne. De l'autre côté, la vallée de Grenoble et le massif de Presles.

– ***Le bateau à roue « Royans-Vercors » :*** *☎ 04-76-64-43-42. • bateau-a-roue.com • Départ au pied de l'aqueduc, du w-e de Pâques à mi-oct. Tarifs : 10,50 € l'aller, 13 € l'A/R ; forfait 20 €, visite jardin ou grotte comprise, ou 26 € tt compris ; réduc.* La croisière, à bord d'un bateau pittoresque évoquant les vapeurs de Louisiane, dure 1h à 2h. Elle comprend une escale à Saint-Nazaire pour la visite de l'aqueduc et de la grotte de Thaïs (forfait possible bateau + grotte), ou à La Sône, en Isère, pour découvrir le ***jardin des Fontaines pétrifiantes.*** On peut revenir à pied (prévoir du temps) ou à vélo.

DANS LES ENVIRONS DE SAINT-NAZAIRE-EN-ROYANS

Le musée du Royans – Vie et Traditions : *ancien presbytère, 26190* ***Rochechinard.*** *☎ 04-75-47-74-23. À 3 km au sud de Saint-Nazaire. Juil-août, tlj sf lun 15h-19h. Entrée : 3,50 € ; réduc.* Perché sur les hauteurs de Rochechinard, d'où l'on jouit d'un splendide panorama, un très beau site composé d'une église du XIIe s toute mignonne et des ruines d'un château du XIIIe s. L'ancien presbytère a été réaménagé pour accueillir un bel écomusée. Reconstituant un habitat du Royans au XIXe s, il présente joliment, à travers neuf salles réparties sur deux étages, le passé paysan et artisanal de la région : meubles et objets anciens, vêtements, photographies, documents, outils des activités traditionnelles du Royans (le ver à soie, la noix, la filature, l'agriculture, etc.), le tout enrichi de commentaires passionnants. Très attachant.

Le Monde merveilleux des lutins : *Les Guerbys, 26730* ***Hostun.*** *☎ 04-75-48-89-79. • mondedeslutins.com • À 6 km au sud-ouest de Saint-Nazaire. Juil-août, tlj 10h-18h30 ; mai-juin, tlj sf lun 14h (11h le w-e en juin)-18h ; vac scol de fév, Pâques, Toussaint et Noël (zone A), tlj 14h-18h ; avr et déc, slt mer et w-e 14h-18h. Entrée : 8 € ; enfant 6 €.* Cachés parmi les bois et les champs de noyers, tous les farfadets, les gnomes, les gremlins, les dragons, les kobolds et autres fées se sont donné rendez-vous. Installés dans une vieille ferme isolée dans les collines (qui, malheureusement, mériterait le passage de Blanche-Neige pour redonner un coup de neuf aux installations...), ils se proposent de vous conter tous leurs secrets. Écoutez l'histoire des arbres-fées ou la complainte de Babo, le lutin berger à la recherche de son étoile. Comme ils sont un peu malicieux, les êtres du petit peuple profitent de leur environnement magnifique, naturel et sauvage, pour aller faire de petites balades. Allez donc les retrouver dans les bois, répondez aux énigmes... Peut-être y découvrirez-vous un trésor fabuleux ?

SAINT-LAURENT-EN-ROYANS

(26190) 1 400 hab. *Carte Drôme, B2*

À 10 km de Saint-Nazaire-en-Royans. Petite bourgade active et assez industrieuse, qui sut très tôt tirer profit des cours d'eau et des richesses de la montagne. Métallurgie sous l'impulsion des chartreux, fabrication de peignes pour le travail de la laine, tournerie d'avirons destinés à la Marine royale de Colbert, jusqu'à s'épanouir dans la tournerie-tabletterie (fabrication d'objets en bois, tournés ou non, liés à la table), toujours actuelle. Balade familiale dans les sous-bois jusqu'à la cascade de Frochet. Arboretum à visiter à proximité (voir avec l'office de tourisme de Saint-Nazaire).

Où manger dans le coin ?

Auberge des Tracols : *Les Tracols, à 1,5 km de Saint-Laurent-en-Royans (panneaux depuis le centre). ☎ 04-75-47-76-13. • auberge.tracols@gmail.com • Fermé lun-mar ; hors saison, fermé le soir dim-jeu et sam midi. Congés : 1re sem de sept et 15 j. à Noël. Menus 16 € (déj en sem), puis 20-39 €. Apéritif maison offert sur présentation de ce guide.* Beaucoup de bons points. D'abord, le site : une belle maison en pierre sur les hauteurs, face à un superbe paysage de montagne en format grand angle. Évidemment, aux beaux jours, tout le monde délaisse les jolies petites salles pour la terrasse panoramique ! Ensuite, la cuisine : familiale et régionale, à base de produits du pays (truites aux noix, caillette maison, tiramisu aux marrons...). Enfin, l'accueil, vraiment sympa, à l'image des jeux prévus pour les enfants.

DANS LES ENVIRONS DE SAINT-LAURENT-EN-ROYANS

Le monastère Saint-Antoine-le-Grand : *4560, route de Laval. ☎ 04-75-47-72-02. • monasteresaintantoine.com • Prendre d'abord la direction de Lente,* *puis la petite D 239 sur la droite (bien indiqué). Ouv tte l'année ; avr-oct, tlj 11h30-12h30, 14h-17h30 ; nov-mars et vac scol, idem le w-e, mais sur rdv en sem. Entrée : 3,50 € ; réduc ; gratuit jusqu'à 12 ans.*

La route, splendide, longe le Cholet, petite rivière sauvage encaissée au milieu des falaises. Les plus courageux n'hésiteront pas à faire à pied tout ou partie de ces 5 km, pour apprécier doucement le charme et la magie du lieu. Et puis, tout au fond, le cirque de Combe-Laval se dévoile, avec son petit joyau d'art sacré : le monastère orthodoxe Saint-Antoine-le-Grand.

De tout temps, des hommes en quête d'absolu ont su choisir des lieux où l'âme trouve la paix. Ce fut particulièrement vrai dans le Vercors, où plusieurs communautés monastiques (chartreux et cisterciens) s'installèrent dès le XIIe s. Renouant avec cette tradition, deux moines français venus du mont Athos (Grèce) fondèrent ici, en 1978, une communauté. Dix ans plus tard, ils bâtirent dans les règles de l'art une église de style byzantin. Et pour être sûrs de ne rien laisser au hasard, ils allèrent jusqu'à inviter au mont Athos les maçons de Saint-Jean-en-Royans, afin qu'ils puissent visiter tous les monastères et s'imprégner de leur architecture. Le résultat est saisissant. L'architecture, superbe, s'intègre admirablement dans cet écrin divin.

Mais c'est l'intérieur qui vous réserve une vision étonnante : 600 m² d'icônes recouvrant les murs, les voûtes et le moindre centimètre carré de l'église. Réalisées bénévolement par un couple d'iconographes russes, Galina et Yaroslav Dobrynine, ces fresques leur demandèrent 6 ans de travail !

Pour ceux qui le souhaitent, possibilité d'assister aux offices de rite orthodoxe qui se déroulent en français mais avec musique et chants byzantins (vêpres à 18h ; liturgie le dimanche à 9h30).

SAINT-JEAN-EN-ROYANS

(26190) 3 000 hab. *Carte Drôme, B2*

Capitale économique et administrative du Royans, Saint-Jean-en-Royans est une petite ville active et fort plaisante. Important carrefour entre le Vercors et la vallée de l'Isère, située à 275 m d'altitude, elle fut un centre important du commerce du bois exploité dans les forêts voisines, notamment par les moines chartreux établis dans le val Sainte-Marie. Très tôt, un artisanat du bois s'y développa. Au XVIe s, on y fabriquait notamment des peignes destinés au travail du chanvre et de la laine. Puis vint la fabrication d'objets plus usuels liés à la table (cuillères, louches, etc.), appelée tabletterie. Celle-ci prit un essor et un aspect plus industriels au milieu du XIXe s, lorsqu'on se mit à utiliser l'énergie de l'eau pour faire fonctionner tours et machines. Bien que toujours importante et très présente à Saint-Jean-en-Royans, cette activité traditionnelle est fortement menacée par la concurrence internationale et la hausse du coût du bois d'olivier.

Saint-Jean est un point de départ idéal pour de somptueuses balades. Il ne faut pas manquer d'emprunter la route impressionnante de Combe-Laval (lire plus loin) pour mesurer l'ampleur de la tâche et l'acharnement de ces hommes qui, au XIXe s, ont sorti le Vercors de l'isolement.

Adresse et info utiles

Office de tourisme du pays du Royans : *13, pl. de l'Église. ☎ 04-75-48-61-39. • royans.com • Lun-sam 9h-12h, 14h-18h.* Nombreuses infos concernant cette belle région. Propose d'intéressantes fiches « circuit patrimoine » dans la région. Également toutes les publications et informations concernant le parc naturel régional du Vercors, ainsi que des topoguides de rando ou de VTT. Accueil efficace et sympathique. Centre d'expositions temporaires sur place.

– **Marchés :** *agréable marché le 2e lun du mois, entre la pl. du Champ-de-Mars et la pl. de l'Église ; autres marchés le jeu mat sur la pl. de la Mairie et le sam mat sur la pl. de l'église.*

Où dormir ? Où manger ?

Camping

⛺ ***Camping municipal Les Bords de Lyonne :*** *av. de Provence.* ☎ *04-75-47-74-60.* • *camping.stjeanenroyans@orange.fr* • *camping-saintjeanenroyans.com* • ♿ *À 700 m du centre-ville et 50 m de la D 70. Ouv avr-sept (loc tte l'année). Forfait 12 € en hte saison. Chalets 300-480 €/sem. 77 empl.* En contrebas du village, au calme, un camping au bord d'une rivière où l'on peut pratiquer la pêche. Joliment aménagé et bien ombragé. Piscine à 300 m (gratuit pour les campeurs).

De prix moyens à chic

🏠 🍽 ***Hôtel-restaurant Le Castel Fleuri :*** *sur la pl. du Champ-de-Mars, à l'entrée du bourg.* ☎ *04-75-47-58-01.* • *hotelcastelfleurivercors.com* • *Resto fermé le midi lun, mer, ven et sam hors saison. Doubles 70-90 € ; familiales 100-140 €. Menus 20-35 €. Café offert sur présentation de ce guide.* Une belle surprise que ce *Logis* tonique, caché derrière une façade qui rappellerait plutôt les hôtels de bourg d'autrefois. De la couleur, de la vie, sur les murs comme en cuisine. Sur 2 étages, des chambres confortables, drôles, accueillantes, et toutes différentes. Terrasse côté parc et piscine.

🍽 ***Grill 66 :*** *square du 29-Juin, à côté de l'office de tourisme.* ☎ *04-75-48-50-14. Tlj en saison (sinon, ouv le midi en sem et le soir ven-sam). Menus 13,30-18,90 €.* Restaurant genre brasserie à la campagne, avec sa grande terrasse aux beaux jours. Halte idéale après une randonnée pour de la cuisine sans chichis, bonne et copieuse, avec un bon rapport qualité-prix.

So chic… et insolite

🏠 🍽 ***Les Cabanes de Carpat :*** *chez Serge et Magali Morin-Charruau, 1325, chemin des Rimets.* ☎ *04-75-47-53-91.* • *contact@cabanes-carpat.fr* • *cabanes-carpat.fr* • ♿ *Ouv 18 mars-1er nov. Doubles à partir de 115 €. Panier-repas 20 €. Apéritif offert sur présentation de ce guide.* À proximité du cirque de Combe-Laval et d'une route qui cause déjà des sensations fortes, offrez-vous un séjour atypique en jouant les druides, perchés dans des chênes. Inutile de monter les chapelets d'ail, car vous n'avez pas à craindre les vampires (Carpat, oui, suivez !). Les 2 cabanes ont des noms qui devraient vous mettre sur la voie : Lune de Miel et Pain d'Épice. Car vous êtes chez des producteurs de miel. Panier pique-nique et petit déjeuner bio de la ferme. Confort surprenant dans ce nid douillet (toilettes sèches à l'intérieur, et sanitaires privatifs complets à côté).

Où dormir ? Où manger dans les environs ?

🏠 🍽 ***L'Affût Gourmand :*** *chez René Faure, Les Blaches, 26190* ***Bouvante-le-Haut.*** ☎ *04-75-48-57-91.* • *laffutgourmand@gmail.com* • *table-gourmande-vercors.blogspot.com* • ♿ *À env 15 km au sud de Saint-Jean-en-Royans par la D 131, dans le minuscule village de Bouvante-le-Haut. Ouv tte l'année. Resto midi et soir, sur résa. Double 50 €. ½ pens 42 €/pers. Menu 20 €.* 💻 📶 *Apéritif offert sur présentation de ce guide.* Il faut aller la chercher cette adresse, retranchée dans un village du bout du monde, au creux d'une vallée aussi isolée que magnifique ! Mais sur place, les Faure ont de quoi inciter les égarés à s'attarder : des repas préparés avec les bons produits de la ferme (veau, lapin, volailles, légumes), de savoureux casse-croûte à partager en rando, une chambre paysanne, et même une cabane d'affût (d'où le nom de la maison), idéale pour l'observation de la faune sauvage. Ça change des soirées télé !

Chambres d'hôtes La Vercorelle : *au village de* ***Léoncel*** *(26190). ☎ 04-75-44-42-85. • la-vercorelle@orange.fr • la-vercorelle.com • Congés : de mi-nov à mi-déc. Double 84 €. Table d'hôtes sur résa 27 €, boissons comprises. Réduc de 10 % sur la chambre (lun-jeu, hors vac scol) sur présentation de ce guide.* Une belle maison familiale nichée au creux d'une superbe vallée isolée à 900 m d'altitude, avec des chambres décorées sur le thème d'un métier ancien. Atmosphère conviviale et chaleureuse, que l'on retrouve à table autour d'une bonne cuisine régionale. Aux beaux jours, on profite du petit jardin de curé pour lézarder en admirant la vue sur l'abbaye et les montagnes alentour.

Où acheter de bons produits ?

Cave Noisel : *hameau des Thuires en attendant le déménagement (courant 2017) Z.A. Les Dodoux, impasse des Planches. ☎ 04-75-48-37-73. • cave-noisel.com • À 1 km du centre ; indiqué par la route de Combe-Laval. Juin-août, tlj 10h-12h, 15h-19h (parfois en continu) ; hors saison, tlj sf certains dim (mieux vaut téléphoner). Fermé de Noël à mi-janv.* Il serait dommage et difficile d'oublier, tant il y a de noyers par ici, que Saint-Jean-en-Royans fait partie de la zone d'AOC de la noix de Grenoble. Une large gamme de spécialités traditionnelles ou originales à base de noix : de l'huile bien sûr, mais aussi de délicieux vins et liqueurs, des tourtes, des croquants, de la confiture de noix vertes, du chutney, etc.

Ravioles à l'ancienne, boutique Saint-Jean : *av. des Pionniers-du-Vercors. ☎ 04-75-47-52-99. Lun-ven 8h-18h (19h en été), w-e (sf dim ap-m) 9h-12h, 15h-18h (14h-19h en été) ; hors saison, horaires restreints.* Inutile de vous préciser ici ce que vous allez devoir acheter, pour vos futures agapes !

À voir. À faire

L'église : construite au XVIIe s. Style typiquement montagnard avec son beau clocher de pierre trapu. Elle est surtout intéressante pour l'autel et les splendides boiseries qu'elle renferme dans son chœur. Datés de 1710, ceux-ci proviennent de l'ancienne chartreuse du val Sainte-Marie (près de Bouvante), vendue comme bien national à la Révolution. Par bonheur, les autorités de Saint-Jean eurent la bonne idée de racheter cet ensemble, réalisé par des artistes italiens (et classé Monument historique). Très belles peintures sur bois et intéressants tableaux sculptés également.

Visite d'une tabletterie artisanale : ***Les Cuillères du Royans – Tabletterie Desfonds,*** *route de Lente. ☎ 04-75-48-64-56. Avr-oct, lun-ven 9h-12h, 14h-18h ; sam 14h-18h ; dim sur rdv. Hors saison, slt sur résa. GRATUIT.* Henri Desfonds, l'un des derniers artisans du Royans, est le digne héritier d'une longue tradition familiale : la fabrication de ces fameuses cuillères en bois d'olivier qui ont fait la renommée du Royans. Il vous guide à travers son atelier, créé par le grand-père en 1924, et vous explique avec passion toutes les étapes de fabrication. Soit pas moins de 30 à 40 manipulations et environ 20 mn pour fabriquer une seule cuillère, auxquelles s'ajoutera ensuite une vingtaine d'étapes successives de polissage, avant d'attaquer le séchage et les finitions !

Visite d'une distillerie de whisky : *la distillerie du Vercors, 1 340, route du Camp d'Ambel. 06-50-88-02-45. • distillerie-vercors.com • Se renseigner pour les horaires.* Dans une ancienne magnanerie.

➢ **Randonnées :** nombreux sentiers au départ de Saint-Jean-en-Royans. Se procurer le cartoguide *Royans-Gervanne* (éd. du Parc naturel régional) ou les fiches techniques à l'office de tourisme.

Manifestation

– **Biennale de musique mécanique et d'orgues de Barbarie :** *les années impaires, le 1er w-e d'août.* Concerts dans toute la ville, qui feront la joie des connaisseurs comme des profanes.

DANS LES ENVIRONS DE SAINT-JEAN-EN-ROYANS

L'atelier Saint-Jean-Damascène et sa chapelle : *à **La Prade,** à la sortie de Saint-Jean-en-Royans en direction de Bouvante, puis route fléchée à gauche. ☎ 04-75-47-55-87. • atelierdamascene.fr • Tlj sf dim 9h-18h. Visites guidées l'été ; gratuit pour les individuels, se renseigner.* Le Royans rassemble deux communautés orthodoxes sur son territoire ! Si de nombreux visiteurs font désormais le détour par Font-de-Laval pour admirer le monastère Saint-Antoine-le-Grand, le site de La Prade reste un peu plus confidentiel. On peut y découvrir les ateliers de mosaïques, de fresques et d'icônes, et laisser le temps au temps pour s'imprégner de la beauté des œuvres peintes dans l'adorable chapelle. Également une chapelle en bois démontée en Ukraine et remontée ici.

L'abbaye cistercienne de Léoncel : *• leoncel-abbaye.com • 06-38-04-50-08. À 18 km de Saint-Jean par la D 70. Tlj 9h-20h30. GRATUIT. Magasin ouv Pâques-Toussaint, le w-e slt (en plein été tlj), l'ap-m.*
Après le départ de frère Pierre, le dernier moine, une page s'est tournée à Léoncel. Avant votre passage, rendez-vous sur le site internet afin de vous tenir au courant de l'actualité de ce lieu magnifique. Même s'il n'y a plus de prêtre résident, une équipe mise en place par l'évêque de Valence veille, pour l'heure, à maintenir la vie à Léoncel (accueil et hébergement pour de courts séjours, marches et animations spirituelles).
Venus de l'abbaye de Bonnevaux, 12 moines de l'ordre de Cîteaux s'installent à Léoncel en 1137, séduits par le cadre, d'une beauté sauvage, et le calme exceptionnel de ce vallon. La construction de l'abbatiale débutera en 1150 pour s'achever un siècle plus tard. Le rayonnement de l'abbaye durera plus de six siècles, élargissant son influence et son domaine du Royans à la vallée de la moyenne Gervanne, de la plaine de Valence à la montagne d'Ambel. À son apogée (autour du XIIIe s), l'abbaye maîtrisait plus de 10 000 ha de terres exploitées par des paysans et des frères convers ! Mais le monastère connaîtra une longue période de troubles dès le XIVe s, jusqu'à sa dissolution en 1790. De sa période de gloire ne restent aujourd'hui qu'une superbe abbatiale, à l'architecture typique de l'art roman, et l'aile orientale des bâtiments conventuels, dont l'intérieur a été fortement réaménagé.
Malgré une apparence plutôt sévère, l'ensemble de l'édifice ne manque pas de charme. Admirer le chevet aux volumes si joliment étagés et l'imposant clocher à deux étages (vue superbe depuis la route du col de la Bataille, un peu plus haut). Intérieur très sobre, presque austère, très caractéristique de l'art cistercien.
Ne pas manquer de jeter un coup d'œil aux anciens bâtiments monastiques (devenus bâtiments communaux) pour y admirer l'entrée de la salle capitulaire, d'époque médiévale, et ses quatre jolis chapiteaux à baie géminée.
Un lieu et un cadre, petit écrin de verdure magnifique, qui invitent, aujourd'hui encore, au respect et à la méditation...

DE SAINT-JEAN-EN-ROYANS AU VERCORS CENTRAL EN PASSANT PAR LE COL DE LA MACHINE

Comment circuler dans la région ?

Pour rejoindre ou quitter La Chapelle-en-Vercors, Saint-Martin-en-Vercors, Saint-Julien-en-Vercors, Vassieux-en-Vercors et Saint-Agnan-en-Vercors, renseignements auprès de la gare routière de Valence (☎ *04-75-81-72-62*). Ou service de voiture à la demande avec *Service Transdrôme* (☎ *04-75-48-22-54*).

➢ ***Liaisons avec Valence*** (*via Romans et Saint-Jean-en-Royans*) **:** plus ou moins 1 bus/j. selon saison. Puis *Service Transdrôme* de La Chapelle-en-Vercors à Vassieux-en-Vercors.

➢ ***Liaisons avec Die :*** *Service Transdrôme* au départ de la gare SNCF de Die jusqu'à Vassieux. Résa obligatoire 24h à l'avance. Ne fonctionne pas les dim et j. fériés.

LA ROUTE DE COMBE-LAVAL

Le projet d'aménagement d'une route destinée à mieux desservir la forêt de Lente fut envisagé autour des années 1850. Mais la route initiale qui passait par le col de l'Écharasson s'avéra vite inadéquate, tant elle était pentue et restait trop longtemps enneigée l'hiver. On décida alors d'un autre tracé passant par Combe-Laval. La construction débuta en 1893. Cinq ans plus tard, la route, qui n'était alors qu'un gros chemin forestier, fut ouverte. Elle ne devint route touristique qu'en 1936.

Taillée en encorbellement dans les gigantesques falaises qui dominent de plus de 600 m la rivière en contrebas (le Cholet), c'est l'une des plus prestigieuses routes du Vercors, vertigineuse et magnifique. En fait, c'est surtout à la descente (du col de la Machine à Saint-Jean) qu'elle offre les vues les plus saisissantes sur la combe. À la montée, on vous conseille de faire un arrêt au *col de Gaudissart*, d'où l'on a une vue panoramique superbe sur le « golfe » du Royans. Ensuite, à l'attaque de la falaise ! Les parois rocheuses vous encadrent, se rapprochant, se resserrant, vous enserrant presque. Puis on arrive au dernier tunnel. Derrière, le *col de la Machine* : arrêt obligatoire pour profiter de la vue splendide sur le cirque (site classé !). Peut-être aurez-vous même la chance d'observer un des rares faucons pèlerins dans un de ses impressionnants piqués et (avec des jumelles) quelques-uns des chamois, bouquetins, cerfs ou chevreuils présents dans la combe.

Où dormir ? Où manger dans le coin ?

⌂ |●| ***Hôtel-restaurant du col de la Machine :*** ***Combe-Laval****, 26190 Saint-Jean-en-Royans.* ☎ *04-75-48-26-36.* • *info@hotel-coldelamachine.com* • *hotel-coldelamachine.com* • ♿ *Bien fléché depuis Saint-Jean ; route magnifique et impressionnante dans des goulets vertigineux (éviter d'arriver de nuit). Resto fermé mer (plus mar soir hors vac scol et j. fériés). Doubles 82,20-85,20 € ; familiales (5 pers) 113,20-116,20 €. Menus 27-39 €. Café offert sur présentation de ce guide.* Depuis 1848, cette grande maison de famille a gagné en confort ce qu'elle a perdu en cachet. La déco montagnarde est déclinée du sol au plafond, dans les chambres (mal insonorisées, comme souvent en montagne) comme au resto. Aux fourneaux, le père et le fils mitonnent une délicieuse et copieuse cuisine dauphinoise. Une bonne étape à 1 015 m d'altitude, avec piscine et randonnées...

LA FORÊT DE LENTE

Immense domaine forestier qui a appartenu entre le XIIe s et la Révolution aux moines chartreux installés non loin (dans le val Sainte-Marie à Bouvante). Leur empreinte reste d'ailleurs très visible dans ce paysage qu'ils ont en partie façonné. Aujourd'hui, cette vaste forêt domaniale de plus de 3 000 ha de hêtres et de sapins est un formidable terrain de balades et randonnées, à faire à pied ou à VTT. Au détour des chemins et des routes forestières, on pourra observer les différents mammifères ici présents : chamois, chevreuil, grand cerf ou sanglier, et surtout le mouflon, qui fut introduit dans la forêt de Lente dans les années 1950.

LA CHAPELLE-EN-VERCORS

(26420) 800 hab. *Carte Drôme, B2*

La Chapelle (pour les intimes), qui se situe à peu près au centre du massif, est de fait le grand carrefour économique et touristique du Vercors central. C'est également un chef-lieu très actif mais... paisible. Sur les cinq villages que compte le canton (La Chapelle, Saint-Agnan, Vassieux, Saint-Martin et Saint-Julien-en-Vercors), la population s'élève à 2 000 habitants seulement ! Même si le Vercors connaît un engouement touristique de plus en plus grand, vous aurez largement la place pour profiter de ce formidable et immense espace de liberté. Situé au cœur du plateau, La Chapelle vous permettra de rayonner dans toutes les directions et de vous adonner à toutes sortes d'activités : visites, balades, randonnées, ski, spéléo (la ville a son festival), cyclotourisme, etc. À toutes les saisons, le choix est grand et l'environnement... grandiose !

UN PEU D'HISTOIRE

Au Moyen Âge, le village (nommé La Bâtie) était situé sur une hauteur, près d'une forteresse protégeant l'accès à la région. Lorsque cette dernière fut redevenue calme, la population descendit s'installer sur un terrain plus ouvert et mieux orienté, autour d'une église et d'une petite chapelle qui donna d'ailleurs son nouveau nom à la localité.
La Chapelle (comme l'ensemble du plateau) a subi de nombreux dégâts durant la Seconde Guerre mondiale. Bombardé mi-juillet 1944, puis mis à sac et incendié quelques jours plus tard, le village a été presque totalement détruit. Seuls vestiges du passé : le beau clocher du XIIIe s, la mignonne chapelle Saint-Antoine (XIIIe s également), la fontaine aux Ours de bronze (1894) et de rares bâtisses anciennes reconnaissables à leurs pierres de taille. Dernier vestige, autrement émouvant : trois pans de mur de la ferme Albert, qui rappellent à notre mémoire les 16 jeunes gens qui y furent assassinés par les Allemands, le 25 juillet 1944. Le village a été entièrement reconstruit autour des années 1950.

Adresse et infos utiles

i *Office de tourisme Vercors Drôme :* *pl. Piétri. ☎ 04-75-48-22-54. • vercors-drome.com • Ouv tte l'année ; en été, tlj 9h-12h30, 14h-19h (18h dim).* Équipe efficace. On vous fournira, avec le sourire, infos pratiques, topoguides, publications du parc naturel régional, etc.
– À noter : les communes du Vercors central ont mis en place une formule

de ***Vertacopass.*** Il vous sera délivré par votre hôte dès que vous aurez passé une nuit ou visité un site sur le canton de La Chapelle. Celui-ci vous donnera ensuite droit à toutes sortes d'avantages auprès de ses (nombreux) adhérents, dont des visites, activités et services à prix réduit. Vous trouverez toutes les informations dans le *Guide pratique du Vercors,* très bien fait.

■ ***Piscine municipale :*** *☎ 04-75-47-69-77 (en été). Juil-août, tlj 10h-19h.*
– ***Marché :*** *jeu mat tte l'année, plus sam mat de mi-juil à fin août.* Plein de petits producteurs (fromage, miel, etc.) et artisans de la région se donnent rendez-vous devant l'office de tourisme pour un marché coloré, animé et très sympa.

Où dormir ? Où manger ?

Camping

Camping municipal Les Bruyères : *av. des Bruyères. ☎ 04-75-48-21-46. • campinglesbruyeres@gmail.com • campingmunicipallesbruyeres.blog4ever.com • Dans le village, à 200 m de la piscine municipale. Ouv fin avr-fin sept. Forfaits 10-12 € selon saison. Mobile homes 300-420 €/sem. 85 empl.* Environnement très calme. Pas très ombragé, mais c'est pour mieux profiter du soleil du Vercors. Snack ouvert tout l'été. Commerces à proximité.

Gîte d'étape

La Maison de l'Aventure : *☎ 04-75-48-22-38. • info@maison-aventure.com • maison-aventure.com • À 200 m du centre du village (bien indiqué). Ouv tte l'année, sur résa slt. Compter 18 € la nuitée en gestion libre ; 24,50 € avec petit déj ; 37,50 € en ½ pens (obligatoire pdt les vac scol). Réduc de 10 % sur la chambre sur présentation de ce guide. La Maison de l'Aventure,* c'est un lieu de rencontre convivial, façon auberge de jeunesse. On y loge dans des chambres de 4 rénovées, équipées de lavabos (douches et w-c communs bien tenus), on partage son frichti au réfectoire et on se délasse dans le salon TV ou dans la salle de jeux... le tout dans la bonne humeur. Fonctionnel mais pas impersonnel ! Pour les pensionnaires qui choisissent de manger sur place, bonne cuisine familiale. En prime, large choix de séjours à thème encadrés : rando, spéléo, canyoning, raquettes...

Prix moyens

Hôtel des Sports : *av. des Grands-Goulets. ☎ 04-75-48-20-39. • hotel.des.sports@wanadoo.fr • hotel-des-sports.com • Resto fermé dim soir et lun. Congés : de mi-nov à fin janv. Double 60 €. ½ pens 57-59 €/pers. Formules 14 € (déj en sem)-31 €.* Dans la même famille depuis 45 ans, cet hôtel classique est l'une des valeurs sûres du pays. On sent les efforts et la touche féminine dans les chambres, rénovées dans un style contemporain coloré, tandis qu'en salle, le chef régale les habitués avec de solides spécialités régionales. Une bonne étape pour les familles ou les sportifs de passage, avec un accueil tout particulier pour les cyclistes et randonneurs.

Auberge Le Collet : *lieu-dit Le Collet. ☎ 04-75-48-13-18. • contact@aubergelecollet.com • aubergelecollet.com • Sur la commune de Saint-Agnan-en-Vercors, mais à 1 km slt de La Chapelle, au bord de la D 518. Resto fermé le midi en sem et mer soir (sf juil-août). Double 60 €. ½ pens 61 €/pers. Menus à partir de 26 €. Café offert sur présentation de ce guide.* Au cœur des montagnes, cette grosse bâtisse en pierre reste une bonne option pour une pause après une longue balade ou une randonnée sur le plateau. Chambres bien tenues et agréables, dans un style simple et fonctionnel. Accueil gentil et arrangeant. Côté resto, des spécialités régionales et fromagères (en hiver), comme les ravioles de canard.

À faire

Randonnées

➢ Ne pas manquer la montée au ***belvédère de Révoulat.*** Cette belle randonnée, de niveau moyen, avec 350 m de dénivelée positive, vous prendra environ 3h30. Elle conduit à travers bois sur un à-pic fréquenté par les chamois, au bord des falaises dominant les gorges de la Vernaison et les Grands-Goulets. Attention, surplomb vertigineux au belvédère. Mais pour ceux qui ne sont pas sujets au vertige, un point de vue absolument inoubliable !

➢ Une autre balade sympa consiste à monter à la ***roche du Mas,*** qui surplombe La Chapelle. Compter environ 5h. Ce circuit, assez difficile, permet de traverser des paysages variés qui donnent un bon aperçu de la végétation du Vercors central (taillis de buis et de pins, hêtraie-sapinière, combes et prairie). Vous pourrez également vous rendre aux ruines du ***château de Foirevieille,*** autour duquel s'établissait le village au Moyen Âge.

– Pour ces balades et les autres, se procurer à l'office de tourisme le cartoguide *Promenades et randonnées dans le Vercors Drôme,* édité par le parc naturel régional du Vercors, ou le dépliant gratuit remis par l'office sur les deux circuits (*Belvédère de Révoulat* et *Les Bruyères*) autour de La Chapelle. *Le Tour du Vercors Drôme en itinérance* permet de découvrir ce territoire en 3 ou 7 jours, en allant à pied de village en village.

Fête

– ***Fête du Bleu du Vercors :*** *le 2ᵉ w-e d'août. • fetedubleu.org •* Grand rendez-vous annuel autour de l'agriculture : animaux, produits du terroir et patrimoine agricole. Dans l'un ou l'autre des villages du parc du Vercors, en fait (voir sur le site).

DANS LES ENVIRONS DE LA CHAPELLE-EN-VERCORS

Le parc de la Draye-Blanche : *à 5 km de La Chapelle, sur la route de Vassieux. ☎ 04-75-48-24-96. • drayeblanche.com • Tlj 10h-17h (18h juil-août). Fermé nov-mars. Départs des visites guidées (grotte) ttes les 30 mn env en saison. Entrée : 8 € (grotte), 5 € (parc) et 9,50 € les deux ; réduc. Terrasse et aire de pique-nique.*
D'un côté, un parc, qui plaira surtout aux enfants, pour partir à la découverte de la préhistoire et des mammouths ; de l'autre (et bien plus intéressant pour les parents), une des nombreuses grottes du massif du Vercors (un vrai gruyère !), et sans doute l'une des plus anciennes (pensez à votre petite laine, il n'y fait que 10 °C, même en plein été). Lors des fouilles, on y a découvert un site paléontologique extraordinaire : un charnier de 15 000 ossements appartenant à plus de 45 espèces animales différentes, certains vieux de 50 000 ans ! Aucun rite sacrificiel là-dedans, il s'agit tout simplement d'un puits qui s'est transformé en redoutable piège naturel... pour le plus grand bonheur des chercheurs. Quant au décor, il est tout simplement grandiose : une salle immense où l'on découvre des concrétions de tout type (draperies délicates, sculptures fantastiques, cascades stalagmitiques). Un incroyable univers minéral, apte à éveiller toutes les imaginations.
La visite guidée, chaleureuse et bien adaptée, permet également d'évoquer le destin insolite de Marseille, ce curieux personnage à la fois braconnier, résistant et inventeur, qui y vécut dès 1918 et protégea jalousement sa grotte jusqu'au début des années 1970.

SAINT-MARTIN-EN-VERCORS

(26420) 400 hab. *Carte Drôme, B2*

À 10 km au nord de La Chapelle-en-Vercors, joli bourg rural et tranquille, langoureusement posé le long des prairies de la vallée de Saint-Julien. Le climat y est particulièrement doux et ensoleillé. Vu le calme régnant ici, on a du mal à imaginer aujourd'hui que Saint-Martin fut un important centre industriel entre le XVIe et le XVIIIe s. Une métallurgie très active était en effet installée au hameau de Tourtre, qui transformait en fer le minerai local extrait du cœur de la forêt. Ce dynamisme attira l'attention du ministre d'Henri IV, Sully, qui ordonna d'y planter un tilleul. Celui-ci a (beaucoup !) grandi depuis le XVIe s et ombrage toujours la place du village, entre la mairie et la vieille église.

Où dormir ? Où manger à Saint-Martin et dans les proches environs ?

Camping La Porte Saint-Martin : *à la sortie de Saint-Martin (direction Villard-de-Lans), sur la gauche, avt la montée vers Saint-Julien-en-Vercors. ☎ 04-75-45-51-10. 06-70-93-93-59. • infos@camping-laportestmartin.com • camping-laportestmartin.com • Ouv 15 avr-sept (chalets tte l'année). Forfait 16,80 € en hte saison. Chalets et bungalows toilés 200-650 €/sem. Apéro offert sur présentation de ce guide.* Environnement agréable et très calme : les voitures restent sur un parking en contrebas ; le matériel est monté (puis descendu) jusqu'au camping par des 4x4. Terrain bien entretenu et joliment situé, en surplomb de la petite route qui mène à Saint-Julien. Emplacements en terrasses sur une belle pelouse, certains bien ombragés, d'autres moins, et quelques-uns offrant une vue imprenable sur la falaise de Roche-Rousse. Belle piscine chauffée.

Auberge de Roybon : *plateau d'**Herbouilly**. ☎ 04-75-45-54-03. • aubergederoybon.fr • À 4 km de Saint-Martin en direction du plateau d'Herbouilly par la D 221 ; en hiver, les derniers 500 m se font à pied ou à skis ! Ouv tlj Noël-fin mars et juil-août (le w-e sur résa à la mi-saison). Congés : avr et oct-déc. Formules ½ pens en dortoir ou en chambre 52-58 €/pers. Au resto, carte slt (8-17 €). CB refusées. Café offert sur présentation de ce guide.* Isolé dans la forêt au départ des sentiers et des pistes de ski du domaine d'Herbouilly (lire plus loin la rubrique « À faire » à Saint-Julien-en-Vercors), ce gros chalet est l'idéal du coureur de bois : chambres et dortoirs rustiques très convenables, salon commun avec TV, jeux et bouquins pour les soirées d'hiver... Bain norvégien. Accueil des cavaliers (transfert des bagages assuré) et balades en calèche pour les enfants en été. Rien ne manque à l'appel, jusqu'à la généreuse cuisine de terroir, impeccable pour reprendre des forces entre deux sorties.

La Ferme du Château : *prendre à droite à l'entrée du village et faire env 800 m, la maison est sur la droite quand on remonte (bien indiqué dans Saint-Martin). ☎ 04-75-48-50-47. 06-23-33-17-58. • pitaval.christiane@wanadoo.fr • alafermeduchateau.com • Congés : 13 nov-16 déc. Double 83 €. Table d'hôtes 30 €. ½ pens 71,50 €/pers en chambre double.* Amoureuse du Vercors, Christiane a tout plaqué pour acheter cette belle ferme. Quand on regarde le magnifique panorama sur les montagnes environnantes, on la comprend ! 5 chambres charmantes et cosy à la déco montagnarde, dont une familiale. Plusieurs salons pour s'abandonner à la lecture ou regarder la télé, et une grande salle à manger pour les repas. La table d'hôtes offre une cuisine régionale copieuse. Quant aux activités, ici c'est le paradis des randonneurs de toutes confessions, à pied, à skis (l'hiver) ou à vélo. Excellent accueil.

À faire

➢ ***Rando d'âne du Vercors :*** *☎ 04-75-45-53-17. 📱 06-89-62-73-91. • randodaneduvercors.com • Ouv de mi-avr à fin oct. Randos 1-7 j. À partir de 47 €/j., 90 € les 2 j. (compter 13 € en plus d'adhésion à l'association).* Pour découvrir les alentours autrement et sans trop se fatiguer, pensez à l'âne ! Cette association s'occupe de tout... à moins que vous ne désiriez opter pour la formule libre. Différents circuits avec possibilité de nuit en tipi ou gîte d'étape.

➢ ***Le Filambule :*** *à la station d'**Herbouilly** (à 8 km de Saint-Martin). Renseignez-vous en passant auprès de l'office de tourisme de La Chapelle. ☎ 04-75-45-54-76. • filambule@ladrome.fr • Ouv juin-sept. Entrée : 10 € adulte, 6 € enfant.* Ouvert à tous, un observatoire idéal de la forêt. On évolue sur des filets tendus au-dessus du sol, entre 2 à 6 m de hauteur.

SAINT-JULIEN-EN-VERCORS

(26420) 220 hab. *Carte Drôme, B1*

À 3 km au nord de Saint-Martin, aux limites du département. Niché au pied des falaises du long pli synclinal du Vercors central d'un côté, le petit village de Saint-Julien domine de l'autre la spectaculaire entaille calcaire des gorges de la Bourne. Le bourg a longtemps occupé une position privilégiée de guetteur et de défenseur de l'accès à la région, comme en témoignent les ruines de son château fort au lieu-dit... Le Château. Non loin du village, au sud, on aperçoit un étrange rocher : se détachant de la paroi de Roche-Rousse, une longue aiguille rappelle vaguement une silhouette humaine. Celle-ci a été joliment baptisée *La Vierge du Vercors.* Ce gentil bourg tranquille possède également une toute mignonne église du XIIIe s.

À faire

Randonnées

➢ ***Le moulin Marquis et la porte du Diable :*** *2h de marche assez facile, au départ du village. Balisage jaune et vert. Réf. :* Promenades et Randonnées en Vercors Drôme, *cartoguide édité par le parc naturel régional du Vercors. Carte IGN au 1/25 000, nº 3236 OT.* Au XIXe s, les habitants du village descendaient à dos de mulet leur grain à moudre au moulin Marquis, prospère moulin alimenté par une source. À l'époque, il y avait tout autour une belle prairie. Depuis, la forêt s'est bien développée, et de moulin, il ne reste point. En revanche, vous y verrez la source s'échappant en une impressionnante chute de 400 m jusqu'aux eaux de la Bourne. Parcours et paysages vraiment variés. Pas trop difficile : chemins empierrés, sentiers en sous-bois. La montée vers la porte du Diable peut cependant se révéler glissante.

➢ Au départ de Saint-Julien, d'autres balades sympas comme celle qui monte jusqu'à la ***Petite-Cornouze*** et le ***pas des Voûtes,*** qui vous permettra d'apprécier un superbe panorama sur une entaille de la Bourne (une journée de marche pour bons marcheurs). Côté est du village, le ***pas du Fouillet*** propose une balade d'une demi-journée au milieu de la forêt de Chalimont, typique du Vercors Nord (hêtraie-sapinière).

En hiver

À la porte de la réserve naturelle des hauts plateaux, ***Herbouilly*** (1 200-1 650 m) fait partie du fabuleux *Espace nordique du Vercors Sud,* qui s'étend jusqu'à Corrençon, en Isère : 160 km de pistes de ski de fond damées et balisées, rien de moins (voir « À faire » à Vassieux-en-Vercors).

VASSIEUX-EN-VERCORS

(26420) 350 hab. *Carte Drôme, B2*

À 9 km au sud de La Chapelle-en-Vercors, Vassieux se situe au centre d'une cuvette évasée entourée par les crêtes des Gagères et par la montagne de Serre-Plumé à l'ouest, et la montagne de Nève à l'est. À l'extrémité sud, le plateau s'interrompt brutalement au-dessus des vallées du Diois. Séparée des sillons et des plateaux voisins, cette plaine d'une quinzaine de kilomètres de long et de 5 km de large donne à Vassieux un paysage assez différent de ses voisins. De larges plaques de roches dénudées entourées de prairies, de pierriers et de quelques bosquets éparpillés, l'absence de rivière (l'eau disparaît dans le sol à peine tombée) lui donnent un aspect un rien austère, presque lunaire, mais qui possède beaucoup de charme.

HISTOIRE TRAGIQUE

Les premières présences humaines remontent à fort loin. En témoignent les nombreux sites préhistoriques que l'on a découverts sur le plateau (les traces les plus anciennes remontent à 100 000 ans av. J.-C. !). On peut même considérer qu'il y avait par ici de véritables manufactures de taille de silex, exploitées de façon saisonnière. Plus tard, ce furent les bergers provençaux qui utilisèrent le plateau comme zone de transhumance. Bien avant le Moyen Âge, ils s'y seraient fixés, auraient commencé des mises en culture et fondé le village.
Mais le village de Vassieux est malheureusement autrement plus connu pour les tragiques événements qui s'y déroulèrent lors de la Seconde Guerre mondiale. Alors qu'on se préparait à l'arrivée des troupes alliées, ce sont 22 planeurs allemands chargés de SS qui atterrirent ici le 21 juillet 1944. Après un bref combat acharné et sanglant, 101 résistants et 73 habitants furent massacrés (soit 15 % de la population) et le village incendié (détruit à 97 %). Reconstruit après la guerre, le village a été fait Compagnon de la Libération, le 4 août 1945, par le général de Gaulle, aux côtés de Paris, Nantes, Grenoble et l'île de Sein. Plusieurs lieux de mémoire témoignent ici des souffrances de la population et de ces héroïques résistants du Vercors.

Adresse et info utiles

– Pas d'office de tourisme ; se renseigner à l'office Vercors Drôme à La Chapelle-en-Vercors.
■ ***Foyer de ski de fond et de randonnée :*** La Gelinotte, à Vassieux. ☎ 04-75-48-28-13. Location de skis, luge, raquettes, VTT.

Où dormir ? Où manger à Vassieux et dans les environs ?

De prix moyens à chic

🏠 |●| ***Ferme de la Mure :*** *La Mure, à 3 km de Vassieux en direction de La Chapelle. ☎ 04-75-48-28-48. • mfrevol@yahoo.fr • fermedelamure.fr • Double 58 € ; familiales 78-98 €. Table d'hôtes 23 €. Un pot de confiture maison offert sur présentation de ce guide.* Posée au bord de la route, isolée sur le plateau, cette grande maison a tout de l'auberge ou du relais. Tant mieux : elle tombe à pic pour une étape, compte tenu de sa situation stratégique au cœur du Vercors. Et comme ses 3 chambres se révèlent pimpantes et l'accueil très cordial, c'est une étape que l'on a toutes les chances de prolonger.

|●| ***Restaurant Rey, Le Perce Neige :*** *à la sortie du village par la route de Pont-en-Royans (dans le tournant). ☎ 04-75-48-28-37. • resto.rey.perceneige@free.fr • Ouv ts les midis sf ven hors saison. Congés : fin mars-début avr et de mi-nov à mi-déc. Formule en sem 18,50 €, menus 26-45 €. Apéritif maison et une entrée au musée des santons par famille offerts sur présentation de ce guide.* Quatre générations se sont déjà succédé derrière les fourneaux. La recette d'une telle longévité ? Une cuisine sérieuse, fidèle à la tradition et au terroir : gibier à l'automne, feuilleté de champignons à la crème, à déguster dans une grande salle très classique. On mange à sa faim et on en a pour son argent, les habitués le savent. Et n'oubliez pas d'aller jeter un coup d'œil au *Petit monde des santons de Provence* (voir ci-dessous).

LA DRÔME

À voir à Vassieux et dans les environs

Le Petit monde des santons de Provence : *☎ 04-75-48-28-37. Pdt les vac scol, ouv tlj ; se renseigner le reste de l'année. Fermé fin mars-début avr et de mi-nov à mi-déc. Plusieurs visites guidées/j. (env 45 mn). Entrée : 4,20 € ; moins de 12 ans 2,20 € ; réduc.* Pour vous changer les idées et revenir à un monde plus apaisé. Tout petit, le fils de la maison Rey (voir « Où dormir ? Où manger... ? ») collectionnait déjà les santons. Avec le temps, les dizaines de figurines sont devenues centaines, toujours plus belles, parfois articulées, souvent attachantes... Un condensé de Provence avec ses villages, ses moulins, la cueillette des olives, les vendanges, le marché traditionnel... Un tableau pittoresque, mis en valeur par un attrayant son et lumière.

Le musée de la Résistance : *derrière l'église de Vassieux. ☎ 04-75-48-28-46. Juil-août, tlj 10h-12h30, 13h30-18h30 ; avr-juin et sept-oct, tlj (sf lun avr et oct) 10h-12h, 14h-18h ; fév-mars et nov-déc, mer-dim 14h-17h. Fermé 1er janv, 24, 25 et 31 déc, et entre les vac de Noël et celles d'hiver. Entrée : 3 € (4 € avec visite guidée, sur résa) ; réduc. Audioguide pour le parcours permanent : 1 €.* Fondé en 1973 par Joseph La Picirella, ancien maquisard et auteur de nombreux ouvrages sur la tragédie du Vercors, le musée est à la fois un lieu de mémoire et l'hommage d'un homme à ses compagnons de combat. Tous authentiques, les centaines d'objets et de photos d'époque sont autant de témoignages concrets sur l'histoire de la Résistance dans le Vercors : postes émetteurs, tracts alliés, armes en tout genre, insignes de la milice, tickets de rationnement, tenues de déportés, vaisselle au sigle nazi, conteneurs de parachutage, serviette à thé au monogramme de Hitler... et même la carcasse d'un planeur allemand à l'entrée. Une collection qui en fait l'un des plus importants musées concernant le maquis du Vercors. Expositions temporaires de circonstance. Mieux que les panneaux ajoutés au parcours, elles permettent de mieux comprendre, avec le recul, un passé que les commémorations récentes ont ramené au présent.

Le mémorial de la Résistance : *au **col de la Chau,** à 4 km de Vassieux. ☎ 04-75-48-26-00. • memorial-vercors.fr • Juil-sept, tlj 10h-18h ; mai-juin, tlj 12h (10h w-e et j. fériés)-18h ; avr et oct, tlj 12h (10h w-e et j. fériés)-17h ; nov-mars, mer-dim 10h-12h, 14h-17h. Fermé 1er janv, 12 nov-début des vac scol de Noël, 25 déc. Entrée : 5,80 € ; forfait famille 14,30 € et réduc ; gratuit moins de 8 ans. Compter 1h30 de visite. Librairie.*
Sur les hauteurs dominant ce qui fut un terrible champ de bataille, enchâssé dans la falaise, presque caché par les hêtres et les genévriers, ce mémorial a une architecture discrète qui convient parfaitement à l'hommage rendu aux hommes de l'ombre. Quatre espaces permettent de revivre cette période, à travers un long cheminement vers l'histoire des hommes du Vercors. Le premier évoque ce que furent les « années noires ». Persécution des juifs, problèmes de ravitaillement, instauration du STO, collaboration, rafles et interrogatoires, etc. Puis ce sont les événements du Vercors proprement dits, du « plan Montagnards » à l'invasion et l'issue dramatique de la bataille de l'été 1944, qui sont évoqués en images. Ensuite, place aux témoignages. Ceux des anciens du maquis, mais aussi des habitants du plateau qui racontent leur vie dans les camps ou leur engagement dans la lutte.
Le parcours s'achève sur un sujet aussi brûlant que délicat : les résistances d'hier et d'aujourd'hui... Quand la porte s'entrouvre enfin, nous permettant de rejoindre à nouveau la lumière, on prend mieux conscience de la valeur de cette liberté si chèrement payée. À voir également : la ***nécropole*** (cimetière), au carrefour du col de la Chau.

Le musée de la Préhistoire du Vercors : L'Hâle, *à 4 km au sud du village en direction du col de Vassieux (fléché). ☎ 04-75-48-27-81. • prehistoire-vercors.fr • Juil-août, tlj 10h-18h ; sept-juin, 10h-12h30, 14h-17h (18h juin) ; hors saison, consulter le site ou appeler. Fermé de la fin des vac de la Toussaint au début des vac de Noël. Entrée : 6 € ; 3,30 € 6-17 ans.* Un musée en pleine nature, labellisé « Musée de France ». Muséographie particulièrement appréciée des enfants. Collection d'objets, documents et authentique atelier de taille de silex du Néolithique autour duquel le musée a été conçu, d'ailleurs. En été, divers ateliers et animations toniques.

À faire à Vassieux et dans les environs

Randonnées

- Pour les balades, n'oubliez pas de vous procurer le cartoguide *Promenades et randonnées en Vercors Drôme* édité par le parc naturel régional du Vercors.

➢ Une très belle rando consiste à se rendre au ***but de Saint-Genix,*** soit par le ***col de Vassieux*** (une demi-journée de marche par le GR 95), soit par ***Font-Payanne*** (compter la journée). Ce deuxième itinéraire suit la ligne de crête et offre un point de vue splendide sur le cirque de Saint-Julien-en-Quint, dans le Diois. Quoi qu'il en soit, si vous choisissez l'itinéraire du col de Vassieux, le but de Saint-Genis offre un panorama grandiose lui aussi. De Font-Payanne, vous pourrez choisir de bifurquer vers les crêtes et le ***puy de la Gagère*** par le GR 93. Vous profiterez là aussi d'un magnifique point de vue sur le plateau de Font-d'Urle et le serre de Montué (compter une bonne demi-journée de marche depuis Vassieux).

➢ Possibilité de rejoindre à pied le ***col de la Chau*** (et le mémorial de la Résistance) et de poursuivre vers ***Serre-Plumé*** (compter une petite journée de marche et découverte depuis Vassieux). Serre-Plumé offre l'un des meilleurs points de vue de la région : à l'est, l'ensemble des crêtes des hauts plateaux où se détachent les sommets du Grand-Veymont et de la Grande-Moucherolle ; au nord, le plateau de La Chapelle et le massif des Coulmes ; à l'ouest, la forêt de Lente et les alpages de Font-d'Urle ; enfin, au sud, le plateau de Vassieux et ses crêtes dominant les forêts de Marignac et de Die.

Sports d'hiver

Stade de biathlon Raphaël-Poirée : à 3 km du village, 35 km de pistes damées et balisées dans une forêt claire. Les parcours offrent des points de vue uniques, notamment sur le Grand-Veymont.

La Voie blanche : 45 km de pistes qui relient le col de Rousset à Font-d'Urle (ski de fond, raquettes). Également la plus grande piste d'Europe ouverte aux chiens de traîneau.

Station de ski de Font d'Urle-Chaud-Clapier : à 7 km de Vassieux. Domaine proposant sept téléskis et 16 km de pistes de ski alpin et 170 km de ski de fond.

Station de ski du col du Rousset : voir plus loin « À faire » dans les environs de Saint-Agnan-en-Vercors.

■ *Kiska-Vercors :* Le Souillet. ☎ 04-75-48-27-16. • kiska-vercors.com • Organisme qui propose de découvrir la conduite d'attelage de pulkas scandinaves, à travers des balades avec chiens de traîneau en hiver. Également des balades à dos d'âne en été.

■ *Esprit du Nord :* Jiri Bognar, route du col de Rousset, **Vassieux.** ☎ 04-75-48-97-10. 06-67-60-42-80. • esprit-du-nord.com • Jiri, guide pro passionné, élève des huskies et organise des stages d'initiation et des sorties en traîneau tout l'hiver. École de conduite d'attelage à la demi-journée, à la journée ou en raid. Également toutes sortes d'activités l'été (refuge 10 personnes).

– D'autres centres d'initiation et de perfectionnement à la ***conduite de chiens de traîneau.*** Toutes les adresses et infos à l'office de tourisme Vercors Drôme à La Chapelle-en-Vercors.

Manifestation

– ***Raquettes en fête :*** *un dim fin janv. Infos au Service développement montagne :* ☎ 04-75-22-40-18. Le plus grand rassemblement français de randonneurs à raquettes, ouvert à tous. Trois circuits au choix. Ambiance vraiment sympa, avec buffet montagnard à l'arrivée.

SAINT-AGNAN-EN-VERCORS

(26420) 400 hab. *Carte Drôme, B2*

À 4 km au sud de La Chapelle, Saint-Agnan est la dernière des cinq communes du Vercors central. Dans les environs, s'étirant le long des rives de la Vernaison, une succession de hameaux a pris place dans cette petite vallée verdoyante. Un coin idéal pour les amateurs de pêche et pour les marcheurs, qui trouveront au départ de Saint-Agnan de nombreux sentiers balisés, notamment en direction de la réserve naturelle des hauts plateaux toute proche. Et puis, au bout du sillon, vers le sud, le col du Rousset. Celui-ci marque définitivement la limite entre les Préalpes du Nord et celles du Sud : d'un côté, le Vercors humide et froid, et dès le col passé, voilà le Diois, à la physionomie et au climat nettement plus méditerranéens.

– Informations touristiques à l'office de tourisme Vercors Drôme à La-Chapelle-en-Vercors.

Où dormir ? Où manger dans les environs ?

Gîte et chambres d'hôtes Les Liottards : *hameau Les Liottards, 26420* ***Rousset-en-Vercors.*** ☎ 04-75-48-21-18. • liottards@orange.fr •

gite-vercors-chambre-france.com • À 8 km au sud de Saint-Agnan, au-dessus de Rousset. Ouv tte l'année. Gîte d'étape 16 €/nuit (draps non compris). Double 52 € ; 25 €/pers dans la familiale. Table d'hôtes 18 €. Apéritif ou café offert sur présentation de ce guide. À flanc de montagne, à 1 000 m d'altitude, différentes formules d'hébergement très pratiques, en chambre d'hôtes ou gîte. Cuisine à disposition et salle commune avec bibliothèque, jeux et cheminée... à moins de préférer la vue imprenable depuis la terrasse. La table d'hôtes vous permettra de goûter aux produits de la ferme qu'exploitent Éva et Jean-Louis Faraud. Une base idéale pour s'exercer à toutes sortes d'activités. D'autant que l'accueil prodigué est sympa et arrangeant.

***Chambres d'hôtes La Vernaisienne :** à 5 km au sud de Saint-Agnan en direction du col de Rousset, sur la droite de la route. ☎ 04-75-48-22-50. • info@vernaisienne.com • vernaisienne.com • Double 80 €.* 5 chambres confortables avec sanitaires. Le plus, c'est l'espace détente « L'Eau et l'Air » avec sauna, hammam, jacuzzi, fauteuil de massage et plateforme vibrante, à proximité, accessible aux clients pour 25 € (plus cher pour les autres), idéal après une randonnée.

Voir aussi l'***Auberge Le Collet*** à La Chapelle-en-Vercors.

LA DRÔME

DANS LES ENVIRONS DE SAINT-AGNAN-EN-VERCORS

Alors que vous serez en route pour découvrir le site étonnant de la grotte de la Luire, imaginez-le tel qu'il était, durant l'été 1944. Le 27 juillet, les Allemands pénétrèrent dans le porche de la grotte où s'était replié l'hôpital militaire de Saint-Martin-en-Vercors. Sans état d'âme, ils exécutèrent onze blessés dans un champ à proximité et huit autres un peu plus loin. Quelques jours plus tard, trois médecins et un prêtre, d'abord emprisonnés à Grenoble, furent exécutés, et sept infirmières furent déportées à Ravensbrück. Avant de quitter le Vercors et ses paysages magnifiques, on se devait de vous rappeler une dernière fois les événements tragiques qui s'y déroulèrent, avant de revenir à une vision plus apaisée. Quoique, parler d'apaisement, avec la grotte de la Luire...

***Le site naturel de la grotte de la Luire :** à 6 km au sud de Saint-Agnan. ☎ 04-75-48-25-83. • grottedelaluire.com • Ouv tte l'année : juil-août, tlj 10h-18h (dernière visite) ; mai-juin, sept et petites vac scol ttes zones, tlj sf lun (tlj petites vac scol) 11h-17h ; le reste de l'année, se renseigner. Visites env ttes les 45 mn juil-août. Entrée : 8,70 € ; enfant 6,20 €. Penser à prendre un vêtement chaud, à l'intérieur il fait 7 °C !* La grotte de la Luire est d'un intérêt géologique capital car il s'y déroule un phénomène hydrologique exceptionnel : une résurgence vauclusienne reconnue comme la plus grande du monde. Lors de fortes pluies, l'eau peut remonter de 450 m à travers les galeries pour trouver la sortie par le porche et se déverser de manière spectaculaire jusque dans la vallée ! Un joli son et lumière vous expliquera ce phénomène impressionnant qui se produit régulièrement. La visite se fait à la bougie, et occasionnellement aux flambeaux (sur résa).

À faire

Balades et randonnées

➢ Au départ du hameau de Rousset, une petite balade de 1h permet de se rendre à la jolie ***chapelle Saint-Alexis.*** Au Moyen Âge, Rousset, alors indépendant de Saint-Agnan, était une place forte qui défendait l'accès au Diois. Les ruines de l'ancien château fort témoignent de ce rôle défensif. La chapelle Saint-Alexis, reconstruite au XVIIIe s, marque l'emplacement de l'ancien village.

➢ ***Le Grand-Veymont :*** le plus haut sommet du massif se situe, certes, en Isère. Mais cette randonnée, splendide d'un bout à l'autre, s'effectue à partir de la maison forestière de la Coche (que l'on atteint par une route forestière goudronnée entre Saint-Agnan et Rousset). Au sommet, du haut des 2 341 m du Veymont, vous découvrirez un extraordinaire panorama qui vous permettra de comprendre toute la géographie du Vercors et son ancrage dans la chaîne des Alpes : massifs du Dévoluy, de Belledonne, de Chartreuse, du Mont-Blanc, du Ventoux, etc. Tout simplement grandiose ! Attention, cette longue randonnée (une journée, 1 000 m de dénivelée) ne doit surtout pas être entreprise par mauvais temps. De plus, elle est peu balisée et demande de bien savoir lire une carte et de s'orienter avec une boussole. Donc, à faire de préférence accompagné !

Sports d'hiver...

La station du col du Rousset *(1 250-1 700 m)* ***:*** 25 pistes de ski alpin tous niveaux, desservies par un télésiège et neuf téléskis, en font le plus grand domaine de ski alpin du Vercors drômois. Également 15 km de pistes pour raquettes, pistes de luge, jardin d'enfants et halte-garderie. Infos à l'office de tourisme de La Chapelle-en-Vercors *(☎ 04-75-48-22-54).*

... et d'été

➢ Nombreux ***sentiers pédestres*** balisés au départ du bas de la station. Pour les moins courageux, le télésiège *(tlj en juil-août)* donne accès aux zones nordiques des hauts plateaux et à une table d'orientation avec superbe panorama sur le Diois et le Vercors. De là-haut, possibilité d'expérimenter la ***trottin'herbe*** ou le ***dirt bike*** et de faire la ***descente à VTT*** (et possibilité de nombreuses balades, bien sûr).

– Essayez si possible d'assister à l'***arrivée de la transhumance*** (un week-end fin juin) : des centaines de moutons montent de Die jusqu'au col du Rousset pour leur estive (voir « Manifestations » à Die).

LE DIOIS ET LA VALLÉE DE LA DRÔME

• Carte *p. 322-323*

Entre Vercors et Provence, une entaille profonde sépare le département en deux parties assez distinctes. Au fond de cette entaille coule la rivière qui lui a donné son nom : la Drôme. Prenant naissance dans la montagne de l'Aup, aux confins du département, se frayant un chemin parmi les gorges, les combes

et les cluses, rejointe dans son parcours par de nombreux cours d'eau, la Drôme prend enfin ses aises dans une large vallée avant de se jeter dans le Rhône.

À CONTRE-COURANT DE LA DRÔME

Mais reprenons-la à contre-courant, cette Drôme. Lorsqu'on l'aborde du couloir rhodanien à l'ouest, la vallée s'ouvre à nous comme une invitation. D'abord, une plaine fruitière encadrée de paisibles collines, où s'accrochent jusqu'à Crest de petits villages qui guettent les allées et venues de ce passage depuis longtemps stratégique. Et puis, à l'approche de Crest, voilà qu'on aperçoit les premiers sommets. Après Saillans, la rivière forme une large boucle, et après avoir franchi quelques cluses, nous pénétrons enfin au cœur du pays-de-die.
Le Diois est le massif le plus septentrional des Préalpes du Sud. Dominé au nord par les dernières falaises du Vercors, il vient buter à l'est sur les aiguilles de Lus, celles-ci le séparant ainsi nettement des Hautes-Alpes. En revanche, au sud, la transition avec les Baronnies, à la morphologie plus proche de celle du Diois, s'opère avec nuance.

ATTRAIT TOURISTIQUE

La vallée de la Drôme, qui allie beauté alpine et douceur méditerranéenne, est devenue la deuxième région touristique du département. Et ça se comprend car cette région, très diverse d'aspect, recèle bien des trésors : merveilles de paysages, superbes petits villages accrochés aux flancs des montagnes, vallons magnifiques parcourus de sauvages rivières, un soleil éclatant 300 jours par an, une lumière et des paysages entre montagne et Provence... De multiples ingrédients aptes, effectivement, à déclencher l'enthousiasme.

LE DIOIS

DIE (26150) 4 670 hab. *Carte Drôme, B2*

Dominée par les imposantes falaises du Glandasse, ce dernier éperon du Vercors, Die (ne pas prononcer comme certains Anglais, toutefois) est une ville plaisante, avec un caractère méridional prononcé. Sous-préfecture, la ville s'affirme aussi comme le centre nerveux de cette région agricole et pastorale qui a connu les crises économiques et l'exode rural. Soutenue par l'arrivée d'une population venue en grande partie de l'arrière-pays, Die est désormais au cœur d'un important centre de production de plantes aromatiques et médicinales... mais également d'un vin fruité et naturellement effervescent : la clairette-de-die.
Pour découvrir tous les charmes de cette cité, il vous faudra pénétrer dans ses petites rues étroites aux allures médiévales. Allez-y un jour de marché ou lors de la fête de la Transhumance, et le charme sera complet.

UN PEU D'HISTOIRE

Rare, une ville qui compte à peu près le même nombre d'habitants qu'il y a 2 000 ans. Fondée par les Romains au début du Ier s de notre ère, elle eut très

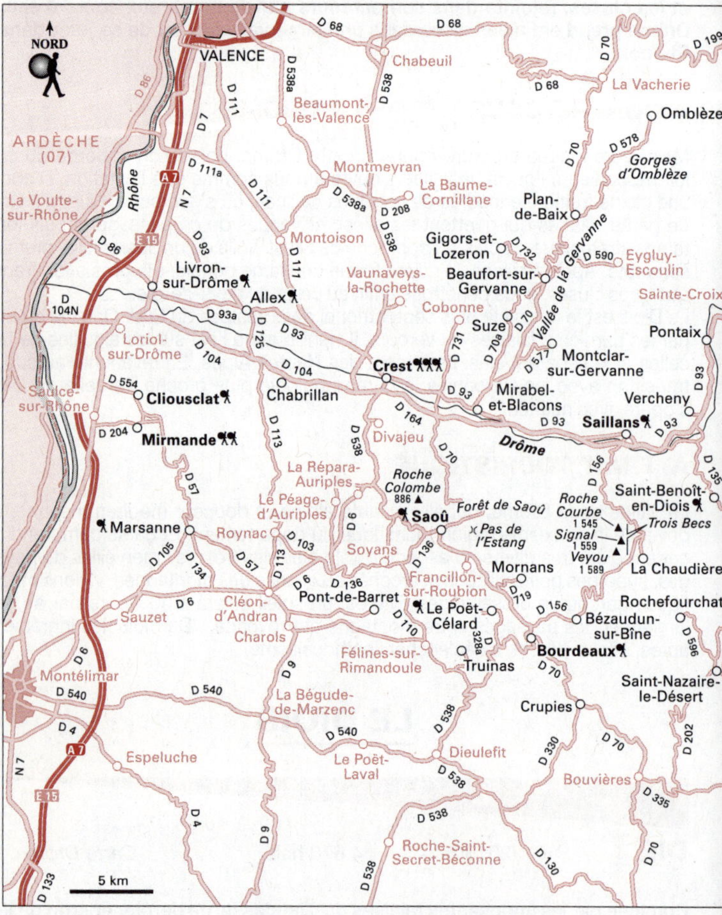

tôt un rôle de capitale, à la fois géographique et religieuse. D'abord consacrée à la déesse celtique du peuple des Voconces, Andarta (déesse des Ours), elle s'adonne ensuite au culte plus répandu de la déesse Cybèle. Supplantant Luc-en-Diois comme chef-lieu septentrional du pays des Voconces, *Dea Augusta Vocontiorum* devient une prospère et confortable cité romaine. On y trouve des rues pavées, des égouts, un aqueduc, des thermes, un amphithéâtre où l'on s'exerce aux jeux du cirque... À la fin du IIIe s (époque des grandes invasions), la ville s'entoure de remparts. À partir du IVe s, le christianisme s'impose. Die devient le siège d'un important évêché (et le restera jusqu'en 1801). Cette période voit alors l'épanouissement et la construction de plusieurs édifices d'art roman, telles la chapelle Saint-Nicolas, ou encore la cathédrale Notre-Dame, et la région se couvre de petites églises rurales. Ensuite, c'est la Réforme qui s'implante

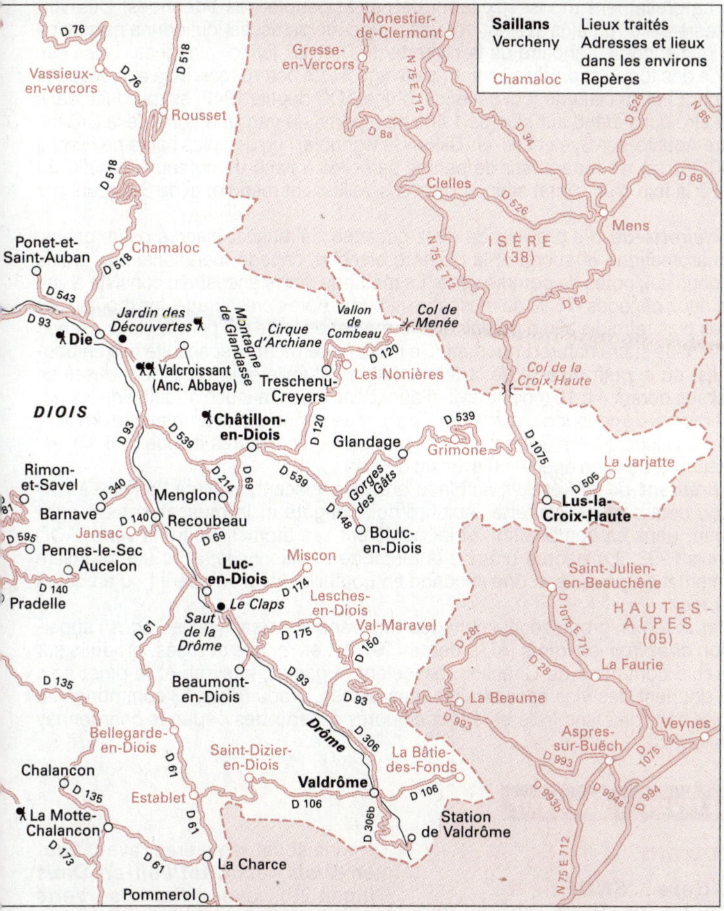

LE DIOIS ET LA VALLÉE DE LA DRÔME

durablement. Entre 1604 et 1684, la ville est le siège d'une université protestante de renommée internationale. Mais à la révocation de l'édit de Nantes, nombreux sont les réformés contraints de s'exiler pour s'adonner à leur culte clandestinement. Le retour à la tolérance, vers la fin du XVIIIe s, permettra au protestantisme de connaître un nouvel essor dans la région.

LA CLAIRETTE, CE VIN QUI VENAIT DU FROID

Impossible d'évoquer Die sans parler de sa célèbre clairette. La culture de la vigne est une tradition locale qui remonte à l'Antiquité. Ainsi Pline l'Ancien, en l'an 73 de notre ère, vantait-il déjà, dans son *Histoire naturelle,* les saveurs d'un vin naturellement mousseux fabriqué par le peuple des Voconces. Des viticulteurs gallo-romains avaient trouvé un procédé particulier qui donna naissance à « l'aigleucos », l'ancêtre de la clairette de Die : les jarres, plongées dans l'eau froide des torrents, produisaient un breuvage plutôt bourru mais déjà effervescent. Aujourd'hui, la clairette (qui bénéficie d'une AOC depuis 1942) est produite dans une aire qui s'étend sur plus de 1 400 ha répartis de part et d'autre de la Drôme, entre Aouste-sur-Sye et Luc-en-Diois. Ce vignoble, l'un des plus hauts de France (600-700 m), se répartit sur de petites parcelles à flanc de coteaux, bénéficiant tout à la fois d'un climat alpin et d'un ensoleillement méridional de 300 jours par an.

La ***clairette-de-die*** provient de deux cépages : le muscat blanc à petits grains, très aromatique et sucré, et la clairette blanche, cépage méridional aux grains oblongs aux notes de pomme verte. La méthode dioise ancestrale consiste à unir ces deux cépages (75 % de muscat minimum). Après pressurage, les moûts sont filtrés puis refroidis afin d'obtenir une fermentation lente qui permet de conserver un taux de sucre naturel important. Ce moût mi-fermenté est ensuite mis en bouteilles, où le petit miracle de la fermentation naturelle et la prise de mousse se poursuit durant 4 à 10 mois. Ce vin n'aura donc connu aucune addition de liqueur de tirage ni de liqueur d'expédition. Ce procédé donne un vin aromatique, fruité et léger en alcool (7-8°). Cette clairette « tradition », à servir très fraîche (6-8 °C), est agréable à boire en apéritif ou avec un dessert.

Le ***crémant-de-die*** est un vin blanc brut effervescent, vinifié à l'origine à partir du seul cépage clairette. Aujourd'hui, l'aligoté et le muscat entrent également dans sa composition et lui confèrent ses arômes de fruits verts. AOC depuis 1993, il s'élabore grâce à la méthode traditionnelle, avec une première fermentation en cuve et une seconde en bouteille. Idéal à l'apéritif ou au cours du repas.

Enfin, la région produit également des vins tranquilles (sans bulles) sous l'appellation ***châtillon-en-diois*** (AOC depuis 1975). Les rouges et rosés, produits sur la seule commune de Châtillon, associent le gamay, la syrah et le pinot noir, qui donnent des vins assez fruités. Les blancs, produits sur 13 communes du Diois, sont des vins frais et légers élaborés à partir des cépages chardonnay et aligoté.

Arriver – Quitter

En train

🚂 ***Gare SNCF :*** *av. Sadi-Carnot. ☎ 36-35 (0,34 €/mn).* Die est desservie par la ligne Valence-Veynes-Gap-Briançon.

En bus

🚌 Devant la gare SNCF. Renseignements sur le site • *ladrome.fr* •

➢ Nombreuses liaisons avec ***Crest*** et ***Valence*** (ligne 28) avec *Keolys Drôme (☎ 04-75-44-10-33).*

➢ Liaisons régulières avec ***Luc-en-Diois*** et ***Châtillon-en-Diois*** (ligne 29) avec *Rapid's Verts (☎ 04-75-22-01-55).*

Service de transport à la demande

Un service de taxis (au tarif autocar) pour rejoindre les différents villages du Diois non desservis par des lignes régulières. Résa auprès de l'office de tourisme 24h à l'avance.

Adresses et info utiles

ℹ ***Office de tourisme du Pays diois :*** *rue des Jardins. ☎ 04-75-22-03-03. • diois-tourisme.com • De mi-juil à mi-août, lun-sam 9h-19h ; dim 9h30-12h30, 15h-18h. Oct-mars, lun-sam 9h-12h, 14h-18h, plus dim mat* *avr-sept.* Bonne documentation sur la région et équipe serviable et sympa. Fournit plein d'idées de visites, de balades et d'activités, tout comme les dates des sorties découvertes et des visites guidées de la ville. À la sortie, allez saluer la Brebis à la valise de F'Murr, une statue qui évoquera des souvenirs aux amateurs de BD.

■ ***Acro'Parc :*** *Le Martouret.* 📱 *06-79-37-18-38.* • *acroparc.com* • Des moniteurs professionnels proposent de guider les amateurs de sensations fortes dans les sites insolites et préservés de la vallée. Canyoning, via ferrata, escalade et VTT. Possibilité de louer du matériel, dont des trottinettes électriques tout terrain (!).

– ***Marché :*** *tte l'année, mer et sam mat.* Grand marché animé autour de la cathédrale. Tous les petits producteurs régionaux s'y donnent rendez-vous dans une ambiance très conviviale. L'hiver, le marché du mercredi est plus modeste.

Où dormir ? Où manger ?

Die est une ville où on ne risque jamais de mourir de soif ni de faim, surtout en saison. Vous pouvez toujours faire une pause-café gourmande chez Sophie, boulangère bio et routarde certifiée elle aussi : **Le Pain de Sophie** *(111, rue Camille-Buffardel ; ☎ 04-75-21-47-08 ; tlj sf dim-lun ; sandwicherie, glace...).*

Campings

⛺ |●| ***Camping Le Riou Merle :*** *route de Romeyer.* ☎ *04-75-22-21-31. Resto :* ☎ *04-75-21-46-08.* • *lerioumerle@gmail.com* • *camping-lerioumerle-drome.com* • ♿ *Ouv d'avr à mi-oct. Forfait 23 € en hte saison. Mobile homes et chalets 266-640 €/sem. 📶 (payant). Réduc de 10 % sur l'emplacement sf juil-août sur présentation de ce guide.* On aime bien ce camping familial, stratégiquement situé dans un quartier calme à deux pas du centre-ville. Emplacements bien verts et ombragés, avec les montagnes en toile de fond. Piscine. Bon accueil. Restaurant sur place, *Le Marilou,* tenu par les enfants, qui propose une cuisine traditionnelle soignée.

⛺ ***Camping La Pinède :*** *135, impasse du Pont-Neuf.* ☎ *04-75-22-17-77.* • *info@lapinede.com* • *camping-pinede.com* • ♿ *Fléché à la sortie de Die par la D 93, direction Valence. Ouv de fin avr à mi-sept (début nov pour les chalets). Forfait 24 € en hte saison. Chalets, bungalows, mobile homes et tentes-bungalows 68-94 €/nuit.* Sur les berges de la Drôme, un camping un peu surchargé en été. Bon accueil. Emplacements spacieux, situés dans une pinède bien agréable. Une sorte de village-camping-club proposant de nombreuses animations, avec un accès direct à la rivière. Piscine.

⛺ ***Camping Le Glandasse :*** *quartier de la Maladrerie.* ☎ *04-75-22-02-50.* • *camping-glandasse@wanadoo.fr* • *camping-glandasse.com* • ♿ *À la sortie de Die en direction de Gap. Ouv avr-sept. Forfaits 13-21 € selon saison. Mobile homes 280-574 €/sem. 120 empl.* Camping situé entre la Drôme et la voie de chemin de fer. Bien équipé : belle piscine chauffée, location de VTT et canoës (accès direct à la rivière), bar, resto, salle TV, jeux pour enfants, animations en été. Bref, tout le confort d'un 3-étoiles, et l'avantage des bords de la Drôme pour perfectionner sa technique de... *glandasse,* mais n'espérez pas y être seul en été !

De bon marché à prix moyens

🏠 |●| ***La Petite Auberge :*** *13, av. Sadi-Carnot.* ☎ *04-75-22-05-91.* • *petite-aubergedie@orange.fr* • *lapetiteauberge.com* • ♿ *(resto slt). À deux pas du centre. Resto tlj sf ven midi, plus ven soir hors saison. Double 53 € ; familiale 60 €. Formule déj 15 €, menus 22-35 €. Parking gratuit. 📶 Apéritif maison offert et réduc de 10 % sur le prix de la chambre (15 oct-15 avr) sur présentation de ce guide.* Petit hôtel familial à l'entrée de Die en venant de Crest, sur la gauche, tenu par Erica et Koen

Claus. Chambres toutes simples (quoique doubles). On vient plutôt ici pour profiter de la cuisine de Koen et de la terrasse ombragée. Accueil chaleureux de vos hôtes.

Hôtel des Alpes : *87, rue Camille-Buffardel. ☎ 04-75-22-15-83. • info@hotel-die.com • hotel-die.com • En plein centre. Congés : 25 déc-22 janv. Double 54 € ; familiales 60-64 €.* De cet ancien relais de diligences du XIVe s, il ne reste aujourd'hui qu'un très large escalier et un dédale de couloirs que ne laisse pas présager l'étroite façade. Les chambres sont confortables, bien entretenues – certaines ont été rénovées –, calmes et plutôt agréables lorsqu'elles profitent d'une vue sur le massif du Glandasse. Rien de glamour, mais pratique. Salle de petit déjeuner à l'image de la maison.

Le Tchaï Walla : *8, rue Joseph-Reynaud. ☎ 04-75-21-00-94. • tchai26150@orange.fr • Près de la pl. de la Cathédrale. Ouv le midi lun-sam, plus soir jeu-ven (midi et soir l'été, tlj sf dim). Menu déj 16,50 €, carte env 18 €. Boisson du jour ou café offert sur présentation de ce guide.* Cuisine bio et végétarienne composée de belles salades, quelques plats exotiques élaborés selon l'inspiration du jour, le tout accompagné d'un vin bio du pays. À l'occasion, concerts, conférences et jeux de cartes. Plus qu'un resto, un lieu de vie et de rencontre.

Où dormir dans les environs ?

Chambres d'hôtes À la Source : *Le Village, 26150 **Ponet-et-Saint-Auban.** ☎ 04-75-22-02-98. • resa@fermedelasource.com • fermedelasource.com • À la sortie de Die en direction de Vassieux, prendre aussitôt à gauche la D 543 pour Ponet. Ouv d'avr à mi-nov. Double 65 € ; familiales 85-100 €.* Remonter *À la Source* n'est pas une mince affaire ! La route se tortille et passe plusieurs gués avant d'arriver enfin à cette ancienne ferme vinicole, qui jouit d'un panorama formidable sur la vallée. Couchers de soleil d'anthologie depuis le charmant jardin ! De quoi faire de beaux rêves dans l'une des séduisantes chambres, dont la déco ethnico-chic mêle matériaux au goût du jour (jonc de mer, hublots...) et influences d'ailleurs. Le petit salon pour les hôtes, les bonnes confitures et l'accueil très sympa complètent ce tableau déjà flatteur.

À voir. À faire

Se procurer à l'office de tourisme le plan-guide, très utile pour découvrir les richesses architecturales que cache cette petite cité.

La cathédrale Notre-Dame : construite en grande partie entre le XIe et le XIIIe s mais beaucoup remaniée ensuite, la cathédrale présente tout de même un bon exemple de l'art roman rhodanien. De l'édifice primitif, il ne reste que la sacristie, datant du XIe s. Le clocher-porche, remanié au XVe s, conserve trois portails et six beaux chapiteaux du XIIe s. On y reconnaît notamment le sacrifice d'Abraham et l'offrande d'Abel. La porte, qui présente un tympan très abîmé avec un Christ en Croix, s'ouvre sur une nef unique. Celle-ci, fortement mutilée pendant les guerres de Religion, fut reconstruite, ainsi que l'abside et le mur nord, sous Louis XIV, ce qui valut à la cathédrale d'être consacrée une deuxième fois en 1699.

La chapelle Saint-Nicolas : *se renseigner sur les conditions de visite auprès de l'office de tourisme (☎ 04-75-22-03-03).* Hormis de superbes papiers peints du début du XVIIIe s, la chapelle possède une magnifique mosaïque du XIIe s représentant l'Univers, la ***mosaïque des quatre fleuves.*** Autour d'une rosace symbolisant l'étoile polaire, axe du monde, les quatre fleuves de l'Éden, figurés par des têtes de taureaux humanisés crachant des filets d'eau en direction des quatre points cardinaux, irriguent le monde de leurs bienfaits. Végétation et animaux prennent alors vie dans des représentations assez naïves et plus ou moins fantastiques tout à fait savoureuses. L'ancienne chapelle privée des évêques était intégrée au palais épiscopal.

➢ Une petite ***balade dans la vieille ville*** vous permettra de rencontrer des vestiges allant de l'époque antique au XVIIIe s. Voir notamment la ***porte Saint-Marcel,*** porte fortifiée de l'enceinte romaine sur laquelle on peut voir des sculptures (danseurs, taureaux, centaure, animaux attelés...) provenant d'un arc du IIIe s. Nombreux autres ***vestiges des remparts romains*** au nord de la ville du côté de l'hôpital. Mais, à Die, il faut se perdre dans les dédales des jolies petites ruelles voûtées car on y découvre, au hasard de ses pas, rue Amédée-Rousset, une belle porte en accolade et une tourelle d'escalier à vis (XVe s), ou cette ***maison Perdrix,*** rue de l'Armellerie, dont la porte est décorée d'une cordelière et d'un blason. Voir aussi l'ancienne ***chapelle des Jésuites*** (fin XVIIe s, rue Amédée-Rousset), devenue temple protestant, l'autel taurobolique dédié à Cybèle sur la façade de l'ancien palais épiscopal, ou le fragment de sarcophage (IVe s) au-dessus de la porte d'entrée.

LA DRÔME

Le musée d'Histoire et d'Archéologie : *11, rue Camille-Buffardel. ☎ 04-75-22-40-05. • museedios.wix.com • Juil-août, tlj sf dim, lun et j. fériés 15h-19h ; de mi-avr à fin juin et sept, mer-sam 14h-17h. Entrée : 3,60 € ; réduc ; gratuit moins de 16 ans.* Installé dans un hôtel particulier des XVIIIe et XIXe s, le musée retrace plus de 2 000 ans d'histoire locale. Époque romaine largement représentée (tauroboles, mosaïques, statues, inscriptions, etc.) ; vestiges médiévaux des édifices religieux endommagés ou détruits, notamment pendant les guerres de Religion (dont une partie des chapiteaux de la cathédrale et d'intéressantes sculptures profanes) ; manuscrits et imprimés de l'époque de la Réforme, etc. Plus près de nous, une salle est consacrée à l'ethnographie et à l'histoire contemporaine. Belles photos de la fin du XIXe s, outils des champs, du travail de la soie, du bois ou du chanvre, etc.

La cave de Die Jaillance : *355, av. de la Clairette. ☎ 04-75-22-30-15. • jaillance.com • ♿ À la sortie de la ville, direction Crest (bien indiqué). Tlj 9h-12h30, 14h-18h30 (9h-19h de mi-juil à mi-août). Entrée libre au « bar à bulles », pour les dégustations, et à la boutique. Visite guidée sur résa (se renseigner à l'avance) ; gratuit jusqu'à 16 ans ; compter 1h.* Bien sûr, vous pourrez déguster ici clairette-de-die, crémant-de-die, vins de Châtillon-en-Diois ou de la vallée du Rhône et vous y approvisionner. Mais vous pourrez également visiter les caves. Une scénographie retrace l'origine et l'histoire de la clairette de Die... Visite vivante avec une touche d'humour.

Manifestations

– ***Transhumance de Die au Vercors :*** *fin juin. Rens : ☎ 04-75-22-03-03 (office de tourisme).* Depuis près de 25 ans, Die remet à l'honneur une tradition ancestrale qui s'était un peu estompée depuis les années 1960 avec l'essor des transports en camion : la grande migration saisonnière des troupeaux vers leurs estives. Le samedi après-midi, passage (en musique) de milliers de moutons à travers les rues. Puis, le dimanche, c'est la montée vers l'alpage. Bien sûr, autour de cela, plein d'animations sont programmées : musique traditionnelle, repas de grillades, marché artisanal, spectacles, tontes, etc. Un rendez-vous populaire autour d'une tradition pastorale qui vaut le déplacement !

– ***Festival Est-Ouest :*** *fin sept-début oct. Rens : ☎ 04-75-22-12-52. • est-ouest.com •* Depuis 1989, ce festival permet de découvrir les littératures européennes et met à l'honneur chaque année un pays invité.

DANS LES ENVIRONS DE DIE

Le temple de Pontaix : *à 11 km à l'ouest de Die, par la D 93. 14 juil-15 août, ouv tlj 15h30-18h30 ; avr-oct, sur résa au ☎ 04-75-21-20-22.* Pontaix est un pittoresque village blotti entre une butte surmontée des ruines d'un château fort et la rivière Drôme. La Grande-Rue, sur la rive droite, possède, suspendues au-dessus du lit de la rivière, de belles maisons de pierre des XVe et XVIe s. Son *temple* attire le regard avec ses deux jolies et pittoresques chapelles en encorbellement sur la rivière. Ce temple, qui a un temps servi d'église, fut construit dans la seconde moitié du XIVe s. À l'intérieur, ont été découvertes de superbes fresques du XVe s ainsi qu'une litre funéraire des seigneurs de Pontaix, datant du XVIe s. Son joli clocher est orné d'un cadran d'horloge à aiguille unique.

LA DRÔME

Le jardin des Découvertes et des Papillons : *à 3 km de Die, direction Luc-en-Diois. ☎ 04-75-22-17-90. • jardin-decouvertes.com • Mai-juin et sept, tlj 10h-12h, 14h-17h ; juil-août, tlj 10h-18h. Entrée : 7 € ; réduc.* Une luxuriante serre de plantes exotiques en culture hydroponique : les plantes ne poussent pas dans la terre mais les pieds dans l'eau, nourries par un sérum liquide. Ici, des centaines de papillons d'Afrique, d'Asie ou d'Amérique du Sud évoluent autour de vous en totale liberté. D'autant plus magique que vous pourrez y observer tout le cycle de vie du papillon (écloserie, chrysalides, chenilles).

L'abbaye Notre-Dame-de-Valcroissant : *à 7 km à l'est de Die. ☎ 04-75-22-12-70. Propriété privée ouv aux visites mai-sept. Visite à 17h : juil-août, les lun, mer et ven ; juin et sept, le mer ; mai, le ven. Tarif : 4 € ; réduc ; gratuit moins de 12 ans.* Dans un vallon sauvage et superbe, au pied d'un petit ruisseau et de la montagne du Glandasse, cette ancienne abbaye cistercienne vaut le détour, ne serait-ce que pour profiter de son cadre absolument splendide. Fondée au XIIe s par des moines venus de Bonnevaux, l'abbaye devint propriété privée agricole à la fin du XVIIIe s. Les actuels propriétaires, qui restaurent patiemment ce patrimoine, le font visiter en été. L'intérêt, c'est que l'essentiel des bâtiments originels a été conservé, notamment l'ancienne église, le réfectoire et la salle capitulaire. L'ensemble, malgré une certaine austérité propre aux cisterciens, possède un charme certain, et l'implantation dans ce site, grandiose et verdoyant, n'y est sans doute pas pour rien. C'est d'ailleurs un superbe départ de balades, notamment vers le Pié-Ferré dans la montagne du Glandasse.

Le Glandasse : faisant partie de la réserve naturelle des hauts plateaux, le Glandasse est LA montagne des gens du Diois, qui en sont vraiment très fiers. Et ils ont bien raison ! C'est vrai qu'il est majestueux ce roc, avec ses falaises qui dominent toute la vallée. Ce vaste plateau d'estive fut longtemps un refuge pour les ours du massif. C'est ici que l'on a aperçu le dernier de ces mammifères des Alpes françaises... dans les années 1930. Une histoire qui contribue elle aussi à élever le Glandasse au rang de montagne sacrée ! Culminant à 2 041 m, le Dôme (ou Pié-Ferré) est le deuxième sommet de la Drôme, après les 2 453 m du rocher Rond dans les aiguilles de Lus, à la limite est du département.

Randonnées

À signaler que ***les chiens sont interdits*** sur le parcours des randonnées superbes que vous ferez après avoir pris soin de vous munir de cartes et topos à l'office de tourisme (pas conseillé vraiment de partir à l'aventure sans préparation), comme sur l'ensemble de la réserve des hauts plateaux du Vercors.

CHÂTILLON-EN-DIOIS

(26410) 600 hab. *Carte Drôme, B3*

Perché à 560 m d'altitude, au pied des falaises du Glandasse et surplombant la rivière le Bez, Châtillon-en-Diois est un paisible et charmant village, aux origines médiévales très marquées. Ne manquez pas de poser votre voiture pour profiter de ses charmes, qui restent insoupçonnés si l'on se contente de rester sur la route principale. Il faut aller flâner dans ces « viols » (ruelles) qui parcourent le village médiéval. On y découvre alors quelques vestiges d'anciens remparts, de ravissantes maisons en pierre avec de nombreux linteaux datés, abritant des petits jardins secrets, une jolie mairie (classée Monument historique), 20 fontaines fleuries (absolument superbes en été) et trois clochers (temple, église et le beau beffroi du XVIIIe s).
Ce village fleuri est aussi classé « Village botanique » pour ses plantes grimpantes et s'avère très agréable en été les jours de canicule, car il y fait bien frais.

LE CHÂTILLON-EN-DIOIS ET LES COTEAUX-DE-DIE

Le village est au cœur de la zone d'AOC châtillon-en-diois, un des plus hauts vignobles de France. Vous ne serez donc pas surpris d'y voir se déployer un beau paysage de vignobles au milieu des champs de lavande et de tournesol.
L'appellation produit d'agréables vins blancs, rouges et rosés. Les rouges sont originaux car composés de gamay (75 % au moins), de syrah et de pinot noir, alors que les blancs sont issus de l'aligoté et du chardonnay.

Adresse utile

Office de tourisme du Pays diois : *square Jean-Giono. ☎ 04-75-21-10-07. • diois-tourisme.com • Juil-août, lun-sam 9h-19h ; dim 9h30-12h30, 15h-18h ; hors saison, se renseigner.* Accueil serviable. Visites guidées du village sur réservation.

Où dormir ? Où manger à Châtillon et dans les environs ?

Campings et gîte d'étape

Camping municipal Les Chaussières : *en contrebas du village de Châtillon. ☎ 04-75-21-10-30. 06-43-00-25-00. • camping.chatillonendiois@wanadoo.fr • camping-chatillonendiois.com • Ouv d'avr à mi-oct. Forfaits 12-16,60 € selon saison. Mobile homes 315-590 €/sem.* Camping bien entretenu, au bord d'un ruisseau (le Bez), offrant des emplacements sous de grands arbres. Tennis et piscine à deux pas. Des emplacements très carrés et bien alignés lui donnent un aspect un peu rigide aux yeux des poètes (mais rassurent les autres !). Pot d'accueil organisé une fois par semaine en saison.

Camping L'Hirondelle : *bois de Saint-Ferréol, 26410* ***Menglon.*** *☎ 04-75-21-82-08. • contact@campinghirondelle.com • campinghirondelle.com • À 3 km au sud de Châtillon-en-Diois, sur la D 140. Ouv de mi-avr à fin sept. Forfait 18-39 € selon saison. Mobile homes et chalets 295-970 €/sem.* Dans un site isolé, au milieu des champs, un joli camping qui propose une centaine d'emplacements à l'abri d'une pinède. Vue sur les collines de la vallée de la Drôme. Nombreuses animations en été. Location de vélos. Piscine.

Gîte d'étape La Sauvagine : *Grimone, 26410* **Glandage.** *☎ 04-75-21-10-06. • lasauvagine-grimone@orange.fr • gite-lasauvagine.fr • À env 18 km à l'est de Châtillon par la D 539. Congés : 10 nov-1er avr. ½ pens 43,50 €/pers. Panier repas 9 €. Apéritif offert sur présentation de ce guide.* Enserrée dans un tout petit village d'altitude, cette belle maison traditionnelle peut accueillir randonneurs et VTTistes de tout poil. Structure impeccable, avec 11 chambres simples et agréables de 2 à 5 places, et une grande salle d'activités. Fonctionnel, bien sûr, mais pas impersonnel. L'été, c'est évidemment sur la terrasse face aux cimes qu'on prendra l'apéro.

Prix moyens

Le Mont Barral : *Les Nonières, 26410* **Treschenu-Creyers.** *☎ 04-75-21-12-21. • contact@hotelmontbarral-vercors.com • hotelmontbarral-vercors.com • (resto). À 14 km de Châtillon par la D 120. Doubles et familiales 63,50-99 € selon confort et saison ; ½ pers 68-80 €. Menus 21 € (déj en sem)-40 €. Parking.* À 850 m d'altitude, au pied des plateaux du Vercors, un petit *Logis* tout à fait accueillant. Les chambres, toutes rénovées, sont fraîches, pimpantes et confortables. La salle de resto est en revanche moins attrayante. Les randonneurs seront néanmoins ravis de pouvoir dîner sur place. Il faut dire que les belles balades ne manquent pas dans le coin. Piscine (couverte et chauffée au gré des saisons), sauna et bains à remous pour se détendre après l'effort. Belle terrasse ombragée.

Manifestation

– **Festival Arts et Vigne :** *du 1er au 2e dim d'août. Rens auprès de l'association Arts et Vigne : ☎ 04-75-21-25-91. • chatillonartsetvigne.free.fr •* Les festivités débutent par la fête du Vin, puis une découverte du vignoble avec une promenade, une dégustation et un repas champêtre. Puis elle se transforme en une galerie géante avec ses ateliers (peintres, céramistes, sculpteurs, artisans d'art...) pour poursuivre par de nombreuses animations comme théâtre et cinéma en plein air, deux nuits aux torches, etc. Très sympathique et vivant.

DANS LES ENVIRONS DE CHÂTILLON-EN-DIOIS

Le cirque d'Archiane : à Menée, sur la D 120 direction Grenoble, prenez la toute petite route qui part sur la gauche en direction d'Archiane, minuscule hameau ceint d'impressionnantes falaises étonnamment découpées. Le cirque d'Archiane se déploie devant vous, offrant à votre regard l'un des sites les plus majestueux du Haut-Diois. Haut lieu des amateurs d'escalade, ce cirque de falaises calcaires est également célèbre pour la présence de bouquetins, ayant été réintroduits dans les années 1990, avec grand succès, par le parc du Vercors. Dans ses falaises nichent de nombreuses espèces d'oiseaux, dont le faucon pèlerin, l'aigle royal et, plus récemment réintroduits, le vautour fauve et le gypaète barbu. Côté flore, on y recense une dizaine d'espèces végétales protégées. Le site est inscrit depuis 1954 au titre de la protection du patrimoine paysager.

➢ Un sentier accessible à tous et balisé en jaune/vert *(Les Carnets d'Archiane)* permet de découvrir, en 3h environ, ce site grandiose.

Boulc : *à 10 km de Châtillon-en-Diois, par la D 539 en direction du col de Grimone, puis à droite par la D 148.* On a découvert par ici une grotte qui conserve des traces d'occupation humaine remontant à plus de 6 000 ans. Bergerie de l'ère néolithique, elle est décorée d'étonnantes gravures schématiques linéaires (500 attestées) qui en font un des ensembles rupestres les plus importants des Alpes. Cette ***tune*** (grotte) ***de la Varaime,*** classée Monument historique en 1990, n'est accessible que sous la conduite d'un guide agréé (1h de marche d'approche) et par groupes de 6 à 15 personnes. Des visites sont organisées en été sur rendez-vous. Se renseigner au 06-83-07-29-22. Gîte à Boulc pouvant dépanner les randonneurs.

Les gorges des Gâts *(ou des Gas)* **:** de Châtillon, en poursuivant la D 539 vers le col de Grimone, vous passerez par les fabuleuses gorges des Gâts resserrées le long de 10 km de falaises calcaires. Gorges inscrites à la protection du patrimoine naturel et paysages. Assez spectaculaires ! À mi-chemin des gorges, ne manquez pas de vous arrêter pour jeter un œil au ***rio Sourd,*** étroit couloir creusé par l'eau dans la roche. Dans ses parties les plus larges, la gorge mesure entre 20 et 30 m ; dans ses parties les plus étroites... de 1 à 2 m seulement ! Ce rio est un grand classique du Diois pour les amateurs de canyoning.

LUS-LA-CROIX-HAUTE

(26620) 530 hab. *Carte Drôme, B3*

Aux confins du département, engoncé entre Isère et Hautes-Alpes, Lus-la-Croix-Haute ressemble à une enclave drômoise égarée au milieu des Alpes. D'ailleurs, sommes-nous encore dans la Drôme ? Eh oui, le village est en effet rattaché au Diois par son appartenance au canton de Châtillon. Cependant, il est clair que Lus-la-Croix-Haute a un aspect beaucoup plus alpin que méditerranéen ! Imaginez un village au pied d'aiguilles rocheuses formidablement altières, prenant place dans un val de montagne où hêtres et sapins se disputent la forêt. En toute saison, un coin idéal pour faire un plein d'énergie et d'oxygène.

Adresse utile

Office de tourisme : *rue Principale. ☎ 04-92-58-51-85. • diois-tourisme.com • Ouv tte l'année. Juil-août tlj sf jeu 9h-12h, plus sam 14h-18h ; se renseigner le reste de l'année.* Info sur les possibilités de randonnées en montagne.

Où dormir ?

Camping Champ La Chèvre : *☎ 04-92-58-50-14. 06-44-19-31-30. • champlachevre@orange.fr • campingchamplachevre.com • Dans le village, suivre la direction La Jarjatte. Ouv de mi-avr à mi-sept (loc de chalets mars-nov). Forfait 15-22 € selon saison. Mobile homes et chalets 294-810 €/sem. 110 empl. (payant).* Un camping en plein milieu des champs, avec quelques parties bien ombragées pour les chaudes journées. Piscine couverte chauffée sur le camping, club enfants en juillet-août gratuit. À deux pas, le village et un environnement ouvert à toutes les activités possibles. Bon accueil et ambiance très conviviale.

À faire

En hiver

À 5 km du village de Lus, une vingtaine de kilomètres de pistes de ski de fond damées et balisées, ainsi que des pistes de raquettes *(Foyer de ski de fond : 06-64-53-79-38).* À La Jarjatte, petite station familiale de ski alpin avec six pistes et quatre téléskis. Également de nombreux départs d'itinéraires de ski de randonnée, cascade de glace, ski de couloir de 1 100 à 2 750 m. Nombreuses animations (randonnées à raquettes, descente aux flambeaux, etc.).

En été

– Nombreuses randonnées sur sentiers pédestres ou VTT. Sites d'escalade, via ferrata, parcours acrobatique, parcours d'orientation, équitation, activités de descente, baignade dans le Buëch, etc. Tennis, piscine et maison du Patrimoine au village de Lus.

LUC-EN-DIOIS (26310) 500 hab. *Carte Drôme, B3*

Première capitale septentrionale du pays des Voconces, peuple romain qui avait fait de Vaison sa capitale méridionale, *Lucus Augusti* fut supplantée par la ville de Die au Ier s de notre ère. C'est aujourd'hui un gros bourg rural qui vit essentiellement de l'agriculture (noyers) et du tourisme. Attachant atelier du bourrelier qui valorise dans son jus ce métier de pays perdu depuis que la gomme a supplanté le sabot. Principaux intérêts alentour : le *Claps,* gigantesque chaos rocheux provenant de l'éboulement d'une assise du pic de Luc qui domine le village (site équipé pour l'escalade et via ferrata), pour les amateurs de parapente, et la montagne de Clamontard où l'on trouve un site d'envol !

Adresse utile

i ***Office de tourisme :*** *pl. de la Croix ; face à la fontaine. ☎ 04-75-21-34-14. • diois-tourisme.com • Juil-août, lun-sam 9h30-12h30, 14h-18h ; hors saison, voir le site.* Très bon accueil et bonne documentation sur la région, dont un dépliant explicatif pour parcourir le village. Renseignements pour visiter l'atelier du bourrelier.

Où dormir ? Où manger à Luc-en-Diois et dans les environs ?

Campings

▲ ***Camping municipal Les Foulons :*** *rue de la Piscine, quartier des Foulons, à Luc-en-Diois. ☎ 04-75-21-36-14. 📱 06-18-80-13-34. • contact@camping-luc-en-diois.com • camping-luc-en-diois.com • Ouv de mi-avr à fin sept. Forfait 12,20-17,50 € selon saison. Tipis, cabanes canadiennes, roulottes, mobile homes et chalets 249-799 €/sem.* 📶 À deux pas du centre, un camping municipal d'une centaine d'emplacements au milieu des noyers, des saules pleureurs et des peupliers. Piscine municipale attenante, gratuite en été pour les clients du camping. Tennis, snack, etc. Site plutôt sympathique et bon marché.

▲ ***Camping Le Couriou :*** *D 93, 26310* ***Recoubeau-Jansac.*** *☎ 04-75-21-33-23. 📱 06-65-61-52-94. • contact@lecouriou.fr • drome-camping.com • ♿ Ouv d'avr à mi-oct. Forfaits 27-37 € en hte saison. Chalets et mobile homes env 315-990 €/sem pour 4-7 pers.* Très grand et beau camping situé sur un coteau arboré, en surplomb de la Drôme, et offrant une vue splendide sur le Glandasse. Pour la vue et la tranquillité, préférer les emplacements sur les hauteurs. Espace aquatique, jeux pour enfants, pizzeria, épicerie, salle TV, location de VTT... Un camping qui vaut largement ses 4 étoiles et ses prix un peu élevés.

De bon marché à prix moyens

🏠 |●| ***Chambres d'hôtes La Romarine :*** *La Romarine, 26310* ***Barnave.*** *📱 06-37-22-78-29. • ventdecouleur@orange.fr • ventdecouleur.fr • Double 78 €. Assiette découverte sur résa 19 €.* 📶 *Tour en 2CV offert sur* *présentation de ce guide.* 2 très grandes chambres à louer, totalement équipées, avec cuisine, salle de douche, w-c. Barbara a effectué elle-même toute la restauration avec des matériaux naturels (chanvre, chaux, pierre, bois...) pour un résultat décoratif vraiment réussi. L'une se trouve sur les hauteurs du village, et l'autre en plein village, sous la maison de l'hôtesse, dans d'anciennes caves voûtées. Excellent accueil.

L'Aubergerie : *Grande-Rue, 26310* ***Barnave.*** *☎ 04-75-21-82-13. • laubergerie@wanadoo.fr • lauberge rie.com • À 13 km, entre Luc-en-Diois et Die ; après Recoubeau, prendre à gauche la D 340 jusqu'à Barnave. En saison, resto tlj sf mar ; en hiver, ouv ven soir, w-e et j. fériés et sur résa. Double 50 € ; 60 € pour 4. Formule ou menu 15-18 €, carte env 23 €. Apéritif maison offert sur présentation de ce guide.* Il y a des habitués qui se régalent d'une tourte paysanne ou d'un lapin à la clairette dans la grande salle aménagée dans l'ancienne bergerie, tandis qu'à l'étage, dans le café à l'ancienne mode, les villageois s'apprêtent à jouer aux cartes. Une adresse authentique, idéale pour venir chercher un peu de tranquillité dans l'une des chambres simples et sympathiques (certaines avec kitchenette). Accueil très gentil.

Relais de Beaumont : *gare de Beaumont, D 93, 26310* ***Beaumont-en-Diois.*** *☎ 04-75-21-36-12. À 6 km au sud de Luc-en-Diois par la D 93, direction Gap. Tlj sf lun hors saison. Menus 12-22 €. Apéritif ou café offert sur présentation de ce guide.* Vous voici installé dans l'ancienne gare du village, une grosse maison isolée dans la vallée. Aujourd'hui, elle a bien changé ! La patronne l'a relookée à coups de jardinières, de roses (des vraies et des fausses) et de bouquets de fleurs. On s'attable dans la salle-véranda ou en terrasse, sous les tilleuls (un peu proche de la route). Carte toute simple, clientèle du pays. Une adresse sans prétention qui dépanne bien pour faire une pause sur la route.

LA DRÔME

DANS LES ENVIRONS DE LUC-EN-DIOIS

Le Claps et le saut de la Drôme : en 1442, un pan entier du pic de Luc se détacha et se brisa en énormes blocs qui vinrent s'échouer dans la Drôme, interrompant son cours en deux endroits et créant deux lacs. Le plus grand, formé en amont dans la plaine de Beaumont (près de 5 km de long et profond d'une soixantaine de mètres), changea les données économiques du pays et donna lieu à de nombreux conflits entre seigneurs et paysans. Ce n'est qu'au début du XIXe s que la roche fut finalement percée, provoquant l'assèchement du grand lac et créant le fameux saut de la Drôme. Aujourd'hui, la route serpente dans ce chaos rocheux impressionnant et contourne le petit lac (partiellement asséché), lieu de baignade appréciable aux heures chaudes, avant de rejoindre la plaine du grand lac, de nouveau cultivée. Dans les environs de Beaurières, au bout de cette plaine, subsiste un marais de près de 2 km de long, abritant une diversité animale et végétale tout à fait extraordinaire. Propriété du Département, qui y a aménagé un sentier d'observation, le *marais des Bouligons* est l'un des derniers vestiges des zones humides de la Drôme, phénomène assez unique dans ce contexte de montagnes sèches dioises.

VALDRÔME

(26310) 150 hab. *Carte Drôme, B3*

Juché sur sa butte, au cœur d'une cuvette ceinte de sommets qui se promènent entre 1 300 et 1 750 m, le joli et tranquille village de Valdrôme ravira les amoureux de nature et de loisirs de plein air. Ils pourront partir à l'assaut des crêtes de l'Aup et y rencontrer une flore (pins noirs, sapins, gentianes, orchis sureau, lis martagon, dryades à huit pétales, anémones pulsatilles) et une faune

(chamois et tétras-lyres notamment) remarquables. En hiver, c'est à l'assaut des pistes qu'il faudra se lancer, dans la petite station familiale, la plus méridionale du département. Et puis, à quelques kilomètres (à La Bâtie-des-Fonts, pour être précis), nous voilà, au bout du bout du Diois, dans un site qui abrite la ou plutôt les sources de la Drôme. Ce petit village a choisi de tirer parti de son cadre merveilleux en misant sur un tourisme familial, vert l'été et blanc l'hiver.

Adresse utile

Office de tourisme : ☎ 04-75-21-40-06. • *diois-tourisme.com* • Topoguides rando, VTT, etc.

Où dormir ? Où manger ?

Auberge L'Oustaou : *74, rue du Serre. ☎ 04-75-21-48-80. • l.oustaou.valdrome@orange.fr • valdrome.net • Pâques-Toussaint et vac scol, ouv tlj ; le reste de l'année, fermé dim soir et lun. Congés : de mi-nov à mi-déc. Sur résa. Dortoir (8-9 lits) 19 €/pers. Double (w-c sur palier) 54 € ; familiale 78 €. Menus 18-22 €. Apéritif maison offert sur présentation de ce guide.* En plein cœur du village, une auberge de montagne labellisée « Bistrot de pays », qui fait hôtel, bar, resto, gîte d'étape... et même dépannage pour les randonneurs tête en l'air. Chambres simples et agréables, dortoir classique façon AJ. À table, cuisine traditionnelle montagnarde de rigueur. Repas à thème en hiver. Le tout à déguster dans 2 jolies salles voûtées avec cheminée ou sur une petite terrasse fleurie.

À faire

Nombreuses activités de plein air à partir du village ou de la station (à 9 km).

➢ Un sentier de randonnée permet de faire le ***tour du Duffre*** (point culminant de la montagne de l'Aup, à 1 757 m) et offre un beau panorama sur toutes les Alpes méridionales, du mont Ventoux au massif des Écrins, des Baronnies aux montagnes du Vercors.

➢ Également un joli sentier de découverte dans la ***montagne de la Sarcéna,*** où l'on peut observer une forêt sapinière, relique des dernières glaciations, assez rare sous cette latitude méridionale. Sapins séculaires, pins noirs et profusion de fleurs au printemps, notamment des pivoines.

La station de Valdrôme *(1 300-1 700 m) :* ☎ *04-75-21-47-24. Ouv juil-août et w-e de mi-mai à mi-sept.* Activités d'été : *dévalkart,* randonnées pédestres et à VTT, minigolf, tir à l'arc, course d'orientation, rencontre astro-ciel en août, etc. Pour l'hiver : ski alpin, 26 km de pistes pour raquettes, piste de luge, etc. Une petite station familiale très sympathique.

RETOUR À SAILLANS PAR LE DIOIS PROVENÇAL ET LA VALLÉE DE LA ROANNE

Prendre la D 106, petite route étroite et sinueuse (en particulier à partir du col du Fays) jusqu'à Establet. De là, rejoindre par la D 61 le joli hameau de *La Charce,* perché sur une butte rocheuse en surplomb de la rivière de l'Oule. Vestiges d'un château du XVIe s avec façade et ses deux tours joliment restaurées. Poursuivre vers La Motte-Chalancon. Remarquer, en bord de route, quelques distilleries de lavande et de lavandin.

LA MOTTE-CHALANCON (26470)

Village (450 habitants) aux origines médiévales encore bien marquées, partagé entre Diois et Provence. Historiquement et administrativement rattaché au Diois, il n'est cependant pas loin des oliviers et des champs de lavande. Qu'à cela ne tienne ! Ce joli bourg perché sur une butte possède d'agréables « calades » (ruelles au nom typiquement provençal) grimpant vers les ruines d'un ancien château fort dont il ne reste aujourd'hui que l'église (XIIe s). Vieilles maisons en pierre et placettes avec fontaines et lavoirs glougloutants.
À noter, non loin, le plan d'eau du pas des Ondes, idéal pour une petite baignade à la fraîche en fin de journée et se délasser d'une journée de rando ou de VTT, ou simplement pour faire plaisir aux enfants.

Adresse et infos utiles

Office de tourisme : *pl. du Pont. ☎ 04-75-27-24-67. • diois-tourisme.com • En juil-août, tlj sf dim ; le reste de l'année, ouverture restreinte (voir le site).* Bonnes informations sur les environs.

➢ **Bus pour Nyons,** via Rémuzat.

– **Marché provençal :** *ts les lun mat, pl. du Pont.*

Où dormir dans le coin ?

Campings

Camping La Ferme de Clareau : *route de Die. ☎ 04-75-27-26-03. • campingfermeclareau@wanadoo.fr • fermedeclareau.com • Ouv de mi-avr à mi-oct. Forfaits 14,10-19,10 € selon saison. Tentes trappeur 199-525 €/sem. 50 empl.* En pleine campagne, à 1 km du village, un beau terrain ombragé de 9 ha pour se ressourcer au calme. Bon équipement, possibilité de petit déj à la ferme, vente de pain frais et produits fermiers. Piscine. Accueil des cavaliers. Amoureux des séjours au calme, au plus près de la nature et dans des paysages somptueux, ce site est pour vous !

Camping Le Moulin : *chemin du Moulin. ☎ 04-75-27-24-06. 📱 06-89-93-68-34. • campingmoulin@orange.fr • campinglemoulin.net • ♿ Ouv juin-sept. Forfait 19,50 € en hte saison. Caravanes et mobile homes 195-610 €/sem. CB refusées.* Il règne dans ce camping tranquille, situé entre le Diois et les Baronnies, un esprit jeune et familial. Motards bienvenus. Piscine. Bon accueil. Nombreuses activités proposées (tai chi, atelier maquillage pour enfants...).

Aire naturelle de camping de Pommerol : *Le Moulin, 26470* ***Pommerol.*** *☎ 04-75-27-25-63. 📱 06-87-79-14-20. • pommerol.camping@wanadoo.fr • fermedepommerol.com • À 9 km de La Motte-Chalancon, sur la route de Luc-en-Diois (D 61) ; à droite au niveau de La Charce. Ouv avr-oct. Forfait 14 € en hte saison. CB refusées. 25 empl.* La route vaut à elle seule le détour : étroite comme un chemin muletier, elle épouse les formes acérées des falaises qui enserrent la gorge. Un tunnel et deux virages en épingle à cheveux plus loin, on débouche sur un site unique entouré d'arbres fruitiers, au pied de la rivière, donnant sur des gorges et des falaises et où les petits pourront découvrir les activités de la ferme. Bon équipement.

Prix moyens

Hôtel des Voyageurs : *84, Grand-Rue (pl. du Pont). ☎ 04-75-26-13-88. 📱 06-72-41-58-81. • voyageurslamotte@gmail.com • voyageurslamotte.com • ♿ Congés : 3 janv-11 mars. Double 56 €.* Entièrement rénové, ce petit hôtel de 8 chambres est une aubaine pour les voyageurs. Une déco minimaliste, mêlant habilement les éléments rétro et contemporains, et un confort simple mais suffisant permettent de maintenir les prix au plus bas. Terrasse et jardin. Une bonne petite adresse, simple et conviviale.

LA VALLÉE DE LA ROANNE

Poursuivez votre route vers Saint-Nazaire-le-Désert, par l'étroite et sinueuse D 135 qui permet de rejoindre cette splendide vallée engoncée dans une profonde gorge, au fond de laquelle coule la Roanne à la belle eau claire. Avant l'ouverture de la route en 1895 (après 40 années de travaux), les accès à la vallée ne se faisaient que par la montagne.

Au gré du dédale de ces vallées encaissées et cloisonnées, plein de villages et hameaux pittoresques : ***Chalancon, Volvent*** (lavandes), ***Saint-Nazaire-le-Désert, Brette*** (fromages, lavandes), ***Gumiane, Rochefourchat*** (plus petit village de France), ***Aucelon, Pennes-le-Sec*** (village perché), ***Rimon-et-Savel...*** et le superbe village de ***Saint-Benoît-en-Diois*** (vignobles). Perché sur une arête, ce très vieux village domine un site sauvage classé. Ne manquez surtout pas de vous arrêter pour profiter du charme de ses ruelles étroites, de ses façades de pierre aux linteaux du XIIIe s et de sa remarquable petite église romane, belle et émouvante. Le long de cette route, possibilités de se baigner en famille dans les profondes cuvettes formées par la Roanne : fraîcheur garantie. Malheureusement, ce territoire auparavant sauvage connaît une popularité grandissante (beaucoup de touristes), et en pleine saison, il vous sera sans doute difficile de trouver un petit coin tranquille.

LA DRÔME

Adresse utile

Office de tourisme : *à **Saint-Nazaire-le-Désert.** ☎ 04-75-27-53-10. • vallee-roanne.com • En été, lun-sam 9h-13h, 16h-18h ; hors saison, lun-sam sf mer ap-m.* Fiches de randonnée en vente.

Où dormir ? Où manger dans la vallée ?

Campings

Entre Vercheny et Saillans, succession de campings qui s'étirent les uns à côté des autres entre les rives de la Drôme et la départementale. En été, souvent surchargés de tentes et de caravanes alignées sous de maigres arbres, et assez peu isolés de la route. Pas toujours idyllique, donc. Un seul a retenu notre attention :

Camping municipal du Pont de la Drôme : *route d'Aurel, 26340 **Vercheny.** ☎ 04-75-21-76-39. 📱 06-19-39-07-90. • campingdupontdeladrome@orange.fr • Ouv de mi-avr à mi-sept. Forfaits 12,10-13,40 € selon saison. CB refusées. 40 empl.* Sur la rive gauche de la Drôme, donc bien en retrait de la très passante départementale de Die. Site plutôt sympa et assez calme, ombragé par de grands arbres. Sanitaires un peu anciens mais propres. Sur place, snack, lave-linge, jeux pour enfants et plage au bord de la Drôme. Ambiance familiale.

Le Moulin de Pradelle : *26340 **Pradelle.** ☎ 04-75-21-69-96. • lemoulin.accueil@wanadoo.fr • relais-lemoulin.com • Au sud de Pradelle, en direction de Saint-Nazaire. Ouv avr-oct. Forfaits 17-23 € en hte saison. Bungalows toilés 290-390 €/sem. CB refusées.* En pleine nature, en bord de rivière, dans un site grandiose qui se suffit à lui-même, cette aire naturelle de camping de 15 emplacements possède un charme fou, mais offre un confort plutôt rudimentaire... la quintessence du camping, en somme ! Rassurez-vous, il y a quand même de quoi faire un barbecue, et une piscine... Snack, pizzas avec produits bio et produits locaux ;

pain au levain maison à partir de farine bio ; épicerie avec produits locaux.

Prix moyens

Auberge Le Domanial : *26340 **Pennes-le-Sec.** ☎ 04-75-21-79-19. • aubergeledomanial@gmail.com • aubergeledomanial.fr • Congés : déc-janv. Double 44 €. Gîtes 5 pers 315-370 €/sem selon saison. Formule déj 19 €, menu le soir 21 €. Réduc de 10 % sur le prix de la chambre sur présentation de ce guide.* Les hôtes offrent 3 chambres doubles au-dessus de l'auberge, avec salle de bains, mais également la possibilité de louer des gîtes. Dans un hameau de 15-20 habitants, à 800 m d'altitude, en pleine campagne. Calme garanti !

L'Auberge du Désert : *4, pl. du Clédent, 26340 **Saint-Nazaire-le-Désert.** ☎ 04-75-27-51-43. • aubergedudesert@orange.fr • auberge-du-desert.com • Doubles 60-70 € selon saison. (payant).* Hôtel-restaurant installé dans l'ancien château d'un village de bout du monde, charmant, dans un environnement naturel superbe. Chambres tout confort, déco très simple, sans charme particulier. Bonne cuisine au restaurant.

À voir. À faire

Au débouché de la D 135, on rejoint la Drôme qui s'insinue dans une vallée étroite et resserrée. Petit passage obligé par le village de ***Vercheny.*** Sur ses coteaux ensoleillés mûrit une grande partie des vignes productrices de clairette. Le village est dominé par les ruines du château de Barry, dont parle Giono dans *Les Âmes fortes.* À partir de Vercheny-le-Haut, un ***sentier viticole*** aménagé vous permettra de partir à la découverte du vignoble et du travail du vigneron tout au long de l'année. Un parcours (autour de 30 mn) tout mignon et instructif. Possibilité également de visiter un petit ***musée de la Clairette*** *(aux caves Carod, au bord de la D 93 direction Die ; ☎ 04-75-21-73-77 ; téléphoner pour les horaires ; visite en principe libre et gratuite).* À partir de scènes reconstituées et commentées de la vie de la famille Carod, vous saurez tout de la fabrication de la clairette et de la vie en Pays diois au début du XXe s. Plein de vieux outils, pressoirs, etc.

LA VALLÉE DE LA DRÔME

SAILLANS

(26340) 1 200 hab. *Carte Drôme, B3*

Installé sur la rive droite de la Drôme, face au site majestueux des Trois-Becs, Saillans est un joli village aux allures méridionales prononcées. Vivant en grande partie d'agriculture et notamment des vignes productrices de clairette, le village fut également un important centre de production de soie aux XVIIIe et XIXe s. Il a conservé tout son charme et son cachet d'antan avec son dédale de « viols » (ruelles) frais et ombragés.

Adresses et infos utiles

Office de tourisme : *montée de la Soubeyranne. ☎ 04-75-21-51-05. • payscrestsaillans-tourisme.com • En été, tlj sf dim ap-m ; le reste de l'année, mar, ven et mat mer et sam.* Propose en été des visites guidées gratuites du vieux village, sur réservation (sinon, parcours fléché). Centre labellisé VTT, Saillans possède 12 circuits balisés au départ de l'office : s'y procurer les topos (payants). Également un choix de balades balisées dans la région. Plein d'autres documentations et des expos temporaires. Excellent accueil.

■ ***Eaux Vives Aventures :*** *base Eva, sur la D 93 (route de Die).* ☎ *04-75-21-55-71.* • *eauxvivesaventure.com* • *En principe ouv tte l'année, mais mieux vaut téléphoner et réserver 15 j. à l'avance.* Centre multi-activités : canoë-kayak, rafting, canyoning, via ferrata, escalade, rando en trottinette de descente et VTT. Location simple ou encadrement tous niveaux.

■ ***Canoë Drôme :*** *base Lido, sur la D 93 (route de Die).* ☎ *04-75-21-54-20.* • *canoe-drome.com* • *Avr-sept, tlj 9h-19h (slt le w-e à mi-saison).* Location de plus de 400 bateaux (canoës, rafts et minirafts) et randonnées pour tous niveaux. Propose aussi des montées à vélo avec descente en canoë entre les bases de Saillans et Aouste-sur-Sye.

– ***Marché :*** *dim mat.*

➢ ***Bus Keolis*** *(☎ 04-75-44-10-33)* pour Die, Crest et Valence.

LA DRÔME

Où dormir ? Où manger ?

Hôtel-restaurant Les Jeunes Chefs : *Grande-Rue.* ☎ *04-75-21-54-17.* • *saillanshotel.com* • *Resto ouv du mer midi au dim midi. Double 65 €, familiales 95-105 €. Formule déj en sem 18 €, menus 23-33 €.* Ce sympathique petit hôtel de village a été entièrement rénové et s'assortit d'une table où l'on vous sert de bien bons plats, tout aussi bien présentés. Les 10 chambres sont gentiment arrangées et affichent des prix doux. Douche balnéo dans certaines. Accueil chaleureux.

À voir

Le village : situé sur la grande voie entre l'Italie et la vallée du Rhône, ses origines remontent probablement à l'époque gallo-romaine. On y découvre, au hasard d'une balade, des placettes ombragées de platanes, de jolies fontaines, des rues voûtées d'arceaux, des maisons datant des XIVe et XVe s, d'anciennes échoppes, etc. Voir également l'église, ainsi que la *maison dite de Louis XI,* avec sa très belle et antique porte en bois clouté (Saillans aurait été le relais de chasse du roi de France, et cette maison ses écuries).

L'église Saint-Géraud : *accessible tte l'année. Historique disponible à l'intérieur.* Élevée au XIIe s, elle fut souvent remaniée entre le XVIIe et le XIXe s (clocher de 1828). Elle a conservé cependant, comme beaucoup des églises que vous avez vues ou verrez dans la Drôme, l'aspect typique des édifices romans de la région. Faisant partie d'un ancien prieuré bénédictin fondé par le comte Géraud d'Aurillac autour du Xe s, l'intérieur de l'édifice est d'une sobriété toute monastique. À remarquer tout de même, cette ancienne borne milliaire reconvertie en bénitier !

La magnanerie de Saillans : *à la sortie du village, direction Crest.* ☎ *04-75-21-56-60.* • *restaurant-magnanerie-saillans.com* • *Mai-sept, tlj sf lun 10h-12h, 14h-18h. Entrée : 6 € ; réduc. Compter 1h de visite. On peut manger sur place au* Restaurant de la Magnanerie *; agréable terrasse entourée d'une plantation de mûriers.*

Dans la Drôme, l'élevage du *Bombyx mori* et l'industrie de la soie furent deux activités très importantes entre le XVIIe s et la fin du XIXe s : 80 % des communes du département y pratiquaient alors la sériciculture. Au milieu du XIXe s, une terrible épidémie (la pébrine) frappe les élevages, et le déclin s'amorce. Le coup fatal est porté en 1869, lors de l'ouverture du canal de Suez. Les soyeux lyonnais, qui s'approvisionnaient jusqu'alors dans le département, vont dorénavant importer la soie, moins chère, d'Extrême-Orient. Après avoir vivoté pendant quelques décennies encore, la sériciculture finira par disparaître totalement au milieu du XXe s.

C'est pour préserver ce patrimoine culturel et perpétuer le savoir-faire que Claudine et Serge Martinez exploitent la magnanerie de Saillans. Ils élèvent le fameux *Bombyx mori* au cœur d'une plantation de mûriers, seul végétal dont se nourrissent les larves. C'est l'un des rares sites en Europe où vous pourrez assister au cycle complet du développement des vers à soie, de l'éclosion des œufs jusqu'à la montée en cocon. La visite, commentée de façon claire et précise, se termine par une démonstration de dévidage de cocons et la projection d'un film sur l'histoire de la soie, de ses origines à nos jours. Très pédagogique. Boutique : étoffes, soies peintes...

Fête et manifestations

– ***Festival latino :*** *le w-e de l'Ascension.* Cours de salsa, concerts, repas à thème...
– ***Grande brocante :*** *le 2e dim d'août, pl. Maurice-Faure et bd National.*
– ***Grande fête du Village :*** *le 3e w-e d'août.* Retraite aux flambeaux, descente en canoës illuminés sur la Drôme, concours de pétanque et de boules lyonnaises, etc. Très familial et sympathique.
– ***Festival du polar :*** *le 2e w-e d'oct.* Soirée-spectacle, dédicaces, conférences.

LA DRÔME

DANS LES ENVIRONS DE SAILLANS

LA CHAUDIÈRE (26340)

La Chaudière, petit village de 20 habitants, à 10 km de Saillans, double facilement sa population chaque fois qu'un groupe de cyclistes ou une famille de randonneurs s'y arrête. *L'Arche des Trois Becs,* perdue en pleine nature à 2 km de La Chaudière, peut les héberger (piscine, etc.), mais c'est vers *Le Garde-Manger* que tous les pas se dirigent à l'heure des repas :

I●I *Le Garde-Manger :* *le village, 26340 La Chaudière. ☎ 04-75-22-18-91. ● legardemanger@netcourrier.com ● Tlj en saison, fermé jeu hors saison. Congés : janv-fév. Menu 26,50 €.* Entre Saillans et Bourdeaux, l'auberge de ce petit village typique, avec ses maisons tout en pierre et sa fontaine sur la place, était connue des cyclistes partant à l'assaut du col de la Chaudière. Elle l'est maintenant des gourmets, depuis sa reprise par un couple tonique qui en a relooké les murs comme la cuisine : authentique *parmiggiana* (rôti d'aubergine et tomate au parmesan), terrine de poireaux et condiments, gigolettes de pintadeau à la feuille de vigne, pressé de lapin aux agrumes, etc. Terrasse pour les jours ensoleillés, avec vue imprenable sur les Trois Becs et le Vercors, cheminée quand la fraîcheur pointe son nez. Cuisine innovante toute l'année.

BOURDEAUX (26460) 650 hab. *Carte Drôme, A3*

À 23 km au sud de Saillans, au débouché de la superbe route du col de la Chaudière (D 156) qui passe au pied des Trois Becs, ce village, niché entre les collines au fond d'une vallée ample et accueillante, est installé de part et d'autre des rives du Roubion. Rive droite, le faubourg de la Recluse s'est établi autour du prieuré Saint-Savin, aujourd'hui disparu. Rive gauche, la Viale s'entasse sur les flancs d'une colline où se dressent les ruines de deux

châteaux séparés par un gigantesque mur. En flânant dans ce vieux village médiéval aux ruelles pavées, on découvre quelques trésors architecturaux et, une fois grimpé jusqu'au château supérieur, un beau panorama sur les montagnes environnantes.

UN PEU D'HISTOIRE

Les ruines de ces imposantes fortifications que l'on découvre sur la colline témoignent des luttes que se livrèrent, au XIIIe s, les évêques de Die et le comte de Valentinois, Aymar de Poitiers. La guerre se termine en 1357 et voit la victoire des évêques qui emportent le fief dont ils resteront les seigneurs jusqu'à la Révolution. Mais Bourdeaux est aussi une place forte du protestantisme, très tôt implanté dans le village et la région. Calvin lui-même aurait séjourné en 1561 au château Saint-André de Poët-Célard. Le village, qui est resté à l'écart des combats des guerres de Religion durant plus d'un siècle, paiera à son tour un lourd tribut à la répression contre les réformés. Le combat des Bourelles, en 1683, verra le massacre de plus d'une centaine de protestants et la destruction du temple. C'est sans doute à ces origines huguenotes que remonte la mentalité fortement républicaine et de gauche qui marque la commune.

Terre avant tout agricole, la ville se spécialise, à partir du XVIIe s, dans la culture du chanvre et la fabrication de toiles et de draps de laine. Ensuite viendront la soie et la vigne. Avec l'ouverture des routes au début du XIXe s, la ville, très commerçante, accueille des foires réputées. Et puis, au XXe s, comme tant d'autres, le canton connaît la désertification. Comptant près de 1 500 habitants il y a un siècle, le village en a quasiment trois fois moins aujourd'hui. Les paysans, qui ont connu les difficultés de toutes les régions de polyculture, se sont réorientés vers l'élevage de la chèvre, et produisent à nouveau le picodon. En effet, on a découvert des traces écrites remontant à 1361 qui indiquent que ce petit fromage de chèvre au goût prononcé (bénéficiant d'une appellation depuis 1983) serait né dans une ferme des Tonils, village du pays situé à 6 km de Bourdeaux.

Adresses utiles

Office de tourisme : *rue Droite. ☎ 04-75-53-35-90. • paysdedieulefit.eu • Tlj sf mer et dim 9h-12h, 15h-17h30 (9h30-12h30, 14h30-18h30 en été).* Accueil sympathique et conseils avisés. Se procurer le circuit du vieux village. Nombreuses fiches proposant également des circuits à partir de Bourdeaux, dont un sentier menant « Sur les pas des huguenots ». Visites guidées du village en saison et sur demande à l'office de tourisme.

■ **Tzig'âne :** *Le Bois-Montjoux. ☎ 04-75-53-36-94. • tziganerando.com •* Pour découvrir le pays accompagné d'un âne bâté, voici l'adresse qu'il vous faut. Pascaline et Alain s'occupent de tout, pour des balades à la journée ou sur plusieurs jours.

■ **Tip Top Bleu Ciel :** *à* ***Bézaudun-sur-Bîne.*** *☎ 04-75-53-23-66. 06-84-81-28-05. • tiptopbleuciel.com • En principe, ouv mai-oct.* Le cadre s'y prêtant bien, c'est le moment de s'initier au parapente. Sous la houlette de Stéphane, moniteur diplômé d'État, vol découverte, de durée ou de randonnée (compter 50-120 €), et stages.

Où dormir ?

Camping Le Gap des Tortelles : *chemin du Gap-des-Tortelles. ☎ 04-75-53-30-45. • campinglegapdestortelles@yahoo.fr • legapdestortelles.com • Suivre le fléchage dans le village. Ouv avr-sept. Forfait 13-17 € selon saison. Mobile homes (6 pers) 290-590 €/sem.*

43 empl. Ce petit camping a un charme indéniable, au gré d'emplacements ombragés, sous les platanes, en bordure de rivière, au pied du château médiéval. Soirées animées. Piscine municipale à 100 m et baignade dans la rivière.

Chambres d'hôtes Les Junchas : *chez Valeria Sammarco, à 2 km du village, sur une petite route entre la poste et la supérette (fléché). ☎ 04-75-53-38-11. 06-17-31-57-98. • lesjunchas@live.fr • lesjunchas.com • (1 chambre). Ouv d'avr à mi-nov. Double 65 €.* C'est l'ancienne chèvrerie de la ferme qui a été reconvertie en maison d'hôtes : au rez-de-chaussée, le petit salon de lecture très cosy et la salle à manger lumineuse ; à l'étage, 5 chambres confortables et très coquettes. Mon tout avec vue imprenable sur les champs et la vallée. Jeux, bouquins et doc sur la région à disposition. Accueil naturel et chaleureux.

Où dormir dans les environs ?

Aire naturelle de camping Le Moulin : *Le Moulin, 26460* ***Bézaudun-sur-Bîne.*** *☎ 04-75-53-37-21. • arnocampmoulin26@orange.com • camping-moulin-drome.fr • Accès par la D 156 de Bourdeaux ou Saillans. Ouv de mi-avr à fin sept. Forfait 9,90-11 € selon saison. CB refusées.* Une aire de camping soignée de 25 emplacements, lovée au bord d'un ruisseau, dans un écrin bucolique au pied du col de la Chaudière. Piscine avec buvette, jeux pour enfants, volley, basket, ping-pong, etc. Salle commune avec cheminée pour casser la croûte les vilains jours de pluie. Le vieux four à pain restauré sert à la fabrication de pognes et de saint-genis (pogne à la praline), ainsi que pour les « pizza parties ».

Gîte d'étape Les Toiles du Bruzon : *chez Pascale et Jean-Luc Marchand, Le Bruzon, 26460* ***Truinas.*** *☎ 04-75-53-35-01. • p-jmarchand@cario.fr • lestoilesdubruzon.com • À 7 km de Bourdeaux par la route de Dieulefit ; Truinas est indiqué sur la droite, puis chemin à gauche. Congés : de janv à mi-fév. Doubles 52-60 € ; familiales également. Nuitée au relais 20 €/pers. Cuisine à dispo. Repas traiteur (sur commande) 22 €.* Une ferme pittoresque surplombant à perte de vue la vallée de Montélimar. Un gîte d'étape de 10 places. Également un gîte. Pour qui veut glisser les deux pieds dans le terroir. Simple, chaleureux et convivial.

À voir

La Viale : *document gratuit disponible auprès de l'office de tourisme.* Petite flânerie agréable dans les ruelles : maisons en pierre, passages voûtés, « calades » pavées telle cette montée de la Chèvre-Morte, etc. À découvrir, la superbe maison du Seigneur avec fenêtres à meneaux (fin XVe s) et la tour de l'Horloge, beffroi construit au XVIe s. Mignonne petite église Notre-Dame : portail gothique surmonté d'un oculus ouvrant sur une nef rectangulaire unique et une abside en cul-de-four. Monter ensuite aux châteaux.

Les ruines des châteaux : le château inférieur était la propriété des évêques de Die. L'enceinte du village s'est appuyée sur ses murailles dont subsiste un mur-bouclier de près de 3 m d'épaisseur, appelé « le grand manteau ». En poursuivant sur la crête, on arrive au sommet de la colline où se dressent les ruines du château construit par les comtes de Valentinois au XIIIe s. Cinq siècles après son abandon, on peut encore observer l'ancienne cour intérieure, délimitée par une muraille flanquée de trois tours, et l'impressionnant donjon carré, dont il subsiste un mur sur lequel on peut admirer une baie romane surmontée d'une archivolte décorée de palmettes et d'entrelacs. Vue splendide de là-haut.

Fête et manifestation

– ***Nouvelles du conte :*** *3 sem entre fin juil et mi-août. Rens auprès de l'office de tourisme.* Bourdeaux accueille le public à la ferme des Magnats à l'occasion de soirées contées. Là un conte africain, ici une nouvelle polonaise, là-bas un texte français... et partout des soirées magiques entre réel et imaginaire.
– ***Grande fête médiévale :*** *le 15 août. Rens à l'office de tourisme.* Chaque été depuis une cinquantaine d'années, le village revit la légende d'Alberte, fille du seigneur de Bourdeaux, et de ses deux soupirants. Marche aux lampions (la veille), animations médiévales, repas (soupe au pistou), cortège historique, son et lumière, embrasement du vieux village, bal...

DANS LES ENVIRONS DE BOURDEAUX

LE POËT-CÉLARD (26460)

À 4 km de Bourdeaux par la D 328. Minuscule (145 habitants, tout de même) et croquignolet village perché, qui a cependant la particularité d'être... bien caché. D'où que l'on vienne, on ne découvre le village qu'une fois arrivé. Ainsi en est-il de la topographie ! Mais quelle surprise et quel charme... une petite et unique rue pavée bordée de maisons en pierre qui s'élève jusqu'à un château Renaissance joliment restauré. Construit à l'emplacement de l'ancien château fort des comtes de Valentinois, le château actuel fut édifié aux XVIe et XVIIe s. Abandonné un siècle plus tard, il est en très mauvais état lorsque meurt la comtesse de Blaïns, propriétaire de l'époque, en 1836. Après avoir connu plusieurs propriétaires et servi de carrière de pierres, le château a été repris en main par diverses associations et est en bonne voie de réhabilitation, même si celle-ci risque de durer encore quelques années.

Où dormir dans le secteur ?

Camping Le Cousspeau : *quartier Bellevue, au Poët-Célard. ☎ 04-75-53-30-14. • info@couspeau.com • couspeau.com • ♿ À 2 km du village, direction Dieulefit par la D 328a. Ouv de mi-avr à mi-sept. Forfait 18-38 € selon saison. Bungalows et mobile homes 420-994 €/sem.* Situés sur un coteau, les emplacements offrent une vue sur la vallée du Roubion et les Trois Becs. Superbe et bucolique à souhait. Excellent confort : piscine chauffée et couverte en moyenne saison, tennis, jeux pour enfants, bar, concerts, point restauration (le soir). Nombreuses activités et animations en saison.

La Ferme de Pauroux : *chez Thierry et Sabine Chambrillon, quartier Chabas, 26460* ***Mornans.*** *☎ 04-75-53-48-98. • info@pauroux.com • pauroux.com • Au bord de la D 538, à 3,4 km du Poët-Célard et 4,3 km de Bourdeaux. Selon saison, doubles 50-65 €, familiales 98-103 €. Gîte 4 pers 525-640 €/sem. Table d'hôtes 26 €.* Une atmosphère paysanne douce et bucolique, une déco brute et sans fioritures font tout le charme de la ferme, belle bâtisse en pierre construite en 1839. Les repas, à base de produits locaux, sinon du jardin, se prennent à la table familiale, dans la cour ou dans l'antique salle à manger.

À faire

➢ Une balade ***autour de Bourdeaux*** vous révélera plein d'autres richesses : fermes et hameaux dispersés dans les collines, petits cimetières familiaux, temples rustiques et nombreux ; l'église romane de ***Crupies*** (1 km avant le village même), reconvertie en temple au début du XIXe s (nef du XIIe s, sculptures préromanes dans la façade), et son vieux village aujourd'hui abandonné ; le donjon de ***Mornans*** qui veille majestueusement sur la vallée, etc.

SAOÛ

(26400) 520 hab. *Carte Drôme, A3*

Saoû – prononcer « Sou » –, traversé par la Vèbre (du latin *biber,* « castor » en v.f.), est dominé par un surprenant rocher. Le Roc, véritable nid d'aigle surplombant le village du haut de ses 170 m, portait autrefois un château fort, aujourd'hui disparu. Sur ses pentes s'établit l'actuel hameau du Château, alors qu'un « bourg des Églises » était déjà né en rive droite de la Vèbre autour de l'abbaye Saint-Thiers fondée au Xe s (vestiges). Entre les deux villages, le lien se fait par le « faubourg de l'Oume », jolies rues aux vénérables maisons en pierre, certaines portant des frontons dont les dates remontent au XVIe s. Non loin, les 2 500 ha de la forêt de Saoû, sauvage et verdoyante, parfaite pour des balades en famille, à pied ou à vélo.

Saoû est un village très mignon, agréable, pittoresque et animé. Une fois par an, le troisième week-end de juillet, il grouille, s'agite et s'anime d'un mouvement tellurique : c'est la *fête du Picodon.* Dans les ruelles, de nombreux picodonniers exposent leurs petits fromages ronds sur les étals d'un marché improvisé. D'après des tessons de faisselles découverts par les archéologues, on en fabriquait déjà 3 000 ans av. J.-C. Les artisans se joignent à la troupe des musiciens et des artistes de rue. Ça vaut le déplacement !

Adresses et info utiles

Office de tourisme : *☎ 04-75-76-01-72. • paysforetdesaou-tourisme.com • Avr-sept, mar-dim 10h-13h, 14h-18h ; sinon, mer-sam.* De bon conseil et très sympa. Quelques artisans d'art sont installés dans le village ; se renseigner à l'office. Dans les environs, possibilité de pratiquer l'équitation, de faire une balade sportive, s'offrir un survol de la région en montgolfière...

Balad'Âne : *quartier Biègue. 06-47-88-79-69. • laplacette.com • Ouv tte l'année, sur résa. Compter 45 €/j. ; 35 € la ½ journée.* Balades à dos d'âne pour découvrir la région différemment.

– ***Marchés :*** *sam mat ; également un marché de producteurs mer d'avr à mi-nov.*

Où dormir ? Où manger à Saoû et dans les environs ?

Camping municipal La Graville : *route de la Forêt, à Saoû. 06-78-73-11-96. • contact@camping-saou.fr • camping-saou.fr • ♿ À 1 km du village, par la D 136. Ouv avr-oct. Forfaits 12,80-15,50 € selon saison. CB refusées.* Une quarantaine d'emplacements dans un petit bois, au bord de la Vèbre, aux portes de la forêt de Saoû et du site d'escalade de la Graville. Simple, tranquille et bon marché.

Gîte d'étape et chambres d'hôtes L'Instant : *au lieu-dit L'Estang. ☎ 04-75-43-58-29. • linstant@gmail.com • linstantsaou.fr • À 3 km du village direction Bourdeaux, puis un petit chemin sur la gauche (fléché). Nuitée 25 €/pers avec petit déj. Doubles 60-90 € selon saison. Gîte 2-8 pers 400-700 €/sem. Table d'hôtes 20 €. Pique-nique 12-15 €.* 3 chambres toutes simples de 2 à 4 lits, avec salle de bains commune pour 2 d'entre elles et privée pour la 3e, et une salle commune. Cadre superbe, en pleine campagne, avec vue sur les Trois Becs. Le rendez-vous des grimpeurs. Bonne ambiance. Départ de nombreuses randonnées pédestres. Pour vous relaxer, stages de yoga, massages, etc.

L'Oiseau sur sa branche : *5, la Placette. ☎ 04-75-76-02-03. • loizo@orange.fr • Fermé lun-mar sf en été. Congés : sem de Noël. Résa recommandée. Formules 15-20,40 € (déj) et menu-carte 35,90 € ; carte 45 €.* Plus de 20 ans déjà que ce resto de village a été métamorphosé par un restaurateur poète qui, après avoir roulé sa bosse au Congo et ailleurs, est venu ici apporter un peu de la magie du monde. Belles assiettes, composées comme un tableau, riches en couleurs et en saveurs. Et savoureux casse-croûte au bar. Grande terrasse sous les platanes. Les habitués s'y retrouvent nombreux, notamment chaque nuit de pleine lune pour des concerts de jazz. Coin épicerie où l'on retrouve tous les produits locaux servis en salle.

– Et si *L'Oiseau* a quitté sa branche, allez vous réfugier chez son frère, qui a ouvert, à quelques pas de là, dans un ancien entrepôt, un bistrot sympa comme tout, avec terrasse : ***Cerise et Vinaigrette*** *(mars-oct).*

À voir. À faire à Saoû et dans les environs

La Brasserie du Val de Drôme : *le village. ☎ 04-75-76-43-24. • markusbiere.com • Avr-juin et sept, w-e 11h-19h ; juil-août, tlj 10h-21h.* Délicieuses bières artisanales, non filtrées, non pasteurisées, brassées sur place à l'eau de la forêt de Saoû et déclinées en quatre couleurs : blonde, blanche, brune et ambrée. À la brasserie, en saison, nombreuses manifestations culturelles : expos, représentations théâtrales, apéros-concerts... et petite restauration en juillet-août. Également un bar.

La forêt de Saoû : s'étirant sur 12 km de long entre les falaises de Roche Colombe (886 m) à l'ouest et celles des Trois Becs – le Veyou (1 589 m), le Signal (1 559 m) et la roche Courbe (1 545 m) – à l'est, cette formation montagneuse ressemble à une coque de bateau renversée. La forêt a en effet la particularité d'être nichée dans un « synclinal perché » (partie creuse d'un plissement de terrain qui se retrouve en hauteur parce que l'érosion a rongé ses alentours), une curiosité qui lui a valu d'être longuement étudiée par les géologues.

La forêt, propriété du conseil départemental, est classée Espace naturel sensible. Elle représente 2 500 ha plantés de hêtres, de chênes, de châtaigniers, de frênes, de cèdres de l'Atlas, etc. On y trouve une faune riche : chamois, sangliers (qui font la joie des chasseurs en automne), fouines, belettes, marmottes, rapaces (dont un couple d'aigles royaux qui y a élu domicile). Lieu de refuge et de culte clandestin pour les protestants jusqu'au XVIIIe s, elle abritera plus tard un maquis. En représailles, le 30 juin 1944, les troupes allemandes incendient toutes les fermes de la forêt et bombardent le village.

En plein cœur de la forêt, voir l'ancienne *Auberge des Dauphins,* dont l'architecture est inspirée du Petit Trianon. Amoureux de la vallée et de ses arbres, le richissime industriel alsacien Maurice Burrus achète la forêt en 1924 et en reste propriétaire jusqu'à sa mort, en 1959. Il marque profondément le site de son empreinte, y introduisant de nouvelles essences d'arbres, y faisant construire une route touristique et cet étonnant bâtiment en 1934. S'y trouvent alors deux grandes salles de restaurant, tout en lustres, glaces et faux marbre. Malgré la qualité de la cuisine (2 étoiles au *Michelin* quand même !) et les splendides fêtes organisées « au château », l'*Auberge des Dauphins* ne réussit pas à s'imposer, et la guerre vient porter le coup de grâce aux rêves de Burrus. Aujourd'hui, le site possède un charme suranné très émouvant. Le conseil général travaille par ailleurs à la restauration du bâtiment pour en faire une Maison du Site.

– La forêt est bien évidemment très riche en ***balades.*** Fiches randos à disposition à l'office de tourisme. Les musts : Roche Colombe et les Trois Becs, bien sûr.

– On y trouve également plusieurs ***sites d'escalade*** : 600 voies équipées, des plus faciles au niveau le plus haut ! Possibilité de sorties accompagnées toute l'année (initiation ou perfectionnement). Accessible aux enfants à partir de 7 ans. Renseignements auprès du *Club alpin français* (☎ 04-75-76-02-73 ; ● caf-saou-synclinal.com ●). Et topo en vente à l'office de tourisme.

Fête et manifestations

– ***Saoû chante Mozart :*** *sur 1 mois, de fin juin à fin juil. Rens : ☎ 04-75-76-02-02. ● saouchantemozart.com ●* Saoû chante Mozart tous les étés, autour d'un thème et d'invités prestigieux. C'est le seul festival français consacré à Mozart, et ses concerts s'étendent sur toute la Drôme.

– ***Fête du Picodon :*** *le 3e dim de juil. Rens : 📱 06-23-76-28-55. ● fetedupicodon.com ●* On y a vu jusqu'à 15 000 amateurs, attirés par les producteurs, mais aussi par les concerts et les animations.

– ***Foire aux fruits d'hiver :*** *le 3e dim de nov. Rens : ☎ 04-75-76-01-72.* Il s'agit d'une foire traditionnelle, qui date du temps de Diane de Poitiers. Remise au goût du jour en 1997, elle est consacrée aux produits du terroir et devenue le pendant de la fête du Picodon. À l'époque de sa création, on y faisait des provisions pour l'hiver. Aujourd'hui, jeunes et anciens découvrent ou redécouvrent les produits de l'hiver.

LA DRÔME

CREST

(26400) 8 200 hab. *Carte Drôme, A3*

Crest (prononcez « Cré ») est une petite ville bien vivante et plaisante, qui s'étage depuis les quais de la Drôme jusqu'à cette citadelle imposante qui se voit de loin. Située sur les hauteurs du débouché de la Drôme dans la plaine de Valence, la tour, stratégique donjon qui domine tout le paysage du haut de ses 52 m (le plus haut de France !), est aujourd'hui encore la véritable gardienne de la porte des Préalpes drômoises. Déjà, on aperçoit un peu plus loin les Trois Becs, ces altières montagnes qui ouvrent la porte du Diois. Le vieux quartier au pied de la tour recèle de jolies ruelles étroites, des escaliers zigzagants (et parfois éprouvants !), quelques vieilles demeures cachant de petits jardins secrets et de mignonnes placettes ombragées de platanes, où sont installés d'agréables bistroquets.

La ville, surtout connue pour sa tour, mérite un arrêt pour elle-même. Elle possède un autre record, avec le plus long pont en bois de France (92 m), qui enjambe la Drôme. Les jours de marché ou lors de son superbe festival de jazz vocal, vous découvrirez que Crest n'est pas seulement une grosse bourgade active et commerçante, mais qu'on y respire aussi un art et une douceur de vivre très agréables, et déjà très méridionaux.

Arriver – Quitter

En bus

🚌 Contacter *Kéolis Drôme* (☎ 04-75-44-10-33), *Régie Voyages Drôme* (☎ 04-75-41-85-85) ou *Cars SNCF* (☎ 36-35 ; 0,34 €/mn).

➢ ***Liaisons avec Valence et Die :*** pdt les vac scol, 7-8 bus et TER/j. avec Valence, un peu moins pour Die. Quelques liaisons supplémentaires hors vac scol.

➢ ***Liaisons avec Luc-en-Diois et Briançon :*** 4 TER/j. en sem, 3 le dim.

➢ ***Liaisons avec Bourdeaux, Chabeuil ou Romans :*** bus slt en période scolaire ! Pdt les vac scol, le service *Transdrôme* peut être une alternative : se renseigner à l'office de tourisme.

En train

🚂 ***Gare SNCF :*** *5, bd du 6-Juin-1944. ☎ 36-35 (0,34 €/mn).*

➢ Crest est desservie par la ***ligne Valence-Gap-Briançon.***

Adresse et infos utiles

Office de tourisme de Crest et sa région : *pl. du Général-de-Gaulle (à côté de l'église). ☎ 04-75-25-11-38. • crest-tourisme.com • Mai-sept, tlj sf dim 10h-12h, 14h-17h (18h en été) ; le reste de l'année, fermé dim, lun et jeu.* Bon accueil et bonne documentation. Propose l'été des visites gourmandes et théâtralisées aux flambeaux. Fait également billetterie pour les festivals. En vente, des topoguides de rando, escalade et VTT dans la région.

– **Marché :** *mar et sam mat.*

– **Marchés de nuit (artisanat) et à thème :** *en été.*

Où dormir ? Où manger ?

Camping-club Les Clorinthes : *quai Soubeyran. ☎ 04-75-25-05-28. • contact@lesclorinthes.com • lesclorinthes.com • Sur la rive gauche de la Drôme ; traverser le pont et prendre la 1re rue sur la gauche sur 300 m. Ouv de mai à mi-sept. Forfait 26,90 € en hte saison. Mobile homes, bungalows et chalets 343-693 €/sem.* Grand camping quasiment en pleine ville, bien équipé (piscine, snack, lave-linge, salle TV, etc.) et pas désagréable avec ses emplacements ombragés. Location de vélos et de canoës. Activités sportives et animations en saison.

Chambres d'hôtes Le Clos des Secrets : *10, rue Georges-Bovet. ☎ 04-75-59-25-10. 06-86-28-15-79. • domynicole@wanadoo.fr • closdessecrets.com • Au pied de la tour, à deux pas de la rue piétonne, l'entrée du parc se trouve sur la route du parking de la Tour. Doubles 99-125 € (35 €/pers supplémentaire).* Idéalement placée au milieu d'un grand parc, en plein centre-ville ancien, cette belle maison du XIXe s, à la déco intérieure plutôt contemporaine, est très accueillante. Les 5 chambres d'hôtes, toutes différentes et pouvant accueillir jusqu'à 4 personnes pour l'une d'elles, sont très bien décorées et pleines de charme. Belle terrasse sur la belle piscine pour le petit déj les jours d'été.

La Part des Anges : *27, rue Archinard. ☎ 04-75-43-00-67. • lpda26@orange.fr • Tlj sf dim et mer. Congés : 12-28 août. Formules déj 14,90-16,90 €, menu 32 €, carte env 25 €.* Une petite adresse sympa, colorée, raffinée, où il faut réserver car Nathalie fait tout elle-même, de l'entrée au sablé servi avec le café, et sa petite salle ne contient que 20 couverts. Du frais, du vrai.

Où dormir dans les environs ?

Gervanne Camping : *1175, av. des Trois-Becs, 26400* ***Mirabel-et-Blacons.*** *☎ 04-75-40-00-20. • info@gervanne-camping.com • gervanne-camping.com • Accès par la D 93. Ouv avr-sept. Forfait 28 € en hte saison. Mobile homes 4 pers et chalets 4-7 pers 308-889 €/sem. Campalune sur pilotis à 4,60 m du sol 115 €/nuit. 174 empl.* Très agréable camping sur les bords de la Gervanne, qui s'étend jusqu'aux rives de la Drôme. Belle piscine et accès à la rivière et à sa plage. Nombreux équipements et activités en saison ; location de VTT et de vélos électriques. Un des campings en bord de Drôme les plus sympas du coin.

Auberge La Plaine : *Mourier, La Plaine, 26400* ***Chabrillan.*** *☎ 04-75-62-82-69. • info@aubergelaplaine.fr • aubergelaplaine.fr • Congés : déc-mars. Doubles 85-95 €. Menus 25-45 €. Café offert sur présentation de ce guide.* Auberge installée dans un ancien corps de ferme très bien restauré, avec sa cour fermée. 18 chambres pouvant accueillir jusqu'à 5 personnes pour certaines, toutes décorées différemment. Belle piscine. Un lieu bucolique à souhait.

Achats

Façon Chocolat : *32, rue Archinard. ☎ 04-75-25-01-94. Lun-ven 8h30-12h30, 14h-19h ; sam 9h30-12h30, 15h30-19h (ferme 30 mn plus tôt hors saison).* La déco insolite annonce la couleur : un retour aux sources du cacao, sans adjuvants ni matières grasses. Presque un sacerdoce ! On pourra en tout cas observer les artisans au travail, et goûter un surprenant chocolat... 100 % cacao !

À voir. À faire

La tour de Crest : *☎ 04-75-25-32-53. Mai-sept, tlj 10h-19h ; avr, oct, plus vac de fév, Pâques, Toussaint et Noël, tlj sf mar 14h-18h. Entrée : env 6,50 € ; réduc. Visite guidée l'été lun-ven à 11h et pour les enfants mer à 15h. Possibilité de descendre la tour en rappel sam ap-m en juil-août.*
L'extérieur est saisissant, l'intérieur est captivant : car la belle muséographie ressuscite le colosse et donne la parole aux hommes qui l'ont habité, du seigneur du Moyen Âge au prisonnier de la première moitié du XIXe s. Chaque salle possède sa thématique propre, réalisée à l'aide de riches illustrations, textes clairs et maquettes détaillées. Les qualités architecturales de la tour sont particulièrement mises en valeur par les jeux de lumière. La tour de Crest, dont les origines sont mal connues, fut le donjon d'une importante citadelle. Âprement disputée au cours du Moyen Âge et des guerres de Religion, celle-ci fut démantelée sur ordre de Louis XIII en 1633. Seul le donjon fut épargné.
On y découvre une parfaite illustration architecturale de ses fonctions militaires : dimensions impressionnantes (32 m de long sur 20 m de large et 52 m de hauteur, le plus haut donjon de France !), murs atteignant jusqu'à 4 m d'épaisseur, cachots, bretèches et meurtrières jalonnent un parcours où le Moyen Âge a laissé son empreinte. Mais la tour, qui fut également un lieu d'habitation pour les seigneurs de l'époque, était aussi conçue pour résister le plus longtemps possible à un siège. Rien d'étonnant alors d'y trouver une immense citerne alimentée par les eaux de pluie, des celliers, un grenier, et même un moulin (aujourd'hui disparu).
À partir du XVIIe s, le donjon devient une sorte de Bastille provinciale. S'y entassent protestants, détenus politiques, détenus de droit commun, libertins, prêtres réfractaires ou républicains. La tour est définitivement évacuée en 1852, mais le souvenir des prisonniers perdure grâce aux centaines de graffitis qui couvrent ses murs, offrant de vivaces et émouvants témoignages de leurs souffrances ou de leurs espoirs.
Du sommet de la tour, après avoir grimpé un peu plus de 180 marches, un petit tour sur les terrasses vous permettra d'avoir une vue exceptionnelle des Alpes jusqu'aux Cévennes.
Les enfants pourront s'amuser à rechercher des indices grâce à un livret-jeu qui leur sera distribué, et découvrir les secrets de la tour.

Le pont en bois : non loin du centre, chevauchant la Drôme, découvrez le plus long pont en bois de France, avec ses 92 m de long, récemment réalisé pour rejoindre les deux rives, mais aussi pour redynamiser la filière bois de la région et pour ses qualités écologiques.

➢ ***Balade dans la vieille ville :*** mieux vaut monter à la tour en empruntant les rues médiévales du vieux Crest. Belle façade avec balustres en fer forgé et têtes sculptées (XVIIIe s) au n° 14, rue de la République. C'est la maison du Pin, où sont représentés les sept péchés capitaux. Au n° 2 de la même rue vécut Antoine de Plunivel, initiateur de l'équitation moderne et écuyer de François Ier. D'autres belles façades et maisons de la fin du XVIe s rue des Cuiretteries, ainsi que la chapelle des Cordeliers du XVIe s, ancien couvent des Ursulines du XVIIe s, l'église

Saint-Sauveur (XIXe s) de style néoclassique italien avec ses quatre colonnes cannelées. Mais également de sombres passages couverts qui montent vers la tour, offrant un beau panorama sur la ville, des lavoirs pittoresques, un escalier (des Cordeliers) taillé en partie dans la roche. Une vieille ville qui invite à la flânerie. Deux parcours sont disponibles à l'office de tourisme, en plus des visites guidées théâtralisées, aux flambeaux et gourmandes.

Fête et manifestations

– ***Fête médiévale :*** *le w-e de la Pentecôte. Rens : ☎ 04-75-25-11-38.* Toute la ville est en fête : spectacles de rue, démonstrations, bénévoles en costumes...
– ***Festival de musique sacrée :*** *en juil-août, à l'église Saint-Sauveur. Rens : ☎ 04-75-25-11-38.* Concerts destinés à un large public, ayant aussi pour but de financer la restauration de l'orgue.
– ***Crest Jazz Vocal :*** *la 1re sem d'août. Rens : ☎ 04-75-76-76-38. • crestjazzvocal.com •* Concerts éclectiques et variés d'artistes puisant, de près ou de loin, leur influence dans le jazz. Un stage de voix est également organisé durant la semaine du festival.
– ***Festival Futura :*** *en août. Rens : ☎ 04-75-25-11-38. • festivalfutura.fr •* Festival international de musique acousmatique (musique au son dont on perçoit l'effet sans en avoir la cause) à l'espace Soubeyran.

DANS LES ENVIRONS DE CREST

LA VALLÉE DE LA GERVANNE ET LES GORGES D'OMBLÈZE

Petite excursion en direction du Vercors. À l'est de Crest, la D 70 permet de parcourir une bien jolie route, le long de la Gervanne. Depuis le col de la Bataille, la rivière et ses affluents ont façonné des vallées où, dominant plaines et bassins, quantité de charmants villages ont pris place : ***Montclar-sur-Gervanne,*** perché sur sa motte castrale et dominé par son émouvante petite église romane ; ***Suze*** et son minuscule vieux village reconstruit pierre par pierre par ses habitants ; ***Beaufort-sur-Gervanne*** et ses importants vestiges (enceintes des remparts, donjon) qui nous rappellent ses origines médiévales ; ***Gigors-et-Lozeron,*** deux hameaux désormais réunis, et leur église romane Saint-Pierre qui domine les vallées de la Sye et de Chantemerle... Dans le bas de la vallée, mûriers, anciens bâtiments de moulinage et filatures nous rappellent cet âge d'or où la soie, et plus généralement le textile, faisait partie de la vie quotidienne. Un peu plus haut, on remarque les collines parfumées de lavande et de thym, et on découvre qu'aujourd'hui, la vie continue autour de la production et la transformation des plantes aromatiques et médicinales.

Hôtel du Midi : *Les Vignes, 26400* ***Beaufort-sur-Gervanne.*** *☎ 04-75-76-41-80. • midi.hotel@wanadoo.fr • berberosi.com • Resto fermé mar hors saison. Congés : de mi-déc à mi-mars. Doubles 52-55 €. Café offert sur présentation de ce guide.* Dans un charmant village perché, cet établissement tenu par un couple suisse propose une dizaine de chambres simples, confortables et bien propres. Derrière, il y a un jardin avec des jeux pour les enfants. Le livre d'or ne trompe pas : c'est un de ces endroits conviviaux et chaleureux de l'arrière-pays où l'on se sent bien. Accueil charmant. Animaux refusés.

La Frigoulette : *Les Bérangers, 26400* ***Beaufort-sur-Gervanne.*** *☎ 04-75-43-09-75. Un peu en dehors du village, mais c'est fléché, à env 1 km* *par un petit chemin. Lun-ven (et sam en été) 9h-12h, 14h-18h.* *La Frigoulette,* entreprise artisanale, associe le chocolat aux huiles essentielles pour démultiplier les vertus de ces dernières ! Concernant le chocolat, seule la fève de Sao Tomé est utilisée et aucune graisse animale n'est ajoutée.

À ***Plan-de-Baix,*** village dominé par la montagne du Vellan et encadré de deux profonds vallons, voir l'intéressante petite église romane du XIIe s. Prendre la route vers Omblèze (D 578).

➢ Après avoir dépassé le *moulin de la Pipe,* on entre dans les ***gorges d'Omblèze,*** bordées de grandes falaises d'où surgissent de superbes cascades de tuf, particulièrement spectaculaires au printemps, après la fonte des neiges. La plus célèbre est celle de la Grande Pissoire, mais la plus impressionnante reste la chute de la Druise qui se jette de ses 72 m de hauteur (un conseil : prévoir de bonnes chaussures pour la descente).
Le coin recèle aussi de superbes randonnées, notamment vers le plateau d'Ambel et le roc de Toulaud. Une autre très belle balade à faire, à partir de la ferme du Pescher (garer sa voiture près du panneau indiquant la ferme et la rejoindre à pied en 10 mn) : le canyon des Gueulards (à éviter après une période de pluie). Pas vraiment balisé mais très spectaculaire avec ses passages resserrés, ses échelles, ses cordes... Humidité et luminosité lui donnent une ambiance « île mystérieuse » assez magique (problème toutefois d'entretien des balises ; se renseigner à l'office de tourisme de Crest).

Auberge Le Moulin de la Pipe : *26400* ***Omblèze.*** *☎ 04-75-76-42-05. • reservation@moulindelapipe.com • moulindelapipe.com • Resto ouv tlj en été ; fermé mar-mer hors saison. Doubles 62-80 € selon confort et saison. Carte env 20-30 €. Réduc de 10 % sur le prix de la chambre sur présentation de ce guide.* Au cœur de cette vallée reculée, parmi les gorges et tout à côté de l'impressionnante chute de la Druise, cet ancien moulin restauré et classé draine une clientèle de tous âges et de tout le département. On vient plus ici pour passer un bon moment en pleine nature que pour faire une cure gastronomique, alors, inutile de faire la fine bouche. *La Pipe,* c'est tout un art de vivre, depuis plus de 25 ans !

Le site du ***roc d'Anse*** fera la joie des grimpeurs puisqu'il a été équipé de près de 250 voies de tous niveaux, dont une vingtaine de belles grandes voies. Un des plus beaux spots d'escalade de la Drôme.

ALLEX *(26400)*

À 8 km à l'ouest de Crest. Mignon village perché dont l'origine remonte au XIe s. Il domine la plaine de son imposant sanctuaire Saint-Joseph et de ses ruines de la motte de la Tour-Ronde (l'une des nombreuses propriétés de l'évêché de Valence). Jolie petite balade dans un dédale de ruelles, passages et escaliers offrant de beaux points de vue sur la plaine de la Drôme.

Chambre d'hôtes La Demeure du Mokuso : *chez Florence et Pascal Muet, chemin du Pontet. ☎ 04-75-42-17-38. 06-85-67-84-11. • demeure-mokuso@gmail.com • demeure-mokuso.fr • À 1 km d'Allex, sur la D 93 en direction de Valence/Fiancey. Ouv tte l'année. Double 72 €, familiales 94-132 €. Table d'hôtes 26 €.* « Mokuso », c'est le terme préliminaire aux arts martiaux, qui signifie « Le moment où l'on se détend, on quitte ses tensions pour trouver le calme. » Pari gagné pour Florence et Pascal : leur ancienne ferme procure ce calme et cette détente. Les 5 chambres (avec chacune entrée indépendante) sont aussi confortables qu'accueillantes. 3 d'entre elles peuvent accueillir jusqu'à 3-4 personnes. L'ancienne grange est devenue un immense salon pour les soirées d'hiver avec sa grosse cheminée, sa grande table d'hôtes et son bar. L'été, patio à l'abri du soleil et du vent, pour qui veut se (re)poser. Autour, la nature est présente partout, sans barrière. Belle piscine plein sud pour se rafraîchir.

La Petite Aiguebonne : *chez Élisabeth Monsarrat, chemin d'Aiguebonne. ☎ 04-75-62-60-68. 06-10-11-19-32. • contact@petite-aiguebonne.com • petite-aiguebonne.com • À 8 km à l'ouest de Crest par la D 93 ; panneau à droite avt d'arriver à Allex. Congés : 3 janv-15 mars. Double 125 €, familiale 4 pers 215 €.* Cette magnifique propriété entièrement repensée mêle harmonieusement l'ancien et le moderne : on passe d'une salle de billard très classique à un salon contemporain, d'un salon de thé dans la vieille entrée à une piscine de villa cossue dans l'aile récente... Le tout est émaillé d'antiquités et d'objets design pour faire bonne mesure. Les chambres personnalisées ne déparent pas, le confort est à la hauteur et l'accueil, gentil comme tout.

LA DRÔME

L'aquarium des Tropiques : *à la sortie d'Allex, en direction de Crest. ☎ 04-75-62-62-11. • aquarium-des-tropiques.com • Juil-août, tlj 10h-19h ; le reste de l'année, tlj 13h30-18h. Fermé 1er janv et 25 déc. Entrée : 8 € ; 5,50 € pour les 3-13 ans ; réduc sur présentation de ce guide.* Thématique, cet aquarium présente environ 200 espèces de poissons tropicaux d'eau douce, originaires d'Amérique centrale, d'Amérique du Sud, d'Asie, d'Afrique et d'Océanie. Après un détour par le bassin aux tortues, les visiteurs partent à la découverte de cette faune fascinante, aux couleurs et aux formes fantastiques. Parmi nos préférés, la raie d'eau douce ou le marrant *Gnathonemus petersi,* plus simplement et justement nommé poisson-éléphant avec sa bouche en forme de trompe. Aquarium assez petit mais plutôt sympa dans sa catégorie, permettant de découvrir la biologie et le comportement des poissons. Un livret est remis aux enfants, qui sont invités à résoudre une énigme sur un poisson mystère, tandis que les plus jeunes partent à la recherche de poissons sur le thème des formes et des couleurs tout au long de la visite.

La réserve naturelle des Ramières : *sur la route de Grâne (D 125) ; accès au niveau de l'ancienne gare d'Allex. Infos auprès de* La Gare des Ramières *: ☎ 04-75-41-04-41. • lagaredesramieres.com • Ouv vac de Pâques-4 oct ; avr-juin, mer et w-e 14h-18h (tlj pdt les vac de Pâques) ; juil-août, tlj 10h-12h45, 13h30-19h ; sept-4 oct, slt dim 14h-18h. Entrée : 3,50 € ; gratuit moins de 8 ans.* La rencontre du Rhône et de la Drôme a engendré un superbe espace naturel où près de 200 espèces d'oiseaux migrateurs décident chaque année de faire étape (aigrettes, hérons, canards, etc.). Plusieurs jolis sentiers permettent de découvrir le patrimoine naturel de cette réserve qui s'étend sur 10 km de berges et 346 ha, entre Crest et Livron. Beaucoup d'activités organisées.

LIVRON-SUR-DRÔME (26250)

Au débouché de la vallée de la Drôme sur le Rhône, le village perché du Haut-Livron est une ancienne place forte protestante. Plus tard, la ville est descendue dans la plaine pour y développer la sériciculture puis l'arboriculture. Aujourd'hui, on y produit aussi un excellent côtes-du-rhône, le Brézème. Si Livron ne présente pas un intérêt majeur dans sa partie basse – ville nouvelle traversée par la N 7 –, il faut grimper en haut d'un éperon rocheux pour déambuler dans les ruelles du vieux quartier. Vestige de ses origines médiévales, la tour du Diable faisait partie du château érigé au XIe s, devenu propriété de l'évêque de Valence au XIIe s. Du fief catholique à la citadelle protestante, il s'écoula quatre siècles au cours desquels la ville s'agrandit sans cesse, obligeant ses habitants à construire toujours plus loin de nouvelles murailles, finalement en partie rasées au début du XVIIe s. Ce Haut-Livron permet de découvrir un château et quelques belles demeures Renaissance (rue Jean-Boyer, rue des Fauries) qui côtoient des maisons plus modestes ou d'anciennes échoppes ouvrant sur des rues à arceaux. Un quartier tout à la fois pittoresque, paisible et vivant, qui vaut un petit détour.

➢ Pour rester dans un cadre naturel préservé, partez sur **« *Les chemins de Printegarde* »** à pied ou à vélo. Au départ de l'office de tourisme ou de la gare SNCF, une signalétique jaune permet de rejoindre, à La Voulte, la voie verte *ViaRhôna*, puis de longer l'île de Printegarde avant de remonter vers la Drôme et son embouchure avec le Rhône. Là, on pourra observer la faune et la flore avant de prendre la passerelle sur la Drôme pour poursuivre son chemin sur la *ViaRhôna*. Très plaisant aux beaux jours.

Adresse utile

i *Office de tourisme :* *pl. de la Madeleine.* ☎ *04-75-61-66-93.* ● *valdedrome-tourisme.com* ● *Lun-sam midi.* Fédère Loriol, Montoison, Cliousclat et Mirmande.

Où déguster et acheter un bon côtes-du-rhône-villages ?

Domaine Lombard : *quartier Piquet, à Livron.* ☎ *04-75-61-64-90.* ● *domaine-lombard.com* ● *Ouv mar-sam, slt sur rdv.* Ce domaine désormais en culture bio, implanté sur le coteau de Fontgrand, a eu la chance d'être rapidement remarqué par un mentor des côtes-du-rhône. Il y avait de quoi ! Profitant au mieux de ses vignes âgées de 40 ans, ce vigneron à l'ancienne nous propose des vins intenses et très boisés.

CLIOUSCLAT

(26270) 650 hab. *Carte Drôme, A3*

À quelques kilomètres au sud de Loriol, un peu en retrait de la vallée du Rhône, Cliousclat joue à la discrète et se dérobe aux regards. À travers son unique rue, vous découvrirez un village vivant au rythme de la terre. Bien sûr, il faudrait remonter loin dans le XIXe s pour revivre l'animation fébrile qui y régnait. Ici, toutes les maisons abritaient les tourneurs, délaveurs de terre, « chats noirs » ou patrons de four. En 1850, près d'une centaine de potiers tournaient du matin au soir toutes sortes de récipients pour conserver olives de Nyons, marrons glacés de Privas, fruits confits d'Apt ou de Cavaillon, lait, fromages, sel... Aujourd'hui, même si l'industrie a porté un coup sévère au travail des potiers, remplaçant leurs fragiles objets par d'autres en aluminium ou en plastique, produits à la chaîne, Cliousclat perpétue encore et toujours cette tradition et cette mémoire. Quelques potiers se sont réinstallés au village, et tout est misé sur cette activité. La fabrique (dont les ateliers sont ponctuellement ouverts au public) qui produit pichets, bols ou assiettes depuis 1903 laisse toujours échapper, une fois par mois, la fumée de ses cheminées. Elle est aujourd'hui – tout comme l'ensemble du site – classée Monument historique. Alors, ne manquez pas de faire le détour par ce village d'artisans, gardiens d'une émouvante tradition populaire !

Où dormir ? Où manger ?

La Treille Muscate : *dans le village. ☎ 04-75-63-13-10. • latreille-muscate@wanadoo.fr • latreillemuscate.com • Resto fermé lun. Congés : 4 déc-10 fév. Résa conseillée. Doubles 70-160 € selon confort et saison ; petit déj 12 €. Formules déj en sem 15-20 €, menu 31 €. Café offert sur présentation de ce guide.* Une auberge de charme aux volets verts, aux murs partiellement couverts de lierre. Chambres personnalisées et décorées avec goût, certaines avec terrasse et vue sur la campagne environnante. Beau jardin clos ombragé ou salle à manger claire et spacieuse, avec coin cheminée et quelques tables coquettes. On est au pays de la lumière et des senteurs. La cuisine de saison aux accents du Sud en témoigne. Fraîcheur et inventivité sont les vertus cardinales qui caractérisent ces bons plats à base de produits locaux...

La Fontaine : *dans le village. ☎ 04-75-63-07-38. • info@lafontaine-cliousclat.fr • Fermé mer (plus mar soir et dim soir hors saison). Congés : vac de fév, de la Toussaint et de Noël. Formule déj en sem 13,50 €, menus 29,50-38,50 €. Café offert sur présentation de ce guide.* Rien de plus bucolique que l'accès à ce resto charmant où accueil et qualité font bon ménage. La déco rappelle les chaumières d'autrefois avec notamment de la poterie colorée du village, évidemment. On attaque par un apéro à la griotte et clairette-de-die en terrasse, sous les feuillages, en écoutant couler l'eau de la fontaine voisine, pour poursuivre avec les spécialités du patron comme la selle d'agneau de pays. Une cuisine drômoise aux airs de Provence, fraîche et colorée.

L'Alandier : *rue des Potiers, dans le village. ☎ 04-75-44-60-73. • contact@alandier.fr • Tlj sf lun soir et mar soir hors saison. Congés : 25 déc-1er janv. Formule 13,50 €, carte env 24 €. Café offert sur présentation de ce guide.* Restaurant-bar à vins avec une immense terrasse sur la campagne environnante. À l'intérieur, petite salle chaleureuse, meublée de chaises et tables de bistrot dépareillées, piano et bibliothèque. Cuisine ouverte sur le petit bar en zinc. Dans l'assiette, une cuisine authentique qui fait plaisir. Belle carte de côtes-du-rhône. On retrouve les vins à la boutique sous le restaurant. Une bonne petite adresse bien sympa. Concerts, événements les week-ends, à découvrir sur le site.

MIRMANDE

(26270) 522 hab. *Carte Drôme, A3*

Détour obligatoire pour découvrir ce splendide village perché, classé parmi les « Plus Beaux Villages de France » (à ne pas confondre avec Marmande dans le Lot-et-Garonne !). D'ailleurs, son nom prend ses origines dans deux mots latins, *mirus* et *mandare,* qui signifient « admirable » et « dominer ». Et c'est vrai que, accroché sur sa colline, dominé par son église, baigné de soleil, avec ses ruelles pavées, ses maisons aux toits de tuiles romaines et aux pierres ancestrales, toutes blotties les unes contre les autres, Mirmande embellit avec le temps et possède un charme indéfinissable, subtil mélange de sérénité et de beauté. Alors, laissez-vous envahir par le charme de ce village superbement restauré.

Mirmande fait aussi partie des 11 « Villages botaniques » de la Drôme, avec pour spécificité les plantes de rocaille. Noter que le deuxième dimanche d'octobre se tient une importante foire aux plantes rares et méconnues, très prisée du public.

UN PEU D'HISTOIRE

Ce village mystérieux est un vrai voyage dans le passé. Ancienne place forte du haut Moyen Âge, Mirmande n'a gardé de ses origines de bourg castral que sa belle église Sainte-Foy érigée au XIIe s. Ce sanctuaire a traversé le temps, alors que le château fort, fief des Adhémar puis de l'évêque de Valence, a complètement disparu. Au fil des siècles, faute d'un accès facile, tout le haut du village a fini par être déserté. Au XIXe s, seuls l'enceinte et le bas du village avaient conservé leurs habitants.
C'est sous l'impulsion d'André Lhote, peintre cubiste, écrivain et critique d'art, tombé sous le charme, que le village fut sauvé de la ruine. Il s'installa à Mirmande en 1926, accompagné de quelques élèves, créa une académie d'été, entreprit sa restauration et contribua à sa renaissance en obtenant notamment son classement aux Monuments historiques en 1946. Plus tard, le volcanologue Haroun Tazieff, qui fut maire de la commune de 1979 à 1989, engagea à son tour un vaste programme de protection et de mise en valeur, récompensé par le classement du site en 1986.
Depuis, les Mirmandais poursuivent avec amour et passion cette noble tâche de restauration. Contrairement à d'autres lieux de ce type aujourd'hui transformés en villages-musées, Mirmande est un village vivant où boulangers, artisans, artistes peintres, sculpteurs, potiers contribuent à son animation culturelle, artistique et... touristique. De nombreux peintres et artistes y ont élu domicile, et l'église Sainte-Foy est désormais un lieu consacré à des expositions et des concerts pendant l'été.

Adresse utile

Office de tourisme : *pl. du Champ-de-Mars. ☎ 04-75-63-10-88. Ouv tte l'année, lun et ven-sam.* Peut vous fournir une fiche découverte du village et la liste des nombreux artistes et artisans qui y tiennent atelier. Calendrier des animations qui ont lieu chaque été, circuits pédestres, etc. Bon accueil. Visites guidées du village sur demande.

Où dormir ? Où manger ?

Camping

Camping La Poche : *route de Marsanne, quartier La Poche. ☎ 04-75-63-02-88. • camping@la-poche.com • camping-la-poche.com • À 2 km du village, sur la route de Marsanne (D 57). Ouv avr-sept. Forfaits 14-22 € selon saison. Mobile homes 295-598 €/sem.* Au creux d'un étroit vallon boisé, un camping tout en longueur entre la route (tranquille) et un ruisseau. Idéal pour s'abriter des chaleurs de l'été. Piscine, jeux pour enfants, terrain de volley, snack-bar et plein d'activités nature proposées (sorties VTT, canoë, escalade dans les arbres, etc.). Accueil chaleureux.

De prix moyens à plus chic

Chambres d'hôtes La Maison de Marinette : *chez Marinette et Tieno Goriou ; 445, chemin de Mirmande, aux Granges. ☎ 04-75-63-01-15. • tienogoriou@aol.com • lamaisondemarinette.com • Indiqué à l'entrée du village. Ouv mars-déc. Double 68 €.* Très bel ensemble en pierre apparente, solidement ancré sur une terrasse face à la vallée. Ici, c'est une famille d'artistes, et de nombreuses sculptures de Tieno ornent la maison et le jardin un tantinet conceptuel. 3 chambres personnalisées (pardi !), vastes et agréables, installées dans une aile indépendante. Pas de table d'hôtes, mais un petit resto sympa au village. Piscine pour se détendre. Accueil très agréable.

Hôtel de Mirmande : *dans le village, avt d'arriver à l'office de tourisme. ☎ 04-75-63-13-18. • resa@hotelmirmande.fr • hotelmirmande.com • Doubles 70-140 € selon* *confort, taille et saison. Menus 19,50-39 €. Apéritif offert sur présentation de ce guide.* Une adresse confidentielle, taillée sur mesure pour les amoureux : avec même pas 10 chambres (intime donc !), une déco dans l'air du temps élégante et épurée, un salon de lecture organisé autour de la cheminée, et une terrasse au calme pour profiter des premiers rayons de soleil au petit déj. Irrésistible. Restauration sur place pour qui ne veut plus repartir.

LA DRÔME PROVENÇALE

• Carte *p. 356-357*

La Drôme provençale est splendide dans son environnement de moyenne montagne. En été, de belles couleurs inondent le paysage, du bleu mauve des lavandes au jaune d'or des blés, et d'enivrantes odeurs de buis, de tilleul et de lavande envahissent l'atmosphère. Laissez-vous séduire... Mais ne croyez pas qu'il ne s'y passe rien le reste de l'année. Après la saison des fêtes arrive celle des truffes ; c'est à cette période qu'elles sont les moins chères et les plus odorantes.

À BEAU PAYS DE VINS, BONS VINS DE PAYS !

Quant aux vins, vous allez pouvoir les étudier de près, à travers trois VDP de zones :
– *le vin de pays des Coteaux de Baronnies :* en blanc, il présente des notes d'abricot et de pêche. Le partage des vallées explique cela : vignobles en haut, vergers en bas. Les rouges sont tanniques et capiteux ;
– *Le vin de pays du Comté de Grignan et de la Valdaine :* il s'expose plus aux parfums de la rabasse comme on dit ici, appelée également *Tuber melanosporun* par les scientifiques, ou tout simplement truffe par les « Parisiens » ;
– et bien sûr les *vins de pays des Coteaux de Montélimar,* par lesquels vous allez commencer : des vins de caractère, forts en bouche, et fruités.

LE NORD DE LA DRÔME PROVENÇALE

Au sortir de Mirmande, une très belle route (la D 57) serpente au milieu des hêtres et des érables de la forêt communale de Marsanne. On entre alors dans le territoire de la Drôme provençale. À la limite de sa forêt et de la plaine de Valdaine, le village, perché sur sa crête, offre un beau point de vue qui s'étend des confins de la vallée du Rhône aux sommets des Préalpes du Sud. Vous voici aux portes des limites géographiques et historiques entre Dauphiné et Provence. Destination

Montélimar et ses villages authentiques, pour reprendre un slogan qui replace la ville, entre Drôme et Ardèche, au cœur d'une nature que l'autoroute avait gommée d'un trait de béton. Voir le site *● montelimar-tourisme.com ●*

MARSANNE (26740) 1 300 hab. *Carte Drôme, A3*

Allez flâner dans les rues médiévales du *vieux village Saint-Félix* et jusqu'à sa belle église. Passez sous le beffroi, ancienne porte principale du village fortifié, pour pénétrer dans les ruelles. Quelques belles maisons de style gothique ou Renaissance. Au sommet, les ruines d'un donjon dominent les restes de l'église d'une ancienne abbaye augustine du XIIe s. À la base du clocher (du XVIe s), une ravissante chapelle gothique. De là-haut, vue superbe sur le village « d'en bas » et la plaine de Valdaine. Dans le bas du village, ne pas manquer de jeter un coup d'œil au *château de Montluisant,* imposante maison aménagée au milieu du XIXe s à partir d'une bâtisse plus ancienne (XVIIe s), à la mairie (fin XIXe s) et à la nouvelle église qui présente un beau décor peint. Enfin, ne pas oublier que Marsanne a vu la naissance, en 1838, d'un enfant devenu homme illustre : Émile Loubet, « premier président de la République issu du peuple terrien » (de 1899 à 1906).

Adresse utile

ℹ ***Office de tourisme du pays de Marsanne :*** *pl. Émile-Loubet. ☎ 04-75-90-31-59. ● paysdemarsanne.com ● Juil-août, tlj sf dim ap-m ; avr-juin et sept-oct, mar-sam ; le reste de l'année, mar-jeu slt.* Très bon accueil. Propose différents circuits de rando et assure la location de VTT.

Où dormir ? Où manger ?

Camping

⛺ ***Camping Les Bastets :*** *lieu-dit Les Bastets. ☎ 04-75-90-35-03. 📱 06-72-84-71-01. ● contact@campinglesbastets.com ● campinglesbastets.com ● ♿ À 3 km du village. Ouv avr-oct. Forfait 20-32 € selon saison. Tentes équipées, caravanes, mobile homes et chalets 140-770 €/sem. Résa indispensable en été.* Un camping bien équipé. Piscine à débordement, jeux pour enfants, animations, spectacles... Location de VTT. Ambiance de vacances, familiale. Nombreuses activités possibles au départ du camping.

De prix moyens à beaucoup plus chic

🏠 🍴 ***Les Aubergistes :*** *2, pl. Auguste-Canon. ☎ 04-75-90-32-35. ● contact@les-aubergistes.fr ● les-aubergistes.fr ● ♿ Resto tlj sf mer midi (plus soir hors saison). Congés : fin d'année. Doubles 55-60 €. Formules et menus 10-25 €. 📶 Apéritif maison offert sur présentation de ce guide.* À l'étage, 5 chambres, ravissantes et rénovées, avec salle de bains privative mais grande ouverte sur la chambre (précision utile pour ceux qui tiennent à leur intimité !). Au bistrot, une bonne petite cuisine sans prétention et une déco « café de village » tout à fait séduisante. Belle ambiance et bel esprit, cultivés avec art et simplicité. Une adresse vivante et souriante !

🏠 🍴 ***L'Atelier :*** *dans le village. ☎ 04-75-90-36-75. ● latelierdemarsanne@gmail.com ● latelierdemarsanne.fr ● ♿ Resto fermé mar, plus lun hors saison. Congés : 15 fév-5 avr.*

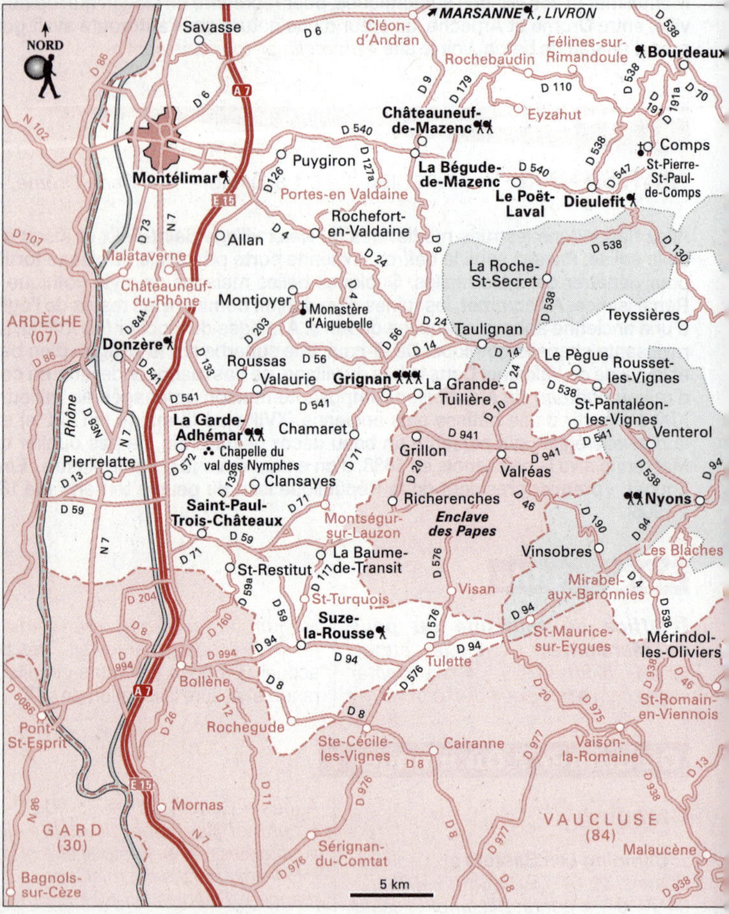

Doubles 90-170 € ; petit déj 16 €. Formule déj en sem 19 € ; menu 25 €, carte env 30 €. Café offert sur présentation de ce guide. Dans une belle bâtisse ancienne au centre du village, 10 superbes chambres, dont 4 avec terrasse privative, non seulement dotées de tout le confort mais surtout à la déco zen et soignée. Cadre très agréable, notamment le jardin clos où sont servis les petits déj, à l'arrière, et la piscine entourée de cyprès et de lauriers roses et jasmins. Au resto-salon de thé-bibliothèque, une carte courte et actuelle et, pour lézarder au soleil, une poignée de tables en terrasse, face à la place du village et sa fontaine. Un bonheur tout provençal... Concerts, et sinon intéressante musique diffusée. Et une boutique (épicerie, produits de toilette, objets de déco) pour compléter le tout.

LA DRÔME PROVENÇALE

DANS LES ENVIRONS DE MARSANNE

La forêt de Robin : *sur la route entre Marsanne et Mirmande. ☎ 04-75-90-35-27. 📱 06-98-83-19-99. • la-foret-de-robin.com • Ouv avr-oct : juil-août, tlj 10h (14h la 1re sem de juil, les dim de juil et la dernière sem d'août)-18h ; hors saison, w-e, j. fériés et certains jours de la sem 14h-18h. Résa vivement conseillée. Parcours dans les arbres 20 €/adulte, 15 € pour les 7-15 ans, 10 € pour les 2-6 ans ; 28-54 € pour une nocturne ou même la nuit complète dans les arbres.* Courses d'orientation, sessions nocturnes, ou nuit dans les arbres avec petit déj le matin pour célébrer le retour à la civilisation. Pour apprendre à escalader les branches des arbres, respirer la cime des pins et se faire plaisir, ou connaître des frayeurs en dévalant un câble, accroché au harnais d'une tyrolienne.

MONTÉLIMAR (26200) 36 800 hab. *Carte Drôme, A3*

• Plan *p. 360-361*

Capitale du nougat et longtemps étape incontournable (dans tous les sens du mot) sur la Nationale 7, « la route des vacances », le must étant à l'époque de s'acheter une borne Nationale 7 remplie de nougats, à déguster en chemin... Montélimar a cherché à faire évoluer son image au fil des dernières décennies. Tout en restant attachée à un produit et à une nostalgie qui, mine de rien, entretiennent une vision plaisante et gourmande du territoire. On trouve peu de produits qui soient aussi facilement identifiables à une ville, mis à part les bêtises de Cambrai, la moutarde de Dijon ou les pruneaux d'Agen, peut-être !
Aujourd'hui, empruntant l'A 7 qui file sans s'arrêter, les touristes trop pressés ratent une petite ville très agréable et tout un pays de lavande que l'on sait décliner en cuisine (miel, vinaigre ou sorbet), la terre des premiers oliviers quand on prend la route du Sud, ou encore celle de l'ail, de la truffe et des coteaux de la vallée du Rhône.
Dans cette ville à taille humaine, il fait bon flâner le long des ruelles et placettes tranquilles, au pied de vénérables demeures aux belles génoises, dans de surprenants musées, ou le long des allées provençales plantées de platanes, bien vivantes le soir (et qui ne demanderaient qu'à être un peu plus débarrassées des voitures !).
Sympathique transition, donc, entre Provence et Dauphiné, deuxième ville du département (après Valence) et petite métropole de la Drôme provençale, Montélimar, la trop méconnue, se révèle bien plus qu'une simple étape. Climat doux, déjà méditerranéen, il est loin ce 26 février 1956 où fut battu le record de mistral... 216 km/h ! Alors, coupez le moteur et savourez, sur une des terrasses de la vieille ville ou du quartier Saint-Martin, cette qualité de vie urbaine si plaisante !

UN PEU D'HISTOIRE

On trouve des traces d'occupation datant de 7000 av. J.-C. Vers le IVe s y est établie une sympathique tribu, les *Ségovellaunes,* qui pratique la pêche et le flottage de bois sur le Jabron et le Roubion. La première bourgade est fondée par une compagnie romaine d'utricaires (non, pas d'urticaires !), fabricants d'outres pour soutenir les ponts. La ville gallo-romaine porte le nom d'*Acunum.* Puis montée en puissance de la ville médiévale sous l'autorité de la famille Adhémar, à l'origine du nom de la ville (*montilium ademarii,* Monteil Adhémar, qui donnera Montélimar). En 1198, les Adhémar accordent à la ville une importante charte des libertés. Cette cité marchande connaît une activité économique dynamique (tannerie et draperie). En 1449, Montélimar est intégré au Dauphiné par le futur Louis XI. L'ancienne route royale du Comtat devient la Nationale 7.
En 1560, la population est aux deux tiers protestante. Pendant les guerres de Religion, la ville est prise et reprise. Alors que les troupes catholiques sont à l'intérieur, 10 000 protestants, menés par Guillaume de Nassau, tentent de pénétrer par une brèche. Une ardente défenseuse du pape, lessiveuse de

son état, Catherine Ponsoye (appelée aussi Margot Delaye), résiste et se bat héroïquement, malgré sa main coupée par une hache, et devient une légende urbaine. En 1585, le chef huguenot Lesdiguières s'empare de la ville.
Le XVIIe s est assez prospère. Les cultures de l'amandier et du mûrier vont favoriser la production du nougat et l'élevage du ver à soie. En 1684, la ville revient dans le giron catholique à la révocation de l'édit de Nantes. Au XVIIIe s se développe la chapellerie, qui va devenir l'une des principales industries régionales. Au XIXe s, elle emploie jusqu'à 1 000 personnes. Travail très pénible, salaires misérables, d'où l'expression « en baver des ronds de chapeaux »...
Premiers touristes en 1815, des soldats autrichiens venus occuper la ville après la défaite de Napoléon à Waterloo. Les remparts abattus sous Louis-Philippe laissent la place aux allées Provençales. Arrivée du chemin de fer en 1854. Au début du XXe s, décollage du nougat grâce au président de la République Émile Loubet (ancien député et maire de la ville). À tous ses visiteurs à l'Élysée, il offrait sa chère confiserie. Après quelques déboires, la chapellerie s'effondre, puis le statut de sous-préfecture est retiré à la ville en 1929. Dans les années 1950, pendant le boom des vacances, les célèbres embouteillages de Montélimar sur la N 7 sont pourtant pain bénit pour la ville et... les marchands de nougat.

DEUX OU TROIS RÉFLEXIONS À LA NOIX...

Dès l'Antiquité, on fabriquait du nougat dans le Bassin méditerranéen. C'est au Moyen Âge que cette gâterie fut, dit-on, introduite par les marchands grecs à Massilia (Marseille), puis remonta le Rhône.
Les Romains l'avaient baptisée *nux gatum* (gâteau de noix). Bien entendu, composé de noix et de miel essentiellement (deux ingrédients en abondance dans la région), le nougat de l'époque avait peu de choses à voir avec celui d'aujourd'hui. On pense que la recette resta locale à cause du faible taux de conservation de la noix (qui avait tendance à rancir rapidement). C'est Olivier de Serres qui, vers 1650, en acclimatant l'amandier en Provence, permit le remplacement de la noix par l'amande. Différents ingrédients ajoutés par la suite, dont du blanc d'œuf et des pistaches, lui donnèrent sa consistance et son goût définitifs.
Bien avant Émile Loubet, les producteurs de nougat déployèrent vite un haut degré de marketing commercial. Ainsi, lorsque deux fils de Louis XIV, remontant vers le nord, traversèrent Montélimar, les édiles leur offrirent-ils solennellement une cinquantaine de kilos de nougat à chacun (ce qui fit sûrement la fortune de certains dentistes de Versailles). La première fabrique fut créée en 1760, suivie de bien d'autres. En 1914, grâce à son VRP à l'Élysée, la production atteignit 100 t. Aujourd'hui, elle est de 2 000 t.
Ne vous jetez pas sur le premier nougat venu, visitez, goûtez, comparez ! Bien sûr, le prix est un

1968 : LE NOUGAT PREND DU MOU !

Arrive 1968 et ce qui fut une révolution à Montélimar : la mythique Nationale 7 est déviée par l'autoroute A 7 ! Sale temps pour les nombreux magasins qui jalonnaient la route chère à Trenet ! Avant, les embouteillages faisaient le succès du nougat : on avait le temps d'acheter !

C'EST PAS DU NOUGAT

Pour mériter le titre de nougat de Montélimar, la friandise doit contenir obligatoirement 30 % d'amandes (ou 28 % d'amandes et 2 % de pistaches) et 25 % de miel. Ce « nougat DE Montélimar » répond à une charte, certes, mais faute de « recette » commune à tous les nougatiers, il n'existe pas d'AOC. Pour faire son choix, on s'emmêle donc parfois les nougats !

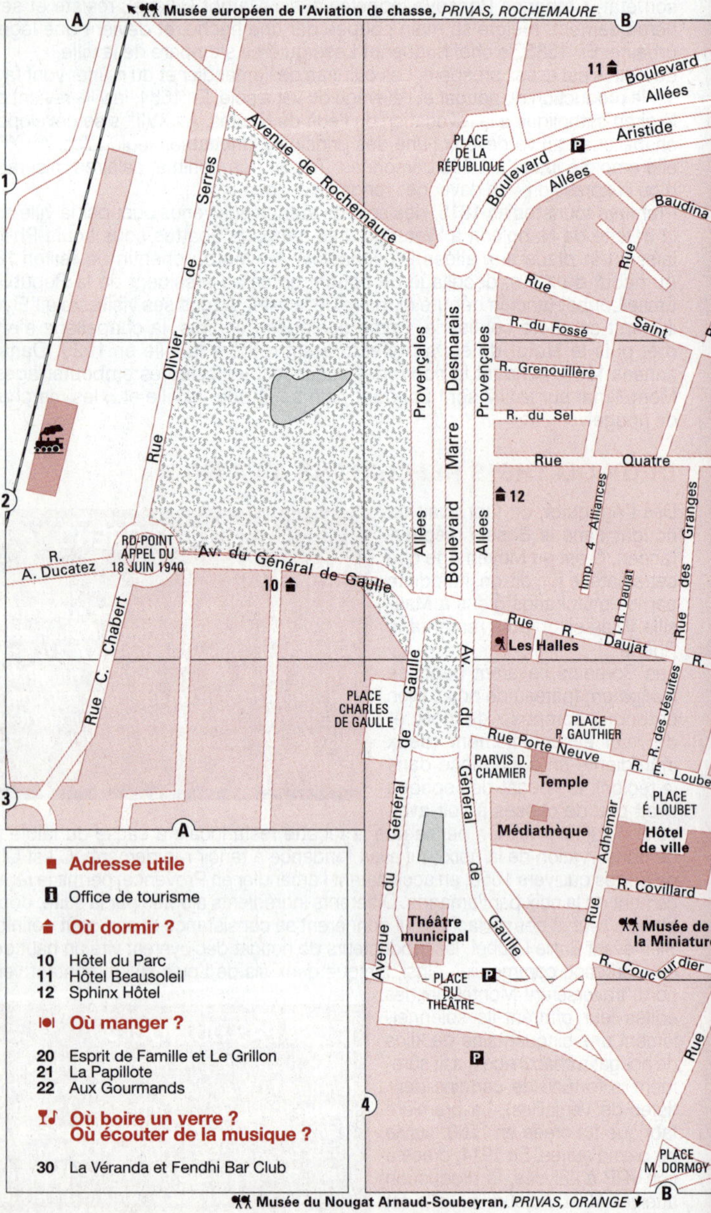
Musée européen de l'Aviation de chasse, PRIVAS, ROCHEMAURE
A
B
1
2
3
4
11
Boulevard
Allées
Aristide
PLACE DE LA RÉPUBLIQUE
Boulevard
Allées
Baudina
Avenue de Rochemaure
Rue Olivier de Serres
Rue
Rue Saint
R. du Fossé
R. Grenouillère
R. du Sel
Rue Quatre
Allées Provençales
Boulevard Marre Desmarais
Allées Provençales
12
Imp. 4 Alliances
Rue des Granges
I. R. Daujat
RD-POINT APPEL DU 18 JUIN 1940
R. A. Ducatez
Av. du Général de Gaulle
10
Rue C. Chabert
Rue R. Daujat
Les Halles
R.
PLACE CHARLES DE GAULLE
Av. du Général de Gaulle
Avenue du Général de Gaulle
PLACE P. GAUTHIER
Rue Porte Neuve
R. des Jésuites
PARVIS D. CHAMIER
Temple
R. É. Loubet
PLACE É. LOUBET
Médiathèque
Hôtel de ville
Rue Adhémar
R. Covillard
Théâtre municipal
Musée de la Miniature
R. Coucourdier
PLACE DU THÉÂTRE
Rue
PLACE M. DORMOY
Musée du Nougat Arnaud-Soubeyran, PRIVAS, ORANGE
Adresse utile
Office de tourisme
Où dormir ?
10 Hôtel du Parc
11 Hôtel Beausoleil
12 Sphinx Hôtel
Où manger ?
20 Esprit de Famille et Le Grillon
21 La Papillote
22 Aux Gourmands
Où boire un verre ? Où écouter de la musique ?
30 La Véranda et Fendhi Bar Club

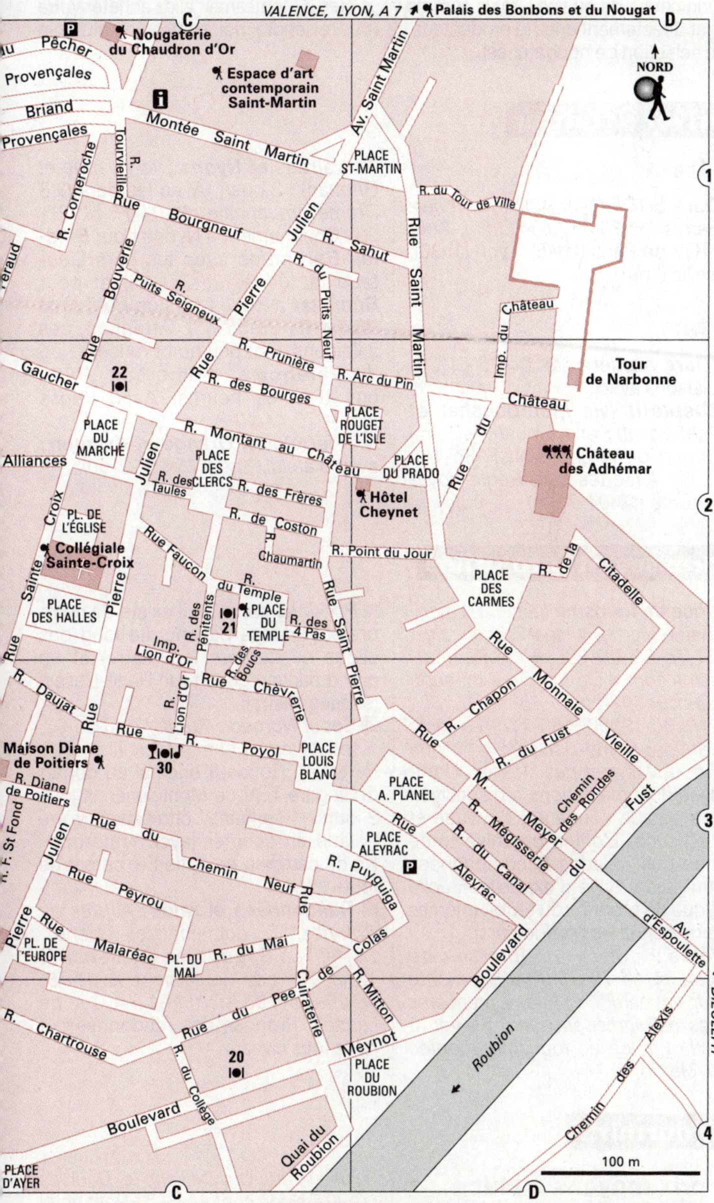

VALENCE, LYON, A 7
Palais des Bonbons et du Nougat
C
D
NORD
Nougaterie du Chaudron d'Or
Espace d'art contemporain Saint-Martin
Pêcher
Provençales
Briand
Provençales
Montée Saint Martin
Av. Saint Martin
PLACE ST-MARTIN
R. du Tour de Ville
R. Tourvieille
Rue Bourgneuf
R. Corneroche
Julien
R. Sahut
Rue Saint Martin
R. du Puits Neuf
Bouverie
R. Puits Seigneux
Pierre
Château
Imp. du Château
R. Prunière
R. Arc du Pin
Tour de Narbonne
Rue
Gaucher
22
Rue
R. des Bourges
Rue du Château
Château des Adhémar
PLACE ROUGET DE L'ISLE
PLACE DU MARCHÉ
R. Montant au Château
PLACE DU PRADO
Alliances
Julien
PLACE DES CLERCS
R. des Taules
R. des Frères
Hôtel Cheynet
R. de Coston
PL. DE L'ÉGLISE
Croix
R. Chaumartin
R. Point du Jour
R. de la Citadelle
Collégiale Sainte-Croix
Rue Faucon
PLACE DES CARMES
Sainte
R. du Temple
PLACE DES HALLES
Pierre
R. des Pénitents
21
PLACE DU TEMPLE
R. des 4 Pas
Rue Saint Pierre
Rue
Imp. Lion d'Or
R. des Boucs
Rue Monnaie
Rue Chèvrerie
R. Daujat
R. Chapon
R. Lion d'Or
Rue
Rue
R. Poyol
Rue
R. du Fust
Vieille
Maison Diane de Poitiers
30
PLACE LOUIS BLANC
PLACE A. PLANEL
Chemin des Rondes
R. Diane de Poitiers
M. Meyer
R. Mégisserie
Fust
R. F. St Fond
Julien
Rue du Chemin Neuf
Rue
PLACE ALEYRAC
R. du Canal
Aleyrac
du
R. Puyguiga
Rue Peyrou
Rue
Av. d'Espoulette
Pierre
PL. DE L'EUROPE
Malaréac
PL. DU MAI
R. du Mai
Colas
Boulevard
Rue de Curaterie
R. Mitton
DIEULEFIT
Pee
R. Chartrouse
Rue du
R. du Collège
Meynot
Roubion
Alexis
20
PLACE DU ROUBION
Chemin des
Boulevard
Quai du Roubion
100 m
PLACE D'AYER
1
2
3
4

MONTÉLIMAR

bon indicateur de qualité... mais comme vous êtes à Montélimar, allez acheter votre nougat directement chez le producteur, ça vous reviendra moins cher (voir plus loin notre sélection de nougateries).

Arriver – Quitter

En train

Gare SNCF *(plan A2) : rue Olivier-de-Serres. ☎ 36-35 (0,34 €/mn).* Arrêt des TGV de Paris (2h45), Lyon (1h30), Marseille (2h).

En bus

Gare routière : *☎ 04-75-51-89-69.* Liaisons avec :

➢ ***Dieulefit*** *(via Montboucher et Le Poët-Laval)* **:** env 5 bus/j. (sf dim) au départ de la gare SNCF, 8h-18h (ou 19h). Avec les cars *Régie Voyages Drôme (☎ 04-75-41-85-85).*

➢ ***Valréas et Nyons*** *(via Valaurie et Grignan)* **:** 3 bus/j. Avec les cars *GIE Drôme provençale (☎ 04-75-00-27-90).* Changement à Nyons pour ***Buis-les-Baronnies*** avec les cars *Lieutaud (☎ 04-90-36-05-22),* et pour ***Rémuzat*** avec les cars du *Petit Nice (☎ 04-75-26-35-58).* Attention, ces 2 liaisons sont peu nombreuses.

➢ ***Valence :*** nombreux bus, env ttes les heures. Avec *Kéolis (☎ 04-75-44-10-33).*

➢ ***Pierrelatte, Orange et Avignon :*** avec *Stamidi (☎ 04-75-96-97-60).*

Adresses et info utiles

Office de tourisme *(plan C1)* **:** *montée Saint-Martin, allées Provençales. ☎ 04-75-01-00-20. • montelimar-tourisme.com • De mi-juin à mi-sept, lun-sam 9h30-12h45, 13h15-18h30 ; dim 10h30-12h30, 15h-17h. Le reste de l'année, fermé dim ; en moyenne saison, ouv le mat des j. fériés.* Nombreuses documentations à disposition et une équipe souriante, dévouée et très efficace. L'office organise toute l'année des balades accompagnées par un guide. Salle d'exposition. Jolie boutique de produits du terroir (mêmes tarifs que chez les producteurs).

■ ***Véloc :*** *vélos en libre-service 24h/24. ☎ 04-75-01-96-00. • montelibus.fr • À partir de 1 € les 2 premières heures (CB indispensable). Station à côté de l'office de tourisme, montée Saint-Martin.*

Parkings en ville : il existe de nombreux parkings payants (le long des allées ou derrière le théâtre) et un grand parking gratuit rue René-Cassin (espace Mistral).

■ ***Scoot'Nomad :*** *☎ 04-75-46-76-03. • scoot-nomad.com • Circuit à partir de 40 €/j.* Concept original au départ de la gare TGV de Montélimar : 1 jour, 2 jours, 1 semaine, choisissez votre balade en scooter (avec remorque). Kit de camping en option et carnet de route offert.

■ ***Randonnées et raids :*** *auprès de* ***Bouvier T.T.,*** *domaine des Chênes, 26160* ***La Bégude-de-Mazenc*** *(à 12 km à l'est de Montélimar). ☎ 04-75-46-29-84. • bouviertt.free.fr • Ouv tte l'année.* Propose des randonnées et raids tous niveaux.

Où dormir ?

De prix moyens à chic

Hôtel du Parc *(plan A2,* ***10****)* **:** *27, av. du Général-de-Gaulle. ☎ 04-75-01-00-73. • hotelduparc26@wanadoo.fr • hotelduparc-montelimar.com • Face au parc. Ouv tte l'année. Doubles 56-90 € selon confort.* Petit hôtel stratégiquement situé face au parc et à deux pas du centre. Ses derniers propriétaires ont su mettre en valeur l'architecture rétro et jouer à fond l'esprit déco. Résultat, l'ensemble est cosy, charmant, ravissant... Chambres pas bien grandes mais lumineuses et confortables : douche ou bains, TV, double vitrage. Les plus sympas sont celles côté sud, pour la vue dégagée et le calme. Une jolie adresse en ville.

Hôtel Beausoleil *(plan B1, **11**) : 14 bis, bd du Pêcher. ☎ 04-75-01-19-80. • info@beausoleil-montelimar.com • beausoleil-montelimar.com • Congés : 1 sem en fév, 2 sem à la Toussaint. Doubles 72-75 €. Parking privé.* Dans une grosse villa 1900 le long des allées Provençales, une poignée de chambres simples et conventionnelles, convenables (surtout lorsqu'elles donnent sur une terrasse). En retrait de la circulation, calme garanti et à deux pas du centre-ville. Agréable jardin pour le petit déj.

Sphinx Hôtel *(plan B2, **12**) : 19, bd Marre-Desmarais. ☎ 04-75-01-86-64. • reception@sphinx-hotel.fr • sphinx-hotel.fr • Doubles 65-84 € ; familiales 107-120 €. Café offert sur présentation de ce guide.* Ce curieux nom, souvenir lointain d'un ancien propriétaire, ne laisse rien deviner de la qualité de la maison. Car cet hôtel particulier du XVIIe s, sis sur les allées Provençales, ne manque pas de caractère : discrètement retiré dans une belle cour intérieure, il propose aux hôtes de passage des parties communes élégantes, tout en boiseries, parquet et meubles anciens, et des chambres de bon confort pleines de personnalité. Les chambres de l'annexe ont été refaites, avec balcon et loggia. Accueil affable.

LA DRÔME

Où manger ?

De bon marché à prix moyens

La Papillote *(plan C2, **21**) : 2, pl. du Temple. ☎ 04-75-01-99-28. • nathalie.peltier3@orange.fr • Mai-sept, tlj sf dim-lun ; oct, tlj sf soir mar-mer. Fermé nov-avr. Menus 15-17 € (déj en sem), puis 27 € ; carte env 17,50 €. Café offert sur présentation de ce guide. La Papillote,* c'est un minuscule resto avec une salle toute simple, mais c'est surtout une des terrasses les plus agréables de la ville, déployée sur une place tranquille à l'ombre de beaux tilleuls. C'est évidemment là qu'on jettera l'ancre, pour goûter une petite cuisine régionale pas mal du tout. Le soir, spécialité de papillote, salée ou sucrée.

Esprit de Famille *(plan C4, **20**) : 37, bd Meynot (mitoyen avec Le Grillon, voir plus loin). ☎ 04-75-00-58-44. • elisabeth@esprit-de-famille.net • Ouv le midi lun-ven, plus ven soir. Congés : 2 sem après le 15 août. Menu 16 € ; le soir, carte tapas originale, compter 20-25 €. Apéritif ou café offert sur présentation de ce guide.* Quand on a l'esprit de famille, à Montélimar, on ferme le dimanche et on ouvre le midi pour proposer un solide buffet d'entrées, avant un plat du jour revigorant... et le soir, en fin de semaine, pour faire la fête dans une ambiance chaleureuse. Même la terrasse s'échauffe. Seule la déco à l'intérieur reste d'une grande sobriété.

De prix moyens à chic

Aux Gourmands *(plan C2, **22**) : 8, pl. du Marché. ☎ 04-75-01-16-21. • contact@aux-gourmands.fr • Tlj sf dim-lun. Formules déj en sem 26-38 €, menus 32-55 €. Digestif offert sur présentation de ce guide.* Une charmante enseigne entièrement dédiée aux plaisirs bachiques : caviste, bar à vins au centre et resto dans le joli patio (couvert). Nicolas connaît tous les domaines de la vallée, déniche les meilleurs crus et partage ses trouvailles avec ses hôtes. Et comme un gourmand ne l'est jamais à moitié, il élabore avec Marie-Pierre une savoureuse carte du marché évoluant tous les jours, au gré des saisons et de la criée (sauf l'indétrônable œuf cocotte au foie gras et ses mouillettes, un régal). Également des soirées jazz, des cours d'œnologie et des dégustations de vins. Belle terrasse en saison.

Le Grillon *(plan C4, **20**) : 33-35, bd Meynot. ☎ 04-75-01-79-02. • grillon.montelimar@gmail.com • Tlj sf dim* *soir et lun. Congés : fin d'année. Formules déj en sem 12-14,50 € ; carte env 26 €. Kir offert sur présentation de ce guide.* Les années passent mais n'entament pas le succès du *Grillon.* Les fines gueules (les grandes gueules aussi) en ont fait leur cantine, les nouveaux venus prennent leurs marques avec plaisir, tous satisfaits de la cuisine de terroir fraîche et généreuse, préparée dans les règles. Aux beaux jours, c'est sur la grande terrasse que se tiennent les agapes.

Où boire un verre ? Où écouter de la musique ?

La Véranda *(plan C3,* ***30****) : 18, rue Roger-Poyol. ☎ 04-75-51-14-23. Dans les rues piétonnes. Mer-sam 10h-1h. Petite restauration (tartines, crêpes) 9-13 €.* Un endroit charmant et idéal aux beaux jours pour déguster un café, un thé, une glace ou pour prendre un verre. Grande terrasse en retrait de la rue. Parfait aussi en attendant l'ouverture du café-boîte voisin.

Fendhi Bar Club *(plan C3,* ***30****) : 18, rue Roger-Poyol, Espace Deborah (c'est au fond du passage, en sous-sol). ☎ 04-75-51-31-69. Ven-sam 22h-2h (mais mieux vaut téléphoner).* Attention au monde, c'est ici que la belle jeunesse montilienne se retrouve pour s'amuser. Concerts réguliers, scènes ouvertes DJ, soirées à thèmes cousues sur mesure.

À voir

Le *pass culture (5 € : valable 1 sem)* donne accès au château des Adhémar, à l'espace d'art contemporain Saint-Martin et au musée de la Ville – musée de la Miniature.

Le château des Adhémar *(plan D2) : ☎ 04-75-00-62-30. • chateaux-ladrome.fr • Ouv mai-oct pdt expo temporaire. Compter 45 mn de visite (audioguide). Entrée : 5 € ; réduc ; gratuit moins de 12 ans. Billet commun pour les 3 châteaux (Grigan, Adhémar et Suze-la-Rousse) : 18 €. Aire de pique-nique aménagée devant le château.*

Édifié à partir du XIe s par la famille des Adhémar-de-Monteil, il fut régulièrement renforcé par les seigneurs qui s'y succédèrent. De 1340 à 1383, il dépend de la papauté, installée alors à Avignon. À partir du XVe s, il est utilisé comme prison. Il le sera jusqu'en 1926. Le château, qui appartient au conseil général de la Drôme, présente aujourd'hui une pièce unique : la charte lapidaire octroyée à la ville en 1198 par les deux coseigneurs Giraud et Lambert Adhémar. Elle est visible à l'accueil, situé au rez-de-chaussée du *donjon,* bâtiment massif à vocation militaire construit par le pape.

– *Le chemin de ronde :* accès par le donjon. Il en reste une portion significative qui permet d'avoir une vue d'ensemble sur le bastion du Fust, le logis et le chevet de la chapelle. Superbe panorama également sur la ville, la Drôme, le Vercors et sa voisine l'Ardèche.

– *Le logis seigneurial :* décor extérieur, au niveau de la grande salle du 1er étage, tout à fait exceptionnel. Fenêtres à arcatures ciselées courant tout le long de la façade et retombant sur de fines colonnettes aux fûts et chapiteaux très travaillés. En visite libre. Accueille des expositions d'œuvres contemporaines, renouvelées tous les 3 mois.

– *La chapelle romane Saint-Pierre, dite Sainte-Guitte :* c'est la construction la plus ancienne, seul vestige du château d'origine construit au XIe s. À la croisée du transept, une coupole sur trompes. Fresque du XIVe s dans l'abside centrale. Au chevet, abside encadrée de deux absidioles. L'appareillage de pierre rustique, les traces d'arcatures indiquent que la chapelle appartient au premier art roman méridional (XIe s).

– *La tour de Narbonne :* située au nord, détachée du corps du château, elle est reliée au donjon par une muraille. Solide construction carrée de 24 m de hauteur et aux murs de 2 m d'épaisseur. Tout en haut, on distingue assez nettement les traces des consoles des mâchicoulis. Malheureusement, elle ne se visite pas.

Balade dans la vieille ville

Petite balade pour prendre l'air du temps, qui mènera vos pas du centre-ville jusqu'au pied du château des Adhémar.

La collégiale Sainte-Croix *(plan C2)* **:** *rue Sainte-Croix.* Une première église est édifiée au XIIe s. En 1178, visite de l'empereur d'Allemagne Frédéric Barberousse, qui y signe un édit ordonnant à l'évêque d'Avignon de garantir la protection des juifs de la région. En 1210 s'y tient un concile condamnant l'hérésie cathare. Pour récompenser Montélimar de rejoindre le royaume de France, Louis XI demande au pape le statut de collégiale pour son église. Construction d'une nouvelle église en 1485, en style gothique flamboyant. En 1567, les troupes protestantes l'incendient. Par manque d'argent, reconstruction sommaire ; de l'ancien édifice, seuls subsistent le chœur et l'abside. Porche de la façade pourtant de quelque intérêt avec sa double entrée surmontée d'un fronton triangulaire et de deux larges baies flamboyantes. À l'intérieur, à gauche du chœur, derrière la grille, belle *Vierge à l'Enfant.* Chemin de croix composé de tableaux contemporains. Orgue monumental (1895) dû au facteur hambourgeois von Beckerath.

La pharmacie G.-Brun *(plan C2)* **:** *3, rue Sainte-Croix.* Boutique assez originale, avec devanture en gothique flamboyant, plafond peint, bocaux traditionnels, décor de bois de 1870 et tiroirs à produits aux inscriptions anciennes.

La ***rue Pierre-Julien,*** ancienne Grand-Rue, principale voie commerçante, aligne de nombreux points d'intérêt. Incroyable, imaginez que la N 7 y passait dans les années 1920 ! Quelques maisons dissimulent des escaliers à vis : vous les repérerez aux façades légèrement bombées. Au no 51, tiens ! une autre devanture de pharmacie en bois. Au no 53, noter ces deux gorgones sur la toiture. Au no 59, bel escalier à vis avec fenêtres sculptées. La ***cour des Templiers,*** au no 68, date du XIIe s (ancien couvent). Voûte de pierre sombre et mystérieuse. Vestiges de bornes, fenêtre en accolade. Au no 88, à l'angle de la rue Faucon, pittoresque enseigne coloniale gravée (« Halle Bernard, dattes de Tunis... bananes des îles Canaries »). À l'angle de la rue Prunière, édifice du XVIIe s. Subsistent un pan coupé et une fenêtre en plein cintre. Au no 130, ancien ***hôtel Chabrillan*** du XVIIIe s, racheté par un conventionnel en 1793, qui orna la porte d'une serrure avec un bonnet phrygien. Malheureusement, le bonnet a disparu depuis.

Près de la rue Bourg-Neuf, l'***église de l'ancien couvent des Capucins*** *(plan C1).* Fronton à volutes, niche avec Vierge et jolie porte sculptée. Arrivée à la ***porte Saint-Martin*** de 1762, la dernière porte de ville, ultime témoignage des remparts. Jolie fontaine de Cérès.

L'espace d'art contemporain Saint-Martin *(plan C1)* **:** *av. Saint-Martin. ☎ 04-75-92-09-98. Tlj 11h-18h. Entrée : 4 € ; réduc.* Une ancienne caserne militaire où ont lieu des expositions temporaires d'art contemporain devenues le grand rendez-vous des amateurs.

La place du Marché *(plan C2)* **:** reprendre la rue Pierre-Julien. Au no 13, intéressant porche. À l'angle de la rue Saint-Gaucher, l'***hôtel de Monts,*** bel édifice Renaissance avec moult fenêtres à meneaux. Charmante place du Marché, encore plus le jour où il se tient (le samedi matin). Ancienne place au Blé, puis place aux Herbes. Hélas, ne subsistent que trois arcades du XVIe s. Noter les génoises (décor de tuiles courant sous les toits). Au no 9 bis, juste avant l'arche, s'élève la ***tour de Giraud Adhémar*** (coseigneur de la ville). Remarquez que les fenêtres ont perdu leurs meneaux mais pas leurs encadrements sculptés. Beaucoup d'animation le samedi matin, ainsi que place des Clercs et rue Pierre-Julien ; profitez-en pour prendre un avant-goût de marché de Provence.

Passé l'arche, on retrouve la rue Pierre-Julien. En face, rue des Taules, pas de trace de prison, juste l'entrée du plus vieux quartier de la ville. La ***place des Clercs*** *(plan C2),* charmante avec ses platanes, la place du Temple, et les ruelles alentour, donnent au quartier, surtout la nuit, des tons expressionnistes. La ***rue Juiverie*** indique, comme en maintes villes de la Drôme, où s'étendait le quartier juif de la ville au Moyen Âge.

La place du Temple *(plan C2)* **:** c'est ici que s'élevait le temple protestant de la ville jusqu'à sa destruction en 1684. Dans la journée, une vraie place de village. La nuit, errer rue des Boucs qui mène presque logiquement à la rue Chèvrerie. Impasse du Lion-d'Or, belle porte en plein cintre s'ouvrant sous une robuste demeure médiévale et son restaurant du même nom, au calme et de bonne réputation.

La maison dite de Diane de Poitiers *(plan B-C3)* **:** *pl. Émile-Loubet (et rue Diane-de-Poitiers).* La plus belle demeure de la ville (on y trouve aujourd'hui un coiffeur !), construite en 1492. En fait, elle appartenait à sa famille ; la belle Diane vint seulement leur rendre visite. Imposante façade de style Renaissance, cependant assez sobre. Élégantes fenêtres à meneaux surmontées de cinq oculus. Le bandeau mouluré (le larmier), qui court au-dessus des fenêtres, était destiné à écarter les eaux de pluie.

Le musée de la Ville – musée de la Miniature *(plan B-C3)* **:** *19, rue Pierre-Julien. ☎ 04-75-53-79-24. Juil-août, tlj 11h-18h ; hors saison, mer-dim 14h-18h. Entrée : 3 € ; réduc ; gratuit moins de 18 ans. Compter 45 mn de visite.*
Installé dans la chapelle XIXe s de l'hôtel-Dieu, voici l'un des seuls musées de microminiatures de France. Un art où l'on travaille en apnée pour éviter de trembler tellement la précision est importante ! Remarquable aménagement intérieur, où l'acier s'harmonise totalement avec le cadre ancien pour offrir le plus beau des écrins à ces petits bijoux. À propos, commencez par le petit, pour finir par l'infiniment petit : la surprise, l'étonnement seront encore plus forts.
Les œuvres les plus époustouflantes restent celles du peintre russe Anatoly Konenko, capable de travailler sur des supports incroyables : 12 chameaux de 0,22 mm dans le chas d'une aiguille, ou encore deux moustiques jouant aux échecs (dimensions de l'échiquier : 4 mm x 4 mm). On a noté aussi une « toile » de Matisse, un portrait de Michel-Ange... à découvrir au microscope !
Changement de registre à l'étage, où l'on quitte le spectaculaire pour une approche plus historique de la miniature. En effet, le musée de la Ville a fusionné avec celui de la miniature et propose des expositions temporaires sur le patrimoine.
Une collection qui passionnera ceux qui s'intéressent aussi bien à l'art de l'enluminure (bel antiphonaire du XVIe s) qu'au portrait (œuvres d'Aimée Thibault et de Zoé de Mirbel), ou encore à la sculpture et à la peinture en Extrême-Orient. Un musée qu'il faut voir pour le croire !

La rue R.-Poyol *(plan C3)* **:** l'autre grande rue commerçante. Au n° 9 bis, superbe porche sculpté. Au n° 3, belle façade de l'ancienne *Caisse d'Épargne.* Dans la ***rue Raymond-Daujat*** qui la prolonge, au n° 2, escalier à vis qu'on devine au léger renflement de la façade. De la place L.-Blanc, rejoindre la ***rue M.-Meyer,*** qui fut, au Moyen Âge, l'une des grandes rues commerçantes de la ville (belle porte du XVIe s au n° 22). Quelques boutiques du temps passé, quelques ruelles et impasses pittoresques, comme la très étroite rue Chapon.

La rue Monnaie-Vieille mène ensuite à la ***place des Carmes*** *(plan D2)* en longeant l'ancien couvent des Carmes. Son église abrite aujourd'hui différentes associations. Intéressante façade.

L'hôtel Cheynet *(plan D2)* **:** *rue Montant-au-Château.* Une partie de cette demeure était enclose dans le fossé de la citadelle ceinturant le château des Adhémar. L'hôtel fut racheté au XVIIIe s par Jean-Louis Cheynet (ancien maire de Montélimar, député du tiers état à l'Assemblée constituante), qui y vécut jusqu'à sa mort.

Balade au long des allées Provençales

Les allées Provençales *(plan B1-2)* **:** tracées sur le glacis des anciens remparts, l'un des plus délicieux lieux de flânerie qui soient, refait en 1995 avec goût. Beaux platanes, talus et ronds-points fleuris, cafés et leurs grandes terrasses, magasins de nougat, etc. Une vraie douceur de vivre. En face, l'accueillant jardin public avec son kiosque à la Peynet.

Les halles : *ouv le mat mar, mer, jeu et dim, tte la journée ven et sam.* Elles ont ouvert leurs portes fin 2013, à l'angle de la rue Daujat et des allées, dans un local ayant abrité longtemps une succursale de la Banque de France. Primeurs, épicerie fine, torréfacteur, marchand de fleurs...

Plus bas, le ***théâtre municipal*** de 1882, construit sous le règne d'Émile Loubet (maire de 1870 à 1899 et président de la République de 1899 à 1906). De style néoclassique, ce fut l'un des premiers édifices publics construits hors les murs.

C'est sur la ***place Émile-Loubet*** *(plan B3)* que sont regroupés des bâtiments attirant peu les touristes d'ordinaire : banques, bâtiments administratifs, l'hôtel de ville, le tribunal, la perception... À l'angle de la place et de la rue G.-Chareton, l'***hôtel Dupuy-Montbrun*** de 1702, construit par le président du parlement d'Orange. Intéressante toiture (quatre rangs de génoises) et belle porte Régence. L'***hôtel de ville*** de 1876 fut édifié en style Second Empire, à l'emplacement de l'ancien couvent des Cordeliers. Devant, élégante ***fontaine des Quatre-Saisons.*** Rue Porte-Neuve, le ***temple protestant,*** abrité dans l'ancienne chapelle du couvent des Ursulines du XVIIe s, offerte par Bonaparte en 1802. Architecture harmonieuse.

À l'écart du centre-ville

Le musée européen de l'Aviation de chasse *(hors plan par A1)* **:** *aérodrome de Montélimar. ☎ 04-75-53-79-49. • meacmtl.com • ♿ À l'ouest de la ville, direction Ancône/Rochemaure (indiqué). Lun-ven 9h-12h, 13h30-17h30 (18h30 juil-août, 17h nov-fév) ; w-e et j. fériés 14h-18h30 (17h nov-fév). Entrée : 6,50 € ; réduc.* Comment rester insensible à ces dizaines d'avions sagement alignés comme à la parade ? Dans un parfait état de conservation, ces 54 appareils bichonnés par une association de passionnés présentent une histoire grandeur nature de l'aviation de chasse, depuis les années héroïques des chevaliers volants jusqu'aux prototypes bourrés de technologies sophistiquées. Si certains nous sont familiers comme le *Mirage III,* le *Mig 23* russe et le *Hawker Hunter* anglais, d'autres, en revanche, surprennent, comme le *Rockwell Bronco,* le seul qui vole encore en Europe, ou encore la série des trois *Mirage* conçus pour l'aviation suisse (les modèles chasse, école et reconnaissance). Un hangar abrite les modèles les plus fragiles, un autre l'atelier, mais on n'oubliera pas de faire un tour par la *Caravelle,* où l'on a accès au poste de pilotage et à la cabine. Magique !

Le palais des Bonbons et du Nougat – Maison des Jouets *(hors plan par D1)* **:** *100, route de Valence. ☎ 04-75-50-62-66. • palais-bonbons.com • ♿ À l'entrée de la ville en arrivant de Valence. Sept-juin, tlj sf lun mat 10h-11h30, 14h-17h30 ; vac scol (zone A) tlj 10h-18h. Entrée : 10,50 € ; réduc. Compter 45 mn de visite.*

LA DRÔME

Minicomplexe touristique autour des friandises, où les visiteurs sont invités à une balade des cinq sens ponctuée de films, bornes odorantes, montages sonores et panneaux plus sérieux sur l'histoire du sucre, des bonbons et du nougat.
Après la fabrique de nougat, qui a gardé son âme d'enfant se perd avec nostalgie dans les poupées, les trains électriques et les voitures à pédales de la *Maison des Jouets,* en continuité de la visite du palais des Bonbons. Plus de cent ans de jeux et d'amusements divers.
Au fil du temps, d'autres espaces sont venus compléter cette vision merveilleuse du monde de l'enfance : *La Provence de Pagnol en santons* et *L'ère N 7,* reconstitution que la nostalgie nous pousse à regarder avec les couleurs acidulées de l'époque. Un embouteillage typique rappelle le chassé-croisé mythique des juillettistes et des aoûtiens, sur fond de commerces et personnages des années 1960 (celui-ci ayant pris fin en 1968, comme chacun sait, quand la N 7 fut déviée !).
Rien de critique dans tout ça, ce n'est pas le but de l'opération. Rien qui ne dépasse en tout cas les bornes fameuses qui servaient alors à combler la faim de nougats ressentie par petits et grands. Et ça tombe bien, car si la soif de nostalgie vous a également donné faim, une boutique est là, qui vous tend ses sachets. Espaces de jeux intérieur et extérieur.

Visite des nougateries

Liste des fabriques de nougat disponible à l'office de tourisme.

La nougaterie du Chaudron d'Or *(plan C1) : 7, av. du 45e-R.-T. ☎ 04-75-01-03-95. • chaudron-dor.com • Tlj 8h-19h. Visite et dégustation gratuites. On vous conseille d'y aller tôt le matin pour assister à la fabrication du nougat.* Une des dernières nougateries artisanales de Montélimar. Cette maison créée en 1949 est aujourd'hui tenue par Hervé Contaux et ses troupes, en piste dès 5h, quand la chaleur est encore supportable. Dernières créations en date : le nougat à l'ancienne (miel de châtaignier, beaucoup d'amandes et une pointe de caramel) et le nougat au sirop d'érable. Accueil très sympa de l'équipe, qui se fera un plaisir de répondre à vos questions.

Le musée du Nougat Arnaud-Soubeyran *(hors plan par B4) : zone commerciale sud (av. de Gournier). ☎ 04-75-51-01-35. • nougatsoubeyran.com • Depuis le centre, prendre la route de Marseille jusqu'au 3e rond-point, 1re sortie. Lun-sam 9h-19h ; dim 10h-12h, 14h30-18h. GRATUIT. Restauration possible lun-ven, le midi, sur résa. Cuisine de produits de saison bio et locaux. Salon de thé 9h-18h lun-sam. Pour assister à la fabrication, se renseigner auparavant ; janv-avr, fabrication slt lun-jeu. Visite guidée gratuite, lun-ven à 9h30, 10h15, 11h (l'ap-m, ttes les heures 14h-17h).* À l'arrivée, ça surprend un peu de découvrir cette devanture « ancienne » (inspirée des établissements d'autrefois) dans cette zone commerciale. Mais il s'agit pourtant bien de la plus vieille maison artisanale de Montélimar (1837) fabriquant encore du nougat. Voici une maison du Nougat aussi ludique que didactique, où les différentes salles du musée et de la fabrique s'entrecroisent pour faire passer le visiteur de la théorie à la pratique. Habile, comme la muséographie très scénarisée avec le monde de la ferme en premier acte, et bien sûr le musée proprement dit, qui rassemble de vieilles machines ayant appartenu à la maison. Un musée vivant, instructif et savoureux. La confiserie produit aussi de la guimauve (l'autre spécialité de la maison), des calissons, des fruits secs...

À faire

Visite-découverte chez un producteur de lavande : *avec l'office de tourisme, ts les mar ap-m de mi-juin à fin juil. Rens : ☎ 04-75-01-00-20.* La balade commence comme il se doit dans les champs, pour admirer le spectacle tout en couleurs et odeurs délicates de la lavande sur pied, avant de prendre le chemin du domaine où l'on ira découvrir un alambic en pleine opération de distillation... commentaires pertinents du producteur *himself* à l'appui. Et comme tout finit à table dans la Drôme, la balade s'achève avec un dîner centré sur... la lavande, pardi !

La base nautique et de loisirs : *au sud-ouest de la ville, par la N 102 direction Le Teil. Indiqué sur la droite avt de franchir le Rhône. GRATUIT.* Une vaste et agréable base de loisirs pour venir en famille piquer une tête les jours de chaleur, fréquents l'été. Aires de pique-nique ombragées. Baignade surveillée l'été, location de canoës, plage aménagée, buvette, parcours de santé... et un centre équestre tout proche.

Le centre aquatique Aloha : *111, av. Jean-Jaurès. ☎ 04-75-00-60-95. Fermé pdt les fêtes de fin d'année. Entrée : 5,40 € ; enfants 6-17 ans 3,80 € ; réduc.* Une autre adresse pour faire face à la chaleur les jours de canicule. Plaisants bassins (intérieur, et extérieur de juin à septembre) où on se rafraîchira, se délassera ou s'amusera, petit ou grand, avec le long toboggan ou les bains à remous.

Culture

Vous ne pourrez pas visiter Montélimar sans entendre une petite musique de fond qui flotte, juste au-dessus de celle du mistral et des cigales. Celle du sublime pianiste de jazz Michel Petrucciani qui continue de hanter les lieux de son exceptionnel toucher de piano.

Auditorium Petrucciani *(plan C2) :* *16, rue Pénitents, 1, pl. du Temple. ☎ 04-75-54-35-73.* Programmation éclectique de qualité, qui donne une bonne place aux artistes locaux et régionaux.

■ ***Médiathèque*** *(plan B3) :* *☎ 04-75-92-22-62.* Intéressantes expos, foire aux livres, etc.

UN JAZZ DE CRISTAL

Michel Petrucciani est né atteint de la « maladie des os de verre ». Stoppé dans sa croissance, le maître n'atteignit jamais le mètre. Il était en permanence victime de fractures des os, y compris en jouant du piano, et parfois en plein concert. Mort en 1999 à l'âge de 36 ans, ce pianiste absolu du jazz repose au Père-Lachaise, à deux pas du pianiste absolu du classique, Frédéric Chopin, inventeur de la fameuse note bleue qui inspira tant le jazz...

Fêtes et manifestations

– ***Montélimar Terra Potiers :*** *fin avr ou début mai.* Le premier grand rendez-vous de la saison des artisans potiers sur les allées Provençales. Ateliers terre, concours, et une cinquantaine de potiers et céramistes locaux et venus de toute la France.
– ***Montélimar Côté Jardin :*** *le 3e dim de mai. Rens auprès de l'office de tourisme.* Grand marché aux fleurs, plantes aromatiques et produits du terroir sur les allées Provençales et dans le jardin public.
– ***Festival Montélimar Sésame :*** *fin juin-début juil. ☎ 04-75-00-77-55.* Différents concerts et spectacles à Montélimar et dans les villages alentour.
– ***Toques & Nougat :*** *en juin ou juil, les années paires.*
– ***Montélimar Couleur lavande :*** *le 2e w-e de juil. Rens auprès de l'office de tourisme.* Les allées Provençales accueillent la plus grosse fête de la lavande de la

région. Pas moins de 40 000 visiteurs font le déplacement pour découvrir son beau marché et profiter des animations pittoresques, comme la mise en service d'un vieil alambic, la reconstitution d'un champ de lavande et un défilé de calèches fleuries. Un lieu de rencontre éminemment festif.
– ***Cafés littéraires :*** *le 1er w-e d'oct.* Désormais un grand rendez-vous régional. Dans ces lieux emblématiquement chaleureux et conviviaux que sont les cafés, des rencontres avec une vingtaine d'écrivains, parmi écrits épars et feuilles d'automne.
– ***Noël provençal :*** *à l'office de tourisme, en déc.* La table du traditionnel souper de Noël provençal est dressée à l'office, le nougat noir et le nougat blanc étant deux éléments des 13 desserts. Marché de Noël dans la continuité.

DANS LES ENVIRONS DE MONTÉLIMAR

Aller à ***Savasse,*** au nord par la N 7 puis à droite par la D 165, et monter à l'observatoire. De là, panorama incroyable : les tours de la centrale de Cornas, celles du Tricastin, puis Montélimar, Dieulefit, Montboucher, le Vercors, etc.

Le château de Rochefort-en-Valdaine : *de mi-juil à fin août, tlj 15h30-19h30 ; de mi-mars à mi-juil, slt dim et j. fériés 14h-18h. Plusieurs manifestations en sept-oct. Le site (en dehors du château) est ouv aux promeneurs presque tte l'année.* Pour les amoureux d'histoire médiévale. Ce château résiste encore à l'actuel envahisseur, le temps, grâce à une poignée d'irréductibles. Ils ont fondé une association, *Acroch,* pour l'aider à retrouver son caractère d'antan *(☎ 04-75-46-62-16 ; • acroch.asso-web.com •).* Non loin de là, le très beau village perché de ***Puygiron*** mérite un détour.

Allan *(26780) : à une dizaine de km au sud-est de Montélimar. Visite guidée juil-août mer 9h-12h, ou sur résa. Rens :* Allan Pierre et Mémoires, *☎ 04-75-90-51-04.* Ce vieux village offre un panorama exceptionnel sur la plaine de Montélimar.

LA BÉGUDE ET CHÂTEAUNEUF-DE-MAZENC

(26160) 1 550 hab. *Carte Drôme, A3*

Châteauneuf est le superbe hameau perché sur sa colline, acropole médiévale pleine de caractère, tandis que La Bégude est la petite cité en contrebas – avec les commerces – où se trouve un château, ancienne demeure d'Émile Loubet, premier président de la République du XXe s. Beau point de vue sur toute la vallée, et route splendide entre Souspierre et Eyzahut (village sous falaises). Serpentant entre les terrasses, on y rencontre parfois une colonie de désherbeurs redoutables : des troupeaux de chèvres venus glaner de quoi se mettre sous la dent.

Adresse utile

Office de tourisme : *145, av. Émile-Loubet, à La Bégude-de-Mazenc. ☎ 04-75-46-24-42. • paysdedieulefit.eu • À côté de la poste. Lun-ven 14h30-18h (plus mar mat tte l'année et sam mat juil-août, 9h30-12h).* Accueil charmant et nombreuses documentations.

Où dormir ? Où manger ?

Le Jabron : *105, av. Mme de Sévigné, 26160* ***La Bégude-de-Mazenc.*** *☎ 04-75-46-28-85. • hotel-lejabron@wanadoo.fr • lejabron.fr • De l'autre côté de la D 540 par rapport au village (indiqué). Fermé dim soir, ainsi que lun hors saison. Congés : vac scol de Noël. Selon vue, doubles 59-64 € ;*

menus 22-28 €. Un petit *Logis* de bord de route entièrement rénové, à l'accueil sympathique et au confort bien suffisant pour une halte plaisir sur la route des vacances car la cuisine ici n'est pas en reste. Du savoureux, à prix des plus corrects. Offrez-vous une chambre avec vue sur les collines de Dieulefit. Garage vélos et motos.

Où manger dans les environs ?

I●I ***La Fontaine Minérale :*** *route de Soyans, à* ***Pont-de-Barret*** *(26160). ☎ 04-75-90-15-70. • lafontaineminerale@gmail.com • ♿ Sur la route entre Pont-de-Barret et Soyans. Tlj 10h-23h sf lun-mar hors saison. Menus 26-30 €.* Belle salle de restaurant chaleureuse en hiver avec sa cheminée. L'été, l'immense terrasse de la guinguette au bord de l'eau, meublée de chaises et tables de bistrot, est vraiment agréable. La cuisine, traditionnelle revisitée, voire bistronomique, ne laisse pas indifférent : plat en cocotte à partager, friture d'éperlan, cuisses de grenouilles... Terrain de boules, spectacle en été. Un endroit bucolique pour se poser les après-midi d'été au bord de la rivière.

LE POËT-LAVAL

(26160) 1 000 hab. *Carte Drôme, A3*

Le refrain connu d'un petit village délaissé au profit de la plaine puis recolonisé un peu plus tard. Le Poët (du latin *pogetum valis,* « petit mont ») abrite un hôtel de charme dans l'ancienne commanderie des Hospitaliers et un musée du Protestantisme. Une grosse proportion des habitants de la région (sur une ligne Loriol-Dieulefit-Valdrôme) est de confession protestante ; ils représentent la troisième communauté réformée de France. Ne manquez pas de flâner dans ses ruelles empierrées, fleuries aux beaux jours, jalonnées ici et là de passages couverts, refuges appréciés en cas d'averse ou de soleil trop ardent. Au printemps, le village est traversé par de délicieuses odeurs poussées par le mistral... herbes, fleurs, roses... Flânez, flânez, vous dit-on !

Où dormir ? Où manger ?

Camping

⛺ ***Camping Lorette :*** *quartier Lorette, au pied du village. ☎ 04-75-91-00-62. • camping-lorette@orange.fr • campinglorette.fr • ♿ Ouv mai-sept. Forfait 9,50-12,50 € selon saison. 📶 Une nuit offerte pour un séjour de 2 sem (2 nuits pour 3 sem) sur présentation de ce guide.* Un agréable petit camping de 60 emplacements en bordure de rivière, avec toutes les installations nécessaires (laverie, buvette, jeux pour enfants, terrains de sports et piscine) et des prix tout doux.

De bon marché à plus chic

🏠 I●I ***Chambres d'hôtes Le Mas des Alibeaux :*** *route de Mollans. ☎ 04-75-46-35-59. • j-f.chret@wanadoo.fr • masdesalibeaux.com • De l'autre côté de la D 540 par rapport au village (indiqué). Ouv tte l'année. Selon saison, doubles 88-113 €, familiales 3-4 pers 118-193 €. Table d'hôtes 28 €.* 💻 📶 Quelle riche idée ont eue les Ehret de venir s'installer dans ce vallon paisible ! Sous leur impulsion, cette vieille ferme fortifiée qui fut en son temps un relais de poste a retrouvé des couleurs. Un passage voûté conduit à une cour intérieure, autour de laquelle s'organisent les différents bâtiments de caractère. À l'intérieur, une déco franchement personnelle qui tranche avec le cadre. La « Tête dans les étoiles », par exemple, est une chambre un tantinet décalée avec son mobilier baroque et sa baie vitrée pour regarder passer les étoiles filantes. Inattendu mais très réussi. Accueil exemplaire.

Les Terrasses du Château : *au vieux village. ☎ 04-75-50-20-30. • reservations@les-terrasses-du-chateau.com • les-terrasses-du-chateau.com • Resto tlj sf dim soir et lun hors saison. Résa conseillée le soir. Congés : déc-fév (resto slt). Doubles 85-130 € selon confort et saison. Carte env 25-30 €.* 4 chambres, dont 3 dans une tourelle, toutes plus ravissantes les unes que les autres : « Toscane », « Rose », « Tilleul »... Des chambres au goût du jour et offrant un excellent confort. Fait aussi resto ; cuisine sans prétention (charcuterie, fromages, salades, grillades, brochettes, *bruschette*...) et sublime terrasse.

Tous les Matins du Monde : *dans le centre du « nouveau » village. ☎ 04-75-46-46-00. • touslesmatindumonde@sfr.fr • Fermé dim soir et lun (plus soir mar-jeu hors saison). Menus 14,50 € (déj en sem), puis 22 €. Apéritif offert sur présentation de ce guide.* En dehors du centre historique, on adore ce joli « Bistrot de pays » où l'on est reçu en ami. Une terrasse protégée par une glycine centenaire et une ancienne limonaderie transformée en auberge. Comme l'exige la charte du label, on trouve à la carte des casse-croûte et de bons petits plats locaux. Au déjeuner, tout le monde se retrouve autour du menu du jour. Des concerts sont aussi régulièrement donnés les samedi de juillet-août : jazz, chansons, et même de musique baroque avec, en hommage au film éponyme, de la viole de gambe.

À voir

Tout en haut du village, l'ancien donjon du XIIe s du ***château de la commanderie des Hospitaliers de Saint-Jean de Jérusalem, de Rhodes et de Malte*** *(visite pour les individuels juil-août mer à 9h30, compter 5 € ; sinon rens au 06-11-03-00-59).* Voir les vestiges de la chapelle avec une seule ouverture à large embrasure, sa jolie abside avec chapiteaux finement ciselés et les retombées d'arcatures sur visages au style primitif. C'est dans ce cadre merveilleux qu'ont été tournées certaines scènes du film *Les Âmes fortes,* inspiré du livre de Giono.

Le musée du Protestantisme dauphinois : *☎ 04-75-46-46-33. • museeduprotestantismedauphinois.com • Juil-août, tlj sf lun et dim mat 10h-12h, 15h-18h30 ; avr-juin et sept-oct, tlj 15h-18h30. Entrée : 3,50 € ; réduc ; gratuit jusqu'à 18 ans.* Petit musée instructif, aménagé dans l'un des trois temples n'ayant pas été démolis à la révocation de l'édit de Nantes. Il faisait autrefois office de mairie. Tribunes d'époque, uniques en France. Quelques vitrines retracent la ferveur de la Réforme dans la région, les périodes de clandestinité, le grand mouvement de réveil au XIXe s et le rôle des protestants jusqu'à nos jours. À noter, d'anciens psautiers avec pages de garde. Assez rare, car on risquait gros à conserver des exemplaires des Écritures. À voir également : cette bible d'Olivétan, datée de 1532, des coupes de communion démontables, les belles mosaïques de Daniel Kaltenbach. Les expos temporaires changent d'une année sur l'autre.

Le Centre d'art et d'animation Raymond-du-Puy : *☎ 04-75-46-49-38. • centre-art-drome.com • Ouv en période d'expo, d'avr à mi-sept, jeu-dim 11h-12h30, 15h-18h30 ; juil-août, mar-dim 11h-12h30 15h-19h. Fermé oct-mars. Entrée : 3,50 €, réduc. Consultez le site pour en savoir plus sur l'expo en cours.* Concerts de musique classique et jazz en été (se renseigner pour le programme).

DIEULEFIT (26220) 3 200 hab. *Carte Drôme, A3*

En dehors des circuits touristiques traditionnels, Dieulefit vaut le détour pour cette image de petite ville de province que les ravages du temps et de la modernité n'ont guère altérée ! Fidèle en cela à sa devise *Lou temps passo, passo lou ben (Le Temps passe, passe-le bien).* Lecteurs sensibles aux tranches de vie et aux architectures qui émeuvent, Dieulefit est faite pour vous ! À propos, c'est ici que fut tourné en 2013 *Monsieur Max et la rumeur,* de et avec Patrick Sébastien, une histoire de disparition...
La ville a une tradition potière importante (les années impaires, grand marché de potiers le week-end de la Pentecôte), et elle est également connue pour son centre de santé traitant les problèmes pneumologiques et cardiologiques, héritage d'un savoir-faire ancestral.

MERCI, TANTE MARGUERITE !

Pendant la dure période de l'Occupation, Dieulefit fut un des plus beaux exemples de Résistance civile en France. L'attitude collective de la population fut exceptionnelle. Pas une seule dénonciation et, en 5 ans de guerre, seulement quelques arrestations. Pendant qu'une employée de mairie, Jeanne Barnier, falsifiait papiers d'identité et cartes d'alimentation, une certaine Marguerite Soubeyrand, institutrice protestante à Beauvallon, accueillait nombre de réfugiés espagnols, juifs et communistes allemands. Parmi bien d'autres, Aragon et Elsa Triolet, Clara Malraux, Pierre Seghers, Pierre Jean Jouve, Yvonne Lefébure, Pierre Emmanuel, ou encore le philosophe Emmanuel Mounier restèrent un temps sous la protection de « tante Marguerite ». Une telle concentration d'écrivains et d'artistes fit de Dieulefit le troisième centre intellectuel français après Paris et Lyon. Pour expliquer une telle solidarité de la part de toute une population, il fallut naturellement l'addition de l'éthique protestante et d'un fort courant catholique progressiste hostile au gouvernement de Vichy. Alors, rendons hommage à des gens qui, comme les marins de l'île de Sein, rendirent son honneur à la France !

L'ENSEIGNEMENT AVANT-GARDISTE DE TANTE MARGUERITE

« Tante Marguerite » était une institutrice à part : outre le fait qu'elle n'envisageait l'école qu'à la campagne, dans un cadre familial, elle avait une conception de l'enseignement proprement révolutionnaire à l'époque : suppression de l'estrade et de l'uniforme, travail en groupe, libre expression et mixité dans les classes.

Adresse et infos utiles

Office de tourisme : *1, pl. Abbé-Magnet.* ☎ *04-75-46-42-49.* • *paysdedieulefit.eu* • *Ouv tte l'année, lun-sam 9h30-12h, 14h30-18h30 (10h-12h, 14h-17h oct-mars), plus dim mat avr-sept.* Accueil compétent et nombreuses informations sur les alentours. Un petit guide gratuit de visite de la *Viale* y est disponible. Toute l'année, sur résa, visite guidée de la ville (3 €) le jeudi à 16h (17h en été), et promenade de santé de 2h dans le centre ancien suivie d'une dégustation le mardi après-midi *(3,50 € ; min 10 pers ; sur résa).* Vous pouvez suivre aussi le *Chemin des artistes réfugiés durant la Seconde*

Guerre mondiale, le mardi matin *(5 € ; min 10 pers ; sur résa).*

➢ ***Bus pour Montélimar, Le Poët-Laval, Montboucher :*** env 5 bus/j., avec *Régie Voyages Drôme (☎ 04-75-41-85-85).* Renseignements à l'office de tourisme.

– ***Marché :*** *ven mat, dans le village.* Goûtez au picodon affiné ici selon la méthode de Dieulefit. Ou revenez pour lui faire sa fête, le 2e dimanche d'août.

Où dormir à Dieulefit et dans les environs ?

Campings

⛺ 🍽 ***Camping Huttopia Dieulefit :*** *quartier d'Espeluche, à Dieulefit. ☎ 04-75-54-63-94. • dieulefit@huttopia.com • huttopia.com • ♿ Un peu à l'extérieur de la ville ; prendre l'av. Maleval, c'est indiqué sur la gauche en venant du sud. Ouv d'avr à mi-oct. Forfaits 15,70-42 € selon saison. Cabanes et cahutes (loc possible à la sem).* Superbe camping 3 étoiles sur un site naturel de toute beauté. Campement sur de grands emplacements arborés ou en pleine forêt, tous équipés d'une table de pique-nique en bois et répartis sur le site ; les salles d'eau sont installées à proximité. Salles de bains familiales avec des équipements récents. On peut aussi louer une des cabanes ou cahutes en bois non traité, entièrement équipées, ainsi que des canadiennes. Grand bâtiment en bois avec terrasse, épicerie et bar-restaurant. Nombreuses activités ludiques ou sportives, piscine. Soirées animées.

⛺ 🍽 ***Camping Le Domaine des Grands Prés :*** *allée des Promenades. ☎ 04-75-49-94-36. • info@lesgrandspres-dromeprovencale.com • lesgrandspres-dromeprovencale.com • ♿ À la sortie de la ville, en direction du Poët-Laval. Ouv fin mars-début nov (tte l'année pour le locatif). Forfaits 13-19,50 € selon saison. Yourtes, roulottes, cabanes sur pilotis et chalets avec sauna privé 30-130 €/nuit. 📶 Réduc de 5 % (hors locatif) sur présentation de ce guide.* Terrain arboré le long du chemin piéton bordant le Jabron. Terrain de pétanque, ping-pong, salle TV, aire de jeux pour les enfants, piscine avec pataugeoire pour les petits. Espace bien-être avec possibilité de massages aux huiles essentielles, réflexologie. Tennis à proximité. Et tout autour, balades à vélo, à cheval, randonnées pédestres, escalade, etc.

⛺ 🍽 ***Camping La Source du Jabron :*** *quartier La Patte, 26220* ***Comps.*** *☎ 04-75-90-61-30. 📱 06-85-04-36-49. • contact@campinglasource.com • campinglasource.com • ♿ À 5 km de Dieulefit, en direction de Bourdeaux, au bord de la D 538. Ouv avr-oct. Forfaits 15,50-25,50 € selon saison. Mobile homes, chalets et bungalows toilés 4-8 pers 252-973 €/sem. CB refusées. 50 empl. 📶* Un camping aux prix raisonnables vu la qualité du service et la sympathie de l'accueil. Demandez un emplacement sur les terrasses. Piscine d'un bleu outremer qui contraste avec le jaune des genêts en fleur. Restauration sur place (avec terrasse panoramique), machines à laver, club et jeux pour enfants, terrains de sport, location de VTT.

De bon marché à prix moyens

🏠 🍽 ***Gîte de Fontlargias :*** *825, chemin du Pègue, 26770* ***La Roche-Saint-Secret.*** *☎ 04-75-53-68-10. • gite.fontlargias@orange.fr • gitedefontlargias.com • À 11,5 km au sud par la D 538 ; à la sortie de La Roche-Saint-Secret, prendre à gauche et suivre les panneaux. Ouv 16 mars-30 nov. Nuitée en roulotte (de mi-mai à mi-oct), en chambre 1-5 lits ou dortoir 8 lits 25-37 €/pers selon saison, petit déj inclus. ½ pens 45-57 €/pers. Apéritif offert sur présentation de ce guide.* Isolée dans un site de toute beauté, une adresse qui a ses fidèles, depuis 20 ans, prêts à affronter les creux et bosses du chemin pour y arriver. Logement en dortoir ou dans l'une des 3 chambres. Évidemment, les bohèmes choisiront sans hésiter la roulotte ancrée un peu plus loin dans la prairie. Accueil sympathique par les deux tenancières, qui mitonnent de bonnes petites choses comme la tarte aux mûres maison. Et ce n'est pas tout, il y a même une piscine dynamique !

Chambres d'hôtes du château de Comps : *chez M. et Mme Terrot, 26220* ***Comps.*** *☎ 04-75-46-30-00. 06-72-17-78-43. À 7 km au nord de Dieulefit. Ouv 16 avr-31 oct. Doubles 60-65 €. Pour 6 nuits réservées, la 7e est offerte sur présentation de ce guide.* Une ferme, peut-être, mais à particule ! Car les hangars pour le foin et les tracteurs du domaine ne volent pas la vedette au château, un castel au port altier bien campé sur sa colline. L'accueil est à l'inverse, sympa et pas compliqué, à l'image des chambres simples, agréables et parfaitement tenues. La châtelaine vous offre même sa cuisine pour faire votre tambouille. Royal !

Où manger à Dieulefit et dans les environs ?

Bon marché

La Drôme des Couleurs : *rue Malautière, à Dieulefit. ☎ 04-75-54-45-20. Tlj sf mer 9h-12h, 14h30-19h (resto fermé le soir en sem). Formule 15,50 €.* Un concept malin, et une adresse bien placée. Il y a la boutique, d'abord. Ici, les produits sont authentiquement drômois, réellement artisanaux ou fermiers : caillettes, picodons AOC, saucissons, huile de Nyons... Produits de grande qualité, soigneusement sélectionnés et vendus à prix encore raisonnables. Et puis, il y a le resto où on peut les goûter (plats à l'ardoise ou formule du jour), et le salon de thé, où on peut s'offrir une autre sorte de goûter. Accueil décontracté.

De prix moyens à chic

Restaurant La Barigoule : *20, quai Roger-Morin. ☎ 04-75-46-37-36. • y.villatte@orange.fr • Fermé mar (hors juil-août) et mer. Formules déj en sem 13-17 €, menus 24-38 €. Café offert sur présentation de ce guide.* Qu'est-ce que la *barigoule* ? Une sauce provençale souvent cuisinée avec des artichauts... mais aussi un délicieux resto sur les bords du Jabron avec sa souriante patronne ! Le service se fait dans de la poterie du village pour une cuisine raffinée, créative, parfumée, où l'âme de la Provence se mêle aux saveurs des produits frais de la région : aïoli de morue, picodon aux olives de Nyons et subtils desserts maison. Terrasse dressée l'été dans une courette donnant sur les quais. Une table comme on les aime (vraiment) !

Auberge Les Brises : *route de Nyons. ☎ 04-75-46-41-49. • lesbrises@wanadoo.fr • À 1 km du centre-ville. Tlj sf lun et mar juil-août, plus mer hors saison. Congés : 15 déc-15 mars. Résa conseillée. Formule déj en sem 15 € ; menus 24-38 € ; sympathique menu « Brisounours » 13 € pour les enfants.* Une auberge qui cultive depuis des années tout à la fois une nostalgie de Bretagne et une solide assise dans le terroir local. Du beau travail de professionnel, qui donne faim (et soif !), quel que soit le plat choisi. Jolis menus, à déguster en été à l'ombre de l'agréable terrasse. Belle carte des vins et desserts maison.

À voir. À faire

Balade dans le centre historique (la Viale)

Allez à la découverte de la *Viale,* de ses vénérables demeures médiévales et ruelles chargées d'histoire. Tous les 2 ou 3 m quasiment, festival de portes et fenêtres à accolades, pans coupés, pignons, tout plein de clins d'œil architecturaux bruts de décoffrage.

La tour de l'Horloge : *pl. Abbé-Magnet.* C'est un bon point de départ. Ancienne place du Marché, édifiée en 1534, décorée d'une fontaine et d'un cadran solaire.

L'église Saint-Roch : dominant la place de son imposante façade de style hybride romano-byzantin. Construite en 1710 pour accueillir les protestants contraints de revenir à la religion catholique (après la révocation de l'édit de Nantes), l'église paroissiale Saint-Pierre étant devenue trop petite pour toutes ces ouailles.

La rue du Calvaire : hautes façades qui ne sont rien d'autre que les anciens remparts détournés en maisons (au nº 9, il reste même une meurtrière). Il est temps de pénétrer dans la *Viale*...

À droite de la grande-rue du Château, grimper la rue des Prisons. Arrivée ***place Saint-Pierre,*** qui fut jadis l'épicentre de la ville. Elle n'a guère changé d'aspect depuis cinq siècles, et s'imaginer la vie médiévale, du petit peuple qui y grouillait, est facile. Bordée de grosses demeures à fenêtres à meneaux ou en accolade. Au nº 3, superbe maison Renaissance qui abrite une exposition : « La santé à Dieulefit » (demander les clés à l'office de tourisme).

L'église Saint-Pierre : *ouv slt lors des visites guidées.* Construite en 1402. Imposant clocher de 1530 aux baies étroites et profondes embrasures extérieures. Complètement coincée dans le pâté de maisons. Elle s'appelait initialement Saint-Roch (qui protégeait de la peste) et dut donner son nom en 1710 à sa rivale nouvellement construite. À l'intérieur, vaste narthex, porte du XVIe s. Chaire en pierre et beaux autels baroques des XVIe et XVIIe s.

De là, balade dans la ***Viale,*** festival d'escaliers rugueux, ruelles tordues, arches barrant les rues (rue Saint-Pierre notamment). Nombreuses maisons basses avec courettes ou jardinets fleuris, vigne vierge musardant sur les murs... La rue Saint-Paul mène carrément à la campagne. Puis une rue de l'École, brute de forme, croise la rue Supérieure (au nº 7, porte à triple accolade), qui conduit à la place de l'Ancien-Temple (démoli à la révocation de l'édit de Nantes en 1685).

Descendre la ***rue Zig-Zag*** la bien nommée. Là encore, nombreuses anciennes demeures. Place du Château, plus de château, mais un vieux lavoir. Mystérieuse ***rue du Portail-Neuf*** conduisant à la ***rue du Pont-Percé.*** De nuit, le quartier dégage une atmosphère totalement expressionniste.

Adorable et rustique ***grande-rue du Terron,*** menant à une arche et une antique demeure murée. Après la rue Zig-Zag, la ***rue Casse-Cou...*** On devine de petits jardins secrets et des espaces encore sauvages. Plus de chèvres rue de la Chèvrerie, mais d'autres portes en accolade (au nº 3, une en triple accolade). Bel ensemble Renaissance restauré à l'angle de la rue de l'Hôpital et grande-rue du Terron. Quelques vieilles marches pour accéder à une fontaine de quartier.

La ***rue Justin-Jouve*** et la ***grande-rue du Bourg,*** qui la prolonge, présentent nombre de points d'intérêt et clins d'œil insolites (façades, portes ouvragées, etc.). Au nº 14, belle porte XVIIIe s et imposte avec monogramme. Entre les nos 14 et 16, très pittoresque ***rue d'Audiffret*** (ou de Godifrais). Ruelle barrée de trois arches dont l'une permettait de passer d'un côté à l'autre. Descendre quelques pas pour découvrir une des curiosités du secteur : la ***rue Sous-les-Maisons,*** rue souterraine qui part du carrefour de la Rose (en face de la place de l'Abbé-Magnet) et se glisse, noire et mystérieuse, en contrebas et parallèlement à la rue du Bourg. À cet endroit, elle est fermée par une grille. Mais on la retrouve plus loin, rue Bonnefoy, entre les nos 34 et 36 de la rue du Bourg (là, l'entrée se révèle un vrai coupe-gorge).

Retour ***rue du Bourg.*** Au nº 25, maison Renaissance, et au nº 24, élégants balcons en fer forgé ornés d'oiseaux. Au nº 32, beau heurtoir (une énorme main). Au nº 62, un des plus imposants immeubles de la ville, avec une dizaine de fenêtres en façade. Sur la place Châteauras, le ***temple protestant,*** construit en 1810 dans le style néoclassique.

Enfin, les invétérés trekkeurs urbains qui ont le temps termineront la visite par la ***basse Viale*** aux moult plaisirs architecturaux. C'est le quartier entre la rue Justin-Jouve et le Jabron, dont la ***rue Basse*** est l'axe. Par endroits, ses hautes façades tinrent lieu de remparts. Au passage, quelques vieilles enseignes, comme ce vénérable forgeron, et une insolite façade « art pop » faite de bris de céramique, de porcelaine et de figures fantastiques, œuvre d'un artiste local plutôt original.

Dieulefit est connue pour être la Mecque des potiers (avec sa voisine Cliousclat). Voir, à ce titre, la ***maison de la Céramique,*** parc de la Baume *(☎ 04-75-50-20-98 ; • maisondelaceramique.fr • ; de mi-juin à fin-août, tlj 10h-13h, 15h-19h ; hors saison, mer-dim 14h-18h ; entrée : 3 € ; éduc ; gratuit moins 12 ans).* Plus de 200 pièces qui parlent du passé au présent. De l'époque gallo-romaine, avec les premiers ateliers, jusqu'aux créations contemporaines, l'approche chronologique permet de remonter le temps sans trop le perdre, au niveau des formes comme des décors. Expos temporaires au printemps, en été et en automne.

DANS LES ENVIRONS DE DIEULEFIT

➢ Ne manquez pas de parcourir les D 547 et D 191a, ***entre Dieulefit et Bourdeaux*** (voir plus haut). En arrière-plan, les montagnes, et devant, de nombreuses collines où s'accrochent quelques fermes obstinées.

L'église Saint-Pierre-Saint-Paul de Comps : *par la D 547 (en direction de Comps), à 7 km de Dieulefit. Visite tlj en juil-août, et lors des Journées du patrimoine.* Admirer l'une des plus belles églises romanes de la Drôme, située sur une butte, dans un paysage totalement harmonieux. Édifiée au début du XIIᵉ s, certains érudits ont cru lire dans son plan en croix grecque une influence orientale de la période des croisades. On sait maintenant que ses curieuses proportions résultent d'un chantier inachevé ou d'une modification d'un projet initial. Décoration intérieure sans fioritures, et grande pureté de la coupole octogonale du XIIIᵉ s. Litre funéraire sur le côté gauche. Classée depuis 1938, cette église bâtie en petits moellons de grès calcaire local a été restaurée en 1995. Des soirées concerts y sont organisées.

Le musée de l'Abeille et des Traditions apicoles : *à* ***Comps.*** *☎ 04-75-53-96-84. Depuis Dieulefit, suivre la direction de l'église de Comps. Juil-août, tlj sf lun 14h30-18h30 ; mar et jeu, atelier enfants 10h30-12h. Mai-juin et sept-oct, sur résa.* Expos, activités thématiques et animations diverses. Exposition pédagogique, avec une collection de ruches et matériel apicole du monde entier, relatant l'apiculture à travers les siècles et son évolution. Pour les petits et les grands.

VALOUSE

(26110) 40 hab. *Carte Drôme, B3*

Une des plus belles routes (par la D 538 puis la D 130) que l'on connaisse, à déconseiller aux admirateurs de la Beauce et aux distraits, à recommander en revanche aux amoureux des gorges profondes. Extase garantie au sommet du col de Valouse (735 m d'altitude).

Où dormir ? Où manger à Valouse et dans les environs ?

Campings

⛺ ***Camping Le Pilat :*** *route de Bourdeaux, 26110* ***Saint-Ferréol-Trente-Pas.*** *☎ 04-75-27-72-09. • info@campinglepilat.com • campinglepilat.com • ♿ Ouv avr-sept. En été, résa impérative, car l'endroit est prisé. Forfaits 12-24,50 € selon saison. Mobile homes 2-4 pers 250-695 €/sem. 82 empl.* Camping encerclé par les montagnes, au bord de la rivière de Trente-Pas. Emplacements agréables, délimités par de hautes haies et répartis sur un terrain bien entretenu. Bonnes installations : piscine avec toboggan, bassin (une retenue d'eau sur la rivière), snack.

⛺ ***Camping de Trente Pas :*** *au village de* ***Saint-Ferréol-Trente-Pas.*** *☎ 04-75-27-70-69. • contact@campingtrentepas.com • campingtrentepas.com • ♿ Dans le bourg, près de l'Auberge de Trente-Pas. Ouv mai-août. Forfait 14,80-17,40 € selon saison. Gîtes, chalets et maisons 200-310 €/sem. CB refusées. Prix de la voiture (2,60 €) offert hors juil-août sur présentation de ce guide.* Camping joliment situé dans un cadre sauvage et offrant un bon confort. Piscine.

De prix moyens à chic

🏠 ***Gîtes Les Demeures d'Azélie :*** *L'Estellon, 26110* ***Chaudebonne.*** *📱 06-74-27-12-19. • contact@lesdemeuresazelie.com • lesdemeuresazelie.com • Congés : janv-fév. Résa conseillée. Gîtes 4-7 pers 300-950 €/sem selon taille et saison. Apéritif maison ou café offert sur présentation de ce guide.* Se reposant sur le versant de la montagne de Mielandre, ces gîtes très coquets, entourés d'un jardin, ont été décorés avec soin : parquet ou jonc de mer, murs enduits à la chaux, plans de cuisine en pierre... Très confortables, et on n'a pas encore évoqué la piscine ! Jacques s'évertue depuis 20 ans à réhabiliter le hameau où vivaient ses parents. S'il n'est pas pris entre ses travaux, son lavandin et ses abricotiers, il vous fera peut-être découvrir en 4x4 les alentours. Vue splendide. Que de l'authentique !

🏠 🍴 ***Chambres d'hôtes Auberge de Trente Pas :*** *au bourg, 26110* ***Saint-Ferréol-Trente-Pas.*** *☎ 04-75-27-71-39. • auberge30pas@orange.fr • aubergede30pas.com • À quelques km au sud de Valouse et à une quinzaine de Nyons, sur la D 70. Congés : de mi-nov à courant mars. Résa obligatoire. Doubles 74-85 € selon saison. Table d'hôtes 22 €.* Ici, on retrouve tout ce qu'on aime : un vieux village de la Drôme montagneuse, une maison sans chichis offrant des chambres toutes simples mais propres et guillerettes, et une cuisine de famille faite chaque jour avec cœur. Accueil très chaleureux et souriant des propriétaires. Petit espace réservé aux enfants, service rapide et conseils avisés pour les fans de VTT. À propos, « trente pas », c'est le nombre de passages du ruisseau dans le défilé voisin.

🏠 🍴 ***Le Hameau de Valouse :*** *sur la D 130, à 3,5 km du col du même nom. ☎ 04-75-27-72-05. • ericgaulard@orange.fr • hameau-de-valouse.com • Fermé lun soir et mar hors saison. Congés : Toussaint-Pâques. Doubles 62-95 € selon saison et confort. ½ pens 107-151 € pour 2. Gîtes (2-10 pers) 500-1 000 €/sem. Resto réservé aux résidents.* 9 chambres et 8 gîtes se répartissent dans les différents bâtiments adossés à la colline. Un authentique hameau de 60 ha sauvegardé avec amour. Seul le chant des cigales viendra perturber votre sommeil. Accueil et service sympas. Piscine. Terrasse où il fait bon siroter un myro (côtes-du-rhône et crème de myrtille) avec en bouche quelques olives du Nyonsais.

DANS LES ENVIRONS DE VALOUSE

– En été, plutôt que de rejoindre Valouse depuis Nyons, prendre la route entre Valouse et Dieulefit (elle n'est pas facile facile). Arrêtez-vous à la ***distillerie de Teyssières*** et demandez aux paysans de vous livrer les secrets de leur activité.

– ***Le défilé de Trente-Pas*** (540 m), non loin de Saint-Ferréol, est une haute dénivelée que dévale le Bentrix (le cours d'eau facétieux du cru). « Trente-Pas » pour le nombre de passages du ruisseau dans le défilé.

RÉMUZAT

(26510) 350 hab. *Carte Drôme, B3-4*

Une histoire bien singulière. Au XVIIe s, pour une raison encore inconnue de nos jours, ce petit village a été déplacé et reconstruit pierre par pierre à son emplacement actuel (447 m d'altitude). À l'époque médiévale, il était situé sur l'autre rive de l'Oule, au pied de la falaise de Saint-Auban, et présidait ainsi aux trois cours de l'Eygues, de l'Oule et du Rif... De ce Rémusat avec un « s », il ne reste aujourd'hui que des pans de murs et une petite chapelle.

Adresse et infos utiles

i *Office de tourisme :* *pl. du Champ-de-Mars. ☎ 04-75-27-85-71. • remuzat.tourisme.com • En face du pont, à côté de la maison des Vautours. Mai-sept et pdt les vac scol, tlj sf dim ap-m et lun 10h-12h, 14h30-16h30 (18h juil-août) ; hors saison, mer mat, sam et dim slt.* Bonne documentation sur la région.

– ***Marché des fleurs :*** *en juin.*

– ***Marchés artisanaux et produits du terroir :*** *1 en juil, 1 en août, 1 en oct.*

– ***Brocante et vide-grenier :*** *le 14 juil, le 15 août et le 2e w-e de sept.*

Où dormir ? Où manger ? Où boire un verre ?

Bon marché

Les Curebiasses : *au bout de la rue Patouille. ☎ 04-72-38-07-80. • gites.curebiasses@laposte.net • gites-curebiasses.fr • Fermé en période de chauffage (sic !), sf pour les groupes. Nuitée en chambre 2-4 lits avec sdb commune 20 €/pers. Gîte 2-6 pers 300-400 €/sem.* Bon accueil, grande cuisine, bibliothèque, terrasse, jeux et piano, le tout dans une maison de maître du XVIIe s qui ne manque pas de cachet.

Café-restaurant du Midi : *pl. du Champ-de-Mars. ☎ 04-75-27-85-94. • bardumidi@hotmail.fr • Tlj sf jeu. Congés : nov-fév. Formule déj 20 €. Café offert sur présentation de ce guide.* Le moins que l'on puisse dire, c'est que ce café porte bien son nom, avec sa grande terrasse typiquement méridionale. Agréable comme tout pour boire un verre en observant dans le ciel le ballet des vautours.

À voir

Les vautours fauves : en raison, entre autres, de la loi sur l'équarrissage (les pasteurs ne pouvaient plus laisser leurs carcasses de brebis sur place) et des campagnes d'empoisonnement du loup, ces charognards avaient complètement disparu depuis le début du XXe s. Avec le concours de différentes associations, le vautour a été réintroduit depuis peu. Mais ça n'a pas été sans mal, il a fallu se battre contre de vieilles idées préconçues (les vautours vont enlever les moutons, les enfants...). Il est possible à présent de les observer (de préférence le matin). Christian Tessier, qui s'occupe de la *maison des Vautours,* propose également des balades commentées par des naturalistes toute l'année à la demande *(☎ 04-75-27-81-91 ou 04-75-27-85-71 ; • vautourbaronnies@numeo.fr • ; pour une ½ journée, compter 110 € pour un groupe de 15 pers maxi, matériel d'observation fourni).*

DANS LES ENVIRONS DE RÉMUZAT

Le village de ***Saint-May,*** sur la D 94, et ses ***gorges.*** Belle montée jusqu'au village au départ d'un petit pont de bois. Depuis ce dernier, vue imprenable sur les gorges creusées par l'Eygues. Pousser jusqu'au petit cimetière « aérien » tout en haut. Pour des sensations fortes, pousser un peu plus loin, à 3,5 km, en direction du rocher au Caire qui culmine à 777 m. Point d'observation idéal pour les vautours.
– ***Festival des cerfs-volants :*** *le dernier w-e de juin à Saint-May.* Des centaines de cerfs-volants planent sur le plateau de Saint-Laurent.
– ***Fête de la Transhumance :*** *le 2e w-e de déc, à Saint-May.* Montée du troupeau en pâturage d'hiver au rythme des conteurs et chanteurs. Une grande fête très conviviale.

Le lac du Pas-des-Ondes : *à* ***Cornillon-sur-l'Oule.*** *À 6 km de Rémuzat par la D 61.* Lieu de baignade sympathique pour les chaudes journées d'été. Baignade surveillée en juillet-août.

La route du col de Soubeyrand : superbe route qui passe à une altitude de 994 m. Attention, ça tourne !

LES BARONNIES

Vigne, blé, lavandin, lavande, olives, mélisse, tilleul, thym, romarin, etc. Pas de doute, on est bien en Provence. Et la région est si belle et agréable qu'on est ravi de voir que le projet de création d'un parc naturel régional des Baronnies a enfin abouti en 2015. Certaines cultures ont cependant du plomb dans l'aile, comme l'emblématique lavande, affaiblie par les sécheresses et concurrencée par les marchés étrangers. D'autres ont carrément disparu, telle la garance, dont la racine fournit l'alizarine, le pigment rouge qui servait, entre autres, à teindre les pantalons d'uniforme des soldats de la IIIe République.

LES VILLAGES ET HAMEAUX PERDUS DES BARONNIES

Villages et hameaux perdus ? Pour certains d'entre eux peut-être, mais pas pour tout le monde : ici, on est plutôt fier de posséder quelques-uns des villages auxquels on n'accède jamais par hasard, ou alors le hasard fait bien les choses. Sainte-Jalle, Le Poët, Mévouillon, Pierrelongue, Le Buis... Ça y

est, vous voilà au cœur des Baronnies, entre les sommets (Saint-Julien, de Grimagne, de Banne) et les cols (Ey, Fontaube, Soubeyrand). Le Ventoux, du haut de ses 1 912 m, regarde tout ce petit monde s'animer. Dans sa partie occidentale, le pays ne se donne pas comme ça, sans effort consenti... il se mérite. Peut-être que les Baronnies rimeront dans votre inconscient avec les abricots, les vrais, à la chair aussi juteuse que sucrée. Continuez, si ça vous chante, de pousser jusqu'au bout... du bout. Peu touristique, le sud-est de la Drôme conviendra à ceux qui ne souhaitent pas y rencontrer leur voisin de palier. Quelques pittoresques villages comme Lachau, Séderon et le superbe Montbrun-les-Bains. C'est aussi un territoire de grands espaces sauvages, propice à de superbes randonnées.

SAINTE-JALLE *(26110)*

Au confluent du Rieu-Frais et de l'Ennuye, ce petit village posé comme par mégarde au creux d'une belle vallée est l'unique bastion catholique au milieu d'une province protestante. N'hésitez pas à flâner dans la vieille ville et, surtout, ne ratez pas Notre-Dame-de-Beauvert, la superbe église romane à l'entrée du village. Vers Le Poët-Sigillat, étranges paysages de collines noires ravinées. Et tout autour, de délicieuses routes qui montent et descendent dans des paysages savoureux, sauvages et loin de toute animation comme ceux du col d'Ey (718 m), avec une impressionnante vue sur la vallée et un très beau panorama en période de floraison de la lavande. Vous avez déjà ici un pied dans le pays de Nyons, dont Saint-Jalle dépend (et vous avez le droit de nous quitter ici si vous arrivez dans les Baronnies un jeudi matin, jour de grand marché à Nyons, à ne pas manquer !).

Où déguster et acheter un bon vin de pays ?

Domaine La Rosière : *Serge et Valéry Liotaud, route de Buis-les-Baronnies, à Sainte-Jalle. ☎ 04-75-27-30-36. • domaine-la-rosiere.com • Sur rdv.* Grâce à la force du cépage syrah, le domaine La Rosière sait tirer son épingle du jeu, et quand il faut tirer un lapin du chapeau, ce même domaine nous fait découvrir son viognier surmaturé (« Confidence »... c'est son nom), cépage très réputé et bien connu chez certaines grandes appellations blanches. D'excellents vins des Coteaux des Baronnies cultivés en bio. Petite restauration en saison avec uniquement des produits locaux. Cadre très sympa.

Domaine du Rieu Frais : *le village. ☎ 04-75-27-31-54. • domaine-du-rieu-frais.com • Caveau ouv tlj (sf dim de mi-oct à mi-mars) 9h-12h, 14h-18h. Visite des chais mar et ven à 10h et 16h (compter 1h ; GRATUIT).* Jean-Yves Liotaud et son fiston œnologue produisent de bons vins de pays des Baronnies, une appellation qui existe depuis une bonne trentaine d'années, dont un cabernet-sauvignon élevé en fût de chêne. Leurs efforts constants leur ont valu quelques prix et une vraie reconnaissance. Prix abordables. Très bon accueil.

À voir

L'église Notre-Dame-de-Beauvert : dédiée à saint Galle. Style roman d'une noble simplicité. Très belle vue sur le chevet. Beau tympan sur lequel on peut distinguer un joueur de viole, un personnage avec une chouette, un pèlerin (ou un berger), un coq... Nef avec voûte en berceau et arc brisé. Baie étroite à profonde embrasure. Abside en cul-de-four sur quatre colonnettes. En haut du chœur, à gauche, pierre de remploi romaine. À droite du chœur, quelques stèles romaines également.

SAINT-AUBAN-SUR-L'OUVÈZE (26170)

À l'est de Buis, où mènent tous les chemins dans les Baronnies (voir plus loin), route de montagne étroite (D 546 et D 65). Situé à 637 m, Saint-Auban (environ 220 habitants) est une pittoresque étape pour souffler un peu en dehors des sentiers battus. Vestiges de remparts, vieille porte de ville, ruelles étroites, vénérables demeures en pierre, et un petit hôtel-resto. Sur la mairie, plaque indiquant qu'un habitant de la commune, François-Hector d'Albert (1728-1802), grand marin, s'illustra vaillamment, comme chef d'escadre, dans la guerre d'Indépendance américaine.

➢ ***Bus*** pour Buis-les-Baronnies, Nyons, Mévouillon, Séderon, Lachau.

Auberge La Clavelière : *rue Principale. ☎ 04-75-28-61-07. • la.claveliere@orange.fr • laclaveliere.com • Resto fermé sam. L'hôtel est parfois fermé en hiver. Double 75 €, petit déj compris. ½ pens 56 €, demandée l'été. Menus 13,50 € (déj en sem), puis 29 €. Café offert sur présentation de ce guide.* Dans ce village perdu de la Drôme provençale, une adresse sympathique pour amateurs de hors-piste. Solide maison de pierre au milieu du village, qui dissimule deux petites perles : une piscine bien agréable au retour de balade, et une belle terrasse panoramique. Impeccable pour goûter à la cuisine, résolument familiale et régionale. Chambres bien tenues.

MONTAUBAN-SUR-L'OUVÈZE (26170)

Minuscule village hors du temps, comptant moins de 100 habitants. Peut-on imaginer qu'en 1801 il y en avait 600 et qu'en 1930 il subsistait encore trois cafés, trois épiciers, un cordonnier, un maréchal-ferrant ? Aujourd'hui, un petit resto-épicerie en est la dernière luciole. La source de l'Ouvèze se trouve au hameau de Somecure (atelier de poterie également).

Au Clocheton : *hameau de La Combe. ☎ 04-75-28-60-03. 06-88-67-81-85. • contact@leclocheton.fr • leclocheton.fr • À l'entrée de Montauban-sur-l'Ouvèze en venant de Saint-Auban. Ouv tte l'année (mai-sept pour le camping). Congés : 15 déc-15 janv. Forfait camping env 10 €. Gîtes (2-4 pers) 265-375 €/sem selon saison. Menus 13,80-23,80 €. Café offert sur présentation de ce guide.* L'ultime lieu de vie du village, tenu par Martine et Jacky Charras, se compose d'une minuscule épicerie, d'une aire naturelle de camping calme et bucolique, d'un gîte fonctionnel et d'un petit resto tout simple. Cadre de bois clair, longue table, toile cirée, bref, la trilogie paysanne pour une bonne cuisine familiale où trônera toujours l'agneau du pays. Aux beaux jours, on mange dehors, près du petit torrent.

LACHAU (26560)

Lachau offre le rythme paisible de ses ruelles, places et placettes à fontaine. Au centre du village, petit château à tourelles du XVe s (aujourd'hui propriété privée). Aux alentours, ne pas manquer l'***église romane Notre-Dame-de-Calma*** du XIIIe s. Porche à profondes voussures sur petits chapiteaux. Style rude et dépouillé. Tour du Riable en cours de restructuration. Région à l'origine de nombreuses légendes, comme celle de la ***grotte de la Vache-d'Or,*** remplie de trésors. On retrouva aussi à Lachau des crânes à trois yeux à l'origine de bien des extrapolations (en fait, probablement des trépanations d'ordre rituel durant la préhistoire).

MONTFROC (26560)

À 8 km au sud de Lachau (à vol d'oiseau !), au pied de la superbe montagne de Lure. Et la route qui mène à ce village depuis la Drôme (la D 946) passe brièvement par les Alpes-de-Haute-Provence ! Son nom viendrait de *Monte Froco,* au XIIIe s,

du nom du vêtement des moines. Petite église de style roman, château-ferme à colombier et point de départ de belles randonnées. Notamment, le vieux hameau de ***Villevielle*** (dans une sorte de petite poche se nichant dans les Alpes-de-Haute-Provence), la chute de Montfroc (plus de 20 m de haut), les rives du Jabron, le col de la Combe-Maure... Un GR passe juste au sud de Villevielle.
– ***Foire biologique :*** *le 1er w-e d'oct.*

SÉDERON *(26560)*

Chef-lieu de canton situé à l'orée de l'étroit goulet qui débouche sur la haute vallée de la Méouge. Le village aurait été habité dès la préhistoire. Site pittoresque entouré des montagnes de Serrières, du Crapon, de Bergiès et de la Tour, avec de belles vues sur les Baronnies et les Alpes. Randonnée au milieu des lavandes fleuries en saison ou balade sur les bords de Méouge. Dans l'église Saint-Baudille, voir les fresques et le retable en bois doré. Pour les gourmands, miel, pains d'épice, nougat, macarons et fromages de chèvre sont les fleurons du savoir-faire local.

Adresse et infos utiles

i ***Office de tourisme des Baronnies en Drôme provençale :*** *rue de la Bourgade. ☎ 04-75-28-55-00. • sederonenbaronnies.fr • En été, lun-sam 9h30-12h30, 14h-18h, et dim mat ; hors saison, ouverture restreinte.* Vente de produits du terroir et d'artisanat du pays.
➢ ***Bus :*** avec *Transdrôme,* ligne 39 Lachau, Buis-les-Baronnies, Nyons, Vaison-la-Romaine, et ligne 43 Laragne, Mévouillon (infos à l'office de tourisme). Pour Sisteron, autocars *Payan* (*☎ 04-92-61-12-26 ; • payan-voyages.com •*).
– ***Marché :*** *dim mat.*
– ***Randonnée « découverte de la pivoine sauvage » :*** *fin mai.*

MÉVOUILLON-GRESSE *(26560)*

Mévouillon est un petit hameau que l'on remarque à peine sur la route de Séderon à Saint-Auban-sur-l'Ouvèze (D 546). Le pays était, au XIe s, la propriété d'une grande dame, Percipia. C'est sans doute son fiston, le baron Ripert Ier, qui fit construire à quelque 1 200 m d'altitude la ***forteresse de Mévouillon*** dont il prit le nom. Évêque de Gap, il ne fut pas moins père de Ripert II et Reymont Ier, qui fondèrent la dynastie. Les deux fils de l'évêque assurèrent la prospérité de la famille dans la région (qu'on nomma d'ailleurs les Baronnies) pendant près de quatre siècles aux côtés (ou parfois contre) des Montauban (d'où Montauban-sur-l'Ouvèze).
➢ Depuis le hameau de Mévouillon-Gresse, continuer sur 300 m ; passer la pancarte du col (890 m), prendre le deuxième chemin de terre sur la gauche avant la petite chapelle. Au bout du chemin, se garer. Prendre le sentier en pente vers le site d'escalade. Après 45 mn de marche, vous atteindrez le fort. Ne vous attendez pas à voir Versailles, Vaux-le-Vicomte ou Quéribus. De la forteresse en question, il ne reste plus rien à part « l'aiguier », une réserve d'eau en pierre. Mais le panorama sur les montagnes avoisinantes et les champs de lavande est grandiose. En été, allez-y en fin d'après-midi, une table rocheuse située au sommet procure une ombre bienvenue.

AULAN *(26570)*

Encore un château mais bel et bien vivant celui-ci, au milieu de nulle part et juché sur un éperon rocheux à la sortie des gorges. C'est le château d'Aulan, carte postale pittoresque et photogénique avec ses terrasses et ses tours crénelées. Petite ***église*** croquignolette, hors des murs du château, à laquelle il faut jeter un œil. Nombreux départs de randonnées aux alentours.

Le château : *sur la D 159. ☎ 04-75-28-80-00 Juil-août, tlj (sf dim mat) 10h-12h, 14h-18h30 ; avr-juin et sept-oct, visite tlj à 15h. Entrée : 6,50 € ; réduc.* C'est grâce à l'obstination du comte d'Aulan (décédé en 2004) que le château, dont les meubles ont été dilapidés en 1915 par des hommes d'affaires véreux, tient encore debout. C'est le petit-fils qui a repris le flambeau et assure aujourd'hui la visite. Propriété de la famille depuis 1635, il rassemble les souvenirs des aïeux (ça ne manque pas !) dispersés dans toutes les pièces : bustes, tableaux, accessoires et meubles...

MONTBRUN-LES-BAINS

(26570) 430 hab. *Carte Drôme, B4*

Au carrefour de la D 542 et de la D 189, un des « Plus Beaux Villages de France ». Ce bourg médiéval, bâti sur un relief ocre brun d'un écrasement de molasse calcaire dite « pierre du Midi », s'élève en gradins sur un éperon rocheux et offre une superbe homogénéité architecturale. Demeures de pierre sèche aux hautes et étroites façades pelotonnées les unes sur les autres, d'où jaillissent les tours du château, le beffroi et le clocher de l'église. Sa vocation première était défensive.

UN PEU D'HISTOIRE

Grosse implantation des Romains dont on retrouva de multiples traces. Ils appréciaient, bien sûr, le climat sain et les sources thermales du coin. Quelques fermes locales utilisent encore des bains en pierre comme abreuvoir. Au XVIe s, Montbrun fut le fief de Charles Dupuy-Montbrun, un des chefs parpaillots des guerres de Religion, lieutenant du fameux et cruel baron des Adrets. Son château était un des plus imposants de la région avant de connaître moult vicissitudes au fil des siècles ; maintes fois détruit, puis reconstruit, il fut démantelé à la Révolution.

Au XIXe s, c'est la grande vogue du thermalisme. Les eaux sulfureuses locales se révèlent souveraines contre les calculs rénaux, le diabète, les rhumatismes et la goutte. En 1865, construction d'un établissement thermal qui fonctionnera jusqu'en 1914. L'activité thermale est relancée en 1987, et un nouvel établissement thermal voit le jour en 2006, accueillant curistes (infections des voies respiratoires et rhumatologie) et amateurs de séjours de remise en forme.

Adresse et info utiles

Office de tourisme : *rue principale, à côté de la poste. ☎ 04-75-28-82-49. • montbrunlesbainsofficedutourisme.fr • Juil-août, lun-sam et dim mat ; le reste de l'année, lun-sam.* Propose différentes brochures sur la région, notamment les randonnées et autres activités sportives ou de loisirs. Visites guidées du village d'avril à octobre, le mardi après-midi et juillet-août (payant). – **Marché :** *sam mat.*

Où dormir ? Où manger ?

Camping

Camping municipal Le Pré des Arbres : *La Cheminade. ☎ 04-75-28-85-41. • camping@montbrunlesbains.com • Au pied du bourg ; indiqué depuis la D 542. Ouv 20 mars-fin oct. Résa conseillée. Forfait 6,40 € en hte saison. Mobile homes 2-4 pers 245-290 €/sem. CB refusées.* Petit camping de 55 emplacements en terrasses, tout simple, à l'écart de la circulation, bénéficiant d'un environnement verdoyant. Ombragé dans sa partie basse, plus ensoleillé dans les hauteurs. Bon confort. Piscine.

De bon marché à prix moyens

Hôtel des Voyageurs : *rue Notre-Dame. ☎ 04-75-28-81-10. • hoteldesvoyageurs26@free.fr • hoteldesvoyageurs26570.com • Resto fermé jeu et dim soir. Congés : fév. Double 60 €. Formules déj en sem 12,50-14 €, menu le soir 26 €.* Les chambres de ce joli petit hôtel, adorable et charmant, sont ravissantes, toutes rénovées et donc souvent réquisitionnées par les curistes. Rien de luxueux, mais c'est ce qui fait son charme... Une déco contemporaine et une ambiance un peu désuète que l'on retrouve côté resto où se revisite le terroir de façon savoureuse.

L'Ô des Sources : *dans les thermes, lieu-dit La Plâtrière. ☎ 04-75-27-11-09. • info@o-des-sources.com • Tlj sf lun. Menus 13,50 € (déj en sem), puis 22-35 €. Apéritif offert sur présentation de ce guide.* Le menu du midi change toutes les semaines. En été, on prend ses repas sur la grande terrasse en hauteur, avec une superbe vue panoramique sur le vieux village de Montbrun et le mont Ventoux.

Plus chic

Chambres d'hôtes La Maison de Marguerite : *le Moulin de Barret, route de Barret. ☎ 04-75-28-41-23. 06-69-58-62-04. • maisondemarguerite@gmail.com • maisondemarguerite.com • Indiqué sur la droite en allant vers Barret. Doubles 87-92 € ; familiales 125-145 €. Gîte 625-960 €/sem selon saison. Table d'hôtes 28 € tt compris.* Michèle et Étienne, un couple de Belges, vous reçoivent dans cette ancienne bergerie du XIXe s restaurée. 5 chambres bourrées de charme, aux doux noms de « Poussières d'étoiles », « Étoile filante », « Lune de miel », « Voie lactée » et « Clair de lune ». Les matériaux anciens ont été préservés, baignoires et lavabos d'antan, parquets peints, murs de pierres... Immense salon salle à manger en L pour les repas et belle terrasse pour les jours d'été. Piscine. Également un gîte pour 6 personnes, tout aussi charmant.

À voir

Le château : heureusement que les révolutionnaires, quand ils démolissaient, n'allaient pas souvent jusqu'au bout de leur fureur iconoclaste. Ce château possède encore une belle allure avec ses quatre tours en calcaire doré, mais comme il est désormais en ruine et sur un terrain privé, on ne peut l'admirer que de la place du Château.

Le beffroi : appelé aussi tour de l'Horloge, c'est l'une des quatre portes qui fermaient la ville au XIVe s, avec créneaux, mâchicoulis et campanile.

La fontaine du bourreau : c'est là qu'il venait laver ses mains et ses outils après le boulot. Demander la brochure du « sentier des (16) fontaines » à l'office de tourisme pour suivre un petit itinéraire dans le village.

L'église : du XIIe s mais largement modifiée par la suite. À l'intérieur, ne pas manquer le superbe décor, dont le retable du XVIIe s attribué à Bernus.

À faire

– ***Le centre thermal et de remise en forme :*** *route de Ferrassières. ☎ 04-75-28-80-75. • montbrun@valvital.fr • valvital.fr • Espace détente ouv mars-nov, tlj 14h30-19h. Forfaits et formules à la ½ journée à partir de 51 €.* Idéal pour occuper une journée de pluie ou se détendre entre deux randonnées.

Manifestations

– ***Marché aux fromages et de l'artisanat :*** *1er dim d'avr.* Marché, dégustations et animations.
– ***Journée Bien-être au naturel :*** *1er dim de sept. • bienetreaunaturel.fr •* Conférences, démonstrations, ateliers, marché thématique, restauration bio...

BUIS-LES-BARONNIES

(26170) 2 370 hab. *Carte Drôme, B4*

• Plan *p. 387*

Bienvenue chez les Buxois ! Une des capitales de la seigneurie des barons, et anciennement du tilleul, puisqu'on la surnommait « la Wall Street du tilleul » il y a encore une vingtaine d'années. Mais depuis la concurrence de l'Est et de l'Asie, sa cote a beaucoup chuté. À tel point que sa célèbre foire du Tilleul a laissé place à une autre fête, *Aromatiques et tilleul en Baronnies,* le 3e week-end de juillet.
Mais Buis-les-Baronnies est aussi un spot célèbre pour ses pratiques sportives de pleine nature avec sa toute nouvelle via ferrata, la plus longue d'Europe (quatre parcours). La ville possède par ailleurs de riches édifices, témoins de son passé commercial. La place des Arcades, les remparts (ou du moins ce qu'il en reste), le couvent des Dominicains et celui des Ursulines sont quelques-unes des étapes obligées. Allez-y le mercredi matin, jour du marché, charme garanti !

Adresse et info utiles

Office de tourisme des Baronnies en Drôme provençale (plan A1) : *14, bd Michel-Eysséric. ☎ 04-75-28-04-59. • buislesbaronnies.com • Juil-août, tlj 9h-12h30, 15h-19h ; le reste de l'année, se renseigner. Fermé pdt les fêtes de fin d'année.* Bon accueil, efficace et souriant. En vente, topos d'escalade, de randonnées et de VTT. Documentation sur la Drôme provençale, etc. Visite guidée de la ville, en été uniquement (le mercredi à 16h).
– ***Marché :*** *mer et sam mat.*

Où dormir ?

Prix moyens

Résidence de vacances Escapade (plan B1, **1**) : *cloître des Dominicains, rue de la Cour-du-Roi-Dauphin. ☎ 04-90-36-52-20. • reservation@escapade-vacances.fr • escapade-vacances.fr • Ouv avr-oct. Studios 2-5 pers 247-490 €/sem selon période.* Cet ancien couvent dominicain revisité ne manque ni de cachet ni de caractère. Préférer les studios donnant sur le beau cloître. Kitchenette, lits en mezzanine, douche et possibilité de garer des vélos dans la cour. Bref, impeccable dans son genre, l'ensemble se révélant très fonctionnel et fort bien tenu.

Hôtel Les Arcades – Le Lion d'Or (plan B1, **2**) : *pl. du Marché, au centre du village. ☎ 04-75-28-11-31. • info@hotelarcades.fr • hotelarcades.fr • Doubles 71-92 € selon taille et saison. Garage fermé payant et local à*

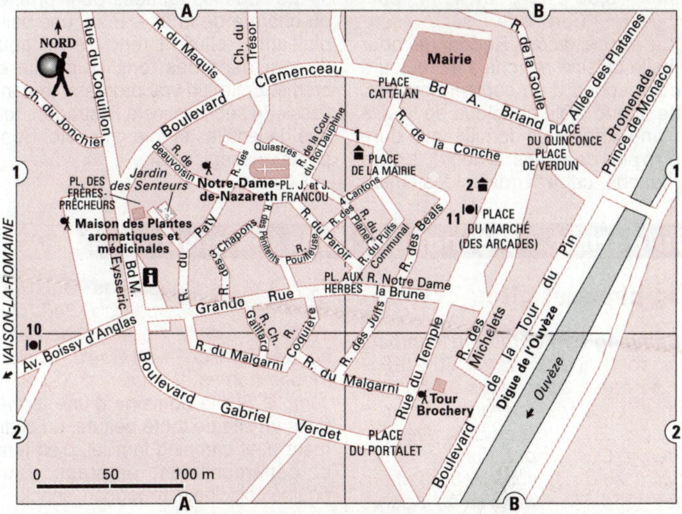

BUIS-LES-BARONNIES

Adresse utile

Office de tourisme des Baronnies en Drôme provençale

Où dormir ?

1 Résidence de vacances Escapade
2 Hôtel Les Arcades – Le Lion d'Or

Où manger ?

10 Le Grill du Four à Pain
11 La Fourchette

vélos. Boisson chaude offerte à l'arrivée sur présentation de ce guide. Un hôtel convivial situé sur une place ravissante et sis dans une maison datant de 1661. Le hall pimpant annonce la couleur : un établissement bichonné par un couple attentionné et souriant, à l'image des chambres rénovées dans un style gai et chamarré. Clim dans toutes les chambres. Dès que le soleil darde, le beau jardin clos s'offre à vous, ainsi que la piscine. Spa, jacuzzi et espace bien-être et, pour les frileux, la piscine est chauffée en intersaison.

Où manger ?

De prix moyens à chic

Le Grill du Four à Pain *(plan A2, **10**) : 24, av. Boissy-d'Anglas. ☎ 04-75-28-10-34. • restaurant@legrilldufourapain.fr • Fermé le midi mar et jeu (plus mar soir hors saison). Formule déj en sem 18 €, menus 28-48 €.* Un joli nom pour un gentil petit resto qui fait dans le régional sans se prendre trop la tête. Prenez la grillade du moment, tout simplement. La petite salle est accueillante et climatisée. En outre, vins régionaux très intéressants à prix raisonnables. Terrasse ombragée dans le jardin.

La Fourchette *(plan B1, **11**) : 9, pl. des Arcades. ☎ 04-75-28-03-31. Fermé lun (plus dim soir hors saison).*

Menus 18,50 € (déj en sem), puis 29,50-45 €. Café offert sur présentation de ce guide. Reconnue pour sa belle cuisine régionale et toujours accompagnée d'un accueil souriant, cette bonne table classique de la ville est une affaire de famille qui dure depuis plus de 40 ans. D'abord, la mise en bouche, cette terrasse idéalement située sous les arcades pour profiter du charme de la cité. Puis, une salle plaisante, joliment rénovée au goût du jour dans des tons taupe, lin et crème. Enfin, un vrai programme dans l'assiette : écrevisses à l'estragon, terrine de lentilles et foie gras, etc. Bons petits vins régionaux.

Où dormir ? Où manger dans les environs ?

Campings et gîtes

Camping La Fontaine d'Annibal : *quai de l'Ouvèze. ☎ 04-75-28-03-12. • contact@vacances-baronnies.com • vacances-baronnies.com • Accès : à la sortie de Buis, direction Séderon. Ouv avr-oct. Forfaits 14,50-19,50 € selon saison. Hébergement locatif 360-785 €/sem selon saison. Café offert pour tout repas complet au snack* La Guinguette *sur présentation de ce guide.* Petit camping (52 emplacements) offrant un excellent confort et des sanitaires impeccables. Propose aussi des chalets pour 4 ou 6 personnes et des tentes aménagées. Ajouter au prix de la nuitée l'adhésion obligatoire à la Fédération des œuvres laïques (adhésions court séjour et/ou famille possibles). Piscine.

Le Gîte du Lièvre : *26170* **La Roche-sur-le-Buis.** *☎ 04-75-28-11-49. • gitedulievre@wanadoo.fr • gitedulievre.com • Depuis Le Poët-en-Percip, piste. Ouv de mi-mai à mi-sept (loc d'avr à mi-nov) ; le reste de l'année, sur résa. Forfaits 7,50-9,80 € selon saison. Cabanes et chalets équipés (4-6 pers) 330-690 €/sem selon confort et saison. CB refusées. 25 empl. Apéritif avec olives offert sur présentation de ce guide.* Complètement isolé dans la montagne, et c'est tant mieux. Plein sud, sur une aire naturelle magnifique face au Ventoux, piscine parmi les genêts. Équipements très simples (il y a quand même des sanitaires). Bon petit déj avec pain de campagne et confiture d'abricots des Baronnies. Bon accueil.

Domaine de l'Écluse : *26170* **Bénivay-Ollon.** *☎ 04-75-28-07-32. 06-81-09-65-33. • camp.ecluse@wanadoo.fr • campecluse.com • À 8 km à l'ouest de Buis-les-Baronnies ; accès par la D 347. Ouv de mi-avr à sept. Résa indispensable en été. Forfaits 20-28 € selon saison. Mobile homes et chalets 300-750 €/sem.* Sur le domaine d'une ferme, dans un site de toute beauté, un charmant petit camping familial, bien tenu et généreusement ombragé. Bien équipé : piscine et toboggan, snack.

De prix moyens à chic

Chambres d'hôtes Le Jardin d'Ollon : *26170* **Bénivay-Ollon.** *☎ 04-75-28-22-10. • florence.joly59@wanadoo.fr • jardindollon.com • Prendre la D 5 vers Vaison-la-Romaine, puis à droite vers Propiac, et de nouveau à droite vers Bénivay ; c'est en sortie du hameau, sur la gauche. Double 55 €. Table d'hôtes 19 €. Nectar d'abricot de l'exploitation offert sur présentation de ce guide.* Vous vouliez du bout du monde, en voilà... mais avec le charme d'une belle ferme de caractère et le confort d'un petit nid douillet : piscine, pierre ancienne, grand salon, chambres confortables, une belle terrasse... et ce fond de vallée, pays du tilleul !

Auberge des Ayguiers : *sur la route de Buis à Mollans, 26170* **Pierrelongue.** *☎ 04-75-28-77-93. Fermé mar soir et mer hors saison, lun en juil-août. Menus 13 € (déj en sem) et 25,50 €.* Cuisine familiale particulièrement goûteuse, réalisée depuis plus de 20 ans par un cuisinier qui connaît son métier et ses produits. Table appréciée dans tout le pays, gage de qualité et de régularité. De la jolie terrasse ou de la salle rustique, vue sur l'étrange chapelle qui domine le village. Accueil sympathique. Fait aussi hôtel.

Auberge de la Clue : *Les Allègres, 26170* ***Plaisians.*** *☎ 04-75-28-01-17. • laclue@libertysurf.fr • Par la D 72, puis la D 526. Fermé dim soir et lun d'avr à mi-oct ; sinon, ouv slt sam et dim midi. Congés : de mi-fév à mi-mars et de mi-oct à début nov. Formule déj en sem 20 €, menus 30-37 €.* Bon pied bon œil, cette auberge accueillante face au Ventoux est toujours la préférée des gastronomes du secteur, attirés par les prix doux et les plats aussi copieux que bons, concoctés par les deux enfants de la maison. En salle, maman fait patienter tout son petit monde en apportant une somptueuse terrine en amuse-bouche. Belle terrasse dans la verdure.

À voir. À faire

➢ ***Balade dans la ville :*** *plan disponible à l'office de tourisme.* Partir de la ***place des Arcades*** *(plan B1)* du XVe s, l'une des plus charmantes de la Drôme provençale. Rue des Michelets, ***tour Brochery*** *(plan B2)* du XIVe s. Au bout, la ***digue de l'Ouvèze*** *(plan B2)* de 1690. De la place du Portalet, belle vue sur les vestiges de l'enceinte. La ***rue du Malgarni*** *(plan A-B2)* indique qu'y habitaient jadis les pauvres. ***Rue des Juifs*** *(plan B2),* maisons du XIVe s. Puis passage ***place aux Herbes*** *(plan A-B1),* siège de l'ancienne maison commune. Remonter la Grand-Rue, puis tourner à droite dans la rue du Paty pour rejoindre le ***jardin des Senteurs.*** Passer devant la ***tour du Safre,*** tour de défense du XIVe s. Par la rue de Beauvoisin, passer devant la ***porte Renaissance,*** ancienne chapelle du couvent des Ursulines datant du XVIIe s. Beau perron. Passage couvert qui permettait de relier le couvent à la chapelle. Arrivée à l'***église Notre-Dame-de-Nazareth*** *(plan A1),* du XIIIe s. Abside en cul-de-four et toutes petites embrasures. Sombres lambris. Stalles et maître-autel proviennent du couvent des Dominicains (voir « Où dormir ? »). Fin du parcours, ***place du portail des Frères-Prêcheurs*** *(plan A1),* avec ses deux tours rondes, principale entrée de ville jadis.

La maison des Plantes aromatiques et médicinales *(plan A1)* **:** *14, bd Michel-Eysséric, dans les locaux de l'office de tourisme. ☎ 04-75-28-11-44. • maisondesplantes.com • Mêmes horaires que l'office de tourisme. Entrée : 4 € ; réduc. Compter 1h de visite.* Avec plus de 1 750 espèces végétales recensées dans les Baronnies, Buis se devait de leur consacrer un musée. Ou du moins une maison comme celle-ci, qui présente un historique de la lavande, du tilleul et de différentes plantes aromatiques, avant de passer aux huiles essentielles et aux différentes méthodes d'extraction (la Drôme est le premier département transformateur d'essence). Quelques ateliers plus ludiques comme un orgue à parfums pour tester son odorat, et une roue des arômes. Belle collection de pots à pharmacie du XVIIIe s. Boutique avec plantes aromatiques et produits à base de plantes. Sortie botanique la semaine en été.
– Derrière, un ***jardin des Senteurs*** pour concrétiser la visite *(GRATUIT).*

– ***Escalade :*** sur le site d'***Ubrieux,*** pas difficile à trouver. On trouve 150 voies, exposées sud-ouest. Très fréquentées, donc y aller hors vacances scolaires. Sympa, car il est possible de se baigner en fin de journée dans l'Ouvèze.

Fêtes et manifestations

– ***L'Olive et l'Huile en fête :*** *le 3e dim de janv. Rens auprès de l'office de tourisme.*
– ***La Buiscyclette :*** *le 1er w-e de mai. • buiscyclette.com • Rens auprès de l'office de tourisme.* Raid VTT.
– ***Aromatiques et tilleul en Baronnies :*** *mi-juil.* Buis-les-Baronnies est la capitale du tilleul. Cette activité ancestrale (la première foire au Tilleul remonte à 1808) décline petit à petit : de tous les marchés et foires organisés auparavant, celui de

LA DRÔME

Buis est le seul marché à avoir franchi le seuil du nouveau millénaire (dernière foire en 2004). Toutefois, le tilleul suscite toujours des passions, puisque depuis 2006 la ville organise une journée parfumée aux plantes aromatiques, ponctuée d'animations et de conférences narrant l'histoire du tilleul, ou livrant les secrets de son utilisation. Aller voir la *Maison Laget,* une petite boutique d'herboristerie, susceptible d'aider à guérir ou prévenir tout sauf l'hypocondrie *(pl. aux Herbes, après celle des Arcades ; ☎ 04-28-52-00-00 ; fermé janv-fév).*

– **Parfum de jazz :** *festival qui a lieu mi-août pdt 4 j.*

– ***Fête de la lavande et de l'abricot :*** *à la mi-août, à* ***Saint-Sauveur-du-Gouvernet.***

DANS LES ENVIRONS DE BUIS-LES-BARONNIES

La Roche-sur-le-Buis : *à 3 km env de Buis, vers Vercoiran.* Petit village intéressant, en dehors des sentiers battus. Quelques ruines du château dominent le village. Église Saint-Michel du XIIIe s, chapelle des Pénitents, quelques vieilles demeures livrant de belles portes en bois sculpté. Petit musée des Arts et Traditions populaires. Tout à côté, une réelle curiosité : l'ancien cimetière du village qui a été transformé en « cimetière-herbier ». Tout à fait charmant et romantique. Parmi croix en fer et cœurs en émail blanc poussent monnaie du pape, cytise aubour, millepertuis, genêt d'Espagne, myrte, genévrier, arbousier, férule, mélisse, figuier et églantier, au milieu d'un jaillissement de roses trémières. Banc en pierre pour méditer sereinement.

Les routes de coteaux : en quittant Buis, on tombe rapidement en pleine campagne et dans ces coteaux à l'origine des doux nectars des vins de pays de la Drôme. Laissez-vous porter sur les routes ou la boucle qui vous mènera à ***Propiac, Bénivay-Ollon, Mérindol-les-Oliviers*** à la vue imprenable, ou ***Mollans-sur-Ouvèze*** et ses vergers. Puis longez le ***massif du Mont-Ventoux*** par la discrète D 40 que l'on récupère en sortie de Mollans. On rejoint et traverse ***Saint-Léger-du-Ventoux,*** pour suivre ***Brantes,*** d'où l'on rattrape la D 41, qui retourne vers Buis-les-Baronnies. Sur la route, à droite, le village cul-de-sac de ***Plaisians*** où l'on trouvera un potier et un atelier de tissage à l'ancienne *(☎ 04-75-28-29-34 ; jeu-dim 10h-19h).*

NYONS

(26110) 7 250 hab. *Carte Drôme, A4*

• Plan *p. 393*

Enserré dans un cirque de collines, les pieds trempant dans l'Eygues, on dit souvent que le mistral n'y pénètre pas. Certes, les montagnes bloquent sa course et l'ensoleillement y est équivalent à celui de la Côte d'Azur. Nyons, l'*ensouleiado tou l'an,* comme aiment à l'appeler les gens du pays. Ce que ne dit pas la publicité, c'est que le *pontias* se lève certains soirs. Il s'explique par l'appel d'air frais descendant des pentes de la vallée pour remplacer l'air chaud de la plaine du Tricastin. Résultat des courses, le *pontias* souffle jusqu'à ce que le soleil redevienne cuisant.

Nyons mérite aussi le détour pour ses olives AOC (depuis 1994), que l'on retrouve dans toute la cuisine de la région. Quelques oliviers millénaires ont encore bon pied bonne feuille... La ville et ses alentours regorgent d'autres bons produits comme la truffe, le miel de lavande, les fruits frais (abricots, pêches, cerises...), la lavande et le vin. Reste aussi un joli pont, jadis témoin de la prospérité de la ville (on y percevait un droit de péage). Lorsque les

roitelets des Baronnies perdent la ville, faute de bonne gestion, Humbert Ier et Jean Ier s'en emparent, et en 1352, Nyons tombe définitivement dans l'escarcelle du roi de France. Aussitôt arrivent Lombards et juifs passés maîtres dans le commerce et les échanges, ce dont témoignent encore certaines belles façades.
Bref, avec son marché, Nyons se révèle bien agréable. Pas un hasard si, aujourd'hui, c'est l'explosion démographique, pas en termes de naissances mais d'installation de familles. Tout le monde veut profiter des 2 800 heures d'ensoleillement annuel (parfois plus, même). Désormais, la ville compte beaucoup plus d'habitants qu'au début du XXe s (3 638 habitants en 1901, le double aujourd'hui). L'écrivain René Barjavel, originaire de la ville, dit à son sujet que « la seule différence qu'il y ait entre Nyons et le Paradis, c'est qu'à Nyons, on est bien vivant ! ».

UN PEU D'HISTOIRE

En 1338 survient une terrible épidémie de peste. De nombreux villages y perdent leur population. La peste provoque un violent mouvement d'antisémitisme. L'importante communauté juive de Nyons, accusée d'empoisonner les puits pour favoriser l'extension de la maladie, est persécutée, voire massacrée. Les survivants s'enfuient et, pour la plupart, se réfugient à Carpentras. Pendant les guerres de Religion, Nyons devient une place forte protestante et se dote de fortifications et d'une citadelle. Lorsque arrive la paix, c'est une des rares places de sûreté protestantes tolérées, statut entériné par l'édit de Nantes de 1598. Mais la citadelle est démolie en 1633, et à l'abrogation de l'édit en 1685, de nombreux habitants de la ville émigrent. Les siècles suivants, la vie s'écoule tranquillou. Quelques hivers rigoureux qui tuent les oliviers, des paysans qui quittent un peu plus la terre, une Révolution française plutôt modérée, un XIXe s sans éclat particulier. Vers la fin quand même, la crise du phylloxéra et la maladie du ver à soie ébranlent l'économie. En 1897, le président Félix Faure inaugure la ligne de chemin de fer Pierrelatte-Nyons (elle fermera en 1951). Les activités se diversifient, la culture des arbres fruitiers se développe et le tourisme prend une part de plus en plus importante dans l'économie régionale.

QUI SÈME LE VENT...

Longtemps, on crut que les habitants de Nyons venaient du Pont-Euxin, région située entre l'Arménie et le Caucase. En 520, le fameux saint Cézaire, évêque d'Arles, vint ici implanter une succursale de son monastère. Problème : peu de vent, donc terre peu fertile. Cézaire, un gars débrouillard, se rendit au bord de la mer Noire (mer Pontique alors), recueillit dans un de ses gants une lichette de vent marin et, au retour, la libéra dans la vallée de Nyons. Résultat, ce bien rafraîchissant pontias *qui souffle opportunément le soir favorise croissance et qualité des oliveraies de la région.*

Arriver – Quitter

En bus

Infos sur les horaires : ☎ *04-75-51-89-69.* • *ladrome.fr* •

➢ ***Nyons-Montélimar :*** ligne n° 36. 3-4 bus/j. Pratique : ils desservent la plupart des villages intéressants de la région ***(Venterol, Rousset-les-Vignes, Saint-Pantaléon-les-Vignes, Valréas, Taulignan, Grignan).*** Avec les cars TER de la SNCF (• *sncf.fr* •) ou les cars *Ginhoux* (☎ *04-75-50-22-95).*

➢ ***Liaisons avec Avignon, Orange, Vaison-la-Romaine, Buis-les-Baronnies, Pierrelongue, Saint-Auban-sur-l'Ouvèze et Lachau :*** avec les cars *Lieutaud* (☎ *04-90-36-05-22).*

Autre ligne pour Avignon via Vaison, Chamaret, Orange, Sorgues.

➢ ***Liaisons avec La Motte-Chalancon, Rémuzat, Vinsobres, Mirabel-aux-Baronnies, Vaison-la-Romaine :*** ligne nº 37. Avec les cars *Petit Nice* (☎ *04-75-26-35-58).*

En train

➢ ***TGV :*** gare de Montélimar ou d'Avignon, puis bus TER, tlj.

Adresse et infos utiles

ℹ ***Office de tourisme*** *(plan A2-3) : pl. de la Libération.* ☎ *04-75-26-10-35. • paysdenyons.com • Juil-août, tlj 9h-12h30, 14h30-19h (10h-13h, 15h-17h dim) ; hors saison, lun-sam 9h30-12h, 14h30-18h.* Très serviable, plein de ressources. Billets à prix réduits pour de nombreux sites. Organise de juin à septembre des visites guidées à thème (vautours, vignes, olives, truffes, lavande). Animations familiales : chasse au trésor, géocaching...

– ***Marché :*** *jeu mat tte l'année, pl. de la Libération, pl. des Arcades et pl. Buffaven.*

– ***Marché provençal :*** *dim mat de mi-mai à mi-sept, pl. des Arcades jusqu'au pont roman.*

LA DRÔME

Où dormir ? Où manger ?

Camping

⛺ ***Camping Les Clos*** *(hors plan par B3,* ***20****) : route de Gap.* ☎ *04-75-26-29-90. • info@campinglesclos.com • campinglesclos.com •* ♿ *À env 1 km, en direction de Gap. Ouv avr-sept. Forfaits 21,10-28,70 € selon saison. Chalets et mobile homes 298-747 €/sem env. 115 empl.* Bien situé, au pied de la montagne, dans un environnement bucolique à souhait. Petit cours d'eau tout à côté. Bon confort. Les emplacements les plus spacieux et ombragés sont les nºs 45, 51 et 57. Une piscine pour les grands et une pour les petits (en haute saison seulement).

De bon marché à prix moyens

🏠 |●| ***Hôtel-restaurant Au Petit Nice*** *(hors plan par A2,* ***21****) : 4, av. Paul-Laurens.* ☎ *04-75-26-09-46.* ♿ *(resto). Dans le centre-ville. Fermé le soir dim-lun. Congés : 2 sem en juil, 2 en nov et 1 en déc. Doubles 40 € (w-c sur palier)-55 €. Formule 15 €, menus 18,50 € (sf w-e et j. fériés)-25 €.* Ce petit hôtel vieillot au charme discutable reste la solution la plus économique pour loger en centre-ville. Le tout tenu avec un soin méticuleux par une petite dame dynamique et causante, ainsi que sa sœur. Préférer les chambres aux étages, plus calmes. Restauration de groupe et d'habitués. Accueil affable.

🏠 |●| ***Hôtel-restaurant Les Oliviers*** *(plan A1,* ***26****) : 2, rue André-Escoffier.* ☎ *04-75-26-11-44. • lesoliviersnyons@orange.fr • les-oliviers-nyons.com • Derrière la mairie. Congés : 20 déc-10 janv. Doubles 64-82 €. Menus 22-36 €. Café offert sur présentation de ce guide.* Cette ancienne maison bourgeoise a été transformée en une étonnante pension de famille où les habitués donnent le ton aux petits nouveaux, chacun faisant en sorte de ne pas déranger les autres (les murs sont peu épais et les marches craquent). Tout le monde mange à la même heure. Et on ne laisse rien dans son assiette, pour faire plaisir à Corinne, qui seconde son Jean-Claude de mari pour les entrées et les desserts. Plats savoureux, délicatement épicés, la vraie bonne surprise. Pour vous accueillir, petit jardin et animaux adorables. Parking gratuit pour la voiture (attention, ne pas la laisser sur la place du marché, le mercredi soir !).

|●| ***Le Croc'Odile*** *(plan B2,* ***27****) : pl. du Colonel-Barillon.* ☎ *04-75-26-18-43.*

NYONS

Tlj sf sam (plus dim hors saison) 11h-18h. Formules 14,50-18,50 € ; menu 24,90 €. Apéro ou sirop maison offert sur présentation de ce guide. Un lieu doublement ensoleillé, avec une terrasse qui s'étend sur la place, et un intérieur chaleureux. Un lieu de restauration facile et gentille, qu'ils disaient, et c'est vrai qu'on n'en demande pas plus : un sourire, un plat bien relevé, des prix doux. Il y a même des sandwichs assez originaux à emporter.

Nombreux autres restos à prix doux, mais de style et de qualité variables, dans la rue voisine des Déportés *(plan B2)*.

Chic

Hôtel-restaurant Colombet *(plan A2,* ***22****) : 53, pl. de la Libération. ☎ 04-75-26-03-66. • info@hotelcolombet.com • hotelcolombet.com • Congés : 10 déc-25 janv. Doubles 72-102 €. Formules déj en* *sem 19-26 €, menus 27-30 € et carte. Garage payant.* Le *Colombet*, ou l'histoire d'un bel établissement pétri de tradition qui ne compte plus les saisons depuis 1736. Il a même eu, avant la guerre, sa propre station d'essence en ville, critère de l'époque pour pouvoir figurer dans le *Michelin*. Chambres à l'ancienne mode qui ne manquent pas de cachet, calmes et colorées, donnant sur la place. Agréable cuisine de pays servie dans une salle de resto dotée d'un beau mobilier, de nombreuses photos historiques aux murs et de deux fresques en déco. Accueil bien aimable. Roses et platanes en terrasses, dont une à l'arrière.

Hôtel La Caravelle (hors plan par B3, **24**) : *8, rue des Antignans. ☎ 04-75-26-07-44. • lacaravellenyons@free.fr • lacaravelle-nyons.com • Ouv tte l'année. Doubles 69-100 € ; familiales 100-120 €.* À deux pas du centre, non loin des quais, au milieu d'un plaisant jardin. Grande maison contemporaine proposant une douzaine de chambres de bon confort. Parking sécurisé.

Une Autre Maison (hors plan par A2, **25**) : *45, av. Henri-Rochier (pl. de la République). ☎ 04-75-26-43-09. • nyons@uneautremaison.com • uneautremaison.com • Resto fermé le midi sam-dim. Congés : de mi-déc à mi-janv. Doubles 85-145 € ; familiales 160-185 € selon taille et saison ; petit déj 15 €. Formules déj en sem 17-20 €, menus le soir 43-45 €.* Grande maison bourgeoise du XIXe s, transformée en hôtel-resto de charme. Chambres élégantes aux tons colorés. Jardin soigné fort plaisant, avec de petites allées bordées de palmiers et de massifs de fleurs. Petite piscine.

D'un Goût à l'Autre (plan B2, **23**) : *21, rue des Déportés. ☎ 04-75-26-62-27. Fermé lun (plus dim hors saison). Menus 25,90-38,50 €. Café offert sur présentation de ce guide.* Si on peut servir 20 couverts dans ce restaurant, c'est bien le maximum, tant la salle est petite. En contrepartie, vous avez le sentiment d'assister à un repas personnalisé. Cuisine de saison (re) créative. Carte courte. Si vous hésitez, joli menu « Promenade gourmande en Drôme ».

Où dormir ? Où manger dans les environs ?

Auberge du Petit Bistrot : *2, rue Sous-les-Barris (ou pl. de l'Église), 26110* ***Vinsobres****. ☎ 04-75-27-61-90. • clovinsobres@wanadoo.fr • aubergedupetitbistrot.fr • (resto). Resto fermé mer (plus le soir hors saison). Résa conseillée. Double 64 €. Nuitée en dortoir 25 €. Gîte 2-5 pers. Menus 15 € (déj en sem), puis 22,50-30 €. Digestif offert sur présentation de ce guide, ainsi que 10 % de réduc sur le prix de la chambre à partir de la 3e nuit hors juil-août.* Hors du temps, ce bar vieille école se fait le chantre de la tradition bistrotière de pays : une terrasse imparable au pied de l'église, des plats du terroir servis avec de bons vins du cru et à des prix abordables. Que du plaisir, surtout si l'on a goûté à l'omelette aux truffes ou à l'agneau de pays sauce au chèvre. Toute la famille Delhomme travaille, en salle comme en cuisine. Leur vieille maison, sur la place, offre également 4 chambres et un gîte.

La Charrette Bleue : *route de Gap, La Bonté, 5, chemin Barjavel, 26110* ***Condorcet****. ☎ 04-75-27-72-33. • charrettebleue@wanadoo.fr • lacharrettebleue.net • À 7 km de Nyons (à la sortie des Pilles). Fermé mar-mer et dim soir oct-mars ; slt mar soir et mer en saison. Congés : 2 janv-10 fév. Formule déj en sem 19,50 €, menus 25,50-46,50 €.* Arrêt obligatoire dans cet ancien relais de poste pour faire le plein de senteurs des collines et de la garrigue. Car on y mitonne une vraie cuisine de pro, sincère, évoluant au gré des saisons et de l'inspiration. La tradition avec une belle touche de créativité en somme. Salle à manger rustique joliment arrangée, mais aux beaux jours, on s'installe en terrasse à l'ombre de l'olivier... où la qualité des plats fait rapidement oublier le ronronnement de la route. Accueil souriant et affable et service efficace en prime.

Où déguster et acheter vins, huiles d'olive et autres bons produits ?

Coopérative du Nyonsais : *pl. Olivier-de-Serres. ☎ 04-75-26-95-00. Visite sur rdv (5 pers min).* Dans ce pays où l'olive est reine au point d'être AOC, le vin coule sans se mélanger à l'huile. Basé sur le cépage cabernet-sauvignon, ce vin de pays des Coteaux des Baronnies, prisé par le connaisseur, sait séduire par sa robe et son prix très attractif.

Distillerie Bleu Provence : *58, promenade de la Digue. ☎ 04-75-26-10-42. Visite juil-août, tlj sf dim à 11h et 15h ; 5,50 €, réduc reste de l'année, audioguide, 2 €.* Distillerie artisanale de parfums. Même hors récolte, demeure intéressante grâce à sa boutique, certes, mais surtout... son salon de thé ! À la *Pause Bleu Thé,* vous pourrez goûter aux glaces artisanales à la lavande, au thym, au romarin, à la sarriette, au géranium (hmm !) avant de finir par celle à la menthe mentholée.

Vinaigrerie La Para : *promenade de la Digue. ☎ 04-75-26-12-99. Tlj sf dim hors saison.* Une fabrique artisanale de vinaigres aromatisés aux plantes locales et élevés en fûts de chêne. Explications, dégustation et vente à la boutique.

Fermes Brès – Domaine de la Blachette : *prolongement de la promenade des Anglais, quartier Pied-de-Vaux (attention homonyme dans le village voisin). ☎ 04-75-26-05-41. Ouv tte l'année, tlj (sf dim et j. fériés, hors juil-août) 16h-19h.* Si vous avez manqué le marché du jeudi, vous pourrez acheter à la ferme quelques produits AOP de la Drôme.

Où déguster et acheter un bon côtes-du-rhône-villages autour de Nyons ?

À Vinsobres (au sud de Nyons), l'originalité ne réside pas que dans le nom. Pour dire, le village contient deux coopératives, *Le Prieuré,* qui ne pratique que l'élevage du vin sans jamais vinifier, et la coopérative *La Vinsobraise* qui, elle, élabore. Avec ses 7 km de coteaux bordés de chênes truffiers et d'oliviers, le vignoble a proliféré après le gel de 1956, qui décima les oliviers et diversifia la viticulture, comme à Cairanne, Rasteau et Gigondas. À côté de Vinsobres, la cave de Saint-Pantaléon-Rousset-les-Vignes, plus intime, offre à tous elle aussi le « jus » de son joli site ensoleillé.

Les Vignerons de Valleon : *route de Nyons, 26770* ***Saint-Pantaléon-les-Vignes.*** *☎ 04-75-27-00-88. • valleon.fr • Tlj (sf dim et lun mat oct-mars) 9h-12h, 14h-18h.* Collines argilo-calcaires caillouteuses, 30 % de syrah, 65 % de grenache, quelques arpents de mourvèdre et de carignan, voilà pour le CV. Quand on voit le vignoble de Rousset dégringoler depuis l'un des plus beaux villages de la Drôme en une cuvette super ensoleillée, on a une irrésistible envie d'enfermer égoïstement ce soleil en cave. D'autant plus qu'à celle de Saint-Pantaléon, on prodigue un accueil charmant et une disponibilité réjouissante. On y propose des vins aux notes fruitées, élégants et bien structurés. Un excellent choix !

Cave La Vinsobraise : *RD 94, 26110* ***Vinsobres.*** *☎ 04-75-27-01-20. • la-vinsobraise.com • Tlj 8h (9h dim et j. fériés)-12h, 14h-18h (19h en sem juil-août) ; visite sur rdv l'été.* Cette coopérative assure à elle seule 60 % de la production, sur une base principalement de grenache et une puissante bouche pleine d'alcool (13,5° !).

Domaine de Deurre : *RD 94, 26110* ***Vinsobres.*** *☎ 04-75-27-62-66. • domainededeurre.com • Sur rdv.* Non loin de *La Vinsobraise,* il faut faire le détour pour apprécier la différence entre un petit particulier et une coopérative. Production modeste certes, mais bon équilibre dans le résultat, sans tapage. Ce producteur élabore des vins à dominante grenache et syrah (25 %). Il est le premier à produire une AOC côtes-du-rhône-villages Saint-Maurice. Possibilité d'hébergement.

Domaine du Moulin, Denis Vinson : *26110 Vinsobres.* ☎ *04-75-27-65-59. Lun-sam 8h-12h, 13h30-19h ; dim 9h30-11h30.* Émotion assurée pour ce produit bien drômois. Denis Vinson avait en 1995, avec sa cuvée Charles Joseph, défié la chronique de la qualité. Une densité exceptionnelle pour un vignoble de 20 ha. Qui l'aime le suive !

À voir. À faire

Balade dans le vieux Nyons

➢ ***Visite audioguidée du centre historique :*** en location à l'office de tourisme *(2 €)* ou téléchargement gratuit sur le site • *paysdenyons.com* •

La place des Arcades *(plan A2)* **:** appelée aussi place du Docteur-Bourdongle. Édifiée par des maçons lombards en 1300. Arrivée par la ***porte Saint-Jacques*** *(plan A2),* une des dernières de l'ancienne enceinte. Belles portes en bois qui l'entourent. En particulier, les nos 8, 12, 17 (maison du Roi, jolie porte romane), 23, 28, 37 et 40. Au no 37, la porte de l'hôtel du marquis de La Tour du Pin La Charce. Ses armoiries sculptées furent martelées pendant la Révolution.

L'église Saint-Vincent *(plan A2)* **:** détruite trois fois, reconstruite en 1614, en l'état actuel. Une seule nef, chevet rectangulaire et 10 chapelles de côté rajoutées au début du XVIIIe s. De la première église subsiste la base du clocher de 1352. Au-dessus de la porte principale, ravissante vierge sculptée dont vous noterez le discret hanchement et le beau travail sur les plissés de la robe. À l'intérieur, retable du XVIIe s et de nombreux intéressants tableaux (notamment, sur le grand retable, représentation de saint Vincent, surmontée de deux œuvres de la Renaissance italienne).

La tour de l'Horloge *(plan A2)* **:** l'ancien clocher fut emporté lors d'une tempête et remplacé en 1785 par ce campanile en fer. Sur la face sud, vestiges de l'ancienne porte de la Pomme (gond et entaille dans la pierre pour faire coulisser la herse). La rue Juiverie, qui mène à l'église Saint-Vincent et à la place Autiéro (ex-place aux Herbes), rappelle la présence au Moyen Âge de l'importante communauté juive.

Le quartier du Bourg : la rue des Bas-Bourgs était celle de la bourgeoisie locale aux XVIIIe et XIXe s. Admirez quelques portes Renaissance au passage. Elle débouche sur la ***porte Romane*** *(plan B2).* La rue des Déportés (ex-Grand-Rue, truffée de restos) mène à la porte du Pont.

L'ancien monastère Saint-Cézaire *(plan A2)* **:** reconstruit et agrandi au XVIIIe s, le palais de justice en occupe aujourd'hui une partie. Le théâtre et l'ancienne mairie sont installés dans les dépendances.

L'ancien château féodal *(plan A2)* **:** première construction au VIIIe s pour protéger le monastère Saint-Vincent. La haute façade, le donjon et les tours datent du XIe s. Par la suite, résidence des barons de Montauban et des dauphins du Viennois. Transformé en presbytère en 1731, vendu aux enchères en 1799 et restauré depuis par des particuliers.

L'ancien quartier des forts : quel ravissement que de flâner par ses ruelles (parfois taillées dans le roc), impasses obscures, escaliers et soustets (passages couverts) ! Ce très vieux quartier, littéralement accroché à une arête rocheuse, a conservé un authentique caractère médiéval. Ne pas manquer la ***tour Dauphine*** *(plan A2)* et ses pittoresques passages ; ***rue des Grands-Forts*** *(plan A2),* ancien chemin de ronde.

La tour Randonne *(plan A1-2)* **:** par la rue de la Chapelle, on parvient à cette tour massive de 10 m de haut et aux murs de 2 m d'épaisseur. Construite en 1280 par dame Randonne de Montauban, à l'usage de prison militaire. En 1862, le curé de Nyons la racheta pour la transformer en chapelle Notre-Dame-de-Bon-Secours. D'où cette étrange structure néogothique très ajourée et ornée de personnages qui la coiffent ! Tout en haut, statue de la Vierge.

Continuer vers le nord jusqu'à la place du Calvaire. Vestiges du ***château Delphinal*** *(plan A1),* dont il reste trois tours. Redescendre par la rue des Petits-Forts.

Circuit découverte des olives de Nyons

Le musée de l'Olivier *(hors plan par A2)* **:** *pl. Olivier-de-Serres. ☎ 04-75-26-95-00. • vignolis.fr • ♿ Lun-sam 9h-12h30, 14h-19h ; dim et j. fériés 10h-12h30, 14h30-18h30. GRATUIT. Visite guidée à 15h sur résa : 2 €.* Il y a de fortes chances pour que vous tombiez sur un guide passionné, alors prenez le temps de l'écouter. Il vous parlera avec émotion des techniques, mais aussi des arbres, des hommes et du temps... Vous saurez tout, de la cueillette de l'olive au pressage. Belle collection de jarres en terre cuite, huiliers, amphores romaines, étiquettes anciennes, photos du temps où les ouvriers étaient payés en part d'huile, scourtins (paniers en fibre de coco), presses, échalassons (échelle pour la cueillette du XVIIe s), etc. Quelques pièces insolites, comme ce pressoir à noix clandestin ou la plus ancienne meule trouvée à Nyons (Ier s). Quelques outils servant à la fabrication de l'huile et de ses dérivés, les fameux savons de Marseille, entre autres. Et demandez à votre guide de vous indiquer où se trouve l'olivier vieux de 800 ans – mais chut ! il ne faut pas trop le déranger...

OLIVES VERTES OU OLIVES NOIRES ?

D'abord, sachez que c'est bien un seul et même fruit, provenant d'un même arbre. La verte est cueillie avant d'arriver à maturité, en novembre, et est ensuite conservée dans la saumure. La noire, en revanche, est récoltée plus tard, en décembre ou janvier, lorsqu'elle est parfaitement mûre. On la pique, on la plonge dans le sel (ou une saumure) et occasionnellement on l'agrémente d'une lichée d'huile ou d'herbes. Simple question de goût, donc !

Les vieux moulins à huile et la savonnerie Autrand *(plan B2)* **:** *promenade de la Digue, près du pont roman. ☎ 04-75-26-11-00. • lesvieuxmoulins.com • Mar-sam 10h-19h (22h en juil-août). Visite guidée sur résa. Visite aux horaires d'ouverture de la boutique. Compter 30 mn. Entrée : 4 € ; gratuit moins de 12 ans.* Deux moulins, l'un du XVIIIe s, l'autre du XIXe s, et une savonnerie qui fut opérationnelle de 1725 à 1800. Plongée instructive dans l'histoire autant que dans les sous-sols de la maison (il fallait une température minimale pour extraire de l'huile dans de bonnes conditions). De loin en loin, toutes sortes de vieux outils et d'ustensiles rappellent les anciennes techniques. Grosso modo, la première opération est celle du broyage (ou détritage) par le biais d'une meule verticale tournant sur une meule dormante pour réduire en pâte les olives noires. On dépose la pâte sur des petites couronnes de fibre de coco, les scourtins, que l'on presse et d'où s'écoule le précieux jus. Ainsi, 4 à 5 kg de *tanches* (c'est la variété d'olives locale) suffisent à produire 1 l d'huile.

La visite s'achève intelligemment par une autre facette de la vie des mouliniers : les reconstitutions d'une cuisine 1900 et la boutique aménagée dans l'ancien lieu de séchage du savon.

La Scourtinerie *(hors plan par B2)* **:** *36, rue de la Maladrerie. ☎ 04-75-26-33-52. • scourtinerie.com • Accès depuis la pl. Jules-Laurent. Atelier et boutique ouv tlj sf dim et j. fériés 9h30-12h, 14h30-18h (19h l'été pour la boutique). GRATUIT.* Qu'est-ce qu'un scourtin ? Une poche, ou plutôt un filtre dans lequel on entasse la pâte d'olive qui sera pressée. Vers 1890, les moulins abandonnèrent l'antique système à vis pour la presse hydraulique, qui permettait d'obtenir beaucoup plus d'huile en première presse. Mais les vieux modèles de scourtins ne résistaient pas au choc. C'est là qu'intervient Ferdinand Fert. Bricoleur de génie, il eut l'idée de tisser le scourtin et d'utiliser pour sa confection de la fibre de noix de coco. En 1892, il inventa une machine à tisser révolutionnaire qui fit le succès de la maison jusqu'en 1956, année noire durant laquelle le gel détruisit la moitié des oliviers. Depuis, on fabrique encore quelques scourtins, mais on tisse principalement des paillassons. Les héritiers de Ferdinand Fert ont eu l'idée de créer un petit musée du scourtin afin de faire revivre l'histoire d'une maison unique en son genre et l'évolution des méthodes de fabrication à travers chaque génération.

Balade le long de l'Eygues

Le pont roman *(plan B2-3)* **:** et pas romain, comme on le dit ou l'écrit parfois. C'est un chef-d'œuvre de l'architecture médiévale du XIVe s. Achevé en 1409, avec 18 m de haut et 43 m de portée, il n'y en a pas deux en France de cette hardiesse et de cette qualité.

Le jardin des Arômes *(plan B3)* **:** *promenade de la Digue. GRATUIT.* Situé en bord d'Eygues, reconnaissable à son vieil alambic bleu, vous y humerez 200 variétés de plantes à huiles essentielles et de plantes aromatiques. Période la plus favorable, bien sûr, de mai à septembre.

Le parc de loisirs aquatiques de Nyonsoleïado *(plan B3)* **:** *près du jardin des Arômes, promenade de la Digue. ☎ 04-75-26-06-92. ♿ Ouv fin mai-début sept. Tarifs : 5 € ; 3,80 € pour les 6-16 ans ; gratuit moins de 6 ans.* Un complexe aquatique, sur 1 200 m² de bassins et 6 000 m² de plages en pleine ville : lagon, bassin à remous, cascades, toboggans, bar et resto sur place. Le lieu idéal pour faire face aux chaudes journées de l'été.

➢ **Les sentiers du Nyonsais :** le climat doux et ensoleillé du pays de Nyons en fait un lieu idéal pour la pratique des activités de pleine nature, et ses paysages invitent à la balade. Reliant Sahune à Saint-Maurice-sur-Eygues, « Au Fil de l'Eygues » est un sentier de promenade empruntant principalement les rives de l'Eygues. Il est idéal pour les familles puisqu'il se compose de plusieurs tronçons. Il permet également une découverte de la faune et de la flore locale. À découvrir aussi, les sentiers thématiques du pays de Nyons (*sentier de l'olivier, sentier Barjavel et sentier Bois de Lumière*) et le topoguide des plus belles randonnées du pays de Nyons. Documentation disponible à l'office de tourisme.

Fêtes et manifestations

– **Fête de l'Alicoque, huile d'olive nouvelle :** *le 1er w-e de fév.*
– **Salon du couteau d'art :** *le 1er w-e de mars.*
– **Grand corso fleuri :** *dim et lun de Pâques.* Défilé de chars fleuris.
– **Lire en mai :** *en mai, dans les lieux publics de la ville.* Rencontres avec lectures et dédicaces de grands auteurs.
– **Foire écobiologique :** *w-e de l'Ascension.*

– *Les Olivades :* en juil. Marché nocturne, conférences, randonnées.
– *Nyons Festiv'été :* juil-août. Trois concerts gratuits par semaine.
– *Fête de la tour Randonne :* 15 août. Spectacle son et lumière, suivi d'une animation musicale
– *Nationale de l'olivier :* 1 sem de pétanque, début oct.
– *Fête des Olives piquées :* le sam avt Noël.

BALADE AU FIL DU TEMPS, DE NYONS À GRIGNAN

VENTEROL (26110)

À quelques kilomètres, par la D 538 vers Grignan. Pittoresque village à l'écart de la route, en bonne voie de récupérer sa population du XIXe s. En 1789, dans leur cahier de doléances, les habitants se plaignaient de la nature du sol très ingrate et très inféconde, et des grands froids de l'hiver ayant fait périr les oliviers, unique ressource. Aujourd'hui, les temps ont changé, le village abrite de riches Suisses (ce qui n'est pas un pléonasme), des artistes et de prospères vignerons... S'y balader est un délice : ruelles étroites (trouverez-vous la *rue du Bout-du-Monde* ?), vénérables demeures et une église de style roman au clocher du XVIe s, arborant un des plus beaux campaniles de la région.
➢ ***Bus*** pour Rousset-les-Vignes, Le Pègue, Taulignan, Grignan, Montélimar.

LA DRÔME

ROUSSET-LES-VIGNES (26770)

Un peu à l'écart de la route Valréas-Nyons. Dominé par un petit château, un adorable village niché sur une colline. Entièrement classé Monument historique. Croquignolette église à campanile et, à côté, prieuré avec une jolie façade Renaissance. Aux XVe-XVIe s, protégé par ses remparts, Rousset échappe aux destructions des guerres et aux bandes de brigands, alors que Saint-Pantaléon, à côté, est pillé et ruiné. Autre protection, celle du pape, car le village est une enclave papale en Dauphiné. Les nobles demeures autour du prieuré et de l'église datent de ce temps-là. Devant le village se déroule doucement une cuvette qui prend des couleurs dorées au soleil couchant et où poussent des vignes donnant l'un des meilleurs côtes-du-rhône-villages qu'on connaisse (cave *Les Vignerons de Valleon*). À 1h de marche, jolie ***chapelle de Notre-Dame-de-Beauvoir*** (pèlerinage annuel le 8 septembre).
➢ ***Bus*** pour Venterol, Le Pègue, Taulignan, Grignan, Nyons et Montélimar. Avec les cars *Teste* (☎ 04-75-00-27-90).

LE PÈGUE (26770)

Peu après Rousset, toujours sur la D 538. Village proposant un très intéressant ***Musée archéologique*** (☎ 04-75-53-68-21 ; ● museedupegue.org ● ; mai-sept tlj sf lun 14h-18h, avr et oct dim slt 14h-18h, nov-mars sur rdv ; entrée : 3 €, réduc). Décidément, l'idée qu'il fait bon vivre par ici ne date pas d'hier ni même d'avant-hier. Sur une colline alentour, on a découvert, entre 1955 et 1985, des traces d'occupation humaine vieilles de 4 000 ans av. J.-C. Des outils en pierre polie et des pots en céramique attestent la pratique de l'agriculture et de l'élevage chez les Gaulois dès le Néolithique. Mais c'est l'âge du bronze et du fer (entre 725 et 625 av. J.-C.), puis la période de 530 à 350 qui laissèrent les témoignages les plus riches. Au moment de la fondation de *Massilia* (Marseille) par les Phocéens, vers 600 av. J.-C., les deux peuples se rencontrent, et de leurs échanges commerciaux et culturels, les archéologues ont retrouvé des céramiques inspirées de la mode ionienne et des inscriptions gallo-grecques. Enfin, avec la conquête de la Narbonnaise entre 125 et 118 av. J.-C., ce sont les Romains qui viennent fouler le sol des Gaulois de la plaine du Pègue et laisser derrière eux ces stèles dédiées aux divinités gallo-romaines. Promenade sympa jusqu'aux ***vestiges du château*** et de l'enceinte médiévale. Au cimetière, ***chapelle*** du XIIe s de style roman.

➢ ***Bus*** pour Rousset-les-Vignes, Nyons, Taulignan, Grignan, Venterol, Montélimar.

TAULIGNAN (26770)

Sur la D 14, avant d'arriver à Grignan. Un certain Taulinius, qui possédait une villa sur le site, serait à l'origine du nom du village. Son architecture est originale, les remparts du XIVe s s'étant progressivement transformés en habitations. Chemin de ronde parfois encore visible, et il subsiste 11 tours avec leur mâchicoulis et leurs courtines. À l'arrivée de la route de Nyons, la ***porte d'Anguille*** conserve toujours son aspect sévère et défensif. Pas mal de belles demeures du XVe au XVIIe s. Taulignan était également une des étapes du pèlerinage de Saint-Jacques-de-Compostelle. Près du pont au Jar demeure la chapelle Saint-Marcel du XIIe s, construite à l'emplacement d'un temple de Mercure. Autre belle chapelle romane en ruine, au-dessus du cimetière. L'***église paroissiale Saint-Vincent*** subit de nombreuses modifications du XVe au XIXe s. Dans la chapelle des Seigneurs, restes de quelques-uns d'entre eux. Le ***temple protestant*** (XIXe s) présente une rare architecture en rotonde. Du château démoli pendant la Révolution ne reste que la salle de garde transformée en lavoir. À côté, une ravissante fontaine. Au XIXe s, les usines de moulinage de la soie employèrent jusqu'à 400 personnes : un musée retrace l'importance de l'activité de la soie dans la région.

LA DRÔME

Adresse et infos utiles

Point info : *au musée. ☎ 04-75-53-12-96.*

– ***Visite guidée de la ville :*** *sur rdv auprès de Jean-François Boissier (Association des Onze Tours, ☎ 04-75-53-55-47).*

➢ ***Bus*** pour Nyons, Le Pègue, Venterol, Rousset-les-Vignes, Grignan, Montélimar.

Où manger ?

Restaurant La Malle Poste : *rue des Remparts. ☎ 04-75-53-48-42. • contact@lamalleposte.fr • Tlj sf mer. Formule déj 14,50 €, menu 21 €, carte env 30 €. Café offert sur présentation de ce guide.* Installée à l'intérieur du mur d'enceinte des remparts de la ville, belle et grande salle voûtée avec cheminée de pierre majestueuse et déco soignée. L'été, belle terrasse en teck. Excellent rapport qualité-prix pour une cuisine savoureuse joliment réalisée. Le jeune chef maîtrise bien les produits qu'il travaille (souris d'agneau en cuisson de 7h), et pour parfaire le tout, l'accueil est charmant. Une bonne petite adresse familiale.

À voir

Le musée de la Soie : *pl. du 11-Novembre. ☎ 04-75-53-12-96. • musee-soie.com • Juil-août, tlj 10h-18h (2 visites guidées le jeu, à 11h et 15h) ; hors saison, fermé mar mat et coupure déj 12h30-14h. Fermé 1er janv-15 fév. Entrée : 5,50 € ; tarif réduit sur présentation de ce guide ; gratuit jusqu'à 6 ans.*

Difficile d'imaginer aujourd'hui l'ampleur considérable prise par cette activité qui a occupé tout le sud du département une fois qu'un certain Olivier de Serres sut convaincre un certain Henri IV d'encourager la sériciculture. Ludique (surtout l'opération du dévidage des cocons) et bien agencé, ce musée (que vos enfants

vont apprécier !) retrace toutes les étapes du processus, de la graine à l'étoffe. Tout est détaillé par le biais d'un vidéogramme numérique (moderne !) ainsi qu'un diaporama. Et bien sûr, application numérique à télécharger sur votre smartphone ou votre tablette.
Les musts : l'éclosoir (visible jusqu'à début novembre), c'est-à-dire le « taulier » où vit la chenille parmi les feuilles de mûrier (et où elle va multiplier son poids 10 000 fois en 30 jours), les machines artisanales et industrielles, toutes faisant preuve d'une grande inventivité et dont beaucoup fonctionnent encore, notamment celle assurant l'extraction de la soie du cocon et la mise en écheveau (avec ses bassins de cuivre). Impressionnants, le moulinage qui implique la torsion du fil pour en augmenter la résistance, et la première machine à vapeur appliquée à l'industrie de la soie. Enfin, vous verrez le métier à tisser à carte perforée inventé par Vaucanson, mis au point par Jacquard, qui provoqua la célèbre révolte des canuts. Et sachez qu'en 1862, avec 20 moulinages, Taulignan était la première commune moulinière de la Drôme.

LE TRICASTIN

Faut-il parler d'un territoire ? Il ne couvre que 30 petits kilomètres carrés et nous sommes ici dans la Drôme. Mieux vaut sans doute parler de terroir, car l'unité du lieu, si elle n'est pas géographique, se fait autour du côtes-du-rhône. Celui-ci trouve sa consécration au château de Suze-la-Rousse, qui abrite depuis 1978 une université du vin, courue aussi bien par les amateurs que par les professionnels.
Par ailleurs, autour de Valréas, la terre est vauclusienne. Une bizarrerie administrative – une de plus dans un pays qui en regorge – qui remonte au XIVe s, alors que les papes achetaient des terres en Comtat Venaissin. Seule une bande de terre appartenant au Dauphiné isolait Valréas. Qu'importe, au moment de la création des départements, les révolutionnaires décidèrent de maintenir cette enclave. Comme quoi tout l'Ancien Régime ne fut pas jeté au feu !
Au XIXe s, Valréas était surtout connue pour son industrie du cartonnage et de l'imprimerie. La visite du musée retraçant l'histoire de cette activité s'avère plutôt intéressante.

LES VINS DU TRICASTIN

Nous voici près de Grignan, là où l'on goûte le vin d'appellation grignan-les-adhémar (anciennement « coteaux-du-tricastin »), reflet de la garrigue, séveux, sentant quelquefois les herbes aromatiques, mais aussi le cassis. Concernant les parfums, Grignan est surtout réputé pour son grand marché aux truffes et... ses vins de grignan-les-adhémar. N'hésitez pas à aller découvrir ce vignoble qui s'étend sur 21 communes, 330 producteurs et 1 800 ha, à travers le sentier des terroirs. Comme le *Routard,* l'appellation a fêté en 2013 ses 40 ans !
Si vous êtes par là en septembre, profitez de la fête du Ban des vendanges de Grignan, Bollène (Bouchet-Suze-la-Rousse) et de Vinsobres, et de la fête des Vins primeurs de Tulette fin novembre. Toutes ces festivités pour nous rappeler qu'à la fin du XIXe s, quand le phylloxéra ravagea le vignoble, les terrains maigres et

sablonneux ont été reconvertis en truffières, après que les vignerons se sont aperçus que quelques truffes se trouvaient à côté des ceps. Cette appellation blanc et rouge reconnue VDQS en 1964, puis AOC 9 ans plus tard, s'appelait jadis « vins de Donzère », à l'image du temple bachique se trouvant sur le rocher du même nom, puis « coteaux-du-tricastin » et enfin « grignan-les-adhémar ».

GRIGNAN (26230) 1 610 hab. *Carte Drôme, A4*

Le célèbre château, où vécut la fille de la marquise de Sévigné, se dresse, fier et noble, face au sud, dos au mistral. Pour la petite histoire, le vent faisait voler en éclats les vitres du château, à l'époque de la marquise. Si Grignan, ville gentiment touristique, est connue pour son château qui déplace des foules, elle l'est un peu moins, et c'est dommage, pour son musée de la Typographie et ses rencontres littéraires. Profitez-en pour flâner dans les charmantes ruelles fleuries de roses anciennes.

Arriver – Quitter

➢ ***Bus*** pour Montélimar, Valaurie, Taulignan, Le Pègue, Rousset-les-Vignes, Venterol, Nyons : renseignements à la gare routière de Montélimar *(☎ 04-75-51-89-69 ; tlj sf dim).*

Adresses et info utiles

ℹ ***Office de tourisme :*** *12, pl. du Jeu-du-Ballon. ☎ 04-75-46-56-75. • tourisme-paysdegrignan.com • Juin-sept, tlj 9h30-12h30, 14h30-18h (19h juil-août) ; le reste de l'année, se renseigner.*

■ ***Caveau des vignerons grignan-les-adhémar :*** *pl. du Jeu-de-Ballon. ☎ 04-75-49-42-99. • grignan-adhemar-vin.fr • Tlj (sf mer-jeu hors saison) 10h-19h. Possibilité d'initiation à la dégustation sur résa et avec participation, dim à 10h30 (possible en sem à partir de 6 pers).* Une adresse incontournable pour obtenir tous les renseignements concernant les producteurs de l'AOC grignan-les-adhémar... Bon accueil.

– ***Marchés nocturnes :*** *le ven après le 14 juil et le ven précédant le 15 août.* Ambiance XVIIᵉ s façon « madame la Marquise » avec costumes, animations et artisans d'art.

Où dormir ? Où manger ?

De prix moyens à chic

🏠 ***Hôtel Sévigné :*** *1, pl. Castellane (en bas du village, face à la route de Talignan). ☎ 04-75-46-50-97. • reservation@hotel-sevigne-grignan.com • hotel-sevigne-grignan.com • Ouv tte l'année. Doubles 85-150 €.* 💻 📶 Il y en a pour tous les goûts, des chambres les plus simples aux plus confortables, des plus neutres aux plus élégantes (parquet et meubles choisis). Un lieu où il fait bon se poser.

🍴 ***L'Étable :*** *pl. du Jeu-de-Ballon. ☎ 04-75-46-93-81. En face de l'office de tourisme. Fermé lun en hte saison, mar-mer hors saison. Congés : 10 j. en juin, 10 j. en oct. Menus 20-34 €. En hiver, certains prix montent avec le cours de la truffe. Café offert sur présentation de ce guide.* Un lieu atypique et une ambiance informelle en font un endroit tout ce qu'il y a de plus réjouissant. Si l'ancienne étable est un peu sombre, le patio est très accueillant et la petite salle du fond très cosy. À la carte, des planches variées, des viandes grillées et des spécialités à la truffe (d'été ou d'hiver, selon la saison). Simple, bon et copieux ! Accueil très sympathique...

De chic à beaucoup plus chic

Le Clair de la Plume : *2, pl. du Mail. ☎ 04-75-91-81-30. • info@clairplume.com • clairplume.com • Ouv tte l'année, tlj. Doubles 99-315 € ; petit déj 23 €. Formules déj 24,50-29,50 €, menus-carte 69-115 €. Un petit déj/chambre et par nuit offert sur présentation de ce guide.* Atmosphère de charme, de sérénité exceptionnelle avec des chambres de grand confort. Certaines au-dessus du resto-salon de thé, les autres dans un hôtel particulier du XIXe s situé à 100 m de l'établissement principal. Tout, ici, n'est que bon goût, confort douillet, raffinement dans le décor et l'ameublement. Accueil charmant, classe et décontracté à la fois. Le buffet du petit déj est disposé dans l'ancienne cuisine qui a conservé tout son caractère, mais on s'installe pour tous les repas sous la belle verrière XIXe s qui crée une vraie belle atmosphère en toutes saisons. Au resto, formule bistrot le midi, en semaine, qui laisse la place à une version gastronomique le soir. Cuisine méditerranéenne au sens large proposée par un chef aussi sincère, réfléchi que brillant et perfectionniste. Aux beaux jours, on profite, à une centaine de mètres de là, d'un jardin de plantes méditerranéennes avec baignade naturelle, bar bio et cabanon intime... Un vrai nid douillet à recommander aux amoureux !

Le Poème de Grignan : *rue Saint-Louis. ☎ 04-75-91-10-90. • hervepoeme@aol.com • Tlj sf mar soir et mer (ainsi que mar midi hors saison). Congés : 1 sem en mars, 1 sem en sept et 10 j. en nov. Formule en sem 26 €, menus 35-48 €.* Cette charmante adresse a depuis toujours les faveurs des gourmands. Forcément, la petite salle dissimulée en contrebas de quelques marches est intime, mignonne comme tout avec ses jolies appliques et sa collection de saucières, le tout au service d'une cuisine de terroir élaborée et créative. Des plats de saison qui varient en fonction des produits du marché, avec notamment un menu « truffé » en hiver... Romantique à souhait !

Où dormir ?
Où manger dans les environs proches ?

Domaine de Montine : *lieu-dit La Grande-Tuilière. ☎ 04-75-46-54-21. • domainedemontine@wanadoo.fr • domaine-de-montine.com • Quitter le village en direction de Valréas (D 541), puis 1re route à gauche (panneaux). Ouv tte l'année. Gîtes 2-6 pers 290-690 €/sem selon saison et taille (draps non compris, 6 €) ; possibilité de loc au w-e.* Dans un hameau tranquille de la Drôme provençale, au milieu d'un domaine viticole, 6 gîtes confortables répondant aux doux noms de... cépages locaux, pardi ! Bien équipés, clairs, spacieux, meublés pratique et fonctionnel. Piscine. En hiver, possibilité d'aller « aux truffes » avec les proprios.

Ferme Le Grand Cordy : *lieu-dit Grand-Cordy, route de Montélimar. ☎ 04-75-46-91-81. • legrandcordy@gmail.com • fermelegrandcordy.com • À 2 km de Grignan (indiqué sur la droite). Ouv tte l'année. Doubles 65-69 €, familiales (3-4 pers) 95-99 €. Table d'hôtes 22 €.* Bel ensemble de bâtiments typiques du pays, bien protégés de la route par un rempart d'arbres et de buissons. Déjà en pleine campagne, on savoure ici le calme et l'espace (2 ha de domaine autour de la ferme pour aller se promener). Chambres lumineuses, fraîches en été, bien tenues, aménagées dans l'ancienne grange restaurée par les sympathiques propriétaires. Petit déj, repas ou pique-nique se prennent dans la grande salle, vieille de plus de 500 ans (respect !), ou dans la cour aux beaux jours. Un accueil à la ferme comme on le conçoit !

Achats

Durance : *5, Z.A. Nord, route de Montélimar. ☎ 04-75-04-87-53. • durance.fr • Juil-août, tlj 10h-19h (coupure 12h30-14h dim) ; le reste de l'année, se renseigner. Visite possible de l'usine en juil-août lun-jeu à 10h et 13h30 ou sur rdv.* Le magasin d'usine, basé sur le lieu de production, offre une réduction systématique de 15 % sur l'ensemble des produits de la célèbre marque provençale : bougies parfumées, cosmétiques, désodorisants, etc. Les promos vont jusqu'à 60 % sur certains produits.

Où déguster et acheter du bon grignan-les-adhémar dans le coin ?

Domaine de Montine : *M. Jean-Luc Monteillet, lieu-dit La Grande-Tuilière. ☎ 04-75-46-54-21. • domaine-de-montine.com • Caveau ouv tte l'année, tlj 9h-12h, 14h-19h.* Un des jolis domaines du secteur, connu et reconnu pour la qualité de ses vins issus d'un terroir travaillé dans le respect des traditions. Beaucoup de soleil et de fruité dans les arômes.

Domaine de Grangeneuve : *M. Henri Bour, dans le village de* ***Roussas****. ☎ 04-75-98-50-22. • domainesbour.com • À env 10 km de Grignan. Tlj 9h (10h w-e)-12h30, 14h (14h30 w-e et j. fériés)-19h.* Décidément incontournable dans cette AOC, le domaine de Grangeneuve ne déroge pas à sa réputation de qualité. Un travail de « tradition », du même nom que sa cuvée. Basées sur des ruines et des garrigues, les vignes sont en grande partie implantées sur Donzère, village d'histoire, tandis que le domaine se trouve à Roussas, là où il conserve ses plus vieilles vignes. Une référence.

À voir. À faire

Le château de Grignan : *☎ 04-75-91-83-50. • chateaux-ladrome.fr • Tlj (sf mar nov-mars) 10h-12h30, 14h-18h (en continu juil-août). Fermé 11 nov, 25 déc et 1er janv. Entrée : 8 € ; réduc ; gratuit jusqu'à 12 ans. Billet commun pour les 3 châteaux (Grignan, Adhémar et Suze-la-Rousse) : 18 €. Visite guidée possible (env 1h) ; tarif : 10 €. Visite libre pour les extérieurs : 2 €. Des activités culturelles y ont lieu : concerts (classique, jazz), expos, ainsi que des fêtes nocturnes (juil-août).* C'est au XIe s que l'on voit apparaître dans des textes le nom d'une famille Grignan et d'un château. Mais rapidement, c'est le nom des Adhémar de Monteil qui domine. Suffisamment connu et puissant pour que l'empereur Frédéric Ier, dit « Barberousse », leur confère, en 1164, le titre de seigneurs de Montélimar. Grignan devient au fil des ans une imposante place forte. Gaucher Adhémar est écuyer de Louis XI. Il meurt en 1516. Son fils Louis se distingue à la cour et reçoit François Ier au château en octobre 1533, au retour du mariage de Catherine de Médicis et du futur roi Henri II. La mode n'étant plus à la force et au style défensif mais à la beauté et au paraître, le château se dote en 1553 d'une magnifique façade Renaissance. Louis Adhémar meurt en 1558 sans descendance, et le château échoit à son neveu Gaspard de Castellane. Un de ses descendants, François Adhémar de Monteil de Grignan épouse, en troisièmes noces, Françoise de Sévigné, fille d'une certaine marquise. L'affectueuse correspondance de la mère et la fille va faire entrer le château dans la légende (et plus tard, le sauver !).

La vie de château

Le comte de Grignan était un homme fort peu séduisant mais il possédait un grand sens du luxe et de la fête, et menait grand train. Son titre de lieutenant-général de Provence lui en donnait bien sûr le pouvoir, et la vie au château ressemblait vraiment à un petit Versailles. Mme de Sévigné vint trois fois à Grignan : en 1672-1673, en 1690-1691 et en 1694-1696 (elle y mourut cette année-là). En fait, elle ne s'y plaisait guère, trouvant les étés trop chauds et les hivers particulièrement rigoureux. En 1695, mariage de Pauline, fille des Grignan, avec le marquis de Simiane. En 1705, mort de la comtesse, puis, en 1714, celle de son époux, François de Grignan, totalement ruiné. Sa fille, Pauline de Simiane, dut se résoudre à vendre le château pour payer les dettes, château qui fut réduit à l'état de ruine après la Révolution.

Des lettres qui deviennent best-seller !

En 1725-1726, édition des *Lettres* de Madame de Sévigné. Quel destin que celui de cette femme qui ne fut jamais publiée de son vivant ! Les 764 lettres qu'elle écrivit à sa fille entre 1671 et 1696 auraient pu rester longtemps dans les tiroirs d'un bureau et finir à terme dans les mains de quelque collectionneur. Chef-d'œuvre de la littérature, d'un style et d'une liberté de ton toujours modernes, où la passion déborde et où s'exprime un amour maternel hors du commun. Mais aussi des qualités journalistiques et d'observation extraordinaires, qui donnent de l'époque et de la vie à la cour un tableau vrai et saisissant.

LA MARQUISE EN PERD LA TÊTE !

Après la profanation du caveau de Madame de Sévigné, les légendes les plus folles circulèrent quant au sort réservé à sa dépouille. Or, une fois le cercueil rouvert dans les années 2000, on vérifia que la dépouille de la marquise était intacte, sauf que sa calotte crânienne avait été sciée avec une précision toute chirurgicale. Il semble qu'un savant de l'époque ait voulu étudier les restes de son cerveau, à la recherche de... la bosse de l'écriture ?

À la Révolution, une partie du château est détruite. L'écrivain Walter Scott effectue, en 1832, un pèlerinage au château de Grignan en hommage à Mme de Sévigné. Il souligne l'émotion qui le saisit à la vue de ces ruines romantiques. En 1838, Léopold Faure, un riche habitant de Grignan, autre admirateur de la marquise, rachète le château ruiné et entreprend de le restaurer et de récupérer l'ancien mobilier. Il réussit à retrouver plusieurs centaines de meubles et d'objets. En 1902, ses héritiers vendent le château au fameux Boni de Castellane qui, hélas, ne tarde guère à en brader le patrimoine. Boiseries et décors sont dispersés, cheminées et escaliers démontés. Est-ce la fin de Grignan ? Heureusement, une bonne partie du mobilier avait été léguée à Mme Fontaine, riche veuve fascinée par l'histoire du village et son aura littéraire, qui rachète à son tour le château en 1912 et le rénove avec amour.

Tous les éléments de décor qui ont subsisté par miracle ont permis la reconstitution intégrale des fastueuses ornementations d'antan. En 1979, le conseil général de la Drôme acquiert Grignan et parachève l'œuvre de Mme Fontaine, pour le plus grand plaisir des visiteurs et des fans de Mme de Sévigné. En 1993, Grignan est classé Monument historique. Ouf !

La visite

Pour ne pas enlever sa saveur à la visite guidée que vous aurez envie de suivre, si vous êtes un amoureux des lettres, signalons juste quelques incontournables, au passage. À commencer par le *grand hall d'entrée,* avec sa cage d'escalier monumentale, et sa rambarde en fer forgé. Au 1er étage, dans l'antichambre, fauteuils décorés de tapisseries d'Aubusson figurant des scènes des célèbres *Fables* de La Fontaine. L'appartement *Marie Fontaine* surprendra ceux qui l'ont connu sous le nom de *d'Ornano*. Déco ambiance début XXe s. Au plafond, la salamandre, symbole de François Ier. Au centre de la pièce, portrait de la Grande Mademoiselle. À noter : les tapisseries qui ornent le cabinet ne sont pas collées mais flottantes, pour mieux isoler la pièce du froid.

Dans l'intimité de la marquise

– *La chambre d'Uzès, chambre d'apparat :* au second étage. Tenture d'Aubusson aux murs (histoire d'Ariane), et portrait présumé de Madame de Sévigné par Louis Elle (XVIIe s) ; lit à la française (XVIIIe s). Fenêtre ouvrant vers le sud, sur la cour du château et vue sur le Ventoux. À côté, le cabinet et la chambre à coucher de la Marquise reconstitués d'après les inventaires du château du début du XVIIIe s.

– *Le cabinet d'écriture de la marquise :* la pièce vient d'être restaurée.

– *La chambre à coucher du comte :* beau parquet marqueté d'origine (XVIIe s) en chêne, merisier, ronce de noyer, etc. Belles tapisseries romanesques et lustre Murano.

– *La chambre à coucher de la comtesse de Grignan :* lit plus haut que la normale, car on recevait souvent couché et le visiteur devait être en position inférieure. Admirer le magnifique meuble de voyage du XVIe s. Dans le cabinet attenant, plafond peint à la française. Cheminée rapportée mais néanmoins majestueuse.

– *La salle d'apparat :* appelée aussi « salon du roi », une des plus jolies du château. Lourdes tables aux pieds dorés et alambiqués, plafonds et poutres peintes, consoles baroques. Sous le portrait de Louis XIV, splendide cabinet d'ébène.

– *Le vestibule de l'aile des prélats :* sert de salle introductive aux visiteurs qui ne suivent pas la visite guidée (maquettes, photos). En face, l'ancienne entrée avec ses voûtes gothiques, une des parties les plus vieilles du château.

– *La galerie des Adhémar :* donnant sur la cour du Puits, longue de 25 m et large de 8 m. Construite par Gaucher Adhémar entre 1495 et 1516, elle symbolise magnifiquement la première Renaissance française. Salle de réception à l'italienne, elle s'appela un temps « galerie des portraits ». Ornée de lambris de noyer, avec un beau parquet et des cheminées monumentales.

L'extérieur

– *La façade Renaissance :* côté sud. Louis Adhémar la voulut la plus grandiose possible et visible à des lieues à la ronde. Cela devait être le comble de l'ostentation, et cela le fut ! Rythme magnifique des fenêtres à meneaux à doubles croisillons, des pilastres et des colonnes. Les niches furent plus tardives et ne continrent jamais de statues.

– *La cour du Puits :* construction antérieure à la façade principale. Façade composée d'un retour d'angle devant laquelle s'ouvre une immense terrasse bordée de balustres. L'originalité de cette terrasse réside dans le fait qu'elle sert aussi de toit à la collégiale, ce qui, dans d'autres cas, aurait pu apparaître comme une véritable incongruité ! À gauche de la terrasse, l'édifice bas surmonté d'une balustrade est la *galerie des Adhémar* (voir plus haut). Dans le prolongement, l'*aile des prélats,* édifiée en 1688 par les deux frères de François de Grignan, tous deux évêques. L'aile fut en grande partie détruite à la Révolution et jamais restaurée.

D'ailleurs, si vous êtes un peu curieux, nous vous conseillons la bande dessinée de Bardet et Lacaf, ***La traque, tome 1 : Grignan,*** (éd. Glénat, 2002) dans laquelle vous pourrez vivre les intrigues politiques et amoureuses de l'époque de Madame de Sévigné. Néanmoins, on vous prévient, on attend toujours la suite...

La collégiale Saint-Sauveur : édifiée de 1535 à 1539. Une seule nef avec voûte à croisée d'ogives. Belle rosace flamboyante. Superbe retable en bois doré finement ciselé. Devant, plaque indiquant la tombe de Mme de Sévigné, tombe profanée à la Révolution. À droite, orgue de 1663. Fonts baptismaux de 1687. Intéressant tableau : *Bataille de Lépante, le pape a une vision.* Des concerts y sont régulièrement organisés. Programme auprès de l'office de tourisme.

➢ ***Balade dans la ville :*** *plan-circuit disponible à l'office de tourisme.* En sortant de la collégiale, on se retrouve sur un élégant parvis avec escaliers. Suivre le chemin de ronde (belle vue), puis emprunter la Grande-Rue jusqu'à la porte du Tricot. ***Beffroi*** du XIIe s. Place Sévigné, statue de la marquise. À deux pas, un superbe ***lavoir à colonnes*** du XIXe s, l'un des plus luxueux que l'on ait jamais vus. Puis dans les ruelles (rue d'Or, rue du Four, etc.), vous découvrirez de vénérables demeures du XIIIe au XVIIIe s. Plein de clins d'œil architecturaux, de passages couverts, impasses romantiques...

Colophon – la Maison de l'imprimeur : *maison du Bailli, pl. Saint-Louis. ☎ 04-75-46-57-16. • colophon-grignan.fr • (librairie, bistrot et atelier). Juil-août, tlj 10h30-14h30, 16h-19h ; sept-juin, mar-sam 10h-12h30, 14h-18h30. Entrée : 4,50 € ; 3,90 € sur présentation de ce guide ; gratuit jusqu'à 10 ans.* Repaire de gens de lettres passionnés par le métier et son histoire. Tout y est présenté avec un subtil sens de l'humour (illustré par sa cabine téléphonique pour portables !). Un atelier qui ne ressemble à aucun autre.

Quatre salles : une expo, un atelier vivant (où l'on fabrique, entre autres, les ouvrages publiés par leur propre maison d'édition) et un réjouissant musée de vieilles imprimantes – pardon, de presses et rotatives –, toutes en état de marche. Ces vieilles dames roulent des mécaniques sous un éclairage astucieux (des boîtes de conserve revues et corrigées), auquel s'ajoutent un montage sonore bienvenu et une vidéo « vintage » de l'imprimerie dans les années 1950. Voir notamment cette très rare machine à massicoter de 1850, ayant appartenu à son inventeur, M. Massiquot ! Pour terminer, les prisons, où sont exposées une collection de machines à écrire et une large collection d'outils d'écriture.

Les enfants en visite se régalent, d'autant plus qu'ils peuvent mettre eux-mêmes la main à la pâte, enfin plutôt dans l'encre... Agréable librairie avec sa belle section jeunesse et son bouquiniste à l'entrée.

L'estaminet : petit bistrot dans la cour l'été, entouré d'un jardinet consacré aux plantes de l'écrit, dans la cave l'hiver, pour boire un verre et y apporter « son manger ».

Le village provençal miniature : *lieu-dit La Petite-Tuilière, route de Nyons. ☎ 04-75-46-91-68. • village-miniature.fr • Avr-déc, tlj 10h-12h, 14h-19h (18h oct-déc) et non-stop juil-août ; janv-mars, tlj sf mar 14h-18h, plus 10h30-12h le w-e. Entrée : 5,50 € ; réduc.* À l'échelle 1/6, la vie d'un village dans la Drôme provençale au début du XXe s. Plus de 1 000 santons aux frimousses attendrissantes refont les gestes d'autrefois, de la cueillette des olives au séchage du tilleul... sans oublier l'indéboulonnable partie de pétanque ! Voir également une crèche géante inscrite au *Livre des records*. Expos thématiques tout au long de l'année.

Fêtes et manifestations

- ***Rencontres du livre, de la truffe et du vin :*** *1 j. début fév.* Les vins grignan-les-adhémar et la truffe rencontrent la littérature. Dégustations, conférences, lectures et cafés littéraires autour de la truffe et du vin.
- ***Festival de la correspondance :*** *5 j. début juil. Rens : ☎ 04-75-46-55-83. • grignan-festivalcorrespondance.com •* Spectacles, lectures par des comédiens.
- Au château de Grignan, ***fêtes nocturnes*** en juillet-août. Pièces de théâtre. Également des ***concerts de musique de chambre,*** des ***soirées jazz*** (automne). Programme et infos au *☎ 04-75-91-83-55.*

DANS LES ENVIRONS DE GRIGNAN

Le musée du Domaine d'Eyguebelle : *3, chemin de la Méjeonne, 26230* ***Valaurie*** *(à 9 km à l'ouest de Grignan). ☎ 04-75-98-03-80. • eyguebelle.com • Tlj 10h-18h (19h avr-août). Fermé 25 déc et 1er janv. GRATUIT.* La fabrique de sirops et liqueurs a conçu un site-musée pour partager avec le plus grand nombre l'histoire de la marque, autrefois propriété des moines du monastère d'Aiguebelle. Ponctué par une scénographie, le parcours s'organise en deux parties. La première pour s'immerger dans l'univers de la marque au fil des ans. La seconde, plus concrète, vous emmène par un couloir vitré au-dessus de l'activité quotidienne de l'usine, à la découverte du métier de fabricant de sirops et distillateur de liqueurs. Fabrication, choix des ingrédients, savoir-faire, recette et embouteillage final pour les sirops. Alambic, herboriste et art du vieillissement en cave pour les liqueurs. Dégustation offerte en fin de parcours.

Le monastère Notre-Dame-d'Aiguebelle : *26230* ***Montjoyer.*** *☎ 04-75-98-64-70. • abbaye-aiguebelle.cef.fr • À 10 km au nord-ouest de Grignan. Tlj sf dim mat 10h-12h, 14h30-17h.* Fondée en 1137 par les moines de Morimond, cette abbaye cistercienne doit son nom au site choisi pour sa construction, un vallon isolé au confluent de trois ruisseaux (d'où « belle eau », ou « Aiguebelle »). Elle est dédiée à la Vierge Marie. Désertée pendant la Révolution, puis vendue comme bien national, elle fut de nouveau occupée dès 1815 par un groupe de moines cisterciens venant de l'abbaye de La Trappe. Les moines vivent sous la règle de saint Benoît (prière, travaux manuels, silence et études spirituelles). Ce sont des contemplatifs qui vivent de leur propre travail... Témoin autrefois, la liqueur d'Aiguebelle (qui n'est plus fabriquée par les moines), et aujourd'hui, la boisson tonifiante Alexion. Petite boutique de produits monastiques, librairie et salle d'exposition (accès libre).

Chamaret : *à 4 km au sud de Grignan. Visite de la tour avr-sept, mer, ven, sam, dim et j. fériés 14h30-19h (18h30 mer et ven). Tarif : 2,50 € ; réduc.* Joli village médiéval dont les donjons se voient de loin. Il possède encore deux belles portes, la porte de la Fontaine et celle du Nord (rue Caludun). Pour ceux qui y séjourneraient, précisons que la cloche du village sonne tous les quarts d'heure et deux fois toutes les heures, de jour comme de nuit... Aux alentours, quelques bories très anciennes, des fours à chaux et une carrière de pierre de taille. Si vous avez manqué la ***fête des Haricots*** *(dernier w-e d'août),* essayez de revenir pour le ***marché aux truffes*** *(lun mat, nov-mars).*

DONZÈRE

(26290) 5 500 hab. *Carte Drôme, A3*

Associé à Mondragon, Donzère n'évoqua longtemps qu'un gros barrage et un champ d'éoliennes, qu'on aperçoit depuis l'autoroute. Mais c'est aussi une intéressante petite bourgade, dotée d'un riche passé à découvrir le long de ses ruelles.

UN PEU D'HISTOIRE

Le nom de Donzère, jadis *Dusera,* viendrait des mots celtiques *dun* (« forteresse ») et *serra* (« hauteur, montagne »). Grosse présence romaine, on y découvrit le plus grand cellier de toute la Gaule. Au Moyen Âge, le village se développe et se fortifie autour d'une abbaye. La prospérité de l'époque se manifeste par ses nombreuses façades Renaissance et le château de Claude de Tournon, évêque et « prince » de Donzère. En 1693, pour favoriser le développement de la région, Louis XIV accorde l'autorisation de creuser le canal de Pierrelatte. Dans la première moitié du XIXe s, Donzère est le cinquième port sur le Rhône. Les paysans ne vivent pas trop mal grâce à la vigne et au ver à soie. En 1856 est créée la ligne de chemin de fer Paris-Marseille avec station à Donzère. En 1872, le phylloxéra détruit la totalité du vignoble. En 1896, création de la *chocolaterie d'Aiguebelle* (qui ferma, hélas, en 1977... aujourd'hui, on va chez *Morin* !). Enfin, possédant peu d'industries, le village aurait pu continuer tranquillement à s'assoupir, sans la construction du canal et des barrages de Donzère-Mondragon et sans l'implantation des sites nucléaires, qui bouleversèrent bien entendu toute l'économie locale. De nouveaux habitants affluèrent alors, transformant l'agriculture – comme la culture des *actinidias* de Chine (les kiwis, quoi !), entre autres.

À voir. À faire

Balade dans la ville

Départ de la ***porte de la Font,*** porte de ville dans l'ancienne enceinte. On y voit encore une bretèche (loge rectangulaire). Intra-muros, prendre à droite la *rue de la Coste.* Atteindre le ***château,*** édifié au XVIe s par Claude de Tournon, évêque de Viviers, prince de Donzère. Le parc du château se visite sur demande. Parcourir un peu la calade Claude-de-Tournon, pour une belle vue sur le village, puis retour sur la Grande-Rue.

La Grande-Rue étale ses maisons anciennes au coude à coude avec quelques demeures Renaissance. Au n° 9, belle *tour* ronde, avec escalier à vis. Aux n°s 14-16, une impasse mène à une *tour* avec fenêtres à meneaux et escalier à vis, qu'on ne soupçonnait pas de la Grande-Rue. Belle maison Renaissance à l'angle des Grande-Rue et rue de la Planche. Sous les arcades, depuis 1563, des pierres creusées de cavités mesuraient les quantités de céréales. C'est ici que se tenait la foire locale au Moyen Âge. Au n° 30 de la Grande-Rue, une demeure du XVIe s, qui échappa par miracle aux travaux d'élargissement de la rue au XIXe s. La ***tour de l'Horloge*** fut construite en 1848, lors d'un premier élargissement de la rue. En face, la rue de l'Argentière menant à la porte du même nom (au n° 14, autre maison de Claude de Tournon). Enfin, la Grande-Rue mène à la mairie, qui abritait également l'école de garçons. Sur le côté, la rue de la Gravière, qui longe les remparts, passe la *porte de la Double* et accède au plateau, d'où l'on bénéficie d'un beau panorama sur la première enceinte de ville et le clocher. Au loin, le rocher de Pierrelatte.

L'église Saint-Philibert : construite par les moines de Tournus au XIIe s. Plan simple, décor sobre. Superbe chevet semi-circulaire qu'on admire de la rue de la Sacristie. Six pilastres cannelés surmontés d'arcs leur retombant dessus ou sur des consoles. Bel appareillage de pierre du clocher, dont la partie supérieure est du XVIIe s. À l'intérieur, puissants contreforts. Dans la deuxième travée, chapelle des Pénitents de style gothique, ajoutée au début du XVIIe s.

La paisible ***place du Fumeras*** fut le centre du village médiéval. Curieusement, l'accès à toutes les maisons autour se fait par un petit escalier. Déception rue des Belles-Filles, aucune au rendez-vous ! Arrivée sur les Barrys, puis tourner à gauche. Vestiges des remparts et ***porte de l'Argentière.*** À deux pas, le lavoir de 1871. Retour sur le ***Champ-de-Mars,*** créé jadis pour les foires et les promenades publiques.

La chocolaterie A.-Morin : *640, chemin du Plan. ☎ 04-75-51-60-76. • chocolaterie-morin.com • Visite, sur rdv slt, lun-ven 14h-18h, sf nov-déc.* Fabrique de chocolats et nougats familiale depuis 1884, la quatrième génération de père en fils. La production est diffusée aux particuliers uniquement par correspondance. Mais vous pourrez en déguster et en acheter en fin de visite, rassurez-vous. Exposition de matériels anciens, outils de fabrication, collection de moules, impressionnante par la quantité, de la fin du XIXe s à nos jours.

LA GARDE-ADHÉMAR

(26700) 1 177 hab. *Carte Drôme, A4*

Là aussi, village haut perché (un des « Plus Beaux Villages de France »), église romane et ample paysage. Il y fait bon vivre, avec presque autant d'habitants qu'au XIXe s. Ruines d'un château, élevé à l'époque d'Antoine Escalin, berger devenu ambassadeur et général des galères, selon la légende. Impressionnante vue sur toute la vallée du Rhône, surtout depuis les terrasses du petit jardin en contrebas de l'église (à droite en sortant de l'église).

LA DRÔME

Adresse utile

Office de tourisme : *☎ 04-75-04-40-10. • officetourisme.lagardeadhemar@orange.fr • la-garde-adhemar-ot.org • De mi-avr à fin sept, lun et jeu-sam 9h30-12h, 14h-18h30 ; d'oct à mi-avr, jeu 14h-18h et ven-sam 10h-12h, 15h-17h.* Infos notamment sur les circuits pédestres et VTT au départ du village.

Où dormir ? Où manger ? Où boire un verre ?

Chambres d'hôtes

Le Val des Nymphes : *chez Isabelle et Christian Andruejol, domaine de Magne (à 1 km du village). ☎ 04-75-04-44-54. • val.des.nymphes@wanadoo.fr • valdesnymphes.com • Doubles 60-65 € ; familiale (4 pers) 110 €. Table d'hôtes 22 €. Réduc de 10 % sur le prix de la chambre hors juil-août sur présentation de ce guide.* En débouchant du petit chemin, on tombe nez à nez avec une grosse maison du XVIIe s qui occupe tout l'espace. Les chambres sont regroupées au pied de la colline, dans un bâtiment de plain-pied face à des vergers d'arbres fruitiers, oliviers, chênes truffiers, etc. Table d'hôtes à base de produits de la ferme. Menu « truffes » en période de récolte. Et piscine pour garder la ligne.

La Ferme des Rosières : *chez Michèle et René Girard, quartier La Peyssade. ☎ 04-75-04-72-81. • girard.rosieres@wanadoo.fr • fermedesrosieres.com • À 3 km de La Garde-Adhémar par la route de Pierrelatte. En bas de La Garde, à gauche au 1er carrefour (indiqué). Congés : de déc à mi-janv. Doubles 56-64 €. Table d'hôtes 22 €.* Notre couple d'agriculteurs-vignerons est accueillant et aime offrir le meilleur. La ferme, au calme, est authentique, tout comme le potager qu'entretient Michèle avec passion. Repas franc et copieux avec les produits de la ferme.

Le Mas Bella Cortis : *route du Val-des-Nymphes. ☎ 04-75-04-04-15. • contact@masenprovence.com • masenprovence.com • À 2 km de La Garde-Adhémar. Congés : 2 sem début avr, 2 sem début oct et à Noël. Doubles 115-150 € selon saison ; familiales 175-215 €.* Beau mas du XVIIIe s dominant la garrigue, les truffières, les lavandes et les vignes. La bâtisse a été restaurée avec passion, du jardin aux chambres, toutes décorées avec beaucoup de goût, aux couleurs de la Provence. La vue sur les falaises ocre de Clansayes est unique. Ici, soyez rassuré, seuls le mistral, le chant d'une cigale ou encore le bruissement d'une nymphe troubleront votre quiétude ! Le petit déj et les repas sont servis en terrasse lorsque le temps le permet.

De prix moyens à plus chic

Le Tisonnier : *rue de la Loge. ☎ 04-75-04-44-03. Juil-août, tlj ;*

hors saison, ven-dim slt. Formules déj 14-20 €, carte 30-34 €. Dans une petite rue, cette adresse à la déco de bric-à-brac détonne. En terrasse, on mange sur un panneau de sens unique, un œil sur les lanternes et les vieilles cages à oiseaux suspendues dans les arbres. Et dans la grande salle boisée ? Mobilier ancien, poteries, vieux outils... Dans l'assiette, cuisine réalisée avec de bons produits frais des marchés avoisinants. Accueil souriant. En face, *Côté Pizza,* tenu par la même équipe familiale *(ouv le soir, tlj sf mar en saison).*

L'Absinthe : *pl. Perriod. ☎ 04-75-04-44-38. Hors saison, fermé le soir dim-jeu. Congés : 10 janv-10 fév. Résa quasi obligatoire. Assiette bistrot 15,50 €, carte 25 €. Pour ceux qui prennent un repas sur place, café offert sur présentation de ce guide.* Labellisé « Bistrot de pays », ce joli troquet permet de maintenir un peu d'animation au village, et ce, tout au long de l'année. Doté d'une irrésistible terrasse et d'une non moins irrésistible salle. À la carte, produits du terroir et spécialités drômoises.

À voir

Les vestiges des remparts : significatifs, surtout vers la porte nord, la seule survivante des portes du village. Belle enfilade d'arcades. Ensuite, c'est le profond plaisir d'errer dans ruelles et venelles, l'œil accroché par moult détails architecturaux insolites, cours intérieures, impasses mystérieuses... L'ancien cellier du château féodal a été transformé en salle des fêtes. Quelques vestiges d'un autre château, celui d'Antoine Escalin de La Garde, né vers 1498, mort dans son lit en 1578, après une vie bien remplie. Il fut successivement gentilhomme de François Ier, ambassadeur à Constantinople, général des mers du Levant et des galères, général d'armée de terre si l'actualité le commandait. C'est ainsi qu'il massacra quelques milliers de Vaudois hérétiques en Provence, en envoya quelques autres faire une croisière en mer à la force des bras, combattit sur tous les champs de bataille de l'époque, bouffa de l'« Anglois » et du Transalpin... En 1557, il devint gouverneur de Marseille, puis, histoire de ne pas perdre la main, chassa les protestants pendant une dizaine d'années, avant d'aller jouir d'une retraite méritée dans son château.

L'église Saint-Michel : du XIIe s, une des plus belles de style roman qu'on connaisse. Proportions totalement harmonieuses, équilibre des volumes. À l'intérieur, nef très haute par rapport à la largeur, ce qui donne un remarquable sentiment d'élévation. Décor sobre, légèreté de l'ensemble pour en rajouter au plaisir ! Possède aussi une rarissime vierge romane, Notre-Dame-de-Bon-Secours, du XIIe s (on en trouve une dizaine équivalentes sur tout le territoire national).

La chapelle des Pénitents : ancienne maison médiévale devenue chapelle des Pénitents-Blancs en 1630. Belle fenêtre géminée. À l'intérieur, fresque datée du XVIIIe s. Aujourd'hui, siège du club *Unesco,* qui assure des visites commentées du village sur rendez-vous *(☎ 04-75-04-41-58).*

Au pied de l'église, le petit ***jardin des Herbes*** accroché à flanc de colline. Très beau site, pour découvrir quelque 200 variétés de plantes aromatiques et médicinales. Quelques plantes classées, des roses anciennes. Bien agencé, une belle initiative de la mairie *(visites commentées : 06-71-83-64-39).*

La chapelle du val des Nymphes : *prendre la route de Pierrelatte ; dans la descente, indiqué sur la gauche ; c'est à 2 km.* Voilà 2 000 ans, les hommes invoquaient ici les divinités de la Fécondité et de la Prospérité. Dans l'Antiquité, un tel culte près des sources était monnaie courante. Au début du Moyen Âge, l'Église se réapproprie ce site païen pour y construire quatre églises dans ce premier noyau villageois de La Garde-Adhémar, dont l'église prieurale, Notre-Dame-des-Nymphes – la seule rescapée –, une dépendance de l'abbaye bénédictine de

Tournus. La chapelle romane du XIIe s, restaurée en 1991, a fait l'objet de pèlerinages jusqu'à la Révolution. De nos jours, le val des Nymphes, imprégné de mystère, fascine les personnes sensibles aux forces telluriques et magnétiques.

La galerie d'art contemporain Éric-Linard : *route du Val-des-Nymphes. ☎ 04-75-04-44-68. • ericlinardeditions.com • Juil-août, tlj sf lun 15h-19h ; sept-juin, tlj sf dim-lun 14h-18h.* Tout près du val des Nymphes se trouve une galerie d'art moderne, installée dans une ancienne filature. Expositions d'art contemporain sur plus de 300 m², renouvelées tous les 2 mois. Également un atelier de lithographie et de sérigraphie.

L'atelier-galerie de Claude et Mady Michel *(émaillerie) :* *impasse des Remparts. ☎ 04-75-04-40-69. • emaux-michel.com • Tlj sur rdv (06-72-61-19-11).* Exposition permanente d'émaux cloisonnés en argent et de sculptures en grès et porcelaine. Stage à la journée (95 €) possible pour confectionner votre bijou.

SUZE-LA-ROUSSE

(26790) 2 000 hab. *Carte Drôme, A4*

Le château et la cave coopérative méritent largement un arrêt. À propos de cette dernière, laissez vos préjugés au placard. Les vins de grignan-les-adhémar sont souvent d'un bon rapport QPP (qualité-prix-plaisir) ! Depuis le château, perdu dans un océan de vignes, vue bien sympathique sur les parages : Grignan, Chamaret, Rousset, Valréas, le mont Ventoux et les dentelles de Montmirail qui apparaissent au loin. Un village intelligemment restauré, comme on aime en contempler.

Adresse utile

Office de tourisme : *445, av. des Côtes-du-Rhône. ☎ 04-75-04-81-41. • ot-suze-la-rousse.fr • En saison, lun-sam mat 9h30-12h30, 15h30-18h30 ; hors saison, du lun ap-m au sam mat 9h-12h30, 13h30-17h30.* Très accueillant. Dépliant gratuit pour découvrir le village et ses environs.

Où dormir ? Où manger à Suze-la-Rousse et dans les environs ?

Camping

Camping Le Pont du Lez : *110, chemin du Camping. ☎ 04-75-98-82-83. • lepontdulez@wanadoo.fr • Près du pont, sur la route en venant de Saint-Paul, dans le quartier de la Resse (ou sortie A 7, direction Nyons). Ouv Pâques-sept. Forfait 15 € en hte saison. Caravanes 170-299 €/sem. Réduc de 10 % sur l'emplacement sur présentation de ce guide.* Un petit camping offrant une belle vue sur le château. Accueil chaleureux. Piscine, jeux pour les enfants et une trentaine d'emplacements bien ombragés.

Chambres d'hôtes

À la Maison : *277, chemin du Mas, 26790* ***La Baume-de-Transit.*** *☎ 04-75-90-62-36. • contact@alamaisondhotes.fr • alamaisondhotes.fr • Doubles 85-95 € selon confort.* Frédérique a installé 4 chambres d'hôtes dans une partie du mas familial. Toutes les chambres sont conçues différemment. Jolie déco, murs patinés et mélange d'ancien et de moderne.

Pour les petits déj, grande salle à manger commune dont il faut absolument admirer le magnifique sol d'origine, très original ! Piscine. Bel accueil.

Les Aiguières : *80, rue de la Fontaine-d'Argent, à Suze-la-Rousse (en plein centre du village). ☎ 04-75-98-40-80. 06-14-33-07-99. • nadine@les-aiguieres.com • les-aiguieres.com • Double 85 €. Table d'hôtes 25 €.* Très jolie maison de village, en pierre, installée dans un superbe jardin clos de murs. La maison d'hôtes possède 5 chambres et se trouve totalement Indépendante de l'habitation des propriétaires. Les chambres sont toutes charmantes et on aime bien la « Jaune » sous les toits. Au rez-de-chaussée, grand salon-bibliothèque très agréable avec grosse cheminée pour les soirées d'hiver. Plusieurs endroits dans le jardin incitent à la lecture et au farniente : dans un transat au bord du bassin, à une des tables de la terrasse, ou encore à l'ombre d'un arbre. Excellent accueil.

Mas de Champelon : *296, chemin de la Tuilière, hameau de Saint-Turquois. ☎ 04-75-98-81-95. • contact@mas-champelon.com • mas-champelon.com • Ouv 15 avr-sept. Double 64 €. Table d'hôtes 23 €.* Ce mas en arc de cercle est bien défendu : déjà caché par un rideau d'arbres, il se protège encore derrière un mur d'enceinte percé d'un grand portail vert. Chambres agréables, confortables. Tranquille, on s'en doute, mais également très convivial. La terrasse est tellement agréable qu'on ne résiste pas à l'appel des grillades. Table d'hôtes à base des produits du potager familial.

Le Moulin de Champdurand : *chez M. et Mme Broussard, 972, chemin Champdurand, à Suze-la-Rousse. ☎ 04-75-98-87-59. • crodis@free.fr • lemoulindechampdurand.com • Ouv mars-oct. Doubles 80-95 € selon confort et saison. Table d'hôtes 25 €. Réduc de 5 % sur la chambre sur présentation de ce guide.* Un immense mas familial, où quatre générations s'entrecroisent et partagent une même passion pour la nature, le terroir, l'authentique. 5 chambres poétiques et confortables. Un gigantesque salon fait office de pièce commune, avec une cheminée magistrale pour les soirées d'hiver. Le tout, posé au milieu d'un parc de 5 ha, avec de magnifiques arbres fruitiers, chênes truffiers et plantes aromatiques et le Lez qui coule tranquillement au fond. Demander à voir la roue de l'ancien moulin sous la maison. Espace massages. Très bon accueil de vos hôtes.

Prix moyens

Le Garlaban : *au centre du village de Suze-la-Rousse. ☎ 04-75-04-04-74. • restaurant-le-garlaban@laposte.net • Fermé lun, plus dim soir et mar hors saison. Congés : janv. Menus 19 € (déj), puis 27-39 €. Café offert sur présentation de ce guide.* Cuisine traditionnelle et provençale, une halte de qualité. Le restaurant est situé dans un ancien relais de poste, un jardin-cour clos et ombragé pour des repas en terrasse.

À voir. À faire

Le château : *☎ 04-75-04-81-44. Tlj (sf mar nov-mars) 10h-12h30, 14h-18h (en continu juil-août). Fermé 11 nov, 25 déc et 1er janv. Entrée : 6 € ; réduc. Visite guidée : 8 €. Visite guidée du château ou visite libre avec visioguide. Compter 1h. Billet commun pour les 3 châteaux (Grignan, Adhémar et Suze-la-Rousse) : 18 €.* Son architecture mérite le coup d'œil autant que la belle vue panoramique sur les vignobles alentour. Sa façade est de style médiéval, tandis que la cour intérieure rappelle plus la Renaissance. Le roi Charles IX et sa mère Catherine de Médicis rendirent visite en 1564 au comte de Suze, celui-là même qui se fit tuer au siège de Montélimar avec les clés de la ville dans la poche (voir « Un peu d'histoire » à Montélimar). Une des plus jolies cours italiennes à arcades qu'on connaisse. À l'intérieur, parcours muséographique autour de l'histoire du château et de l'univers de la vigne et du vin à travers les siècles. Salles présentant de belles gypseries et un intéressant décor peint du XVIe au XVIIIe s (grand escalier, salle d'armes, salle à manger, salons, antichambres, etc.).

Ayant appartenu successivement aux nombreuses familles influentes de la région (les Baux d'Orange, les La Baume Suze), il est racheté en 1965 par le conseil général. Ce dernier a eu la bonne idée d'y créer l'***université du vin*** *(☎ 04-75-97-21-30 ; • universite-du-vin.com •),* la première au monde, hébergée au 2e étage du château. Son activité s'étend au-delà des frontières de la région et de l'Hexagone. Dans ces conditions, personne ne s'étonnera de découvrir toutes sortes de panneaux pédagogiques sur l'univers du vin. Depuis quelques années, l'espace Médicis, qui accueille le *Centre de recherche et de développement œno-agronomique,* permet aux professionnels d'obtenir avec une précision scientifique l'analyse du sol, des maladies du vignoble... bref, que du sérieux. Mais les passionnés de vin y trouvent également leur compte. Des séminaires sont organisés pour découvrir une appellation ou l'univers viti-vinicole.
À voir également, à côté de l'espace Médicis, la *Garenne* et le jardin, où sont cultivés les cépages les plus représentatifs des vignobles français et étrangers : savagnin, carignan, mourvèdre, colombard, melon de bourgogne, poulsard...

➢ Balade sympa dans le ***village*** à la recherche des vénérables demeures du passé. Dans la montée vers le centre de l'ancien village, hautes vieilles façades bien usées (peut-être des éléments d'anciens remparts). Belle halle aux grains, ancienne mairie (sur la Grande-Rue), présentant une remarquable façade Renaissance, chapelle Saint-Sébastien (ex-sépulture des seigneurs), pittoresques ruelles appelées ici « calades ».

SAINT-PAUL-TROIS-CHÂTEAUX

(26130) 9 097 hab. *Carte Drôme, A4*

D'abord, ne pas chercher les trois châteaux... car il n'y en a pas ! Le nom du village proviendrait de la déformation par l'usage du gentilé des premiers habitants de la région, les *Tricastini.* Petite capitale prospère du Tricastin, sa population a triplé depuis 1866 et presque doublé depuis 1975, avec le percement du canal de dérivation du Rhône et l'ouverture de la centrale nucléaire, qui amenèrent beaucoup de monde. C'est aujourd'hui une ville plaisante dont le vieux centre propose quelques beaux lieux à voir (cathédrale romane, hôtels Renaissance, etc.).

Adresse et info utiles

ℹ ***Office de tourisme :*** *pl. Chausy. ☎ 04-75-96-59-60. • office-tourisme-tricastin.com • Tte l'année, tlj sf dim et j. fériés (ouv 14 juil et 15 août) 9h30-12h30, 14h30-18h30 (14h-18h en basse saison).*

– ***Marché aux truffes :*** *de mi-déc à mi-mars, dim 10h-12h30, pl. de l'Esplan.* Réservé aux particuliers.

Où dormir ? Où manger chic ?

🏠 |●| ***L'Esplan :*** *15, pl. de l'Esplan. ☎ 04-75-96-64-64. • contact@lesplan.fr • lesplan.fr • Tlj. Congés : Noël-début janv. Doubles 76-135 € selon confort et saison ; petit déj 12 €. Formule déj express 19,50 €, menus 27-45 €. 📶 Apéro offert sur présentation de ce guide.* Au cœur du village, une belle demeure du XVIe s dont on a conservé la façade, mais dont la structure intérieure a été complètement revisitée au goût du jour. Des chambres bien équipées et de tailles variées. Resto qui ne vous laissera pas en plan.

À voir. À faire

La cathédrale Notre-Dame : un des exemples les plus aboutis d'art roman provençal. Construite aux XIIe-XIIIe s. Façade occidentale d'une belle rigueur architecturale. Portail avec un élégant arc sculpté encadré de demi-colonnes et de pilastres sans chapiteaux. Bel appareillage de pierre où l'on observe de nombreuses marques de tâcherons. À l'intérieur, pénombre caractéristique du premier art roman (peu de fenêtres). Avec plus de 19 m, hauteur exceptionnelle de la nef. Derrière le maître-autel, mosaïque du XIIe s. D'autres éléments de décor : faux triforium dans la nef ; sur les piliers, peintures des XIIIe et XIVe s ; sur le bas-côté, chapelle gothique de 1460.

Le musée d'Archéologie tricastine : *salle d'expo de l'archidiacre, musée de France. Infos : ☎ 04-75-04-74-19. • musat.fr • Mar-sam et 1er dim du mois 14h30-18h. Entrée : 3,20 € ; réduc ; gratuit moins de 16 ans. Possibilité de visite guidée sur résa, et le 1er dim du mois à 16h. Livret-jeu pour les enfants. Également des visites guidées sur résa, et visites téléchargeables gratuitement sur le site de la ville.* Des vestiges de la préhistoire, des périodes gauloise, antique et du Moyen Âge sont conservés au musée, parmi lesquels certaines pièces uniques en France ou en Europe : mosaïque romaine de plus de 100 m², une des plus importantes collections françaises de verres antiques, la seule arche sainte hébraïque médiévale d'Europe ayant survécu aux guerres de Religion, etc. De nombreux éléments présentent aussi la vie quotidienne du Tricastin au cours des siècles. Expos temporaires, permettant de découvrir chaque année un aspect de l'histoire de Saint-Paul-Trois-Châteaux et du Tricastin.

Au hasard de la ***balade dans la vieille ville,*** on croise des vestiges de remparts, de jolies fontaines (place de l'Esplan, place du Marché...) et d'intéressantes façades Renaissance. Quelques édifices XVIIIe s comme l'*hôtel d'Audiffret,* au 3, rue Montant-au-Château, l'*hôtel de Bimard,* place Bimard, et l'*hôtel de ville* (1742), place de la Castellane.

La maison de la Truffe et du Tricastin : *rue de la République. ☎ 04-75-96-61-29. • maisondelatruffe.com • Horaires variables selon saison (rens par tél ou à l'office de tourisme). Entrée : 4,50 € avec audioguide ; réduc.* Un espace muséographique, ludique et interactif, comme il se doit, qui permet d'aller, chacun à son rythme, à la découverte des secrets de la truffe. Vous saurez tout – si vous prenez la peine de tout lire, entendre, regarder, humer – sur le « diamant noir » (dont la région est le premier producteur de France) et son environnement. La « truffe du Tricastin » est cultivée sur 15 communes du Vaucluse et 68 communes de la Drôme. Exposition permanente sur le vin en Tricastin de l'Antiquité à nos jours. Caveau de dégustation et vente des vins de l'AOC grignan-les-adhémar au même prix qu'aux domaines, boutique de produits du terroir.

– ***Le centre de loisirs municipal Saint-Paul 2003 :*** *quartier Miégesolles. ☎ 04-75-04-50-88. Ouv tte l'année. Entrée payante selon âge et discipline.* Ce centre propose plusieurs activités sportives de loisirs (tennis, squash, billard, bowling...), dont un grand bassin avec son toboggan. Agréable en plein été.

Fêtes et manifestations

– ***Fête du Livre de jeunesse :*** *en janv-fév.*
– ***Fête de la Truffe :*** *le 2e dim de fév, à la maison de la Truffe et du Tricastin.*
– ***Saint-Paul Soul Jazz Festival :*** *en juil. • saintpaul-souljazz.com •* Une programmation unique en France.
– ***Festival du Film :*** *en oct. • festivaldufilm-stpaul.com •*

DANS LES ENVIRONS DE SAINT-PAUL-TROIS-CHÂTEAUX

SAINT-RESTITUT (26130)

À 3 km au sud de Saint-Paul, on découvre un bien joli village avec son surprenant panorama et sa belle église romane. Vestiges de remparts et vieilles maisons. Le village fut longtemps connu pour ses carrières de pierre – utilisée à Lyon –, exploitées dès l'époque gallo-romaine. C'est une belle pierre blanche, d'un grès très fin, particulièrement appréciée au XIXe s pour la construction urbaine et les monuments publics. En 1900, les carrières employaient encore 400 ouvriers. La gare de Perrache, la mairie du VIIe arrondissement, les lycées et immeubles de prestige à Lyon, le musée d'Art de Genève, les banques de Montélimar et de Valence, etc., tous furent construits en pierre de Saint-Restitut. Le triomphe du béton armé la tua. Reste aujourd'hui ces immenses cathédrales souterraines. Par ailleurs, saint Restitut était un aveugle que Jésus a guéri, et qui évangélisa ensuite la Provence.

Où dormir ?

La Ferme du Truinas : *233, chemin des Anlavaux,* ***La Plaine.*** *☎ 04-75-96-73-69. • fermedutruinas@free.fr • fermedutruinas.free.fr • À 4 km du village. Rejoindre la route de Suze ; indiqué depuis la D 59 sur la droite. Ouv avr-sept. Double 75 €. Table d'hôtes 24 €. Apéritif maison offert sur présentation de ce guide.* Ici, on oublie le reste du monde pour se fondre dans le cadre artistico-voyageur de cette ferme rustique, bien au calme, avec sa piscine qui a les yeux braqués sur le Ventoux. Accueil dynamique et bons petits plats que l'on dévore, de retour de balade, en terrasse ou dans cette grande salle boisée décorée d'objets insolites. Idéal pour familles et randonneurs.

À voir

L'église : du XIIe s, grand lieu de pèlerinage au Moyen Âge. Contre une des façades, une tour funéraire du XIe s comportant des frises sculptées (bestiaire, personnages, scènes bibliques). Splendide porche sud et, à l'intérieur, intéressants chapiteaux et corniches. Un peu plus loin, chapelle hexagonale du Saint-Sépulcre de 1508.

Les caves cathédrales du Mas Théo : *☎ 04-75-46-04-59. 📱 06-82-69-50-64. À l'entrée sud du village, prendre la direction « Belvédère », les caves cathédrales sont indiquées, faire env 3 km. Lun-sam 10h-12h (sf lun), 14h-19h (plus dim ap-m en été). GRATUIT.* Laurent Clapier, jeune viticulteur, a décidé de faire revivre ce lieu paisible qui offre des conditions idéales d'hygrométrie et de température, propices à l'élaboration et au stockage des vins. Un lieu en totale harmonie avec la démarche en biodynamie de son exploitation. L'ensemble du domaine est situé sur l'appellation d'origine protégée grignan-les-adhémar. Visite avec panneaux explicatifs. Magnifique pressoir du XVIIIe s. Attention, l'endroit est très frais même en été (température stabilisée à 13 °C), prévoir sa petite laine ! À la fin de la visite, dégustation et vente.

CLANSAYES (26130)

Depuis Suze par la D 59, puis la D 71 et la D 481. Ou encore, depuis Saint-Paul par la D 133, puis la D 51, à 5 km. Perché sur un piton rocheux autrefois fortifié, Clansayes mérite un détour pour son panorama sur le Tricastin. Vieux village construit en amphithéâtre, dominé par une *tour des Templiers* à mâchicoulis du XIIIe s, et blotti autour de l'*église Saint-Michel* du XIIe s. À voir également, quelques vestiges des remparts.

PIERRELATTE (26700)

On raconte que Gargantua, boitant à cause d'un vilain caillou dans sa botte, s'assit sur le mont Ventoux et s'en débarrassa prestement. Depuis, un insolite rocher de 32 m trône dans la plaine, à l'abri duquel Pierrelatte commença à se développer. Ledit rocher protégea réellement le village du mistral pendant de nombreux siècles, jusqu'à ce qu'il soit vendu en 1815 comme carrière par une municipalité fauchée. En 1870, une brèche importante commence déjà à l'entamer et le village, n'étant plus guère protégé, se met à frissonner l'hiver. Protestation des habitants. Ce n'est qu'en 1919 que le rocher est enfin classé. On combla la brèche en 1953 avec un réservoir d'eau, aujourd'hui désaffecté. Pierrelatte fit parler de lui dans les années 1960-1970 par la construction d'une usine de séparation isotopique d'uranium, suivie de celle de la centrale nucléaire du Tricastin.
Aujourd'hui, Pierrelatte entend bien jouer de deux attractions uniques en leur genre pour retenir au moins une nuit les visiteurs de passage. Outre les chers crocodiles, qui bénéficient désormais d'une « zone touristique » comme d'autres d'une appellation contrôlée, c'est l'ouverture de la grotte de Vallon-Pont-d'Arc, côté Ardèche, qui fera se poser ici, à la sortie de l'autoroute, nombre de visiteurs, faute de structures hôtelières suffisantes sur place (à 30 km). Rien de très glamour pour l'instant, mais du pratique.

Adresse et info utiles

Office de tourisme : *22 bis, av. Jean-Perrin. ☎ 04-75-04-07-98. • office-tourisme-pierrelatte.com • Lun-sam 9h-12h30, 14h30-18h30 (14h-18h nov-mars).* Liste de chambres à disposition.

➢ **Bus** pour Montélimar et Avignon (ligne n° 42), via Saint-Paul-Trois-Châteaux, Donzère, Bollène, Orange *(rens : ☎ 04-75-51-89-69).*

À voir. À faire

➢ Balade plaisante dans la vieille ville, où voir la ***chapelle des Pénitents*** du XIIe s. L'ancienne prison du XVIIIe s abrite un petit ***Musée municipal*** *(☎ 04-75-04-07-98 ; slt juil-août ; GRATUIT).* En face, vous trouverez le portail de la ***maison Seigneuriale*** (dite « maison des Gouverneurs ») de 1548. Place Xavier-Taillade, maisons typiques du coin, sur un ou deux étages. Avec en plus, souvent, un grenier, de petites fenêtres et un séchoir. L'alignement des maisons sur la Grande-Rue répond au même modèle. Enfin, par la rue des Remparts-du-Midi, on accède à la tour du rempart sud. Près de l'église, charmante rue d'Amour ! À voir également, un ***moulin à vent*** restauré jusqu'au bout des ailes *(chemin de ronde ; ☎ 04-75-04-07-98 ; slt juil-août ; GRATUIT)* et le ***village provençal Aimé et Simone Brun*** à la découverte de cette tradition provençale de crèche et de santons *(rue Pierre-Sémard ; ☎ 04-75-50-23-52 ; slt juil-août ; GRATUIT).*

La Ferme aux crocodiles : *395, allée de Beauplan. ☎ 04-75-04-33-73. • lafermeauxcrocodiles.com • ♿ Accès par la D 59 depuis la N 7 et la D 158. À env 10 mn des sorties A 7 « Bollène » et « Montélimar Sud ». Bien indiqué. Mars-oct, tlj 10h-18h (juil-août 9h30-19h) ; nov-fév, tlj 10h-17h. Fermé 2 sem janv. Compter 2-3h de visite. Entrée : 16-17 € selon saison, enfant 11 € ; réduc.*
Unique en Europe, la ferme est constituée de 8 000 m² de serre tropicale et de 4 000 m² en plein air. Près de 350 crocodiles, des varans (dont les célèbres dragons de Komodo), des tortues géantes des Seychelles et des Galápagos, des poissons et des oiseaux tropicaux ainsi que des serpents et un nouvel espace consacré à l'Amérique du Sud. On a reconstitué sous une serre géante

l'environnement qui sied le mieux aux « petits » pensionnaires : fougères arborescentes, cycadacées, nénuphars et bien d'autres plantes à fleurs envahissent l'espace, jalonné de cascades, et même de villages lacustres pour ajouter au dépaysement. Au gré de la balade, on croise une dizaine de variétés de bébêtes, dont nos crocos bien connus, le caïman, l'alligator, des gavials (espèce très menacée) offerts par le gouvernement népalais à des fins de reproduction, etc. Il y a même de rarissimes albinos. Nombreuses animations.

Il s'agit également d'un centre de recherche qui s'efforce de partager son savoir avec le grand public. On apprend par exemple que ces proches parents des dinosaures peuvent vivre jusqu'à 100 ans, grandissent tout le temps, n'ont pas de caries ou de problème de plaque dentaire, leurs dents se renouvelant sans cesse, etc.

DENT POUR DENT

Au cours de leur existence, les crocodiles renouvellent leurs 80 dents jusqu'à une cinquantaine de fois, soit 4 000 dents au total. L'homme, lui, achète un dentier.

Enfin, 13 tortues géantes (plus de 300 kg !), en provenance des Seychelles, complètent ce petit groupe déjà bien sympathique. Là encore à des fins scientifiques, puisqu'il s'agit d'étudier la biologie de ces reptiles. Les naissances ayant lieu en été, c'est le meilleur moment pour venir visiter la nurserie. Un parcours extérieur (avec cafétéria) complète l'ensemble.

En ce qui concerne les crocos qui ne mangent qu'une fois par semaine, c'est aléatoire et en fonction de leur appétit !

On y trouve aussi quelques spécimens des plus grands serpents du monde, les pythons. Un site très pédagogique.

Couleurs de forge : *11, allée des Blachettes. ☎ 04-75-04-01-10. • couleursdeforge.com • Dans la zone touristique dite des Crocodiles. Ouv tte l'année, lun-ven 9h-17h30.* Visite de l'atelier de ferronnerie d'art. Espace exposition et salle vidéo. Création de pièces uniques : couteaux, lames, chandeliers, sculptures, etc.

L'ENCLAVE DES PAPES

Carte Drôme, A4

Une curiosité que cette enclave vauclusienne dans le département de la Drôme. Vous connaissez l'histoire, et même l'Histoire ? Les papes, qui ne cessaient d'agrandir leur domaine et d'en tirer de substantiels revenus, s'étaient rendus propriétaires de Richerenches, Valréas, Visan puis Grillon. La réunion de ces villages constitua, dès cette époque, une « enclave » pontificale dans les terres du futur royaume de France. L'enclave des Papes était née. Elle le restera pendant un demi-millénaire, jusqu'à ce que la Révolution française lui impose un rattachement au département du Vaucluse...

VALRÉAS (84600)

Perchée sur une colline encore dominée par son donjon du XIIe s, la petite ville vous charmera avec ses vieux quartiers, la belle église romane de Notre-Dame-de-Nazareth au portail... gothique, le château de Simiane, palais construit aux XVIIe et XVIIIe s, qui abrite l'hôtel de ville et la chapelle des Pénitents-Blancs avec son plafond à caissons entièrement peint. Sinon, Valréas reste un bourg commerçant et assez peu touristique...

Adresse utile

Office de tourisme : *10, av. Maréchal-Leclerc. ☎ 04-90-35-04-71. • ot-valreas.fr • Tlj sf dim (ouv dim mat de mi-juil à août) 9h15-12h15, 14h-18h (17h nov-fév, et fermé sam ap-m).* Borne internet sur place.

À voir

Le musée du Cartonnage et de l'Imprimerie : *3, av. du Maréchal-Foch. ☎ 04-90-35-58-75. (pour l'expo permanente au rdc). Avr-oct, tlj sf mar, 13h-18h ; reste de l'année groupes sur résa. Entrée : 3,50 € ; réduc ; gratuit moins de 12 ans.* Ce musée unique en France retrace l'histoire de la fabrication des boîtes en carton à Valréas. Dans un bel espace sobre et aéré, l'exposition évoque en détail la genèse des célèbres boîtes à courant d'air inventées ici pour l'expédition des « graines » de vers à soie. Fonctionnelles, sans doute, mais non exemptes de coquetterie, à en juger par de nombreux modèles joliment décorés. Reconstitution d'atelier d'une industrie qui connut son essor au début du XXe s (il y eut jusqu'à 17 fabriques en ville !). Expositions temporaires et librairie-boutique.

LA DRÔME

Manifestation

– **Nuit du petit Saint-Jean :** *le 23 juin, et depuis 1504 !* La Saint-Jean est ici fêtée dans le faste : roi d'une année, le Petit-Saint-Jean, un garçon de 5 ans, est couronné en grande pompe avant d'emmener un cortège de quelque 400 personnages en costumes d'époque (hallebardiers, gardes pontificaux...) à travers toute la ville.

GRILLON *(84600)*

À 4 km de Valréas. Le quartier du Vialle, typique village féodal, qui risquait de tomber en ruine, a été réhabilité par un architecte. Et le mélange entre une architecture résolument contemporaine (verre et métal) et les vieilles pierres fonctionne étonnamment bien !

RICHERENCHES *(84600)*

À 7 km de Valréas. Le vieux quartier est encore enclos dans l'enceinte d'une commanderie de Templiers fondée en 1136 (ce fut la première de Provence). On produisait ici tout ce qui était nécessaire aux expéditions de ces moines-soldats, à commencer par leurs destriers, suffisamment solides pour le chemin jusqu'à Jérusalem. Pour les amateurs, Richerenches est un centre truffier important.

Adresse et infos utiles

Office de tourisme : *pl. Hugues-de-Bourbouton. ☎ 04-90-28-05-34. En été, lun-sam 10h-13h, 14h30-18h30 (15h-18h sam ap-m) ; le reste de l'année, lun-sam 9h30-12h30, 13h30-17h30.*

– **Marché aux truffes :** *sam mat nov-mars.* Rabassaires et courtiers y négocient presque secrètement, cachés derrière les coffres des voitures. Festivités autour du *Ban des Truffes* le samedi qui suit le 15 novembre, pour marquer l'ouverture du marché.

– **Messe aux truffes :** *le 3e dim de janv.* Les panières ne se remplissent pas de monnaie mais de truffes !

Où dormir ?

Chambres d'hôtes La Ferme de la Commanderie : *quartier Bourbouton. 06-80-94-85-86. • fermecommanderie@gmail.com • fermecommanderie.com • À 3 km du bourg en direction de La Baume-de-Transit. Ouv tte l'année. Doubles 98-150 €. Table d'hôtes sur résa 40 €.* Cette magnifique demeure du XVe s n'était plus que ruines. Françoise en a fait un lieu attachant : de vieux meubles qui sentent bon la cire, une cheminée où brûlent ceps et sarments, des chambres spacieuses et séduisantes (ciel de lit, bibelots choisis, couleurs tendres...). Du charme et de la personnalité. À la table d'hôtes, cuisine provençale à base de produits de qualité. Vins des vignobles alentour. Dans le jardin, piscine et bassin aquatique.

HOMMES, CULTURE, ENVIRONNEMENT

ARCHITECTURE ET HABITAT

Voici quelques traits forts de l'architecture qui seraient à la limite des lieux communs si les lieux ici n'étaient exceptionnels.
Premier trait : à de rares exceptions près, ***l'architecture ici, c'est d'abord la tuile.*** Et il suffit de traverser la France du nord au sud pour constater que c'est bien en Drôme que le Mistral prend son élan, chasse les pluies, découvre l'azur du ciel, que les toits des maisons perdent en inclinaison et que la tuile romaine prend le dessus. L'ardoise, elle, est rare.
Deuxième trait : ***le religieux ici est roman.*** Le Romain, c'est vrai, a plus marqué la région que le Goth. Le vent architectural est un vent du sud en Ardèche comme en Drôme.
Troisième trait : ***l'architecture, ici encore, c'est la pierre.*** Et la pierre du pays.
Et puisqu'il faut toujours faire un choix, on a privilégié trois aspects typiques de l'architecture de ces deux départements :
– le côté rural et le côté bourgeois modeste de cette architecture en parlant de la maison et de la ferme ardéchoises ;
– le religieux et le sacré en présentant le roman à travers quelques-unes de ses belles pages ardéchoises ;
– et enfin l'histoire par la pierre et l'architecture historique, à travers quelques châteaux et quelques bourgs, hameaux ou villages perchés dans la Drôme.

Les maisons en Ardèche

C'est l'âpreté de la saison, la volupté trop rare du soleil, la force du vent, l'angle de la pente et le matériau disponible qui font l'architecture rurale.
L'Ardèche compte plusieurs régions naturelles, d'où une extrême variété de solutions architecturales : chaque maison, par ses matériaux, le nombre et la disposition des pièces, illustre une agriculture et des exigences climatiques différentes. Dans la plaine du Rhône, le mistral a du souffle et le fleuve roule des galets. Alors, les maisons des rives du fleuve sont construites à l'abri d'une terrasse d'alluvions ou derrière un bouquet d'arbres forts. Et on utilise le galet pour monter les murs. Sur les coteaux à côté, sur les flancs de pentes, elles sont en calcaire ou en granit, au gré de la carrière la plus proche. Seule immigrée, la tuile qui est romaine. Et au sud, derrière la maison, le jardin a quelques arbres à fruits.

Dans les Boutières

La maison s'ancre le plus souvent sur la pente sud. Les maisons s'agglutinent en hameaux, les façades sont dissymétriques et comme faites par un Utrillo rural, amoureux des pastels. Alors la tuile romaine est parfois remplacée par la lauze. Et la maison ou la ferme en granit a souvent trois niveaux pour que chacun communique directement, de plain-pied avec le versant. La grange, faisant office de remise à foin (ou *fenière*), accessible aux chars, occupe alors le sommet, coiffant ainsi cuisine et étables contiguës. Parfois, comme à Saint-Julien-Boutières, c'est l'inverse : on habite le second et cela nécessite un puits de bois à travers l'étage d'habitation pour le passage du fourrage de la grange à l'étable. Et plus loin, il y a la *clède*, le séchoir à châtaignes.

Dans les Cévennes

Les vallons sont en terrasses et les fermes ou les hameaux s'accrochent sur les versants. Ici, il pleut et il pleut fort. Alors, il y a un auvent devant la porte. La couverture est chaude, une bonne couette de lauzes ou de romaines. Le matériau dépend de l'altitude. Le bois du châtaignier, qui règne ici en maître, a servi à édifier les charpentes des toits et des *clèdes*, les linteaux des fenêtres, les planches des portes et planchers. Sur les plateaux de Montselgues, le granit, en bas le grès, et entre les deux le schiste.

Dans le bas Vivarais

Au pays de la vigne et de l'olivier, c'est le calcaire, et encore la romaine, toujours la romaine. Et il y a la terrasse, le *couradou* couvert qui préserve la fraîcheur quand le thermomètre monte. Deux ou trois niveaux. Et on vit toujours à l'étage au-dessus de la *crotte* (voûte ou bel appareil) où prennent place étable et cave. Et la ferme, en bas Vivarais, si elle n'a ni brique ni panne, rappelle quand même par son aménagement la ferme flamande. Un grand rectangle de bâtiments, grange, habitation, magnanerie qui dessinent une cour centrale, cour qui donne l'impression d'un intérieur à l'extérieur.

Sur le plateau du Coiron

Au sud de Privas, le bas Vivarais calcaire est coupé en deux pour laisser place à un plateau volcanique. La maison d'éleveur du Coiron a hérité de la montagne le basalte noir. Les toits assez plats, en tuiles canal, débordent peu sur la façade, comme il sied dans un pays où les pluies sont rares. La famille loge à l'unique étage, bâti sur une voûte sous laquelle sont rassemblés les moutons et les chèvres. Les vastes granges et étables sont disposées grossièrement autour d'une cour fermée par un grand portail. Le balcon couvert, la *leïo,* avant la cuisine, est largement ouvert sur l'extérieur et rappelle le *couradou* du bas Vivarais.

Dans le haut Vivarais

C'est la maison bloc, masse de granit roux et gris coiffée de tuiles canal. C'est du solide. Sur le toit pourraient danser des éléphants. Faut que ça résiste au poids de la neige ! La maison suit la pente. Toutes les annexes s'ordonnent autour d'une cour rectangulaire fermée par la porte charretière. On accède à la cuisine-séjour par l'*aître,* destiné à protéger l'intérieur du logis des intempéries, puis on monte au premier, doucement, par une rampe extérieure qui permet d'engranger en évitant le lumbago. Ce qui est étonnant, c'est l'*usoir,* qui n'est ni dedans ni dehors. C'est là qu'on répare, qu'on plume, qu'on tond, qu'on tue le cochon, qu'on coupe le bois. Et c'est là que se réfugient les poules à l'alerte. Mais ce qu'il y a de plus intéressant c'est le *calabert* (hangar). C'est là qu'est le pressoir, c'est là qu'est la cuve. Et c'est surtout là qu'est remisé le vin et garée la goutte.

Dans la vallée du Rivage (vallée du Rhône)

Qu'elle soit en granit et calcaire sur le coteau, ou en galets du Rhône disposés en arêtes de poisson sur lit de mortier en bordure des cours d'eau, la maison du Rivage offre de multiples facettes. Plus au nord, à Saint-Désirat, le pisé domine. À l'extrême sud, entre Saint-Montan et le débouché de l'Ardèche, un pigeonnier

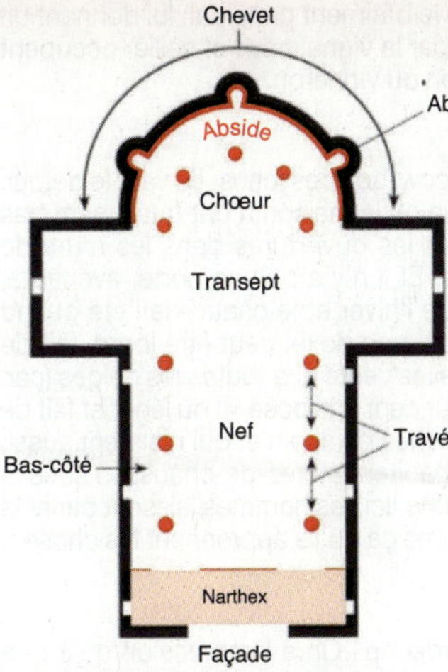

PLAN D'UNE ÉGLISE ROMANE

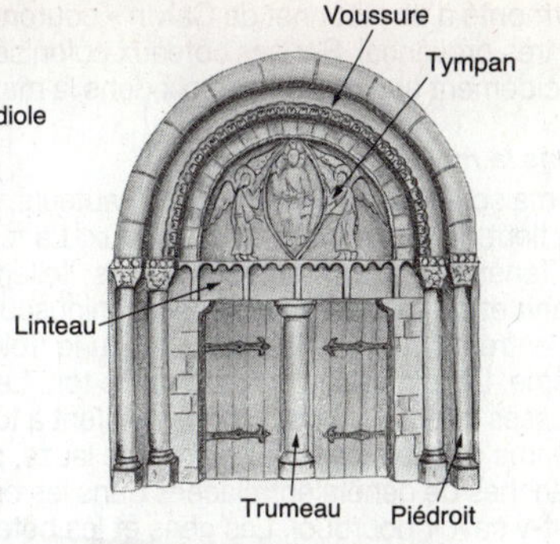

PORTAIL D'ÉGLISE ROMANE

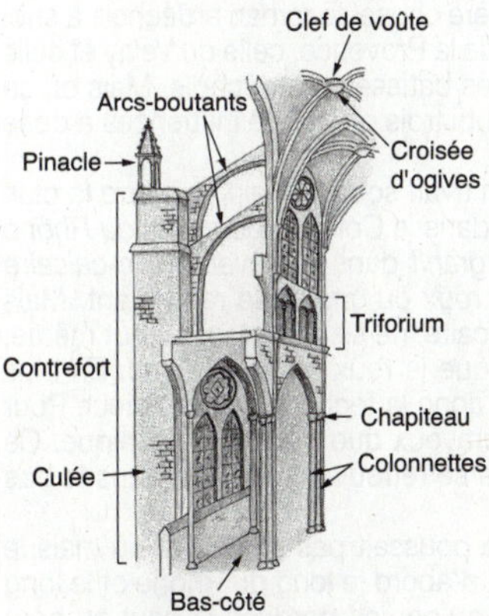

COUPE TRANSVERSALE D'UNE ÉGLISE GOTHIQUE

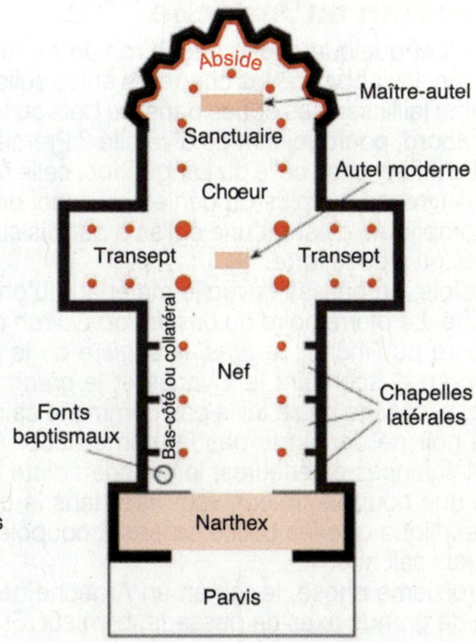

PLAN D'UNE ÉGLISE GOTHIQUE

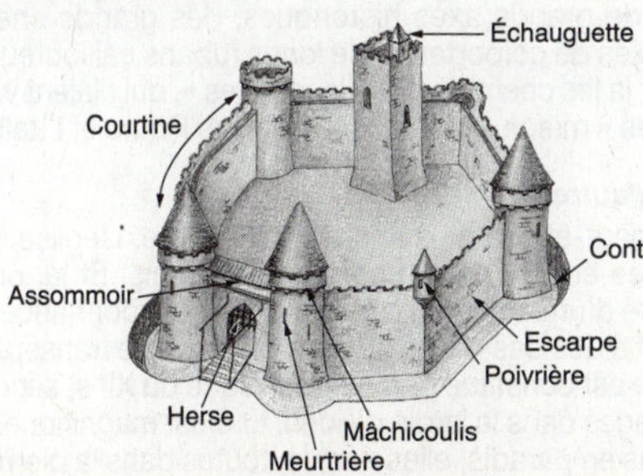

CHÂTEAU FORT

surmonté d'un « bonnet de Calvin » couronne le bâtiment principal, lui donnant un air très provençal. Sur ces coteaux colonisés par la vigne, cave et cellier occupent décidément une place de choix dans la maison du vigneron.

Dans la montagne ardéchoise

La maison du *pagel,* l'éleveur des hauteurs, le cow-boy des joncs, ça vaut le détour. Ça tient du robuste et du mystérieux. La ferme ou la maison n'ont quasiment pas de fenêtres, plutôt des yeux carrés, tellement les ouvertures dans les murs de granit et de roche de volcan sont minuscules. Et il n'y a qu'une porte, avenante, où entrent l'homme, la bête, un peu le froid de l'hiver et le chaud de l'été quand même. Le foin est à l'étage, sous le toit. Le toit, paradoxe, peut être lourd, fait de grosses lauzes robustes et qui résistent à tous les vents et à toutes les neiges (car, comme dit le dicton, « Qui bien pose lauze, pour cent ans pose »), ou léger et fait de branches de genêts entrelacées dans les branches de sapin et qui résistent aussi, va-t-y savoir pourquoi. Les gens et les bêtes habitent au rez-de-chaussée sous la charpente en châtaignier. C'est le pays de la burle. Ici, les hommes laissent parler la neige, le vent, la fleur ou l'oiseau. Et c'est comme ça qu'ils apprennent les choses.

Le roman en Ardèche

Ah ! c'est quelque chose que le roman en Ardèche ! On a l'impression qu'à une époque, les abbayes, les chapelles et les églises romanes sont sorties de terre ici, comme jaillissent les cèpes dans les bois ou les asperges dans les jardins.
Et d'abord, pourquoi tant de diversité ? Première chose, le roman ardéchois a subi quatre influences : celle du Languedoc, celle de la Provence, celle du Velay et celle de l'Auvergne, en plus du génie personnel des bâtisseurs ardéchois. Mais où ça se complique, c'est qu'une église a parfois subi trois ou quatre influences à dose perlée ou à dose forte.
Autrefois, on bâtissait avec le matériau qu'on avait sous la main, la pierre la plus proche. La pierre noire ou *basalte du Coiron* dans le Coiron ; les *galets du Rhône* au bord du Rhône ; le *grès,* le *schiste* ou le *granit* dans la Cévenne ; le *calcaire blanc* en descendant le Vivarais et le *granit roux* ou *gris* en le remontant. Mais voilà, le basalte ne se taille pas comme le calcaire, ne se taille pas du tout même, et le noir ne demande pas le même décor que le roux ou que le gris. En plus des influences extérieures, le matériau dicte donc la technique à l'intérieur. Pour faire une coupole, mieux vaut être dans le crayeux que dans le volcanique. Ce qui explique que les belles églises à coupole se retrouvent souvent dans le bas Vivarais calcaire.
Et, troisième chose, le roman en Ardèche ne poussait pas n'importe où mais le long de grands axes de passage, bien sûr. Et d'abord le long du Rhône et le long des voies romaines. Mais alors, ces églises qu'on voit perdues là-haut au bout d'un sentier à mules, dans des éloignements déserts, comme bâties pour personne dans des solitudes éternelles ? Eh bien, ces solitudes, ces déserts étaient dans les temps d'avant de grands axes historiques, des grands chemins, des routes de pèlerins, des voies de colporteurs, de longs rubans caillouteux de fortes transhumances. C'étaient là les chemins des « jacquaires », qui filaient vers l'Espagne et Compostelle, et des « mieux » qui transitaient vers Rome et l'Italie. Voilà.

Quelques joyaux parmi d'autres

– D'abord, ***Cruas.*** C'est peut-être la plus ancienne du genre. L'église est ce qu'il reste d'une abbaye fondée en 804 par un comte du Vivarais. Et là, on restaure. Porche étonnant surmonté d'une tour carrée – le clocher. L'ordonnance du chevet mérite l'admiration. La nef a des bas-côtés en demi-berceau, le transept est vaste, et le pavement de l'abside est constitué par une mosaïque du XIe s, secouante, qui représente deux personnages dans le jardin d'Éden. Et c'est magnifique. Les âmes des bâtisseurs ne sont pas en paradis, elles sont là, toutes dans la pierre, dans les yeux des personnages des mosaïques.

– Et puis voilà ***Bourg-Saint-Andéol*** et son grand clocher octogonal qui date de 1100 et des poussières, poussière ocre des pierres érodées des antiquités et des débuts de Provence.
– Et encore ***Saint-Pierre-de-Champagne*** : le bijou, l'incontournable, le joyau aux quatre coupoles. Forteresse de génie. Et un détail : nous sommes peut-être ici dans la plus ancienne représentation du calvaire dans l'art roman. Regardez le tympan central et sa Crucifixion, et dites-vous qu'il y a là, qui sait, plus que de l'art, qu'il y a là la première esquisse d'une nouvelle théologie qui mènera à la Réforme et au jansénisme.
– L'église de ***Thines,*** complètement isolée là-bas au bout de la Cévenne, une splendeur dans son hameau de pierre et de châtaigniers morts d'admiration. Mais que fait ce bijou sur cet éperon rocheux ? Qui l'a mis là ? Les Carolingiens, les bénédictins de Saint-Chaffre ou Dieu lui-même ? Mystère... Ce n'est pas de l'art populaire. C'est du fignolé, du raffiné, ça sort des têtes, des ciseaux et des mains de génies. Éperon sur la route des pèlerins.
Voilà quelques chefs-d'œuvre de l'art roman. Un tri injuste. Car combien d'autres les valent en Ardèche ? Pas moins de 10 églises romanes à coupole dans le bas Vivarais, avec du top comme ***Viviers,*** qui a quand même pris un coup de gothique, ***Ruoms*** et ***Sauveplantade,*** ou ***Vinezac*** et ***Saint-Maurice.*** Rien que de l'œuvre de chefs, sinon du chef-d'œuvre. Et dans tout le Vivarais, quelque 140 églises romanes ou qui portent des traces de leur naissance romane. Toutes sont respectables. Le roman ardéchois, comme celui de la Drôme d'ailleurs, est un vrai roman, un beau roman. Avec beaucoup de chapitres, une histoire, un style, du mystère et des personnages. Et c'est écrit au burin par des génies modestes qui n'ont même pas signé.

L'architecture par l'histoire, les châteaux et les villages perchés de la Drôme

Le château de Montélimar

D'abord, à tout seigneur, tout honneur, le château des Adhémar de Monteil. Sur la colline à laquelle il a donné son nom (*Montilium Ademarii,* « mont d'Adhémar » en v.f.), là-haut, il domine la ville. Il faut voir là d'abord de l'architecture militaire, puis de l'architecture romane civile. En réalité, ce n'est pas ici un château, mais un ensemble fait de deux châteaux du Moyen Âge, une tour dite « de Narbonne » et la citadelle accouplée à une chapelle du XIe s. Avec ses vestiges de créneaux et de merlons, ses archivoltes et ses chemins de ronde parfaitement restaurés, on pourrait s'attendre à voir débarquer quelque Jeanne, Hachette ou d'Arc, afin d'y faire le siège. Admirables, ses fenêtres romanes et superbes, ses décors intérieurs.

Le château de Grignan et son village

Inséparables, ces deux-là. Il y a un rocher là-haut en forme d'acropole qui domine le village, et sur ce rocher, le château. Le plus grand château de la Renaissance de tout le Sud-Est français et même de plus loin. Fondé sur un ancien domaine médiéval, il est la synthèse parfaite des grandes demeures italiennes et des plus éclatants châteaux de la Loire. Et sous le château, la collégiale Saint-Sauveur qui colle parfaitement au style du château, construite à l'époque où l'on réorganisait ce dernier. La nef, unique, est couverte de croisées d'ogives et débouche royalement sur une façade en arc de triomphe, à la romaine.
Et plus bas, le village avec ses maisons de toutes les époques, du XIIIe au XIXe s. La porte du Tricot, la maison du bailli, l'enceinte du haut Moyen Âge, le magnifique lavoir-fontaine en rotonde et cent autres pierres d'histoire font de Grignan un site exceptionnel en France. Et puis, sans Grignan et sa bru célèbre, aurait-on eu les Lettres géniales de la marquise de Sévigné ? Et vice versa d'ailleurs, car le succès éditorial a sauvé le château de la ruine !

Le château de Suze-la-Rousse, dans le Tricastin

Propriété des princes d'Orange et de leurs descendants jusqu'à avant-hier, cette butte féodale du XIIe s s'est muée en superbe forteresse au fil des renforcements bien pensés des XIVe et XVe s. Sa majestueuse cour à l'italienne, ses arcades décorées et qui ont dû être pensées par les mêmes architectes qu'à Grignan font de Suze un des spots les plus intéressants de la Drôme.

La tour de Crest, sur la route de Valence à Die

C'est le Moyen Âge à la verticale. C'est le plus haut donjon de France, spécimen unique de l'art d'une époque. Et puis cette tour quadrangulaire, là-haut, qui fut forteresse à l'heure des grandes razzias, château à l'heure des grands princes et prison à l'heure des grandes déprimes. Ses murs ont 4 m d'épaisseur. Et sur ses murs, les graffitis de 100 prisonniers à travers les siècles. Street art avant la lettre.

Et les autres...

Mais il n'y a pas que des grands châteaux en Drôme, il existe de bons châteaux plus modestes portés par cent villages perchés. Nids d'aigles ou nids d'oiseaux de falaises. Ces villages sont des éléments forts de la réalité historique, politique, humaine, sociale, géographique du pays. Éléments forts aussi de la mémoire dans l'espace, dans le temps et dans l'esprit des gens. En voici quelques-uns, triés de manière subjective.

– ***Alixan, là-bas dans la plaine :*** celui-là, c'est un perché circulaire. Ses arcs en accolade disent la Renaissance et la tour ronde dit la mémoire, par-delà les brumes des féodalités.

– ***Autichamp, à une portée de mousqueton de Crest :*** quelques traces de Renaissance aussi ici, comme cette belle porte et les fenêtres à meneaux sur la forteresse médiévale. Autichamp est d'abord un village de plateau où le rempart s'appuie en risque et en confiance sur la falaise. Clocher curieux, en cône et à huit pans, comme chemises de quadruplés.

– ***La Laupie, dans la Valdaine, au bord des Préalpes :*** jardin suspendu. C'est Babylone et sa reine visitée et revisitée par Saint Louis. Mais, quand même, jailli de l'imagination drômoise.

– ***Pontaix, dans le désert du Diois :*** ruines d'un château féodal du XIIe s avec des ruelles qui se voûtent sous l'effort, qui montent, marche après marche. Et tout ça dans une architecture villageoise du XVe s comme le lavoir en pierre, du temps où les chapelles en encorbellement disent doucement les vieilles affaires de religion.

– ***Saint-Restitut, dans le Tricastin :*** Saint-Restitut et son église romane, rare, belle, allez, disons exceptionnelle. Rare surtout par son plan et son décor. Sa tour funéraire date des croisades des débuts et nous offre une véritable B.D. sculptée où des animaux d'avant et des personnages bibliques racontent l'histoire à tous les analphabètes des âges moyens. Propagande chrétienne fort bien faite, du temps où l'écriture était à trois dimensions. Encore bien portante, cette église. On peut prier à son chevet qui est fort beau, avant d'admirer son porche qui est plus que fort beau. Et ce dans un village des plus agréable qui soit, un belvédère sur son éperon. Les couleurs de ses façades brûlent, des corbeaux de pierre supportent des balcons, et entre le jour et le passé il y a des ruelles, des calades, des fontaines, des croisées qui datent – oh la la ! – de bien avant ça.

Et voilà qui clôt notre petit tour de profane au travers des architectures d'Ardèche et de Drôme. Et, loin de pouvoir dire tout ce qui était, on a eu du mal à dire tout ce qu'on aimait.

CUISINE

Vous allez vous régaler, tout en variant les plaisirs gourmands : l'Ardèche et la Drôme, départements semblables, ont créé leur culture et, par là, leur cuisine, au-delà de leurs similitudes et par leurs différences. Alors, puisque cuisines différentes il y a, séparons la Drôme de l'Ardèche. Et tout en les laissant faire lit du Rhône commun, faisons-les faire cuisine à part.

La cuisine ardéchoise

L'Ardèche a donc été longtemps un pays pauvre, on le sait, et comme dans tous les pays qui ont vécu la pauvreté, on connaît, c'est sociologique, une nourriture de base. En Limousin, c'était la châtaigne, et en Irlande, c'était la patate. Eh bien, l'Ardèche, doublement pauvre, a eu droit aux deux : châtaigne et *tartifle* (pomme de terre) ! Et naturellement, culture et mémoire obligeant, la châtaigne et la pomme de terre sont restées éléments de base de la cuisine ardéchoise.

La châtaigne

Plus qu'un simple aliment, c'est une fierté, un incontournable ! Jusqu'au XXe s, le châtaignier était l'arbre des Boutières. On engrangeait pour l'année, on moulinait et ça donnait – et ça donne toujours – une farine qui fait un pain solide, goûteux, qui tient au corps et à l'âme. Et puis on prenait aussi une poignée de châtaignes qu'on faisait griller dans un feu de genêt. Un régal. Voilà pour le côté populaire de la châtaigne. Mais passons au côté gastronomique de la châtaigne, son côté élaboré, et là, elle donne.

> **VIEILLE CHÂTAIGNE !**
>
> *On a découvert en 1994 dans le Coiron, à l'état de fossile, la plus vieille châtaigne du monde (8,5 millions d'années), ce qui signifie qu'ici, les australopithèques croquaient déjà la châtaigne même s'ils ne glaçaient pas encore le marron. Ancienne tradition s'il en est !*

– ***La crème de marrons :*** excellente.
– ***Les marrons glacés :*** élaborés à partir des plus grosses châtaignes sucrées et confites, ils occupent une place à part dans l'univers des confiseries. Friandise savoureuse mais délicate à fabriquer, le marron glacé, considéré comme une douceur de choix, est à l'honneur dès le règne de Louis XIV. Consommé presque exclusivement à l'occasion des fêtes de Noël et du Nouvel An, il est alors vendu à tous les prix, les moins chers étant rarement les meilleurs.
– ***La soupe de châtaignes :*** goûtez-la un soir d'hiver, quand le vent souffle sur le Mézenc, dans une maison au toit de lauzes. Deux oignons, de l'huile des Vans, des châtaignes sèches, trois bouillons, le coup de main, et c'est toute la chaleur des dieux qui vous prend le corps. Mais attention, la *cousina* (appelez donc la soupe ainsi, ça vous fera passer pour un spécialiste !) ne se prépare jamais avec de la farine de châtaigne (comme en Corse), mais avec les fruits entiers et séchés. Précisons aussi que la châtaigne d'Ardèche a obtenu en 2006 l'AOC. Cette reconnaissance apporte une garantie de qualité et d'origine pour un fruit issu du savoir-faire traditionnel des castanéiculteurs ardéchois.

De mi-octobre à mi-novembre, l'Ardèche vit au rythme des fêtes de la châtaigne : les **castagnades** (● *castagnades.fr* ●) ; et pour vous régaler de ces spécialités castanéicoles, rendez-vous sur ● *clementfaugier.fr* ●

La pomme de terre

Dans le temps, elle s'appelait ici la *truffole.* C'était là le tubercule ancêtre de la patate, et on mangeait ça, en Ardèche, à l'époque où l'arrière-grand-père de Parmentier ignorait encore la saucisse-purée. On l'appelle aussi en patois ardéchois la *pastenaille.* Il faut distinguer plusieurs sortes de pommes de terre, car, si la dame est unique, sa famille est du genre nombreuse : la *rosa* du plateau ardéchois qui sert à faire la poêlée (ou la *padelade*), la pomme de terre de Villeneuve-de-Berg moelleuse et sèche à la fois, parfaite pour la crique et la caillette, et enfin la pomme de terre de la vallée (qualité bintje) qui intervient dans l'élaboration de la *bombine*. Alors, passons un peu en revue cette patate en cuisine.

– ***La mique :*** une boulette de pomme de terre cuite à l'eau, mélangée avec de la tomme et de la crème, et cuite au four. Succulent.

– ***La crique :*** un plat terrien par excellence. C'est une galette de pommes de terre râpées, salées et poivrées, cuite à la poêle dans un peu de beurre. Pour être bonne, elle doit être bien croustillante.

– ***La bombine :*** ou la mange aux jours de la *tuade* (lorsqu'on tue le cochon), alors heures de fêtes et d'agapes. La *bombine* est composée de patates, de cèpes, d'une côte de porc ou d'un filet mignon, plus le tour de main et des proportions gardées secrètes.

La maouche

La *maouche* est cuite dans un estomac de porc. C'est une farce à base de légumes (souvent des choux) avec de la viande de porc hachée. Et voilà pour le repas d'hiver.

La caillette

C'est la quatrième poche de l'estomac des ruminants. Mais en Drôme et en Ardèche, il s'agit d'un petit pâté de viande de porc agrémenté d'herbes. Comme les Ardéchois ont de la ressource, quand on n'avait pas d'herbes, comme sur le plateau ardéchois, on mettait du chou ou du vert de blette. Sur le plateau du Coiron, on préférait la pomme de terre, car elle est belle là-haut, et elle tient bien à la cuisson. La caillette, c'est comme l'Ardéchois, ça sait s'adapter. Servie chaude ou froide, en entrée ou en plat, c'est un bonheur quand elle est bien faite.

La cuisine de printemps et d'été

Au printemps, à l'heure des genêts, au déjeuner, on boit la ***soupe à l'oseille,*** on mange l'***omelette aux lapas,*** une plante sauvage qui pousse bien près des sources. Et on continue par un ***cabri grillé*** ou, mieux, un ***cabri en blanquette*** accompagné d'un petit cruas, par exemple. De février à juin, on savoure le ***fin gras du Mézenc,*** une viande de bœuf remarquable (voir plus loin). Et l'été, on termine un repas à base de légumes et d'herbes des prés et des jardins par une ***tarte aux myrtilles*** d'ici, qu'on sert presque chaude pour ne pas en gâter l'arôme.

Et puis voilà l'automne

Et la cuisine ardéchoise accélère encore un peu. Elle appuie sur le ***champignon.*** Alors, c'est la girolle qu'on mange avec le tendre du veau, le cèpe qu'on déguste en omelette et l'amanite des Césars que l'on mange à genoux.

Et si vous n'aimez pas tout ça, il vous reste encore la possibilité d'essayer une délicieuse ***cassolette d'escargots*** à l'ardéchoise (conservé dans le saint-péray, c'est le secret), un ***confit d'alose,*** une ***papillote de poire au caramel*** ou une ***tourte de châtaignes de Mauves.***

Les fromages de l'Ardèche

Le ***picodon*** est un vrai fromage de chèvre moulé à la louche, adulte et délicieux à 40 jours d'âge, et qui bénéficie d'une AOC depuis 1983.

Le ***goudoulet*** est à base de lait cru de vache, et le ***coucouron*** un bleu fort doux, trop doux. Ces deux derniers auraient gagné un peu à avoir plus de goût. M'enfin !...

Le label « Goûtez l'Ardèche »

• *goutez-l-ardeche.com* • Cet intéressant site web répertorie les établissements ardéchois qui respectent la charte de qualité « Goûtez l'Ardèche ». Le label est vérifié et contrôlé par un organisme extérieur. Les produits sont sélectionnés par

un jury de dégustation qui décerne le droit d'afficher ce label. Les restaurants sélectionnés s'engagent à proposer des plats ou un menu-découverte permettant à leurs clients de déguster les meilleures spécialités du terroir.
Allez, un petit digestif, et on passe le pont pour entrer dans la cuisine de la Drôme.

La cuisine de la Drôme

À l'inverse des voisins, on mise moins sur la patate et la châtaigne, qu'on remplace plus par de la crème ou du fromage.

Les viandes

Cochon écarté, à égalité de gibier et de venaison, la Drôme reste une terre « carnassière », où l'on trouve encore de bonnes viandes.
– ***L'agneau des hauts du Diois :*** au sel près, il vaut le pré-salé de la Manche.
– ***Le chevreau de Bourdeaux :*** biblique. Qui pourrait être sacrifié à Yahvé dans un temple à Jérusalem, tant il est divin.
– ***Le chapon des confins du Dauphiné :*** aussi gras qu'un chanoine de chapitre et aussi savoureux qu'une volaille de Bresse.
– Ou encore une ***caille*** d'élevage mais qui émigre très bien dans l'assiette, un ***pintadeau*** de fond de Drôme aussi succulent qu'un ramier (le seul de France à bénéficier d'une appellation d'origine garantie), un ***lapin*** de plein air qui tient du garenne sans en avoir l'inconvénient des goûts de sueur.

Les légumes

Puisqu'on en est aux ingrédients, passons aux légumes. Il y a de tout au marché : des ***pommes de terre rattes*** aux ***melons de Montoison,*** de l'***asperge de Saint-Donat-sur-l'Herbasse*** au ***cresson des torrents.*** Et on ne traîne pas sur les fruits. La Drôme est un pays de vergers. Il y a là tous les fruits de France et même d'ailleurs.

Les arômes

Mais ce qui fait le spécifique, le côté petit génie de la cuisine drômoise, ce n'est pas tant l'ingrédient, mais l'arôme, l'embaumée culinaire. L'embellie culinaire venant, chez qui sait les utiliser sans tricher, avec la ***truffe rabasse du Tricastin,*** l'***olive des Baronnies*** à partir de laquelle on fait la tapenade, les ***plantes aromatiques*** (le tilleul de Buis-les-Baronnies) et les ***noix*** drômoises. Et ça donne des arômes de Provence avec, quand même, le talent et le goût des Lyonnais qu'on touche là, par le Vercors et par les bois de noyers. Au final, la cuisine de la Drôme se compose de ses influences géographiques, et nous sommes les premiers à nous en réjouir.

Les spécialités

– ***La raviole :*** c'est le ravioli italien sans le « i » et sans la viande. Il y entre du fromage frais, un brin de persil, de l'œuf et de la feuille de rave. Il paraît que ce plat succulent viendrait des bûcherons du Piémont, qui auraient adapté la cuisine italienne avec ce qui leur tombait sous la main. Une seconde version indique qu'il s'agirait en réalité d'un plat inventé pour le carême, puisqu'il ne nécessite aucune viande pour sa préparation. On la fabrique essentiellement près de Romans, où se tient d'ailleurs la fête de la Raviole et de la Pogne, le 3e week-end de septembre.
– ***La caillette de Chabeuil :*** petit pâté de foie et d'échine de porc apprécié depuis le XVIe s, c'est une charcuterie femelle ensoleillée qui embaume aux mille herbes. Et si on prenait un petit crozes-hermitage un peu mâle avec ça, ça ferait-y pas un beau mariage ? Consommons-le. Quelle jouissance !
– ***La brouillade de truffes du Tricastin :*** on ne vous dira pas ce que c'est. C'est à vous de le découvrir. Ça mérite un effort de recherche, c'est ce qui se fait de meilleur sous le ciel drômois avec quand même peut-être un gigot d'agneau des Préalpes.

Poursuivez la dégustation avec deux fromages, qui ici méritent qu'on ralentisse la langue contre le palais.
– ***La tomme de chèvre :*** qui a de fins arrière-goûts du repas de la chèvre ; en l'occurrence, toutes les herbes du soleil.
– ***Le picodon drômois :*** c'est un petit galet, une pâte molle, qui a un petit goût charmant de bouc lavé, qu'accompagne très bien un coteaux-du-tricastin. Ce petit fromage AOC a même été dégusté dans l'espace en 1996 par l'équipage de *Columbia* ! Côté drômois, on le fête tous les ans entre juillet et août à Saoû et à Dieulefit.
– ***L'huile d'olive de Nyons :*** issue de la variété d'olives appelée la tanche, cette huile est protégée par une AOP. À découvrir à l'occasion d'une dégustation ou sous forme de tapenade.

Les desserts

Le grand choix. Goûtons !
– ***La pogne de Romans :*** c'est une pâtisserie de roi en forme de couronne. Son nom vient du mot « poignée » : une poignée de froment, trois gouttes de fleur d'oranger, un œuf et deux sucres. Et comme toujours, le tour de main. On la reconnaît à ses quatre incisions sur la croûte dorée qui laisse entrevoir la texture intérieure. Il y a aussi le ***saint-genis*** : c'est une pogne mais avec des pralines à l'intérieur. Fête de la Pogne à Romans les 2e et 3e samedis de septembre.
– ***Le suisse :*** pâte sablée, appétissante, inventée par une boulangère valentinoise en hommage au pape Pie VI, mort à Valence d'une overdose de révolutionnaires. On le déguste le dimanche des Rameaux.
– ***Le nougat de Montélimar :*** l'incontournable de la région. Il se déguste chez l'un des derniers fabricants artisanaux, car attention, le monde du nougat n'est pas toujours tendre ! L'office de tourisme de Montélimar met d'ailleurs à disposition un *Guide du nougat.* Et l'on raconte que son nom viendrait d'une remarque, au XVIIe s, d'enfants envers leur tantine qui leur faisait ces petites sucreries : « Tu nous gâtes ! »... d'où « nougat ».
– Allez, vite fait, on appréciera aussi un ***chocolat de Tain-l'Hermitage*** où l'on trouve la chocolaterie *Valrhona*, une ***couve,*** ce sablé crestois à l'écorce d'orange que l'on mange à Pâques, la ***pangée,*** pâtisserie aux amandes, au miel et à l'abricot, ou encore une ***croquette aux amandes.***

ÉCONOMIE

Si la Drôme a autant de cœur que l'Ardèche, elle a, en revanche, beaucoup plus d'âmes : 491 330 d'un côté, 318 400 de l'autre. Plus riche aussi par l'économie. La rive droite, celle de l'Ardèche, n'est qu'un étroit ruban à flanc de coteau qui a heureusement quelques cerisiers et des vignes (dont quelques vignobles d'exception, quand même), tandis que sur la rive gauche, rive de Drôme, le Rhône a creusé une plus large vallée propice aux industries (houille blanche et... centrales nucléaires) et aux vastes cultures maraîchères et fruitières.
À propos de culture toujours, la Drôme est le premier département bio en France pour le nombre d'exploitations et la surface agricole exploitée. En constante augmentation, l'agriculture biologique y représente 19 %, contre 4 % sur l'ensemble du territoire français.
Hélas pour la poésie – toute richesse a ses inconvénients ! –, la Drôme voit et entend trop fréquemment passer les trains du Paris-Lyon-Marseille, les voitures et les camions des routes du soleil. Autoroute doublée par l'ex-nationale 7, devenue départementale afin d'alléger le porte-monnaie de Bercy.
Quant à l'Ardèche, elle garde la tête sur les épaules en comptant (très précisément) 0 km d'autoroute et en ayant vu démanteler 100 % de ses gares ferroviaires de passagers. Deux chiffres uniques dans le concert des départements français !

ENVIRONNEMENT

Les gorges en sursis ?

Qui dit Ardèche pense bien évidemment ***gorges de l'Ardèche.*** Le Pont d'Arc, le massif de la Dent-de-Rez, réserve naturelle, site classé : les belles regorgent de trésors naturels, historiques et préhistoriques, qu'elles exposent à des aventuriers avides de découvertes, d'évasion, d'activités de pleine nature, mais aussi à des visiteurs peu scrupuleux. Comme si ces quelques irrespectueux de la nature ne faisaient pas assez de mal, un autre danger guette les gorges. Certains aménageurs, promoteurs et autres spéculateurs seraient tentés de faire main basse sur sa zone périphérique, dite « zone sensible », sans laquelle la réserve naturelle des gorges de l'Ardèche ne peut vivre. La préservation de cet ensemble naturel fait aujourd'hui partie des enjeux majeurs que les décideurs ont à résoudre (et que certains ont bien compris, d'ailleurs), sachant qu'il en va de la sauvegarde du patrimoine naturel et culturel comme de l'avenir touristique de la région. C'est dans ce souci de préservation d'un site exceptionnel que le Syndicat de gestion des gorges de l'Ardèche (SGGA) a été créé en 1996. La réplique de la grotte Chauvet, inaugurée en avril 2015, illustre parfaitement cette problématique. Les bâtiments, sobres et paysagés, permettent d'accueillir le plus grand nombre tout en s'intégrant bien dans le paysage.

Le mont au sommet

Le deuxième site le plus visité de l'Ardèche, le ***mont Gerbier-de-Jonc,*** a eu bien du mal à faire entendre « sa voix écologique ». Finalement, ce qui semblait évident à tout le monde, le département l'a fait : il a classé le site comme site prioritaire dans le cadre de la politique des espaces naturels sensibles, avec le triple objectif de concilier fréquentation touristique, économie locale et préservation du patrimoine naturel. Des panneaux d'information, un sentier d'accès à la colline, et même des w-c publics décents ont vu le jour. Plus encore, le minisac-poubelle *Bini* est né. Pochette en carton de petit format contenant un sac-poubelle, elle permet aux visiteurs de rassembler les détritus habituellement abandonnés dans la nature. Fallait-il être Einstein pour y penser ! Quoi qu'il en soit, on est sur le bon chemin !

UN NOM À FAIRE VAL-LOIRE

Le premier nom donné au département de l'Ardèche, en 1790, à l'aube de la Révolution française, était Les Sources de la Loire. Moins de 3 mois après, l'Ardèche (125 km de long) détrôna la Loire (1 012 km de long) à la tête de ce département. Comme quoi, la longueur ne fait pas la réputation !

Gaz de schiste : pollution irréversible

Selon l'Agence internationale de l'énergie (AIE), la France serait – avec la Pologne – le pays européen aux ressources de gaz de schiste les plus importantes. Les régions concernées sont le nord-est et le sud-est de la France, avec notamment l'Ardèche (Alba-la-Romaine) et le Gard (Barjac). Depuis 2010, de nombreux Ardéchois se sont mobilisés pour affirmer leur totale opposition aux projets d'extraction de gaz de schiste sur leur territoire et, par extension, sur tout le territoire français. Dans les techniques de forage, on provoque des fractures souterraines dans la roche contenant le gaz (cette méthode est appelée la fracturation hydraulique). On utilise énormément d'eau et des centaines de produits chimiques (des biocides, des lubrifiants, des détergents), pour la plupart toxiques, voire cancérigènes, pour permettre la circulation et l'aspiration du gaz.

Outre le déni démocratique que représente la façon dont les permis d'extraction ont été délivrés sous la présidence de Nicolas Sarkozy, la pollution qui résultera de ces forages présente un caractère irréversible et gravissime : pollution des nappes phréatiques, assèchement des réserves d'eau, pollution de l'air, destruction d'une région agricole et touristique de grande qualité.
Pourtant, depuis le 30 juin 2011, la France est devenue le premier pays à refuser la fracturation hydraulique, une méthode jugée hautement polluante. Officiellement, depuis le 20 juillet 2012, à la demande du président Hollande, la ministre de l'Écologie a confirmé clairement l'interdiction de l'exploitation des gaz de schiste en France. Malgré ces décisions, tous les permis d'exploration n'ont pas été annulés, et la pression des lobbies gaziers (tel *Total*) reste très forte. Néanmoins, la population ardéchoise ne se résigne pas, comptant sur le soutien de tous. De tout le département surgissent des initiatives citoyennes visant à développer les techniques d'économie d'énergie et d'exploitation d'énergies renouvelables.
En juillet 2013, rebondissement et séquence frisson : un géant américain de l'extraction (le Texan *Schuepbach*) saisit le Conseil constitutionnel pour tenter d'obtenir que la loi de juin 2011 soit annulée. En octobre, les sages (ils le sont vraiment, pour le coup !) rejettent cette requête et confirment l'interdiction de la fracturation hydraulique en France.

FAUNE ET FLORE

L'Ardèche et la Drôme sont, c'est sûr, deux des départements français à offrir le plus de variétés de plantes et d'animaux. Ce territoire n'est qu'abondance d'arbres, d'herbes et d'arbustes sur 12 000 km². Et mille espèces peuplent la terre, la rivière et le ciel. Mais d'abord, deux remarques !
– Il y a en Ardèche comme en Drôme une flore sauvage et une flore de culture. Et une faune libre et une faune domestique. Le tout dans un équilibre étonnant. Quoique l'Ardèche soit plus libre (au moins pour la plume, le poil et la feuille... quoique pour le reste... bref, glissons) et la Drôme plus cultivée.
– Seconde remarque : il y a en Ardèche comme en Drôme une flore et une faune de montagne et de septentrion où règne l'alpin, et une flore et une faune des plaines et du Midi où prospère le méditerranéen. Le paradoxe du bouquetin et de la cigale, de l'edelweiss et de la lavande.
Avec, ici, une réserve avant de visiter les réserves. C'est en profane qu'on va chasser l'image dans les fonds et dans les hauts de l'Ardèche d'abord, puis pêcher l'information dans les plaines et les monts de la Drôme ensuite. Alors on y va. Et on commence par l'Ardèche.

Faune et flore en Ardèche

La montagne ardéchoise

Nous voilà dans les alentours et dans les versants des monts Mézenc et Gerbier-de-Jonc, dans la montagne ardéchoise. C'est le début de l'été. Pas de culture. C'est ici le royaume de l'herbe et des foins. Et c'est ici l'éclatement, le foisonnement. C'est la couleur dans le délicat. C'est l'argent des feuilles duvetées qui brillent comme sou neuf du ***séneçon leucophyle*** (ou ***herbe du Mézenc***). Et voilà la ***violette géante*** du pharmacien, un ***narcisse*** penché sur sa source, et des ***gentianes*** jaunes, aussi jaunes que les dernières ***jonquilles*** qui se mêlent à mille ***anémones*** et aux premières roses des Alpes. Et sur le plateau, là, contre la tourbière, ces fleurs rouges et ces clochettes blanches en prière, n'est-ce pas... mais bien sûr, c'est le délicat et rare ***drosera*** (carnivore qui, trouvant les lapins et les enfants trop gros, se contente de mouches et de pucerons). Et tout là-haut, plus un châtaignier, plus une vigne. Rien que des essences du nord dans un coin de petite Norvège. Chante là quand même un ***verdier*** et cacabe une ***perdrix.*** Même les vaches se font rares là-haut. Et un ***circaète Jean-le-Blanc,*** le grand rapace voyageur, est monté plus haut que ses frères et niche au sommet du dernier arbre de la grande solitude du Gerbier.

Le haut Vivarais

C'est l'automne. On descend la pente du haut Vivarais. Et voilà les ***châtaigniers,*** l'arbre à pain du pauvre, l'arbre frontière entre les hauts et les bas. C'est l'heure et le domaine de cent champignons. Des ***russules*** aux ***clavaires,*** du ***lactaire*** passable au ***cèpe*** délicieux. Et en dessous des châtaigniers ocre, des mélèzes et des pins sombres, les peupliers sont coiffés d'or. Et sur la pente, là, n'est-ce pas un dernier mulet qui, comme jadis, porte l'outre de vin du bas pays, ou des merceries du Puy pour des dames en désir ? Un mulet ou son fantôme, qui sait ?

Le plateau du Vivarais

Les forêts du plateau du Vivarais portent des ***colchiques*** (pas des faux cols) dans les landes à genêts. Ont disparu déjà, jusqu'en mai prochain, les mille fleurs des prés, la ***violette*** et la ***linaigrette*** qui côtoyaient la ***parnassie palustre*** et le ***narcisse*** encore. C'est ici qu'à la Saint-Jean, on a vu un connaisseur de plantes à médecine redescendre des hauts plateaux. Un de ceux qui ne vous diront jamais (ni à vous ni à leur frère) où ils ont cueilli leur récolte d'***achillée*** (la belle millefeuille qui guérit tout, les paysans et même les rouges), d'***arnica,*** de ***millepertuis*** et de belle ***mauve.***

Le Coiron

Le Coiron, c'est le temps de la chasse. Quelques coups de fusil et nous voilà dans le Coiron. Les chasseurs sont dans les branches. Le col de l'Escrinet : c'est là le seul corridor naturel qui donne accès à l'Ardèche du Midi. Pan... pan... pan... Passe la ***palombe*** et tombe le ***ramier.*** Pan... pan... pan... Et, dans le silence, passent les rapaces, le ***milan*** (au regard très italien) et la ***bondrée apivore*** et le ***faucon hobereau*** (au regard fort noble) qui vont nicher le soir là-bas dans les gorges, à l'heure où les petits, les moyens et les grands-ducs partent en tournée. Et passe le ***pinson*** du Nord... Pan... pan... pan... Tombe le ramier et tombe le pigeon. C'est la chasse à la repasse. On n'y repassera plus. Malheur !

Plus au sud, voilà la ***garrigue*** (*garric* signifie « chêne kermès » en occitan). L'été des garrigues qui brûlent. Rien que du soleil. C'est le Nevada sans les cactus, qui ont dû mourir de soif. Pas une source, pas un ru, pas un arbre, pas un chemin. Que du sec. Des ***genévriers*** à piquants, un ***buis*** çà et là, et quelques ***lentisques*** et ***cistes*** étouffés par la chaleur autant que par les lianes des ***salsepareilles,*** des ***clématites*** et autres ***chèvrefeuilles.*** Solitaire, un buisson de paliure et ses aiguillons (c'est avec ça qu'on a couronné le Christ). Passe un oiseau. Ce passereau-là s'est-il trompé de pays ? Eh non, on a ici repéré 20 espèces de ***fauvettes.***

Les gorges de l'Ardèche

Voilà les belles, les sublimes, les magistrales gorges ardéchoises. Là, nous sommes au centre du paradis de la flore et de la faune. Sur les falaises, c'est le concert, il est vrai, pas toujours harmonieux, des ***corbeaux*** et des ***choucas,*** des ***hirondelles des rochers*** et des ***martinets*** qui filent comme des balles. Puis le soir sortent des grottes et des trous 10, 12 espèces de ***chauves-souris,*** à l'heure où les ***castors*** viennent d'abattre leur dernier saule de la journée. Le castor qui rit et le saule qui pleure. Sur la crête, un ***sanglier*** solitaire piétine.

Dans toutes les gorges, voilà tous les ***chênes.*** Là où c'est chaud, c'est le chêne vert ou le chêne kermès. Là où c'est tiède, c'est le chêne pubescent, le rouvre ou le chêne pédonculé. Tous les ***genêts*** aussi. Du genêt scorpion au cade dont la résine en goutte sert d'encens aux curés, jusqu'au ***genévrier*** de Phénicie et au

pistachier térébinthe (le fameux balai de sorcière). Et toujours de la garrigue. Quand c'est l'heure des corolles et des pistils, dans les coins de fraîcheur, c'est une floraison d'***iris*** et de ***pervenches,*** de ***cyclamens*** et de ***pivoines.*** Hélas, ici commencent à disparaître 100 espèces de ***jasmins*** et 10 espèces d'***orchidées,*** trop cueillies par ceux qui veulent les mettre en vase.
Tout en haut, un ***aigle de Bonelli*** surveille son repas, un lapin des herbes, peut-être, ou l'un des mille lézards là, ou cette vipère à collier, à moins que ce ne soit une pie-grièche ou quelque autre torcol. Cet aigle de Bonelli, dont il ne reste hélas plus que quelques couples. Plus loin, un ***vautour tue-bœuf*** (qui, paraît-il, à une époque, portait bien son nom) est triste de se faire nourrir par les hommes, depuis que les moutons de la transhumance ont disparu et avec eux les charognes et les placentas. Le vautour tue-bœuf devient d'ailleurs rare lui aussi.

L'Ardèche du Sud

On quitte les gorges pour aller plus au sud. Au bord du Rhône, un champ de ***lavande,*** trois ***oliviers*** et de la ***sarriette*** autour d'un ***pin d'Alep,*** près de Bourg-Saint-Andéol, sentent déjà le Midi. C'est l'heure de passer les ponts. Et d'aller voir en Drôme.

Faune et flore en Drôme

Là, c'est la culture en couleurs. Voilà les vergers. Voilà les tournesols. Voilà la lavande et l'olivier. En Ardèche aussi, on a un peu de tout ça. Mais ici, l'éclat est plus vif. C'est le labeur humain qui a ici brossé des paysages de couleurs et de lumière au pinceau large. C'est tous les roses des pêchers et tous les blancs des cerisiers dans l'arrière-printemps. Et tous les mauves et tous les violets des grands draps de lavande, et tous les verts déclinés des oliviers aux amandiers. Beauté, mais beauté cultivée. Et tous les moutons des transhumances là-bas. Beauté encore, mais beauté élevée.
Au-delà du bâton de berger, du sillon de la charrue et de l'ente du greffeur, il y a, en Drôme, une flore et une faune naturelles et sauvages d'une richesse aussi étonnante que celle de l'Ardèche.
Au-dessus de la Drôme des collines, c'est la forêt des feuillus, quelques châtaigniers, des robiniers et des pins tiennent les pentes quand les chênes et les hêtres tiennent les vallons. Sur les monts du Matin, la végétation est alpestre, et les fayards sont à l'assaut. Et sous ces arbres se cache, paraît-il, les somptueuses orchidées ophrys, au pays des renards. Sur le Vercors, voilà des forêts plus mystérieuses, plus sombres à cause des brumes, peut-être. Des hêtres et des résineux qui n'osent plus avancer, soudain fascinés par le désert lunaire des lapiaz. Nous voilà au-dessus de la vallée de la Drôme. Et ce sont les hêtres aux ubacs et les chênes verts aux adrets, et les pins partout, en force. Mais revenons sur terre et tentons à pied le vagabondage promis.

Dans la Drôme des collines

On entre par hasard. Et on est dans la forêt de Mantaille. Pas loin de chez le facteur Cheval. Pays de l'être et du charme. Du ***charme*** et du ***hêtre*** (appelé aussi ***fayard*** en franco-provençal). Feuille plus dentelée chez l'un, feuille brillante chez l'autre. Pour les reconnaître, dites-vous que « le charme d'Adam (à dents), c'est d'être à poil », puisque les jeunes feuilles du charme sont bordées de poils qui disparaissent en vieillissant. Au loin, on entend des ***chardonnerets à gueule rouge*** sur les châtaigniers du plateau des Feydaux, et une fouine glisse le long de la Galaure, et un pic (du Midi certainement) fore un pin maritime dans la vallée de l'Herbasse. Nous voici à Pierre-Aiguille qui domine les vignes de Crozes-Hermitage. Au pas de Bouvaret, dans les lointains de Romans, on découvre enfin la belle ***ophrys drumana,*** l'orphys de la Drôme, identifiée pour la première fois dans la vallée de la Gervanne. La superbe, la fragile, la plus royale des orchidées royales.

Dans le Vercors

Quelques pas de géant, et nous voilà dans le Vercors. On a rencontré un ***chocard*** (ça tient du gros merle ou du petit corbeau) au pas de l'Allier, et à la sortie de La Chapelle-en-Vercors, un ***lagopède à aile blanche*** nous a salués dans un envol au pied. Et le soir, près du lac de Bouvante, on a entendu le brame du cerf. À peine plus loin, dans la forêt de Lente, dans un véritable choc immobile de troncs cassés et de ravins, vivent les sapins, les hêtres et les ***fougères en langue de cerf*** qui font le régal des chamois du cru. Et voilà Ambel et sa pelouse aux mille fleurs. Plus loin, vers Vassieux-en-Vercors, dans le pays de la Gagère, on a vu des ***edelweiss*** et des ***tulipes sauvages,*** et même un ***sabot de Vénus*** (c'est là une fleur, pas une chaussure de déesse au petit pied) !

Dans le Diois et la vallée de la Drôme

On a visité Die et le Diois aux derniers grands jours de juin, et 10 000 moutons ont traversé la ville, Provençaux pressés d'être dans les alpages goûteux. Demain, ils fileront là-bas, au-delà des épicéas jusqu'au Compteur-à-Moutons, un passage fort étroit qui porte bien son nom (on y compte effectivement les bêtes). Et dans le ciel du Diois volent soudain des ***vautours,*** et des ***tichodromes échelettes*** (de superbes oiseaux couleur de sang et de cendre, qui eux restent à proximité des falaises), tandis que là-haut, sur les abrupts du Glandasse, un ***bouquetin*** et son cabri semblent rassurés de nous voir sans arme et à distance.
On monte vers Châtillon, et voilà, mignonnes d'azur et d'or, les ***ancolies des Alpes*** (faisant parfois bouquet solitaire, c'est vrai, mais l'ancolie n'est pas pour autant mélancolique) et l'introuvable immigrée, l'***aspérule de Turin,*** entourées de bérardies (ou « chardon de Bérard ») et de cirses fort épineux. On redescend, on remonte, et nous voilà sur le plateau de Serre-Chauvière au milieu des pins sylvestres, un peu différents des pins noirs, là, en bas, vers la Roanne. Il y a du ***thym*** et des ***lavandes sauvages,*** et ça sent délicieusement bon. Ça sent même la morille parfois, juste un peu plus loin et seulement pour les nez fins. À Bourdeaux, on a vu un héron cendré près d'un cimetière protestant. Aux Trois Becs, on a entendu « chuinter » un chamois. On a trouvé une oronge. Elle était délicieuse.

Dans la Drôme provençale

C'est dans la Drôme provençale qu'on a enfin découvert le ***chêne blanc,*** un naïf que la nature fait marron en hiver. Et un ***chêne sessile,*** un tordu un peu solitaire qui préfère la rocaille à la bonne terre. Il trouve là la ***coronille,*** rose comme une joue d'amoureuse, et le ***cornouiller*** et le ***cytise.*** Et parfois, à son pied, il y a comme des odeurs de truffe. On a encore vu un blaireau et des tilleuls à Buis-les-Baronnies, et des pins sylvestres rouges de confusion de n'être pas tout à fait chez eux, dans les Baronnies. À Dieulefit, la protestante, on a croisé un ***coq de bruyère*** au regard austère de pasteur et plus haut, dans une falaise, un ***faucon pèlerin.*** Et puis ça a été la montagne d'Angèle où pousse le « lou savin », le ***genévrier thurifère*** dont le bois ne pourrit jamais. Un immigré lui aussi, un arbuste espagnol, paraît-il. Le lendemain, on a été surpris de voir que des centaines de crocodiles avaient loué des serres et faisaient retraite à Pierrelatte. Et tout au bout, tout au sud de la Drôme, là où l'on touche à la Provence, passe une ***bécasse*** au-dessus d'un chardon carline. Mais c'est déjà midi. C'est l'heure de dire que la Drôme donne, par-dessus les marchés, toutes les ***plantes apéritives*** et toutes les ***plantes aromatiques.*** Tout pour mettre en appétit ! Et en plus, en cas d'abus, toutes les ***plantes médicinales*** qui vous aideront à faire passer le tout.

GÉOGRAPHIE

L'Ardèche et la Drôme ont cela en commun d'avoir toutes deux la tête en l'air, bien au frais, l'une au Gerbier-de-Jonc et dans les hauteurs mauves du Mézenc, l'autre dans le Vercors et dans les bouts turquoise et blancs des fonds alpins. Tête fraîche mais pieds au chaud, dans des commencements de Provence venaissine pour l'une et gardoise pour l'autre.
Elles sont à elles deux la paire d'ailes symétriques du grand et fort ptérodactyle (!) qu'est le sillon rhodanien, creusé par le fort puissant et fort bougon Rhône, dont la queue se perd dans les arrières de Lyon et dans des hauteurs suisses, et dont la tête se retrouve gueule ouverte buvant la mer au-delà des Canebières. Aile ardéchoise colorée à la Véronèse de tous les verts et de tous les noirs, dans un Canaletto qui aurait enfin connu des lumières exactes. Aile drômoise plus fauve dans les tons plus marqués d'un Vlaminck qui aurait enfin trouvé le calme. Jumelles, donc, l'Ardèche et la Drôme. Mais dont l'une serait sortie d'un œuf qui aurait roulé et coloré jusqu'au Rhône depuis les hauts des Alpes neuves, et l'autre d'un œuf qui aurait roulé et déroulé depuis les pentes lourdes du vieux massif du centre. Une aile alpine et une aile hercynienne. Soudées au et par le Rhône qui les attire et qui les sépare.
Le Rhône, la frontière de deux sœurs jamais en froid ou si peu. Deux beautés différentes, l'une un peu âpre et l'autre plus en douceur. Deux beautés plus complémentaires qu'opposées. Mais qui, malgré le même père, le temps, et la même mère, la terre, ont reçu du temps et de la terre deux héritages différents.

HISTOIRE

Trois évidences d'abord.
– L'Ardèche et la Drôme sont enclavées. Tout au long de l'histoire, l'Ardèche et la Drôme ont toujours été influencées par les grandes provinces suzeraines qui les entouraient.
– La vallée du Rhône a fait large côté Drôme, étroit côté Ardèche. Or, l'histoire, les hommes et les courants de pensée ont toujours préféré les larges corridors aux étroits couloirs. Alors, que voulez-vous, les événements ont bien souvent piétiné un peu plus la Drôme que l'Ardèche.
– La vallée du Rhône était et demeure un lieu de passage. Et qui dit passage dit invasions.

Premiers artistes

Il y a plus de 40 000 ans, les premiers artistes français – des Ardéchois – s'installent dans la grotte Chauvet. Et ces gars-là sont à la fois chasseurs et écolos. On prélève sur le cheptel sauvage le minimum vital. De plus, désintéressés, ils n'ont, malgré un fort génie à la Cézanne ou à la Picasso, jamais vendu un seul tableau. À peine le local ardéchois repeint qu'ils décoraient déjà les grottes de Lascaux.
La Drôme n'était pas en reste, quoique un peu plus tard, 12 000 ans avant notre ère, des chasseurs hivernaient à Saint-Nazaire-en-Royans, et ils ont même oublié de balayer la grotte de Thaïs avant de partir. Et c'est à partir de cet oubli qu'on les connaît. Ceux-là n'étaient pas peintres, mais sculpteurs. Ils vous sculptaient un os de renne aussi vite qu'un instituteur laïc d'avant-guerre vous taillait un crayon.
Environ 4 000 ans av. J.-C., on taille des silex à Vassieux-en-Vercors.

Premières invasions

Plus près de nous, au VIIe s av. J.-C., les Drômois faisaient cuire des bisons sur le site du Pègue. Cuisine solide ! Quelque 500 ans plus tard, des ***Celtes*** remontent le Rhône et viennent se métisser avec les sédentaires du cru, en l'occurrence les ***Helviens*** en Ardèche, les ***Cavares,*** les ***Voconces*** et les ***Ségalaunies*** des fonds de Drôme. La civilisation gallo-romaine est définitivement installée là quand les ***Romains*** battent les Allobroges au confluent de l'Isère et du Rhône, en 121 av. J.-C. Envahisseurs romains à peine assimilés (ou le contraire) qu'en voilà d'autres. Débarquent les Barbares. Les ***Cimbres*** et les ***Teutons*** (ils ont toujours aimé le pays). On cogne de taille et d'estoc et, avec l'aide de César et des centurions d'Auguste, on remet de l'ordre et on fonde la province des Alpes cottiennes aux neuf cités, dont Alba, Valence et Saint-Paul-Trois-Châteaux.

Enfin la paix romaine, puis la christianisation

Les ***Gallo-romains*** drômois et ardéchois commercent avec les marchands d'Orient, qui introduisent dans le pays les cultes de Cybèle et de Mithra (un peu) et le christianisme (beaucoup).
Au IIIe s apr. J.-C., voilà les ***invasions germaniques*** qui recommencent. On se défend. C'est le temps des premiers remparts autour des villes. Mais l'Église, peu à peu, affirme sa prééminence et veille au grain, au blé et aux taxes. C'est le temps des évêques, et les monuments archaïques laissent place aux églises. Chaque enceinte a son église dans ses murs, tandis que poussent les basiliques et les chapelles hors les murs. Le christianisme avale et digère les autres religions. L'évêque est maître des lieux et des fêtes. Le sédentaire, le tout-venant et le pèlerin n'ont de divertissements que catholiques pèlerinages, rogations, processions... L'Église refuse le profane, et le mécréant qui veut faire son cirque ou son cinéma devient acteur pour une seule soirée : sur le gibet. Peu à peu, un réseau urbain s'organise autour des cités épiscopales (Valence, Viviers, Die, Saint-Paul). Commencent alors à fleurir les monastères et, avec eux, la culture des vignes, des vergers et de l'esprit.
Au VIIIe s, aux temps carolingiens, le Rhône voit passer quelques ***Sarrasins*** qui ont affaire, paraît-il, à Poitiers. Pas de quoi se mettre martel en tête. On laisse passer. Au Moyen Âge aussi sont fondées les majestueuses abbayes de Saint-Bernard à Romans et de Valcroissant à Die. On érige également des mottes féodales. Les évêques, toujours puissants, battent monnaie et manants.
Au XIIe s, la famille d'Albon fonde le Dauphiné et tient une place importante entre les seigneuries épiscopales de Valence et de Viviers. C'est l'époque du roman. Le roman qui écrit l'histoire dans sa crypte et sa nef unique et dont on trouve, entre le chapitre des chanoines, diverses influences : bourguignonnes ou provençales, avec quelques pages italiennes, tout de même.

... et vinrent les guerres

Hélas vinrent le XIVe et le XVe s, et avec eux le temps des crises, la disette et la guerre. ***Guerre de Cent Ans.*** Et des bandes de sac et de corde, comme les tard-venus, pillaient et mettaient en coupe réglée les villes et les bourgs de l'Ardèche et de la Drôme, et de plus loin. Au moins, dans ces temps noirs, un pape eut la bonne idée de laisser Rome pour Avignon, ce qui favorisera l'essor économique de la vallée du Rhône en général et de la Drôme en particulier.
Hélas, encore hélas, suivirent les ***guerres de Religion.*** Dans un premier temps, les troupes huguenotes donnèrent l'avantage au camp réformé contre le camp catholique. Au prix de quelques dérapages, comme celui du terrible baron des Adrets qui, à la tête de sa horde, massacrait tout ce qui allait à la messe. Valence, Die et le Vivarais devinrent ainsi terres parpaillotes. De nombreux hameaux, beaucoup de villages appartenaient à la république protestante du Languedoc. Triste époque. À chaque passage de troupe, l'habitant de la Drôme ou de l'Ardèche vivait dans la terreur, se demandant si arrivaient là amis ou ennemis. Et pour égayer le tout, survinrent des révoltes paysannes comme le célèbre carnaval de Romans.
Arriva ensuite le temps de la Ligue, et ce fut au tour des catholiques de massacrer tout ce qui n'allait pas à la messe. Au bout du compte, le Vivarais resta fidèle à ses

pasteurs, quand la Drôme devait laisser, à l'exception de quelques places communales, la prééminence aux curés.

Aux derniers jours de l'Ancien Régime, les états du Dauphiné se tinrent à Romans. Et c'est là, peut-être, la première ou du moins une des premières origines de la Révolution française. En ces temps de soubresauts, de Lyon à Marseille, le Rhône connaîtra l'insurrection fédéraliste. Mais malgré ces poussées jacobines, la Drôme restera pour l'essentiel girondine.

Au siècle suivant, la Drôme tirera profit de la révolution industrielle, mieux que l'Ardèche, qui la laissera un peu passer malgré les usines et les manufactures du Teil ou de La Voulte.

Enfin et au bout, il y eut la dernière guerre. Et revoilà nos Teutons, du moins leurs descendants. Les maquis du Vercors et de l'Ardèche, au prix du martyre, aideront à les renvoyer chez eux.

1943-1944 : deuxième forme de résistance...

Il y eut de forts maquis dans l'Ardèche, sur les pitons là-haut, dans les horizons d'outre-Rhône de Valence, là où les FTP ont fait un sacré boulot, et aussi dans les Cévennes, là-bas au pays des reboussiers, là où l'on voit sans être vu et où toute ingérence étrange sinon étrangère est jaugée avec un œil critique. Alors l'ingérence nazie, vous humez d'ici comment elle pouvait être ressentie là-bas.

Bref, belle résistance en Ardèche. Mais il est incontestable que là où la Résistance touche à la mémoire de la nation, là où la Résistance touche au mythe, au sacré, presque à la religion, c'est le Vercors. Fabuleux Vercors. Vercors d'Isère et Vercors de Drôme. Ils ont été, dans la Résistance, inséparables. Le 14 juillet 1944, maquisards des débuts, réfractaires du STO, et même quelques convertis à la liberté de fraîche date, proclament la République du Vercors. Armés de trois grenades, de deux tromblons et de dix Sten parachutés, ils lutteront contre l'envahisseur armé, lui, jusqu'aux dents. Les Allemands sont largués par planeurs vers Vassieux et font donner leurs commandos de montagne. Du 22 juillet au 5 août 1944, les maquisards, héroïques, s'opposeront à 10 contre 1. Ils succomberont. Alors, ça a été le terrible « nettoyage » du Vercors par les « vert-de-gris ». On fusilla sans procès aussi bien le jeune que le vieillard. On acheva les blessés, on brûla les fermes et on détruisit les villages. Mais ceux-là même arrivèrent en retard du côté de la Normandie. Les petits gars avaient fait leur boulot : retenir une armée pour l'empêcher d'être à pied d'œuvre dans le bocage normand. Et comme dirait Victor Hugo : « Pas un ne recula. Dormez, morts héroïques. »

Les invasions modernes

Voilà ! Courte histoire. Histoire d'invasions surtout. Invasions porteuses de mort et de richesse, de pauvreté et de vie, de barbarie et de civilisation. Invasions, histoire d'ici. Et un dernier mot pour questionner. Qu'apportera la dernière invasion, celle des touristes ? Un peu plus de sous, c'est sûr ; un peu moins d'âme, oh non ! Attention, Drôme et Ardèche, vous êtes si belles. Restez séduisantes, montrez vos gorges et vos mamelons, offrez-vous à l'occasion, mais au nom de la mémoire, ne vous laissez jamais violer !

Quelques dates historiques

– ***600 av. J.-C. :*** les Celtes s'installent de part et d'autre du Rhône. Les Helviens à droite, les Allobroges à gauche. Tiens, le bulletin de vote n'a pas beaucoup changé depuis.
– ***843 :*** traité de Verdun. Lothaire reçoit, entre autres apanages, la vallée du Rhône. Les Ardéchois et les Drômois se retrouvent lotharingiens, sans que certainement le peuple soit mis au courant.
– ***X^e s :*** forte extension du domaine des évêques de Viviers, qui devient dès lors le Vivarais.

– ***XIIe s :*** les Albons, riches, fondent le Dauphiné.
– ***XIVe s :*** les Albons, pauvres, vendent le Dauphiné à la France.
– ***1422 :*** réunion des premiers États du Vivarais, qui s'occupent plus des impôts que de la vie et du reste.
– ***1452 :*** excellente nouvelle, création d'une université à Valence.
– ***1525-1560 :*** les guerres de Religion. La Réforme se propage par le Rhône, par le Vivarais, vers les Cévennes. Vaudois rive gauche, réformés rive droite, goûtent à l'indépendance de la pensée protestante. Du coup, les catholiques protestent. Fort. Et en 1560, la Réforme a réalisé sa conquête, hélas, en se durcissant. Le Vivarais et la Cévenne ne comptent pratiquement plus de papistes. Interdiction des festins, des danses et même des jeux de cartes. Les combats reprennent. Belote et rebelote.
– ***1600 :*** Olivier de Serres invente l'agriculture moderne. On mange plus et on mange mieux.
– ***1685 :*** révocation de l'édit de Nantes. Louis XIV lance ses dragons contre les protestants. Persécutions, abjurations de force... et toutes les gégènes de l'époque. Les huguenots écœurés quittent leur retraite de France pour de meilleurs auspices en pays protestant. Très mauvais coup de lune d'un Roi-Soleil dont l'étoile pâlit. Désastre. Le Jupiter de Versailles voit son économie réduite.
– ***1820 :*** ça marche fort pour le ver à soie en Vivarais.
– ***1850 :*** crise de la pébrine, maladie du ver à soie. Ça va mal pour le ver à soie en Vivarais.
– ***1944 :*** le Vercors... Voir le chapitre consacré à la Résistance.
– ***1972 :*** création de la région Rhône-Alpes. On aurait mieux fait de créer l'Ardèche-Drôme. Avec Tournon comme capitale. Ça aurait eu de la gueule et de l'humour.
– ***1994 :*** découverte de la grotte ornée de Chauvet à Vallon-Pont-d'Arc. Âgée de plus de 30 000 ans, elle compte parmi les plus anciennes du monde.
– ***2001 :*** création du parc naturel régional des monts d'Ardèche. Mise en service de la gare Valence-TGV.
– ***2004 :*** classement en « Grand Site de France » de l'aven d'Orgnac.
– ***2005 :*** lancement des travaux du tunnel des Grands-Goulets, chantier majeur pour le désenclavement du Vercors, aujourd'hui achevé.
– ***2006 :*** la châtaigne d'Ardèche obtient officiellement son appellation d'origine contrôlée (AOC).
– ***2010 :*** Jean Ferrat va rejoindre Aragon et Elsa au paradis (laïc !) des poètes.
– ***2011 :*** inscription des Cévennes au Patrimoine mondial de l'Unesco.
– ***2014 :*** la grotte Chauvet-Pont d'Arc devient le 39e site français classé au Patrimoine mondial de l'Unesco, tandis que le parc naturel régional des monts d'Ardèche obtient le label de *Geopark* (label d'excellence soutenu par l'Unesco) ; lire le paragraphe « Le parc naturel régional des monts d'Ardèche », de l'intro au chapitre « Ardèche ».
– ***2015 :*** ouverture de la réplique de la grotte Chauvet à l'échelle 1/1, à la Caverne du Pont-d'Arc (Vallon-Pont-d'Arc).

LANGUE RÉGIONALE

Sans nous étendre sur la question de la langue, notons que le langage historique des deux départements est l'***occitan*** (ou *langue d'oc*) dans sa variété vivaro-alpine, que l'on appelle aussi le provenço-alpin. En fait, et pour faire simple, l'occitan de l'Ardèche et de la Drôme, c'est du provençal avec des *cha* au lieu de *ca* au début des mots. Allez, voici quelques mots typiques de ces régions.

– ***Accols ou faïsses :*** en Ardèche, terrasses de cultures en escalier soutenues par des murets de pierre sèche. Avec parfois 50 m de dénivelée. Les jardins suspendus de Sémiramis, en plus poétiques et à prix plus abordables.

– ***Burle :*** vent. Le célèbre vent de neige et de cristaux des montagnes ardéchoises. Et qui n'a rien de burlesque, autant vous le dire. C'est le blizzard du Grand Nord à portée de canon de Privas. Jadis, pendant les temps de burle, on laissait, paraît-il, les cadavres sur les toits, tant il était impossible de les enterrer au fort de la tempête, qui durait au mieux la semaine.
– ***Caillette :*** voir « Cuisine » plus haut.
– ***Cella :*** c'est un ermitage ou une petite maison isolée dans les campagnes.
– ***Clède :*** en Ardèche. Séchoir à châtaignes.
– ***Couderc :*** vaste prairie. Elle avait un côté social. Le foin appartenait au berger passager à l'heure des transhumances, et au propriétaire le reste du temps.
– ***Couradou :*** en Cévennes, terrasses couvertes sur les fermes.
– ***Déperché :*** se dit d'un habitat de montagne abandonné et qui s'est refait dans la vallée autour des manufactures et des marchés. En un mot, une victime de l'économie de marché.
– ***Désert :*** lieu isolé où les gens de la Réforme célébraient clandestinement le culte au temps des interdits.
– ***Draille :*** c'est la route de la transhumance. Un petit chemin que suivaient les troupeaux. En Ardèche surtout.
– ***Dyke :*** muraille ou colonne volcanique.
– ***Gours :*** bassins d'eau immobile dans les grottes.
– ***Lauzes ou lauses :*** dalles de schiste (ou phonolite) à divers usages de construction.
– ***Magnanarelle :*** nom provençal des femmes qui élèvent les vers à soie.
– ***Moulinage :*** torsion du fil de soie tiré du cocon.
– ***Neck :*** piton de basalte en Ardèche.
– ***Poët :*** du latin *podium.* En Drôme, éminence rocheuse qui donne *puy* en Ardèche et en Auvergne, et *puech* dans le Midi. Sommet difficilement accessible en voiture, tant les routes y sont étroites.
– ***Reboussier :*** en Cévennes ardéchoises, c'est un rebelle. Un têtu qui fait et dit autrement que les autres.
– ***Repasse (chasse à la) :*** chasse aux pigeons ramiers. C'est la palombe de l'Ardèche. Ça se passe surtout dans le couloir à migrateurs du col de l'Escrinet. En plus du pigeon, le chasseur du cru essaie de chasser l'écolo. Et l'écolo de chasser le chasseur.
– ***Réveil :*** mouvement religieux protestant fondé sur la foi personnelle et le piétisme. Le Réveil était très remonté contre les papistes. Aujourd'hui, n'a pratiquement plus aucun ressort.
– ***Serre*** (nom masculin) ***:*** rude colline ardéchoise montant à l'assaut des plateaux, aux vallées abruptes et aux versants raides.
– ***Tétras-lyre :*** c'est le coq du bouleau. À ne pas confondre avec un cuistot travailleur.
– ***Viale :*** en Drôme, vieux village perché.
– ***Viol :*** dans le Diois, c'est parfois une petite ruelle voûtée, parfois une impasse.

PERSONNAGES

– ***René Barjavel*** *(1911-1985)* ***:*** né à Nyons (Drôme). Fils d'un boulanger de Nyons et petit-fils d'un cultivateur protestant, Barjavel nous a donné toute son enfance drômoise dans un livre d'émotions, *La Charrette bleue.* Auteur précoce, il avait auparavant écrit à 22 ans son premier roman : *Ravages.* Poussé au boulot par son éditeur Denoël, il écrira encore des romans, des récits, des nouvelles et même des essais et des chroniques. *L'Enchanteur,* qui conte la légende de Merlin et l'épopée du Roi Arthur, figure parmi ses plus beaux romans. Il fut aussi dialoguiste au cinéma de la série *Don Camillo.*
– ***François-Antoine Boissy d'Anglas*** *(1756-1826)* ***:*** né à Saint-Jean-Chambre (Ardèche). Député d'Annonay, élu par le tiers état en 1789. Procureur général

de l'Ardèche, il fait donner les troupes républicaines dans la plaine de Jalès et mate le ci-devant marquis de Salans. Tolérant en politique, c'est quasi l'inventeur de la liberté de conscience, ennemi des idéologies. Ses vertus et qui sait, avec l'âge, ses astuces, lui permettent de faire carrière sous Bonaparte et même sous Louis XVIII.

– ***Henri Charrière, dit Papillon*** *(1906-1973)* **:** son surnom « Papillon » lui est venu d'un tatouage qu'il portait sur la poitrine. Né en Ardèche, il monte à Paris et fréquente les bas-fonds de Pigalle. En 1931, il est condamné aux travaux forcés à perpétuité pour un meurtre qu'il a toujours nié. 43 jours après son arrivée au bagne de Cayenne, il s'en évade, est repris et est enfermé pendant 2 ans dans une cage à fauves. 13 ans plus tard, il s'évade pour de bon sur un canot. De 1946 à 1967, il se cache au Venezuela, devient citoyen vénézuélien, monte un restaurant, une discothèque et une entreprise de pêche à la crevette. En 1967, il retourne en France, est réhabilité et écrit ses mémoires, *Papillon,* récit de son incroyable évasion, qui devient un best-seller international. Il est enterré au cimetière de Lanas, près de sa mère qu'il adorait.

– ***Ferdinand Cheval*** *(1836-1924)* **:** né à Charmes, dans la Drôme. Facteur rural, autodidacte. Un jour, ce centaure postal partit dans un rêve étrange. Construire un palais, un palais idéal. Il a porté brouette après brouette, sac après sac, galets et cailloux. Et, de 1879 à 1912, il réalisa seul, un étrange palais, long de 25 m, large de 12 m et haut de 14 m. Ferdinand Cheval voulait rassembler tout ce qu'il pensait être la somme des connaissances humaines. Dans son palais, les formes en phallus répondent aux ambiguïtés féminines des grottes. Un monument stupéfiant. Un rêve pétrifié. Un inconscient fossilisé. Le plus grand sculpteur naïf dans tous les sens du terme. À découvrir à Hauterives.

– ***Max Ernst*** *(1891-1976)* **:** peintre et sculpteur né en Allemagne et mort à Paris, c'est l'un des acteurs majeurs du mouvement dada et du surréalisme. Grand ami de Paul Éluard, il côtoie entre les deux guerres des artistes de premier plan : l'écrivain André Breton, le peintre Joan Miró, le chorégraphe Sergeï Diaghilev. Il vient à la sculpture aux côtés de Giacometti avant de passer une belle tranche de vie à Saint-Martin-d'Ardèche. Après une sombre période d'incarcération aux Milles pendant la guerre (il est déclaré « étranger ennemi »), il rejoint les États-Unis où il croise Chagall, avant de revenir en France. Il finit sa vie en queue de poisson à Paris, un 1er avril, juste la veille de souffler sa 85e bougie !

– ***Jean Ferrat*** *(1930-2010)* **:** c'est en Ardèche (à Antraigues) que Jean Ferrat, Jean Tennenbaum de naissance, a passé la moitié de son existence. Ses chansons engagées (il était un communiste assumé) lui valent souvent les attentions de la censure. Ses textes sur *La Montagne, Ma France* et son *Droit d'inventaire* (une autocritique du communisme) sonnent en écho avec la mise en musique de superbes poèmes de Louis Aragon, immortalisés à nos oreilles *(Aimer à perdre la raison, Que serais-je sans toi, Les Yeux d'Elsa...).* Et s'il sut faire saigner nos cœurs avec *Nuit et Brouillard* (son père, juif, est mort en déportation sous la folie nazie) ou encore *Potemkine,* il eut aussi le génie de laisser un côté rieur et entraînant à ses chansons avec *Ma Môme, À Santiago de Cuba, Hourrah.*

– ***André Lhote*** *(1885-1963)* **:** bien que né à Bordeaux, ce peintre fut drômois de cœur, sauva Mirmande de la ruine et fonda dans le bourg une « académie aux champs ». Il est aussi celui qui sauva Alba-la-Romaine de l'oubli. Dans un article publié par le journal *Combat* en 1950, il lança un appel aux artistes du monde entier pour qu'ils viennent s'installer et créer à Alba. Le miracle eut lieu !

– ***Émile Loubet*** *(1838-1929)* **:** né à Marsanne (Drôme). L'homme de Montélimar, avocat, maire de la ville. C'est l'homme de la politique extérieure de la France à la fin du XIXe s. Ce grand républicain fut président de la République de 1899 à 1906. Puis, il se retira de la politique et vécut dans son château de La Bégude-de-Mézenc.

– ***Les frères Étienne*** *(1745-1799)* ***et Joseph*** *(1740-1810)* ***Montgolfier*** **:** nés à Vidalon-lès-Annonay (Ardèche). Inventeurs de la troisième dimension dans le voyage. Ayant fait le pari de s'élever dans les airs malgré les risques encourus, ils ne se sont pas dégonflés. Joseph fut à la réalité ce que Jules Verne fut plus tard au rêve. Homme simple, il vivait en colportant lui-même les produits chimiques qu'il inventait. Étienne, architecte de goût, papetier pour survivre, prépara les cordes et le taffetas indispensables à la grande aventure. Le 4 juin 1783, les deux frères firent s'envoler un premier ballon. Personne ne voulut ou ne sut les arrêter (voir aussi « Un peu d'histoire » à Annonay).

– ***Paul Ricœur*** *(1913-2005)* **:** né à Valence. Ce philosophe français a beaucoup voyagé tout au long de sa vie et n'a cessé d'encourager une philosophie en lien direct avec les questions contemporaines et en dialogue constant avec la psychanalyse, la théologie, l'histoire et la mythologie.

– ***Marc Seguin*** *(1786-1875)* **:** né à Annonay (Ardèche). Petit-neveu de Joseph de Montgolfier et papetier comme son grand-oncle. Inventeur de génie comme grand-tonton, il est en quelque sorte la preuve vivante des réalités du génie génétique. Ayant, paraît-il, raté son bac, il invente le pont suspendu. Puis la chaudière tubulaire, ce qui permet à la poussive locomotive anglaise de Stephenson de foncer enfin dans les campagnes. Tut tut...

– ***Olivier de Serres*** *(1539-1619)* **:** né à Villeneuve-de-Berg (Ardèche). Il fut le père de l'agriculture moderne par l'assolement, ce qui soulagea alors beaucoup les paysans. Ses écrits *Mesnage des champs* et *Théâtre d'agriculture* le feront mondialement connaître. Ce protestant humaniste et visionnaire a enrichi l'Ardèche en y introduisant la séricículture. Magnanier modeste, il a toujours préféré son petit ver à soie au grand vert académique des autres (voir aussi le chapitre consacré à Villeneuve-de-Berg).

– ***Mme de Sévigné*** *(1626-1696)* **:** née à Paris. Femme de lettres (c'est vraiment le cas de le dire), elle avait de qui tenir pour cultiver un style à double détente. En effet, elle était petite-fille de la très sainte Jeanne de Chantal et cousine du très libertin Bussy-Rabutin. Elle avait épousé Henri de Sévigné, homme dépensier, coureur de jupons et querelleur. Il mourut tôt, fort heureusement, et laissa Marie libre de se consacrer pleinement à son travail d'épistolière. Sa correspondance est un monument. C'est un des 10 génies de la littérature française. Spirituelle, fine, pas très impartiale, sa mauvaise foi flamboyante est un régal. Le mariage de sa fille, établie à Grignan, lui fit faire là plusieurs séjours. C'est d'ailleurs là qu'elle mourut et qu'elle fut enterrée.

LETTRES DE NOBLESSE

Sur les 1 120 courriers recensés émanant de la marquise de Sévigné vers une trentaine de correspondants, près de 765 étaient adressés à sa fille, Mme de Grignan. Ingratitude de l'histoire, aucune des réponses de cette dernière à sa maman n'est parvenue jusqu'à nous !

– ***Louis Vallon*** *(1901-1981)* **:** né à Crest, dans la Drôme. Ancien élève de l'école Polytechnique, ingénieur, et surtout homme politique. Grand résistant, homme de gauche, il devient directeur adjoint de cabinet du général de Gaulle à la Libération, et député de la Seine en 1951. Gaulliste, il tire de Gaulle par la manche gauche pour le faire tomber de son côté. Pas ambitieux, ce fidèle des fidèles quitte la politique peu après la mort de De Gaulle.

Plus proches de nous et toujours d'actualité...

– ***Sébastien Chabal*** *(né en 1977 à Valence),* célèbre rugbyman français devenu l'un des sportifs les plus populaires de France, à tel point que les journalistes ont pu parler d'une « chabalmania ».

– Citons aussi le groupe de rock français ***Dyonisos,*** originaire de Valence, où il s'est formé en 1993. Ce groupe doit son succès à ses prestations scéniques et à l'univers dans lequel il évolue, très inspiré du cinéaste Tim Burton et de l'écrivain Roald Dahl.

– ***Anne-Sophie Pic,*** née et bien établie à Valence (avec six restos), cumule les étoiles et les décorations (et pas seulement sur ses plats). Entre autres, elle a reçu le prix Veuve Clicquot de la « Meilleure femme chef du monde » en 2011. Faut dire qu'elle a de qui tenir, la fille de Jacques et petite-fille d'André Pic (3 étoiles au *Michelin* chacun)...

– ***Yves Lecoq*** *(né en 1946),* le roi des Guignols, propriétaire du château médiéval de Maisonseule (Ardèche), qu'il a entièrement restauré avec passion, avant qu'un incendie n'y provoque des dégâts en septembre 2013 (à la suite d'un... coup de foudre, décidément !).

LE PROTESTANTISME ET LES GUERRES DE RELIGION

C'est sûr, c'est vérifié : s'il y a deux coins de France qui ont été marqués par les guerres de Religion, c'est bien la Drôme et, plus encore, l'Ardèche. Parpaillots, papistes : à l'origine de conflits qui ont laissé des traces dans les mémoires d'ici.

L'esprit de Rome

Les évêques de Viviers et d'ailleurs imposaient, en plus de la dîme, et comme sur toute terre d'Occident, l'esprit de Rome. Toute interprétation de la ligne romaine était hérésie, était condamnable, était condamnée. On brûlait l'hérétique comme le paysan brûle l'éteule. Mais par ici, il y a toujours eu un fort esprit de réflexion, donc un fort esprit de résistance. Disons un esprit rebelle.

Le vent de la Réforme

Alors, quand la Réforme partit de l'Allemagne et des cantons suisses et commença à traverser la montagne par le Dauphiné et le Vercors ou en contournant par le bas pour remonter le Rhône, elle trouva là, en Drôme et en Ardèche, un terreau favorable à sa pousse et à son développement. Les bourgeois et les grands manants, surtout ardéchois, estimèrent que la nouvelle religion portait des libertés individuelles (concept presque inconnu jusqu'alors), des relations homme-Dieu moins zigzagantes que celles imposées par Rome. Et dans le pays, on avait déjà été effleuré, qui par le vent lointain albigeois, qui par le vent plus proche des temps vaudois. Bref, la Réforme prit, en Drôme et surtout en Ardèche, comme feu de paille en été.

Des prêtres cordeliers à Annonay, les deux Étienne et le curé Jean Vallier à Privas prêchèrent la Réforme. Et c'est de là que tout est parti. Au début, les réformés prirent le dessus par la pensée, mais aussi par le fer, hélas. Par les bons penseurs en conscience, mais par une minorité crapule sans scrupule aussi. Comme le sinistre et terrible baron des Adrets, qui massacra en Vivarais et jusqu'en bout de Drôme, en début de Réforme, tout ce qui chantait la messe et disait *ave.* On notera aussi, plus tard, quelques excès camisards à droite ou à gauche. Mais dans ce conflit religieux, la grande part des atteintes à la liberté et au droit de vivre des corps est quand même due à la réaction catholique, qui fut violente. D'abord, les combats dans les campagnes furent terribles, le paysan et l'homme des jours ne savaient plus qui arrivait au détour du chemin, le bon ou le mauvais, l'ami ou l'ennemi.

La résistance

Le besoin de liberté des protestants et la volonté d'hégémonie des catholiques finirent, ici comme ailleurs, par trouver un équilibre instable au profit, quand même, des papistes, avec l'édit de Nantes. Mais ça s'appelle comment l'équilibre qui penche d'un côté ? L'injustice.

On continua à se battre à Privas. L'héritière de la baronnie du lieu, de parpaillote devenue qu'elle était, se refit catholique au grand dam de ses administrés, gens de

la religion. Ceux-ci se révoltèrent. On ruina le château, on se tint protestant dans les fonds du peuple. On signa la paix de Montpellier en 1622. Tu parles d'une paix ! Le truc ne plut guère à Richelieu, qui débarqua en personne là, accompagné de l'horrible Schomberg, le massacreur, et de 20 000 hommes. Les parpaillots furent écrasés. Les derniers défenseurs de Privas, au fort du mont Toulon, se firent sauter avec lui, excessifs comme les juifs à Massada, plutôt que de se rendre. Les catholiques de Richelieu, donc les catholiques de l'État, pillèrent, razzièrent, brûlèrent et ruinèrent Privas. On pendit 200 prisonniers réformés aux fenêtres et on envoya le reste ramer aux galères. Résultat, Privas resta... protestante. Et cette histoire à Privas provoqua la rédaction de l'édit d'Alès et, par là, l'interdiction des places fortes aux réformés dans tout le royaume.
Ensuite et jusqu'à la Révolution, ce ne furent que répressions dans les poches protestantes de la Drôme et dans les grands espaces réformés de l'Ardèche. Et pour assurer ce mauvais coup, pour serrer tout à fait la Réforme, le bigot tardif Louis XIV, grand baiseur mais piètre politique, révoqua l'édit de Nantes. Connerie monumentale.

Édit le Révoqué

On fit abjurer dans la région. En vain. Et ce fut le temps des dragonnades. Le Roi-Soleil, complètement obscurci, envoya là-bas sa légion d'élite, ses prêtres au forfait, les dragons pour faire taire à jamais la Réforme. Ce fut l'horreur. Les protestants furent alors contraints de loger leurs persécuteurs jusqu'à abjuration devant curé. Tout était permis aux dragons pour forcer la conversion : tortures, vexations, suppression de nourriture, confiscation des biens. Les dragons pouvaient même retirer les enfants à leurs familles dès l'âge de 7 ans pour les placer dans des établissements catholiques. Seul le viol était interdit à la troupe par l'Église, qui voulait empêcher le mauvais exemple pour ses curés célibataires et présumés chastes. Les meilleurs négociants, les intelligences, les plus fins artistes, l'élite du savoir, tous émigrèrent. L'économie du coin en fut brisée : 80 % du CAC 40 de l'époque furent emportés chez les princes protestants. Alors, ce fut ici, en Drôme et en Ardèche, le début du marasme du XVIIIe s.

Traçabilité protestante

Bref, à ce jour et malgré tout ça, Privas et de fortes parties de l'Ardèche sont restées protestantes, et quelques lieux de la Drôme le sont restés tout autant. Avec, en Ardèche, dans les Boutières, quelquefois des regards qui se croisent avec une étincelle curieuse, à la frontière du méfiant et de la Drôme. Là où les croix et les vierges blanches catholiques défient les en-bas et les cimetières protestants.
Si les conflits sont aujourd'hui, pour l'essentiel, apaisés, il reste la mémoire. Et si vous vous baladez par là, vous trouverez des traces de tout ça, en Ardèche surtout. Vous verrez dans les Boutières, plantées de cyprès et ceintes de murets, les tombes familiales de protestants à qui l'on avait refusé le cimetière paroissial pour avoir refusé l'extrême-onction. Vous verrez une pierre dans le serre de la Palle sur le chemin de Mézilhac, en souvenir des « prophètes », ces pacifistes qui se tenaient assemblés en plein air pour se repentir des abjurations. En 1689, le 19 février, 350 « prophètes » sont assemblés. Les dragons du marquis de Folleville surgissent, et les huguenots, désarmés et confiants en Dieu, font face aux militaires. Bilan : 350 morts. Vous verrez aussi les grottes de la Jaubernie, ces habitations troglodytiques fortifiées dans la falaise. On les aperçoit, discrètes au-dessus de Coux, à proximité de Privas. Et non loin de Privas aussi, au Bouschet-de-Pranles, entourée de châtaigniers, vous verrez la remarquable maison forte de la famille Durand, devenue musée. Et vous verrez là les choses telles qu'au temps de la clandestinité. Vous verrez Chalencon, son temple et la chaire de désert, chaire transportable des heures où le culte était vagabond. Vous verrez encore le

château des Roure, haut lieu de la révolte des camisards à Labastide-de-Virac. Vous verrez enfin le temple circulaire (très rare !) des Vans et celui de Vernoux, le plus grand d'Ardèche.
Voilà, allez en paix et que Dieu vous garde. Vous garde, peut-être, surtout, en dehors des religions. De ses guerres, en tout cas.

LE RHÔNE, ENTRE ARDÈCHE ET DRÔME

On peut dire que le Rhône a été le chemin des nations. C'est par son sillon que la Méditerranée, les gens des pays maures et les négociants des orients proches étaient reliés à toutes les France et à toutes les suzerainetés du Nord.

Comme un taureau furieux

C'est par le Rhône que sont remontées les civilisations et les barbaries. C'est par le Rhône qu'est passée la philosophie grecque, c'est par le Rhône que sont passés César et l'ordre romain. C'est par le Rhône que pénètre le christianisme au IIe s ; il sera la pensée unique de la France et de l'Europe pendant 17 siècles. Hélas ou tant mieux, aujourd'hui son énergie ne donne plus un courant de pensée mais du courant électrique.
Le Rhône était un taureau furieux, un dieu panthéiste parmi les dieux, un dieu parfois allié, parfois ennemi du Dieu des chrétiens. Un dieu qui portait la fortune ou la désolation, un démiurge qui emportait la récolte de l'un pour la porter à l'autre. Ses rives instables de puissance se jouaient des cadastres et redessinaient au gré d'une lubie le fief de l'un ou le comté de l'autre, quand ses contournements ne les faisaient pas changer de province. Fleuve frontalier qui traçait les frontières à son goût, au grand dam ou à la grande aubaine des hommes, il nourrissait les uns par l'abondance de ses limons, quand il affamait les autres par les surprises de ses inondations. Les mariniers d'alors, le long de l'Ardèche et de la Drôme, le priaient et lui obéissaient quand ils amenaient leurs barques halées par cent chevaux ou par mille hommes, remontant le blé d'Ukraine, le sel précieux de Camargue du temps des gabelles, du vin d'Hermitage et des draps du Nord, les tissus rares de Damas et tous les trésors d'Italie.

Le Rhône civilisé

Taureau furieux qu'au XIXe s un matador réussit à civiliser, s'il ne le dompta pas tout à fait. Matador, l'ingénieur Giraudon qui, à coups de digues, de tenons, de dérivations, d'épis et de travaux, mata la bête en l'aménageant quoiqu'en la ménageant quand même. Le Rhône, ce carnassier qui se nourrissait de riverains et de mariniers, devint végétarien, n'engloutissant les jours d'appétit que quelque barque vide de pêcheur ou quelques arbres déracinés. Alors le Rhône, fleuve libre, ne le fut plus tout à fait. L'homme était maintenant son maître. Sa force sauvage devint énergie hydraulique. Et le fil du courant devint courant dans les fils. Mais rassurez-vous. Le Rhône, grand vieillard calmé, n'en est pas pour autant tout à fait déprimé. Le Rhône n'est pas triste, un peu nostalgique autour de ses îles, peut-être. C'est un vieux cheval sauvage qui coule dorénavant des jours calmes, dans les prés larges de la plus belle des écuries : la France.

VINS ET ALCOOLS

Pendant des lustres et des lustres, on a sous-estimé les vignobles de l'Ardèche et de la Drôme. On reprochait aux côtes-du-rhône septentrionaux des alentours de Valence et de Tournon d'être des vins de manants ou de cochers tout juste bons pour le zinc des gargotes parisiennes ou la table des huissiers du Vivarais. On avait

tort, car certains crus ici rivalisent avec les seigneurs de Bordeaux ou les grands-ducs de Bourgogne.
Mais déjà, des connaisseurs s'y intéressaient. Des connaisseurs du Bordelais qui descendaient depuis la Gironde, négociants avisés, pour acheter des cents de barriques de vin de Tain ou de Tournon pour enrichir en tanin, qui sait en saveur, les crus de Saint-Émilion ou du Médoc, un peu trop anémiés. Le vin des princes là-bas était sous perfusion des vins du peuple d'ici.

Les vins d'Ardèche et de Drôme

Maintenant, Dieu merci, on connaît les vertus et les grandeurs des côtes-du-rhône. On sait que certains hermitages valent les grands crus classés de margaux sans pour autant en dégrafer des corsages, et qu'un cornas de bonne tenue vaut un pommard de moyenne terre ou un gevrey-chambertin d'année sobre. On reparle de chacune des appellations dans les villages concernés.

En Drôme

Mais commençons par la rive gauche, la rive Drôme, vers les coteaux de Tain-l'Hermitage justement. 30 % de la production viticole tout de même !
– ***L'hermitage rouge :*** ce vin prend corps et force sur un cépage syrah. Dès la première goulée, c'est la violette qui monte au nez et la framboise petite qui égaie la glotte. À la seconde goulée, un instant de silence du palais et le voilà caressé par un arôme de truffe, trois secondes encore et des épices subtiles envahissent la gorge. De plus, c'est un vin de garde, qui reste fidèle avec le temps, une garde qui ne se rend que 10 ans plus tard, bonifiée de patience et d'amitié.
– ***L'hermitage blanc :*** un roi. Un roi sur cépage de roussane ou de marsanne. Un roi qui, à 15 ans d'aventures, a le goût du foin coupé dans des arômes de noisette et de miel d'acacia.
– ***Le crozes-hermitage :*** juste à côté, voici le petit frère du roi hermitage. Un monsieur qui porte les mêmes arômes et aussi armé en variétés et en vertus, mais qui porte garde courte et ravit la glotte dès l'âge de 3 ans. Et canaille avec ça.
– Les ***coteaux-du-tricastin*** que l'on appelle depuis 2010 ***grignan-les-adhémar.*** C'est un vin issu de cépages grenache et syrah, tannique, avec du fruit rouge dans l'âme.
– On n'oublie pas enfin la ***clairette-de-die*** : là, ça sent le muscat et l'heure de l'apéro. C'est un blanc de blanc qui a moins de noblesse qu'un champagne mais parfois plus d'esprit.
– Et puis pour les jours ordinaires, il y a d'excellents ***vins de pays*** dans les collines rhodaniennes, dans les fonds des Baronnies et dans le comté de Grignan.

En Ardèche

Bon, avant d'être trop échauffé, on passe le pont à Tain et nous voilà à Tournon ; on passe le pont et c'est tout de suite « l'aventure », comme disait Brassens, qui aimait fort les vins d'Ardèche. Car nous voilà en Ardèche. Ici, la vigne pousse sur des pierrailles ou des galets roulés, proches des garrigues. Ce terroir, aussi diversifié en cépages qu'en sols, engendre une diversité de grands vins. Un dicton affirme qu'ici « La terre est si rude à travailler qu'il faut sept châtaignes pour faire un châtaignier. » C'est la terre, mais c'est aussi le soleil et surtout la passion et la patience des hommes qui donnent les vins d'Ardèche. Un patchwork de terroirs, où la vigne est voisine des mûriers, des châtaigniers, des lavandes et des oliviers, mais une détermination unique : la qualité. Et comme premier invité au bal, le cornas.
– ***Le cornas :*** il pousse sur le granit. Il porte solidement le fruit et l'épice. C'est un vin masculin, charpenté comme un bras de forgeron. Un cornas arrosant un cuissot de chevreau du pays de Bourdeaux, c'est le trip, comme dirait mon ami Jules qui a fait Katmandou, c'est le nirvana comme dirait l'autre qui revient de Bénarès.

– ***Le saint-joseph :*** et nous voici en vue des gorges du Doux. Et voilà le saint-joseph. En rouge, superbe de robe, léger, au goût de framboise cueillie dans la minute. En blanc, il est plus gras quoique accueillant avec un bouquet de fleurs. Le saint-joseph, c'est un vin de famille, sain, à offrir à la Marie pour la rendre plus disponible. Un vin d'amoureux.

– ***Le saint-péray :*** un grand Ardéchois. Un temps froid, un sol riche donnent un vin sec, peu alcoolisé. Sous cette appellation, on trouve l'un des meilleurs vins effervescents de l'Hexagone.

– ***Le condrieu :*** mince ! on allait l'oublier. Il faut dire que ce blanc à la robe d'or pâle, capiteux et onctueux, pointe le bout de son nez tout au nord du département, sur la commune de Limony. On le retrouve en Haute-Loire et dans le Rhône.

– Et puis il y a les gentils freluquets (considérés à tort comme tels), le ***côtes-du-vivarais,*** là où les hauts plateaux pierreux filent à la rencontre de la garrigue languedocienne et provençale. À Vogüé, Alba, Balazuc ou Saint-Montant, vous pourrez déguster un ***viognier,*** vin guilleret et joyeux, généreusement fruité pêche et abricot, qui régale le palais. Des vins aux prix sages qu'il faut avaler jeunes, même quand on a soif, et qui étonnent parfois. Et pour être complet, autour de Bourg-Saint-Andéol, c'est le ***côtes-du-rhône méridional*** qui fait parler de lui.

LE VIN QUI REND FOU

Autrefois, et notamment sur l'île d'Ilur (golfe du Morbihan) et en Ardèche, on cultivait le noah, un cépage dont la fermentation dégageait du méthanol. Il avait la particularité d'entraîner la folie, et même de rendre aveugle pendant plusieurs heures. Pas étonnant qu'il ait été interdit en 1935 !

Les eaux... -de-vie

Bon. On passe à la goutte. Et de l'Ardèche à la Drôme. Et là, dans le Royans et dans le Diois, c'est la noix. Et quelle noix, mon coco ! C'est la noix qui donne une liqueur à ravir une fin de repas à l'Olympe. Allez, on essaie encore, avant la sieste, une petite poire d'Upie, d'Anneyron ou de Moras. Alors là, on prend le soleil et la poire dans la poire. Ça chauffe. Suffit ! Demain, on essaiera une liqueur d'Aiguebelle, dont les moines détiennent le secret de fabrication depuis la fondation de l'abbaye en 1137. Et après-demain, on dégustera une poire williams d'Ardèche. Mais à force de passer les ponts le petit verre à la main, on risque de voir des sirènes descendre le Rhône. Autant s'arrêter là.

les ROUTARDS sur la FRANCE 2017-2018

(dates de parution sur • routard.com •)

Découpage de la FRANCE par le ROUTARD

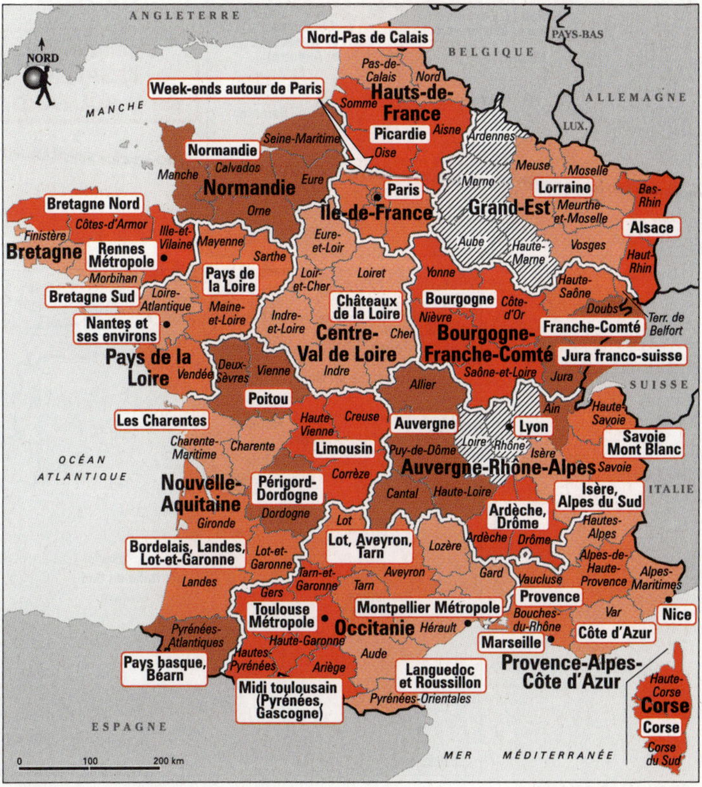

Autres guides nationaux

- Hébergements insolites en France (nouveauté)
- La Loire à Vélo
- La Vélodyssée (Roscoff-Hendaye)
- Nos meilleurs campings en France
- Nos meilleures chambres d'hôtes en France
- Nos meilleurs restos en France
- Les visites d'entreprises

Autres guides sur Paris

- Paris
- Paris balades
- Restos et bistrots de Paris
- Le Routard des amoureux à Paris
- Week-ends autour de Paris

les ROUTARDS sur l'ÉTRANGER 2017-2018

(dates de parution sur • **routard.com** •)

Découpage de l'ESPAGNE par le ROUTARD

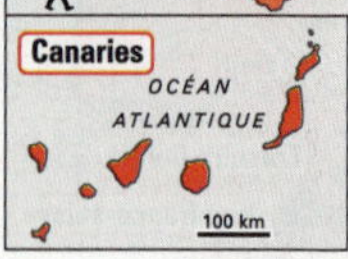

Découpage de l'ITALIE par le ROUTARD

Autres pays européens

- Allemagne
- Angleterre, Pays de Galles
- Autriche
- Belgique
- Budapest, Hongrie
- Pays baltes : Tallinn, Riga, Vilnius (avril 2017)
- Crète
- Croatie
- Danemark, Suède
- Écosse
- Finlande
- Grèce continentale
- Îles grecques et Athènes
- Irlande
- Islande
- Madère
- Malte
- Norvège
- Pologne
- Portugal
- République tchèque, Slovaquie
- Roumanie, Bulgarie
- Suisse

Villes européennes

- Amsterdam et ses environs
- Berlin
- Bruxelles
- Copenhague
- Dublin
- Lisbonne
- Londres
- Moscou
- Prague
- Saint-Pétersbourg
- Stockholm
- Vienne

les ROUTARDS sur l'ÉTRANGER 2017-2018

(dates de parution sur • routard.com •)

Découpage des ÉTATS-UNIS par le ROUTARD

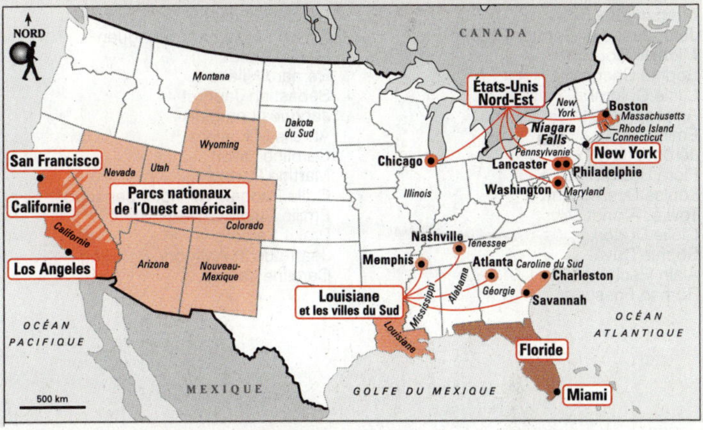

Autres pays d'Amérique

- Argentine
- Brésil
- Canada Ouest
- Chili et île de Pâques
- Costa Rica (nouveauté)
- Équateur et les îles Galápagos
- Guatemala, Yucatán et Chiapas
- Mexique
- Montréal
- Pérou, Bolivie
- Québec, Ontario et Provinces maritimes

Asie et Océanie

- Australie côte est + Red Centre
- Bali, Lombok
- Bangkok
- Birmanie (Myanmar)
- Cambodge, Laos
- Chine
- Hong-Kong, Macao, Canton
- Inde du Nord
- Inde du Sud
- Israël et Palestine
- Istanbul
- Jordanie
- Malaisie, Singapour
- Népal
- Shanghai
- Sri Lanka (Ceylan)
- Thaïlande
- Tokyo, Kyoto et environs
- Turquie
- Vietnam

Afrique

- Afrique du Sud
- Égypte
- Kenya, Tanzanie et Zanzibar
- Maroc
- Marrakech
- Sénégal
- Tunisie

Îles Caraïbes et océan Indien

- Cuba
- Guadeloupe, Saint-Martin, Saint-Barth
- Île Maurice, Rodrigues
- Madagascar
- Martinique
- République dominicaine (Saint-Domingue)
- Réunion

Guides de conversation

- Allemand
- Anglais
- Arabe du Maghreb
- Arabe du Proche-Orient
- Chinois
- Croate
- Espagnol
- Grec
- Italien
- Japonais
- Portugais
- Russe
- G'palémo (conversation par l'image)

Les Routards Express

Amsterdam, Barcelone, Berlin, Bruxelles, Budapest, Dublin, Florence, Istanbul, Lisbonne, Londres, Madrid, Marrakech, New York, Prague, Rome, Venise.

Nos coups de cœur

- Les 50 voyages à faire dans sa vie (nouveauté)
- Nos 52 week-ends dans les plus belles villes d'Europe
- France
- Monde

Nous tenons à remercier tout particulièrement Loup-Maëlle Besançon, Thierry Bessou, Gérard Bouchu, François Chauvin, Grégory Dalex, Fabrice Doumergue, Cédric Fischer, Carole Fouque, Michelle Georget, David Giason, Claude Hervé-Bazin, Emmanuel Juste, Dimitri Lefèvre, Fabrice de Lestang, Romain Meynier, Éric Milet, Pierre Mitrano, Jean-Sébastien Petitdemange et Thomas Rivallain pour leur collaboration régulière.

Emmanuelle Bauquis
Jean-Jacques Bordier-Chêne
Michèle Boucher
Sophie Cachard
Lucie Colombo
Agnès Debiage
Émilie Debur
Jérôme Denoix
Flora Descamps
Louise Desmoulins
Tovi et Ahmet Diler
Clélie Dudon
Sophie Duval
Alain Fisch
Roman Fossurier
Bérénice Glanger
Adrien et Clément Gloaguen
Marie Gustot
Bernard Hilaire
Sébastien Jauffret
Jacques Lemoine
Amélie Mikaelian
Caroline Ollion
Martine Partrat
Odile Paugam et Didier Jehanno
Émilie Pujol
Prakit Saiporn
Jean-Luc et Antigone Schilling
Caroline Vallano

Direction : Nathalie Bloch-Pujo
Contrôle de gestion : Jérôme Boulingre et Adeline Cazabat Barrere
Secrétariat : Catherine Maîtrepierre
Direction éditoriale : Catherine Julhe
Édition : Matthieu Devaux, Olga Krokhina, Gia-Quy Tran, Julie Dupré, Emmanuelle Michon, Sarah Favaron, Ludmilla Guillet, Coralie Piron, Flora Sallot, Elvire Tandjaoui, Quentin Tenneson, Clémence Toublanc et Sandra Vavdin
Préparation-lecture : Catherine Hidé
Cartographie : Frédéric Clémençon et Aurélie Huot
Fabrication : Nathalie Lautout et Audrey Detournay
Relations presse France : COM'PROD, Fred Papet. ☎ 01-70-69-04-69. • *info@comprod.fr* •
Illustration : Anne-Sophie de Précourt
Direction marketing : Adrien de Bizemont, Clémence de Boisfleury et Charlotte Brou
Contacts partenariats : André Magniez (EMD). • *andremagniez@gmail.com* •
Édition des partenariats : Élise Ernest
Informatique éditoriale : Lionel Barth
Couverture : Clément Gloaguen et Seenk
Maquette intérieure : le-bureau-des-affaires-graphiques.com, Thibault Reumaux et npeg.fr
Relations presse : Martine Levens (Belgique) et Maureen Browne (Suisse)
Régie publicitaire : Florence Brunel-Jars

INDEX GÉNÉRAL

INDEX GÉNÉRAL

LISTE DES CARTES ET PLANS

INDEX GÉNÉRAL

Remarque importante aux hôteliers et restaurateurs

Les enquêteurs du *Routard* travaillent dans le plus strict anonymat. Aucune réduction, aucun avantage quelconque, aucune rétribution n'est jamais demandé en contrepartie. Face aux aigrefins, la loi autorise les hôteliers et restaurateurs à porter plainte.

Avis aux lecteurs

Le Routard, ce n'est pas comme le bon vin, il vieillit mal. On ne veut pas pousser à la consommation, mais évitez de partir avec une édition ancienne. Les modifications sont souvent importantes.

Les réductions accordées à nos lecteurs ne sont jamais demandées par nos rédacteurs afin de préserver leur indépendance. Les hôteliers et restaurateurs sont sollicités par une société de mailing, totalement indépendante de la rédaction, qui reste donc libre de ses choix. De même pour les autocollants et plaques émaillées.

Avec routard.com, choisissez, organisez, réservez et partagez vos voyages !

✓ Rejoignez la plus grande communauté francophone de voyageurs : plus de **2 millions** de visiteurs !

✓ Échangez avec les routarnautes : forums, photos, avis d'hôtels.

✓ Retrouvez aussi toutes les informations actualisées pour choisir et préparer vos voyages : plus de 200 fiches pays, une centaine de dossiers pratiques et un magazine en ligne pour découvrir tous les secrets de votre destination.

✓ Enfin, comparez les offres pour organiser et réserver votre voyage au meilleur prix.

Les Routards *parlent aux* Routards

Faites-nous part de vos expériences, de vos découvertes, de vos tuyaux. Indiquez-nous les renseignements périmés. Aidez-nous à remettre l'ouvrage à jour. Faites profiter les autres de vos adresses nouvelles, combines géniales... On adresse un exemplaire gratuit de la prochaine édition à ceux qui nous envoient les lettres les meilleures, pour la qualité et la pertinence des informations. Quelques conseils cependant :

– Envoyez-nous votre courrier le plus tôt possible afin que l'on puisse insérer vos tuyaux sur la prochaine édition.

– N'oubliez pas de préciser l'ouvrage que vous désirez recevoir, ainsi que votre adresse postale.

– Vérifiez que vos remarques concernent l'édition en cours et notez les pages du guide concernées par vos observations.

– Quand vous indiquez des hôtels ou des restaurants, pensez à signaler leur adresse précise et, pour les grandes villes, les moyens de transport pour y aller. Si vous le pouvez, joignez la carte de visite de l'hôtel ou du resto décrit.

– N'écrivez si possible que d'un côté de la lettre (et non recto verso).

– Bien sûr, on s'arrache moins les yeux sur les lettres dactylographiées ou correctement écrites !

En tout état de cause, merci pour vos nombreuses lettres.

122, rue du Moulin-des-Prés, 75013 Paris

• *guide@routard.com* • *routard.com* •

Routard Assurance *2017*

Née du partenariat entre *AVI International* et le *Routard*, *Routard Assurance* est une assurance voyage complète qui offre toutes les prestations d'assistance indispensables à l'étranger : dépenses médicales, pharmacie, frais d'hôpital, rapatriement médical, caution et défense pénale, responsabilité civile vie privée et bagages. Présent dans le monde entier, le plateau d'assistance d'*AVI International* donne accès à un vaste réseau de médecins et d'hôpitaux. Pas besoin d'avancer les frais d'hospitalisation ou de rapatriement. Numéro d'appel gratuit, disponible 24h/24. *AVI International* dispose par ailleurs d'une filiale aux États-Unis qui permet d'intervenir plus rapidement auprès des hôpitaux locaux. À noter, *Routard Assurance Famille* couvre jusqu'à 7 personnes, et *Routard Assurance Longue Durée Marco Polo* couvre les voyages de plus de 2 mois dans le monde entier. *AVI International* est une équipe d'experts qui répondra à toutes vos questions par téléphone : ☎ 01-44-63-51-00 ou par mail • *routard@avi-international.com* • Conditions et souscription sur • *avi-international.com* •

Édité par Hachette Livre (58, rue Jean-Bleuzen, CS 70007, 92178 Vanves Cedex, France)
Photocomposé par Jouve (45770 Saran, France)
Imprimé par Lego SPA Plant Lavis (via Galileo Galilei, 11, 38015 Lavis, Italie)
Achevé d'imprimer le 13 mars 2017
Collection n° 15 - Édition n° 01
84/7393/2
I.S.B.N. 978-2-01-279920-2
Dépôt légal : mars 2017

PAPIER À BASE DE FIBRES CERTIFIÉES